20世纪儒学研究大系

主编：傅永聚　韩钟文

儒家学派研究

本卷主编　李绍强

中　华　书　局

20 世纪儒学研究大系

编辑委员会

中国文化的基本精神(代序)

在现今时代,做一个中国人,最重要的是具有爱国意识。爱国意识有一定的思想基础,必须感到祖国的可爱,才能具有爱国意识。而要感到祖国的可爱,又必须对于中国文化的优秀传统有正确的理解。中国文化,从传说中的羲、农、黄帝以来,延续发展了四五千年,在15世纪以前一直居于世界文化的前列。15世纪,中国的四大发明传入欧洲,促进了西方近代文明的发展,于是西方文化突飞猛进,中国落后了。19世纪40年代之后,中国受到资本主义列强的侵略凌辱,中国各阶层的志士仁人,奋起抗争,努力寻求救国的道路,经过100多年的艰苦斗争,终于取得了胜利,于1949年建立了新中国,"中国人民站起来了!"中国文化虽然一度落后,但又能奋发图强,大步前进。这不是偶然的,必有其内在的思想基础。中国文化长期延续发展,虽曾经走过曲折的道路,但仍能自我更新,继续前进。这种发展更新的思想基础,就是中国文化的基本精神。

何谓精神?精神即是思维运动发展的精微的内在动力。中国文化中的基本精神,在中国历史上确实起到了推动社会发展的作用,成为历史发展的内在思想源泉。当然,社会发展的基本原因在于生产力的发展,但是思想意识在一定条件下也有一定的积极作用。文化的基本精神必须具有两个特点:一是具有广泛的影响,为大多数人民所接受领会，对于广大人民起了熏陶作用。二是具有激励进步、促进发展的积极作用。必须具有这两方面的表现，才可以称为文化的基本精神。

我认为，中国几千年来文化传统的基本精神的主要内涵有四项基本观念，即(1)天人合一；(2)以人为本；(3)刚健有为；(4)以和为贵。

一 天人合一

天人合一即肯定人与自然的统一，亦即认为人与自然界不是敌对的，而具有不可割裂的关系。所谓合一指对立的统一，即两方面相互依存的关系。天人合一思想在春秋时即已有之。《左传》昭公二十五年记载郑大夫子大叔述子产之言说："夫礼，天之经也，地之义也，民之行也。天地之经，而民实则之。"又记子大叔之言说："礼，上下之纪，天地之经纬也，民之所以生也，是以先王尚之。"这是认为礼是天经地义，即自然界的必然准则，"天经"与"民行"是统一的。应注意，这里天是对地而言，天地相连并称，显然是指自然之天。子产将天经地义与民则统一起来，但也重视天与人的区别，他曾断言："天道远，人道迩，非所及也，何以知之？"(《左传》昭公十八年)当时占星术利用所谓天道传播迷信，讲天象与人事祸福的联系，子产是予以否定的。孟子将天道与人性联系起来，他说："尽其心者，知其性也。知其性，则知天矣。"(《孟子·尽心上》)孟子认为人性是天赋的，所以知性便能知天。但孟子没有做出明确的论证。《周易大传》提出"裁成辅相"之说，《象传》云："天地交，泰。后以裁成天地之道，辅相天地之宜，以左右民。"《系辞》云："范围天地之化而不过，曲成万物而不遗。"《文言》提出“与天地合德”的思想:“夫‘大人’者,与天地合其德,与日月合其明,与四时合其序,与鬼神合其吉凶。先天而天弗违,后天而奉天时。”这里所谓先天指为天之前导,后天即从天而动。与天地合德即与自然界相互适应,相互调谐。

汉代董仲舒讲天人合一,宣扬“天副人数”,陷于牵强附会。宋代张载明确提出“天人合一”的四字成语,在所著《西铭》中以形象语言宣示天人合一的原则。《西铭》云:“乾称父,坤称母,予兹藐焉,乃混然中处。故天地之塞,吾其体;天地之帅,吾其性。民吾同胞,物吾与也。”所谓天地之塞指气,所谓天地之帅指气之本性,就是说:天地犹如父母,人与万物都是天地所生,人与万物都是气构成的,气的本性也就是人与万物的本性,人民都是我的兄弟,万物都是我的朋友。这充分肯定了人与自然界的统一。但张载也承认天与人的区别,他在《易说》中讲:“鼓万物而不与圣人同忧者,此直谓天也,天则无心,……圣人所以有忧者,圣人之仁也。不可以忧言者天也。”天是没有思虑的,圣人则不能无忧,这是天人之别。所谓天人合一是指人与自然界既有区别,而又有统一的关系,人是自然界所产生的,是自然界的一部分,人可以认识自然并加以改变调整,但不应破坏自然。这“天人合一”的观念与西方所谓“克服自然”、“战胜自然”有很大区别。在历史上,中西不同的观点各有短长,西方近代的科学技术取得了改造自然的辉煌成绩,但也破坏了自然界的生态平衡。时至今日,重新认识人与自然的统一,确实是必要的了。

二 以人为本

以人为本是相对于宗教家以神为本而言的,可以称为人本思想。孔子虽然承认天命,却又怀疑鬼神。他说:“务民之义,敬鬼神而远之,可谓知矣。”(《论语·雍也》)认为人生最重要的是提高道德觉悟,而不必求助于鬼神。孔子更认为应重视生的问题,而不必考虑死后的问题。《论语》记载:“季路问事鬼神,子曰:‘未能事人,焉能事鬼?’曰:‘敢问死!’曰:‘未知生,焉知死?’”(《先进》)孔子更不赞成祈祷,《论语》载:“子疾病,子路请祷。子曰:‘有诸?’子路对曰:有之,诔曰:‘祷尔于上下神祇。’子曰:‘丘之祷久矣。’”(《述而》)孔子对于鬼神采取存疑的态度,既不否定,亦不肯定,但认为应该努力解决现实生活中的问题,而不必向鬼神祈祷。孔子这种思想观点可以说是非常深刻的。

这种以人为本的思想,后汉思想家仲长统讲得最为鲜明。仲长统说:“所贵乎用天之道者,则指星辰以授民事,顺四时而兴功业,其大略也,吉凶之祥,又何取焉?……所取于天道者,谓四时之宜也;所壹于人事者,谓治乱之实也。……从此言之,人事为本,天道为末,不其然与?”(《全后汉文》卷八十九)这里提出“人事为本”,可以说是儒家“人本”思想最明确的表述。所谓以人为本,不是说人是宇宙之本,而是说人是社会生活之本。

佛教东来,宣传灵魂不灭、三世轮回的观念,一般群众颇受其影响,但是儒家学者起而予以反驳。南北朝时何承天著《达性论》,宣扬人本观念。何承天说:“人非天地不生,天地非人不灵,……安得与夫飞沈蠉蠕,并为众生哉?……至于生必有死,形毙神散,犹春荣秋落,四时代换,奚有于更受形哉!”这完全否定了灵魂不灭、三世轮回的迷信。范缜著《神灭论》,提出形为质而神为用的学说,更彻底批驳了神不灭论。

宋明理学中,不论是气本论,或理本论,或心本论,都不承认灵魂不灭,不承认鬼神存在,而都高度肯定精神生活的价值。气本论以天地之间“气”的统一性来论证道德的根据，理本论断言道德原于宇宙本原之“理”，心本论则认为道德伦理出于“本心”的要求。这些道德起源论未必正确，但是都摆脱了宗教信仰。受儒家影响的中国知识分子，宗教意识都比较淡薄，在中国文化中，有一个以道德教育代替宗教的传统。虽然道德也是有时代性的，但是这一道德传统仍有其积极的意义。

三　刚健自强

先秦儒家曾提出“刚健”、“自强”的人生准则。孔子重视“刚”的品德：他说：“刚毅木讷近仁。”（《论语·子路》）刚毅即是具有坚定性。孔子弟子曾子说：“可以托六尺之孤，可以寄百里之命，临大节而不可夺也。君子人与？君子人也。”（同上《泰伯》）临大节而不可夺，即是刚毅的表现。《周易大传》提出“刚健”、“自强不息”的生活准则。《大有·彖传》云：“大有，柔得尊位，大中而上下应之，曰大有，其德刚健而文明，应乎天而时行。”《乾·文言传》云：“大哉乾乎！刚健中正，纯粹精也。”《乾·象传》云：“天行健，君子以自强不息。”乾指天而言，天行即日月星辰的运行。日月星辰运行不已，从不间断，称之曰健，亦曰刚健。人应效法天之运行不已，而自强不息。自强即是努力向上、积极进取。《系辞下传》又论健云：“夫乾，天下之至健也，德行恒易以知险。”这是说，天下之至健在于能知险而克服之以达到恒易（险指艰险，易指平易）。所谓自强，含有克服艰险而不断前进之意。儒家重视“不息”，《中庸》云：“故至诚无息。不息则久，久则征；征则悠远，悠远则博厚，博厚则高明。……《诗》云：‘维天之命，於穆不已。’盖曰天之所以为天也。‘於乎不显，文王之德之纯！’盖曰文王之所以为文也，纯亦不已。”儒家强调不懈的努力，这是有积极意义的。

在古代哲学中，与刚健自强有密切联系的是关于独立意志、独立人格和为坚持原则可以牺牲个人生命的思想。孔子肯定人人都有独立的意志，他说：“三军可夺帅也，匹夫不可夺志也。”（《论语·子罕》）又赞扬伯夷叔齐“不降其志，不辱其身”（同上《微子》），即赞扬坚持独立的人格。孔子更认为，为了实行仁德可以牺牲个人的生命，他说：“志士仁人，无求生以害仁，有杀身以成仁。”（同上《卫灵公》）孟子进而提出：“生亦我所欲也，义亦我所欲也，二者不可得兼，舍生而取义者也。生亦我所欲，所欲有甚于生者，故不为苟得也；死亦我所恶，所恶有甚于死者，故患有所不辟也。”（《孟子·告子上》）这里所谓“所欲有甚于生者”即义，其中包括人格的尊严。他举例说：“一箪食、一豆羹，得之则生，弗得则死。呼尔而与之，行道之人弗受；蹴尔而与之，乞人不屑也。”不受嗟来之食，即为了保持人格的尊严。坚持自己的人格尊严，这是刚健自强的最基本要求。

先秦时代，儒道两家曾有关于刚柔的论争。与儒家重刚相反，老子“贵柔”。老子提出“柔弱胜刚强”（《老子》三十六章），认为“天下之至柔，驰骋天下之至坚”（四十三章）。他以水为喻来证明柔能胜强：“天下柔弱莫过于水，而攻坚，强莫之能先，其无以易之。故弱胜强，柔胜刚，天下莫能知，莫能行。”（七十八章）老子贵柔，意在以柔克刚，柔只是一种手段，胜刚才是目的，贵柔乃是求胜之道。孔子重刚，老子贵柔，其实是相反相成的。

在中国古代哲学中，儒家宣扬“刚健自强”，道家则崇尚“以柔克刚”，这构成中国文化思想的两个方面。儒家学说的影响还是大于道家影响的，在文化思想中长期占有主导的地位。刚健自强的思想可以说是中国文化思想的主旋律。《周易大传》“天行健，君子以自强不息”的名言,在历史上,对于知识分子和广大人民,确实起了激励鼓舞的积极作用。

四 以和为贵

中国古代以“和”为最高的价值。孔子弟子有若说:“礼之用,和为贵。先王之道斯为美,小大由之。”(《论语·学而》)孔子亦说:“君子和而不同,小人同而不和。”(同上《子路》)区别了“和”与“同”。按:和同之辨始见于西周末年周太史史伯的言论中。《国语》记述史伯之言说:“夫和实生物,同则不继。以他平他谓之和,故能丰长而物归之。若以同裨同,尽乃弃矣。”(《郑语》)这里解释和的意义最为明确。不同的事物相互为“他”,“以他平他”即聚集不同的事物而达到平衡,这叫做“和”,这样才能产生新事物。如果以相同的事物相加,这是“同”,是不能产生新事物的。春秋时齐晏子也强调“和”与“同”的区别,他以君臣关系为例说:“君所谓可而有否焉,臣献其否,以成其可。君所谓否而有可焉,臣献其可,以去其否。”这称为“和”。如果“君所谓可”,臣亦曰可;“君所谓否”,臣亦曰否,那就是“同”,而不是“和”了。晏子说:“若以水济水,谁能食之?若琴瑟之专一,谁能听之?同之不可也如是。”(《左传》昭公二十年)这是说,必须能容纳不同的意见,兼容不同的观点,才能使原来的思想“成其可”、“去其否”,达到正确的结论。孔子所谓“和而不同”也就是能保留自己的意见而不人云亦云。“和”的观念,肯定多样性的统一,主张容纳不同的意见,对于文化的发展确有积极的促进作用。

老子亦讲“和”,《老子》四十二章:“万物负阴而抱阳,冲气以为和。”又五十五章:“知和曰常,知常曰明。”这都肯定了“和”的重要。

但是老子冲淡了“和”与“同”的区别,既重视“和”,也肯定“同”。五十六章:“塞其兑,闭其门,挫其锐,解其忿,和其光,同其尘,是谓玄同。”这“和光同尘”之教把西周以来的和同之辨消除了。

墨子反对儒家,不承认和同之辨,而提出“尚同”之说。墨家有许多进步思想,但是尚同之说却是比和同之辨后退一步了。

儒家仍然宣扬和的观念,《周易大传》提出“太和”观念,《乾·彖传》说:“乾道变化,各正性命,保合太和,乃利贞。”这里所谓大和指自然界万物并存共育的景况。儒家认为,包含人类在内的自然界基本上是和谐的。《中庸》云:“万物并育而不相害,道并行而不相悖。”这正是儒家所构想的“太和”景象。

孟子提出“人和”,他说:“天时不如地利,地利不如人和。三里之城,七里之郭,环而攻之而不胜。夫环而攻之,必有得天时者矣;然而不胜者,是天时不如地利也。城非不高也,池非不深也,兵革非不坚利也,米粟非不多也,委而去之,是地利不如人和也。故曰:域民不以封疆之界,固国不以山溪之险,威天下不以兵革之利。得道者多助,失道者寡助。寡助之至,亲戚畔之;多助之至,天下顺之。”(《孟子·公孙丑下》)这里所谓人和是指人民的团结,人民的团结是胜利的决定性条件。“得道多助,失道寡助”,这是今天仍然必须承认的真理。

儒家以和为贵的思想在历史上曾经起了促进民族团结、加强民族凝聚力、促进民族融合、加强民族文化同化力的积极作用。在历史上,得民心者得天下,失民心者失天下,已成为长期起作用的客观规律。在历史上,汉族本是由许多民族融合而成的;在近代,汉族又和五十几个少数民族融合而合成中华民族。中华民族内部密切团结而成为一个统一的整体。中华民族是多元的统一体,中国文化也是多元的统一体。多元的统一,正是中国古代哲学家所谓“和”的体现。所谓“和”，不是不承认矛盾对立，而是认为应该解决矛盾而达到更高的统一。

以上所谓“天人合一”、“以人为本”、“刚健自强”、“以和为贵”，都是用的旧有名词。如果采用新的术语，“天人合一”应云“人与自然的统一”，或者如恩格斯所说“人与自然的一致”（《自然辩证法》1971 年版第 159 页）、“自然界与精神的统一”（同书第 200 页）。“以人为本”，应云人本主义无神论。“刚健自强”，应云发扬主体能动性。“以和为贵”，即肯定多样性的统一。这些都是中国古代哲学中的精湛思想，亦即中国文化基本精神之所在。

以上，我们肯定“天人合一”、“以人为本”、“刚健自强”、“以和为贵”等思想观念在历史上曾经起了促进文化发展的积极作用。但是，历史的实际情况是非常复杂的，许多思想观念的含义也不是单纯的。正确的观念与荒谬的观念、进步的现象与反动的落后的现象，往往纠缠在一起。所谓天人合一，在历史上不同的思想家用来表示不同的含义。例如董仲舒所谓天人合一主要是指“人副天数”、“天人感应”，那完全是穿凿附会之谈。程颐强调“天道人道只是一道”，认为仁义礼智即是天道的基本内容，也是主观的偏见。在董仲舒以前，有一种天象人事相应的神学思想。认为天上星辰与人间官职是相互应合的，所以《史记》的天文卷称为“天官书”，但这不是后来哲学家所谓的“天人合一”。如果将上古时代天象与人事相应的神学思想称为天人合一，那就把问题搞乱了。这是应该分别清楚的。儒家肯定“人事为本”，表现了无神论的倾向，但是这并不意味着宗教迷信在中国社会并无较大的影响。事实上，中国旧社会中，多数人民是信仰佛教、道教以及原始的多神教的。但是这种情况也不降低儒家人本思想的价值。“以和为贵”是儒家所宣扬的，但是阶级斗争、集团之间的斗争、个人与个人的斗争也往往是很激烈的。我们肯定“和”观念的价值,并不是宣扬调和论。

中国文化具有优秀传统,同时也具有陈陋传统,简单说来,中国文化的缺陷主要表现于四点:(1)等级观念;(2)浑沦思维;(3)近效取向;(4)家族本位。从殷周以来,区分上下贵贱的等级,是传统文化的一个最严重的痼疾,辛亥革命推翻了君主专制,但等级观念至今仍有待于彻底消除。中国哲学长于辩证思维,却不善于分析思维。事实上,科学的发展是离不开分析思维的。如何在发扬辩证思维的同时学会西方实验科学的分析方法,是一个严肃的课题。中国学术向来注重人伦日用,注重切近的效益,没有“为真理而求真理”的态度,表现为一种实用主义倾向,这也是中国没有产生自己的近代实验科学之原因之一。中国近代以前的社会可以说是以家族为本位。西方近代社会可以说是“自我中心、个人本位”,而中国近代以前则不重视个人的权益,这是一个严重的缺陷。五四运动以来,传统的家族本位已经打破了。在社会主义时代,应该是社会本位、兼顾个人权益。

我们现在的历史任务是创建社会主义的新文化,正确认识中国传统文化的长短得失,是完全必要的。

傅永聚、韩钟文同志主编的《20世纪儒学研究大系》,循百年思想学术发展的脉络,以现代学术分类的原则,择选有学术价值、文献价值的代表文章,以“大系”的形式编纂而成,共有20多卷,每卷附有专题研究的“导言”一篇。这部《20世纪儒学研究大系》是由曲阜师范大学、孔子研究院、山东大学、复旦大学等单位的中青年学者合力编纂而成,说明了儒学研究事业后继有人。《大系》被列入国家社会科学基金规划项目,又由中华书局出版,都在弘扬和培育中华民族精神方面做出了一件非常有意义的事情,我感到十分欣慰。编者征求我的意见，于是略陈关于中国文化的基本精神和儒家文化传统的一些感想，以之为序。

張岱年

前 言

傅永聚 韩钟文

儒学犹如一条源远流长的大河，导源于洙泗，经过二千五百多年生生不息的奔腾，从曲阜邹城一带流向中原，形成波澜壮阔的江河，涉及整个中国，辐射东亚，流向全球，泽惠万方。儒学曾经是中华文化的主流、东亚文明的精神内核。但是进入20世纪后的儒学，遭遇到空前严峻的挑战，也面临着再生与复兴的历史机遇。一百多年来，儒学几经曲折，备受挫折，又有贞下起元、一阳来复之象，至20、21世纪之交成为参与“文明对话”的重要角色。

牟宗三先生说：“察业识莫若佛，观事变莫若道，而知性尽性，开价值之源，树价值之主体，莫若儒。”(《生命的学问》)儒、道、释及西方的哲学、耶教等都指示人的生命意义的方向，但就中国人特别是中国古代知识分子而言，儒学是安身立命之道。孔子、儒家追求的“内圣外王之道”，一直是中国人的人格修养与经世事业的价值理想。“士不可以不弘毅，任重而道远。仁以为己任，不亦重乎？死而后已，不亦远乎？”(《论语·泰伯》)从孔子、曾子、子思、孟子至康有为、梁启超、梁漱溟、熊十力、牟宗三，中国的儒学代表人物就是怀抱志仁弘道的精神去实践自己的生命价值，开拓教化天下的事业与创建文化中国的理想的。中华文化历尽艰难,几经跌宕,却如黄河、长江一样流淌不息,且代有高潮,蔚成奇观,与孔子及其所创建的儒家学派所做的贡献是分不开的。

儒学一直对中华文化各个层面产生着巨大而又深远的影响。儒学统摄哲学、伦理、政治、教育、宗教、艺术等人文社会科学的学术品格及关怀现世人生的精神,使它成为一套全面安排人间秩序的思想体系,从一个人的生存方式,到家、国、天下的构成,都在儒学关怀与实践的范围之内。经过二千多年的传播、积淀,儒学一直影响着中华民族的民族性格、心理结构的形成。然而,进入20世纪,又出现类似唐宋之际“儒门淡泊,收拾不住”的危机,陷入困境之中。唐君毅以“花果飘零”、余英时以“游魂”形容儒学危机之严峻,张灏则称这是现代中国之“意义危机”、“思想危机”。

从19世纪中后期开始,中国社会、文化进入从传统农业社会向现代工业社会、从传统文化向现代文化转型的时代。1905年废除科举制度,1911年辛亥革命推翻了帝制,“五四”新文化运动的兴起,西方各种思潮、主义潮水般地涌入,风起云涌的政治革命、文化革命、社会转型、文化转型,导致了传统士阶层的解体与分化,新型知识分子的诞生与在文化思想领域倡导“新思潮”、“新学说”,激进的反传统思潮的勃兴,现代化进程的启动和在动荡不安中急遽推进,使20世纪中国处于“三千年未有的大变局”的境遇之中,儒学的危机也由此而生。

一个世纪以来,儒学的命运与中国现代化的历史进程相消长,也与学术界、思想界及政治界对儒学与现代化的关系、儒学与西方文化的关系、儒学与全球的“文明对话”的关系所形成的认识有关。从19世纪末至21世纪初,一百多年来,中国的学术界、思想界与政治界围绕着孔子、儒家及儒学的命运、前景问题展开了广泛的持久的争鸣，而这类争鸣又直接或间接地同传统文化与现代化、中学与西学、新学与旧学、科学主义与人文主义、全球化与中国化、文明冲突与文明对话、西方智慧与东方智慧等等论题交织在一起，使有关儒学的思想争鸣远远超出中国儒学史的范围，而成为20世纪中国思想史、学术史的有机组成部分。

百年儒学的历史大致沿着两个方向演进：一、儒学精神的新开展，使儒学于危机中、困境中得以延续、再生或创造性转化；二、儒家学术思想的研究，包括批判性研究、诠释性研究、创造性研究在内。由于20世纪中国是以“革命”为主潮的世纪，学术研究与政治革命的关系特别密切，故批判性研究常常烙上激进的政治革命的烙印，超出学术研究的范围，并形成批判儒学、否定儒学的思潮，酿成批判论者、诠释论者与复兴论者的百年大论争，并一直延续到21世纪。

回顾百年儒学精神新开展与儒学研究的历程，有一奇特现象值得重视。活跃于20世纪中国思想界、学术界、政治界、教育界的精英或代表人物，都不同程度地介入或参与了有关孔子、儒家思想的争鸣。如：早期马克思主义者陈独秀、李大钊、瞿秋白、李达、郭沫若、范文澜、侯外庐等，三民主义者蔡元培、陶希圣、戴季陶等，自由主义的代表人物严复、胡适、殷海光、林毓生等，无政府主义者吴稚晖、朱谦之等，现代新儒学的代表人物梁漱溟、熊十力、唐君毅、牟宗三、徐复观等，学衡派的代表人物梅光迪、吴宓、陈寅恪、汤用彤等，东方文化派的杜亚泉、钱智修等，新士林学派的罗光等，以及张申府、张岱年等，都参与了有关儒学的争鸣，并在争鸣中形成思想的分野，蔚成中国近代思想文化史上最壮观的一幕。

20世纪中国思想史的复杂性、丰富性远远超出了唐宋之际和明清之际，其思想争鸣具有现代性或现代精神的特色。美国学者列文森在《儒教在中国及其现代命运》中以“博物馆化”象征儒学生命的终结，有些中国学者也说儒学已到“寿终正寝的时节”。但从百年儒学的精神开展与儒学研究的种种迹象看，儒学的生命仍然如古老的大树一样延续着，儒学曾经创造性地回应了印度佛教文化的挑战，儒学也正在忧患之中奋然挺立，回应西方文化的挑战，这是儒学传统现代创造性转换的契机。人们在展望“儒学第三期”或“儒学第四期”的来临。百年儒学的经历虽曲折艰难，时兴时衰，但仍是薪火相传，慧命接续，间有高潮，巨星璀璨，跨出本土，落根东亚，走向世界，成为一种国际性的思潮，在全球性的“文明对话”中扮演着重要角色，为人类重建文明秩序提供了可资汲取的智慧。儒学并没有“博物馆化”，儒学的新生命正在开始。因此，对百年儒学作系统的全面的反思与总结，是一项具有历史意义与现实意义的学术课题。

纵观百年儒学的历程，大致经历了五个阶段，在这五个阶段中，儒学的命运、所遭遇的景况不尽相同，分述如下：

19世纪末至1911年辛亥革命为第一阶段 洋务运动、戊戌变法导致儒家经世思想的重新崛起，晚清今文经学的复兴，特别是康有为《新学伪经考》、《孔子改制考》的出版，托古改制，以复古为解放，既开导儒学的新方向，又开启“西潮”的闸门，如思想“飓风”，如“火山火喷”。章太炎标举古文经学的旗帜，与以康有为为代表的今文经学派展开经学论争，而这场思想学术争鸣又与政治上的革命或改良、反清或保皇、君主立宪与民主共和等论争交错在一起，显得格外严峻与深沉。诸子学的复兴，西学输入高潮的到来，政治革命的风暴席卷神州，社会解体与重建进程加速发展，传统士阶层的分化与新型知识分子的诞生，预示后经学时代的降临。思想界、学术界先觉之士以“诸子学”、“西学”为参照系，批判儒学或重新诠释儒学,传统儒学向现代儒学转型已初见端倪。

以辛亥革命至 1928 年南京政府成立为第二阶段　康有为、陈焕章等仿效董仲舒的“崇儒更化”运动创建孔教会,“五四”新文化运动兴起,吴虞、胡适等提倡“打孔家店”,《新青年》派陈独秀、胡适与文化保守主义者梁启超、梁漱溟、杜亚泉等,学衡派梅光迪、吴宓等展开思想文化争鸣,以张君劢、梁启超等为代表的人文主义与以丁文江、胡适、王星拱等为代表的科学主义的论辩,马克思主义者李大钊、瞿秋白等也积极参与思想争鸣,各大思潮的冲突与互动,不论是批判儒学,或者是重释儒学及复兴儒学,有一个共同的特点,都是将儒学的研究纳入现代思想学术的领域之中,使思想争鸣具有现代性,从而导致儒学向现代思想学术转型。20 世纪中国人文社会科学的学科建制、研究方法深受“西学”的影响,有关孔子、儒学的论争已不同于经学时代,且与国际上各种思潮的论争息息相通。以现代西方哲学、科学、政治等学科的范畴、概念、方法去解读、分析、批判或重新诠释儒学,成为一时的学术风气,还出现“援西学入儒学”的现象。有些思想家、哲学家试图摄纳西学、诸子学及佛学中有价值的东西重建儒学,如梁启超的《儒学哲学及其政治思想》、《儒学哲学》等文及《欧游心影录》,梁漱溟的《东西文化及其哲学》,冯友兰的《人生哲学》,已透露出现代新儒学即将崛起的消息。

1928 年至 1949 年中华人民共和国建立为第三阶段　30 年代后,中国思想界、学术界出现“后五四建设心态”。吸取西学的思想、方法,以反哺儒学传统,创造性地重建传统儒学,如张君劢、冯友兰、贺麟等;或者回归儒学传统,谋求儒学的重建,如熊十力、钱穆、马一浮等;即使是“五四”时期及传统的学者,在胡适提倡“研究问题,输入学理,整理国故,再造文明”之后,也将儒学作为

"国故"的重要组成部分,作为学术史、思想史、文化史的思想资料加以系统的研究。胡适的《说儒》就是一篇以科学方法研究孔子、儒学的示范之作。"后五四建设心态"的形成,对中国现代学术的建构起了积极的作用。一大批专家、学者参照西方人文社会科学学科建制的原则与方法,分哲学、宗教学、政治学、经济学、伦理学、社会学、法学、史学、美学、文学艺术、教育学、心理学等等,对儒学进行系统的研究,还对不同学科的发展史作深入的探讨,如中国哲学史、中国教育思想史、中国政治思想史、中国学术史、中国伦理学史、中国文化史、中国通史等等,儒学研究也纳入分门别类的学科及学科发展史的研究之中。钱穆在《现代中国学术论衡》中说:"民国以来,中国学术界分门别类,务为专家,与中国传统通人通儒之学大相违异。"将数千年经学、儒学作为学术思想的资源或资料,分门别类地纳入学科专题研究之中,虽然使儒家"内圣外王之道"的"道"变为"学术",由"专门之学"代替"通儒之学",但恰恰是这种转变,才促使了儒学由传统形态向现代形态转型。这一阶段是中国社会动荡不安的年代,令人惊异的是,在动荡的岁月中出现了一个学术繁荣期,学术研究的深度与广度并不亚于乾嘉时代,儒学研究也是如此。"专门之学"代替"通儒之学"乃大势所趋,是现代学术的进步。

抗日战争的爆发、救亡运动的高涨,把民族文化复兴运动推向高潮,为儒学精神的新开展或创造性重建提供了历史机缘。儒学在民族文化复兴的大潮中获得再生并走向现代。1937 年沈有鼎在《中国哲学今后的开展》,1941 年贺麟在《儒家思想之开展》,1948 年牟宗三在《鹅湖书院缘起》中,都强调中国进入一个"民族复兴的时代"。民族复兴应该由民族文化复兴为先导,儒家文化是中华文化的主流,儒家文化的命运与民族文化的命运血脉相连、息息相关。他们认为,如果中华民族不能以儒家思想或民族精神为主体去儒化或汉化西洋文化,则中国将失掉文化上的自主权,而陷于文化上的殖民地。他们期望“儒学第三期”的出现,上接宋明儒学的血脉,对儒学作创造性的诠释,或者会通儒学与西学,使古典儒学向现代思想学术形态转换。以熊十力、贺麟、牟宗三等为代表的新心学,以冯友兰、金岳霖等为代表的新理学,是儒学获得现代性并走向成熟的重要标志。此外,王新命、何炳松等十教授发表《中国本位的文化建设宣言》(1935 年 1 月 10 日),新启蒙运动倡导者张申府、张岱年等提出“打倒孔家店,救出孔夫子”的口号及综合创造论,都体现了“后五四建设心态”,都有利于儒学的学术研究之开展。

1949 年至 1976 年“文革”结束为第四阶段　余英时在《现代儒学论》序言中指出:20 世纪中国以 1949 年为分水岭,在前半个世纪与后半个世纪,中国的文化传统特别是儒家命运截然不同。1949 年以前,无论是反对或同情儒家的知识分子大部分曾是儒家文化的参与者,他们的生活经验中渗透了儒家价值。即使是激进的反传统者,他们并没有权力可以禁止不同的或相反的观点,故批判儒学或复兴儒学之争可以并存甚至互相影响。1949 年以后,儒家的中心价值在中国人的生活方式中已退居边缘,知识分子无论对儒学抱着肯定或否定的态度,已失去作为参与者的机会了,儒学和制度之间的联系中断,成为陷于困境的“游魂”。

就实际状况而言,这一阶段的儒学研究或者儒家思想之开展,比余英时分析的还要复杂,值得注意的是分化现象:大陆出现批判儒学的新趋向,50 年代至 60 年代中期,以批判性研究为主,除梁漱溟、熊十力、陈寅恪等少数学人外,像冯友兰、贺麟、金岳霖等新理学与新心学的代表人物,都经过思想改造、脱胎换骨之后批判自己的学说，即使写研究孔子、儒学的文章，也离不开批判的框框。当时思想界、学术界的儒学研究，多以“苏联哲学”为范式，进行“唯心”或“唯物”二分式排列，批判与解构儒学成为当时的风潮。70年代中期出现群众性的批孔批儒运动，真正的学术研究根本无法进行。儒学已经边缘化了。在港台地区和海外华人社群中，儒学却得到不同程度的认同，移居港台、海外的学者，如张君劢、钱穆、陈荣捷、唐君毅、牟宗三、徐复观、方东美等，继续以弘扬儒家人文精神为己任，立足于学术界、教育界，开拓儒学精神的新方向，成就了不少持之有据、言之成理的“一家之言”。

70年代后期至21世纪初为第五阶段 中国大陆的改革开放，思想解放运动，传统文化与现代化的论争，“文化热”的出现，以及日本、韩国、新加坡等国与香港、台湾地区经济腾飞所产生的影响，东亚现代化模式的兴起，全球化进程中形成的文化多元格局，文明对话，全球伦理、生态平衡，以及“文化中国”等等课题的讨论，使人们对孔子、儒学研究逐渐复苏，重评孔子、儒学的论文、论著陆续出版，有关孔子、儒学、中国文化的学术会议频繁举行，中国孔子基金会、国际儒学联合会、中华孔子学会、中国文化书院、孔子研究院等学术团体和研究机构的建立，历代儒家著作及其注解、白话文翻译、解读本的大量出版，有关儒家的人物评传、思想研究、专题研究以及儒学与道、释、西方哲学及宗教的比较研究，成为学术界关注的课题。还有分门别类的人文社会科学及自然科学，也将儒学纳入其中作专门研究，如儒家哲学思想、儒家伦理思想、儒家美学思想、儒家史学思想、儒家政治思想、儒家教育思想、儒家宗教思想、儒家科学思想、儒家管理思想等等。专门史的研究也涉及儒学，如中国哲学史、中国经济思想史、中国教育思想史、中国伦理思想史等等，一旦抽掉孔子、儒家与儒学，就会显得十分单薄。此外，原来处于边缘化的港台、海外新儒家，乘改革开放的机遇，或者进入大陆进行学术交流，或者将其思想、学说传入大陆，至 90 年代，出现当代新儒家、自由主义与马克思主义重新论辩、对话与互动的格局，有关“儒学第三期”、“儒学第四期”的展望，儒学在国际思想界再度引起重视，说明儒学的确在展示着其“一阳来复”的态势。

纵观百年儒学的历程，不论在哪一个阶段，不论是儒家思想之新开展，或者是有关儒学的学术研究，都积有丰富的思想资源或文献资料，已经到了对百年儒学进行系统研究、全面总结的时候了。站在世纪之交的高度，我们组织编纂《20 世纪儒学研究大系》，就是为了完成这一学术使命。

《20 世纪中国儒学研究大系》是孔子研究院成立后确定的一项浩大的学术工程，现已列入 2002 年国家社会科学基金项目。《大系》的编纂与出版，实为孔子、儒学研究的一大盛事，必将对 21 世纪的儒学研究产生积极而又深远的影响。

编选原则及体例

《20 世纪儒学研究大系》是一部大型的相对成套的专题分卷的儒学研究丛书，力求通过选编 20 世纪学术界研究儒学的代表性论文、论著，全面反映一百年来专家、学者研究儒学的学术成果及水平，为进一步研究儒学提供一部比较系统的学术文献。

一、将 20 世纪海内外专家、学者研究儒学的代表性论文、论著按研究专题汇集成册，共分 21 卷。所选以名家、名篇及具有代表性的观点为原则，不在多而在精，力求反映 20 世纪儒学研究的全貌。

二、所选以学术性讨论材料、思想流派性材料为主，兼收一些具有代表性并产生过重大影响的批判性文章。

三、每一卷包括导言、正文、论著目录索引三个主干部分。

四、每卷之始，撰写导言，综论 20 世纪该专题研究的大势及得失，阐发本专题研究的学术价值和意义，为阅读利用本卷提示门径。

五、一般作者原则上只入选一篇具有代表性的成果，重要代表人物可选 2—3 篇。

六、所收文章均加简要按语，介绍作者学术生平及本文内容。合作创作的论著，只介绍第一作者。

七、每卷所收文章，原则按公开发表或正式出版的时间先后为序。

八、所收文章，尽量使用最初发表的版本，并详细注释文章出处、发表或写作时间。

九、入选文章、论著篇幅过长者，适当予以删节，并予以注明。

十、为统一体例，入选文章一律改用标准简化字，一律使用新式标点。

十一、所选文章的注释一律改为文中注和页下注，以保持丛书的整体风格。材料出处为文中注(楷体)，解释性文字为页下注。

十二、每卷后均列论著目录索引，将未能入选但又有学术价值与参考价值的论著列出。论文和著作分门别类，并按公开发表和正式出版的时间先后为序。

目　录

导　言

20 世纪关于儒家学派方面的研究成果可以说是汗牛充栋，蔚为大观。其中既有名家的传世之作，又有青年学者的新奇之说。如果按时间划分，可以分为三个阶段两个方向。1900 年至 1949 年是第一阶段，这时研究的方法和视角是传统方式，因而结论也没有很大差异。1950 年至 1976 年是第二阶段，大陆和港台因思想方法不同，各自朝不同的方向发展，大陆以唯物史观为宗旨，将中国历史上的儒家学派按思想意识分为唯物主义和唯心主义，重在分析这些学派在历史上的作用，到“文革”十年，则又重新划分为儒法两派，使学术研究走入歧途。港台此时仍按传统的乾嘉学派路数，以史料为主，中间插有少数欧美汉学家的研究新方法，因此这一时期的文章风格迥然不同。1977 年至 2000 年是第三阶段，随着两岸关系的缓和和交流的增加，双方在学术研究上的共趋性日益增强，大陆学风恢复实事求是态度，逐渐形成对传统文化研究的热潮，港台、海外则形成以现代新儒家为中坚的学术群体，影响日大，但由于几十年的隔阂，双方仍有一定差异，像大陆较侧重分析，而港台以材料取胜。虽然有不同的阶段和不同的发展方向，文章的风格和观点很不相同，这一百年来关于儒家学派方面的研究成果也只能按专题形式排列，即综论儒家学派、先秦时期儒家、秦汉时期儒家、魏晋隋唐时期儒家、宋元时期儒家、明清时期儒家。

一

关于儒家学派综论方面,1949 年以前的有周予同《经学史与经学之派别》(《民铎杂志》第 9 卷第 1 期,1927 年 9 月),冯友兰《中国中古近古哲学与经学之关系》(《清华周刊》第 35 卷第 1 期,1931 年 2 月),周予同《汉学与宋学》(《中学生》第 35 期,1933 年 5 月),钱穆《汉学与宋学》(《盘石》第 2 卷第 7 期,1934 年 7 月),钱玄同《重论经今古文学问题》(《古史辨》第 5 册,朴社 1935 年 1 月版),章太炎《论经史儒之分合》(《光华大学半月刊》第 4 卷第 5 期 1935 年 12 月),胡秋原《儒家及其流变》(《中央周刊》第 9 卷第 18 期 1949 年 4 月)。50 年代以后大陆的有:丁伟志《儒学的变迁》(《历史研究》1978 年第 12 期),范文澜《经学史讲演录》(《历史学》1979 年第 1 期),张岱年《先秦儒家与宋明理学》(《中州学刊》1983 年第 4 期),朱维铮《中国经学与中国文化》(《复旦学报》1986 年第 2 期),崔大华《论经学的历史发展》(《中国社科院研究生院学报》1994 年第 6 期),蔡德贵《东方儒学论纲》(《山东大学学报》1995 年第 3 期),李锦全《从孔孟到程朱——兼论儒学发展历程中的双重价值效应》(《孔子研究》1998 年第 2 期),杨国荣《经学的实证化及其历史意蕴》(《文史哲》1998 年第 6 期)。50 年代以后港台的有:钱穆《孔孟与程朱》(《人生》第 8 卷第 3 期,1954 年 6 月),《中国儒学与文化传统》(选自《中国学术通议》,台湾学生书局,1975 年初版),牟宗三《论儒学之分三期》(《道德的理想主义·儒家学术之发展及其使命》第 1—11 页。台湾学生书局修订六版 1985 年 9 月),张君劢《新儒学思想史》第一章(台北弘文馆 1986 年版)，杜维明《儒学第三期发展的前景问题》(香港《明报月刊》第 21 卷第 1—3 期，1986 年 1—3 月)，杜维明《认识传统——对儒教中国的回顾和反思》(新加坡《亚洲文化》第 8 期，1986 年 10 月)。

总观这些代表性文章，可以按其风格分为四类。第一类是按传统的研究方法，即以经学的传承为线索，来分析儒家学派的发展与分合。这其中以周予同和钱穆为代表。周予同在《汉学与宋学》中认为中国学术思想分为八个时期，春秋以前为传说时期，老子孔子至秦代为私学发展时期，两汉时代为儒学独尊时期，魏晋时期为道家复兴时期，南北朝至隋唐为佛学极盛时期，宋到明末为儒佛混合时期，有清一代为古学重兴时期，清末至今为西学渐盛时期。所谓汉学指两汉产生和清代复兴的学术主潮，而宋学则是宋元明时代的学术主潮，他认为两汉与清末的学术思想以汉学和宋学为两大主潮，实际上也就是儒学的发展轨迹。周予同认为魏晋至隋唐儒学只在演绎古文学的训诂，从事义疏工作，没有新的发展与推进，实为衰落。他认为两汉时代的汉学分为三大派，即西汉的今文学派，东汉的古文学派，汉末的通学派(以郑玄为代表)。宋学则分为以朱熹为代表的归纳派，以陆九渊为代表的演绎派，以陈亮、叶适为代表的批评派。两派均假借经学以谈哲学，结果是“尊德性”的演绎派日流于禅释，而“道问学”的归纳派也日趋于空疏。由于清代西洋文化的传入过于短促和浅薄，因而清代的学术只能是“汉学”的复兴。清学反明而复于汉学，注重经典旁及列史子集，以考据学为研究方法，之后由经典研究的后汉文学蜕变为前汉今文学，由名物训诂的考订转变为微言大义的发挥。

钱穆在《中国儒学与文化传统》中将儒学演变分为六个时期，即先秦为儒学创始期，两汉为儒学奠定期，魏晋南北朝为儒学扩大期，唐代为儒学转进期，宋元明清为儒学综汇期与别出期。魏晋南北朝人崇尚清谈，老庄玄学盛行，加之佛学传入，一般人认为此时儒家逐渐衰微，而钱穆反认为是扩大。他的理由有两点：第一，《十三经注疏》中关于注的一半、疏的十之八九为当时人所作，可见用力之深，影响之大。第二是将经学扩大到史学。此时史学成为独立学科，史著迭出。唐代经陈子昂、李白、杜甫至韩愈，将儒学由经史汇合文学。而宋元明时期则综合了西汉、魏晋南北朝、隋唐的经史、文学，北宋以欧阳修为代表。另一方面是以新儒家面目出现，如周敦颐、张载、二程等，他们于文史经方面均不太重视，所学所创仅为理学。他们与两汉以下儒学传统虽有不同，但仍有密切关联。像周敦颐《通书》与《太极图说》根据《易经》而兼融《中庸》。张载之学也以《易》为宗，以《中庸》为体。二程言义理，尤皆溯源六经。朱熹承续北宋欧阳修综汇之儒而又超出之，在经、史、文学三方面有巨大贡献和影响。钱穆认为元代儒学也不可忽视，明初儒学有赖于元代朱学的传衍。而王阳明是别出儒中最登峰造极者，他以"致良知"作为学者之入门，又是学者之止境。晚明三大儒顾、黄、王又都走上经、史、文学兼通并重即北宋综汇儒之一路，但清代儒学之后渐由儒学而治经学，又离于儒学于别出，又离于经学成为考据。总之，钱穆认为中国儒学发展从通经学开始，旁及史学、文学，到两宋以欧阳朱子为综汇代表，之后儒学别出，虽有晚明三大儒再次综汇，但儒学在清代再次别出走向考据训诂而终结。

第二类主要以唯物史观分析儒家学派发展变化中的进步性和落后性，从哲学角度将其分为唯物和唯心两派，这些文章以50年代至80年代的大陆学者为主，其中丁伟志的《儒学的变迁》一文较具代表性，他把儒学的发展分为儒学的创建、儒学的分化、儒学的神学化、儒学的哲理化、儒学统治的覆灭五个时期。他认为孔子虽然把“仁”发挥扩大并纳仁入礼,但仍具有鲜明的阶级性。儒学到了战国时代不仅分化且有了很大发展。孟子的“民贵君轻”思想在一定程度上突破了孔子的礼教约束,其认识论和修养之道为宋儒的哲理化埋下伏线,其“天人相通”的天命论则为西汉儒学的神学化打开了大门。荀子根据战国后期的政治现实,纳法入儒,改造儒学,得出一套以法治补充礼治,以人事制约天命的新内容,是儒法思想的第一次大交流。董仲舒的儒家政治学说,已不再是孔孟学说的原本状态,而是采择和拼凑儒法两家政治观点的混合物,这是儒法思想的第二次大交流。由于法家的政治主张已为儒学所融汇,所以此后法家就再没有作为一个与儒家相对立的独立学派在历史上出现。糅合佛道的程朱儒学的最大特色是用一套思辨的唯心哲理修正了孔子学说中缺乏哲理抽象的朴素的政论形态,同时也取代了汉儒那种专讲灾异感应的粗鄙神学形态。程朱理学由于体系庞大,包罗万象,因而成为窒息新思想的精神桎梏。明末清初进步思想家曾揭露和批判理学统治的黑暗,但他们不敢背叛孔孟,也无力别建一种新的儒学体系。鸦片战争之后民族危机严重,龚自珍、魏源、康有为等人仍不能摆脱儒学的影响,只有到五四新文化运动时儒学才受到致命打击。总之,丁伟志认为儒学虽然是封建社会后期最反动的统治思想,是中国近世处于落后状态的重要思想原因,但也要在肃清其流毒的同时取其精华。

第三类是将儒家思想与西方哲学进行系统比较,从而发现儒家发展变化中的问题。这类文章较少,具有代表性的是张君劢《新儒家思想史》第一章《导论:中国历史上的儒家及其与西方哲学的比较》。他认为儒家不是宗教,而是伦理或哲学体系,其发展可分为四个时期:(一)“百家”时期与各家并立的儒家;(二)前汉罢黜百家、独尊儒术时期的儒家;(三)为佛道两家势力掩盖时的儒家;(四)再生的儒家或儒家的文艺复兴。张君劢认为儒家哲学与西方哲学的明显不同是儒家及其继承者以人与人之间的关系及道德伦理为主要探讨对象,而大多数近代西方思想家的注意力却集中在自然世界以及对知识的追求。虽然东西方哲学之间的鸿沟似乎很大,但也有某些共同点,这就是试图对人生和宇宙的了解。

第四类是通过倡导儒学三期说以使儒学现代化,主要是80年代前后台湾海外的一些学者如牟宗三、杜维明等人。1948年牟宗三在《重振鹅湖书院缘起》一文中首发此论,尔后又在《道德的理想主义》、《政道与治道》、《历史哲学》、《心体与性体》等著作中对这一思想进行了系统的阐述。他认为先秦至东汉的孔、孟、荀到董仲舒,是儒学发展的第一期,中间经历了孔、孟、荀到《中庸》、《易》、《乐记》、《大学》再到董仲舒的三个阶段。宋明儒学是儒学发展的第二期,把中国文化从魏晋隋唐长期的歧出中拉回到本位,而道德意识是这一时期的中心课题。此后即是儒学发展的第三期,此时虽需引进西方文化以建立民主与科学的现代国家,但中国文化不能离开道德宗教。杜维明基本接受牟氏等主张而发挥之,所不同的是牟宗三着眼于儒学自身发展的内在联系及其精神方向,杜维明则把它放在世界文化发展的大背景下加以考察。他认为儒学发展第一期是公元前世界古文明多元轴心文化的组成部分,第二期宋明儒学成为东亚文明的体现,使得儒学的主流传统从中国文化的主流变成了东亚文化的主导。第三期儒学的复兴和发展最重要的依据还在于儒家思想对于现代社会所具有的意义和价值,如东亚社会现代化中儒家传统所起的某种引导和调节作用,这种传统所体现的勤劳、沉毅、勇敢等品格更成为进一步发展不可或缺的精神资源。中国大陆在经过对封建意识长期批判后,有一部分学者也开始实事求是的对儒学进行研究,80 年代中期以后这类文章逐渐增多,从而形成对传统文化研究的热潮。

二

关于先秦儒家学派具有代表性的研究论著,1900 年至 1949 年的有:刘师培《南北诸子学不同论》(见《南北学派不同论》,原载《国粹学报》第 2、6、7、9 期,1905 年 3 月 25 日至 10 月 18 日),李云鹤《先秦儒家之学派》([国立]《中山大学语言历史学研究所周刊》第 7 卷 83、84 期,1929 年 6 月),吕思勉《先秦学术概念》第二章《儒家》(世界书局 1933 年版),徐文珊《儒家和五行的关系》(载《古史辨》第五册下编,朴社 1935 年版),胡适《说儒》(载《胡适论学近著》,商务印书馆 1936 年版),冯友兰《原儒墨》(载《中国哲学史补》,商务印书馆 1936 年版),杨大膺《孟子学说研究》第二章《孟子的思想渊源》(中华书局 1937 年版),冯友兰《先秦儒家哲学述评》(《中央周刊》第 5 卷第 43 期,1943 年 6 月),郭沫若《论儒家的发生》(《学习生活》[重庆]第 3 卷第 2 期,1942 年 7 月),《儒家八派的批判》、《荀子的批判》(原载《十批判书》,见《郭沫若全集》历史编第二卷,人民出版社 1982 年版)、《驳说儒》(原载《青铜时代》,见《郭沫若全集》历史编第一卷,人民出版社 1982 年版)。50 年代以后大陆方面的有:苏镜人《战国时代儒家的分化与方士化》(《安徽日报》1962 年 9 月 1 日),孔繁《论荀况对儒家思想的批判继承》(《历史研究》1977 年 1 月),周予同《从孔子到孟荀——战国时的儒家派别和儒经传授》(《学术月刊》1979 年第 4 期),余敦康《论荀韩异同》(《中国哲学史论文集》第 1 期,山东人民出版社 1979 年 11 月版),孙开太《孟子与稷下学宫的关系》

(《齐鲁学刊》1983 年第 3 期),李启谦《孔门弟子研究》(《齐鲁书社 1987 年版》,李启谦《儒家学说的萌芽和形成》(《齐鲁学刊》1993 年第 3 期),牟钟鉴《儒家仁学的演变与重建》(《哲学研究》1993 年第 10 期),尤骥《孔门弟子的不同思想倾向和儒家的分化》(《孔子研究》1993 年第 2 期),丁原明《子张之儒对原始儒学的继承与偏离》(《东方论坛》1994 年第 1 期),吴龙辉《“儒家为八”别解》(《文献》1994 年第 3 期)。50 年代以后港台的有:成中英《战国时期儒家思想及其发展》(《历史语言研究所集刊》第 40 期,1969 年 11 月),杨志祥《先秦儒家思想及其流变》(《孔孟月刊》第 11 卷第 1 期,1972 年 9 月)等。

总观这一时期的研究成果,可以看出有分量的论著主要在 80 年代以前,尤其是集中到 30 至 50 年代,之后就没有太大的进展。如果按研究的问题划分,可以分为两类。第一类是关于先秦儒家的起源,其中具有代表性的是胡适的《说儒》、冯友兰的《原儒墨》、郭沫若的《驳“说儒”》。胡适在近 5 万字的《说儒》中分六个部分详细考证和分析了儒家的起源和形成。第一,他认为章太炎的关于儒有广狭之说,大有可修补之处,因为关于广义的儒起于何时,其来历及生活如何,同狭义的孔门之儒有何历史的联系,与春秋战国之间的诸多思潮又有何历史关系,这些都有待解决。第二,他认为儒是殷民族的教士,他们的人生观是亡国遗民的柔逊的人生观。胡适从《说文》、《广雅·释诂》等古籍和《墨子》、《荀子》等篇中找到有关的证据,认为这些人靠宗教传承换得衣资,获得了社会各阶层的认可,所以殷礼经损益后变成了周礼。第三,胡适根据《周易》的“需”卦找出了一点关于孔子以前儒的生活状况,这些儒是殷亡后受压迫的知识阶层,处在忧患艰险的环境,待时而动以谋饮食。因而孔子时儒有君子和小人之分,小人儒生活贫穷却不劳作,仅寄食于他人，以治丧相礼为职业。君子儒品格尽管比小人儒高，但生活道路一样。第四，胡适认为孔子之所以将这个广义的、来源甚古的儒变成了孔门学者的私名是有其重要历史原因的。殷商民族亡国后始终有民族复兴的梦想，当宋襄公复兴之梦破灭后，逐渐变成一个救世圣人的预言，如同犹太民族的复兴英雄弥塞亚逐渐变成了救世的教主耶稣一样。而孔子的聪慧博学使人们把希望寄托在他的身上，"五百年必有圣者兴，今其将在孔丘乎！"这不仅使孔子自许自任，也使其同代和后世人对他极为敬仰。这样就打破了殷周文化的藩篱，把含有部落性的"儒"抬高放大，成了中兴儒的宗主。第五，胡适认为孔子有两大贡献，一是将儒的范围扩大，在殷周文化已逐渐混合积淀的情况下，以"从周"的口号择善弃恶，以关心整个人群的"仁"为理想和目标，就把一个亡国民族的教士阶级变成调和三代文化的师儒。二是孔子以历史使命的自信、杀身成仁的刚毅，将柔懦的儒改变成刚毅进取的儒。第六，胡适从孔子问礼老子的传说中发现老子是一个知礼专家，他的思想正代表儒的古义。孔子虽然建立了刚毅弘大的新儒行，但孔老二人同出一宗。由于老子仍代表随顺取容的亡国遗民心理，孔子则怀抱"天下宗予"的雄心，因而二人分家也就毫不奇怪。新儒兴盛，旧儒衰落，但老子的柔道儒有绝强的宗教信心，有其深于世故的人生哲学和政治态度，这些自然没有被初期孔门运动所抹煞，所以墨家把孔子老子作为一个宗派进行攻击。

胡适的《说儒》在当时的学界引起了很大反响，许多著名学者纷纷撰文进行讨论。冯友兰在《原儒墨》中对胡适的观点进行了逐条反驳。首先他认为儒不必与殷民族有关，因为胡适所引之书都是孔子以后之人或其人为当时之儒之说，如《周礼》、《墨子》等，因而无法证明殷商灭亡之后就有儒。而且儒字有柔弱之义，儒是一种弱者,但儒不必与亡国民族有关。第二,认为在殷末周初之际,殷周民族间的界限不像胡适、傅斯年所想像的那样显著;由于春秋战国时期的巨变,人们思想转变,语言衣服也常变化,不用新者即为古者,所以儒之“古言服”乃是周制。第三,认为相礼是儒者职业之一,但相礼与作祝是两回事,故不能说儒者就是商祝;《周易》中即使有忧危人生观,也不必与亡国民族有关,且此书为官府之书,周史所掌,非亡国殷人所作民间之书。第四,认为三年之丧既是殷制,也是周制,根本仍是殷制,只不过长子三年为周人所增益。胡适的殷商民族复兴的悬念也证据不足,泓之战子鱼认为宋襄公违天必有大咎,说明没有什么复兴悬念,宋襄公“寡人虽亡国之余,不鼓不成列”之言也不像有什么上应悬念之自信力。孔子的自命不凡和当时人以他为圣人与悬念无关,而他自信中又没有离开儒的态度,即所谓“依人成事”、为人所用。孔子一生志愿在于学周公,一人之下万人之上,“天下宗予”要靠明王之兴。第五,认为儒之起源是贵族政治崩坏后,以前在官的专家失其世职,散在民间,或有知识的贵族因落魄而靠其知识生活,而不是胡适的因殷商亡国之后专家沦为奴虏,散在民间。第六,认为墨家之起源乃是贵族政治崩坏后失业的武士,他专以帮人打仗为职业,即所谓侠士,墨家即从此等人中出,所以墨子团体以善战和制造器械闻名,儒墨虽不同,但皆为卖技艺材能之专家,如无人用之,则有失业之忧。总之昔日在官之专家,如祝宗卜史、礼官乐工或失势贵族等上层失业之流民,多成为儒士。原业农工之下层失业之流民,多成为侠士。故儒士所拥护之制度和所行之道德,多当时上层社会所行者,而侠士正好相反,从墨家的兼爱尚同、节用短丧、崇信鬼神等观点即可看出。

郭沫若在日本潜心研究甲骨金文和先秦古籍十年,因而具有深厚的学术根底,他在《驳“说儒”》一文中从考古学、医学、文献学的角度对胡适进行了四个主要方面的驳斥。第一,他认为三年之丧并非殷制。从帝乙时代的殷墟卜辞看,商王即位后仅隔七八月便行了两次殷祭,祭祀侑神必有酒肉乐舞,毫无三年丧礼不礼不乐的痕迹。第二,《论语·宪问篇》中子张问孔子:“书云:‘高宗谅阴,三年不言’,何谓也?”孔子并未将谅阴解释清楚。郭沫若从医学角度认为,谅阴(通闇)是一种瘖哑症,即“不言症”,健康人要三年不言是难以办到的,故殷高宗不言实为一种病态,并不是倚庐守制。第三,认为《易》的作者是战国前期的子弓,爻辞中的“中行”是人名或官名,指的是晋襄公时的荀林父,他是最初的中行将,其子孙有了中行氏一族,中行与中庸同义。《周易》爻辞收入了春秋中叶的晋事,其年代可知。第四,认为《正考父鼎铭》是刘歆窜改,前半是剽窃《庄子》,后半是摹仿《檀弓》,而且还伪造了正考父“佐戴、武、宣”的史实,使后人受骗。实际上正考父是宋襄公时人,历代都只在宋国做大官,其充分谦恭并不足以解为奴性,且他作的《商颂》雄壮、洪朗,其先人有善战的孔父嘉、同国人有英勇的南宫万,可见殷遗民并不柔。

胡适、冯友兰、郭沫若三位大师的文章虽各有千秋,没有取得较一致看法,并且由于资料所限在某些问题上没有彻底搞清楚,但毕竟是这一时期此类领域的最高水平,以后也几乎没有出其右者。

第二类是关于先秦儒家的派分,其中较有代表性的是郭沫若的《儒家八派的批判》、周予同的《从孔子到孟荀——战国时的儒家派别和儒经传授》、李启谦的《孔门弟子研究》。郭沫若在该文中分六个方面进行了分析。第一,他认为子张之儒是孔门里的过激派,是偏向于博爱容众,是儒家中站在为民众立场的极左翼。子张之儒摹仿舜禹,亦步亦趋,因而遭到曾子、子游等中庸之徒的批评，认为是过火而不合仁道。子张氏仁爱的范围广，大小事都不敢怠慢，严于己宽于人，敏于事而惠于费，从而在表面上与墨家有些相似，但精神绝不混同，不然早就合流。第二，认为子思之儒、孟氏之儒、乐正氏之儒是一个派系。孟轲是子思的私淑弟子，乐正氏则是孟子弟子乐正克，所以思、孟出于子游之儒。宋儒将思、孟归于曾子的根据很是薄弱，忽视了荀子的有关议论。《礼记·礼运篇》是子游氏之儒的主要经典，但不必是子游所记录，篇中强调五行，正和子思、孟轲强调中道相合。据此郭认为《洪范》、《尧典》、《皋陶谟》、《禹贡》等也是思、孟一派所作，推而论之，《大学》也是孟学，是乐正氏之儒的典籍。第三，从《论语》等仅存的资料来看，颜回有明显的避世倾向，这些被其后学夸大，庄子有所采用也不好认为全是假托。孔门中有不少狂放人物，如曾晳、琴张，也有禁欲倾向者如子思、孟子，因而颜氏之儒会有心斋坐意一类的玄虚则不足为奇。第四，认为漆雕氏之儒是孔门的任侠一派，他们颇有矜气尚勇之态。孔门弟子中有三漆雕，能构成一个独立的学派，主张"人性有善有恶"论者为漆雕开，他的见解和宓子贱、公孙尼子、世硕等相同，王充《论衡·本性篇》保存了这项资料。他们的著作除公孙尼子《乐记》一篇外都失传了。第五，认为"仲良氏之儒"无可考，或许就是陈良的一派，他在南方教学甚多，门徒甚广，屈原应该出其门下。第六，认为"孙氏之儒"就是荀子一派，因为荀卿又称孙卿。荀子把仲尼、子弓并称，可见他是子弓的徒属。商瞿虽然对子弓有些思想上的影响，但孔子不曾见《易》，连商瞿也可能没见过，故《易》是子弓创作的。大概荀子晚年"蒙佯狂之色"时钻研了《易》，成为先秦儒家谈到《易》的唯一的人。《易传》多半出于他的门徒之手，其中的"子曰"应该是荀子在说。子弓和子思同年代，他能知道五行说的梗概是毫无问题的，两人共同认为宇宙是变化的，在说明过程中子思提出了五行相生，子弓提出了阴阳对立。这两种学说后被邹衍所合并与发展，便成了所谓阴阳家。

周予同在文章中分三个方面探讨了战国时的儒家派别和儒经传授，对1979年以前这方面的研究做了归纳性的总结。第一，关于孔子以后的儒家派别，他认为郭沫若对子张评价过高，子张的“容众”能否解释成“为民众”还找不到直接材料依据。关于子思，梁启超以来多指孔伋，马宗霍认为指原宪，作者认为孔伋一派的特色在发挥孔子学说，影响在公卿间，仍不脱儒的本色，而原宪一派则重在学道能行，影响主要在民间，已流入侠的一途，故此处子思指孔伋。他还认为郭沫若将子思、孟轲、乐正氏三派定为一系不妥，因为子思之学源于曾子或子游有疑问，孟氏、乐正氏是谁有疑问，《礼运》等篇的作者也有疑问。另外，梁启超、郭沫若将仲良为陈良之说没有文献的直接证据，皮锡瑞认为孙氏之儒指公孙尼子也不客观。总之，作者认为对儒分为八派，虽然学者解释不同，但有几点是一致的，即一是孔子死后儒家分化，在战国时已形成多种派别；二是这些派别均出于孔门并传授孔子之道；三是派别之多反映了战国时期儒术盛行，影响很大；四是各派的具体主张和活动情形，由于文献不足，研究不够，有待深入。

第二，关于孔子以后的儒经传授，作者认为孔子的弟子或再传弟子中与传经关系较大的有子夏、曾参、子思等人。韩非在“儒分为八”时竟未提子夏，据郭沫若认为是韩非承认法家出于子夏，故将之从儒家中剔除，然而子夏在“传经”上却不可忽视。虽然不像东汉至南宋学者那样认为，六经多是子夏传授，但授《春秋》、编《论语》却是事实。他认为曾参是孔子之后儒家孝的代表，但《大戴礼记》中的曾子十篇和《孝经》均非曾子所撰，只可能是曾子一派的典籍。关于子思作者认为如果《礼记·中庸》一篇和《礼记·

缁衣》一篇是子思所作，子思便是战国《礼》、《乐》二经的传人之一。

第三，关于孟荀两派的对立，作者从经学史的角度认为孟子“序《诗》、《书》”是陈述原书著者的旨趣，而不是编制之意。孟子对《春秋》也是如此。孟子对经书重在“序”和“述意”是要在理论上申述自己的哲学政治主张，以确立由孔子到自己的道统，故而不太注意注解章句、综核古事。荀子在“传经”事业上高于孟子，据清人汪中《荀卿子通论》可知，荀子与《诗》、《礼》、《春秋》、《易》诸经的传授都有关系，荀子对后代儒学的发展起了重要影响。因此作者认为战国时期的儒家学说到荀子就作了综合，虽然在汉武帝之后，封建统治者由于荀子主张不法先王、不敬天地、否认命运、人性本恶诸说，不合其愚民的需要而被摒于道统之外，遂使荀子在儒学中的地位不及孟子显赫，并引起后人对荀子学说的种种误解，可他实为孔子以后儒家的传经大师，实为战国末儒家学说的集大成者，实为秦汉时期为封建专制主义的统一政权准备了理论基础的儒家学派的先驱人物。

李启谦的《孔门弟子研究》约 20 万字，全书在汇总前人研究的基础上，将较重要的 29 名弟子在家世履历、生卒年代、为人特点、思想评价、对后世影响等方面作了详细论述，其中有很多作者的创见。另外，对 68 名其他弟子作了简要介绍，最后附有弟子表解，以了解其国别、年龄、仕宦、家庭、受封及配享等情况。可以说该书是 50 年代以来中国大陆关于孔门弟子研究最详细的专著。

三

关于秦汉儒家学派的论著，1900 年至 1949 年的有：刘师培

《汉宋学术异同论》(见《南北学派不同论》),刘光汉《西汉学术发微论》(《国粹学报》第1卷10—12期,1905年),秦赞周《论秦汉儒学之嬗变》(《金陵光》第14卷第2期,1925年11月),梁启超《儒学统一时代》(见《论中国学术思想变迁之大势》第四章,载《饮冰室合集》,中华书局1936年版),钱穆《论战国秦汉间新儒家》(《思想与时代》第35期,1944年6月),胡秋原《两汉思想序说》(《中国青年》[南京]第11卷第1期,1944年7月)。1950年至2000年大陆的有:杨向奎《论西汉新儒家的产生》(《文史哲》1955年第9期),冯友兰《董仲舒哲学的性质及其社会作用》(《北京大学学报》1963年第3期),皓瑗《西汉的统治思想和学派的变化》(《南京师院学报》1977年第2期),任继愈《秦汉的统一与哲学思想的变革》(《历史研究》1977年第6期),孙述圻《论汉代的儒法合流》(《南京大学学报》1977年第3期,周继旨《略论秦汉之际儒法合流和统一的封建主义思想的形成》(《文史哲》1977年第4期),安作璋《汉代的山东儒学》(《山东师院学报》1979年第5期),方立天《汉代经学与魏晋玄学》(《哲学研究》1980年第3期),郭沫若《秦楚之际的儒者》(原载《青铜时代》,见《郭沫若全集》历史编第一卷,人民出版社1982年版),刘修明《经、纬与西汉王朝》(《中国哲学》第9期,三联书店1983年2月版),李泽厚《秦汉思想简议》(《中国社会科学》1984年2期),章权才《论两汉经学的流变》(《学术研究》1984年2期),余敦康《两汉经学和白虎观会议》(《中国哲学》第12期,人民出版社1984年版),王范之《两汉今古经学考》(《中国哲学史研究》1986年第1期),张岂之《汉代儒学概述》(见《中国儒学思想史》第六章,陕西人民出版社1990年版),葛志毅《两汉经学与古代学术体系的转型》(《北京大学学报》1994年第2期)。50年代以后港台的有:曾子友《秦汉经学变迁大势》(《建设》第2卷第9期,1954年2月),钱穆《秦汉学术思想》(《新亚生活》第3卷17—20期,第4卷2、4期,1961年4—7月),熊公哲《两汉儒家诸子之研讨》(《政治大学学报》第15期1967年5月),陶希圣《两汉之儒术》(《食货》第5卷第7期1975年10月),钱穆《东汉经学略论》(载《中国学术思想史论丛》[三][台北]东大图书有限公司出版,1977年版),刘述先《董仲舒与汉代儒学》(原作于1992年,后载《理一分殊》,上海文艺出版社2000年版)。

总观这些代表性论著,可以按其风格分为四类。第一类是大师纵论型,其中以梁启超的《儒学统一时代》和刘师培的《汉宋学术异同论》为代表。梁启超在文中分四个部分进行了论述。第一,他认为儒学统一有六个原因:(1)春秋至秦朝儒学与其他学术同样遭受兼并与焚坑之祸。(2)学术建设动力来自帝王,而秦汉之交的专制政体希望学术也归于一统。(3)墨学主平等,老学主放任,均不利于专制与干涉,而孔学严等差,贵秩序,适应了封建专制的需要,这是后来孔学显尊的奥秘。(4)法家虽然利于霸者,利显而骤,但流弊多;儒家之为利也隐而长,其流弊少。因此前者弃而后者用。(5)儒术言训诂、校勘、典章制度、心性理气者均可自附,比墨学、老学取途较宽。(6)墨学主于锄强扶弱,老学轻世肆志,而孔学以用世为目的,以格君为手段,实与帝王相依附而不可离,因此昌盛用之。

第二认为儒学统一的历史分为五个时期。(1)萌芽时代。以国力推行孔学是从魏文侯初置博士官开始的。秦始皇虽焚书坑儒、禁止私学,但置博士官,以吏为师,使学术统一与政治统一相结合,故秦始皇为儒学第二功臣。汉高祖早年恶儒,溲溺儒冠,叔孙定朝仪,陆贾献《新语》,始知孔学有用,故以太牢祠孔子,喟然兴学,成为儒教第三功臣。(2)交战时代。汉初除儒教外,墨、老、法派势仍较大,与孔学争衡。汉初游侠势盛,其侠义之风为士所称羡;道家则因社会需要休养生息,黄老无为思想得志,景帝、武帝急于功名,法家仍与儒家相争。由于儒家养百年之潜势力,人才济济,终于在与墨、老、法的斗争中取得全胜。(3)确立时代。自魏文侯以后最有功于儒学的是汉武帝,他罢黜百家,独尊儒术,使二千年国教从此确立。(4)变相时代。西汉末年刘歆利用著书不易、悉归秘府的方便,制作伪经,随文窜入,使儒学又非孔子之旧。(5)极盛时代。由于东汉无异派之争,帝王皆受经讲学,传经之业散诸民间,且著书极盛,因此孔学之盛达于极点。

第三关于汉儒的派别。作者认为孔子之学本有微言、大义两派。微言谓之大同,又谓之太平;大义谓之小康,又谓之拨乱、升平。大义之学荀卿传之,微言之学孟子传之。孟子治《春秋》,荀子治《礼》。孟子之后其道无传,而荀子多传六经,故汉以后孔学所传者仅荀学一支派。汉儒主要分为两种:(1)说经之儒。由于书籍流布不易,学者凭口说相传。两汉经师分为四种,一是口说家,务在传授,发明较少,如伏生、欧阳生、申公、辕固生等;二是经世家,衍经术以言政治,如贾谊、董仲舒、刘向等人;三是灾异家;四是训诂家,有马融、郑玄等。(2)著书之儒。有董仲舒之《春秋繁露》,司马迁之《史记》,刘向的《说苑》、《新序》,扬雄的《法言》、《太玄》,王充的《论衡》,王符的《潜夫论》,仲长统的《昌言》等。

第四关于儒学统一的结果。他认为儒学统一至两汉而极盛。其结果有四。一是名节盛而风俗美。光武帝尊崇节义,敦厉名实,故东汉儒行渐渍社会,浸成风俗。二是民志定而国小康。两汉之后,义理入于人心,缙绅上流束身自好,消枭雄之跋扈之义,受名教之束缚。三是民权狭而政本不立。儒教政治思想自相矛盾方面就是君、民权限不分明，其主张强制干涉等差，又以压制暴威为大戒；主张行仁政，但无法保证君主仁政的施行。四是一尊定而进化沉滞。从世界宗教如佛教、基督教的发展来看，当定于一尊而昌盛时，正是政治专制黑暗之时。故儒学定为一尊，阻止了中国的进化。

刘师培在文中认为，学界对汉宋之儒或有师承、或精义理，各执一词，众说纷纭，实际上汉宋学术可在四个方面对比。第一，义理学异同。作者认为宋儒之说多为汉儒所已言，如太极、无极之说，去欲说，立静说等；本原之性，气质之性是二程所创之说。所以汉儒言理，主于分析，宋儒言理，多求之本原。第二，章句学异同。认为汉儒说经，恪守家法，各有师承，虽然意见不同，但去古不远，能得周秦古意，且治经崇实，详于名物制度。而宋儒说经，不轨家法、全凭己意，故能穷理相矜，间出新义。第三，象数学异同。他认为汉儒信谶纬，故多舍理言数，宋儒信图书，则理数并崇，而格物穷理。第四，小学异同。认为汉儒重口授，故重耳学；宋儒竞心得，故重眼学。汉儒知字义寄以字音，故说字以声为本；宋儒不明古韵，昧于义起于声之例，故说字以义为本，而略于字音。所以声音训诂之学，宋儒不如汉儒。

第二类是以唯物史观分析秦汉儒家的历史作用，以阶级观点评判其进步性和落后性，从哲学角度将其分为唯物和唯心两派。这一类文章以 50 年代至 80 年代大陆文章为主。1950 年至 1965 年是学者们尽量套用马克思主义哲学和唯物史观，但分析还是基本上尊重客观事实。1966 年至 1976 年由于“文化大革命”，以阶级斗争为纲，很少从学术上涉及此类问题，充其量是为政治需要搞一些走入歧途的“儒法”斗争研究。1977 年至 80 年代中期，随着实事求是作风的恢复，学术研究开始走入正途，但仍受几十年阶级分析的影响,评判儒家人物看他是否站在农民起义军立场上,看他是否同情被压迫阶级,评判秦汉儒家思想则是分析其形而上或形而下。

第三类是仍保持20世纪上半叶的学风,重资料,重考证,主要从经学的传承上研究秦汉儒家学派。这些主要是50年代至80年代中期的港台学者,如钱穆、徐复观、熊公哲、陶希圣等人。

第四类是突破传统观点的束缚,试图从新的视角研究秦汉时期的儒家学派和学术思想。此类主要是80年代中期以后的一些大陆学者和港台学者,在大陆有李泽厚、张岂之等人,在港台则有刘述先等人。李泽厚在《秦汉思想简议》中认为,以董仲舒为重要代表的秦汉思想,在海内外均遭贬低或漠视,或一概被斥为唯心主义、形而上学,或被视为"儒学一大没落"。而他恰好相反,认为儒家吸收道、法、阴阳从而建构系统论宇宙图式为其特色的秦汉思想,是中国哲学发展的重要新阶段。张岂之等在《汉代儒学概述》中更是分三个方面四万多字详细论述了汉代儒学的特点。第一认为汉代儒学有两重性,即由具有"人学"思想特色的早期儒学转变成倾向于精神压迫的独断主义。其表现为独尊儒术,与阴阳五行和谶纬迷信相结合。但其中还包含有理性主义因素,其表现是反对文化专制,沟通人文精神和唯物主义的道、气,与自然科学联盟以反对谶纬迷信。独断主义和理性主义对立统一,交织并贯穿汉代始终。第二,儒学的理性主义与自然科学。作者认为,汉代是自然科学的奠基时期,其间以天、算、农、医等代表的传统学科搭成骨架,为我国自然科学的发展奠定了基础。而汉代自然科学的发展又为儒学理性主义的形成创造了条件,汉代儒家在此基础上不断前进,如陆贾、贾谊、王充的关于"气"的自然观等。这些从先秦到汉代形成的"道"、"气"、"阴阳"、"五行"等朴素辩证思维有力地促进了医学、天文和炼丹术的发展。如《黄帝内经》以气和阴阳五行说为指导，把医学和哲学密切结合；张衡以道、气和阴阳理论为指导，发展了浑天说，创立了中国古代宇宙结构的基本模式；东汉后期的《周易参同契》以道、气和阴阳五行构成了炼丹术的思想体系。第三，儒学的独断主义与自然科学。在汉代，理性主义虽然有力地促进了自然科学的发展，但它并不占统治地位。而占统治地位的是儒学的独断主义，这种独断主义是违背自然科学的理性主义精神的，所以严重阻碍了数学、天文、农学等的发展。先秦时《墨经》开辟了重视逻辑推理的数学理论化道路，但随着秦汉大一统及独尊儒术，此路中断。儒家认为算术不过是一种技艺，逻辑思想主要应用于政治伦理，这样成于西汉后期的《九章算术》只擅长计算而不讲究逻辑证明，从而影响了数学理论的开发。在天文历法方面，由于天人感应论的影响，在制《太初历》时竟将历法数据与毫不相干的音律联系在一起，降低了基本数据的精确度。另外，记载农学的《氾胜之书》中夹杂一些诸如“占卜岁宜”、“厌胜之术”的迷信，《汉书·地理志》则忽视了对于山川本身的地貌形态和发展规律的探索等。

刘述先在《董仲舒与汉代儒学》中认为，孔孟的天乃是一个超越的形上的价值根源，到董仲舒时堕落成一个凿实的宇宙论架构。汉儒的灾异说对统治者产生了某种制衡作用，因而汉代以后儒者成为统治者和人民之间的中介环节。汉儒把儒家的德化理想与现实政治结合形成的一套典章制度，对先秦儒家的理想却形成了一种折曲，其表现是谶纬迷信的流行阻割了理性的探索，提倡忠孝使汉儒与孟子所谓大丈夫形象相去甚远。此外，在政治上得意的不是董仲舒那样的真儒，而是公孙弘式的俗儒和披上儒化外衣的张汤式的酷吏。真儒虽然无力改变现实并受到委曲，但儒家理想即使经过七折八扣，仍然在相当程度下落实在中国文化之中，在民间产生了广大的教化作用，也对当政者的权力及法家式的设施产生了某种制衡的力量。

四

关于魏晋隋唐时期儒家学派的论著，1900 年至 1949 年的有：刘师培《南北经学不同论》(见《南北学派不同论》)，黄侃《汉唐学论》(《哲学月刊》第 1 卷第 6、7 期，1926 年 11 月，1927 年 4 月)，文箴《六朝隋唐学术派别的探讨》(《朔望半月刊》第 18 期，1934 年 1 月)，巩志义《魏晋儒学衰败之原因及其影响》(《津逮季刊》第 1 卷第 3 期，1934 年 1 月)，李源澄《东晋南朝之学风》(《史学集刊》第 1 卷第 2 期，1941 年 3 月)。1950 年到 2000 年大陆的有：陈寅恪《论韩愈》(《历史研究》1954 年第 2 期)，范宁《论魏晋时代知识分子的思想分化及其社会根源》(《历史研究》1955 年第 4 期)，杨荣国《韩愈思想批判》(上、下)(《理论与实践》1958 年第 11、12 期)，杨向奎《唐宋时代的经学思想》(《文史哲》1958 年第 5 期)，侯外庐《论刘知几的学术思想》(《历史研究》1961 年第 2 期)，胡如雷《关于唐代韩柳之争的几个问题》(《历史研究》1977 年第 4 期)，何兹全《南北朝时期儒学风尚不同的渊源》(《史学评林》1983 年第 7、8 期)，牟钟鉴《南北朝经学述评》(《孔子研究》1987 年第 3 期)，刘光裕《唐代经学中的新思潮》(《南京大学学报》1990 年第 1 期)，卢钟锋《唐代的儒学复兴与学术史的研究》(《广东社会科学》1990 年第 4 期)，陈朝晖《北魏的儒学与士人》(《文史哲》1992 年第 4 期)，孔毅《魏晋南北朝时期南北经学异同论》(《云南社会科学》1993 年第 1 期)，杨达荣《柳宗元与宋明理学》(《江西社会科学》1993 年第 10 期),黄永年《论韩愈在中国思想史上的地位》(《陕西师大学报》1996 年第 1 期)。1950 年以后港台的有:廖维藩《南北朝经学及隋唐经学之统一》(《学粹》第 7 卷第 2 期,1965 年 2 月),高观如《唐代儒家与佛学》(《佛教与中国文化》,[台北]大乘文化出版社,1978 年版)。

由于魏晋隋唐时期玄学兴起、佛教传入,儒学受到巨大冲击,相对于秦汉和宋明来说此时是儒学式微阶段,因而研究论著相对较少。如果以研究的问题划分,大体可以分为两大类。第一类是以经学传承为线索来研究此时期儒家学派的发展变化。牟钟鉴在《南北朝经学述评》中认为魏晋经学,学派并起,各派都打破两汉今古文壁垒,糅合儒道,力求创新。义理、训诂、礼制之学并行不悖,焕发了经学生机,丰富了经学内容。南朝经学重魏晋传统,亦习郑学,不抱一家一派,层次丰富,为开放型经学。北朝经学重汉末传统,与河西、关陕文化有血缘关系,得力于北方世家大族,其中徐道明所传郑学影响最大。杨向奎在《唐宋时代的经学思想》中认为隋唐人陆德明的《十三经正义》之学代表了南北学派之大成,但主流是南学;到孔颖达《五经正义》则折衷消化了南北经学,贾公彦、杨士勋混同了南北经学而没有消化。刘光裕在《唐代经学中的新思潮》中认为陆淳派重释《春秋》,在为现实服务的同时,为从汉代经学到宋代理学的转变起了承上启下的作用。卢钟锋在《唐代的儒学复兴与学术史的研究》中认为唐初虽三教并立,但官府设国子监,考定"五经",正史中恢复《儒林传》等对儒学的复兴起了较大作用。另外,魏徵编撰《隋书·经籍志》,崇尚儒学,对经、子各部的学术源流进行了更为详尽、系统的辨析。

第二类是对此时期儒家代表人物的研究,除了对编定、注释儒家经典人物的探讨外,主要集中在对韩愈、柳宗元的研究上。陈寅恪在《论韩愈》中分六个方面论述了韩愈的贡献,一是建立道统证明传授之渊源,二是直指人伦,扫除章句之繁琐;三是排斥佛老,匡救政俗之弊害;四是呵诋释迦,申明夷夏之大防;五是改进文体,广收宣传之效用;六是奖掖后进,期望学说之流传。韩愈虽大声疾呼,以排斥佛老、恢复儒学为己任,但他的实际作用仅局限于文学领域,真正从思想领域复兴儒学的是柳宗元。魏晋隋唐,佛教兴盛,单凭感情用事,简单排斥是不能解决儒学衰落问题的。而柳宗元通于儒学和佛学之间,认为要想复兴儒学必须吸取佛道,韩柳之争的核心即是否援佛入儒,因而他是宋明理学的先行者、奠基人。90 年代后学界中这种认识日益增多,研究的重点也从论韩向论柳转移,从而使宋明理学的传承有了更明确的认识。

五

关于两宋时期儒家学派的论著,1900 年至 1949 年的有:刘师培《南北理学不同论》(见《南北学派不同论》,原载《国粹学报》第二、六、七、九期,1905 年 3 月 25 日至 10 月 18 日),吕思勉《理学纲要》篇三《理学源流派别》(商务印书馆 1934 年版),谭丕模《宋元明思想的流别及其演变过程》(《清华周刊》第 42 卷第 6 期,1934 年 11 月),钱穆《论两宋学术精神》(《文学年报》第 2 期,1936 年 5 月),唐君毅《宋明理学之精神论略》(《理想与文化》1946 年第 8 期)。1950 年以后大陆的有:华山《程朱理学批判》(《山东大学学报》1961 年第 2 期),赵纪彬《理学的本质》(《困知录》下册,中华书局,1963 年版),张岱年《论宋明理学的基本性质》(《哲学研究》1981 年第 9 期),张立文《理学思想的渊源和形成过程》(《中国哲学》第 5 期,三联书店 1981 年 1 版),李泽厚《宋明理学片论》(《中国社会科学》1982年第1期),李甦平《宋明理学在日本的传播和演变》(《哲学研究》1982年第3期),任继愈《朱熹与宗教》(《中国社会科学》1982年第5期),冒怀辛《朱熹学派在福建的流传和影响》(《江淮论坛》1982年第2期),陈植锷《从疑传到疑经——宋学初期疑古思潮述论》(《福建论坛》1987年第3期),李晓东《经学与宋明理学》(《中国史研究》1987年第2期),滕复《宋明浙东事功学与心学及其合流》(《东南文化》1989年第6期),何兆武《从宋初三先生看理学的经院哲学实质》(《晋阳学刊》1989年第6期),邓广铭《王安石在北宋儒家学派中的地位》(《北京大学学报》1991年第2期),马彪《试论朱熹对儒家传统观的继承和发展》(《中国史研究》1992年第1期),李锦全《岭南江门学派在宋明理学及中国传统文化中的历史地位》(《孔子研究》1994年第3期),余敦康《程颐的经世外王之学》(《孔子研究》1996年第2期),程利田《朱熹理学对德国哲学的影响》(《福建学刊》1998年第2期),余光贵《四川理学及其特点》(《四川大学学报》1998年第3期),董根洪《司马光是理学的重要创始人》(《山西大学学报》1996年第4期),刘宗贤《宋初学术文化整合的倾向》(《哲学研究》1996年第11期),陈国灿《论宋代"浙学"与理学关系的演变》(《孔子研究》2000年第2期)。1950年以后港台海外的有:牟润孙《两宋春秋学之主流》(上、下)(《大陆杂志》第5卷第4、5期,1952年8、9月),何佑森《两宋学风之地理分布》(《新亚学报》第1卷第1期,1955年8月),黄建中《心学源流考辨》(上、下)(《大陆杂志》第14卷第11、12期,1957年6月),牟宗三《宋明儒学综述》(一至五)(《人生》第25卷第12期,26卷1—4期,1963年),牟宗三《陆象山与朱子之争辩》(一)、(二)、(三)、(四)(《民主评论》16卷第8、9、10、11期,1965年4、5、6

月)，南怀瑾《宋明理学与禅宗》(《孔孟学报》第23期1972年)，牟宗三《宋明理学之三系》(《鹅湖》第1卷第7期，1976年1月)，钱穆《初期宋学》、《周程朱子学脉论》、《朱子学流衍韩国考》(载《中国学术思想史论丛》(五)、(七)，东大图书有限公司1979年版)，杜维明《宋明儒学的本体论》(原载《中国哲学杂志》，1980年第7期)，张君劢《朱子与陆象山》、《自宋末迄元初的儒家哲学》(载《新儒家思想史》第十三、十五章，台北弘文馆1986年汉文版)，刘述先《宋明理学的分系问题》、《宋明理学的现代意义》、《朱子在中国思想史上的地位》(见《理一分殊》，上海文艺出版社2000年1月版)。

总观这些有代表性的论著，可以按其风格分为四类。第一类是综论概括型，其中以刘师培、张岱年、牟宗三、李泽厚等为代表。刘师培在《南北理学不同论》中从师承的角度认为，自周末以来，道家学术起于南方，故东晋六朝南方学者崇尚虚无，祖述庄、老；而南方与印度地理接近，受其影响而创立禅宗，因此南方之学术，皆老释之别派。周敦颐是南方学派之正宗，二程受业周子，参考王通、韩愈、孙复之言，是南北学派相融。关中张载由二程而私淑濂溪，其思想明显有老子之绪余，濂溪之遗教，为南学北行之证明。金人灭宋，北学式微，程门弟子传道南归，其中较著名的有杨时、谢良佐。朱子之学初期以察识为先，以涵养为后，晚年力守二程之说，以为“涵养莫如敬，进学在致知”，纯然为北学之支派。而陆学重涵养而轻省察，乐简易而极高明，废讲学而崇践履。及姚枢、许衡得朱子遗书，是为北人知朱学之始。由元至明数百年间，专主朱子一家之说。陈白沙之学以虚为本，以静为基，以怀疑为进德之门，以无欲为养心之要。王阳明崛起于浙东，用禅宗之说，而饰以儒书，以为圣人之道。王阳明死后，吴越楚蜀之间，讲坛林立，余姚学派，风靡东南，淮汉以南，咸归王学。明末南方学者如金炫、熊开元、金声等人皈依佛法，以忠义垂名。而高、顾诸儒讲学东林，力矫王学末流之失，弘毅笃实，取法程朱。然立说著书，虽缘饰闽洛之学，实隐袭余姚之旨。此时北方之儒则有孙夏峰、李二曲，孙氏讲学持朱陆之平，不废阳明之说；李氏讲学关中，指心立教，不涉见闻。清前期陆陇其、李光地、杨名时等咸缘饰朱学，而东林弟子大多近宗高、顾，远法程、朱，与北方学派不同。

张岱年在《论宋明理学的基本性质》中从哲学的角度认为：第一，道学实际包括三个流派，一是张载的“气”一元论，后来到明代的王廷相才得到进一步发展。二是程颐、朱熹的“理”一元论，后来成为南宋中期到清代中期的官方哲学。三是陆九渊的“心”一元论，到明代的王守仁得到了充分的发展。理学有广狭二义。广义的理学包括“气”一元论、“理”一元论、“心”一元论三派；狭义的理学专指程朱学说。第二，理学基本上是先秦儒家孔孟学说的进一步发展，虽然探讨并吸收了佛老的一些问题和观点，但其基本倾向是与先秦儒家一致的。第三，理学是哲学而非宗教。理学反对佛家生死轮回说，不重视生死问题，谈到的上帝只是没有意志的理而已。第四，理学是反映封建时代等级秩序的哲学，但并不赞成绝对君权，相反主张开发民智，反对愚民政策。第五，宋明时代在理学之外还有反理学或非道学的思想。北宋时有王安石的新学和苏轼、苏辙的“蜀学”；南宋时有陈亮、叶适重视事功的学说；北方金国还有尊崇佛教的李纯甫。反理学的思想家中既有唯物主义，又有唯心主义，如王安石、陈亮、叶适反对唯心主义，二苏、李纯甫赞扬唯心主义。第六，吸收其积极内容，批判并清除其消极影响。

牟宗三在论著中认为宋明儒学是儒学发展的第二期（见前综论部分），周敦颐、张载、二程、胡五峰、朱熹、陆九渊、王阳明、刘蕺山是此期的主干人物。他们又分为三系，即程颢、朱熹为一系；陆九渊、王阳明为一系；周敦颐、张载、程颐、胡五峰、刘蕺山为一系。胡、刘才是北宋诸儒之嫡传；朱熹、程颢以《大学》为中心观念，走格物穷理路子；陆九渊直承孟子学，陆、王一系可与胡、刘合为一大系，为大宗，程、朱为别宗，小宗。

李泽厚在《宋明理学片论》中认为，宋明理学大致可分为奠基、成熟和瓦解三个时期，张载、朱熹、王阳明三位著名人物恰好是三个时期的关键代表，张建立理学，朱集理学大成，王使理学瓦解。

第二类是具体研究型。分别从分期、地域、国别等角度进行探讨。如钱穆在《初期宋学》中认为北宋儒学应推胡瑗、孙复为肇祖，其可注意者有三：一是他们的重振师道。孙复建泰山书院，胡瑗则在湖州教授二十余年，使宋公私教育得以复兴。二是他们重视《易》和《春秋》，与汉人尚章句训诂、唐人尚文学诗赋有别，从此走上了儒学正路。三是孙复提倡宋儒道统尤力，认为自汉至唐惟董仲舒、扬雄、王通、韩愈，故北系重韩愈，而南系胡瑗则重颜子。总之初期宋学气派之开阔，如胡瑗之道德，欧阳修之文章，范仲淹之气节，堪称鼎足之三峙。初期与中期宋学的夹缝人物为王安石、高敞，二人皆博学，旁及佛老，又好谈性理。王安石思想对当时有两大贡献，一为王霸论，二为性情论。王霸之辩原本孟子，但荆公别有新创，他谓王霸之异在心，其心异则事异，其事异则其功异。王安石主张性情一体，但又主张性可以为恶，情可以为善，如此推翻了一般性善情恶论，使人再有勇气热情来面对真实人生。

邓广铭在《王安石在北宋儒家学派中的地位》中从哲学的角度进行了详细论述。他认为王安石是推动宋初融合儒释道这一学术取向达于高峰的代表人物。王安石早年研究儒家经书并成为名家，是为了经理世务，他在“道德性命之理”的探索方面超越了汉唐诸代。这是因为他对佛老两家的学术和义理不存门户之见，公开吸取有用之处。从唐代韩愈李翱到北宋前期的三先生虽全力抬高儒家地位，但他们的思想活动均局限儒家学派本身的领域之内，没有再向新的领域扩展。只有像王安石那样把释道及诸子百家兼容并取，仍以儒家的学说义理为本位，才能使儒家义理学说的广度和深度都扩展到一个崭新境界。王安石有选择地吸收释老诸子，即使为政时采用刑名法术，并不离开德教的感化，总之是吸取诸子百家来充实和弘扬儒家的学说和义理，使之发扬光大并贯穿于政治实践中。在北宋一代这种对儒家道德性命的阐释和发挥及在士大夫中的影响无人能与之相比。二程学说之大行，则是宋室南渡以后的事，整个北宋时期，理学这一学术流派并未形成。王安石援诸子百家学说中合乎“义理”的部分入儒，丰富和充实了儒家学说，把其地位提高到佛道之上，这种贡献和影响使他成为北宋儒家中的首要人物。由于程朱理学家只着重内圣而不讲外王，脱离实际而务高之过，与王安石内圣外王大异其趣，因此不能把王安石称为理学的开山祖，而只能归之于二程和张载三人。

另外，一些学者按地域研究了宋代儒家学派，如浙派、岭南派等，还探讨了宋代理学对日本、韩国的影响。如钱穆在《朱子学流衍韩国考》中研究了韩国治朱子学较著名的四位学者。第一位是李滉，字退溪，明代中期人。退溪为学，一本朱子，能极谨思慎辨之功，其进退诸家，辞意敦笃，所长尤在其论心。第二位是李珥，明代后期人。他发挥朱子理气不离亦不杂之意，辨释精审是其特长。他解释心性情意四项，大体皆承朱子，所辨主要是人心道心之辨。第三位是宋时烈，明代末期人，他提出格致存养践履三者会通用力齐头并进之要旨，实可与孔门之言博约、中庸之言尊德性道问学互相阐发。第四位韩南塘，其平生持论，主要在辨理气心性两大纲，一奉朱子为圭臬。

第三类是将宋代理学与西方哲学进行比较,如张君劢在《新儒家思想史》第十三章《朱子与陆象山》中认为:朱陆之争在于心是否先天具足,或是否因外境而生。这个争论相当于欧洲思想史上理性主义和经验主义之争,西方经验主义者认为人类本是一张白板,知识是感觉和印象形成的。同样,程朱学派也强调获取知识的重要性。西方理性主义者认为人天生赋有某些固有的观念,科学和伦理学上一切判断都建筑在这些观念上面。同样,陆王学派也主张人类悟性的先天性。《中庸》里所谓尊德性道问学,在朱陆论辩时被一分为二,陆氏专注意前一半即尊德性,认为人性中本具有为善的固有观念,而朱熹则专用后一半即道问学,认为是接近大道的主要途径。在第十五章《自宋末迄元初之儒家哲学》中认为宋末两派在思想上的溶合已经看得出来,在溶合中陆派占优,因为朱派已沦为训诂学派,所以凡重视思想作用的学者,自然而然地倾向于陆派。朱子去世后,其门人竭力维持师门之学,像蔡元定精于算学和音乐,黄斡作《朱子传》,完成朱子关于礼的未竟工作,陈淳则编集朱子哲学概念的重要辞汇。陆派在浙江特别盛行,拥护者为杨简、舒璘、舒琥、袁燮。其中杨简影响最大,著作也最多,是南宋最有才能的思想家,他的灵悟和胆识甚至超过前辈朱熹和象山,其相信宇宙之绝对理性方面与德国哲学家谢林(Schelling)相似。到宋末陆派的影响已超过朱派,朱派已被说服放弃一部分立场,不像以前那样重视道问学工夫。从元初大儒吴澄的著作即可看出。吴澄是宋末元初人,受朱陆两派的影响较大,他倾向于调和两派。认为两派并无真正的冲突,学问知识是由感官而来,而是非则只能由心判定。这种感官之知与德性之知乃一心的两面的合一观点,表明朱派已失去优势。宋末之重视心学,表示心学派将在明朝大行其道。

第四类是80年代后在海外兴起的现代新儒家。他们主张儒家三期说,试图复兴儒学并使之现代化。如刘述先在《宋明儒学的现代意义》中认为:(1)宋明儒者不是依赖外在的经验推概或理智的构画建立形而上学,只是通过内在的觉醒与行为的躬行实践,才能体证到终极的形上境界。这样的信念不与科学相违,所排斥的只是错误的科学主义的信念。(2)从伦理学的角度看,宋明儒者认为人有良知良能,只要着重修养,摒除私念,即可把握行为准则,从而解决现代人的道德行为问题。(3)从宇宙论的角度分析,宋明儒有许多宇宙论的玄想,今日看固然幼稚粗糙,但这些玄想背后隐涵着一些睿智,不应轻易加以鄙弃。(4)从科学的角度看,中国科技之所以在近数百年落后,可能因为儒家式的思维方式拒绝把形式和内容分离,这样抽象的数学思想发展不足,造成不利影响。同时宋明儒过分强调德性之知,比较轻视见闻之知,以至文化的发展有了偏向。但事实上儒家思想对现代科技并没有本质性的排拒,如日本深受儒家影响,但科技照样发展。总之现代化要建筑在传统之上,要利用传统资料,减少传统负担。(5)从政治的角度看,传统儒家思想还有许多瓶颈未能突破。如儒家一贯是民本思想,始终未能进至民主思想;过分重人治,未能重视法治等。但西方式民主也有许多流弊,因此在尽量提高教育与知识文化影响的同时,传统对道德、品德的要求决不能完全放弃。

关于元代儒家学派的论著较少,主要有:何佑森《元代学术之地理分布》(《新亚学报》[香港]第1卷第2期,1956年2月),唐宇元《元代的朱陆合流与元代的理学》(《文史哲》1982年第3期),陈高华《陆学在元代》(《中国哲学》第9辑,三联书店1983年版),孙克宽《元代北方之儒》(《儒家思想研究论集》[二],黎明文化事业公司1983年版），萧功秦《元代理学散论》（《中国哲学》1985年第3期），乌兰察夫《理学在元代的传播与发展》（《内蒙古社会科学》1991年第2期）。陈高华在《陆学在元代》中认为陆学虽然在南宋后期逐渐衰落，到元代更加消沉，一般史著往往略而不提，实际上陆学在元代若断若续，在思想界仍有一定影响。因为第一，在南宋后期陆朱去世后，二家地位发生明显变化，朱学大盛，陆学式微，就连陆学占优势的四明地区（浙江宁波）也学风渐变。这其中除朱熹年高，著书甚丰，弟子显达等原因外，主要是当局的态度所决定。南宋理宗崇尚朱学，以朱熹注疏儒家经典为科举考试标准，朱学成为晋身之阶和官方哲学，陆学从冷落走向衰落。第二，陆学在元代虽然衰落，但其"流风遗俗"仍有承传，其代表人物有刘壎、陈苑、赵偕等人。刘壎在哲学思想上"尊陆九渊为正传，而援引朱子以合之"，通过反复申述朱陆二者的歧异所在来证明两家从根本上是相同的。区别在于一个主张循序渐进，一个主张见性明心，豁然开朗。陈苑是元代影响较大的陆学派，他讲学授徒，门生颇众，使陆学在江西一度振兴。陈苑门下较著名的弟子有李存、祝蕃、吴谦、舒衍，号称江东四先生。赵偕继承杨简衣钵，认为"万物有存亡，道心无生死"，提倡"内省"以达到悟的境界。赵偕的传播陆学，使中断的传统得以复兴。第三，南宋后期，朱、陆二家互相攻击，有如水火，但已有人企图从中调和，到了元代，持这种态度的更不乏其人，最著名的有吴澄、郑玉等。吴澄是元代学问最渊博的理学家，在元代思想界有很高的地位，号称与许衡齐名。吴澄是朱学的正统弟子，与一般朱学信徒不同，他对于陆学不加排斥，反而持肯定态度，不但对陆九渊赞誉有加，为陆氏及弟子傅梦泉的语录作序，还将陆氏与朱熹、二程相提并论。他在任教的国子监中公然提倡以陆学补朱学不足，调和二者在认识论上的分歧，从而招致非议。明代王守仁为扬陆抑朱，取吴澄之说以印证其论，可见吴澄对王守仁有一定的影响。郑玉是元代后期徽州地区最有声望的理学家之一，他在淳安受陆学影响，回籍读朱子之书后又成为朱学信徒。他对陆学仍采取尊重的态度，认为两家在根本上是相同的，反对双方互相攻击。郑玉的调和态度虽然明显，但与吴澄有所不同，吴澄多右陆而郑玉多右朱，即郑玉学说中朱学的成份更多一些。除吴、郑外，虞集、赵汸等也在一定程度上对朱陆二家采取调和折衷态度，从他们在元代思想界有较高的地位看，说明陆学在元代还是有相当大的影响的。总之，元代朱学虽盛，但未出现学术上有较高成就的人物，陆学也是如此，而一些真正有成就的代表人物则往往对二者采取兼容并蓄的态度，因此在元代思想领域中，真正值得注意的既不是朱学也不是陆学，而是朱、陆混合的潮流。

孙克宽在《元代的北方之儒》中认为元代北方诸儒有说动朝廷，使理学成为一尊的不朽功绩；其学术独特之处即是富于救世与用世的精神，所学多注意经世实用之学，人伦间则重视礼经的典范。如果按区域可以分为：（一）怀卫地区儒学。此地代表为许衡、姚枢、郝经三人。许衡学术可以分为经世之学和心性之学两部分，他定制度，开太学，慎思持敬，身体力行。姚枢以仁义之说感动元世祖，开北方学统，成就一代学问。郝经以忠节显名，心迹坦诚，实得道学之心传。此外，还有讲求实用之学、利济民生的王恂、郭守敬等。（二）河朔地区儒学。代表人物有张德辉、刘因、苏天爵等人。张德辉奉命在真定提调学校，实为开启门户、性行笃实之人。刘因发扬光大程朱义理之学，竟与许衡一派分庭抗礼，使河朔之学成为一大派。刘因私淑弟子安熙的学生苏天爵，注意刑狱和朝廷制度，重视史学，了无高谈心性的空言，所著只有《诗经释疑》，是朱子诗学的系统。（三）关中地区儒学。元初关中儒学开风气于许衡提学京兆的教士，入其门下者首推杨恭懿，他以礼为一生治学行己的大端。关中的丧礼复古，是仿自杨氏。之后有萧㪺和同恕两大儒。二人均博学多才，授徒甚多。

六

关于明清时期儒家学派的论著，1900 年至 1949 年的有：刘师培《南北考证学不同论》（见《南北学派不同论》，原载《国粹学报》第 2、6、7、9 期，1905 年 3 月 5 日至 10 月 18 日），纫一《明代学术概论》（《南开大学周刊》第 61 期，1928 年 5 月），罗振玉《清代学术源流概略》（《东北丛镌》第 18 期，1931 年 6 月），吕思勉《理学纲要》篇十三、十四（商务印书馆 1934 年版），梁启超《清代学术概论》（中华书局 1936 年版），徐世昌《清儒学案》（《燕京学报》第 27 期，1940 年 6 月），容肇祖《明代思想史》第二、五、七章（开明书店 1941 年版），钱穆《中国近代儒学之趋势》（《思想与时代》第 33 期，1944 年 4 月），彭泽益《太平天国与儒教》（《东方杂志》第 41 卷第 10 期，1945 年 5 月）。1950 年以后大陆的有：华山《从陆象山到王阳明》（《山东大学学报》1962 年第 1 期），嵇文甫《王船山的学术渊源》（《新建设》1962 年第 8 期），华山《论顾炎武思想》（上、下）（《文史哲》1963 年第 1、2 期），周予同《从顾炎武到章炳麟》（《学术月刊》1963 年第 12 期），杨向奎《清代的今文经学》（《清史论丛》第 1 期 1979 年版），汤志钧《近代史学与儒家经学》（《学术月刊》1979 年第 3 期），李兴盛《朱舜水及其在日本》（《黑龙江大学学报》1979 年第 2 期），张岂之《论蕺山学派思想的若干问题》（《西北大学学报》1980 年第 4 期），汤志钧《清代今文经学的复兴》（《中国史研究》1980 年第 2 期），杜维明《王阳明讲学答问并尺牍》(《中国哲学》第5期,1981年版),仓修良《章学诚与浙东学派》(《中国史研究》1981年第1期),朱维铮《章太炎与王阳明》(《中国哲学》第5辑,三联书店1981年1月版),任继愈《明清理学评议》(《明清史国际学术讨论会论文集》1982年版),王凯符《桐城派简略》(《文学遗产》1982年第3期),吴雁南《清代理学探析》(《重庆师院学报》1984年第4期),冯天瑜《明代理学流变考》(《明清史散论》1985年版),汤志钧《近代经学的发展和消亡》(《历史研究》1985年第3期),陈荣捷(美)《明代早期的程朱学派》(《中国哲学史研究》1985年第2期),魏常海《王学对日本明治维新的先导作用》(《北京大学学报》1987年第1期),唐宇元《宋濂的理学思想》(《孔子研究》1987年第3期),吴义雄《鸦片战争前后的今文经学与中国近代思想》(《中山大学学报》1991年第1期),步近智《东林学派与明清之际的实学思潮》(《浙江学刊》1991年第4期),周兆荣《戴震与程朱理学》(《历史研究》1992年第1期),董平《论刘宗周心学的理论构成》(《孔子研究》1992年第2期),龚书铎《晚清的儒学》(《北京师大学报》1992年第2期),陈铁健《王学及其现代命运》(《历史研究》1994年第4期),杨国荣《王阳明的哲学历程》(《华东师大学报》1996年第4期),陈其泰《晚清公羊学的发展轨迹》(《历史研究》1996年第5期),景海峰《清末经学的解体和儒学形态的现代转换》(《孔子研究》2000年第3期)。50年代以后港台的有:章群《浙东学派与阳明心教》(《新亚校刊》第6期,1955年3月),蒋梦麟《阳明学说之渊源及其影响》(《中国学术史论集》第1期,1956年10月),唐君毅《陈白沙在明代理学中之地位》(《白沙学刊》1965年3月第2期),牟宗三《王学的分化与发展》(《新亚学术年刊》1972年9月),《阳明学是孟子学》(上、下)(《鹅湖》第1、2期,1975年8

月),何佑森《黄梨洲与浙东学术》(《书目季刊》第7卷第4期,1974年3月),余英时《戴震与清代考据学》(《新亚学报》第11卷[下],1975年9月),《论戴震与章孝诚》(香港龙门书店1976年版),张寿安《龚定庵与常州公羊学》(《书目季刊》第13卷第2期,1979年9月),钱穆《明初朱子学流衍考》(《中国学术思想史论丛》[七],东大图书有限公司1979年版),《略论王学流变》(同上),余英时《清代思想史的一个新解释》(原载《中华文化复兴月刊》第九卷第1期,见《中国哲学思想论集》清代篇,台湾水牛图书出版有限公司1988年版),余英时《从宋明儒学的发展论清代思想史》(见《余英时新儒学论著辑要——内在超越之路》,辛华编,中国广播电视出版社1992年5月版),刘述先《阳明心学的渊源与评价》、《清代学术的特点》(见《理一分殊》,上海文艺出版社2000年1月版)。

总观研究明清时期儒家学派的论著,可以按其特点分为四类。第一类是综论概括类,其中以刘师培、钱穆、周予同的文章为代表。刘师培在《南北考证学不同论》中认为,宋元以降,士学空疏,到明季黄宗羲崛起浙东后才有改观,万斯大、胡渭等逐渐形南学之派,以东吴惠栋为代表,此派精于校勘考订诸经书。皖派以戴震为代表,皖南多山,失交通之益,故与江南所学迥异。戴氏治学慎思明辩,以辨物正名为基,以同共贯为纬。戴氏弟子最有成就的除金坛段玉裁外,就是扬州的王念孙等人。江淮以北有山阴人阎若璩、济阳张尔歧、邹平马骕等在考订训诂方面也很有成就。总之吴中学派传播越中,于纬书咸加崇信;而北方学者,鲜信纬书。徽州学派,传播扬州,于礼学咸有专书,而南方学者,鲜精礼学。北人重经术而略文辞,南人饰文辞以辅经术,此南北学派之不同所在。从成就上看,吴越之儒功在考古,精于校勘,以博闻为主,深芜而穷其枝叶。徽扬之儒功在知新，精于考核，以穷理为归，简约而得其菁英。之后南方学派分为三，即义词者一派，校勘者一派，昌微言大义者一派。北方学派分为辨物正名和格物穷理二派。

钱穆在《前期清儒思想之新天地》中认为，清代260余年的学术思想可分为两个阶段，清初至乾嘉为前期，道咸到清亡为后期。前期清儒在高压下大多只能走上考据训诂的消极道路，只有少数较为积极的学者在研究经史义理之余，直觉或非直觉地披露了其潜在的民族意识，对当权者提出晦昧的批评。清儒学术直承晚明而来，但未依晚明的路向发展。晚明诸老在心学走向穷途末路和自己生不逢时的情况下，与北宋初期诸儒情感、宗教和经学式的心情相比，是亡国低沉下的理智、社会和史学式的心情。清初的安定和统治者的又打又拉，使晚明诸遗老的一片史学心无可寄托，便在清儒手中变成了专尚考据的经学。经学本来带有宗教气味，但清儒经学仅是一种变了质的史学。他们不敢批评经籍本身，却批评经籍外的一切版本形式与文字义训，即隔离人生较远的方面。他们治《尚书》，并不是为了政治楷模；治《诗经》，并不是为了文学陶冶；治《春秋》，并不是为了人事褒贬；治《易经》，并不是为了天道幽玄。清儒经学只有学究气，没有儒生气。清儒虽逃避人生，但主张解放，同情被压迫。清儒对于传统权威的反抗精神，实际上沿袭晚明遗老而来。他们不能正面对朝廷发泄，便转移到宋儒身上，责备宋儒理论上为统治者张目。他们反对宋学，一是因为在古籍整理上超越宋儒，二是以宋儒为朝廷所利用，故乾嘉诸儒对当局之敌意，以攻击宋儒为发泄。这样就由晚明遗儒多半批评陆王转向清儒排斥程朱，清儒的态度愈偏激，愈见其内心波动之不自然。总之乾嘉学派极盛时期，正是他们内心极沉闷之时。他们攻击程朱，便证明其内心耐不得，重新要从故纸堆中回到人生社会的现实来，这一趋向遂又从经学转向史学,章学诚树起史学旗帜与经学对抗,便是这种时代精神的委曲流露。史学比经学更解放,更平恕,经学未免偏向古代,史学自应偏向近世;经学未免要立一标准,史学以事实为标准。其实清儒学风的内里精神,只在诵先圣遗言,不管时王制度,这才是清代学术的主要精神,也是来源于晚明诸儒。故戴东原、钱竹汀虽若消极逃避人事,其真源则确近晚明清儒,还是认真人事,有一种倔强反抗的意味。章学诚教人切人事,而归于推尊时王,此在清儒学风中转成反动,决非主流。

周予同在《从顾炎武到章炳麟》一文中通过对清代汉学的发生、发展、终结的历史过程的钩沉,探讨了这一学派的继承关系。他认为顾炎武处在空谈心性的理学盛行而汉族人民遭受满洲贵族压迫的时代,鉴于理学对国计民生的无益,故奋起对之批判,提出了"理学,经学也"的命题。认为孔子罕言性、命,空谈心性治平无益,明末学风空疏是由于科举制的芜陋和理学的脱离实际。如此造成风俗败坏,世风日下。为此把理学作了区分,将"古之理学"纳入经学,"今之理学"归入"禅学",扛起经学大旗,以复古为革新。顾炎武强调治学应"博学于文"和"行己有耻"并重,用经学保护民族意识,读书与抗清联结,著述与致用一致。总之目的是通经致用,学术思想和政治斗争相结合。

在清廷文化高压政策下,学人们转向了脱离政治的考据学,提倡"汉学"的顾炎武被推为开山祖师,"乾嘉汉学"风靡一时。到乾隆时期,清代汉学分为吴、皖两大支派,他们主要继承了顾氏的"博学于文"的治学方法和音韵训诂之学,校订经书扩大到史籍和诸子,解释经义扩大到史地、天算、音律等,但放弃了最主要的"通经致用"命题。皖派的戴震用训诂学的形式探求《孟子》本义,痛诋"宋学",充满着反抗精神。但这仅属于个别,且也没有得到发展。章学诚在乾嘉学派盛行时则重倡“经世”之学，对汉学和宋学均加以贬斥，但心存顾忌，限制了他当时应起的影响。

清后期随着外国的入侵和封建统治危机的加深，清代今文经学逐渐代替了古文经学，他们推崇西汉，“托古改制”，把经学作为改良政治的工具。戊戌变法失败后，改良派成为革命的阻力，章炳麟又奋臂而起，以古文经学反对今文经学，以革命反对改良，顾炎武经学思想中久被淹没的实践内容又赋予了新的涵义。章氏师从俞樾，是从顾炎武、戴震、王念孙、王引之等一脉相传，但他超越其师，不是单纯汲取顾炎武经学思想中的实践内容，而是利用前人的思想材料，为其宣传“排满”的理论张本。他认为历史分为三项：一是语言文字，二是典章制度，三是人物事迹。汉学家不仅要让人懂前二项，还要有爱国心，因而发挥了顾氏的观点。

第二类为系统论述型，其中以容肇祖和梁启超为代表。容肇祖在《明代思想史》第二章《明初的朱学》中认为明初朱学分为三派：一是博学或致知派。朱熹的学问重在致知，后来承接这一学问的在元代颇盛，他们以“多学而识”著称，逐渐舍弃了心性学问，清代章学诚也看出了朱门传人的这种趋势。明初的朱学传人有宋濂、王祎和方孝孺。宋濂推崇朱子提出自我的重要，以为学问是在自我的开始，方孝孺主张躬行为先，践履笃实，比宋濂更切实。二是涵养派或躬行派，主要代表人物有薛瑄和吴与弼。薛瑄将程朱以来用敬致知的两条路归并成“复性”一条路，只注重明性复性而封断了博学致知。吴与弼只知用敬束心，因而不免拘守简陋。三是明初朱学之秀胡居仁。胡氏认为主敬是忘不了穷理，涵养之外忘不了致知，他的格物穷理是注重实用的学问而非空谈。

在第三章《陆学的复活与陈献章学派》中认为南宋后期朱学成为正统儒家，影响日大，这种程朱独霸导致博学致知派走向繁琐、拘守而衰落,被有天才的人所厌弃;而穷理致知到偏畸的主敬之学,容易发生进一步的心学。于是理学的堕落导致了依傍陆学,但仍不敢非陆难朱,甚至窜陆于朱,为朱陆早异晚同之说,这种转变始于陈献章,成于王守仁。陈献章思想近似陆九渊,都主张以先天的知识去自己认识此心,去发现本体。他有林光、湛若水等较出名的弟子,湛若水思想调和朱陆二派,在陈献章、王守仁之间,但无他们偏于心的本能的极端见解。

在第五章《五门的派分》中作者认为有六派。第一以王畿为代表,他承袭王守仁,认为良知先天,人人具有,学问以顿悟法求之。第二是邹守益,他主张"无欲",方法是戒慎恐惧,似乎由其师又回到程朱的主敬道路。第三是聂豹,他认为良知不是现成的,要以静澄之心来养良知。第四是罗洪先,他的思想是陈献章和王守仁二人思想的综合,推广周敦颐的无欲主静的见解而成。第五是王艮,他主张良知是自然天生,但又注重于学习经验,这种思想实际上是朱陆的调和。第六是黄绾,他早年拜师王守仁,晚年却对其良知、亲民、知行合一都进行了批评,认为宋明理学俱出于禅。

在第七章《王门的再传及其流派》中列举了四个代表人物。一是胡直,他认为儒释的区别只在于经世与出世,排斥儒家原有的唯实主义,因而比王守仁更大胆,比王畿更起劲。二是何心隐,为王艮的三传弟子,他发扬王艮极端平民化思想,具有冲破礼教的精神,从而逸出名教范围,为当道所忌。三是李贽,他比何心隐更狂放自由,他反对宋儒的道统狭隘观,与宋儒的无欲无私唱反调,反对明哲保身的假道学,主张三教平等,其思想达到了王学的顶峰。四是焦竑,他既注重事物的学习,又注重于内性的觉悟,主张由下学而上达,由博学而返约,是王学的后起之秀。

梁启超在《清代学术概论》中将清代学术分为启蒙、全盛、蜕分和衰落四个时期。启蒙时期的代表人物为顾炎武、胡渭、阎若璩。当时正值晚明王学极盛,学者空谈性命,不能系社会之信仰,顾炎武等为此力倡"舍经学无理学"之说,教学者脱宋明儒羁绊,直接求于古经。阎氏辨伪经,唤起"求真"观念,胡渭攻"河洛"之说,扫除架空说之根据,于是清学初具规模。此外黄宗羲、万斯同、王锡阐、梅文鼎等从史学天算等途径进行研究,使清初学风由明返于宋并渐复于汉唐。全盛期代表人物为惠栋、戴震、段玉裁、王念孙、王引之,这些人可以称为正统派。启蒙派与正统派相比异同点有:(一)启蒙派对宋学攻击一部分因袭一部分,正统派则自固壁垒,将宋学置之不议不论之列。(二)启蒙派抱通经致用的观念,喜言成败得失经世之务;正统派则为考证而考证,为经学而经学。正统派治学根本方法在"实事求是"、"无征不信",其研究范围以经学为中心,而衍及小学音韵史学天算水地典章制度金石校勘辑逸等,引证取材,多极于两汉,故有"汉学"之称。蜕分期代表人物是康有为、梁启超。当正统派全盛时,学者以专为尚;自阎若璩证明古文尚书之伪,渐开学者疑经之风。康有为综集诸家之说,认为凡东汉晚出之古文经传皆刘歆所伪造,正统派所最尊崇之许郑,皆在排挤之列。梁氏的六经皆孔子所作,尧舜皆孔子依托,先秦诸子无不"托古改制"等大胆之论解放了思想,开自由研究之门。其弟子最著者为陈千秋和梁启超。千秋早卒,启超以教授著述大弘其说,但启超与正统派因缘较深,时时不慊于其师之武断,故末流多有异同。他常抱启蒙期"致用"的观念,借经术以文饰其政论,颇失"为经学而治经学"之本意,故其业不昌,转成为欧西思想输入的导引。随着今古文之争复起,双方互相攻击,缺点日益暴露,加之西学传入,虽然有一二大师如俞樾、孙诒让死守正统派的最后堡垒,但清代学术无可挽回地衰落了。

第三类是具体论述型，这一类的论著较多，如论述明初的程朱学派，分析王门的分化与发展，探讨东林学派与明末清初实学的关系，考证明初朱子学的流衍，论述王学对日本明治维新的影响，探讨浙东学派与阳明心学的关系，论述清代考据学的派分及晚清儒学的解体等等。

第四类是创意型，其主要代表为余英时、刘述先等人。余英时在《清代思想史的一个新解释》中认为，清代学术之所以由理学变成考据，自“五四”以来有两种观点，一种是受满洲人压迫，因而痛加反思，深恨清谈误国，但又不敢触及思想问题，所以转向考据，此所谓反满说。这是从政治观点解释。另一种是市民阶级说，即黄王顾等代表市民阶层利益，这是从经济观点来解释。他认为这两种观点往深层次想都很难讲得通，因为反满并不足以解释经学考证的兴起和理学的衰落，所谓市民阶级是否存在也是一个争论的问题。从朱熹、陆象山到王阳明，宋明儒内部虽然有“尊德性”和“道问学”之争，但主要是和禅宗斗争。儒家的心性之学虽然早在孔孟思想中已有了根苗，但事实上是从佛教借用。到了明代禅宗已衰歇，理学失去了敌人，因而不免看轻了儒、释、道的界限，开启了王学弟子谈论“三教合一”的风气。这对于不愿突破儒家樊篱的理学家来说是不能接受的，如此逼使他们回到儒家的原始经典中寻求根据。就儒家内部来说，朱陆的义理之争在明代仍在继续发展，这种思想理论上的冲突最后也不免要牵涉到经典文献上面去，理学发展到这一步就无可避免地逼出考证之学来。清代经学考证因宋、明理学内部争辩而起，经学家本身不免各有他自己独特的理学立场。理学不同终于使经学也不能一致。到了清代中期，考证已形成风气，“道问学”也取代了“尊德性”在儒学中的主导地位，这时的确有许多考证学者只为考证而考证，身在考证运动中却对此运动方向缺乏明确的认识,只有个别思想性比较强的学者如戴震、章学诚等对清代学术在整个儒学传统中的位置和意义有深刻的自觉。因此,六百年的宋明理学传统在清代并没有忽然失踪,而是逐渐地溶化在经史考证之中了。

刘述先在《清代学术的特点》中认为可以用三个名词,即实学、朴学、汉学来表达清代学术特点。从实学的角度来看,心性之学是无用之清谈,清初颜元的"无事袖手谈心性,临危一死报君王"的话具有相当的代表性。宋明儒末流虽有蹈空之病,但真儒对于国家社会都有深切的关怀,即不获用,也必批评朝政,形成一清议潮流,多少产生制衡作用。如王阳明可以坐而谈心性,也可以起而带兵去打仗,证明二者之间并不存本质性的矛盾。后来还有东林与阉党之争,总之那个时代没有人不关心实际。可惜明末学术本应开出一变局,探索一条务实的"新外王"的道路,却扼于异族统治之高压手段。心性之学本无罪,其流弊则天下人共见,以是成为替罪之羔羊。当时人痛感个人之修身养心不足救国,遂一切归咎于心性之空谈,尤其清廷以程朱为官学,更在无形中造成一种反感,而促成其迅速衰微。其次从朴学的角度看,朴学系指乾嘉流行之考据学,清初的知识分子既走不上外王的实际道路,只有走上文献考据的实际道路。考据之兴,本意并不是要做繁琐的考据,或者为怀疑而怀疑,也并没有意思与宋学唱对台戏。义理与考据在清初并未构成矛盾之两极,事实上考据之一重要渊源即为宋代学术,欧阳修《易童子问》即启疑古之风,朱子极富批判的精神,王应麟已开始用"考证"一词。然而到了乾嘉,在无形之中,观点都起了根本的变化。他们以宋代为空疏不学,跳跃过宋儒传注之学,由四书而返归五经,于是始有汉宋对立之局面。

“汉学”与“宋学”

周予同

一

学术思想只是社会文化的一部分；社会文化又随着整个的底层的经济机构而演变。

中国文化，从有史以来，虽传说已有五千多年的历史；但概括的说，它的演变只可分为三大时期。第一期，从上古一直到春秋、战国（公元前三世纪初），可称为中国本土文化起源与发展的时期。第二期，从秦朝一直到明末（17 世纪中），可称为中国与印度文化由接触而融变的时期。第三期，从明末到现在，可称为中国与西洋文化由接触而突变的时期。

这只是极概括的文化分期说；如果按照学术思想本身的演变而论，则可分为八个时期。第一期，从春秋老子、孔子以前，可暂称为传说时期。这时期的学术思想的有无与究竟面目，因为现在考古学与古史学还没有发展到相当的程度，无从就下断语，故暂存而不论。第二期从老子、孔子以后一直到秦（公元前三世纪初），可称为私学发展时期。第三期当两汉时代（公元前三世纪初到公元三世纪初），可称为儒学独尊时期。第四期当魏晋时代（三世纪初到五世纪初），可称为道家复兴时期。第五期从南北朝到隋、唐

(五世纪初到十世纪中),可称为佛学极盛时期。第六期从宋到明末(十世纪中到十七世纪中),可称为儒佛混合时期。第七期当清一代(十七世纪中到十九世纪末),可称为古学重兴时期。第八期从清末到现在(二十世纪初),可称为西学渐盛时期。这八个时期的划分,只是为史的研究与说明的便利而设;实际上,每一时期都含有前一时期的馀波与后一时期的萌糵,决不能为截然的分割;这是我们谈学术思想史的所当留意的。

二

中国学术思想史上所谓"汉学"就是指上说第三时期与第七时期的两汉与清代的学术思想的主潮而言;第三时期是"汉学"产生的时期;而第七时期是"汉学"复兴的时期。

"汉学"一派学术的存在,固远在两汉时代;但"汉学"这名词的采用,却在于清代"汉学派"复兴的时候。"汉学"这名词乃由于与"宋学"对峙而成立。所谓"汉学",因为它产生于汉代;所谓"宋学",因为它产生于宋代,也就是指上说第六时期宋、元、明时代的学术思想的主潮而言。中国从两汉一直到清末以前,这二千馀年的长时期中,所谓学术思想就以"汉学"与"宋学"为两大主潮。

就我们现在观察,"汉学"与"宋学"实各自有其研究的对象与方法,也各自有其学术史上的地位与价值,大可各自发展,不相侵犯。然而因为汉武帝实施"尊孔政策"以后,中国士大夫阶级沉迷于"道统""学统"等无聊的观念,于是"汉学家""宋学家"对于孔子竟为夺嗣立嫡之可笑的斗争,而互相非难互相排抵。其实,孔子自是孔子,"汉学"自是"汉学","宋学"自是"宋学",三者各有其不同的实质与表象。而且"汉学"本身自有其演变与派别,"宋学"

本身也自有其演变与派别，决不是这笼统的名词所能赅括。现在请进一步的说明。

孔子是中国妇孺周知的哲人，然而孔子的真象到现在仍未能完全明了。仅就孔子的弟子门人所编辑的《论语》一书而加以考按，则孔子是一位热情的救世者。他有他的社会观，他有他的伦理观，也就是当时所谓“道”——虽然他的道不能为现在的我们所接受——他在他同时或先后的许多哲人中，创立一个学派，而得到许多门生弟子的信仰。他与《五经》本身没有什么十分密切的关联，他不是一位专从事名物训诂的学究，同时也不是一位专思考宇宙本体的玄学家。

从春秋、战国群雄并峙时代一变而为秦、汉统一时代，于是学术思想也随着经济与政治而大起变动。春秋、战国学术思想界之私学争鸣的现象，不利于君权的独尊，所以秦始皇采用硬的焚书坑儒政策，而汉武帝易以软的尊孔崇经政策。本来，孔子自是孔子，经典自是经典；经典不是儒家所专有，而孔子的精神也决不是全部存在于《六经》。就退一步承认《春秋》为孔子的“微言大义”所在，但《春秋》以外的《五经》以什么资格取得《春秋》同等的地位，而与孔子发生不可分离的关联？将孔子崇拜与经典研究混为一谈，这完全出于统治阶级的政策。就“汉学”言，这是它产生的主因；就“孔学”言，这是它堕落的主因。因为从这以后，孔子由一位热情的救世者一变而为君主的拥护者。真的孔子死了！假的孔子高据着庙堂，受着黠君腐儒与一大群无知的民众的膜拜！

三

经典研究是“汉学”唯一的特点；然而因经典来源的不同与经

典本身的各异,“汉学”自身又发生演变与派别。两汉时代,“汉学”的演变可分为三个时期,因而成立三大派。这三大派可称为:一、“今文学派”;二、“古文学派”;三、“通学派”。

今文学派起源于汉初,盛行于前汉。它根据汉初隶书本的经典;到了宣帝、元帝时候(公元前一世纪中),立于“学官的”,凡十四博士。计《诗》分齐、鲁、韩三家,《书》分欧阳、大夏侯、小夏侯三家,《礼》分大戴、小戴两家,《易》分施、孟、梁丘、京氏四家,《春秋公羊传》分严、颜两家。他们有所谓“家法”“师法”,承受师说,专经研究,不相混乱。他们自以为在发挥儒家的微言大义,在求“通经致用”;其实呢,在思想方面,往往与方士混合,相信“天人相与”的学说,而专谈阴阳、占验、灾异;在行为方面,又往往假借经术以为猎官的工具。

古文学派起源于前汉末年,盛行于后汉。它根据汉武帝时发现的古文经典,《易》主费氏,《书》主孔安国《古文尚书》,《诗》主毛氏,《礼》主《周礼》与《逸礼》,《春秋》主《左传》。这派从刘歆提倡以后,时常与今文派争论。这派崇奉周公,推尊《周礼》。它所以这样主张,最初的确含有政治的作用,做为王莽篡夺行为的准备。这派的迷信色彩虽然比今文派减少些,但也决不是原始儒家的思想与精神。

从古文派与今文派争论以后,于是又产生通学派。他们混合今古文学,不论家法或师法,而只是用主观的见地为去取。这派的代表者是汉末的郑玄。他专门研究经典中的名物训诂,而忽略思想,实可称为后代考证学的开山祖。因为这派大部分以古文经说为根据,而偶然杂以今文经说,所以为简便起见,也可以归纳于古文学派,而与今文学派相对峙。

从魏、晋一直到隋、唐(三世纪初到十世纪中),一部分的思想家或在复兴道家的学说,或在接受佛学的思想,所谓经典研究的正统学者只在演绎古文学的训诂,从事于义疏的工作,并没有新的发展与推进。至于今文学派,当晋代永嘉之乱(311 年),连固有的经典也都被毁灭。所以在这长时期中,所谓儒学,实正在衰落。

四

印度文化所给与于中国的,并不仅如普通所想像的只限于宗教。它于宗教之外,在文学、建筑、雕塑、绘画、音乐、戏剧等方面,都有显著的巨大的影响。更其在思想方面,给与“宋学派”以新的刺激与新的题材。“宋学派”所以产生,一方固由于训诂末流的反动,一方实被佛学的“本体论”所引起。“宋学家”在表面上虽自称为孔、孟道统的继承者;而实际他们所用力的,不是热情的去拯救社会,而是理智的去思考本体。将“宋学家”与孔子对比,则显然可见:孔子是偏于伦理的、社会的、情意的,而“宋学家”则偏于哲学的、个人的、理智的。就退一步承认他们是儒家,他们也是受了佛学影响后的“新儒家”,而决不是原始的儒家的孔子的继承者。

本体研究是“宋学”唯一的特点,然而因为方法论的不同,“宋学”自身也同样的发生演变与派别。“宋学”到南宋时代才始完成,当时分为两大派:一为“归纳派”,一为“演绎派”。在这两派之外,又有“批评派”。普通所谓“宋学”,往往不将这派包括在内;因为这派不仅方法论不同,而且整个的立场也不同。

归纳派以朱熹为代表,演绎派以陆九渊为代表。这两派哲学上的本体论、人性论及方法论都不相同。就本体论说:朱熹为“理气二元论”的主张者;用近代哲学术语来比附,可称为一“二元论”者,以为一切现象的背后都有所谓“理”与“气”两者的存在。陆九渊为“心即理论”的主张者;用近代哲学术语来比附,可称为一“唯心论”者,以为一切现象都由心生,离心则一切现象无存在的可能。就人性论说:朱熹为“二元论”者,将人性分为“本然之性”与“气质之性”;陆九渊为“一元论”者,以为“性”“情”“才”不过是一物的异名。就方法论说:朱熹主归纳,主潜修,主自外而内,主自物而心,主自诚而明;陆九渊主演绎,主顿悟,主自内而外,主自心而物,主自明而诚。普通称朱为“道问学”,陆为“尊德性”,就因为这缘故。这两派的理论的斗争,以“鹅湖之会”为最明显。

批评派,所谓“浙东学派”,以陈亮、叶适等为代表。这派与朱陆两派的根本不同点,即前者以政治、经济为中心,后者以哲学、伦理为中心。以哲学、伦理为中心,所以假借《周易》、《中庸》等书,而专究理气心性等本体问题;以政治、经济为中心,所以凭藉《尚书》、《周礼》等书,蔑视那些玄虚的研究,而归宿于事功。专究本体,以人性与本体合一为极致,故带有伦理学上动机论的倾向;归宿事功,以人群获得幸福为标的,故带有伦理学上乐利主义的色彩。所以以“浙学”批评朱、陆,则朱、陆为弃实趋虚;以朱、陆批评“浙学”,则“浙学”为舍本逐末。

当佛学思想流行的时代,局限于现世之批评派的言论,自不易得一般学人的信仰。加以批评派数传以后,不流于历史的研究,即流于文学的推敲,于是“宋学”遂为朱、陆两派所独占。归纳派的朱学,因君主之利用的提倡,夺取正统的地位;而演绎派的陆学,因王守仁的发扬,也颇得天才的信仰。但这两派都是假借经学以谈哲学,其结果“尊德性”的演绎派固日流于禅释,而“道问学”的归纳派也日趋于空疏。明代的末叶,不仅经典的研究非常衰落,就是思想方面也无可观。一般的学人,几乎不是腐儒,就是狂生。

五

学术思想，到了明末，有非变不可的趋势。依隋唐义疏派的反动的成例，因印度文化的输入而有“宋学”的产生；则因西洋文化的接触，亦当有新学派的崛起。然而事实上，清代近三百年的学术思想，虽是“宋学”的反动，但只是“汉学”的复兴，而不是新学的胚始。这原因：第一，因为与西洋文化接触的时期过于短促，不是印度文化长期的输入所可比拟。第二，印度文化的输入，以佛教为先驱；佛教的哲学思想较中国原有的思想为深入，容易引起一般学者的注意。西洋文化的输入，以基督教为先驱；基督教的教义过于浅薄，经典过于单纯，不易得士大夫的信仰。第三，西洋学术的最初输入，偏于天算、舆地、兵器等实用的科学，而不是与思想有关的哲学或伦理学问题。第四，因罗马教皇昧于中国的风俗，强欲废除祖先崇拜，使基督教的输入为之中断。第五，清道光以后，西洋列强所以侵凌中国的，又只是鸦片、商器与炮舰，文化的风气非常薄弱。所以当时士大夫的反应也只是军舰、兵械的模仿，也只有“中学为体、西学为用”的口号，而不能产生新的学派。这都是西洋文化从明末与中国接触而清代学术仍旧只是“汉学”的复兴的主因。

清代的学术思潮以“汉学”为主潮，这不必否认，也无法否认。但清代“汉学”自有其起源与演变，它只是两汉学术之支裔的重兴，而决非两汉学术之本体的复活。换言之，“汉学”与“清学”似一而实二。就两者研究范围的广狭与程度的深浅而加以考核，则后者都较前者为超越。这实可视为中国学术思想演进的例证。

“清学”以“复古”为“求真”的手段，依它演变的情形，可分为三时期。就梁启超氏的主张，可称为一、启蒙期；二、全盛期；三、蜕变期。启蒙期约当顺治、康熙、雍正三朝(公元十七世纪中到十八世纪中)。这时期,各派崛起,大师辈出,虽立场与业绩各自不同,但反抗或修正明末的王学,而群趋于质朴一途,则完全一致。这可以说是反明而复于汉、宋。全盛期约当乾隆、嘉庆二朝(十八世纪中到十九世纪上半期)。这时期以顾炎武为开山祖的一派特别发展而成为正统派。这派研究的范围以经典为中心,而旁及于列史、诸子、群书、历算、音律、舆地各方面;研究的方法以考证学为特长。这可以说是反宋而复于后汉。蜕变期约当道光、咸丰、同治、光绪四朝(十九世纪上半期到二十世纪初),这时期,由经典研究的后汉古文学蜕变而为前汉今文学,由名物训诂的考订转变为微言大义的发挥,由经生笺注的演绎转变为孔、孟理想的追寻。这可以说是反后汉,复于前汉,而渐及于先秦。

六

启蒙期学术思想产生的因素,一为学术的,一为政治的,而二者又互相影响。学术的原因,在上文已大略说及。当明代末叶,学者受王阳明派的唯心的理想主义的影响,往往依据主观的、空疏的见地,而发为专断的、狂妄的行为,不仅无学术可言,而且思想也贫乏到极点。在这样山穷水尽的境地,自易引起一反动。但当时西洋输入的文化基础尚未充实,所以这学术的反动只是旧学的复兴,而不是新学的产生。其次,政治的原因,因为满洲贵族从东北入主中原,对于汉族专用高压政策。士大夫阶级中的优秀分子,继承东林、复社的遗风,或亲自参加军事的抵抗,或隐居探究明亡的病因。到了南明诸帝惨败以后,清廷的统治日趋巩固,于是只得埋头学术,深究典章制度,以备后起者的采择。黄宗羲著撰《明夷待访录》,即可举为说明的代表。

启蒙期的学术思想,依其反王学态度缓急的不同,可分为三派。第一派可称为“王学的修正派”,以黄宗羲为开山大师,而偏于历史的研究。他继承刘宗周的学统,而同时努力于明末文献的保存。全盛期的“浙东学派”即起源于此。第二派可称为“王学的反对派”,以顾炎武为开山大师,而偏于经典的研究。他力矫王学末流“束书不观,游谈无根”的恶习,大倡“舍经学无理学”。同时阎若璩撰《古文尚书疏证》,对于晋代《尚书》为真伪的辩难;胡渭撰《易图明辨》,对宋代《易》说为驱除的运动;实为顾氏的左右翼。全盛期的“正统学派”即由此建立。第三派可称为“清学的最左派”,以颜元为开山大师,而偏于实学的推行。他不仅反对王学,而且反对一切玄学与考证学,以为当离开空想与书本而在日常生活中求学问。这派以苦行为宗,一传于李塨、王源而遂中绝,在全盛期无所表见。这三派如果以地域划分,则颜、李为北派,顾、黄为南派。此外有王夫之,近于顾、黄,而学力不及他们;有刘献廷,近于颜元,而对音韵有独造;有梅文鼎、王锡阐,专究天算,而与思想无关;都不能蔚成学派。

七

“清学”启蒙期与全盛期的划分,即前者“为致用而学术”,而后者“为学术而学术”。其所以这样演变的原因,固由于学术复古之自然的趋势,而更由于政治的重压。章炳麟以为“多忌,故歌诗文史楛;愚民,故经世先王之志衰;家有智慧,大凑于说经,亦以纾死,而其术近工眇踔善。”(《检论·清儒》篇)正可取为这时期学术演变的说明。因为从康熙朝到乾隆朝,清廷对于士大夫社会,长期的采用硬软兼施政策。硬的政策为兴文字狱;其中如庄廷铳、戴名世、查嗣庭、吕留良、胡中藻、王锡侯等案都非常残酷。软的政策为修《明史》,设博学弘儒科,编类书,开四库全书馆。这种政策实施的结果,一般学者以文史容易得祸,只得群趋于与文网无关之经典的名物训诂的研究。顾炎武一派所以蔚成正统,黄宗羲一派所以流于考订、补史、史学,颜元一派所以中绝,都可以由这里探得原因。

全盛期的学术思想,如以发祥地区分,亦可析为三派。启蒙期的黄宗羲一系演为"浙东派",而顾炎武一系又重分为"吴""皖"两派。"吴派"源于惠周惕、惠士奇,成于惠栋,而大昌于钱大昕、王鸣盛、余萧客、江声、汪中诸人。"皖派"源于江永,成于戴震,而大昌于金榜、孔广森、凌廷堪、段玉裁、王念孙、王引之诸人。"吴派"以经说为基点,而旁及史学与文学;"皖派"以文字学为基点,而欲上探孔、孟的哲理。"吴派"以详博见长,"皖派"以精断见长,这是两派的不同点。清末如俞樾、孙诒让,都是"皖派"的最后大师。"浙东派"继黄而起的,有万斯同、全祖望、邵廷寀、邵晋涵、章学诚诸人。近人章炳麟以"皖派"经学家而兼"浙东史学家",在辛亥以前,竭力鼓吹民族革命,颇有复返于黄氏的趋势。

八

"清学"由全盛期而转为蜕变期,其原因亦仍不离于学术的趋势与政治的变动。汉代的经学,后汉的古文学与前汉的今文学本不相同;全盛期既已菲薄程(颐)朱(熹),崇拜许(慎)郑(玄),而上复于后汉,则溯时代以复古,势不能不再返于前汉。所以嘉庆、道光以后,由许、郑之学导源而上,诗宗三家而斥毛氏,《书》宗伏生、欧阳、夏侯而去古文,《礼》宗《仪礼》而毁《周官》,《易》宗虞氏以求孟义,《春秋》宗《公羊》而排《左氏》,前汉十四博士之学完全复兴。又清廷从乾隆末叶,已伏衰败的朕兆;道光以后,情势更日趋恶劣。当时内有太平天国的变乱,使满族的统治逐渐摇动;外自鸦片战争以来,西欧帝国主义的侵略与时俱深。士大夫社会中的优秀分子,感到国家社会的危机,于是一方对名物训诂的争辩表示不满,一方依托《公羊》中"非常异义可怪之论"以昌言救世。这固然不能说晚清的今文学者都是如此,但我们只要看龚自珍、康有为等假借经义以讥切朝政,则至少可以窥见学术态度的转变。

蜕变期的开山大师是庄存与。他与戴震同时,但治学的方法完全不同。他撰著《春秋正辞》一书,不为名物训诂的研究,而事微言大义的发挥,可以说是清代今文学的第一部著作。但他个人并不是纯粹的今文学者。他于这部著作以外,还著有关于古文经传的书籍。到了他的门弟子刘逢禄、宋翔凤,今文学才逐渐建立。宋氏喜附会,学问不甚深刻。刘氏则专主前汉经师董仲舒、李育的遗说,撰著《春秋公羊经传何氏释例》、《公羊何氏解诂笺》、《左氏春秋考证》等书。《公羊释例》一书,应用"皖派"考证学的方法,在清代今文学著作中占很重要的地位。所以以章炳麟的信从古文,也称誉为"属辞比事,类例彰较,亦不欲苟为恢诡,其辞义温厚,能使览者说释"(《清儒》篇)。庄、宋、刘都是江苏常州人,且有戚属关系,当时称为"常州学派",以别于吴、皖、浙东三派;又因专治《春秋公羊传》,而称为"公羊学派"。其实,这派学说逐渐得人信从,籍贯不一定限于常州,学说由《公羊》而推演到各经,也不以何休《解诂》为止境。

继庄、刘而起的,有龚自珍、魏源、邵懿辰、戴望。龚自珍富于天才,但学术的途径很杂乱。他是段玉裁的外孙,所以时谈考订;

是浙江籍,所以袭用章学诚“六经皆史”说;以经世才自负,所以喜言西北地理。但他时常引用《公羊》义例,以批评政治;所著《六经正名》诸篇,在今文学上也有相当的贡献。魏源与龚友善,为学的态度亦相近似,不甚遵守今文家法。他曾著《诗古微》,攻击《毛传》及大小《序》,而专主齐、鲁、韩三家。又著《书古微》,说不仅阎若璩所指斥的《古文尚书》孔传是伪造,就是后汉马融、郑玄的《古文尚书》也不是孔安国的真说。同时,邵懿辰著《礼经通论》,主张乐本无经,《仪礼》十七篇并非残缺,而《古文逸礼》三十九篇都是伪造。戴望更引伸《公羊》学说以注《论语》。于是今文学由《春秋》而《诗》、《书》,而《礼》、《乐》,而《论语》,范围更日趋开展。

在当时有一派非今文学而对于今文学为有力的援助的,是辑佚学的学者。辑佚学源于宋王应麟;清代正统派也多采用这方法;余萧客的《古经解钩沉》,即其一例。但这时期有些学者专门考辑前汉今文博士的遗说,如《诗》则有迮鹤寿《齐诗翼氏学》,陈寿祺《三家诗遗说》,陈乔枞《齐诗翼氏学疏证》、《诗四家异文考》,冯登府《三家诗异文疏证》等;《书》则有陈乔枞《今文尚书经说考》、《尚书欧阳夏侯遗说考》等;都给予今文学家以不少的便利。

九

今文学到了清末光绪朝,传布更广。当时著名的有王闿运、皮锡瑞、廖平、康有为。王闿运以文学著名,经学也今古兼采,并不足观;但他曾撰著《春秋公羊传笺》,又曾杂用今文义以注群经。皮锡瑞对于郑玄经说有专门的研究,也不是纯粹的今文学者;但所著《五经通论》、《经学历史》、《王制笺》等书,则完全立脚于今文学的见地。王的弟子廖平是清末今文学派的重要人物,但可惜不能坚持所见。他曾著《四益馆经学丛书》(今又添增为《六译馆丛书》),其中以《今古学考》一书为最有系统,其次如《经话》、《知圣篇》等书也有相当的见地。他初主张古文为周公说,今文为孔子说;继主张今文为孔子的真学,古文为刘歆的伪品。但后来因环境的压迫,忽主张今文是小说,古文是大统,已自相矛盾。又后来,更著《孔经哲学发微》,又连及《楚辞》、《黄帝内经》,以荒诞的幻想,为孔学天人的描写,则更不足观了。当时袭用廖氏的旧说而成为集清代今文学的大成的,是康有为。康初师朱次琦,杂糅汉、宋、今、古,不讲家法。尝治《周礼》,著《政学通议》一书。后遇廖氏,遂尽弃旧说,专治今文学。先著《新学伪经考》一书,说古文经传是刘歆伪造,古文学是新莽之学。这部书成为清代今文学的殿军,因为以前的今文学著作大抵是局部的,片段的,到这部书然后综合一切,对古文学下总攻击。继著《孔子改制考》一书,说先秦诸子都是托古改制,《六经》是孔子宣传的书籍,尧、舜是孔子依托的理想社会,则更由后汉今文学而渐复于先秦诸子学。最后著《大同书》,由《公羊》学的三世说演绎为乌托邦的描写,则简直近似于“无政府共产主义者”。在西洋社会主义没有输入中国之前,由腐烂的经典而演化为崭新的社会思想,这不能不佩服康氏的敏感与大胆。可惜他沉迷于缓进的三世说,所以主张先复于君主制的“小康世”;又感于旧君的私恩,复一变而为复辟论者。以左倾的思想家,经过两次的“右转走”,而遂变为极右的反动派。这可窥见思想与行为的“相关度”,而同时可了然于中国士大夫的劣根性!康氏除上述三书外,如《春秋笔削微言大义考》、《春秋董氏学》、《礼运注》等,也都是重要的作品。

清代的今文学,到康氏达了最高潮,以后遂逐渐衰落。康氏的弟子,以梁启超为最著名;梁著《清代学术概论》也自称为今文学派之猛烈的宣传运动者，其实梁氏对今文学没有专门的著作，对国内思想界另有其贡献，而治学的途径也偏于中国文化史的研究，不能称为今文学者。近时的纯粹今文学者，就个人所知，只有夏曾佑及崔适。夏曾撰著《中国历史教科书》三册，对于先秦诸子及孔学，都有由今文学演绎而出之特殊的见解。崔曾撰《春秋复始》，证明《穀梁》也是古文；又撰《史记探原》，说《史记》是今文学，其所以杂有古文说，全是刘歆的羼乱，于是今文学更由经典而推及于史籍。

十

现代的学者虽也受有今文学的影响，但已在接受西洋的学术思想。"五四""五卅"以后，中国对于西洋文化，不仅在接受其物质文明，不仅在模仿其典章制度，而且正在介绍其一切学术思想，以诉于实际行动；"汉学"与"宋学"都成为过去了的学术思想；这正是中国第二次接受外来文化而发生剧变的时代。它的杂乱，它的矛盾，自有其历史的必然性。假使你是怯懦者，你在等着看吧！假使你是勇敢者，你流着汗，或者是血，加入那些推进历史的巨轮的大群中！假使你不自量的在逆转，在反动，那你只有压死在历史的巨轮之下！

(原载1933年5月《中学生杂志》第35号，现选自《周予同经学史论著选集》(增订本)，朱维铮编，上海人民出版社1996年版)

周予同，浙江省瑞安人。历任复旦大学教授、历史系主任，上海市人大代表、政协委员、民盟副主任等职。其主要著作有:《经今古文学》、《经学历史》、《朱熹》、《中国学校制度》、《群经概论》、《孔子》、《中国现代教育史》、《中国历史文选》(上下册主编)《周予同经济论著选集》、《周予同经学史论著选集》及《汉学与宋学》、《从顾炎武到章炳麟》、《从孔子到孟荀》等论文。

本文认为从两汉至清末，中国学术思想以“汉学”与“宋学”为两大思潮，而汉学又分两汉产生时期和清代复兴时期。该文详细勾勒了汉学和宋学的发展及源流，指出宋学假借经学以谈哲学，结果导致明末学术的衰落，因而有清代汉学的复兴。

中国儒学与文化传统

钱　穆

一

讲到中国文化，便会联想到儒家学术。儒学为中国文化主要骨干，谁也承认。但现有两个问题须讨论：其一、儒学之内容，即儒家学术究竟是些什么？其二、为儒家在中国文化中其地位之比重究竟如何？吾人对此二问题当以客观的历史事实作说明。因此本讲范围乃系有关中国文化史中之中国学术史部分，而又专就儒学史为本讲之题材者。惟如此，已嫌范围过宽。又且中国儒学史一题，在国内学人中，似尚未有人对此作过系统之研寻。本讲题仅可谓对此问题作一开头，自有许多观点，在此讲演中，难作定论。只是提出此许多观点，以待此后有人继续就此纲要而探讨，或因此可有一部比较完整的中国儒学史出现，这却是一项饶有意义与价值的事。

要讲儒学内容，必须讲到儒学史，即中国儒学之演变历程。历史上任何事物，传递久远的，必有一番演变历程。儒学自孔子迄今，已逾两千五百年，自然有许多演变历程可讲。要讲演变历程，必先划分时期。此下将儒学演变，姑试划分为六时期。

二

一、儒学之“创始期”。此在先秦时代，自孔子下及孟子、荀子以及其他同时代儒者皆属之。此一时期，百家争鸣，儒家不仅最先起，且亦最盛行。韩非《显学篇》说：“今之显学，儒、墨也。”又说：“儒分为八，墨分为三。”可见当时儒学之盛，亦见在中国学术史上，儒学一开始，便就与众不同，巍然独出了。

接著讲第二期，此为两汉儒学。我姑名之为儒学之“奠定期”。也可说，儒学自先秦创始，到两汉而确立，奠定了此下基础。有人说，先秦学术至汉代已中断。或说自汉武帝表彰《六经》，罢黜百家，而儒学始定于一尊。此两说均有非是。其实儒家在晚周及汉初一段时间内，已将先秦各家学说，吸收融会，共冶一炉，组成一新系统。故说先秦各家学说到秦代统一已中断，并对此后历史无影响、无作用，实是一种无据臆说。至谓汉后学术定于一尊，此说之非，待后再提。

今讲两汉儒学，亦可说此时代之儒学实即是经学。只读《史记》、《汉书》两书中之《儒林传》，便见其时凡属儒林，都是些经学家。而凡属经生，也都入《儒林传》。此下《二十四史》中凡有《儒林传》，莫非如此。故说“经学即儒学”，此说乃根据历史，无可否认，而在两汉时为尤显。我们也可说，中国儒家必通经学，不通经学，便不得为儒家。如此说之，亦决不为过。

现在试问为何儒家必通经学？此即就先秦儒家言，如孔子、孟、荀诸人所讲，即多是《诗》、《书》、《礼》、《乐》，属于后世所谓经学范围。两汉以下承继孔、孟此一传统，自然经学即成儒学了。

其次论到两汉儒学对当时之贡献与作用。我们当说两汉时代一切政治制度、社会风尚、教育宗旨及私人修养种种大纲节，无一非根据经学而来，故可说两汉经学实对此下中国文化传统有巨大之影响，此层亦属无可怀疑。至涉及经学内容，以非本讲范围，今姑不论。

三

兹再说及儒学之第三期，此指魏晋南北朝时代言。我姑将名之为儒学之“扩大期”。有人或将觉得此说奇怪，因大家习知魏晋南北朝人崇尚清谈，庄、老玄学盛行，同时佛学传入，儒家在此时期，特见衰微，何以反说为儒学之扩大？然我此说，亦以历史事实作根据。其实此一时代之儒学，并不能说必不如佛学、玄学之盛，而较之两汉，亦非全无演进可言。

首先，且说此下的《十三经注疏》，此为中国经学上一大结集。而《十三经注》成于此一时代人之手者，却已占了一半。如：《易》为魏王弼《注》，《论语》为魏何晏《集解》，《左传》为晋杜预《集解》，《穀梁》为晋范宁《集解》，《尔雅》为晋郭璞《注》。至于《尚书》孔安国《传》，至今称之为《伪孔传》，实非出于西汉时之孔安国，而系魏、晋时人所伪託。其作伪者，或说是王肃，无论其是否，《尚书伪孔传》成于此一时代人之手，则无疑义。故全部《十三经注》，由魏、晋人作者已占其六。且《尚书》有伪古文，在此下学术史上影响亦大，乃亦为魏、晋时人之伪作。则此一时代人之经学，较之汉儒，得失如何暂不论，而对此下儒学之影响，则断不该轻视可知。

并在此一时代之经学中，又特创有义疏之学。惜至今此等著作皆不传，仅有皇侃《论语义疏》一部，此书在中国亡佚已久，清代始由日本得回,我们略可窥见此一时代人所谓义疏之学之一斑。而唐初孔颖达、贾公彦等作《五经正义》,即是根据此一时代人之材料而递禅作成者。故一部《十三经注疏》,关于注的部分,此一时代人所作已占其一半。而疏的部分,却占了十之八九。又如陆德明《经典释文》,其书创始于陈代,成书在未入隋之前,其所运用之材料,亦多出此一时代人之功绩。根据上述,可见此一时代人致力经学的,实不在少数。而且影响后代者亦大。我们若有意再研经学,仍须先透过此一时代人之业绩,亦至明显。然则又何能谓此一时代乃无经学或儒学可言。

我们且试一翻《隋书·经籍志》,就其所载此一时代人对《六经》有关著作之部数与卷数作一统计如下:

经籍名称	现存著作部数	现存著作卷数	连亡佚者在内之部数	连亡佚者在内之卷数
《易》	六十九	五百五十一	九十四	八百二十九
《尚书》	三十二	二百四十七	四十一	二百九十六
《诗》	三十九	四百四十二	七十六	六百八十三
《礼》	一百三十六	一千六百二十二	二百十一	二千一百八十六
《乐》	四十二	一百四十二	四十六	二百六十三
《春秋》	九十七	九百八十三	一百三十	一千一百九十

上表所载现存云云,乃指在作《隋书·经籍志》时所存者。此等著作,在今言之,亦已大部亡佚,所存无几。然观上表,可见此一时期之经学,即论其著作数量,亦已惊人。今若以著作数量之多寡,来作为衡量当时人对经学中某一部门之重视与否之标记,则知此时代人在经学中最重《礼》,次为《春秋》,《易》居第三位,《诗》、《书》占第四、第五位。此一简单之统计,实可揭发当时人对经学分别轻重之重大意义所在。又朱子谓"《五经疏》《周礼》最佳,

《诗》与《礼记》次之,《书》、《易》为下”,亦足证明魏晋南北朝人对此诸经用力深浅之一斑。

尤其在南北朝时,经学亦分为南北,所重各不同。北人研究主要尤重《周官》。《周官》虽是一部战国晚年人作品,然其书提出一种理想的政治制度,尤其掺进了战国晚年突飞猛进的新的经济问题,此乃中国古代的一部《乌托邦》。由于北方政治不上轨道,故一辈经生,尤其集中钻研此书,俾能据以改进当时政治上之种种实际措施。在北周,有苏绰、卢辩两人,相交甚笃,同有志于《周官》研究。其后苏绰上了政治舞台,西魏、北周新的政制规模皆其所创建,直到隋、唐仍因袭此一传统,遂以重开中国历史上之光昌盛运。卢辩则始终在野,为一纯粹学者,彼曾作《周官注》,与苏绰同受当时及后世之推重。又如北齐有熊安生,亦当时北方经学大师。北周灭北齐,熊氏知周君必来访,命童仆洒扫户庭以待,翌晨果如所言。西方拿破仑征德国,哥德以在路旁一睹拿翁风采为荣。较之中国熊氏故事,岂可同日而语。正因熊安生乃当时《周官》学之权威,而《周官》乃当时北方经学所重,北周即凭《周官》建制,故熊氏亦知北周君必来相访。我们单凭此一则轶事,便可想知当时北方政府之重视经学,与经学对当时政治上之实际贡献了。

南人所重,尤在“丧服”一门。宋初雷次宗为当时《丧服》大师,乃与郑玄同名,一时有雷、郑之称。此因当时南方门第制度鼎盛,而此一时代之门第,亦实为当时文化命脉所寄。其所赖以维系此门第者,《礼》中之《丧服》占有重要地位。唐后门第制度渐坏,此一门学问,遂渐不为人所重。然唐代则门第制度尚在,故杜佑《通典》中所载魏晋南北朝人所讲《丧服》要点尚甚多。

由于上述,可见此时代人所讲经学,对当时贡献亦甚大,实与两汉儒生之通经致用,事无二致。虽此时期中,甚多人讲究出世之佛学或讲庄、老玄学，但论中国文化存亡绝续之命脉所系，则主要仍在此辈儒生手中。若果如一般人所想像，魏晋南北朝四百年来只谈庄、老玄学，只谈佛学出世，试问如何能继续中国文化遗绪以下开隋、唐之盛？故知此一时代中，儒学基础实未破坏，而斡旋世运能自贞下而起元，亦端赖于有此。

四

然我今天所以说魏晋南北朝为儒学之扩大期者，其重点尚不在此。我认为此一时期人讲儒学，已不专囿于经学一门，而又能扩及到史学方面来。

史学本为经学之一部分，如《尚书》、《春秋》、《左传》均当属史学范围。唐刘知几作《史通》，分疏史书体例，即分《尚书》、《左传》两大派说下。我们若更进一步言之，亦可谓孔子之学本即是史学。孔子尝曰："甚矣，吾衰也！久矣，吾不复梦见周公。"又曰："吾非生而知之者，好古敏以求之者也。"又曰："周监于二代，郁郁乎文哉！吾从周。"《论语》上如此一类话尚多，可见孔子所学，也即是在孔子当时的历史。孔门由于其所讲习之《诗》、《书》、礼、乐，而获得其所从来之演变得失之全部知识，其与历史实无严格界限。故后人谓"《六经》皆史"，此说实难否认。下到汉武帝时，董仲舒提出"复古更化"之主张，其意即主不再近效秦代，而须上溯《六经》，复兴三代之盛运。更可见汉儒治经，亦求通史。若不治经，试问更何从而知三代？故谓汉儒之提倡经学，无异即是提倡史学，亦可不辨自明。

其次，再论到当时经学上所有今古文之争。刘歆提出的古文诸经，如《左传》、《周官》、《逸礼》、《毛诗》四者，更见其偏重在史实方面。《左传》不必论,《周官》在当时目之为周公致太平之书,书中所载一切政治制度,当时人认为是古代真实的历史。《毛诗》因各诗之首有序,自较之《三家诗》更见有历史价值。以今传《韩诗外传》相比,岂不见《毛诗》更重历史性。故在汉代,由今文经学扩及古文经学,实是经学中之历史性愈趋浓重之证。其趋势至东汉而益显,即是在经学中根据古代史实的趋势,益胜过了凭空阐发义理的趋势之上。郑玄括囊大典,偏重早已在此方面。而王肃继起,显然更近于是一史学家。杜预作《春秋左氏集解》,显然亦偏重在史学。故可说"经学即史学,史学亦即经学",二者间本难作严格分别。亦可说自经学中分出一支而成为史学,史学仍经学之旁支。如《史记·太史公自序》,自称即以孔子作《春秋》之精神而写《史记》,亦即是沿袭经学而发展出史学之一极好例证。班固《汉书·艺文志》,亦将《史记》列入《六艺略》中之《春秋》门。可见在当时人观念中,经学即包有史学,亦可说当时尚无史学独立观念。故班固作《汉书》,批评司马迁《史记》未能完全一本儒家立说。此项批评,当否且勿论,然可知班氏作《汉书》,其所自负,仍为一本于儒学。则马、班史学渊源,皆从儒学经学来,事无可疑。

自马、班以后,史学特受重视。新史籍接踵繁兴。下至晋时,荀勖将古今著作分成甲、乙、丙、丁四部。经学列甲部,子学为乙部,历史则为丙部,至是史学已成一独立部门。更下至《隋书·经籍志》,经学仍列甲部,而史学改列乙部。斯其益受重视可知。其时著名之史籍,如宋范晔之《东汉书》及晋陈寿之《三国志》,与马、班《史》、《汉》齐称为《四史》。其他知名的史学家与史书不胜枚举,其中如汉荀悦《前汉纪》及晋袁宏《后汉纪》,更为有名。又如《宋书》、《南齐书》、《魏书》等正史,亦均为此一时期人所撰。

《隋书·经籍志》史学部门所收共分了十三类,今再统计其所收经、史两部书籍之部数卷数作一比较。计经书有六百二十七部，五千三百七十一卷。连亡佚则为九百五十部，七千二百九十卷。史书共八百十七部，一万三千二百六十四卷。连亡佚共有八百七十四部，一万六千五百五十八卷。史学著作之卷帙总数已超过经学卷帙一倍以上。而上述经学著述中，其承袭两汉前人所遗下者为数尚巨，史书则多为东汉、魏、晋以下人新撰。即此可知当时在史学方面一种突飞猛进之成绩。而史学实即儒学，此因经学即儒学，而史学又即经学也。

在此尤值得提起者，则为隋末大儒文中子王通，此人虽已在南北朝之后，然在此不妨兼述。他曾有意续经，如取汉以下人奏议诏令之佳者编为《尚书》之续，称《续书》。又取汉以下人之诗赋择其有关时代与足资教训者集为《续诗》。后人或讥其狂妄。其实《六经》皆史，清儒章学诚曾抉发其精义，可谓已成定论。反言之，则史即是经。经、史既难严格划分，则王通观点，殊亦无可厚非。只由国人尊重经籍之心理沦浃已深，牢不可拔，而王通径用"续经"之名，故为后人所不满。今欲阐明经、史同源之义，则王通见解正可用来作证。而王通河、汾讲学，对此下隋、唐盛运重开之影响，亦属尽人皆知，不烦多及了。

今再就史学内容言，儒学主要本在"修、齐、治、平"人事实务方面。而史学所讲，主要亦不出"治道隆污"与"人物贤奸"之两途。前者即属治平之道，后者则为修齐之学。若史学家除却治道隆污、人物贤奸不辨，此外，更有何事可讲？又如依先秦道、墨、法诸家意见，试问如何能演变出后世史学来？其中惟墨家立论尚时引古史作证，庄、老、申、韩立论，即全不重视史实。只取此诸家书与《论语》、《孟》、《荀》并看，便知其间异同。故谓"史学即儒学"，其说至明显。我们若把司马迁、班固、范晔、陈寿、荀悦、袁宏诸人，依照先秦学派，把他们分别归入，则大体上自当归属儒家无疑。而且此一时代之史学家，几乎都同时在经学方面有著作，此亦可以证我前说。最多我们只可说在他们中有的尚不得为醇儒，最多也只可说他们在儒学中地位不高，只是游、夏文学一途。然游、夏文学亦显在孔门四科之内。而且我们也决不能说《左传》、《史》、《汉》之价值，便不如《公羊》、《穀梁》。至于此一时期之史学书，甚多经乱亡失，也不能因此便谓其无价值。即如两汉十四博士各经章句岂非全部亡失了吗？但我们并不能因此说两汉经学不值重视。何况魏晋南北朝史学书籍之流传，还远多过两汉诸经之章句。因此我们说魏晋南北朝为儒学之扩大期，正因于经学外，又增进了史学。从此以后，常是经史并称，并有了"经史之学"一新名目。此后历代大儒，则罕不兼通经史。即此一节言，魏晋南北朝时代，儒学依然极盛，其贡献于当时及后世者亦极大，可不再多论。

五

下面述及儒学之第四期，即唐代儒学。我姑亦再为特起一名称，谓之为儒学之"转进期"。唐代经史之学，均盛在初唐，乃系承受魏晋南北朝人遗产而来。我们也可说，隋唐盛运，早在南北朝晚期培育，学术也不例外。经学上最著者，如陆德明《经典释文》，孔颖达等之《五经正义》。而后者尤为经学上一大结集，后来络续增成为《十三经注疏》。但一则盛极难继，二则《五经正义》作为此下科举制艺之准绳，功令所限，更使此下唐人在经学上少有新创。至论史学著述，如《晋书》、《梁书》、《陈书》、《北齐》、《北周书》、《南史》、《北史》、《隋书》等，亦皆为唐初人所撰。主要亦多是承袭魏晋南北朝人之遗绪。惟以前人写史，自马、班以来，多系一人独撰，唐后开始有集体编撰之例。然此不即是史学一进步,无宁可说是不如前人了。而且史学亦如经学,中唐以后,即不见有初唐之盛况。

但唐代儒学,于经史之学以外,却另有一番转进。我此所谓转进,与前时期之所谓扩大稍有别。据我所见,唐代儒学之新贡献,却在其能把“儒学”与“文学”汇合,从此于经史之学之外,儒学范围内又包进了“文学”一门,这是一件值得特别阐发之事。

本来经学中,原有文学成分,如《诗经》便是。且群经诸史,不能不说它都有绝高绝大的文学价值。但就古代人观念言,则似乎并无文学独立的一观念。而且文学之与儒学,开始亦并无一种密切相关之联系。即如《楚辞》作者屈原,本非一儒家,只其所作《楚辞·离骚》之内容却有与儒家暗合处,故为后来儒家所推崇,但在当时则断不能说《楚辞》即是一种儒家文学。下逮汉人,以赋名者如司马相如、扬雄之徒,明明与儒家经生不同,故班氏《艺文志·六艺略》之外别有《辞赋略》,显然不能以司马迁《史记》列入“《春秋》家”为例。扬雄早年本效相如作赋,有意欲为一辞赋家。但晚而悔之,乃谓辞赋只是雕虫小技,壮夫不为。彼云:“诗人之赋丽以则,辞人之赋丽以淫。如孔氏之门用赋,则贾谊升堂,相如入室矣。但如其不用何!”则扬子云亦已明明指出文学与儒学分道扬镳,不走同一轨辙了。故当其转变思想以后,遂改从文学转入儒学,模仿《论语》作《法言》,模仿《易经》撰《太玄》。从此一例,可见西汉人心中惟经学始是儒学,而辞赋家言则另是一套,与儒学不相涉。故范晔《东汉书》,于《儒林传》之外,又增设《文苑传》,亦证文苑与儒林有别,即在范晔当时,儒学中仍未包涵有文学。

首先提出文学之独立价值者,应自汉末建安时代开始。魏文帝曹丕《典论·论文》有云:“文章,经国之大业,不朽之盛事。年岁有时而尽,荣乐止乎其身,二者必至之常期,未若文章之无穷。”纯文学之独立价值之提出,当推始于此。然曹氏父子及建安诸子,亦均非儒家。此后梁昭明太子之《文选》,仍循建安路线,提倡纯文学,力求与经史分途。其时如陶渊明诗,亦如屈原《楚辞·离骚》之例,只可谓其与儒家有暗合,却非有意把文学来纳入儒学中。根据上述,故说文学与儒学本非一途,专从儒学中亦推衍不出文学来。至以文学汇通于儒学者,此一工作,乃自唐代人开始。

韩昌黎诗云:“国朝盛文章,子昂始高蹈。”唐诗人自陈子昂之后有李太白,此两人皆有意上本《诗经》来开唐代文学之新运。但此两人在唐代之复古运动,或开新运动中仍未能达到明朗化,或说确切化。即所谓汇通儒学与文学之运动,即纳文学于儒学中之运动,其事须到杜甫,而始臻完成。杜诗称为“诗史”,其人亦被称为“诗圣”。杜诗之表现,同时亦即是一种儒学之表现。故说直到杜甫,才能真将儒学、文学汇纳归一。换言之,即是把儒学来作文学之灵魂。此一运动,到韩愈又进一步。韩愈之“古文运动”,其实乃是将儒学与散体文学之合一化。韩愈散体文之真价值,一面能将魏、晋以下之纯文学观念融入,一面又能将孔、孟儒学融入。此是韩愈在文学史上一大贡献,亦是在儒学史上一大贡献。故韩氏自述其作文工夫,谓当“行之乎仁义之途,游之乎《诗》、《书》之源”。又谓其“好古之文,乃由好古之道”。后人称其“约《六经》以为文,约《风》、《骚》以成诗”。若明白阐述,即是把文学与儒学挽归一途。论其文之内容,则实莫非是儒家言,其集中如《原道》、《谏迎佛骨表》等诸文固可不论,即随手就《韩集》中拈其任何一篇,固可谓无不根据儒学而立言,亦可谓无一非融摄孔、孟之道以立言者。故自唐代起,自杜诗、韩文始,儒学复进入了文学之新园地。自此以后,必须灌入儒家思想才始得成为大文章。此一新观点，实为以前所未有。必至此后，经学、史学与文学，均成为寄托儒学、发挥儒学之工具。于是四部中之集部，亦遂为儒学所包容。我特称唐代为儒学之转进期，意即在此。

六

以下再讲到儒学之第五期，即宋、元、明时代，我将称之为儒学之“综汇期与别出期”。此当分两面言：一说其综汇，乃指其综合汇通两汉、魏晋南北朝下迄隋、唐之经、史、文学以为儒学之发挥之一方面而言。此方面之代表人物，可举欧阳修为例。欧文宗昌黎，亦是粹然儒家言。但永叔除文学外，在史学、经学方面，造诣俱深，著述并富。我们固可说欧阳氏乃一文学家，同时亦可说其是一史学家与经学家。但欧阳氏乃一大儒，则无可异议。

北宋诸儒，大体全如此，他们都能在经、史、文学三方面兼通汇合，创造出宋儒一套新面目。其间所有差别，则不过于三者间，有畸重畸轻、偏长偏短。如王荆公偏重在经学，司马温公偏重在史学。荆公可说是儒家中之“理想派”，主要在讲《六经》三代，崇奉上古史。温公可说是儒家中之“经验派”，主要在讲汉、唐中古史。北宋新旧党争，就儒家立场言，亦可谓是一种经学、史学之争。故新党执政时，太学诸生便群趋于研究经学。迨旧党得势，太学诸生又转而注重史学。此一种学风动荡，直到南宋尚受波及。其次再说到二程洛学，他们较近于经学派。苏东坡蜀学，则较近于史学派。但严格言之，苏氏父子在当时及后代，均不目为纯儒。即就他们的文章看，其中颇多杂有纵横家、庄、老道家言。在司马温公以后之洛、蜀、朔三党分歧，若我们纯从学术立场上来看，大体当如我上之所指。因此三派间，学术立场本有不同，并不即就地区分党分派。

以上是说了北宋诸儒在综汇经、史、文学而成其为儒学之一面。但在另一面,则别有一种新儒家出现,我姑称之为“别出儒”,以别于上述之“综汇儒”。如周濂溪、张横渠、程明道、伊川诸儒皆是。他们与综汇儒之所异:一则他们都不大喜欢作诗文,似乎于文学颇轻视,另则他们亦似乎不大注意谈史学。即在经学方面,对两汉以下诸儒治经功绩,彼辈皆不甚重视。故他们之所学所创,后人又别称之为“理学”。我今乃就两汉以下儒学大传统言,故说宋代理学诸儒,乃系儒学中之别出派。

亦可说宋代理学诸儒与两汉以下儒学传统不同处即在此。然亦不宜过分作严格之划分。即如:周濂溪《通书》,与其《太极图说》,则根据于《易经》而兼融之以《中庸》。横渠之学,亦以《易》为宗,以《中庸》为体,而于《六经》中《礼》之一部分尤其所特重。其所作《西铭》,二程取以与《大学》同时开示学者。程子尝言《西铭》此文:“我虽有此意,惜无此笔力。”可见别出诸儒,未尝不注意到文章之重要。但却不能说他们亦有一种文学观。明道在荆公行新法时,曾有上神宗皇帝陈治法《十事疏》,可见明道亦未尝不注意历史往事与治平实绩。二程言义理,尤皆溯源《六经》,所谓“反求于《六经》然后得之”。决非是一种门面语。而伊川尤穷其一生精力,著为《易传》。可见宋儒中别出一派,未尝不于儒学旧传统中所重之经、史、文学同时注意。惟彼等更注意在与当时之方外道、释争衡,换言之,则是更注重在思想义理方面,故对两汉以来儒学旧传统,比较不如其对此下儒学开新方面之更受重视。彼等意见,认为超乎此传统的经、史、文学之上,当另有一番甚深义理须阐发,因此遂成为“理学”,亦称“道学”,今人则称之为“义理之学”。元人修《宋史》,特为立《道学传》,以示别于从来之《儒林传》,此事颇滋后人非议。其实在当时人观念中，经学诸儒与理学新儒，确乎有一种分别存在，《元史》为之别立一传，其事未可厚非。只是必要尊道学而卑儒林，则落入门户之见，未得为平允而已。

自二程下传至南宋，有李延平，为朱子师，朱子于其师李延平之为学为人，描述甚备。我们即举李侗为例，便可想见我上面所谓理学别出之儒与经、史、文学综汇之儒之不同所在。但朱子虽出李氏门下，其学术门径又有一大变。朱子乃中国儒学史中一杰出之博通大儒，至今读其全书，便可窥见其学术路径之宏通博大，及其诗文辞章之渊雅典懿。朱子在此方面，可谓实是承续北宋欧阳一派综汇之儒之学脉而来。但朱子之特所宗主钦奉者，则在濂溪、横渠、二程，所谓别出之儒之一支。于二程，尤所推尊。其所著《伊洛渊源录》一书，即以孔、孟道统直归二程。朱子之学，可谓是欲以综汇之功而完成其别出之大业者。因此其对经学传统，亦予以甚大之改变，彼将《小戴礼》中《大学》、《中庸》两篇抽出，合《论语》、《孟子》而定为《四书》。又另定《五经》读本。于《易》有《本义》，于《诗》有《集传》，《书经集传》则嘱付其弟子蔡沈为之。史学方面，则承袭司马温公路向，认为司马氏之《资治通鉴》，即犹孔子当时之《春秋》，而特为加以纲目，此实远承王通续经之意见者。后人于王通则加轻视，于朱子则加推尊，此亦未为公允。于礼则有《仪礼经传通解》，以十七篇为主，取《大》、《小戴》及他书传所载系于礼者附之，又自为《家礼》一书，以当时可通行者私定之。于文学，则有《韩文考异》、《楚辞集注》，所下功夫亦甚精湛。在经、史、文学三方面，皆有极深远之贡献，所影响于后来儒学者，可谓已远超北宋欧阳一派综汇诸儒之上。而观其《伊洛渊源录》一书，则知朱子所特别尊奉，乃在二程、周、张别出之一支。

七

朱子学之大概如上述。然在朱子当时，即有与朱子极相反对之两学派出现。一派自朱子好友吕东莱之史学，下传而成浙东永嘉学派，如叶水心、陈龙川等。朱、吕两人曾合编《近思录》，朱子又特命其子从学于东莱。然朱、吕二人究自有分别。一偏经，一偏史，门户划然，不啻如王安石之与司马光。而叶、陈二人则明白反对朱子，他们所提出之意见亦极有力量。水心反对朱子所定《四书》，否认孔、曾、思、孟一线单传之观点。龙川则反对朱子《伊洛渊源录》之传统，认为汉、唐儒学亦各有其地位，不得谓惟有宋代伊、洛一派始为孔、孟传人。此两种意见实有使朱子难于自圆其说之处。

而当时反对朱子者，除浙东史学一派外，尚有江西心学一派，主要者为陆象山。象山亦朱子好友，论学贵于简易直截。尝有问其学术传统者，象山答云："我读《孟子》而自得之于心。"细观象山此语，所重实尚不在读《孟子》，而更重在"自得于心"之一语。故象山又曰："学苟有本，《六经》皆我注脚，尧、舜以前曾读何书来?"又曰："即不识一字，亦将还我堂堂地做一个人。"儒学发展到了可以不读一书，甚至不识一字，可以自得于心，直接先圣真传，此诚可谓别出中之尤别出者。朱子欲令人先从事于泛观博览而后归之约。象山则欲先发明人之本心，而后再及于博览，所谓"先立乎其大"。故象山以朱子教人为支离，其贻诗有云："易简工夫终久大，支离事业竟浮沉。"两人之相异，于此可见。然象山对明道、濂溪仍极佩服。尤所佩服者，在明道。故曰："二程见周茂叔后吟风弄月而归，有'吾与点也'之意，后来明道此意却存。"故若谓濂溪、横渠、二程为儒学之别出，则象山实当为此别出派中之尤别出者。但此后儒学，终是朱子一派得势。抑且朱子后学，终是于经、史、文学即朱子之兼采于北宋综汇之儒之一派，即象山所讥为“支离”者，实为最有成绩。其著者，如金履祥、黄震、王应麟下及胡三省、马端临诸人皆是。他们都是兼通经史，亦不鄙视文学，虽承朱子上接伊、洛，却与北宋综汇儒一派未见隔绝，抑且甚相近似。此一趋势，观《通志堂经解》，即可知其梗概。即陆学传人，到底也仍会归到这一条路上来。

以下讲到元代。近代国人讲学，似对两个时代有所偏忽：一为忽视了魏晋南北朝。此一时代人在经史儒学方面之贡献，已在上提过。另一为忽视了元代人之学问。元儒讲经史之学，多流衍自朱子，其成就亦可观。其所为诗文亦皆卓有渊源，有传绪可寻。明代开国规模，如政治制度、经济措施、社会改革、教育设计诸要项，实全有赖于元代人之学业遗绩。即如明初金华诸儒宋濂、刘基等，都在元代时孕育成材。此一情形，恰如隋、唐盛运之有赖于南北朝时代之学术馀绪，事同一律。中国儒学最大精神，正因其在衰乱之世而仍能守先待后，以开创下一时代，而显现其大用。此乃中国文化与中国儒学之特殊伟大处，吾人应郑重认取。

明初却有许多与唐初相似处。明人有《五经》、《四书大全》，正如唐初之有《五经正义》。此乃根据元代朱学传衍，而此后即悬为功令。一次大结集之后，即不能急速再有新创辟，因此明代经学不见蓬勃，亦如唐代。史学则元儒本不曾在此方面有大贡献，如马端临、胡三省等，皆偏重在旧史整顿，而于新史撰述则极少概见，远不能与魏晋南北朝相比，因此明代史学更见不振。而且另有一点为唐、明两代之相似处。唐代自臻盛治，即轻视了南北朝。明人亦然，一入治平之境，也即轻视元人。唐、明两代人之兴趣与心力，多著眼到现实功业上面去，因此对前一代人之学术传统转多忽过。

以下再略论明代之文学，主要为前后七子所倡导之“文必秦、汉，诗必盛唐”之拟古主义。但他们没有把握到唐代杜甫、韩愈以儒学纳入诗文中之一种绝大主要精神。即是说他们没有体会到韩、欧因文见道，以文归儒之新传统。因此前后七子提倡文学，只知模拟古人之躯壳与声貌，却未得古人之神髓。这一运动尚不如建安，虽无灵魂，却能自见性情。他们所开创之新文学，纵不与儒学合流，但仍还有在文学上自己的立场。前后七子之模古，较之杜、韩以下之复古运动，实是貌是神非，到头只落得一场大失败。迨嘉靖间，唐顺之起，始走回北宋欧、曾通顺之文体，以矫当时之俗弊。而唐顺之亦是一儒家，其学得自阳明门下之王龙溪，自谓对龙溪只少一拜，故到他手里，又能窥见了因文见道、以文归儒之大统绪。他撰有《文编》，所选大体依于儒家之准绳。较前有真德秀选《古文正宗》，则太偏重在义理，而较忽略于辞章，重理不重文。荆川文、理两重，实为有胜蓝之功。接起有茅坤、归有光。茅鹿门始著有《唐宋八大家文钞》，实递承于唐顺之之《文编》而专选唐、宋人之文，八家之名于焉乃定。归有光亦是一儒家，兼通经史，沿续唐、茅一路，仍走上文学纳入儒学之新路向，下开清代之桐城派。然上述诸人，均起在嘉靖后，以下又未能有继起之人，故明代文学，实无足称，远难与唐、宋相比。

论及明代之理学，自必提到王阳明。阳明推尊象山，主“心即理”，并提出“良知”之说，后人合称为陆、王。陆、王之学为理学中之别出，而阳明则可谓乃别出儒中之最是登峰造极者。因别出之儒，多喜凭一本或两本书，或凭一句或两句话作为宗主，或学的。如二程常以《大学》、《西铭》开示学者。象山则专举《孟子》，又特提“先得乎其大者”一语。而阳明则专拈孟子“良知”二字，后来又会通之于《大学》而提出“致良知”三字，作为学者之入门，同时亦是学者之止境，彻始彻终只此三字。后来王门大致全如此，只拈一字或一句来教人。直到明末刘蕺山又改提“诚意”二字。总之是如此，所谓“终久大”之“易简工夫”，已走到无可再易再简，故可谓之是登峰造极。然既已登峰造极，同时也即是前面无路。至于阳明在文学方面之成就，则王门各派都已摆弃，远不逮二程后有朱子，更可谓是王门别出儒中一大缺点。现在我们再总说明儒路子，可谓其只有别出儒，而无综汇儒。而到晚明，则又爆出大反动。

八

现在说到儒学之第六期，即清代儒学，我仍将名之为儒学之“综汇期与别出期”。虽取名与第五期相同，但论其内容则甚不同。最先如晚明三大儒顾亭林、黄梨洲、王船山，他们都又走上经、史、文学兼通并重即北宋综汇儒之一路，而都成为一代博通之大儒。此三人中，顾亭林大体一本程、朱，还是朱子学之路向。船山在理学方面虽有许多不同意程、朱而一尊横渠之处，但其为学路向，则仍还是朱子遗统。此三人中，最可注意者，乃是黄梨洲。梨洲学宗阳明，但他的学术路向实与亭林、船山相彷佛，亦主张多读书亦博通经史，注重于文学，实亦极像北宋综汇儒一路。故他说：“读书不博，无以证斯理之变化。博而不求于心，是谓俗学。”此两句中更重要者乃在上一句，因下一句乃当时别出儒之旧统绪，而上一句则另开了新方面，即是由别出重归到综汇，则和朱子学风实已无大分别。他的一部《明儒学案》，乃是一部极好的明代学术史，或说思想史。在他著此书前，他所须诵读之书，何止数百千卷。而且此书虽宗奉阳明，依然罗列各家，细大不捐。此一路向，显然与陆、王当时意味有了甚大不同。我们正须在此等处看出学术之变化来。本来宋、明讲学之风，主要是别出儒，尤其是陆、王一派所重，而梨洲特称之为“讲堂锢习”，可想当时学术路向转变之急剧了。

黄梨洲之后有李穆堂，他崇奉象山，但他读书之多，也堪惊人。穆堂同时友生有全谢山，上接梨洲父子有志未竟之稿而作《宋元学案》，此书之主要内容自在所谓别出儒理学之一面。但谢山此书，显然更是综汇儒之规辙，故他说：“此书以濂、洛之统，而综合诸家，如横渠之礼教，东莱之文献，艮斋、止斋之经制，水心之文章，莫不旁推而交通，联珠而合璧。”此种学风，与濂溪、二程以下理学精神显有歧出。而与朱子之崇奉伊、洛而兼走综汇诸儒之路，有其极大的相似。

梨洲、谢山以后有章实斋，亦承黄、全学风，那时已是清代乾、嘉盛时，他分析并时学派，谓梨洲以下为浙东之学，属史学；亭林以下为浙西之学，属经学。又谓浙东渊源阳明，浙西渊源朱子。此一分别，在彼亦谓是根据史实。惟此处须再指出者，厥为当时学风之转向。亭林尝言：“古今安得别有所谓理学哉？经学即理学也。”我们若套用亭林此语来替实斋说话，亦可谓“古今安得别有所谓心学哉？史学即心学也。”由陆、王一派之心学，转出梨洲、谢山、实斋之史学来，此事大堪注意。故我谓清初诸儒之学，虽一面承接宋儒理学传统，而其实已由别出儒重回到综汇儒。而最可注意者，则正是由梨洲至实斋这一派所谓的浙东史学。而同时他们亦都注重文学。他们自称承接陆、王，而学风之变如此，则浙西亭林一派渊源朱子的自可不问而知。

近人又常说清代史学不振，此亦未必全是。清人只于近代史方面以多所避忌，而少发展。但清儒在史学上仍有大贡献。即就浙东黄、全一派言,其最大贡献有两方面:一则为学术史与人物史方面,试读清人之《碑传集》,此实为一种创辟之新文体,不仅唐、宋古文家昌黎、永叔无此造诣,即《史》、《汉》以下各代正史列传亦不能范围其所成就。此一新文体实渊源于梨洲《学案》,迄于谢山《鲒埼亭集》中所为之新碑传而栋宇大启,规模始立。此为清儒在史学上一大贡献。清儒史学之又一贡献,则为章实斋所提倡之方志学,此为历史中之方域史或社会史,其渊源乃自谢山表彰乡土人物递禅而出。若更远溯之,则东汉及魏、晋诸儒已开了此史学之两面,实已远有端绪。惟全、章新有创辟之功,也不该抹杀。

现在我们再转到清代经学方面。自亭林下至乾、嘉盛时之戴东原,恰与实斋同时,经学之盛,如日中天。但最先是由儒学而治经学,其后则渐渐离于儒学而经学成为别出,又其后则渐渐离于经学而考据成为别出,此为清儒经学之三大变。最先经学尚未脱离儒学之一时期,如阎百诗之辨《古文尚书》,胡朏明之辨《易图》与考《禹贡》,顾栋高之治《春秋左传》,如此之例,莫非经史兼通,综汇包举,不失为一种有体有用之学。越后则经学脱离了儒学,他们说:“训诂明而后义理明”,于是只讲训诂,而把义理转搁一旁。他们又要追溯两汉博士家法,专为两汉博士重立门户,于是变成经学独立,渐与儒学无关。又后则更不是经学了,而仅见为是一种考据之学。考据独立成为一种学问,经学亦仅视为一堆材料。他们把同样的目光来治史,史亦成为一堆材料。材料无尽,斯考据工作亦无尽。此后清儒论学,乃若惟有考据一途始可上接先圣真传,此实可谓“考据学之别出”。又于考据学中别出了一种训诂学,此即所谓“小学”。故清人乾、嘉以下论学,乃若孔、孟以下,特足重视者,惟有许叔重、郑康成两人。其后又超越了许、郑而特别重视汉博士中《公羊》一家,于是儒学传统中,只剩了董仲舒与何休。我无以名之，则只有仍名之为是一种别出之学，即宋儒别出之学之又一变相，而不免每下愈况了。宋代别出诸儒只尊孟子，此下即直接伊、洛。清代别出之儒只尊《六经》，许、郑以下即直接清儒。下至晚清今文学《公羊》一派，此犹宋代理学中有陆、王，可谓亦已登峰造极，于《六经》中只尊《春秋》，于《三传》中只尊《公羊》，则又是别出中之别出了。

在此须连带提及清代之桐城文派，此派承续明代归有光，上接唐、宋八家，主张因文见道，以文归儒这一路。其中心人物姚鼐，与同时经学大师戴震，均倡义理、考据、辞章三者不可偏废之说，应可说其均是综汇之儒之主张。可惜当时经学诸儒兴趣已太集中在考据、训诂方面，而桐城文派中亦少有大气魄人，真能从义理、考据、辞章三面用力。他们只在修辞方面，遵守宋儒义理，如不虚饰、不夸大、不失儒学榘矱。而论其文章内容，则颇嫌单薄，甚至空洞无物。直要到曾国藩湘乡派，由姚氏《古文辞类纂》扩大而为《经史百家杂钞》，又主于义理、考据、辞章以外，再增“经济”一目，可谓求于文学立基而加进综汇功夫，可以上承北宋欧阳遗绪。而经学家中自阮元下逮陈澧，亦渐有主张经史兼通、汉、宋兼采之趋势，双方渐相接近。而陈澧亦极重韩文，但此双方之力量，依然抵不住后起今文学家之掩胁，而终于别出一派单独主持了一时的风尚。

九

此刻要谈到中国后半部儒学史中之所谓“道统”问题。因凡属别出之儒，则莫不以道统所归自负。此一观念，实由昌黎韩氏首先提出。《原道》云：“尧以是传之舜，舜以是传之禹、汤、文、武、周公，文、武、周公传之孔子，孔子传之孟子，孟子之死，而不得其传。”韩氏则隐然以此道统自负。此一观念,显然自当时之禅宗来,盖惟禅宗才有此种一线单传之说法。而到儒家手里,所言道统,似乎尚不如禅宗之完美。因禅宗尚是一线相继,绳绳不绝。而儒家的道统则变成斩然中断,隔绝了千年以上,乃始有获得此不传之秘的人物突然出现。这样说来,总是不大好。因此宋儒虽承受昌黎此观念,但觉自孟子到昌黎,中间罅缝太大,遂为补进董仲舒、扬雄、王通数人。但仍还是数百年得一传人,中间忽断忽续,前后相望,寥若晨星,即求如千钧一发不绝如缕的情形而亦不可得。下至程伊川,又谓须至其兄明道始是直继孟子真传,中间更无别人插入。以此较之崇拜昌黎的一般说法,意态更严肃,而门户则更狭窄了。朱子始在二程同时又补进了濂溪与横渠。但以前那一段大罅缝,终是无可填补。那岂不是孟子死后,道统之传,已成一大秘密,而此世界,亦成一大黑暗!抑且孔、孟之间亦早有一段脱节。于是朱子再根据二程意见,特为补进曾子、子思,于是总算自孔子起一线单传了四代,但亦总觉得太孤伶太萧索了。当时叶水心即根本反对此说,认为孔子之学并非只传了曾子一人。即连孟子,也未必可说由他一人尽获得了孔子之真传。陈龙川则谓汉、唐诸儒,也不能说他们全不得孔子之传。这中间一段长时期,也不能说全是黑暗,无丝毫光明。但到陆象山又要抛开濂溪、二程,把他自己来直接孟子。此后虽像程、朱传统较占了上风,而到明代王阳明,又是尊陆抑朱。此等争持,也绝似禅宗之有南能、北秀,究是谁得了道统真传,其实并无证据,则争辩自可永无了局。此实又不如禅宗,一面尚还有衣钵信物作证,而曹溪以下不再把衣钵传人,则更为一项绝顶聪明之办法。此下禅学大盛,也可说六祖之摒弃衣钵亦是一大因缘。惜乎宋、明道学诸公却不了解得此中意味。

关于宋、明两代所争持之道统,我们此刻则只可称之为是一种主观的道统,或说是一种一线单传的道统。此种道统是截断众流,甚为孤立的。又是甚为脆弱,极易中断的。我们又可说它是一种易断的道统。此种主观的、单传孤立的、易断的道统观,其实纰缪甚多。若真道统则须从历史文化大传统言,当知此一整个文化大传统即是道统。如此说来,则比较客观,而且亦决不能只是一线单传,亦不能说它老有中断之虞。韩昌黎所谓:“孔子之道大而能博,门第子学焉而皆得其性之所近,其后源远而末益分。”此说可谓近于情实。故自孔、孟以至今日,孔、孟之道其实则何尝中断!亦可谓:“孔、孟之道未坠于地,在人,贤者识其大,不贤者识其小,何莫非有孔、孟之道!”如此说来,好似把讲孔、孟者的地位抑低些,但却把孔、孟之道的地位更抬高了。若定要抬高自己身分,认为只有他乃始获得孔、孟真传,如此则把孔、孟之道反而抑低了。又且如宋儒,一面既是盛推曾点与漆雕开,像是别具只眼。其实如照此等说法推演,难道孔子复生,反不把荀卿、董仲舒、王通、韩愈诸人也当作他传人,而定要摈之门墙之外吗?故就历史文化大统言,宋儒此种道统论,实无是处。黄梨洲弟子万斯同,曾作《儒林宗派》一书,此书虽亦尽多可议,然把儒学门户广大开放,较之宋儒主观的、一线单传的、孤立的、易断的道统观,则确已开明多了。

此下清儒立意反宋学,却想不到又来高抬汉学,严立门户,似乎孔、孟之学,到宋儒手里,反又中断了。不仅如此,即宋儒以前如《十三经注疏》等,清儒也看不起,就中只看重了郑康成一人。后来连郑康成也不信任,定要推到西汉董仲舒,但又不得不牵上了东汉之何休。这直可谓进退失据,而末流推衍所及,出来一个康有为,自认只有他,才能再接上此一统绪。试问此种说法,岂不荒唐可笑!但推原其始作俑者,则不得不仍回到宋儒道学诸公的身上。固然,宋、明道学诸儒在中国儒学传统里有其甚大之成就与贡献,但此一狭窄的道统观,却不能不说由他们创始。至于清代诸儒,存心要反对宋儒理学一路,而不知自己仍陷在理学家的道统圈里,依著别人家的墙壁,来建造自己的门户,那就更可笑了。

一〇

以上分著六时期大体叙述中国的儒学演进史,到此已粗可完毕。若我们真要对中国文化传统有一真认识,关于上面所讲六时期之儒学演进,决不能搁置不理。若此后中国文化传统又能重获新生,则此一儒学演进必然会又有新途径出现。但此下的新儒学究该向那一路前进?我想此一问题,只一回顾前面历史陈迹,也可让我们获得多少的启示。不烦我们再来作一番具体的预言,或甚至高唱一家一派式的强力指导。如韩愈所谓:"开其为此,禁其为彼",总不是一好办法。韩愈尚所不为,我们自可不能走此绝路。昔邵雍临终,伊川与之永诀,雍举两手示伊川,曰:"面前路径须令宽,路窄则自无著身处,况能使人行?"我们今天来讲中国文化,也就不该只讲一儒家。又况在儒家中,标举出只此一家、别无分出的一项严肃的、充满主观意见的,又是孤立易断的道统来。这是我这一番讲演最终微意所在,盼在座诸君体取此意,各自努力去。

(节选自钱穆《中国学术通义》,原载台北联经版《钱宾四先生全集》第25卷,现选自刘梦溪主编《中国现代学术经典》,河北教育出版社1996年版)

钱穆,江苏无锡人,先后受聘北大、清华、燕大、师大,开设中国上古、秦汉、通史等课程,著有《先秦诸子系年》、《中国近三百年学术史》、《国史大纲》、《中国思想史》、《宋明理学概述》、《老庄通辩》、《朱子新学案》等力作。此后将60年来主要学术论文汇总，编成《中国学术思想史论丛》共八册，整理后的《钱宾四先生全集》三编54册1700万字。

本文将儒学史分为六个时期，即先秦创始期、两汉奠定期、魏晋南北朝扩大期、隋唐转进期、宋元明综汇期、清代儒学仍为综汇别出，但内容不同。文中对各期的儒学经典和代表人物分别作了介绍和评判，将中国的文化传统作了一个全面的梳理和总结。

儒学的变迁

丁伟志

孔子所奠立的儒家学说，在两千多年的漫长岁月中，留下了深深的步痕。像一切源远流长的古老学说一样，儒学在历史的长河中接受着检验，充实着和改变着自己的内容和形态。

任何一种学说的历史，都是承袭与演变的统一。不承袭，它就没有延续传统的历史依据；不演变，它就没有适应新的历史条件的生存能力。有些在某个时候曾经十分显赫的学派，或者由于得不到继承，或者由于不能适应新的条件，而在现实生活中逐步销声匿迹，至多也只能变成专门研究家书房中的珍品。儒学何以能够绵延流传达二十五个世纪之久，直到六十年前的“五四”新文化运动才受到第一次致命打击，这是中国文化史上值得深入研究的一个大课题。清理这一问题，无疑对于认识古代中国和认识现代中国，都将有所助益。

儒学的创建

春秋末年，周室衰微，权力下移，战事连年，政局动荡，那是一个旧制度的权威在崩坏、新制度的胚芽在成长的年代。古代的中国，当时面临着向何处去的问题。无论是有问鼎野心的诸侯，还是其他为统治者服务的思想家和策略家，都在考虑和寻觅这个问题的答案。儒学正是这样一种时代背景的产物。

“士”阶层的形成和“官府之学”的崩坏，使得非官方的学术活动有了可能。于是儒学由相礼的职业团体转化为学术教育团体，开创了学术下私人的局面。但这个在组织形式和活动方式上创新的学派，它的理论内容和政治态度的基本倾向，却不是创新而是守旧的。这个学派的成立，就其主观信念来说，不是创建什么新世界，而是恢复或重建那个“郁郁乎文哉”的西周故国的典章制度。借助鲁国的有利条件和职业上的方便，孔子的儒家学派在当时成为最熟悉周礼的集团，他们便以此为正名分，严等级，止息动乱，整饬秩序的手段。这种以礼治为灵魂的治国方案，在当时的历史条件下，只能是一种迂腐的空想，所以孔子被人嘲笑为“知其不可而为之”。对于那些野心勃勃、时刻企图攫取更大权力的诸侯、大夫以至陪臣来说，“君君、臣臣、父父、子子”的一套观念和相应的繁文缛节，岂不首先就成了束缚他们自己手脚的东西，怎么肯认真照办呢。孔子之所以周游列国而到处碰壁，这也是一条原因。不过，应当看到孔子创建的儒学，固然以“祖述尧舜，宪章文武”的复古主义为其精神支柱，但也还没有迂腐到在一切问题上都毫无创新、都毫无实用价值的程度。孔子口头上一再表白他是“述而不作”，其实从来也没有照办过；无论在政治上和学术上他“作”的都不少。正因为这样，孔子才成为一个懂得“时中”（合乎时宜地确定准则）的“无可无不可”的“圣之时者”。试想，如果说的作的完全是尧、舜、文、武那套老掉牙的东西，拿不出一点新鲜货色，能够居然成一家显学、创建一个影响颇大的新学派吗？

孔子是明确主张对周礼有所“损益”的，至于损益些什么，他讲的不大明白，但从政治理论的角度看，孔子最重要的创见在于纳

“仁”入“礼”。这是中国政治思想史上的一个重要变化，它反映出历史的进程已经使得那种仅仅靠着刑罚和鬼神来支撑的“礼”，难于再强制推行；要恢复旧日的“礼”，便必须找到新解释和新措施。孔子把“仁”这个本来含义不很明确的道德观念借用并大大发挥起来，使它成为他的礼治政治主张的理论基石。

“仁”，在孔子的儒学中成为最高的道德规范，它几乎可以囊括一切“美德”。儒家“仁”说的提出，使得赤裸野蛮的剥削和压迫关系，蒙上了温情脉脉、宽厚仁爱的面纱，它有很大的欺骗性。“仁”的主要特征是“爱人”，但这绝不是唐朝韩愈所说的“博爱”，也不是近人解释成的那种泛爱主义或人道主义。不过，农夫爱其耕牛，骑士爱其骏马，在这个意义上，奴隶主像爱牛、马一样的爱奴隶，或者爱奴隶超过爱牛马，都是完全可以想象的。——固然，奴隶主并不会因此便把他心爱的奴隶看成与自己具有同等身分的贵族。所以奴隶主爱奴隶的这种爱，丝毫不排斥爱的阶级性。还是朱熹对儒家的“仁”解释得比较准确，他把这叫做“爱有差等”。正因为“爱有差等”，所以这个“爱人”的“仁”，才和那个严立等级壁垒的“礼”协调起来。

从客观上看，孔子纳“仁”入“礼”，曲折地反映了奴隶在生产过程中地位的提高。从主观上看，孔子根据这种对现实的认识，“损益”旧制，提出了一套“德治”的政治方案，反对“苛政”，反对“聚敛”，主张“恕道”，主张“节用而爱人”，孔子的弟子有若乃至直截把百姓的“足”与“不足”，看作君的“足”与“不足”的依据。儒家这套以“仁义”为旗帜的德治方案的出现，是当时政治生活中的一大创见。当然，这种“仁义”的说教和带有改良性质的德治措施，都不是为了改变尊卑贵贱的旧秩序，相反地是为了设法使这种秩序得以稳定和巩固。因此，它本质上只能是伪善的。而且，这种

“德政”只能从属于“礼治”，所以孔子一边高唱“仁爱”之道，一边激烈地反对“犯上作乱”、“僭越名分”的行为，以极端顽固的态度要求正名、守礼，力倡对“长上”的绝对服从。就其时代来说有进步意义的“仁”的新见，也窒息于儒学自身保守体系之中。

儒学虽然拟制了一套德治的方案，但因其守礼而近迂，崇仁而近懦，说起来固然动听，做起来却难见成效。特别是在那样动乱的年代里，要靠这种治国方案匡正天下，自然更是壁上画饼。

孔子和他的儒家学派，在春秋末期政治生活中，只能是失败者。但他们的学说，成为显学，发生了广泛的社会影响。孔子本人博学多能，他以及他的门徒从事文化和教育事业做出的成就，远为同期的其他学派所莫及。因而，长时期内儒学成为保存和传播中国古典文化的主要承担者。同时，儒学的政治主张和伦理观念也成为后世封建统治者采用的重要思想武器，成为中国历史上毒害和禁锢人们头脑的最大的、也是为时最长的传统力量。

儒学的历史功罪，随着历史的进程，愈来愈清晰、愈来愈充分地展现出来。

儒学的分化

韩非说孔子死后“儒分为八”，实际上战国期间最重要的儒学流派，就是孟、荀两家。

后世儒家尊孟抑荀，把孟派当作孔学嫡传，称儒学为孔孟之道。其实，这种说法是唐、宋以后，特别是宋代理学家制造出来的，并不确切。荀子学说固然同孔子学说有很大差异，但其主体仍然是继承孔子，不失为儒学；孟子固然承袭孔子，但也把不少新内容输进儒学，仅拿《论语》与《孟子》相比，便可发现孔孟间的显著差异。可以说,儒学到了战国时期,不仅是分化了,而且有了很大发展,不论荀派还是孟派,都不是"率由旧章"的。

孟子继承和大大发挥了孔子的"仁"学,并且进而提出一套施"仁政"的纲领。他描绘出一种空想的以"井田制"为基础的农业经济的理想蓝图;他为声讨"虐政",而对社会的黑暗与人民的苦难做出了统治阶级思想家从来没有做过的深刻暴露和痛切谴责。尤为重要的是,孟子提出了"民贵君轻"的思想,在君民、君臣的关系上一定程度地突破了孔子的礼教约束。这是我国封建政治思想史上难得的光辉命题。当然,孟子"重民",目的还是为了巩固君权,提高君权的权威,而绝不包含什么反封建的民主的含义,他不是为了动摇君民、君臣关系,而是为了"改善"这种关系。也就是说,归根结蒂,孟子制定的这种"仁政",无非是为统治者设计的一种较为高明的统治策略罢了。

孟子认为施行这种"仁政"的原动力,是靠君子们的所谓"仁心"。从这种观念出发,他为自己的政治理论编制出哲学上和神学上的根据。与此相应,一方面,他着意构造了一套"尽心、知性、知天"的认识论和修养心性的修养之道,为儒学奠立了较为系统的唯心的心性哲理;另一方面,他又吸取了五行说的因素,把孔子学说中闪烁其辞的天命观,改造为"天人相通"的神秘的天命论。前者,为宋代儒学的哲理化埋下了伏线;后者,则直接为西汉儒学的神学化打开了大门。

荀派儒学,是战国后期时代的产物。现实的政治生活已经充分证明:儒家那套恢复"礼乐昌隆"的先王故国的号召和"仁政"、"德治"的手段,根本不能解决现实政治中那些只有用强力才能解决的问题。崇暴力、讲权术、严刑法的法家学说,在实际政治斗争中,却越来越显示出是一种结束春秋战国以来这种乱麻般政局的快刀。战国中后期,具有不同形式的法家倾向的一些政客,陆续在各国取得或大或小的成就,商鞅变法便是其中佼佼者。法家在政治改革上取得的成效,给了始终以继承仲尼自任的荀子以强烈影响。纳法入儒,改造儒学,成了荀子总结春秋战国以来儒学及其他各种学派得失的指归,一套以法治补充礼治、以人事制约天命的和原本儒学异趣的见解,在荀子这里得到相当充实的论证。正因为这样,这种仍以仲尼之道为帜的新儒学,却成为孕育大法家韩非、李斯的母胎。荀派儒学的出现,实际上构成了儒法思想的第一次大交流。

作为一个儒学的流派看,荀子之学确实在一些重要方面表现出对传统儒学的叛逆精神,他的"天行有常"的天道观的唯物倾向,他的"制天命而用之"的积极有为的进取精神,都成为后世中国唯物主义哲学的重要先导,成为后世反对墨守成规的儒学保守传统的异端儒学吸取智慧的一个泉源。而这也正是历代属于正统地位的儒学之徒不肯对荀子过于尊崇的原因。

从荀子的著述中,可以看到他是努力想使传统儒学具有新内容,但结果却等于宣告了传统儒学的衰败。从孔到孟又到荀,儒学的这种演变,恰恰反映出春秋战国"诸侯异政、百家异说"的局面从繁盛走向终结的历史趋势。荀派儒学的出现,正是标明了这个"异政异说"的局面,无可挽回地要为统一政治、统一思想的"大一统"局面所代替,先秦儒学也正是随着这样一个历史的转折而结束了它的命运。

儒学的神学化

秦的统一,证实了法家学说在当时政治斗争中的确有致用的实效；而秦的短命，虽然不能简单地归之于法家学说所导致，但至少也暴露出法家严刑峻法、重赋繁役的办法，对于谋求长治久安的统治者来说，是不够用的。因此，承秦制的汉王朝，又不得不以“除秦苛法”为号召，目的是想收拢人心，从而为自己取得一个较为稳当的统治基础。与这种政治需要相适应，在思想方面，汉初统治集团便推崇黄老，以“无为”之道来折衷法家的严酷。这时节，儒学并未受统治者的真正重视。不过，儒学的处境，总比秦时有所改善，作为一种学术得到了官方的庇护，少数传授儒学经籍的人还当上了朝廷的经学博士。几乎要湮没的儒学，又逐渐复苏。既然以传经为讲学的内容，儒学在汉代便取得了经学的地位，即以注释儒家经书的形态出现于世，从此开始了经学的历史。

在西汉中叶得势的，是后来人们称作今文经学的儒学。此派中最初传经的，齐地人居多，他们的传经之学便又叫“齐学”。这种“齐学”，受战国时齐人邹衍一派阴阳五行家的影响很深，所以他们传授的儒学中感染了阴阳五行的色彩。加之，自秦以来的皇帝酷好神仙术，于是许多失意儒生转去充当讲求神仙术的方士；有些方士，为了做官，也学点儒家的经书，这样便出现了一批半儒生半方士的人物。这些就是西汉儒学掺杂进那样明显的阴阳五行、神仙怪异的内容，从而形成了一种神学化的儒学的原因。

神学化的儒学之所以能够在汉武帝时得势，仍须从时代背景中寻求根由。汉初以黄老“无为”思想补法家严苛峻急之弊，取得了经济发展的成绩，但也逐步酿成权力分散，诸侯专恣，威胁中央皇权的严重危机。贾谊、晁错诸人看到了这一层，向皇帝出谋献策，力主“强干弱枝”，加强君主集权，削弱群藩。矛盾的发展，终于爆发了七国之乱。这一切都表明“无为而治”的政策已经需要改变。武帝时，汉王朝凭借经济上的雄厚条件，决定改行“有为而治”的政策，重新加强君主集权。继秦始皇之后，中国历史上又一次出现鼓吹极端君主专制的高潮。儒学适应这种变化，取代了黄老的地位，而被“独尊”。

但是这种被“独尊”的儒学，无论在政治主张上，还是在理论形态上，都大大背离了孔子儒学的原貌，董仲舒把德治同法治作为相辅相成的两种统治手段结合起来，把明教化、施仁义同正法度、严刑赏结合起来，把儒家严格等级名分的礼治主张同法家的君权至上、君主绝对独裁的主张结合起来，融为一种以“三纲五常”为准则的维护封建君主专制“大一统”的政治理论。可以说，从董仲舒起，以后的儒学政治学说，已经再也不是孔子和孟子学说的原本状态，而是采择和拼凑儒法两家政治观点的混合物。这是历史上儒法思想的第二次大交流。正是由于法家的政治主张已为儒学所融汇，所以从董仲舒而后，法家就再也没有作为一个与儒家相对立的独立的学派在历史舞台上出现过。

董仲舒对这套政治主张的理论表述，则是采取宗教化的神学形态。他把阴阳五行说同《易》糅合起来，构成了宣传灾异祥瑞、天人感应的神学。人世间的一切，均被说成是冥冥中人格化的“天”所支配。这样，便替“君权神授”造出了宗教依据。谶纬迷信之风，到西汉末年便盛行起来。东汉章帝时召开的白虎观会议，名义上是为了“讲议《五经》异同”，事实上则是借皇帝的威势，用图谶纬书来妄断经义。官方儒学至此完全丧失了理论上和学术上的价值，堕落成专言灾异祥瑞的宗教巫术。

儒学目为异端的王充，以战斗的唯物主义精神给这种神学化的儒学以锐利抨击，但当时的历史条件使他的理论还只能是粗糙的，经验主义的。它的确抓住了儒学的一些把柄，却不可能取而代之。

东汉末古文经学盛行,陆续出现过马融、郑玄等名家。他们力图调合古今文之争,建立统一的经学,在经学训诂上颇有成就,但在理论上却是无所建树,更谈不上结束神学化儒学的统治了。

东汉末年爆发了黄巾大起义。起义的农民以道教的口号动员和组织群众,并以此与官方的神学化儒学相抗衡,起义虽归失败,但东汉王朝却在起义的烈火中被埋葬,儒学的尊严也扫地以尽。拥兵割据的军阀们,转向探求如何富强的法术。同时,被披上道教外衣的老、庄思想,也重新活跃起来,从而一步步演化出魏晋间玄学风靡一时的新局面。何晏、王弼等以老子哲学解《易》,援道入儒;嵇康、阮籍则公然师法老、庄,反对礼义。在“名教”与“自然”这种似乎纯哲理的争论后面,隐藏着地主阶级不同阶层、不同集团间利益上的冲突。从传统思想的消长盛衰上看,老、庄思想昌盛了,儒学沉寂下去了,儒、道交流结合而成的玄学,已经没有多少儒学的真实内容。这是汉代儒学独尊局面的否定。不过,它也透露出一种趋势:儒道的合流是不可避免的;用老庄的思辨哲学来补充、解释、阐发儒学的政治观和伦理观,恰是统治思想解脱危机的一条出路。

儒学的哲理化

佛教自东汉时传入中国,到南北朝时期空前兴盛,与儒、道鼎足而三。儒学又添了一个强大的外来竞争对手。儒、佛、道之间经过长时期的反复较量,互相排斥又互相吸取。隋末王通聚徒讲学,主张“三教合一”,但那只是反映出统治者的一种愿望,并没有真正做到理论上的融合。唐初,太宗命孔颖达修《五经正义》、颜师古考定《五经》文字,也没有突破汉学训诂的窠臼。不过,在初唐、盛唐这个中国封建文化的鼎盛时期，儒、佛、道之间具备了一个充分交流思想的好条件。盛唐时，儒生讲习佛、老哲理，已成风尚。僧人而通儒学的，也多起来。这种儒、佛、道融合的新场面，恰恰在韩愈为主要代表的保卫“道统”、排斥佛教的运动中，奇异地拉开了序幕。

安史之乱给唐王朝带来的严重政治危机，暴露出盛行一时的佛教和道教，是如此腐朽、虚妄和软弱无力。一批封建统治的忠实卫道者，奋起而为唐王朝谋取有力的思想武器。这就是韩愈一派尊儒排佛的政治目的。他们认为必须以儒学的封建伦理纲常代替佛教的消极出世思想，但他们同时又看不上汉代以来那种专事修修补补、千疮百孔的经学，他们宣称要恢复孔孟儒学的本来面目。韩愈本人，也慨然以直接承继孟轲的“道统”自任。当然，在中唐的条件下，要原封不动地恢复孔孟，完全是不可能的。历史条件的变化和中国思想界的长期演变，不可避免地给韩愈要矢志恢复的旧“道统”，注入新内容。柳宗元对这种历史趋势，比韩愈认识得清楚些，态度也较圆通。他尊崇孔子之道，但又认为诸子百家，只要“伸其所长”，“黜其奇衺（邪）”，就可以使之“与孔子同道”。他进而认为，老子是孔子的“异流”，浮图也与《易》《论语》相合，公然宣布佛学性情之说“爽然不与孔子异道”。

柳宗元直接主张儒、佛、道的合一，使得他没有装成一个纯儒的模样，韩愈却以“纯正不二”的儒学道统继承者的面目奠立了自己在儒学历史上的地位。实际上韩愈在排佛的过程中并没有拒绝从对手那里吸取思想，他的性情说，尤其是他的嫡传弟子李翱的“性善情恶”说，显系袭取了禅宗的理论。韩、李建立的理论是粗率的，但它的确是为揉佛、老入儒，以创造新儒学开了先河。

经过宋初儒学论坛的沉闷，到了仁宗庆历年间，终于开始了儒学变迁史上的又一次巨变。南宁人王应麟说:“经学自汉至宋初未尝大变,至庆历始一大变。”清人皮锡瑞把这个时代叫做“经学变古时代”,都是有道理的。当然他们多是从狭义的经学看问题,如果从儒学理论内容的演变看,这时也确乎是一个创新的阶段。政治上人们纷纷要求改变积贫积弱的局势,设制各种“救弊方案”成为一时风尚所向,寻求治平之术成了儒学的动力,章句传注的传统经学成为众矢之的。刘敞著《七经小传》,打破了专事训诂名物的汉学习气,开始了以己意解经的新风。探求道德性命的“义理之学”,自此流行。要创新,便要批判旧经,于是如陆游所说,庆历间诸儒“发明经旨”,排《系辞》,毁《周礼》,疑《孟子》,讥《书》经,黜《诗》序,经书都敢于直接议论,更不必说传注了。正是在这样一个秦汉以来中国学术史上罕见的活跃气氛中,新形态的儒学得以酝酿成长起来,经周敦颐、邵雍、程灏、程颐,到南宋朱熹而集其大成,一个哲理化的儒学,即程朱理学,终于问世。

程朱理学的最大特色,就是用一套思辨的唯心哲理修正了孔子学说的那种缺乏哲理抽象的朴素的政论形态,同时便也取代了汉儒那种专讲灾异感应的粗鄙的神学形态。程朱理学在抛弃佛、道宗教外衣的形式下,巧妙地用佛、老哲理构筑起一个“天理”论,来作为儒学政治、伦理观念的哲学基础。他们把这种儒学传统中从来没有过的“天理”论,同《孟子》《中庸》和《易》经中的一些哲学命题揉在一起,建立了唯心的理气论,借此把封建宗法的伦理纲常,论证为神圣不可改变的“恢恢天理”。于是,以“三纲五常”为中心的政治理论,“存天理、灭人欲”的道德说教,“格物致知”的训练方式,保守倒退的社会历史观点,便一项项配套成龙。一个庞大博杂、看去像无所不包的儒学体系建成了,它标志着儒学发展成哲理化的新阶段。从南宋后期起,程朱理学的正统地位为历代统治者所钦定，虽曾有陆王派禅宗式的心学起与争雄，但总的说来，直到清末民初，程朱理学的这种正统地位并未动摇。南宋以降的所谓孔孟之道，实际上已经主要是指程朱理学。

朱熹及其门人，在文化学术上做过大量工作。他们不仅整理了许多经学典籍，而且涉及到文学艺术、科学技术、政治、宗教、教育等各个领域。他们在中国文化发展史上是有贡献的。当然这并不能抵销也不能遮掩程朱理学所犯下的历史罪恶。

程朱理学，是我国封建社会后期最反动的统治思想，而且由于它体系庞大，把触角伸进了社会生活的各个领域，成为扼杀一切新事物窒息一切新思想的最沉重的精神桎梏，成为吞噬千百万无辜生灵的“吃人礼教”。程朱理学的严酷统治，成为伟大的中华民族近世处于停滞和落后状态的一个重要的思想上的原因。

儒学统治的覆灭

上世纪中期，我们多难的祖国陷入了半殖民地半封建的痛苦处境，然而这也是一个孕育新生的时期。社会的经济、政治、文化，都处于激变的过程中。程朱理学的思想统治，也就到了寿终正寝的时节。

远在明末清初，一些具有进步思想的学者，曾经揭露和批判过理学统治的黑暗，但他们不敢背叛孔孟，也无力另建一种新的儒学体系。乾隆嘉庆间，学者们在封建专制的高压下转向考据学，但他们在学术上的贡献更加掩不住他们理论上的贫乏无力。

只是当着列强的坚船利炮打上门来之后，清朝统治阶级才分化出一些进步人士，意识到政治危机严重，并谋求改造儒学。但是他们认识不到面临的是整个封建制度的危机，以为只要在思想上和政策上做某些改革,便可挽救清王朝于危亡之际。正是从这种愿望出发,龚自珍、魏源为代表的一批人,利用重倡今文经学的形式,反对空谈性理的理学和烦琐考据的经学,力图建立一种经世致用的新式儒学。虽然他们当中的一些人,也开始懂得并提倡学习西方的先进的资产阶级文明,但是长期儒学的濡染熏陶,使得他们不仅不敢抛弃儒学,而且千方百计地想利用这个旧神龛请进新神。康有为起来搞维新变法,还煞费苦心地编造出一部《孔子改制考》,把孔子塑造成托古改制的祖师,也是出于这种考虑。当时中国的这些先进人物,不懂得摆在人们面前的政治形势,已经不是哪一个封建王朝的兴衰治乱,而是整个封建制度已经到了垂死的边沿;思想领域中提到人们面前的课题,也早已不是怎样改造儒学的形态,而是如何彻底推翻儒学的统治。历史的进程,已经使得儒门信徒再也无法创造出一种新形态的儒学来。换言之,当着反封建的革命任务已经提上日程的时代,儒学演变的历史也就该收场了。因此,在近代史上,不管是维新派把儒学改装成改良主义的理论,不管是保皇党仿照宗教的形式组织孔教会的蠢动,不管是封建余孽奉儒学为"国粹"提倡尊孔读经的喧嚣,这一些看上去似乎是表明儒学还颇有些生命力的热闹场面,其实都不过只是垂死的封建制度的回光返照。就儒学的变迁史来讲,这些也已经是题外的尾声。

所以,应当说程朱理学就是儒学的最后一种形态,正因为这样,当"五四"新文化运动兴起,矛头直指旧文化的老巢"孔家店"的时候,民主战士们着力声讨的就是程朱理学的"吃人的礼教"。

当然,思想上的战斗不会像军事上攻城夺隘解决得那样干脆利落,而只能是一个旷日持久的长期斗争过程。六十年前,"五四"已经吹起了反孔的号角,但是批判儒学散布的大量毒素,仍是当前中国人民的战斗任务。我们中国的马克思列宁主义者，今天研究儒学的历史，目的就在于彻底批判封建的意识形态，肃清至今还残留在我们国家政治生活和文化生活中的一切封建意识的流毒。

没有疑问，这种批判应当是而且必须是采取实事求是的、即科学的态度。我们要恰如其分地给予封建社会中的传统文化以它实际应有的历史地位，审慎地鉴别和批判地继承包括儒学在内的一切文化遗产中的一切有用的东西。

弃其糟粕，取其精华——这就是我们的态度。

（选自《历史研究》1978 年第 12 期）

丁伟志，著名历史学家，山东潍县人。1955 年中央马列学院哲学专业研究生毕业，历任历史研究杂志社副主编、编审，中国社会科学杂志社、中国社会科学院出版社副总编辑、总编辑，中国社会科学院副秘书长、副院长，中国史学会第一至三届理事、第四届副会长。是中共十三大代表。撰有《儒学的变迁》、《张载理气观析疑》、《马克思主义宏观历史研究》等论文。

本文把儒学的发展分为儒学的创建、儒学的分化、儒学的神学化、儒学的哲理化、儒学统治的覆灭五个时期，儒法经过荀子和董仲舒的两次交流，法家便退出历史舞台；程朱儒学以体系庞大、包罗万象而成为新思想的精神枷锁。

中国历史上的儒家及其与西方哲学的比较

〔美〕 张君劢

中国是儒家的天下。中国人的人生观极大部分是受孔子的影响;说得更正确一点,我们可以说,儒家的观点建筑在中国古代传统之上,因此,孔子和中国人的观点,都是从这个根源而来的。

中国人的这种观点肯定人类世界和现实生活。所以中国人最重视人与人之间的关系。肯定人生事务,认为与邻人和睦相处为人生第一要务。

儒家思想方式与实际人生或生活具体事实中所表现的有关。这种思想方式不崇尚抽象的讨论。这不是说,儒家对于与生活有关的普遍原则也没有兴趣。孔子就喜欢追求外界的知识。他劝告弟子多认识虫鱼鸟兽草木之名(《论语》第十七《阳货篇》第九章)。他说他自己是一个博学而未成为一技一艺名家的人(《论语》第九《子罕篇》第一章)。

孔子门下有众多弟子——三千左右——因此,他也是一个伟大的教育家。他周游列国,希望找一个实现自己改革理想的机会,可是,一直到他年老的时候,这个机会都没有出现。在诸侯之中没有一个国家用力于古籍的纂述。这些古籍后来成为中国的经典。

这里产生了一个问题,即儒家是不是宗教?中国人把孔子看作圣人、导师、个人人格修养的典型。甚至佛教从印度传入中国以后,儒家和佛家两套思想体系也立于同等的基础之上,这两套思想体系的拥护者之间,虽时有争论,但从未产生儒家是不是宗教的问题。直到中国和西方接触以后才发生这个问题。欧洲来的传教士——最初是17世纪的天主教传教士,然后是19世纪的基督教传教士——总觉得需要解决这个问题。不过,耶稣会和多米尼教团传教士只涉及崇拜祖先的问题。基督教传教士则集中注意力于儒家宗教的一面。

例如,苏赫尔(W. E. Soothill)在他所著《中国的三大宗教》一书中说:"中国有三个被承认的宗教。在三大宗教中,儒家通常被视为国教,但是,道家和法家也是被承认的。佛教从印度传入,儒家和道家都是本土宗教,是从同一根源产生的。原始宗教源于史前时代相信灵魂存在之说,可是,在儒家和道家分道扬镳以前,这种原始宗教早已达到相当高的阶段,不过,仍然保留着它的灵魂说和神奇因素。"(Soothill:《中国三大宗教》,第24页:该书为牛津大学版,1923年伦敦出版)

苏赫尔的前辈,牛津大学名教授,亦即经书的翻译者李格(J. Legge),以"我用儒家两字,主要是概括中国古代的宗教"这种态度,企图在他所著《中国的宗教》一书中回答"儒家真是宗教吗"这个问题(J. Legge, The Religions of China, Charles Scribner's Sons, New York, 1881. P. 4.)。

我要特别强调,这种解释儒家的方式完全是西方的。中国学者一定觉得奇怪。

中国人从来没有把孔子看作是先知或教主。孔子也从来没有自称为主或光。他说:"我非生而知之者,好古敏以求之者也。"

(《论语》第七《述而篇》第十九章)又说:“未能事人,焉能事鬼?未知生,焉知死?”(《论语》第十一《先进篇》第十一章)换句话说,孔子根本不想谈超现实世界或创立宗教。

苏赫尔和李格尔氏认为儒家思想中含有中国宗教的原始观念,这种看法是不对的,因为中国宗教的根本观念是产生在几千年以前的,是产生在一个孔子无法证实(accountable)的时代的。孔子只是继续遵守过去许多世代留下来的礼俗,可是,这并不等于建立一种礼拜的方式。

下面是孔子自己关于宗教方面所说的话:“祭如在,祭神如神在。”(《论语》第三《八佾篇》第十二章)换句话说,孔子采取“如”(as if)的态度,正和他对来生的态度一样。

因此,我们可以说,在过去两千年中,没有一个中国学者把孔子看作宗教的创立者。印度、阿拉伯或巴勒斯坦有这种宗教的创立者——但中国没有。这就是为什么我把儒家思想看作一套伦理或哲学体系而不看作宗教的缘故。

儒家不但不是宗教,甚至当作伦理或哲学体系来看,在历史过程中也经过很多变化。儒家在中国历史上的发展全貌可以分为四个时期:(一)“百家”时期与各家并立的儒家;(二)前汉罢黜百家独尊儒术时期的儒家;(三)为佛道两家势力掩盖时的儒家;(四)再生的儒家或儒家的文艺复兴,即本书所谓新儒家的特别主题。

(一)百家时期与各家并立的儒家

这个时期是中国思想史开始的时期;也是春秋时期,孔子的论语就是产生在这个时期,他的伦理和哲学观点都包含在这本书中。孔子主张“正名”,所谓正名,意即如果每个人都按照自己的身份如君臣、父子、夫妇、兄弟、朋友，去完成自己应尽的义务，那么，社会就会秩然有序。我们还知道，孔子提倡仁，把仁看作其他一切德行之根本，或培养其他一切德行的起点。虽然他说过他的道可一以贯之，可是，却用种种不同方式讨论道德问题。他将自己思想比作"逝者如斯，不舍昼夜"(《论语》第九《子罕篇》第十六章)的流水。

曾有隐者劝他不要自找麻烦，不要存着拯救人类命运的念头。从这些隐者的话中，我们可以想到，他们是道家，因此，都是与孔子相对立的。

另一派反对孔门的是墨家，因墨子主张兼爱。兼爱之说和孔子主张的由亲而疏的爱相反。墨家主张薄葬，非乐。墨子摩顶放踵辛勤不懈地宣扬他的主张，无疑的，他协助宋人谋划防守京城一事，大家都知道，这对他的成功有很大的帮助。

战国时期(前480—前222)，孟子继承儒家的传统。他阐扬孔子的学说，比孔子本人更详细。孟子提出一套主张，提出人性本善以及直觉知识之说。他强调理性心的功用，主张政府应该实行仁政，应该效法尧舜。尧舜在中国历史上的地位相当于柏拉图笔下的哲人王。

虽然在理论上孟子有助于儒家，可是，在要求诸侯的实际支持方面，和孔子比起，不见得更成功。在孟子那个时期，最享名的，要算苏秦、张仪这类的纵横家，张仪倡连横之说，主张六国亲秦，苏秦则主张合纵之说，联合六国共同抗秦。从某些方面看，这些纵横家很像古希腊时代的辩士，他们之所以有名，是因为他们的主张，关系许多王国的命运——秦或其他六国。

孟子时代另一派享名的是法家。商鞅、申不害、韩非、李斯之徒，主张严刑峻法，取消贵族特权，实施成年男子普遍兵役制度以及增加粮食生产。法家认为:“国有礼有乐、有诗有书、有善有修、有孝有弟、有廉有辩,国有十者,上佚无战。国有诗、书、礼、乐、孝、弟、善、修治者,敌至必削,敌不至必贫。”(《商子(商君书)》第一章第四节)这些话显然是攻击儒家。

无疑的,与法家比起来,孟子对封建诸侯没有献出更好的意见。而且,法家还知道如何适应当时的种种问题。因此,在当时政治上握有实权的,不是孟子而是法家。

与孟子同时的另一位儒者荀子,虽与孟子一样,也发扬儒家思想,可是方向不同。荀子说自然之性。因此,在中国思想史上,荀子是性恶论的主张者。他弟子中一部分人成为法家。

战国时期告终以及秦始皇大一统帝国之建立,乃纵横家及法家两大势力的结果。在这些政治事务方面,儒家所扮演的角色只是旁观者。他们对实际政治无所献替。他们是理论家,不是实际政治的代表者。

在孔子(前551—前479)和孟子(前372—前289)在世时期,甚至后来的秦朝,儒家在中国并没有特殊地位,儒家的教训并不是正统。儒家只是各家各派中的一个派别,为了本身的存在,尽力维持自己的地位与各家相抗衡。

(二)前汉的儒家是最具特权和权威的派别

公元前136年,董仲舒奏请汉武帝禁止六经以外一切书籍的流通,儒家从此在中国历史上享有特别尊崇的地位。汉武帝接受董仲舒的建议,正式宣告儒家的地位,六经是儒家经典,此后成为钦定的经典。

对儒家的尊崇似乎是提升儒家经典至正统地位的第一步行

动。可是,我们不要认为汉武帝的尊崇儒术使六经第一次为大家所认识。甚至不要认为汉武帝的尊崇儒术使儒家得到特殊的地位。六经的存在,在汉以前已经有很长一段时期,甚至古人早就知道六经的名称。《庄子·天下篇》中说:“其明而在数度者,旧法世传之史,尚多有之,其在于诗书礼乐者,邹鲁之士,缙绅先生,多能明之。诗以道志;书以道事;礼以道行;乐以道和;易以道阴阳;春秋以道名分。其数散于天下而设于中国者,百家之学。”(《庄子》第三十三章《天下篇》)这段话告诉我们,在汉武帝之前,六经早就被承认了,汉武帝的贡献,只是将既存的事实加以明白的宣布而已。虽然《天下篇》的真实性有时被人怀疑,就是说,《天下篇》是不是庄子作的还是一个疑问,可是,它说到六经一点,显然表示在汉武帝之前,六经早有很高的地位,也说明了为什么六经被尊为权威。

儒家经典享有特殊地位,并不始于汉武帝,汉武帝所做的,只是正式宣告它的既存权威性而已,换句话说,孔子编述而深植于中国人心中的经书,早就广为流通,早就为人所称道了。我们可以看到儒家在发扬最早为中国人心灵所熟知的经典时,它不需要像老子与墨子一样去保护一种新思想路线。

在官方认可儒家经典的地位以后,国家设置的太学中,便研习儒家经典,国家还设置博士官来解说儒家经典。不过,即使得到了这种正统性地位,六经的普遍并没有达到使其他各家消灭的程度。六经的被尊崇,只表示国家取士举行考试时,要求士子只能基于六经应试而已。其他学派的书则不能合于此要求。司马谈《六家要旨》表示,虽然明显地重视儒家,其他各家的主张也同样地受到重视。

事实上,尊崇儒术一部分也是由于秦汉大一统帝国之建立。

汉武帝的作为甚至可以视为秦始皇焚书或思想统制政策的延续，只是汉武帝没有秦始皇那样激烈而已。

自从儒家经典被国家正式认可以后，儒家哲学便日益形式化而失去原有的活力。此后儒家分为两支：一支遵循今文，另一支遵循古文。当国家设置博士官专门讲解经书时，五经博士所用的经书是用今文写的；可是，后来发现了另一种用古文写的经书，《春秋左传》便是其中之一。许多学者不赞同新发现的古文经书，因为，如果承认新发现的古文经书，便表示放弃自己所持的今文经书。因此，儒家便分为两支，此后，有一个长时期，两支相互冲突争论。国家设置的太学中，博士们主张用今文，而西汉末年的刘歆却主张加入古文，认为古文经书也是真正的儒家经书。东汉中叶，两种经书在郑康成和其他一般人手中已开始融合的过程了。

但是，这种经书的注释工作已无法满足人们的需要，于是，道家和佛家思想便开始进入人们的心中。

（三）儒家光彩为佛道二家掩盖

秦汉两朝完成了帝国的政治统一工作。随着政治大一统而来的对儒家经典的尊崇，确是文化统一过程中的一部分。

我们可以说，两汉（前汉或西汉与后汉或东汉），在中国历史上，是最倾向于宗教的时期。方术、迷信、占星术、通神术，在当时很流行。在那个时候，任何创立宗教的人都可以运用这种心理创设一套信仰。事实上，道家（就作为宗教而言）和佛教都是后汉开始的。

董仲舒是第一个建议汉武帝尊崇儒家经典的人，他在上武帝的奏章中说："臣谨案春秋之中，视前世已行之事，以观天人相与之际，甚可畏也。国家将有失道之败，而天乃先出灾害以谴告之，不知自省，又出怪异以警惧之，尚不知变，而伤败乃至，以此见天心之仁爱，人君而欲止其乱也。”(《汉书》卷五十六《董仲舒传》)

董仲舒这些话的意思是说，国家的失道之败是会带来灾祸和天怒。这又表示，天可以显出幸与不幸，喜与怒。我们不能说董仲舒所说的天是指上帝，不过，无论如何，他相信天知道人世间的事，也知道如何惩罚那些召祸的人。董仲舒之相信人事与天象间的相互关系，是由于他相信阴阳五行说之结果。

但是，表示两汉的特色为宗教倾向的最好证明，是下述的明显事实，即，在这个时期，孔子不被视为教师或人：他被视为神。春秋纬汉含孳中说：“孔子曰：‘邱览史记，援引古图，推集天变，为汉帝制法，陈叙图录。’”(《春秋纬汉含孳》)如果汉朝的制度真在孔子书中发现的话，那么，孔子不是先知吗？

另一部纬书《演孔图》中说：“孔子母徵在，游于大冢之陂，睡梦黑帝使请已，已往梦交。语曰：女乳必于空桑之中，觉，在苦感生邱于空桑之中。故曰元圣。首类尼邱，故名。孔子之胸有文曰：‘制作定，世符运……’”(《春秋纬汉含孳·演孔图》)。

孔母怀孔子的故事，与基督徒所熟知的圣母玛丽亚故事非常相似。“制法者”的孔子，无论从那个角度去看，都被视为先知和预言者。

这个故事是典型的汉朝式故事。汉代的纬书只能产生在这个时期。其他主述孔子的文字可以在同时期的石刻中发现。这些记述可以上溯战国时代的阴阳说，是在汉朝时以最生动的方式作成的。

由于这种流行的心理倾向，所以，本土产生的道教和印度传来的佛教，在东汉便大有进展。后汉书中一段话，充分表现了这个早期道教的本质。“巨鹿张角自称大贤良师,事奉黄老道,畜养弟子,跪拜首过,符水咒说疗病,病者颇愈,百姓信向之,角因遣弟子八人使于四方,以善道教化天下,转相诳惑,十余年间,众徒数十万连结郡国……角称天公将军,角弟宝称地公将军,宝弟梁称人公将军。”(《后汉书》卷一〇一《皇甫嵩传》)

最后,朝廷注意到张角的活动,认为这种教徒是叛逆,便采取手段压制。

另一个和道教建立人有关系的人物是张道陵。《三国志·张鲁传》中说:“张鲁字公祺,沛国丰人也,祖父陵,客蜀,学道鹄鸣山中,造作道书以惑百姓,从受道者出五斗米。”(《三国志》卷八《张鲁传》)道教的教规可见于于吉的《太平经》。书中含有下述五条戒律:

1. 不饮酒。

2. 按季节生活,意指春秋两季不杀生。

3. 建造屋宇免费供行旅休息。

4. 互助。为富不仁是罪过,强而不援弱者也是罪过。

5. 人有病时,只要自承过错和饮用圣水便可痊愈。(《太平经》〔被认为是最早的道家经典。该书原有一百七十卷。现在只剩下六十七卷,其他都已散失〕第八十五节)

这些规则后来被修改过。虽然张角和张道陵是道教的实际创始者,可是,道教信徒总认为老子是他们的教主。老子在道教的地位相当于基督在基督教的地位。道教的经典是老子和庄子的著作。

道教在中国经过长时期的发展。从它对来生和另一世界的意义上看,道教不是纯粹的宗教。其实,道教试图延长此生的寿命。为了这个目的,还显了许多奇迹。作为宗教的道教和作为哲学的道家是不同的,两者不可相混。后者远比前者为属于思辨性的,也更为纯粹。

道教历代天师都居住江西龙虎山。第一代天师于公元1016年为宋真宗所敕封,但道教教徒总喜欢将他们的脉承上推东汉的张道陵。到了明初,道教共有四十二位天师……(略)

对于中国本土的道教,我们说得够多了。现在来谈谈从印度传来的佛教。佛教一向被认为是东汉明帝即公元64年传入中国的。明帝夜梦金人,约十尺半高,顶有白光飞行殿庭,于是以此召问群臣,傅毅告诉明帝:“这是印度的佛。”于是明帝遣使去印度求回佛经。

佛教传来中国归之于南柯一梦之说,是非常值得怀疑的,皇帝一梦无法教我们了解佛教为什么传来中国。

我个人的解释如下:张骞于公元前138年出使西域,123年左右到达大月氏。他的抵达不但对汉武帝是一件大事,对印度的佛教徒也是一件大事,因为他们正等着打开一条到达中国的路。公元前123年以后,许多印度和中亚细亚和尚们学习中文准备来中土传教,从公元前123年到公元后64年之间这一段长时间,虽然史籍记载汉明帝遣使去印度求经之事,可是,印度和中国的关系到底怎样,我们不甚了然。不过,有一个有趣的事情,即明帝弟楚王英传中有一段话,引述公元后65年明帝的诏命,命楚王英将其贡与明帝的丝送给优婆塞和沙门,这里使我们不禁奇怪,如果佛教只在早一年传来中国,怎会用上优婆塞和沙门这类的译词。明帝在位期间是公元58年至75年,与公元1世纪北印度Indo Scythian王迦腻色迦同时,迦腻色迦是大月氏的征服者,在佛教传来西藏和中土这件事上,他无疑占有相当重要的地位。不过,我认为佛教必定在明帝得梦之前很多年,换句话说,必定在公元64年前很多年传入中国的。明帝之梦也许是佛教徒的一种正式宣示以纪念佛教在中国的诞生。

以优婆塞和沙门这些译名的使用来看,我们不得不假定,它们必定早于印度和中亚细亚和尚学习中文并习于翻译佛语为中文的时期。大约要五十年到一百年的时间来完成各种准备步骤,也需要五十年到一百年的时间,才会使皇帝的诏命中用上这些名词。因此,我认为佛教传来中国的时期,只能在西汉末年和东汉初年之间,根据魏书佛老一卷的记载,哀帝在位期间,有一位博士弟子曾习浮屠经,《魏书》是这样说的:"哀帝元寿元年,博士弟子秦景宪受大月氏王使者伊存口授浮屠经,中土闻之,未之信了也。"这位使者可能是迦腻色迦遣来的。这是中国和印度之间第一次意识形态方面的连结。

公元64年前后,在翻译梵文为中文方面,有过很多准备工作。诸如,翻译佛家观念时要用什么名词,译述的中文佛经要用什么体裁等,这些问题是很难解决的。所幸,道家已在晋代复兴,因此,道家的名词用语可以现成地拿来表达佛经的思想。这是佛教术语发展的第一步。

后来,当中土佛教成熟而独立时,佛教徒舍弃道家的用语,创造一些本身所用的新名词。但是,这是一段长时期历史,以后在讨论韩愈的那一章,我们会按年加以概略的叙述。这里,我只想告诉大家,在佛教传入中国期间,许多第一流的中国学者舍却儒家经典,因为它们只用为科举考试,而记诵经句罢了。

佛教在中国的传播很广很深。在这个新宗教的信徒与儒家追随者之间,时常发生争论,例如和尚舍弃家庭生活问题,和尚免税和免役问题,以及与儒家肯定人生态度相反的佛家空论。这种对立曾经有一个时期消失不见,可是,到了唐朝中叶韩愈(768——

824)的时代,又产生了。

(四)儒学的再生、所谓新儒学的文艺复兴

新儒学时期表示中国人对自己文化传统的觉醒。中国人无法舍弃佛教,因为佛教对中国人的影响非常深刻而长远。可是,中国人希望重新回到儒家——透过佛教。为了抵制佛家的无常说、无我论和空论,中国人不得不创造一种基于儒家观念和用语的新哲学。回到儒家及抵制佛教的双重动机刺激了新儒学的创立者建立一套哲学系统,从某种意义上看,这套哲学系统乃佛家无常说、无我论及世界幻有说的对立理论。

新哲学的创立者必须建立一套包含宇宙论、伦理学和知识论的体系,以宇宙论解释宇宙的创生,以伦理学讨论整个人类问题以及确立人生行事的价值,以知识论确定实然和应然知识的基础。如果没有这种包罗万象的哲学思想,新运动的领导者就不能提出一套抵制佛教的适当理论。这个新哲学叫做"理学"或"性理学",因为"理是知识的共同基础,而自然和伦理知识的普遍性也只有藉人性中的理来建立"。

基于这种对理和人性的基本研究,新哲学的倡导者更进一步创出一种新的教育方法,即重新复苏的社会责任感,"乡社"(一种地方自治形式)以及改进的政事,这个新运动的种子是唐代韩愈播下的;到宋元两代更形发展,到了明朝的王阳明哲学,则达到了最高峰。这个运动到了明朝末年开始没落,但其余势也像朱熹学派一样,延续到中国对西方打开海禁为止。我们可以说,近千年来中国思想中的主要势力就是这新儒学问题、新儒学运动,像欧洲的文艺复兴,始于对古经籍之重新研究,终于一种新世界观的产生。

欧洲的文艺复兴产生了近代的科学、工业、技术、民主政治及近代世界中的新的经济生活,中国的新儒学没有产生其中的任何一种。然而,它的基本哲学原则是值得我们仔细研究的。

在开始我们的研究工作以前,我们可以先看看,儒家和新儒家哲学与西方哲学之间,有没有根本上的不同,或是否只是同一类的不同种。两者之间有一明显不同,即儒家及其继承者以人与人间的关系及道德伦理为其主要探讨对象,而大多数近代西方思想家的注意力却集中自然世界以及对知识的追求。

中国的儒家很少致力于知识和方法问题的探讨,欧洲的哲学家则不同,在他们探讨实质问题以前,先要以批判的态度探讨明确一贯的思想方法。近代,由于对科学方法的重视以及新的相对论和原子能物理学的发展,东西方思想的不同,更明显了。

不过,虽然东西哲学之间的鸿沟似乎很大,却也有某些共同的特质。哲学终究是期图对人生和宇宙的了悟。因此,途径上容有不同,目的却是一样的。下面试举一个例子来表示孔子和苏格拉底两人之间思想的类似点:

孔子的正名

《论语》"子路曰:'卫君待子而为政。子将奚先?'子曰:'必也正名乎。'子路曰:'有是哉!子之迂也!奚其正?'子曰:'野哉由也!君子于其所不知,盖阙如也。名不正,则言不顺。言不顺,则事不成。'……齐景公问政于孔子,孔子对曰:'君君、臣臣,父父、子子。'"(《论语》第十三《子路篇》第三章)

苏格拉底的界说

在息特图斯(Theaetetus)《对话篇》中,苏格拉底说:"当任何人对任何东西表示真正的意见而没有给以定义时,你可以说,他的心灵确在活动,却没有真正的知识;因为,凡是对某一东西不能给以和接受一定义的人，对该东西便没有知识；但是当他给以定义时，也许我彻底否定他的看法，却有完全的知识。”息特图斯问：“关于这种定义，你能告诉我一个实例吗？”苏格拉底说；“说到实例，以太阳来说，我想你只需知道太阳是绕地球运行的最光亮天体。”息特图斯说：“当然。”苏格拉底说：“你知道我为什么这样说吗？理由是这样的：如果你知道每一东西的不同和显明特质，就可以对它下定义；可是，如果你只知道通性而不知道特质，那么，便只会对这通性所属的东西下定义。”（《柏拉图对话集》乔维特英译本 Theaetetus 篇 409—417 页）

孔子最后一句话明显地表示“正名”的意义。对西方人来说，他的话听起来像是空言（Tautology）。但事实上并不如此。孔子强调，社会中每一分子应当履行他应尽的义务，或者按照重要性，或是符合他在社会中之地位名分的意义。就表面上看，似乎苏格拉底藉文字所指事物的特性来探索某一文字的定义，而孔子所谈的却是社会上各分子的义务。现在让我们把问题的实际内容抽出来，只注意名词本身：君、臣、父、子。孔子是不是没有指出表示社会各分子的这些文字中所包含的最主要功用？我认为有。像苏格拉底一样，孔子希望发现每一文字的特质。这样他能正确地为某一名称下定义。我们不能说，苏格拉底所求的是名词的定义，所谈的是逻辑，而孔子所谈的只是伦理。孔子的“正名”和苏格拉底的“定义”，虽然两人以不同方式用不同语言表达，可是所表达的东西实际上是相同的。现在，我们还是回到我们的比较：

论语

子曰：“士志于道而耻恶衣恶食者，未足与议也。”

子曰：“君子食无求饱，居无求安。”（《论语》第一《学而篇》第十四章）

裴独篇(The Phaedo)

苏格拉底问:“你认为哲学家应关心饮食之乐——如果饮食之事应称为快乐的话——吗?”

色米亚斯(Semmias)回答说:“当然不。”

“爱情之乐又如何——哲学家应关心爱情之乐吗?”

“也不应该。”

“他会想到很多种使肉体逸乐的方式如得到贵重衣服、鞋子或其他饰物吗?不关心这些而在自然必需者之外轻视任何东西吗?你认为如何?”

“我认为一个真正哲学家会轻视它们。”(《柏拉图对话集》卷一《裴独篇》390 页)

中国圣人和希腊哲人都认为知识是有限的,孔子强调“学”。苏格拉底也是这样,只是苏氏要求定义和明晰的思想而已。但是,在孔子言论中也可以发现苏格拉底这种重视明晰思想的例子。他说:“不愤不启,不悱不发,举一隅,不以三隅反,则不复也。”(《论语》第七《述而篇》第八章)

当然,孔子也能知道苏格拉底所谓的“接生术”(art of midwifery),苏格拉底藉此以诱发与谈者的观念,然后再加以考察。

中国圣人和这位柏拉图之师都认为,一个人应该为自己的信念慷慨赴死。

子曰:“朝闻道,夕死可矣。”(《论语》第四《里仁篇》第八章)

子曰:“志士仁人,无求生以害仁,有杀身以成仁。”(《论语》第十五《卫灵公篇》第八章)

苏格拉底:“色米亚斯,真正哲人是准备随时面对死亡的,因此,在所有人类之中,哲人是最没有死亡恐惧的。”“真正爱智者……还会憎恨死亡吗?不会怀着喜悦离开这世界吗?啊,朋友,如果他是真正哲人，确会如此。因为他确信，他可以在那里得到纯粹智慧，也唯有在那里才可以得到纯粹智慧。"（《柏拉图对话集》卷一《裴独篇》394 页）

对孔子和柏拉图对话集中的苏格拉底所作的比较够多了。现在我们要指出孟子和苏格拉底之间的相似点。

孟子

公都子问曰："钧是人也，或为大人，或为小人，何也？"孟子曰："从其大体为大人，从其小体为小人。"曰："钧是人也，或从其大体，或从其小体，何也？"曰："耳目之官不思而蔽于物，物交物，则引之而已矣。心之官则思，思则得之，不思则不得也。此天之所与我者，先立乎其大者，则其小者不能夺也。此为大人而已矣。"（《孟子》卷六《告子章句上篇》第十五章）

裴独篇

苏格拉底："那么，灵魂在什么时候得到真理呢？因为，在企图思考与肉体相连的任何东西时，灵魂显然受骗了。""是的，这是真的。""那么，如果真有思想的话，灵魂不是一定要在思想中认识真正的存在吗？""是的。""当心灵集中注意本身不为任何声色苦乐所扰时，思想是最好的。什么时候心灵和肉体之间的关系最小，什么时候没有肉体的感觉而渴求最高的存在呢？所有的经验都显示，如果我们具有对任何东西的纯粹知识，就必须舍弃肉体，而灵魂必然看到事物本身：那么，我想，我们将获得所希求的东西即智慧。"（《柏拉图对话集》卷一《裴独篇》391—393 页）

如果我们说，这些对比的引语不但在文字上显然相似，在精神上也显然相似，决非夸大之辞。但是，为什么有这种相似呢？因为东西方哲学的目标是一样的。两者都是追求永恒真理，无论是伦理方面或理论知识方面——这种永恒真理在感官上是无法发现的,只有从思想或心灵中才可发现。如果我们研究一下东方思想的方法,就可以知道,这种相似不是偶然的。

对方法学的研究,最重要的是了解如何获得结论,结论是不是可靠?概念问题是根本问题,因为概念是形成知识的工具。下面所引孟子中的话表示东方哲学中一个概念是如何形成的。孟子说:"故凡同类者,举相似也。何独至于人而疑之。圣人与我同类者。故曰:口之于味也,有同嗜焉。耳之于声也,有同听焉。目之于色也,有同美焉。至于心,独无所同然乎?心之所同然者,何也,谓理也,义也。"(《孟子》卷六《告子章句上篇》第十七章)

这里,孟子所讨论的是概念的普遍性。换句话说,我们心中所想的是事物的通性,具体特殊事物是根据这种通性所形成和认识的。孟子所谈的就是这种作为同类事物类名的概念的本质。类名如"动物"或"人"只是心灵思想时所认识的,而每一类名所概括的具体实例则是感官所知觉的。当我们发现一组特殊具体事物的通性或共相时,便在它们上面加上一个类名。这是心灵的工作,而由于心灵的这一工作,人类共同认可的东西便表现出来了。孟子结论说,他所说的共同认可有两种:(1)理性原则即西方专门术语所谓理论知识(逻辑、知识论、科学原理等)所认可的;(2)正义原则即西方哲学所谓伦理原则所认可的。在中国思想中,这两种研究合在一起,知识原则往往被掩盖了。

和这个问题很接近的是孟子对抽象名词问题的讨论。孟子曰:"生之谓性也。犹白之谓白与?"曰:"然。""白羽之白也,犹白雪之白,白雪之白,犹白玉之白与?"曰:"然!"肯定了"白"(The Predica bility of whiteness)为不同白物的属性以后,告子落入孟子的陷阱中。孟子和告子继续谈论类分(the division between spcies)根本的本质和差异问题。孟子曰:"然则犬之性犹牛之性,牛之性犹人之性也?”(《孟子》卷六《告子章句上篇》第四章)孟子问这些问题,告子无言以对,知道自己上了孟子的当了。

在这些从孟子中引来的话里面,读者可以发现,在孟子时代,中国人早就认识了逻辑的基本原理。如果我们将孟子对概念问题的讨论与孔子的“正名”以及墨子和荀子在逻辑原则方面的讨论结合起来,我们可以说,虽然中国人没有产生像亚里士多德《工具论》相似的著作,然而,在他们的讨论中,却含有逻辑的基本原则。

到目前为止,我们一直在对中国和希腊的哲学作比较的研究。如果我们再往下看,看看宋朝的新儒学,就会发现,古代中国和希腊哲学的相似更显然了。现在,我举个实例来说明这一点。在周敦颐、邵雍、张横渠之后,二程子尝欲建立一个新的宇宙论,并为哲学奠定一个新的起点。二程子的希望使我们想到法国的笛卡儿、笛氏有名的“我思故我在”,也是为了同样的目的。大程子的观点使我们想到德国的康德,因为大程特别重视“理”。大程子说:“天理二字却是自家体贴出来。”(《宋元学案》卷十三《明道学案》)

他所指的“理”很接近康德《实践理性批判》和《纯粹理性批判》中所说的“理性”。后来,小程子使这个观点成为哲学真正的起点,因为他认为“性即理也”。(《宋元学案》卷十五《明道学案》)

在欧洲哲学家看来,“性即理也”这句话似乎不可思议。可是,如果仔细地分析和说明一下,欧洲哲学家便会相信,东西方思想根本是一致的。西方哲学有两大派别即理性主义和经验主义。经验主义者认为,知识来自于感觉和印象,而理性主义者却说,因果律的观念并不出现于感官可以发现的材料中。人类有几种思想的形式,这些思想形式是我们判断的基础。因果律观念就是其中的一种。小程子所谓“性即理也”无非表示理性主义者的看法,即思想形式先天地存在于心中。

根据大程子的看法，理的根本是相反者的相互消长。他说："万物莫不有对，一阴一阳，一善一恶，阳长则阴消，善增则恶减，斯理也，推之其远乎，人只要知此耳。"（《宋元学案》卷十三《明道学案》）这段话使我们想到柏拉图对话集《裴独篇》中一段话，在《裴独篇》中，苏格拉底说："万物不是产生于对立者之中吗？我们所说的是善恶，公正和不公正——还有无数的其他对立者，都是产生于与本身相对者。我要告诉各位，在一切对立者之中，必然有相同的变化消长。"（《柏拉图对话集》卷一《裴独篇》397 页）

关于二程的观点，我们已经说得够多了，以后我们会加以更详细的讨论。现在，我们另举朱熹为例。南宋时期，继续发扬二程子学说的是朱熹。朱子和希腊亚里士多德在时间上相距一千五百年，可是，他俩的思想却非常相近。两人都认为，本体并非离开现象存在，他们不认为共相可以离开殊相独立存在，两人之间还有一点相同的地方，都认为实质不能离开形式。用朱子的话来说，无理即无气。亚氏说世上有非物质性的形式原则，而这些中国哲人则说，在原则上，理先于气。

最后，我们来讨论明代的王阳明。朱子接近二元论，或印度的非心物二元论（advaita），可是，王阳明却把新儒学带到唯心一元论，他反对宋儒的心物二分法，将儒家带到一个新的方向。《传习录》中有下述一段话：先生曰："你看这个天地中间，什么是天地的心？"对曰："尝闻人是天地的心。"这个看法似乎是以人为宇宙中心的。可是，王阳明更进一步说："人又什么教做心？"对曰："只是一个灵明，可知充塞天地中间，只有这个灵明，人只为形体自间隔了。我的灵明便是天地鬼神的主宰。天没有我的灵明，谁去仰他高。地没有我的灵明，谁去俯他深。鬼神没有我的灵明，谁去辨他吉凶灾祥。天地鬼神万物离却我的灵明,便没有天地鬼神万物了,我的灵明离却天地鬼神万物,亦没有我的灵明。如此便是一气流通的。如何与他间隔得。"(王守仁《王阳明全集·传习录》卷三)

王阳明的其他方面的思想与詹姆斯的意志论以及倭伊铿(Eucken)的行动论(activism)接近。以下我们有专章来详细探讨他丰富的思想观念。

在东西方哲学间作这种比较研究,并不是任何人凭空想到的,而是基于客观事实。不过,虽然有这许多相同的地方,可是,中国哲学仍然有其特色,使它与世上任何其他哲学体系不同。我认为中国哲学有四点独一无二的特性,以下我们逐一加以研讨。

(一)中国人在哲学方面的兴趣集中在道德价值方面。中国人认为人是宇宙的中心。人与人之间的关系应是哲学家首先考虑的对象。例如,构成社会的各个分子——君臣、父子等——应该如何共同相处?孔子的答案是:"弟子入则孝,出则弟,谨而信,泛爱众而亲仁。行有余力,则以学文。"(《论语》第一《学而篇》第六章)我们也发现这种情操常用到社会其他分子身上,如君臣、父子、夫妇。对社会上不同分子,有不同的道德规范,有些道德规范是共同遵守的,有些规范则为某些分子遵守的。中国人对宇宙的看法,采取目的论观点,这是中国思想的基本态度,目的观使中国人的兴趣倾向道德价值方面,因此,对中国人而言,道德价值比逻辑、知识论或任何纯粹抽象知识具有更重要的功用。

(二)中国人这种对伦理问题的重视,往往使西方人认为中国人思想太实际太世俗。但这种看法错误了。中国人希望解释宇宙间一切现象,因此,他们想解决世界创造问题,而这是对他们想像力的一个挑战。他们认为天是道的根源,并以自然界阴阳二力或变化来解释这个关系。他们的形上学永远是理性主义的,不带超自然主义色彩。这种诉诸理性最有名的例子是老子的《道德经》。“孟子”也是理性主义体系。周敦颐的宇宙论以及张载和朱熹对理与气的讨论,显示抽象的理论分析乃宋代中国思想中最主要的部分。

佛陀曾对其弟子表示,他们对他的信仰应该基于理性。中国人甚至比佛家更属于理性主义的。中国思想家认为上帝与自然之间没有间隔。如果形而上与形而下之间有区别的话,也只是程度上的,不是根本的。凡是形而下的都可以归溯于形而上的;凡是形而上的都应该用这世界的现象来加以解释。

(三)中国人在哲学上最大的兴趣是对心灵的控制。这种现象可以和西方人的热心研究方法论相比。中国人认为,由于心常为物欲和偏狭所蔽,所以,净心为得道的先决条件。一旦把自私的念头消灭,心便能不偏不倚,明朗和远见了。周敦颐的无欲;朱熹的致知和专心;王阳明的知行合一——这些便是达到真理标准的三条道路。

(四)中国哲学与西方哲学不同的第四个特色是重视自己所学的身体力行,甚至为了道可以牺牲性命。人若有志于道并愿献身于道的话,首先要做的便是将自己所信的原则付诸实行——自己身体力行,在自己的家庭生活以及对国家所尽的义务中具体地表现出来。举例来说:贪爱金钱,耽于色欲,热中名利等当然无补于道的领悟。发怒、暴力、说大话、饶舌同样是领悟道的阻碍物,应该避免。当程颢弟子谢良佐第一次拜谒他时,谢良佐夸张自己记得史籍甚多。程子问他说:“贤却记得许多!”(《宋元学案》卷十四《明道学案》)谢良佐听了这话不觉面红耳赤,汗流浃背。此后,他不再作记诵功夫,专心一志地致力于沉思默想。中国哲人不满于纯粹知识或哲学原则的建立,一定要身体力行自己所奉的原则。

例如,如果某一新儒家学者身居高位,除非他能谏劝皇帝的错误行事,否则,便不能算是新儒者。朱熹谏宋宁宗斥左右恶名小人,使这位哲人遭受贬谪。王阳明得罪宦官刘瑾被放逐贵州龙场。这些人对皇帝的忠言直谏,在中国永远受到广泛的赞仰,朱熹和王阳明被认为值得效法的最好榜样。明朝末年,东林党的许多哲人为了对皇帝忠言直谏而牺牲性命。这表示儒家或新儒家学者是准备为自己的信仰而牺牲性命的。宋末文天祥之死,明末刘宗周之死便是这种殉道精神的典型。孔子说:"志士仁人,无求生以害仁,有杀身以成仁。"(《论语》第十五《卫灵公篇》第八章)

西方学者如福克(Aifred Forke)、赫克曼(Heinrich Hackmann)批评中国哲学没有系统,中国语言由于缺乏印欧语的文法结构,意义含混。没有系统是由于特殊的表现方式:早期思想家以格言方式表达自己思想,而没有加以各方面的完整讨论。可是这并非表示中国哲学根本没有系统。孔子说:"吾道一以贯之。"虽然《道德经》在文字或语言上没有系统,可是,在思想上并不是没有系统的。如果我们详细研读《孟子》,也会发现孟子是理性主义体系。同样,荀子是经验主义体系,朱熹和王阳明也是如此。

至于第二个缺点:语言的含混,这个批评倒有几分真实。中国哲学名词确有某种程度的含混。中国语言与欧洲语言根本不同,因此,西方人对中国语言之不满,乃自然而然的事情。但最重要的是了解这些思想家的基本观点,用西方人能够了解的语言来表达他们的思想,应该没有什么困难。

总之,中国哲学的确含有一些西方人必然感到不习惯的地方。中国哲学文献的大部分,对西方人来说,似乎是用一种与西方标准不同的方式写成的。但是,我们的兴趣既然在思想方面,我的目的便是尽可能明确完整地阐述思想。这可以除去西方人读中国哲学文字时感觉到的生疏感,也可以使东西方相互了解。

我尽量避免牵强附会,中国哲学和西方哲学有多少相似之处,尽量作客观描述,绝不夸大其辞。因为,如果没有知识上的忠实,公正和客观的研究便不可能。在同中见异和异中见同是正确了解的最真实南针。现在我从《柏拉图对话集·费里巴斯篇》(Philebus)中引一段话来结束本章的讨论:“关于这些整体是否真实存在呢?每一个别整体(永远相同,既不能生,也不能灭,只保持永恒的个体性)怎能视为分散和集合在生生世界的无限之中或更完整而包含在其他整体之中呢?(后者似乎是最大的可能,因为,同一个东西,怎能同时存在于一个东西和许多东西呢?)普逻达查斯(Protarchus),这是真正的困难所在,这是它们涉及的一和多;如果是错误的决定,它们便是困扰的根源,如果是正确的决定,便很有帮助。”(《柏拉图对话集》卷三《费里巴士篇》,149 页)

乔维特(Jowett)在其为《费里巴斯篇》所写的导言中,有如下的话:“知识世界永远一分再分;所有真理最初都是其他真理的敌对。然而,如果没有这种分化,便不可能有真理;如果不把各部分重新结合为一整体,也就没有完整的真理。”(《柏拉图对话集》卷三,乔维特《费里巴士篇导言》,127 页)从知识观点看,东西方已经分离了两千多年。现在是重新综合为一观念整体的时候了。

(节选自《新儒家思想史》,原载台北弘文馆 1986 年版,现选自刘梦溪主编《中国现代学术经典》河北教育出版社 1996 年版)

张君劢,江苏嘉定人。早年留学日本和德国,师从一代唯心论哲人倭伊铿,从政治学转向哲学,从而开始了他一生志业的最大转机。其代表作有:《人生观》、《国宪议》《民族复兴之学术基础》、《明日之中国文化》、《胡适思想路线评议》、《我之哲学思想》、《义理学十讲纲要》、《比较中日阳明学》、《新儒家思想史》(上册)、《新儒家哲学之基本范畴》、《中国现代化与儒家思想复兴》等。

本文认为中国学者并不像西方学者那样把儒家作为宗教,而是作为伦理或哲学体系来看,他认为儒家发展可分为四个时期,即(一)百家与各家并立时期;(二)前汉罢黜百家独尊儒术时期;(三)为佛道两家势力掩盖时期;(四)再生的儒家或儒家的文艺复兴。

说　儒

胡　适

(一)问题的提出。

(二)论儒是殷民族的教士;他们的衣服是殷服,他们的宗教是殷礼,他们的人生观是亡国遗民的柔逊的人生观。

(三)论儒的生活:他们的治丧相礼的职业。

(四)论殷商民族亡国后有一个“五百年必有王者兴”的预言;孔子在当时被人认为应运而生的圣者。

(五)论孔子的大贡献:(1)把殷商民族的部落性的儒扩大到“仁以为己任”的儒;(2)把柔懦的儒改变到刚毅进取的儒。

(六)论孔子与老子的关系;论老子是正宗的儒。附论儒与墨者的关系。

一

二十多年前,章太炎先生作《国故论衡》,有《原儒》一篇,说“儒”有广狭不同的三种说法:

> 儒有三科,关“达”、“类”、“私”之名:(《墨子·经上》篇说名有三种:达、类、私。如“物”是达名,“马”是类名,“舜”是私名。)

达名为儒。儒者，术士也。(《说文》)太史公《儒林列传》曰，“秦之季世坑术士”，而世谓之坑儒。司马相如言“列仙之儒居山泽间，形容甚臞”。(《汉书·司马相如传》语。《史记》儒作传，误。)……王充《儒增》、《道虚》、《谈天》、《说日》、《是应》举“儒书”，所称者有鲁般刻鸢，由基中杨，李广射寝石矢没羽，……黄帝骑龙，淮南王犬吠天上鸡鸣云中，日中有三足乌，月中有兔蟾蜍。是诸名籍道墨刑法阴阳神仙之伦，旁有杂家所记，列传所录，一谓之儒，明其皆公族。“儒”之名盖出于“需”，需者云上于天，而儒亦知天文，识旱潦。何以明之？鸟知天将雨者曰鹬，(《说文》)舞旱暵者以为衣冠。鹬冠者亦曰术氏冠，(《汉五行志》注引《礼图》)又曰圜冠。庄周言儒者冠圜冠者知天时，履句屦者知地形，缓佩玦者事至而断。(《田子方》篇文。《五行志》注引《逸周书》文同。《庄子》圜字作鹬。《续汉书·舆服志》云：“鹬冠前圜。”)明灵星舞子吁嗟以求雨者谓之儒。……古之儒知天文占候，谓其多技，故号遍施于九能，诸有术者悉晐之矣。

类名为儒。儒者知礼乐射御书数。《天官》曰：“儒以道得民。”说曰：“儒，诸侯保氏有六艺以教民者。”《地官》曰：“联师儒。”说曰：“师儒，乡里教以道艺者。”此则躬备德行为师，效其材艺为儒。……

私名为儒。《七略》曰：“儒家者流，盖出于司徒之官，助人君顺阴阳明教化者也。游文于六经之中，留意于仁义之际，祖述尧舜，宪章文武，宗师仲尼，以重其言，于道为最高。”周之衰，保氏失其守，史籀之书，商高之算，蠭门之射，范氏之御，皆不自儒者传。故孔子……自诡鄙事，言君子不多能，为当世名士显人隐讳。及《儒行》称十五儒，《七略》疏晏子以下五十二家，皆粗明德行政教之趣而已，未及六艺也。其科于《周官》为师，儒绝而师假摄其名。……

今独以传经为儒，以私名则异，以达名、类名则偏。要之题号由古今异，儒犹道矣。儒之名于古通为术士，于今专为师氏之守。道之名于古通为德行道艺，于今专为老聃之徒。……

太炎先生这篇文章在当时真有开山之功，因为他是第一个人提出"题号由古今异"的一个历史见解，使我们明白古人用这个名词有广狭不同的三种说法。太炎先生的大贡献在于使我们知道"儒"字的意义经过了一种历史的变化，从一个广义的，包括一切方术之士的"儒"，后来竟缩小到那"祖述尧舜，宪章文武，宗师仲尼"的狭义的"儒"。这虽是太炎先生的创说，在大体上是完全可以成立的。《论语》记孔子对他的弟子说：

女为君子儒，毋为小人儒。

这可见当孔子的时候，"儒"的流品是很杂的，有君子的儒，也有小人的儒。向来的人多蔽于成见，不能推想这句话的涵义。若依章太炎的说法，当孔子以前已有那些广义的儒，这句话就很明白了。

但太炎先生的说法，现在看来，也还有可以修正补充之处。他的最大弱点在于那"类名"的儒（其实那术士通称的"儒"才是类名）。他在那最广义的儒之下，另立一类"六艺之人"的儒。此说的根据只有《周礼》的两条郑玄注。无论《周礼》是否可信，《周礼》本文只是一句"儒以道得民"和一句"联师儒"，这里并没有儒字的定义。郑玄注里说儒是"有六艺以教民者"，这只是一个东汉晚年的学者的说法，我们不能因此就相信古代（周初）真有那专习六艺的儒。何况《周礼》本身就很可疑呢？

太炎先生说"儒之名于古通为术士"，此说自无可疑。但他所引证都是秦汉的材料,还不曾说明这个广义的儒究竟起于什么时代,他们的来历是什么,他们的生活是怎样的,他们同那狭义的孔门的儒有何历史的关系,他们同春秋战国之间的许多思想潮流又有何历史的关系。在这些问题上,我们不免都感觉不满足。

若如太炎先生的说法,广义的儒变到狭义的儒,只是因为"周之衰,保氏失其守",故书算射御都不从儒者传授出来,而孔子也只好"自诡鄙事,言君子不多能,为当世名士显人隐讳。"这种说法,很难使我们满意。如果《周礼》本不可信,如果"保氏"之官本来就是一种乌托邦的制度,这种历史的解释就完全站不住了。

太炎先生又有《原道》三篇,其上篇之末有注语云:

> 儒家法家皆出于道,道则非出于儒也。

若依此说,儒家不过是道家的一个分派,那么,"儒"还够不上一个"类名",更够不上"达名"了。若说这里的"儒"只是那狭义的私名的儒,那么,那个做儒法的共同源头的"道"和那最广义的"儒"可有什么历史关系没有呢?太炎先生说,"儒法者流削小老氏以为省",(《原道上》)他的证据只有一句话:

> 孔父受业于征藏史,韩非传其书。(《原道上》)

姑且假定这个渊源可信,我们也还要问:那位征藏史(老聃)同那广义的"儒"又有什么历史关系没有呢?

为要补充引申章先生的说法,我现今提出这篇尝试的研究。

二

"儒"的名称,最初见于《论语》孔子说的:

> 女为君子儒,毋为小人儒。

我在上文已说过,这句话使我们明白当孔子时已有很多的儒,有君子,有小人,流品已很杂了。我们要研究这些儒是什么样的人。

我们先看看"儒"字的古义。《说文》:

> 儒,柔也,术士之称。从人,需声。

术士是有方术的人;但为什么"儒"字有"柔"的意义呢?"需"字古与"耎"相通;《广雅·释诂》:"耎,弱也。"耎即是今"輭"字,也写作"软"字。"需"字也有柔软之意;《考工记》:"革,欲其荼白而疾浣之,则坚;欲其柔滑而腥脂之,则需。"郑注云:"故书,需作割。郑司农云,'割读为柔需之需,谓厚脂之韦革柔需'。"《考工记》又云:"厚其帤则木坚,薄其帤则需。"此两处,"需"皆与"坚"对举,需即是柔耎之耎。柔软之需,引伸又有迟缓濡滞之意。《周易·彖传》:"需,须也。"《杂卦传》:"需,不进也。"《周易》"泽上于天"(☱☰)为夬,而"云上于天"(☵☰)为需;夬是已下雨了,故为决断之象,而需是密云未雨,故为迟待疑滞之象。《左传》哀六年:"需,事之下也。"又哀十四年:"需,事之贼也。"

凡从需之字,大都有柔弱或濡滞之义。"嬬,弱也。""孺,乳子也。""懦,驽弱者也。"(皆见《说文》)《孟子》有"是何濡滞也。"凡从耎之字,皆有弱义。"偄,弱也";(《说文》)段玉裁说偄即是懦字。稻之软而粘者为"稬",即今糯米的糯字。《广雅·释诂》:"媆,弱也。"大概古时"需"与"耎"是同一个字,古音同读如弩,或如糯。朱骏声把从耎之字归入"乾"韵,从"需"之字归入"需"韵,似是后起的区别。

"儒"字从需而训柔,似非无故。《墨子·公孟》篇说:

> 公孟子戴章甫,搢忽,儒服而以见子墨子。

又说:

> 公孟子曰:君子必古言服,然后仁。

又《非儒》篇说:

儒者曰:君子必古言服,然后仁。

《荀子·儒效》篇说:

逢衣浅带,(《韩诗外传》作"博带")解果其冠,……是俗儒者也。

大概最古的儒,有特别的衣冠,其制度出于古代,(说详下)而其形式——逢衣,博带,高冠,搢笏——表出一种文弱迂缓的神气,故有"儒"之名。

所以"儒"的第一义是一种穿戴古衣冠,外貌表示文弱迂缓的人。

从古书所记的儒的衣冠上,我们又可以推测到儒的历史的来历。《墨子》书中说当时的"儒"自称他们的衣冠为"古服"。周时所谓"古",当然是指那被征服的殷朝了。试以"章甫之冠"证之。《士冠礼记》云:

章甫,殷道也。

《礼记·儒行》篇记孔子对鲁哀公说:

丘少居鲁,衣逢掖之衣;长居宋,冠章甫之冠。丘闻之也:君子之学也博,其服也乡。丘不知儒服。

孔子的祖先是宋人,是殷王室的后裔,所以他临死时还自称为"殷人"。(见《檀弓》)他生在鲁国,生于殷人的家庭,长大时还回到他的故国去住过一个时期(《史记·孔子世家》不记他早年居宋的事。但《儒行篇》所说无作伪之动机,似可信)。他是有历史眼光的人,他懂得当时所谓"儒服"其实不过是他的民族和他的故国的服制。儒服只是殷服,所以他只承认那是他的"乡"服,而不是什么特别的儒服。

从儒服是殷服的线索上,我们可以大胆的推想:最初的儒都是殷人,都是殷的遗民,他们穿戴殷的古衣冠,习行殷的古礼。这是儒的第二个古义。

我们必须明白，殷商的文化的中心虽在今之河南，——周之宋卫(卫即殷字，古读殷如衣，郼韦古音皆如衣，即殷字)——而东部的齐鲁皆是殷文化所被，殷民族所居。《左传》(《晏子春秋》外篇同)昭公二十年，晏婴对齐侯说："昔爽鸠氏始居此地，季萴因之，有逢伯陵因之，蒲姑氏因之。而后太公因之。"依《汉书·地理志》及杜预《左传注》，有逢伯陵是殷初诸侯，蒲姑氏(《汉书》作薄姑氏)是殷周之间的诸侯。鲁也是殷人旧地。《左传》昭公九年，周王使詹桓伯辞于晋曰："……及武王克商，蒲姑商奄，吾东土也。"孔颖达《正义》引服虔曰："蒲姑，齐也；商奄，鲁也。"又定公四年，卫侯使祝佗私于苌弘曰："……昔武王克商，成王定之。……分鲁公以大路大旂，夏后氏之璜，封父之繁弱(大弓名)，殷民六族——条氏，徐氏，萧氏，索氏，长勺氏，尾勺氏，—使帅其宗氏，辑其分族，将其类丑，(丑，众也)以法则周公，用即命于周；是使之职事于鲁，以昭周公之明德；分之土田陪敦，祝宗卜史，备物典策，官司彝器，因商奄之民，命以伯禽，而封于少皞之虚。"这可见鲁的地是商奄旧地，而又有新徙来的殷民六族。所以鲁有许多殷人遗俗，如"亳社"之祀，屡见于《春秋》。傅斯年先生前几年作《周东封与殷遗民》一文，证明鲁"为殷遗民之国"。他说：

> 《春秋》及《左传》有所谓"亳社"者，是一件很重要的事。"亳社"屡见于《春秋经》。以那样一个简略的二百四十年间之"断烂朝报"，所记皆是戎祀会盟之大事，而亳社独占一位置，则亳社在鲁之重要可知。且《春秋》记"亳社(《公羊》作蒲社)灾"在哀公四年，去殷商之亡已六百余年，(姑据《通鉴外纪》)……亳社犹有作用，是甚可注意之事实。且《左传》所记亳社，有两事尤关重要。哀七年，"以邾子益来，献于亳

社”。……邾于殷为东夷,此等献俘,当与宋襄公“用鄫子于次睢之社,欲以属东夷”一样,周人谄殷鬼而已。又定六年,“阳虎又盟公及三桓于周社,盟国人于亳社”。这真清清楚楚指示我们:鲁之统治者是周人,而鲁之国民是殷人。殷亡六七百年后之情形尚如此!

傅先生此论,我认为是最有见地的论断。

从周初到春秋时代,都是殷文化与周文化对峙而没有完全同化的时代。最初是殷民族仇视那新平定殷朝的西来民族,所以有武庚的事件,在那事件之中,东部的薄姑与商奄都加入合作。《汉书·地理志》说:

齐地,……汤时有逄公柏陵,殷末有薄姑氏,皆为诸侯,国此地。至周成王时,蒲姑氏与四国共作乱,成王灭之,以封师尚父,是为太公。(《史记·周本纪》也说:“东伐淮夷,残奄,迁其君薄姑。”《书序》云:“成王既践奄,将迁其君于薄姑。周公告召公,作《将蒲姑》。”但皆无灭蒲姑以封太公的事)

《史记》的《周本纪》与《齐太公世家》都说太公封于齐是武王时的事。《汉书》明白的抛弃那种旧说,另说太公封齐是在成王时四国乱平之后。现在看来,《汉书》所说,似近于事实。不但太公封齐在四国乱后;伯禽封鲁也应该在周公东征四国之后。“四国”之说,向来不一致:《诗毛传》以管、蔡、商、奄为四国;孔颖达《正传正义》说杜注的“四国”为管、蔡、禄父(武庚)、商奄。《商书·多方》开端即云:

惟五月丁亥,王来自奄,至于宗周。周公曰:“王若曰:猷告尔四国多方:惟尔殷侯尹民,……”

此时武庚管蔡已灭,然而还用“四国”之名,可见管蔡武庚不在“四国”之内。“四国”似是指东方的四个殷旧部,其一为殷本部,其二为商奄,(奄有大义,“商奄”犹言“大商”,犹如说“大罗马”“大希腊")其三为薄姑,其四不能确定,也许即是"徐方"。此皆殷文化所被之地。薄姑灭,始有齐国;商奄灭,始有鲁国。而殷本部分为二:其一为宋,承殷之后,为殷文化的直接继承者;其一为卫,封给康叔,是新朝用来监视那残存的宋国的。此外周公还在洛建立了一个成周重镇。

我们现在读《大诰》,《多士》,《多方》,《康诰》,《酒诰》,《费誓》等篇,我们不能不感觉到当时的最大问题是镇抚殷民的问题。在今文《尚书》二十九篇中,这个问题要占三分之一的篇幅(《书序》百篇之中,有《将蒲姑》,又有《亳姑》)。其问题之严重,可以想见。看现在的零碎材料,我们可以看出两个步骤:第一步是倒殷之后,还立武庚,又承认东部之殷旧国。第二步是武庚四国叛乱之后,周室的领袖决心用武力东征,灭殷四国,建立了太公的齐国,周公的鲁国。同时又在殷虚建立了卫国,在洛建立了新洛邑。然而周室终不能不保留一个宋国,大概还是承认那个殷民问题的严重性,所以不能不在周室宗亲(卫与鲁)外戚(齐)的包围监视之下保存一个殷民族文化的故国。

所以在周初几百年之间,东部中国的社会形势是一个周民族成了统治阶级,镇压着一个下层被征服被统治的殷民族。傅斯年先生说"鲁之统治者是周人,而鲁之国民是殷人"(引见上文)。这个论断可以适用于东土全部。这形势颇像后世东胡民族征服了中国,也颇像北欧的民族征服了罗马帝国。以文化论,那新起的周民族自然比不上那东方文化久远的殷民族,所以周室的领袖在那开国的时候也不能不尊重那殷商文化。《康诰》最能表示这个态度:

> 王曰:呜呼,封,汝念哉!……往敷求于殷先哲王,用保乂民。汝丕远惟商耇成人,宅心知训。……

同时为政治上谋安定,也不能不随顺着当地人民的文化习惯。

《康诰》说：

汝陈时臬司，师兹殷罚有伦。……

汝陈时臬事，罚蔽殷彝，用其义刑义杀。……

此可证《左传》定公四年祝佗说的话是合于历史事实的。祝佗说成王分封鲁与卫，“皆启以商政，疆以周索”；而他封唐叔于夏虚，则“启以夏政，疆以戎索。”（杜注：“皆，鲁卫也。启，开也。居殷故地，因其风俗，开用其政。疆理土地以周法。索，法也”）但统治者终是统治者，他们自有他们的文化习惯，不屑模仿那被征服的民族的文化。况且新兴的民族看见那老民族的灭亡，往往由于文化上有某种不适于生存的坏习惯，所以他们往往看不起征服民族的风俗。《酒诰》一篇便是好例：

王曰：封，我西土……尚克用文王教，不腆于酒，故我至于今，克受殷之命。

这是明白的自夸西土民族的胜利是因为没有堕落的习惯。再看他说：

古人有言曰：“人无于水监，当于民监。”今惟殷坠厥命，我其可不大监抚于时。

这就是说：我们不要学那亡国民族的坏榜样！但最可注意的是《酒诰》的末段对于周的官吏，有犯酒禁的，须用严刑：

汝勿佚，尽执拘以归于周，予其杀。

但殷之旧人可以不必如此严厉办理：

又惟殷之迪诸臣惟工，乃湎于酒，勿庸杀之，姑惟教之。

在这处罚的歧异里，我们可以窥见那统治民族一面轻视又一面放任那被征服民族的心理。

但殷民族在东土有了好几百年的历史，人数是很多的；虽没有政治势力，他们的文化的潜势力是不可侮视的。孔子说过：

周因于殷礼,所损益可知也。

这是几百年后一个有历史眼光的人的估计,可见周朝的统治者虽有“所损益”,大体上也还是因袭了殷商的制度文物。这就是说,“殪戎殷”之后,几百年之中,殷商民族文化终久逐渐征服了那人数较少的西土民族。

殷周两民族的逐渐同化,其中自然有自觉的方式,也有不自觉的方式。不自觉的同化是两种民族文化长期接触的自然结果,一切民族都难逃免,我们不用说它。那自觉的同化,依我们看来,与“儒”的一个阶级或职业很有重大的关系。

在那个天翻地覆的亡国大变之后,昔日的统治阶级沦落作了俘虏,作了奴隶,作了受治的平民。《左传》里祝佗说:

分鲁公以……殷民六族——条氏,徐氏,萧氏,索氏,长勺氏,尾勺氏——使帅其宗氏,辑其分族,将其类丑,以法则周公,用即命于周;是使之职事于鲁,以昭周公之明德。分之土田陪敦,祝宗卜史,备物典策,官司彝器。……分康叔以……殷民七族——陶氏,施氏,繁氏,锜氏,樊氏,饥氏,终葵氏。……

这是殷商亡国时的惨状的追述。这十几族都有宗氏,都有分族类丑,自然是胜国的贵族了;如今他们都被分给那些新诸侯去“职事”于鲁卫,——这就是去做臣仆。那些分封的彝器是战胜者的俘获品,那些“祝宗卜史”是亡国的俘虏。那战胜的统治者吩咐他们道:

多士,昔朕来自奄,予大降尔四国民命。我乃明致天罚,移尔遐逖,比事臣我宗,多逊!……今予惟不尔杀,……亦惟尔多士攸服奔走臣我多逊,尔乃尚有尔土,尔乃尚宁干止。尔克敬,天惟畀矜尔。尔不克敬,尔不啻不有尔土,予亦致天之

罚于尔躬！（《多士》；参看《多方》）

这是何等严厉的告诫奴虏的训词！这种奴虏的生活是可以想见的了。

但我们知道，希腊的知识分子做了罗马战胜者的奴隶，往往从奴隶里爬出来做他们的主人的书记或家庭教师。北欧的野蛮民族打倒了罗马帝国之后，终于被罗马天主教的长袍教士征服了，倒过来做了他们的徒弟。殷商的知识分子——王朝的贞人、太祝、太史，以及贵族的多士，——在那新得政的西周民族之下，过的生活虽然是惨痛的奴虏生活，然而有一件事是殷民族的团结力的中心，也就是他们后来终久征服那战胜者的武器，——那就是殷人的宗教。

我们看殷墟（安阳）出土的遗物与文字，可以明白殷人的文化是一种宗教的文化。这个宗教根本上是一种祖先教。祖先的祭祀在他们的宗教里占一个很重要的地位。丧礼也是一个重要部分。（详下）此外，他们似乎极端相信占卜：大事小事都用卜来决定。如果《鸿范》是一部可信的书，那么，占卜之法到了殷商的末期已起了大改变，用龟卜和用兽骨卜之法之外，还有用蓍草的筮法，与卜并用。

这种宗教需用一批有特别训练的人。卜筮需用“卜筮人”；祭祀需用祝官；丧礼需用相礼的专家。在殷商盛时，祝宗卜史自有专家。亡国之后，这些有专门知识的人往往沦为奴虏，或散在民间。因为他们是有专门的知识技能的，故往往能靠他们的专长换得衣食之资。他们在殷人社会里，仍旧受人民的崇敬；而统治的阶级，为了要安定民众，也许还为了他们自己也需要这种有知识技能的人，所以只须那些“多士攸服奔走臣我多逊”，也就不去过分摧残他们。这一些人和他们的子孙，就在那几百年之中，自成了一个特殊阶级。他们不是那新朝的“士”;“士”是一种能执干戈以卫社稷的武士阶级,是新朝统治阶级的下层。他们只是“儒”。他们负背着保存故国文化的遗风,故在那几百年社会骤变,民族混合同化的形势之中,他们独能继续保存殷商的古衣冠,——也许还继续保存了殷商的古文字言语。(上文引的《墨子·公孟》篇与《非儒》篇,都有“古言服”的话。我们现在还不明白殷周民族在语言文字上有多大的区别)在他们自己民族的眼里,他们是“殷礼”(殷的宗教文化)的保存者与宣教师。在西周民族的眼里,他们是社会上多才艺的人,是贵族阶级的有用的清客顾问,是多数民众的安慰者。他们虽然不是新朝的“士”,但在那成周宋卫齐鲁诸国的绝大多数的民众之中,他们要算是最高等的一个阶级了。所以他们和“士”阶级最接近,西周统治阶级也就往往用“士”的名称来泛称他们。《多士》篇开端就说:

惟三月,周公初于新邑洛,用告商王士。

王若曰:尔殷遗多士!……

下文又说:

王若曰:尔殷多士!……

王曰:告尔殷多士!

《多方》篇有一处竟是把“殷多士”特别分开来了:

王曰:呜呼,猷告尔有方多士,暨殷多士。

《大雅·文王》之诗更可以注意。此诗先说周士:

陈锡哉周,侯(维)文王孙子。文王孙子,本支百世。凡周之士,不显亦世。世之不显,厥犹翼翼。思皇多士,生此王国。王国克生,维周之桢。济济多士,文王以宁。

次说殷士:

商之孙子,其丽不亿。上帝既命,侯(维)于周服。侯服于周，天命靡常。

殷士肤敏，祼将于京。厥作祼将，常服黼冔。王之荩臣，无念尔祖。

前面说的是新朝的士，是“文王孙子，本支百世”。后面说的是亡国的士，是臣服于周的殷士。看那些漂亮的，手腕敏捷的殷士，在那王朝大祭礼里，穿戴着殷人的黼冔(《士冠礼记》：“周弁，殷冔，夏收。”)捧着鬯酒，替主人送酒灌尸。这真是一幕“青衣行酒”的亡国惨剧了！(《毛传》以“殷士”为“殷侯”，殊无根据。《士冠礼记》所谓“殷冔”，自是士冠)。

大概周士是统治阶级的最下层，而殷士是受治遗民的最上层。一般普通殷民，自然仍旧过他们的农工商的生活，如《多方》说的“宅尔宅，畋尔田”。《左传》昭十六年郑国子产说：“昔我先君桓公与商人皆出自周，庸次比偶，以艾杀此地，斩之蓬蒿藜藋，而共处之。世有盟誓，以相信也，曰：‘尔无我叛，我无强贾，毋或丐夺；尔有利市宝贿，我勿与知。’恃此质誓，故能相保，以至于今。”徐中舒先生曾根据此段文字，说：“此‘商人’即殷人之后而为商贾者。”又说，“商贾之名，疑即由殷人而起。”(《国学论丛》一卷一号，111页)此说似甚有理。“商”之名起于殷贾，正如“儒”之名起于殷士。此种遗民的士，古服古言，自成一个特殊阶级；他们那种长袍大帽的酸样子，又都是彬彬知礼的亡国遗民，习惯了“犯而不校”的不抵抗主义，所以得着了“儒”的浑名。儒是柔懦之人，不但指那逢衣博带的文绉绉的样子，还指那亡国遗民忍辱负重的柔道人生观。(傅斯年先生疑心“儒”是古代一个阶级的类名，亡国之后始沦为寒士，渐渐得着柔懦的意义。此说亦有理，但此时尚未有历史证据可以证明“儒”为古阶级)

柔逊为殷人在亡国状态下养成的一种遗风，与基督教不抵抗的训条出于亡国的犹太民族的哲人耶稣,似有同样的历史原因。《左传》昭公七年所记孔子的远祖正考父的鼎铭,虽然是宋国的三朝佐命大臣的话,已是很可惊异的柔道的人生观了。正考父曾"佐戴武宣"三朝;据《史记·十二诸侯年表》,宋戴公元年当周宣王二十九年(前七九九),武公元年当平王六年(前七六五),宣公元年当平王二十四年(前七四七)。他是西历前八世纪前半的人,离周初已有三百多年了。他的鼎铭说:

一命而偻,再命而伛,三命而俯,循墙而走,亦莫余敢侮。饘于是,鬻于是,以糊余口。

这是殷民族的一个伟大领袖的教训。儒之古训为柔,岂是偶然的吗?

不但柔道的人生观是殷士的遗风,儒的宗教也全是"殷礼"。试举三年之丧的制度作一个重要的例证。十几年前,我曾说三年之丧是儒家所创,并非古礼;当时我曾举三证:

(1)《墨子·非儒》篇说儒者之礼曰:"丧父母三年。……"此明说三年之丧是儒者之礼。

(2)《论语》记宰我说三年之丧太久了,一年已够了。孔子弟子中尚有人不认此制合礼,可见此非当时通行之俗。

(3)孟子劝滕世子行三年之丧,滕国的父兄百官皆不愿意,说道:"吾宗国鲁先君莫之行,吾先君亦莫之行也。"鲁为周公之国,尚不曾行过三年之丧。(《中国哲学史大纲》上,132页)

我在五六年前还信此说,所以在《三年丧服的逐渐推行》(《武汉大学文哲季刊》第一卷二号)一篇里,我还说"三年之丧只是儒家的创制"。我那个看法,有一个大漏洞,就是不能解释孔子对宰我说的:

夫三年之丧,天下之通丧也。

如果孔子不说诳,那就是滕国父兄百官扯谎了。如果"鲁先君莫之行",如果滕国"先君亦莫之行",那么,孔子如何可说这是"天下之通丧"呢?难道是孔子扯了谎来传教吗?

傅斯年先生前几年作《周东封与殷遗民》,他替我解决了这个矛盾。他说:

孔子之"天下",大约即是齐鲁宋卫,不能甚大。……三年之丧,在东国,在民间,有相当之通行性,盖殷之遗礼,而非周之制度。当时的"君子(即统治者)三年不为礼,礼必坏;三年不为乐,乐必崩",而士及其相近之阶级则渊源有自,"齐以殷政"者也。试看关于大孝,三年之丧,及丧后三年不做事之代表人物,如太甲,高宗,孝己,皆是殷人,而"君薨,百官总己以听于冢宰者三年",全不见于周人之记载。

傅先生的说法,我完全可以接受,因为他的确解答了我的困难。我从前说的话,有一部分是不错的,因为三年之丧确是"儒"的礼;但我因为滕鲁先君不行三年丧制,就不信"天下之通丧"之说,就以为是儒家的创制,而不是古礼,那就错了。傅先生之说,一面可以相信滕鲁的统治阶级不曾行此礼,一面又可以说明此制行于那绝大多数的民众之中,说它是"天下之通丧"也不算是过分的宣传。

我可以替傅先生添一些证据。鲁僖公死在他的三十三年十一月乙巳(十二日),次年(文公元年)夏四月葬僖公,又次年(文公二年)冬"公子遂如齐纳币",为文公聘妇。《左传》说,"礼也"。《公羊传》说:"讥丧娶也。娶在三年之外,则何讥乎丧娶?三年之内不图昏。"此可证鲁侯不行三年丧。此一事,《左传》认为"礼也",杜预解说道:"僖公丧终此年十一月,则纳币在十二月也。"然而文公死于十八年二月,次年正月"公子遂如齐逆女;三月,遂以夫人

妇姜至自齐。”杜预注云:“不讥丧娶者,不待贬责而自明也!”此更是鲁侯不行三年丧的铁证了。《左传》昭公十五年,

> 六月乙丑,王太子寿卒。
>
> 秋八月戊寅,王穆后崩。
>
> 十二月,晋荀跞如周葬穆后。籍谈为介。既葬,除丧,以文伯(**荀跞**)宴,樽以鲁壶。王曰:“伯氏,诸侯皆有以镇抚王室,晋独无有,何也?”……籍谈归,以告叔向,叔向曰:“王其不终乎?吾闻之,所乐必卒焉。今王乐忧。……王一岁而有三年之丧二焉。(**杜注:“天子绝期,唯服三年,故后虽期,通谓之三年”**)于是乎以丧宾宴,又求彝器,乐忧甚矣。……三年之丧,虽贵遂服,礼也。王虽弗遂,宴乐以早,亦非礼也。……”

这可证周王朝也不行三年丧制,《孟子》所记滕国父兄百官的话可算是已证实了。

周王朝不行此礼,鲁滕诸国也不行此礼,而孔子偏大胆的说:“三年之丧,天下之通丧也。”《论语》记子张问:“书云,‘高宗谅阴,三年不言。’何谓也?”孔子直对他说:“何必高宗?古之人皆然。君薨,百官总己以听于冢宰,三年。”《檀弓》有这样一段:

> 子张之丧,公明仪为志焉。褚幕丹质,蚁结于四隅,殷士也。

孔子、子张都是殷人,在他们的眼里嘴里,“天下”只是那大多数的殷商民众,“古之人”也只是殷商的先王。这是他们的民族心理的自然表现,其中自然也不免带一点殷人自尊其宗教礼法的宣传意味。到了孟子,他竟说三年丧是“自天子达于庶人,三代共之”的了。到《礼记·三年问》的作者,他竟说三年丧“是百王之所同,古今之所壹也,未有知其所由来者也!”果然,越到了后来,越

“未有知其所由来者也”，直到傅斯年先生方才揭破了这一个历史的谜！

三年之丧是“儒”的丧礼，但不是他们的创制，只是殷民族的丧礼，——正如儒衣儒冠不是他们的创制，只是殷民族的乡服。《孟子》记滕国的父兄百官反对三年之丧时，他们说：

且志曰：“丧祭从先祖，曰，吾有所受之也。”

这句话当然是古政治家息事宁人的绝好原则，最可以解释当时殷周民族各自有其丧祭制度的政治背景。统治阶级自有其周社，一般“国人”自有其亳社；前者自行其“既葬除服”的丧制，后者自行其“天下之通丧”。

三

我们现在要看看“儒”的生活是怎样的。

孔子以前，儒的生活是怎样的，我们无从知道了。但我疑心《周易》的“需”卦，似乎可以给我们一点线索。儒字从需，我疑心最初只有一个“需”字，后来始有从人的“儒”字。需卦之象为云上于天，为密云不雨之象，故有“需待”之意。（《彖传》：需，须也）《象传》说此卦象为“君子以饮食宴乐”。《序卦传》说：“需者，饮食之道也。”《彖传》说：

需，须也，险在前也。刚健而不陷，其义不困穷矣。

程颐《易传》说此节云：

以险在于前，未可遽进，故需待而行也。以乾之刚健，而能需待不轻动，故不陷于险，其义不至于困穷也。

这个卦好像是说一个受压迫的人，不能前进，只能待时而动，以免陷于危险；当他需待之时，别的事不能做，最好是自糊其口，故需为饮食之道。这就很像殷商民族亡国后的“儒”了。这一卦的六爻是这样的：

初九，需于郊，利用恒，无咎。

《象》曰：“需于郊”，不犯难行也。“利用恒，无咎”，未失常也。

九二，需于沙，小有言，终吉。

《象》曰：“需于沙”，衍（愆）在中也。虽“小有言”，以吉终也。

九三，需于泥，致寇至。

《象》曰：“需于泥”，灾在外也。自我“致寇”，敬慎不败也。

六四，需于血，出自穴。

《象》曰：“需于血”，顺以听也。

九五，需于酒食，贞吉。

《象》曰：“酒食贞吉”，以中正也。

上六，入于穴，有不速之客三人来，敬之，终吉。

《象》曰：“不速之客来，敬之，终吉”，虽不当位，未大失也。

这里的“需”，都可作一种人解；此种人的地位是很困难的，是有“险在前”的，是必须“刚健而不陷”的。儒在郊，完全是在野的失势之人，必须忍耐自守，可以无咎。儒在沙，是自己站不稳的，所以说“衍（愆）在中也”。儒在泥，是陷在危险困难里了，有了外侮，只有敬慎，可以不败。儒在血，是冲突之象，他无力和人争，只好柔顺的出穴让人，故《象传》说为“顺以听也”。儒在酒食，是有饭吃了，是他最适宜的地位。他回到穴里去，也还有麻烦，他还得用敬慎的态度去应付。——“需”是“须待”之象，他必须能忍耐待时；时候到了,人家“须待”他了,彼此相“需”了,他就有饭吃了。

《周易》制作的时代,已不可考了。《系辞传》有两处试提出作《易》年代的推测:一处说:

> 《易》之兴也,其当殷之末世,周之盛德邪?当文王与纣之事邪?是故其辞危。危者使平,易者使倾。其道甚大,百物不废,惧以终始,其要无咎。此之谓《易》之道也。

又一处说:

> 《易》之兴也,其于中古乎?作《易》者其有忧患乎?是故《履》,德之基也;《谦》,德之柄也;《复》德之本也;《恒》,德之固也;《损》,德之修也;《益》,德之裕也;《困》,德之辨也;《井》,德之地也;《异》,德之制也。《履》和而至,《谦》尊而光,《复》小而辨于物,《恒》杂而不厌,《损》先难而后易,《益》长裕而不设,《困》穷而通,《井》居其所而不迁,《巽》称而隐。《履》以和行,《谦》以制礼,《复》以自知,《恒》以一德,《损》以远害,《益》以兴利,《困》以寡怨,《井》以辩义,《巽》以行权。

《易》卦爻辞已有“箕子之明夷”,(《明夷》五爻)“王用享于岐山”(《升》四爻)的话,似乎不会是“文王与纣”的时代的作品。“文王囚居羑里而作《易》”的说法,也是更后起之说。《系辞》还是猜度的口气,可见得《系辞》以前尚没有文王作《易》的说法。《系辞》的推测作《易》年代,完全是根据于《易》的内容的一种很明显的人生观,就是“其辞危”,“惧以终始,其要无咎”。从第一卦的“君子终日乾乾,夕惕若厉,无咎”,到第六十四卦的“有孚于饮酒,无咎”,全书处处表现一种忧危的人生观,教人戒惧修德,教人谦卑巽顺,其要归在于求“无咎”,在于“履虎尾不咥人”。《系辞》的作者认清了这一点,所以推测“作《易》者其有忧患乎”?这个观察是很有见地的。我们从这一点上也可以推测《易》的卦爻辞的制作大概在殷亡之后,殷民族受周民族的压迫最甚的一二百年中。书中称"帝乙归妹"(《泰》五爻),"高宗伐鬼方,三年克之",更可见作者是殷人。所谓《周易》,原来是殷民族的卜筮书的一种。经过了一个不短的时期,方才成为一部比较最通用的筮书。《易》的六十四卦,每卦取自然界或人事界的一个现象为题,其中无甚深奥的哲理,而有一些生活常识的观察。"需"卦所说似是指一个受压迫的知识阶级,处在忧患险难的环境,待时而动,谋一个饮食之道。这就是"儒"。("蒙"卦的初爻说:"发蒙,利用刑人,用说(脱)桎梏以往,吝。"这里说的也很像希腊的俘虏在罗马贵族家里替他的主人教儿子的情形)

孔子的时候,有"君子儒",也有"小人儒"。我们先说"小人儒"的生活是怎样的。

《墨子·非儒》篇有一段描写当时的儒:

> 夫(夫即彼)繁饰礼乐以淫人,久丧伪哀以谩亲;立命缓贫而高浩居,(毕沅据《孔子世家》。解浩居为傲倨)倍本弃事而安怠傲。贪于饮食,惰于作务,陷于饥寒,危于冻馁,无以违(避)之。是若人气,鼸鼠藏,而羝羊视,贲彘起。(贲即奔字)君子笑之,怒曰,"散人焉知良儒"!
>
> 夫(彼)□□□□,(孙诒让校,此处疑脱"春乞□□"四字)夏乞麦禾。五谷既收,大丧是随,子姓皆从,得厌饮食。
>
> 毕治数丧,足以至□矣。因人之家睟(财)以为□,恃人之野以为尊。富人有丧,乃大说喜曰:"此衣食之端也!"

这虽然是一个反儒的宗派说的话,却也有儒家自己的旁证。《荀子·儒效篇》说:

> 逢衣浅(《韩诗外传》作博)带,解果其冠,(杨倞注引《说苑》淳于髡述:"邻圃之祠田,祝曰:蟹螺者宜禾,污邪者百

车。”“蟹螺盖高地也,今冠盖亦比之”)略法先王而足乱世术;缪学杂举,不知法后王而壹制度,不知隆礼义而杀诗书。……呼先王以欺愚者,而求衣食焉。得委积足以掩其口,则扬扬如也。随其长子,事其便辟,举(王念孙云:举读为相与之与)其上客,億然若终身之虏而不敢有他志。——是俗儒者也。

用战国晚期荀卿的话来比较墨子的话,我们可以相信,在春秋时期与战国时期之间,已有这种俗儒,大概就是孔子说的“小人儒”。

从这种描写上,我们可以看出他们的生活有几个要点:第一,他们是很贫穷的,往往“陷于饥寒,危于冻馁”;这是因为他们不务农,不作务,是一种不耕而食的寄生阶级。第二,他们颇受人轻视与嘲笑,因为他们的衣食须靠别人供给;然而他们自己倒还有一种倨傲的遗风,“立命,缓贫,而高浩居”,虽然贫穷,还不肯抛弃他们的寄食——甚至于乞食的生活。第三,他们也有他们的职业,那是一种宗教的职业:他们熟悉礼乐,人家有丧祭大事,都得请教他们。因为人们必须请他们治丧相礼,所以他们虽然贫穷,却有相当崇高的社会地位。骂他们的可以说他们“因人之野以为尊”;他们自己却可以说是靠他们的知识做“衣食之端”。第四,他们自己是实行“久丧”之制的,而他们最重要的谋生技能是替人家“治丧”。他们正是那殷民族的祖先教的教士,这是儒的本业。

从这种“小人儒”的生活里,我们更可以明白“儒”的古义,儒是殷民族的教士,靠他们的宗教知识为衣食之端。

其实一切儒,无论君子儒与小人儒,品格尽管有高低,生活的路子是一样的。他们都靠他们的礼教的知识为衣食之端,他们都是殷民族的祖先教的教士,行的是殷礼,穿的是殷衣冠。在那殷周民族杂居已六七百年,文化的隔离已渐渐泯灭的时期,他们不仅仅是殷民族的教士,竟渐渐成了殷周民族共同需要的教师了。

《左传》昭公七年记孟僖子自恨不能相礼，“乃讲学之。苟能礼者，从之”。《左传》又说，孟僖子将死时，遗命要他的两个儿子何忌与说去跟着孔子“学礼焉以定其位”。孔子的职业是一个教师，他说：

自行束脩以上，吾未尝无诲焉。

束脩是十脡脯，是一种最薄的礼物。《檀弓》有“古之大夫，束脩之问不出竟”的话，可证束脩是赠礼。孔子有“博学”“知礼”的名誉，又有“学而不厌，诲人不倦”的精神，故相传他的弟子有三千之多。这就是他的职业了。

孔子也很注重丧祭之礼，他作中都宰时，曾定制用四寸之棺，五寸之椁。（见《檀弓》有若的话）他承认三年之丧为“天下之通丧”，又建立三年之丧的理论，说这是因为“子生三年然后免于父母之怀”。（《论语》十七）这都可表示他是殷民族的宗教的辩护者，正是“儒”的本色。《檀弓》记他临死之前七日，对他的弟子子贡说：

夏后氏殡于东阶之上，则犹在阼也。殷人殡于两楹之间，则与宾主夹之也。周人殡于西阶之上，则犹宾之也。而丘也，殷人也。予畴昔之夜，梦坐奠于两楹之间。夫明王不兴，而天下其孰能宗予？予殆将死也？

看他的口气，他不但自己临死还自认是殷人，并且还有“天下宗予”的教主思想。（看下章）

他和他的大弟子的生活，都是靠授徒与相礼两种职业。大概当时的礼俗，凡有丧事，必须请相礼的专家。《檀弓》说：

杜桥之母之丧，宫中无相，君子以为沾也。（《七经考文》引古本足利本，有“君子”二字，他本皆无。）

“沾”是寒贱之意。当时周民族已与殷民族杂居了六百年，同化的程度已很深了，所以鲁国的大夫士族也传染到了注重丧礼的风气。有大丧的人家，孝子是应该“昏迷不复自知礼”了，所以必须有专家相导。这正是儒的“衣食之端”。杜桥之母之丧，竟不用“相”，就被当时的“君子”讥为寒伧了。

孔子为人相丧礼，见于《檀弓》：（参看下文第六章引《曾子问》记孔子“从老聃助葬”）

> 国昭子之母死，问于子张曰：“葬及墓，男子妇人安位？”子张曰：“司徒敬子之丧，夫子相，男子西乡，妇人东乡。”

据《檀弓》，司徒敬子是卫国大夫。孔子在卫国，还为人相丧礼，我们可以推想他在鲁国也常有为人家相丧礼的事。《檀弓》说：

> 孔子之故人曰原壤，其母死，夫子助之沐椁。原壤登木曰：“久矣予之不托于音也。”歌曰：
>
> 狸首之斑然，
>
> 执女手之卷然。
>
> 夫子为弗闻也者而过之。从者曰：“子未可以已乎？”夫子曰：“丘闻之，亲者毋失其为亲也，故者毋失其为故也。”

这一个不守礼法的朋友好像不很欢迎孔二先生的帮忙；但他顾念故人，还要去帮他治椁。

他的弟子为人家相礼，《檀弓》记载最多。上文引的国昭子家的母丧，即是子张为相。《檀弓》说：

> 有若之丧，悼公吊焉。子游摈，由左。

摈即是相。又说：

> 子蒲卒，哭者呼“灭”！子皋曰：“若是野哉！”哭者改之。

这似是因为子皋相礼，所以他纠正主人之失。《檀弓》又记：

> 孔子之丧，公西赤为志焉。饰棺墙，置翣，设披，周也。设崇，殷也。绸练设旐，夏也。

子张之丧，公明仪为志焉。褚幕丹质，蚁结于四隅，殷士也。

按《士丧礼》的《既夕礼》，饰柩，设披，都用“商祝”为之。可见公西赤与公明仪为“志”，乃是执行《士丧礼》所说的“商祝”的职务。（郑玄注，“志谓章识”。当参考《既夕礼》，可见郑注不确）从此点上，可以推知当时的“儒”，不但是“殷士”，其实又都是“商祝”。《墨子·非儒》篇写那些儒者靠为人治丧为衣食之端，此点必须和《檀弓》与《士丧礼》《既夕礼》合并起来看，我们方才可以明白。《士丧礼》与《既夕礼》（即《士丧礼》的下篇）使我们知道当时的丧礼须用“祝”，其职务最繁重。《士丧礼》二篇中明说用“商祝”凡十次，用“夏祝”凡五次，泛称“祝”凡二十二次。旧注以为泛称“祝”者都是“周祝”，其说甚无根据。细考此两篇，绝无用周祝之处；其泛称“祝”之处，有一处确指“夏祝”，（“祝受巾巾之”）有两处确指“商祝”。（“祝又受米，奠于贝北”；又下篇“祝降，与夏祝交于阶下”）其他不明说夏与商之处，大概都是指“商祝”，因为此种士丧礼虽然偶有杂用夏周礼俗之处，其根本的礼节仍是殷礼，故相礼的祝人当然以殷人为主。明白了当时丧礼里“商祝”的重要，我们才可以明白《檀弓》所记丧家的“相”，不仅是宾来吊时的“摈者”，（《士丧礼》另有“摈者”）也不仅是指导礼节的顾问，其实还有那最繁重的“祝”的职务。因为这种职务最繁重，所以那些儒者可以靠此为“衣食之端”。

在《檀弓》里，我们已可以看见当孔子的大弟子的时代，丧礼已有了不少的争论。

（一）小敛之奠，子游曰：“于东方。”曾子曰：“于西方。”

（二）卫司徒敬子死，子夏吊焉，主人未小敛，绖而往。子游吊焉，主人既小敛，子游出，绖而反哭。子夏曰：“闻之也欤?”曰:“闻诸夫子:主人未改服,则不绖。”

(三)曾子袭裘而吊,子游裼裘而吊。曾子指子游而示人曰:“夫夫也,为习于礼者,如之何其裼裘而吊也!”主人既小敛,袒,括发,子游趋而出,袭裘带绖而入。曾子曰:“我过矣,我过矣;夫夫是也。”

(四)曾子吊于负夏,主人既祖,填池,(**郑注,填池当为奠彻,声之误也**)推柩而反之,降妇人而后行礼。从者曰:“礼与?”曾子曰:“夫祖者,且也。且,胡为其不可以反宿也?”从者又问诸子游曰:“游与?”子游曰:“饭于牖下,小敛于户内,大敛于阼,殡于客位,祖于庭,葬于墓,所以即远也。故丧事有进而无退。”

(五)公叔木有同母异父之昆弟死,问于子游,子游曰,“其大功乎?”狄仪有同母异父之昆弟死,问于子夏,子夏曰:“我未之前闻也。鲁人则为之齐衰。”狄仪行齐衰。今之齐衰,狄仪之问也。

我们读了这些争论,真不能不起“累寿不能尽其学,当年不能行其礼”的感想。我们同时又感觉这种仪节上的斤斤计较,颇不像孔子的学风。孔子自己是能了解“礼之本”的,他曾说:

礼,与其奢也,宁俭。丧,与其易也,宁戚。(**“易”字旧说纷纷,朱子根据《孟子》“易其田畴”一句,训易为治,谓“节文习熟”。**)

《论语》的记者似乎没有完全了解这两句话,所以文字不大清楚。但一位心粗胆大的子路却听懂了,他说:

吾闻诸夫子:丧礼,与其哀不足而礼有余也,不若礼不足而哀有余也。祭礼,与其敬不足而礼有余也,不若礼不足而敬有余也。(**《檀弓》**)

这才是孔子答林放问的“礼之本”。还有一位“堂堂乎”的子张也听懂了，他说：

士见危授命，见得思义，祭思敬，丧思哀，其可已矣。（《论语》十九）

“祭思敬，丧思哀”，也就是“礼之本”。我们看孔子对子路说：“啜菽饮水尽其欢，斯之谓孝；敛手足形，还葬而无椁，称其财，斯之谓礼”；（《檀弓》；同书里，孔子答子游问丧具，与此节同意。）又看他在卫国时，遇旧馆人之丧，“一哀而出涕”，就“脱骖而赙之”，——这都可见他老人家是能见其大的，不是拘泥仪文小节的。最可玩味的是《檀弓》记的这一件故事：

孔子在卫，（也是一个殷文化的中心）有送葬者，而夫子观之，曰：“善哉！足以为法矣。……其往也如慕，其反也如疑。”子贡曰：“岂若速反而虞乎？”（既葬，“迎精而反，日中祭之于殡宫，以安之”为虞祭）子曰：“小子识之，我未之能行也。”

孔子叹赏那人的态度，而他的弟子只能计较仪节的形式。所以他那些大弟子，都是“习于礼者”，只能在那些达官富人的丧事里，指手画脚的评量礼节，较量袭裘与裼裘的得失，辩论小敛之奠应在东方或在西方。《檀弓》所记，已够使人厌倦，使人失望，使人感觉孔子的门风真是及身而绝了！

我们读了这种记载，可以想象那些儒者的背景。孔子和这班大弟子本来都是殷儒商祝，孔子只是那个职业里出来的一个有远见的领袖，而他的弟子仍多是那个治丧相礼的职业中人，他们是不能完全跳出那种“因人之野以为尊”的风气之外的。孔子尽管教训他们：

女为君子儒，毋为小人儒。

但"君子""小人"的界限是很难划分的。他们既须靠治丧相礼为"衣食之端",就往往不能讲气节了。如齐国国昭子之母之丧,他问子张:

丧及墓,男子妇人安位?

子张说:

司徒敬子之丧,夫子相,男子西乡,妇人东乡。

可是主人不赞成这个办法,他说:

噫,毋曰我丧也斯沾。(此句郑玄读:"噫,毋!曰我丧也斯沾。"说曰:"噫,不寤之声。毋者,禁止之辞。斯,尽也。沾读曰觇,觇,视也。国昭子自谓齐之大家,有事人尽视之。"陈浩从郑说。郝敬与姚际恒读"我丧也斯沾尔专之"为一句,释"沾尔"为沾沾尔,见杭大宗《续礼记集说》。我不能赞成旧说,改拟如此读法。他好像是说:"噫,别叫人说咱家的丧事那么贫样!"沾当是"沽"的小误。《檀弓》说:"杜桥之母之丧,宫中无相,君子以为沽也")尔专之。宾为宾焉,主为主焉。妇人从男子,皆西乡。

主人要那么办,"夫子"的大帽子也压不住,那位"堂堂乎张也"也就没有法子,只好依着他去做了。其实这班大儒自己也实在有招人轻侮之道。《檀弓》又记着一件很有趣的故事:

季孙之母死,哀公吊焉。曾子与子贡吊焉。阍人为君在,弗内也。曾子与子贡入于其厩而修容焉。子贡先入,阍人曰,"乡者已告矣"。曾子后入,阍人辟之。涉内霤,卿大夫皆辟位,公降一等而揖之。——君子言之曰:"尽饰之道,斯其行者远矣。"

季孙为当时鲁国的最有权力的人,他的母丧真可说是"大丧"了。这两位大儒巴巴的赶来,不料因国君在内,阍人不让他们进去,他们就进季孙的马厩里去修容；子贡修饰好了，还瞒不过阍人，不得进去；曾子装饰得更好，阍人不敢拦他，居然混进去了。里面的国君与大夫，看见此时有吊客进来，料想必是尊客，都起来致敬，国君还降一等揖客。谁想这不过是两位改装的儒者赶来帮主人治丧相礼的呵！我们看了这种圣门的记载，再加想《墨子·非儒》描写的“五谷既收，大丧是随，子姓皆从，得厌饮食”，“富人有丧，乃大说喜”的情形，我们真不能不感觉到“君子儒”与“小人儒”的区别是很微细的了！

以上记“儒”的生活，我们只用那些我们认为最可信的史料。有意毁谤儒者，而描写不近情理的材料，如《庄子》记“大儒以诗礼发家”的文字，我们不愿意引用。如果还有人觉得我在上文描写“儒”的生活有点近于有心毁谤孔门圣贤，那么，我只好请他平心静气想想孔子自己说他的生活：

> 出则事公卿，入则事父兄；丧事不敢不勉，不为酒困，——何有于我哉？（《论语》九）

在这里，我们可以看见一个“儒”的生活的概略。纵酒是殷民族的恶习惯（参看前章引《酒诰》一段），《论语》里写孔了“不为酒困”，“唯酒无量，不及乱”，还可见酗酒在当时还是一个社会问题。“丧事不敢不勉”，是“儒”的职业生活。“出则事公卿”，也是那个不学稼圃的寄生阶级的一方面。

四

在前三章里，我们说明了“儒”的来历。儒是殷民族的礼教的教士，他们在很困难的政治状态之下，继续保存着殷人的宗教典礼，继续穿戴着殷人的衣冠。他们是殷人的教士，在六七百年中渐渐变成了绝大多数人民的教师。他们的职业还是治丧，相礼，教学；但他们的礼教已渐渐行到统治阶级里了，他们的来学弟子，已有周鲁公族的子弟了；（如孟孙何忌、南宫适）向他们问礼的，不但有各国的权臣，还有齐、鲁、卫的国君了。

这才是那个广义的“儒”。儒是一个古宗教的教师，治丧相礼之外，他们还要做其他的宗教职务。《论语》记孔子的生活，有一条说：

乡人傩，（孔子）朝服而立于阼阶。

傩是赶鬼的仪式。《檀弓》说：

岁旱，穆公召县子而问焉，曰：“天久不雨，吾欲暴尪而奚若？”曰：“天久不雨而暴人之疾子，毋乃不可与？”“然则吾欲暴巫而奚若？”曰，“天则不雨而望之愚妇人，于以求之，毋乃已疏乎？”“徙市则奚若？”曰：“天子崩，巷市七日。诸侯薨，巷市三日。为之徙市，不亦可乎？”

县子见于《檀弓》凡六次，有一次他批评子游道：“汰哉叔氏，专以礼许人！”这可见县子大概也是孔子的一个大弟子。（《史记·仲尼弟子传》有县成，字子祺。《檀弓》称县子琐）天久不雨，国君也得请教于儒者。这可见当时的儒者是各种方面的教师与顾问。丧礼是他们的专门，乐舞是他们的长技，教学是他们的职业，而乡人打鬼，国君求雨，他们也都有事，——他们真是要无所不知无所不能的了。《论语》记达巷党人称孔子“博学而无所成名”，孔子对他的弟子说：

吾何执？执御乎？执射乎？吾执御矣。

《论语》又记：

大宰问于子贡曰：“夫子圣者欤？何其多能也？”子贡曰：“固天纵之将圣，又多能也。”子闻之曰：“大宰知我乎？吾少也贱，故多能鄙事。君子多乎哉？不多也。”

儒的职业需要博学多能，故广义的“儒”为术士的通称。

但这个广义的，来源甚古的“儒”，怎样变成了孔门学者的私名呢？这固然是孔子个人的伟大成绩，其中也有很重要的历史的原因。孔子是儒的中兴领袖，而不是儒教的创始者。儒教的伸展是殷亡以后五六百年的一个伟大的历史趋势；孔子只是这个历史趋势的最伟大的代表者，他的成绩也只是这个五六百年的历史运动的一个庄严灿烂的成功。

这个历史运动是殷遗民的民族运动。殷商亡国之后，在那几百年中，人数是众多的，潜势力是很广大的，文化是继续存在的。但政治的势力全都在战胜的民族的手里，殷民族的政治中心只有一个包围在“诸姬”的重围里的宋国。宋国的处境是很困难的；我们看那前八世纪宋国一位三朝佐命的正考父的鼎铭：“一命而偻，再命而伛，三命而俯，循墙而走”，这是何等的柔逊谦卑！宋国所以能久存，也许是靠这种祖传的柔道。周室东迁以后，东方多事，宋国渐渐抬头。到了前七世纪的中叶，齐桓公死后，齐国大乱，宋襄公邀诸侯的兵伐齐，纳齐孝公。这一件事成功（前六四二）之后，宋襄公就有了政治的大欲望，他想继承齐桓公之后作中国的盟主。他把滕子、婴齐捉了；又叫邾人把鄫子捉了，用鄫子来祭次睢之社，“欲以属东夷”。用人祭社，似是殷商旧俗。《左传》昭公十年、“季平子伐莒，取郠，献俘，始用人于亳社”。这样恢复一个野蛮的旧俗，都有取悦于民众的意思。宋襄公眼光注射在东方的殷商旧土，所以要恢复一个殷商宗教的陋俗来巴结东方民众。那时东方无霸国，无人与宋争长；他所虑者只有南方的楚国。果然，在盂之会，楚人捉了宋襄公去，后来又放了他。他还不觉悟，还想立武功，定霸业。泓之战，（前六三八）楚人大败宋兵，宋襄公伤股，

几乎做了第二次的俘虏。当泓之战之前，

大司马固谏(大司马是公子目夷，即子鱼。“固”是形容“谏”字的副词。杜预误解“固”为公孙固，《史记·宋世家》作子鱼谏，不误)曰“天之弃商久矣。君将兴之，弗可。赦也已”。(杜预误读“弗可赦也已。”此五字当作一句读。子鱼先反对襄公争盟。到了将战，他却主张给楚兵一个痛快的打击，故下文力主趁楚师未既济时击之。丁声树先生说“弗”字乃“不之”二字之合。此句所含“之”字，正指敌人。既要做中兴殷商的大事，这回不可放过敌人了)

这里忽然提出复兴殷商的大问题来，可见宋襄公的野心正是一个复兴民族的运动。不幸他的“妇人之仁”使他错过机会；大败之后，他还要替自己辩护，说，

君子不重伤，不禽二毛。……寡人虽亡国之余，不鼓不成列。

“亡国之余”，这也可见殷商后人不忘亡国的惨痛。三百年后，宋君偃自立为宋王，东败齐，南败楚，西败魏，也是这点亡国遗憾的死灰复燃，也是一个民族复兴的运动。但不久也失败了。殷商民族的政治的复兴，终于无望了。

但在那殷商民族亡国后的几百年中，他们好像始终保存着民族复兴的梦想，渐渐养成了一个“救世圣人”的预言，这种预言是亡国民族里常有的，最有名的一个例子就是希伯来(犹太)民族的“弥赛亚”(Messiah)降生救世的悬记，后来引起了耶稣领导的大运动。这种悬记(佛书中所谓“悬记”，即预言)本来只是悬想一个未来的民族英雄起来领导那久受亡国苦痛的民众，做到那复兴民族的大事业。但年代久了，政治复兴的梦想终没有影子，于是这种预言渐渐变换了内容，政治复兴的色彩渐渐变淡了，宗教或文化复兴

的意味渐渐加浓了。犹太民族的“弥赛亚”原来是一个复兴英雄，后来却变成了一个救世的教主，这是一变；一个狭义的，民族的中兴领袖，后来却变成了一个救渡全人类的大圣人，这一变更远大了。我们现在观察殷民族亡国后的历史，似乎他们也曾有过一个民族英雄复兴殷商的悬记，也曾有过一个圣人复起的预言。

我们试撇开一切旧说，来重读《商颂》的《玄鸟》篇：

天命玄鸟，降而生商，宅殷土芒芒。古帝命武汤，正域彼四方。

方命厥后，奄有九有。商之先后，受命不殆，在武丁孙子。

武丁孙子——武王靡不胜。龙旂十乘，大糦是承。

邦畿千里，维民所止。肇域彼四海，四海来假。

来假祁祁，景员维河。殷受命咸宜，百禄是何。

此诗旧说以为是祀高宗的诗。但旧说总无法解释诗中的“武丁孙子”。也不能解释那“武丁孙子”的“武王”。郑玄解作“高宗之孙子有武功有王德于天下者，无所不胜服”。朱熹说：“武王，汤号，而其后世亦以自称也。言武丁孙子，今袭汤号者，其武无所不胜。”这是谁呢？殷自武丁以后，国力渐衰；史书所载，已无有一个无所不胜服的“武王”了。我看此诗乃是一种预言：先述那“正域彼四方”的武汤，次预言一个“肇域彼四海”的“武丁孙子——武王”。“大糦”旧说有二：《韩诗》说糦为“大祭”，郑玄训糦为“黍稷”，都是臆说。（朱骏声《说文通训定声》误记《商颂·烈祖》有“大糦是承”，训黍稷；又《玄鸟》有“大糦是承”，《韩诗》训为大祭。其实《烈祖》无此句。）我以为“糦”字乃是“囏”字，即是“艰”字。艰字籀文作囏，字损为糦。《周书·大诰》：“有大艰于西土，西土人亦不静。”“大艰”即是大难。这个未来的“武王”能无所不胜，能用“十乘”的薄弱武力，而承担“大艰”；能从千里的邦畿而开国于

四海。这就是殷民族悬想的中兴英雄。(郑玄释"十乘"为"二王后,八州之大国",每国一乘,故为十乘)

但世代久了,这个无所不胜的"武王"始终没有出现,宋襄公中兴殷商的梦是吹破的了。于是这个民族英雄的预言渐渐变成了一种救世圣人的预言。《左传》(昭公七年)记孟僖子将死时,召其大夫曰:

> 吾闻将有达者,曰孔丘,圣人之后也,而灭于宋。其祖弗父何以有宋而授厉公。及正考父佐戴武宣,三命兹益共,故其鼎铭云:"一命而偻,再命而伛,三命而俯。循墙而走,亦莫敢余侮。饘于是,鬻于是,以糊余口。"其共也如是。臧孙纥有言曰:"圣人有明德者,若不当世,其后必有达人。"今其将在孔丘乎?

孟僖子死在昭公二十四年(前518),其时孔子已是三十四岁了。如果这种记载是可信的,那就可见鲁国的统治阶级那时已注意到孔子的声望,并且注意到他的家世;说他是"圣人之后",并且说他是"圣人之后"的"达者"。孟僖子引臧孙纥的话,臧孙纥自己也是当时人称为"圣人"的,《左传》(襄公二十二年)说:

> 臧武仲雨过御叔,御叔在其邑将饮酒,曰:"焉用圣人!我将饮酒而已。雨行,何以圣为!"

臧孙纥去国出奔时,孔子只有两岁。他说的"圣人有明德者,若不当世,其后必有达人",当然不是为孔丘说的,不过是一种泛论。但他这话也许是受了当时鲁国的殷民族中一种期待圣人出世的预言的暗示。这自然只是我的一个猜想;但孟僖子说,"吾闻将有达者曰孔丘",这句话的涵义是说:"我听外间传说,将要有一位达人起来,叫做孔丘。"这可见他听见了外间民众纷纷说到这个殷商后裔孔丘,是一位将兴的达者或圣人;这种传说当然与臧孙纥的预言无关，但看孟僖子的口气，好像民间已有把那个三十多岁的孔丘认做符合某种悬记的话，所以他想到那位不容于鲁国的圣人臧孙纥的悬记，说："今其将在孔丘乎？"这就是说：这个预言要应在孔丘身上了。这就是说：民间已传说这个孔丘是一位将兴的达者了。臧孙纥也有过这样的话，现在要应验了。

所以我们可以假定，在那多数的东方殷民族之中，早已有一个"将有达者"的大预言。在这个预言的流行空气里，鲁国"圣人"臧孙纥也就有一种"圣人之后必有达者"的预言。我们可以猜想那个民间预言的形式大概是说："殷商亡国后五百年，有个大圣人出来。"我们试读《孟子》，就可以知道"五百年"不是我的瞎说。孟子在他离开齐国最不得意的时候，对他的弟子充虞说：

> 五百年必有王者兴，其间必有名世者。由周而来七百有余岁矣。以其数则过矣；以其时考之则可矣。夫天未欲平治天下也。如欲平治天下，当今之世，舍我其谁也？（《公孙丑》下）

在这一段话里，我们可以看出"五百年必有王者兴"乃是古来一句流行的预言，所以孟子很诧异这个"五百年"的预言何以至今还不灵验。但他始终深信这句五百年的悬记。所以《孟子》最后一章又说：

> 由尧舜至于汤，五百有余岁。……由汤至于文王，五百有余岁。……由文王至于孔子，五百有余岁。……由孔子而来。至于今，百有余岁。去圣人之世若此其未远也，近圣人之居若此其甚也，然而无有乎尔，则亦无有乎尔！（《尽心下》）

这样的低徊追忆不是偶然的事，乃是一个伟大的民族传说几百年流行的结果。

孔子生于鲁襄公二十二年（前五五一），上距殷武庚的灭亡，已有五百多年。大概这个"五百年必有王者兴"的预言由来已久，所以宋襄公（泓之战在前六三八）正当殷亡后的第五世纪，他那复兴殷商的野心也正是那个预言之下的产儿。到了孔子出世的时代，那预言的五百年之期已过了几十年，殷民族的渴望正在最高度。这时期，忽然殷宋公孙的一个嫡系里出来了一个聪明睿知的少年，起于贫贱的环境里，而贫贱压不住他；生于"野合"的父母，甚至于他少年时还不知道其父的坟墓，然而他的多才多艺，使他居然战胜了一个当然很不好受的少年处境，使人们居然忘了他的出身，使他的乡人异口同声的赞叹他：

大哉孔子！博学而无所成名！

这样一个人，正因为他的出身特别微贱，所以人们特别惊异他的天才与学力之高，特别追想到他的先世遗泽的长久而伟大。所以当他少年时代，他已是民间人望所归了；民间已隐隐的，纷纷的传说："五百年必有圣者兴，今其将在孔丘乎！"甚至于鲁国的贵族权臣也在前后议论道："圣人之后，必有达者，今其将在孔丘乎！"

我们可以说，孔子壮年时，已被一般人认作那个应运而生的圣人了。这个假设可以解决《论语》里许多费解的谈话。如云：

子曰：天生德于予，桓魋其如予何？

如云：

子畏于匡，曰：文王既没，文不在兹乎？天之将丧斯文也，后死者不得与于斯文也。天之未丧斯文也，匡人其如予何？

如云：

子曰：凤鸟不至，河不出图，吾已矣夫！

这三段说话，我们平时都感觉难懂。但若如上文所说，孔子壮年以后在一般民众心目中已成了一个五百年应运而兴的圣人，这些话就都不难懂了。因为古来久有那个五百年必有圣者兴的悬记，因为孔子生当殷亡之后五百余年,因为他出于一个殷宋正考父的嫡系,因为他那出类拔萃的天才与学力早年就得民众的崇敬,就被人期许为那将兴的达者,——因为这些原故,孔子自己也就不能避免一种自许自任的心理。他是不满意于眼前社会政治的现状的:

斗筲之人,何足算也!

他是很有自信力的:

苟有用我者,期月而已可也,三年有成。

他对于整个的人类是有无限同情心的:

鸟兽不可与同群,吾非斯人之徒与,而谁与?天下有道,丘不与易也。

所以他也不能不高自期许,把那五百年的担子自己挑起来。他有了这样大的自信心,他觉得一切阻力都是不足畏惧的了:“桓魋其如予何!”“匡人其如予何!”“公伯寮其如命何!”他虽不能上应殷商民族歌颂里那个“肇域彼四海”的“武王”,难道不能做一个中兴文化的“文王”吗!

凤鸟与河图的失望,更可以证明那个古来悬记的存在。那个“五百年必有王者兴”的传说当然不会是那样干净简单的,当然还带着许多幼稚的民族神话。“天命玄鸟,降而生商”,正是他的祖宗的“感生帝”的传说。凤鸟之至,河之出图,麒麟之来,大概都是那个五百年应运圣人的预言的一部分。民众当然深信这些;孔子虽然“不语怪力乱神”,但他也不能完全脱离一个时代的民族信仰。他到了晚年,也就不免有时起这样的怀疑:

凤鸟不至,河不出图,吾已矣夫!

“《春秋》绝笔于获麟”,这个传说,也应该作同样的解释。《公羊传》说:

有以告者曰:“有麕而角者。”孔子曰:“孰为来哉!孰为

> 来哉！”反袂拭面，涕沾袍。颜渊死，子曰：“噫，天丧予！”子路死，子曰：“噫，天祝予！”西狩获麟，孔子曰：“吾道穷矣！”

《史记》节取《左传》与《公羊传》，作这样的记载：

> 鲁哀公十四年春，狩大野，叔孙氏车子钼商获兽，以为不祥。仲尼视之，曰：“麟也。”取之。曰：“河不出图，洛不出书，吾已矣夫！”颜渊死，孔子曰：“天丧予！”及西狩见麟，曰：“吾道穷矣！”

孔子的谈话里时时显出他确有点相信他是受命于天的。“天生德于予”，“天之未丧斯文也”，“天丧予”，“下学而上达，知我者其天乎”！此等地方，若依宋儒“天即理也”的说法，无论如何讲不通。若用民俗学的常识来看此等话语，一切就都好懂了。《檀弓》记孔子将死的一段，也应该如此看法：

> 孔子蚤作，负手曳杖，消摇于门，歌曰：
>
> 泰山其颓乎？
>
> 梁木其坏乎？
>
> 哲人其萎乎？
>
> 既歌而入，当户而坐。子贡闻之，曰：“泰山其颓，则吾将安仰？梁木其坏，哲人其萎，则吾将安放？夫子殆将病也。”遂趋而入。夫子曰：“赐，尔来何迟也！夏后氏殡于东阶之上，则犹在阼也。殷人殡于两楹之间，则与宾主夹之也。周人殡于西阶之上，则犹宾之也。而丘也，殷人也。予畴昔之夜，梦坐奠于两楹之间。夫明王不兴，而天下其孰能宗予，予殆将死也。”盖寝疾七日而殁。

看他将死之前，明知道那“天下宗予”的梦想已不能实现了，他还自比于泰山梁木。在那“明王不兴，天下其孰能宗予”的慨叹里，我们还可以听见那“五百年必有王者兴”的古代悬记的尾声，还可以听见一位自信为应运而生的圣者的最后绝望的叹声。同时,在这一段话里,我们也可以看见他的同时人,他的弟子,和后世的人对他的敬仰的一个来源。《论语》记那个仪封人说:

二三子可患于丧(丧是失位,是不得意)乎?天下之无道也久矣。天将以夫子为木铎。

《论语》又记一件很可玩味的故事:

南宫适问于孔子曰:"羿善射,奡荡舟,俱不得其死焉。禹稷躬稼,而有天下。"孔子不答。南宫适出,子曰:"君子哉若人!尚德哉若人!"

南宫适是孟僖子的儿子,是孔子的侄女婿。他问这话,隐隐的表示他对于某方面的一种想望。孔子虽不便答他,却很明白他的意思了。再看《论语》记子贡替孔子辩护的话:

仲尼,日月也。……人虽欲自绝,其何伤于日月乎?多见其不知量也。

夫子之不可及也,犹天之不可阶而升也。夫子之得邦家者,所谓立之斯立,道之斯行,绥之斯来,动之斯和;其生也荣,其死也哀:——如之何其可及也!

这是当时的人对他的崇敬。一百多年后,孟子追述宰我、子贡、有若赞颂孔子的话,宰我说:

以予观于夫子,贤于尧舜远矣!

子贡说:

见其礼而知其政,闻其乐而知其德,由百世之后,等百世之王,莫之能违也。自生民以来,未有夫子也。

有若说:

岂惟民哉?麒麟之于走兽,凤皇之于飞鸟,太山之于丘垤,河海之于行潦,类也。圣人之于民,亦类也。出于其类,拔乎其萃,自生民以来,未有盛于夫子也。

孟子自己也说:

自生民以来,未有孔子也。

后来所谓“素王”之说,在这些话里都可以寻出一些渊源线索。孔子自己也曾说过:

文王既没,文不在兹乎?

这就是一个无冠帝王的气象。他自己担负起文王以来五百年的中兴重担子来了,他的弟子也期望他像“禹稷耕稼而有天下”,说他“贤于尧舜远矣”,说他为生民以来所未有,这当然是一个“素王”了。

孔子是一个热心想做一番功业的人,本来不甘心做一个“素王”的。我们看他议论管仲的话:

管仲相桓公,霸诸侯,一匡天下,民到于今受其赐。微管仲,吾其被发左衽矣。岂若匹夫匹妇之为谅也,自经于沟渎而莫之知也?

这一段话最可以表示孔子的救世热肠,也最可以解释他一生栖栖皇皇奔走四方的行为。《檀弓》记他的弟子有若的观察:

昔者夫子失鲁司寇,将之荆,盖先之以子夏,又申之以冉有。以斯知不欲速贫也。

《论语》里有许多同样的记载:

子欲居九夷。或曰:“陋,如之何?”子曰:“君子居之,何陋之有?”

子曰:“道不行,乘桴浮于海,从我者其由欤?”

《论语》里记着两件事,曾引起最多的误解。一件是公山弗扰召孔子的事:

公山弗扰以费叛,召,子欲往。子路不说,曰:“末之也已，何必公山氏之之也？”子曰：“夫召我者，而岂徒哉？如有用我者，吾其为东周乎？”

一件是佛肸召孔子的事：

佛肸召，子欲往。子路曰：“昔者由也闻诸夫子曰：‘亲于其身为不善者，君子不入也。’佛肸以中牟畔，（佛肸是晋国赵简子的中牟邑宰，据中牟以叛）子之往也，如之何？”子曰：“然，有是言也。不曰坚乎，磨而不磷？不曰白乎，涅而不缁？吾岂匏瓜也哉？焉能系而不食？”

后世儒者用后世的眼光来评量这两件事，总觉得孔子决不会这样看重两个反叛的家臣，决不会这样热中。疑此两事的人，如崔述，（《洙泗考信录》卷二）根本不信此种记载为《论语》所有的；那些不敢怀疑《论语》的人，如孔颖达，（《论语正义》十七）如程颐、张栻，（引见朱熹《论语集注》九）都只能委曲解说孔子的动机。其实孔子的动机不过是赞成一个也许可以尝试有为的机会。从事业上看，“吾其为东周乎”？这就是说，也许我可以造成一个“东方的周帝国”哩。从个人的感慨上说，“吾岂匏瓜也哉？焉能系而不食”？这就是说，我是想做事的，我不能像那串葫芦，挂在那儿摆样子，可是不中吃的。这都是很近情理的感想，用不着什么解释的。（王安石有《中牟》诗：“颓城百雉拥高秋。驱马临风想圣丘。此道门人多未悟，尔来千载判悠悠”）

他到了晚年，也有时感慨他的壮志的消磨。最动人的是他的自述：

甚矣吾衰也！久矣吾不复梦见周公！

这寥寥两句话里，我们可以听见一个“烈士暮年，壮心未已”的长叹。周公是周帝国的一个最伟大的创始者，东方的征服可说全是周公的大功。孔子想造成的“东周”，不是那平王以后的“东周”

（这个“东周”乃是史家所用名称，当时无用此名的），乃是周公平定四国后造成的东方周帝国。但这个伟大的梦终没有实现的机会，孔子临死时还说：

夫明王不兴，而天下其孰能宗予，予殆将死也？

不做周公而仅仅做一个“素王”，是孔子自己不能认为满意的。但“五百年必有王者兴”的悬记终于这样不满意的应在他的身上了。

犹太民族亡国后的预言，也曾期望一个民族英雄出来，“做万民的君王和司令”（《以赛亚书》五五章，四节），“使雅各众复兴，使以色列之中得保全的人民能归回，——这还是小事，——还要作外邦人的光，推行我（耶和华）的救恩，直到地的尽头。”（同书，四九章，六节）但到了后来，大卫的子孙里出了一个耶稣，他的聪明仁爱得了民众的推戴，民众认他是古代先知预言的“弥赛亚”，称他为“犹太人的王”。后来他被拘捕了，罗马帝国的兵“给他脱了衣服，穿上一件朱红色袍子，用荆棘编作冠冕，戴在他头上，拿一根苇子放在他右手里；他们跪在他面前，戏弄他说：‘恭喜犹太人的王啊！’”戏弄过了，他们带他出去，把他钉死在十字架上。犹太人的王“使雅各众复兴，使以色列归回”的梦想，就这样吹散了。但那个钉死在十字架上的殉道者，死了又“复活”了：“好像一粒芥菜子，这原是种子里最小的，等到长起来，却比各样菜都大，且成了一株树，天上的飞鸟来宿在他的枝上”：他真成了“外邦人的光，直到地的尽头”。

孔子的故事也很像这样的。殷商民族亡国以后，也会期望“武丁孙子”里有一个无所不胜的“武王”起来，“大糦是承”，“肇域彼四海”。后来这个希望渐渐形成了一个“五百年必有王者兴”的悬记，引起了宋襄公复兴殷商的野心。这一次民族复兴的运动失败之后，那个伟大的民族仍旧把他们的希望继续寄托在一个将兴的圣王身上。果然,亡国后的第六世纪里,起来了一个伟大的"学而不厌,诲人不倦"的圣人。这一个伟大的人,不久就得着了许多人的崇敬,他们认他是他们所期待的圣人;就是和他不同族的鲁国统治阶级里,也有人承认那个圣人将兴的预言要应在这个人身上。和他接近的人,仰望他如同仰望日月一样;相信他若得着机会,他一定能"立之斯立,道之斯行,绥之斯来,动之斯和"。他自己也明白人们对他的期望,也以泰山梁木自待,自信"天生德于予",自许要作文王、周公的功业。到他临死时,他还做梦"坐奠于两楹之间"。他抱着"天下其孰能宗予"的遗憾死了,但他死了也"复活"了:"人能弘道,非道弘人",他打破了殷周文化的藩篱,打通了殷周民族的畛域,把那含有部落性的"儒"抬高了,放大了,重新建立在六百年殷周民族共同生活的新基础之上:他做了那中兴的"儒"的不祧的宗主;他也成了"外邦人的光","声名洋溢乎中国,施及蛮貊,舟车所至,人力所通,……凡有血气者莫不尊亲"。

五

孔子所以能中兴那五六百年来受人轻视的"儒",是因为他认清了那六百年殷周民族杂居,文化逐渐混合的趋势,他知道那个富有部落性的殷遗民的"儒"是无法能拒绝那六百年来统治中国的周文化的了,所以他大胆的冲破那民族的界限,大胆的宣言:"吾从周!"他说:

> 夏礼,吾能言之,杞不足征也。殷礼,吾能言之,宋不足征也。文献不足故也。足,则吾能征之矣。

这就是说,夏殷两个故国的文化虽然都还有部分的保存,——例如《士丧礼》里的夏祝商祝,——然而民族杂居太长久了,后起的统治势力的文化渐渐湮没了亡国民族的老文化，甚至于连那两个老文化的政治中心，杞与宋，都不能继续保存他们的文献了。杞国的史料现在已无可考。就拿宋国来看，宋国在那姬周诸国包围之中，早就显出被周文化同化的倾向来了。最明显的例子是谥法的采用。殷人无谥法，《檀弓》说：

幼名，冠字，五十以伯仲，死谥，周道也。

今考《宋世家》，微子启传其弟微仲，微仲传子稽，稽传丁公申，丁公申传湣公共，共传弟炀公熙，湣公子鲋弑炀公而自立，是为厉公。这样看来，微子之后，到第四代已用周道，死后称谥了。——举此一端，可见同化的速度。在五六百年中，文献的丧失，大概是由于同化久了，虽有那些保存古服古礼的"儒"，也只能做到一点抱残守缺的工夫，而不能挽救那自然的趋势。可是那西周民族却在那五六百年中充分吸收东方古国的文化；西周王室虽然渐渐不振了，那些新建立的国家，如在殷商旧地的齐鲁卫郑，如在夏后氏旧地的晋，都继续发展，成为几个很重要的文化中心。所谓"周礼"，其实是这五六百年中造成的殷周混合文化。旧文化里灌入了新民族的新血液，旧基础上筑起了新国家的新制度，很自然的呈现出一种"粲然大备"的气象。《檀弓》有两段最可玩味的记载：

有虞氏瓦棺，夏后氏堲周，殷人棺椁，周人墙置翣。周人以殷人之棺椁葬长殇，以夏后氏之堲周葬中殇下殇，以有虞氏之瓦棺葬无服之殇。

仲宪言于曾子曰："夏后氏用明器，……殷人用祭器，……周人兼用之。……"

这都是最自然的现象。我们今日看北方的出殡，其中有披麻带孝的孝子，有和尚，有道士，有喇嘛，有军乐队，有纸扎的汽车马车，和《檀弓》记的同时有四种葬法，是一样的文化混合。孔子是个有历史眼光的人，他认清了那个所谓“周礼”并不是西周人带来的，乃是几千年的古文化逐渐积聚演变的总成绩，这里面含有绝大的因袭夏殷古文化的成分。他说：

殷因于夏礼，所损益，可知也。周因于殷礼，所损益，可知也。

这是很透辟的“历史的看法”。有了这种历史见解，孔子自然能看破，并且敢放弃那传统的“儒”的保守主义。所以他大胆地说：

周监于二代，郁郁乎文哉！吾从周。

在这句“吾从周”的口号之下，孔子扩大了旧“儒”的范围，把那个做殷民族的祝人的“儒”变做全国人的师儒了。“儒”的中兴，其实是“儒”的放大。

孔子所谓“从周”，我在上文说过，其实是接受那个因袭夏殷文化而演变出来的现代文化。所以孔子的“从周”不是绝对的，只是选择的，只是“择其善者而从之，其不善者而改之”。《论语》里说：

颜渊问为邦，子曰：“行夏之时，乘殷之辂，服周之冕。乐则韶舞。放郑声，远佞人；郑声淫，佞人殆。

这是很明显的折衷主义。《论语》又记孔子说：

麻冕，礼也；今也纯。俭，吾从众。拜下，礼也；今拜乎上，泰也。虽违众，吾从下。

这里的选择去取的标准更明显了。《檀弓》里也有同类的记载：

孔子曰：“拜而后稽颡，颓乎其顺也。（郑注，此殷之丧拜也）稽颡而后拜，颀乎其至也。（郑注，此周之丧拜也）三年之丧，吾从其至者。”

殷既封而吊，周反哭而吊。孔子曰，“殷已悫，吾从周。”

殷练而祔，周卒哭而祔。孔子善殷。

这都是选择折衷的态度。《檀弓》又记：

> 孔子之丧，公西赤为志焉：饰棺墙，置翣，设披，周也。设崇，殷也。绸练设旐，夏也。

> 子张之丧，公明仪为志焉：褚幕丹质，蚁结于四隅，殷士也。

这两家的送葬的礼式不同，更可以使我们明了孔子和殷儒的关系。子张是"殷士"，所以他的送葬完全沿用殷礼。孔子虽然也是殷人，但他的教义早已超过那保守的殷儒的遗风了，早已明白宣示他的"从周"的态度了，早已表示他的选择三代礼文的立场了，所以他的送葬也含有这个调和三代文化的象征意义。

孔子的伟大贡献正在这种博大的"择善"的新精神。他是没有那狭义的畛域观念的。他说：

> 君子周而不比。

又说：

> 君子群而不党。

他的眼光注射在那整个的人群，所以他说：

> 君子之于天下也，无适也，无莫也，义之与比。

他认定了教育可以打破一切阶级与界限，所以曾有这样最大胆的宣言：

> 有教无类。

这四个字在今日好像很平常；但在二千五百年前，这样平等的教育观必定是很震动社会的一个革命学说。因为"有教无类"，所以孔子说："自行束脩以上，吾未尝无诲焉"；所以他的门下有鲁国的公孙，有货殖的商人，有极贫的原宪，有在缧绁之中的公冶长。因为孔子深信教育可以摧破一切阶级的畛域，所以他终身"为之不厌，诲人不倦"。

孔子时时提出一个“仁”字的理想境界。“仁者人也”，这是最妥贴的古训。“井有仁焉”就是“井有人焉”。“仁”就是那用整个人类为对象的教义。最浅的说法是

樊迟问仁：子曰，“爱人。”

进一步的说法，“仁”就是要尽人道，做到一个理想的人样子，这个理想的人样子也有浅深不同的说法：

樊迟问仁，子曰：“居处恭，执事敬，与人忠：虽之夷狄，不可弃也。”

这是最低限度的说法了。此外还有许多种说法：

樊迟问仁，子曰：“仁者先难而后获，可谓仁矣。”（比较孔子在别处对樊迟说的“先事后得”）

司马牛问仁，子曰：“仁者其言也讱。为之难，言之得无讱乎？”

颜渊问仁，子曰：“克己复礼为仁。”

仲弓问仁，子曰：“出门如见大宾，使民如承大祭。己所不欲，勿施于人。在邦无怨，在家无怨。”

其实这都是“居处恭，执事敬，与人忠”引伸的意义。仁就是做人。用那理想境界的人做人生的目标，这就是孔子的最博大又最平实的教义。我们看他的大弟子曾参说的话：

士不可以不弘毅：任重而道远。仁以为己任，不亦重乎？死而后已，不亦远乎？

“仁以为己任”，就是把整个人类看作自己的责任。耶稣在山上，看见民众纷纷到来，他很感动，说道：“收成是好的，可惜做工的人太少了。”曾子说的“任重而道远”，正是同样的感慨。

从一个亡国民族的教士阶级，变到调和三代文化的师儒；用“吾从周”的博大精神，担起了“仁以为己任”的绝大使命，——这

是孔子的新儒教。

“儒”本来是亡国遗民的宗教,所以富有亡国遗民的柔顺以取容的人生观,所以“儒”的古训为柔懦。到了孔子,他对自己有绝大信心,对他领导的文化教育运动也有绝大信心,他又认清了那六百年殷周民族同化的历史实在是东部古文化同化了西周新民族的历史,——西周民族的新建设也都建立在那“周因于殷礼”的基础之上——所以他自己没有那种亡国遗民的柔逊取容的心理。“士不可以不弘毅:任重而道远”,这是这个新运动的新精神,不是那个“一命而偻,再命而伛,三命而俯”的柔道所能包涵的了。孔子说:

志士仁人,无求生以害仁,有杀身以成仁。

他的弟子子贡问他:伯夷,叔齐饿死在首阳山下,怨不怨呢? 孔子答道:

求仁而得仁,又何怨?

这都不是柔道的人生哲学了。这里所谓“仁”,无疑的,这是做人之道。孟子引孔子的话道:

志士不忘在沟壑,勇士不忘丧其元。

我颇疑心孔子受了那几百年来封建社会中的武士风气的影响,所以他把那柔懦的儒和杀身成仁的武士合并在一块,造成了一种新的“儒行”。《论语》说:

子路问成人,子曰:“若臧武仲之知,公绰之不欲。卞庄子之勇,冉求之艺,文之以礼乐,亦可以为成人矣。”曰:“今之成人者何必然。见利思义,见危授命,久要不忘平生之言,亦可以为成人矣。”

“成人”就是“成仁”,就是“仁”。综合当时社会上的理想人物的各种美德,合成一个理想的人格,这就是“君子儒”,这就是“仁”。

但他又让一步，说“今之成人者”的最低标准，这个最低标准正是当时的“武士道”的信条。他的弟子子张也说：

士见危致命，见得思义，祭思敬，丧思哀，其可已矣。

曾子说：

可以托六尺之孤，可以寄百里之命，临大节而不可夺也。君子人欤？君子人也。

这就是“见危致命”的武士道的君子。子张又说：

执德不弘，信道不笃，焉能为有？焉能为亡？

子张是“殷士”，而他的见解已是如此，可见孔子的新教义已能改变那传统的儒，形成一种弘毅的新儒了。孔子曾说：

刚毅木讷近仁。

又说：

巧言令色，鲜矣仁。

他提倡的新儒行只是那刚毅勇敢，担负得起天下重任的人格。所以说：

仁者己欲立而立人，己欲达而达人。

又说：

君子……修己以敬，……修己以安人，……修己以安百姓。

这是一个新的理想境界，绝不是那治丧相礼以为衣食之端的柔懦的儒的境界了。

孔子自己的人格就是这种弘毅的人格。《论语》说：

子曰：“君子道者三，我无能焉：仁者不忧，知者不惑，勇者不惧。”子贡曰：“夫子自道也。”

子曰：“不怨天，不尤人，下学而上达。知我者其天乎！”

叶公问孔子于子路，子路不对。子曰：“汝奚不曰，‘其为人也，发愤忘食，乐以忘忧，不知老之将至云尔？'"

《论语》又记着一条有风趣的故事：

子路宿于石门，晨门曰："奚自？"子路曰："自孔氏。"曰："是知其不可而为之者欤？"

这是当时人对于孔子的观察。"知其不可而为之"，是孔子的新精神。这是古来柔道的儒所不曾梦见的新境界。

但柔道的人生观，在孔门也不是完全没有相当地位的。曾子说：

以能问于不能，以多问于寡；有若无，实若虚；犯而不校：昔者吾友尝从事于斯矣。

这一段的描写，原文只说"吾友"，东汉的马融硬说"友谓颜渊"，从此以后，注家也都说是颜渊了（现在竟有人说道家出于颜回了）。其实"吾友"只是我的朋友，或我的朋友们，二千五百年后人只可以"阙疑"，不必费心去猜测。如果这些话可以指颜渊，那么，我们也可以证明这些话是说孔子。《论语》不说过吗？

子入太庙，每事问。或曰："孰谓鄹人之子知礼乎？入太庙，每事问！"子闻之曰："是礼也。"

这不是有意的"以能问于不能，以多问于寡"吗？这不是"有若无，实若虚"吗？

子曰："吾有知乎哉？无知也。有鄙夫问于我，空空如也。我叩其两端而竭焉。"

这不是"以能问于不能，以多问于寡；有若无，实若虚"吗？《论语》又记孔子赞叹"伯夷，叔齐不念旧恶，怨是用希"，这不是"犯而不校"吗？为什么我们不可以说"吾友"是指孔子呢？为什么我们不可以说"吾友"只是泛指曾子"昔者"接近的某些师友呢？为什么我们不可以说这是孔门某一个时期（"昔者"）所"尝从事"的学风呢?

大概这种谦卑的态度,虚心的气象,柔逊的处世方法,本来是几百年来的儒者遗风,孔子本来不曾抹煞这一套,他不过不承认这一套是最后的境界,也不觉得这是唯一的境界罢了(曾子的这一段话的下面,即是"可以托六尺之孤"一段;再下面,就是"士不可以不弘毅"一段。这三段话,写出三种境界,最可供我们作比较)。在那个标举"成人""成仁"为理想境界的新学风里,柔逊谦卑不过是其一端而已。孔子说得好:

> 恭而无礼则劳,慎而无礼则葸,勇而无礼则乱,直而无礼则绞。

恭与慎都是柔道的美德,——孟僖子称正考父的鼎铭为"共,(恭)"——可是过当的恭慎就不是"成人"的气象了。《乡党》一篇写孔子的行为何等恭慎谦卑!《乡党》开端就说:

> 孔子于乡党,恂恂如也,似不能言者。其在宗庙朝廷,便便言,唯谨尔(郑注:便便,辩也)。

《论语》里记他和当时的国君权臣的问答,语气总是最恭慎的,道理总是守正不阿的。最好的例子是鲁定公问一言可以兴邦的两段:

> 定公问:"一言而可以兴邦,有诸?"
>
> 孔子对曰:"言不可以若是其几也。人之言曰:'为君难,为臣不易。'如知为君之难也,不几乎一言而兴邦乎?"
>
> 曰:"一言而丧邦,有诸?"
>
> 孔子对曰:"言不可以若是其几也。人之言曰:'予无乐乎为君,唯其言而莫予违也。'如其善而莫之违也,不亦善乎?如不善而莫之违也,不几乎一言而丧邦乎?"

他用这样婉转的辞令,对他的国君发表这样独立的见解,这最可以代表孔子的“温而厉”,“与人恭而有礼”的人格。

《中庸》虽是晚出的书,其中有子路问强一节,可以用来做参考资料:

子路问强。子曰:“南方之强欤?北方之强欤?抑而强欤?”

“宽柔以教,不报无道,南方之强也。君子居之。”

“衽金革,死而不厌,北方之强也。而强者居之。”

“故君子和而不流,强哉矫。中立而不倚,强哉矫。国有道,不变塞焉,强哉矫。国无道,至死不变,强哉矫。”

这里说的话,无论是不是孔子的话,至少可以表示孔门学者认清了当时有两种不同的人生观,又可以表示他们并不菲薄那“宽柔以教,不报无道”(即是“犯而不校”)的柔道。他们看准了这种柔道也正是一种“强”道。当时所谓“南人”,与后世所谓“南人”不同。春秋时代的楚与吴,虽然更南了,但他们在北方人的眼里还都是“南蛮”,够不上那柔道的文化。古代人所谓“南人”似乎都是指大河以南的宋国鲁国,其人多是殷商遗民,传染了儒柔的风气,文化高了,世故也深了,所以有这种宽柔的“不报无道”的教义。

这种柔道本来也是一种“强”,正如《周易·彖传》说的“谦尊而光,卑而不可逾”。一个人自信甚坚强,自然可以不计较外来的侮辱;或者他有很强的宗教信心,深信“鬼神害盈而福谦”,他也可以不计较偶然的横暴。谦卑柔逊之中含有一种坚忍的信心,所以可说是一种君子之强。但他也有流弊。过度的柔逊恭顺,就成了懦弱者的百依百顺,没有独立的是非好恶之心了。这种人就成了孔子最痛恨的“乡原”;“原”是谨愿,乡愿是一乡都称为谨愿好人的人。《论语》说:

子曰:“乡原,德之贼也。”

《孟子》末篇对这个意思有很详细的说明：

孟子曰："……孔子曰：'过我门而不入我室，我不憾焉者，其惟乡原乎？乡原，德之贼也。'"

万章曰："何如斯可谓之乡原矣？"

曰："何以是嘐嘐也！言不顾行，行不顾言，则曰：'古之人！古之人！行何为踽踽凉凉？生斯世也，为斯世也，善斯可矣。'阉然媚于世也者，是乡原也。"

万章曰："一乡皆称原人焉，无所往而不为原人，孔子以为德之贼，何哉？"

曰："非之，无举也；刺之，无刺也。同乎流俗，合乎污世。居之似忠信，行之似廉洁。众皆悦之，自以为是，而不可与入尧舜之道。故曰德之贼也。孔子曰：'恶似而非者。恶莠，恐其乱苗也。恶佞，恐其乱义也。恶利口，恐其乱信也。恶郑声，恐其乱乐也。恶紫，恐其乱朱也。恶乡原，恐其乱德也。'"

这样的人的大病在于只能柔而不能刚；只能"同乎流俗，合乎污世"，"阉然媚于世"，而不能有踽踽凉凉的特立独行。

孔子从柔道的儒风里出来，要人"柔而能刚"，"恭而有礼"。他说：

众好之，必察焉。众恶之，必察焉。

乡原决不会有"众恶之"的情况的。凡"众好之"的人，大概是"同乎流俗，合乎污世"的人。《论语》另有一条说此意最好：

子贡问曰："乡人皆好之，何如？"

子曰："未可也。"

"乡人皆恶之，何如？"

子曰："未可也。不如乡人之善者好之，其不善者恶之。"

这就是《论语》说的“君子和而不同”;也就是《中庸》说的“君子和而不流,中立而不倚”。这才是孔子要提倡的那种弘毅的新儒行。

《礼记》里有《儒行》一篇,记孔子答鲁哀公问“儒行”的话,其著作年代已不可考,但其中说儒服是鲁宋的乡服,可知作者去古尚未远,大概是战国早期的儒家著作的一种。此篇列举“儒行”十六节,其中有一节云:

> 儒有衣冠中,动作慎;其大让如慢,小让如伪;大则如威,(畏)小则如愧;其难进而易退也,粥粥若无能也。

这还是儒柔的本色。又一节云:

> 儒有博学而不穷,笃行而不倦,……礼之以和为贵,……举贤而容众,毁方而瓦合,其宽裕有如此者。

这也还近于儒柔之义。但此外十几节,如云,

> 爱其死以有待也,养其身以有为也。
>
> 见利不亏其义,见死不更其守。其特立有如此者。
>
> 非时不见,非义不合。
>
> 见利不亏其义,见死不更其守。其特立有如此者。
>
> 儒有可亲而不可劫也,可近而不可迫也,可杀而不可辱也。其过失可微辩而不可面数也。其刚毅有如此者。
>
> 身可危也,而志不可夺也。虽危,起居竟信(伸)其志,犹将不忘百姓之病也。其忧思有如此者。
>
> 患难相死也,久相待也,远相致也。
>
> 儒有澡身而浴德,陈言而伏。……世治不轻,世乱不沮。同弗与,异弗非也。其特立独行有如此者。
>
> 儒有上不臣天子,下不事诸侯,慎静而尚宽,强毅以与人,……砥厉廉隅。虽分国,如锱铢。……其规为有如此者。

这就都是超过那柔顺的儒风,建立那刚毅威严,特立独行的新儒行

了。

以上述孔子改造的新儒行:他把那有部落性的殷儒扩大到那“仁以为己任”的新儒;他把那亡国遗民的柔顺取容的殷儒抬高到那弘毅进取的新儒。这真是“振衰而起懦”的大事业。

六

我们现在可以谈谈“儒”与“道”的历史关系了。同时也可以谈谈孔子与老子的历史关系了。

“道家”一个名词不见于先秦古书中,在《史记》的《陈平世家》、《封禅书》、《太史公自序》里,我们第一次见着“道家”一个名词。司马谈父子所谓“道家”,乃是一个“因阴阳之大顺,采儒墨之善,撮名法之要”的混合学派。因为是个混合折衷的学派,他的起源当然最晚,约在战国的最后期与秦汉之间。这是毫无可疑的历史事实。(我别有论“道家”的专文)

最可注意的是秦以前论学术派别的,没有一个人提到那个与儒墨对立的“道家”。孟子在战国后期论当时的学派,只说“逃墨必归于杨,逃杨必归于儒”。韩非死在秦始皇时,他也只说“世之显学,儒墨也”。

那么,儒墨两家之外,那极端倾向个人主义的杨朱可以算是自成一派,其余的许多思想家,——老子、庄周、慎到、田骈、驺衍等,——都如何分类呢?

依我的看法,这些思想家都应该归在儒墨两大系之下。

宋牼、尹文、惠施、公孙龙一些人都应该归于“墨者”一个大系之下。宋牼(宋钘)、尹文主张“见侮不辱,救民之斗;禁攻寝兵,救世之战”,他们正是墨教的信徒,这是显而易见的。惠施主张“泛爱万物”,又主张齐梁两国相推为王,以维持中原的和平;公孙龙到处劝各国“偃兵”,这也是墨教的遗风。至于他们的名学和墨家的名学也有明显的渊源关系,那更是容易看出的。

其余的许多思想家,无论是齐鲁儒生,或是燕齐方士,在先秦时代总称为“儒”,都属于“儒者”的一大系。所以齐宣王招致稷下先生无数,而《盐铁论》泛称为“诸儒”;所以秦始皇坑杀术士,而世人说他“坑儒”。《庄子·说剑》篇(伪书)也有庄子儒服而见赵王的传说。

老子也是儒。儒的本义为柔,而《老子》书中的教义正是一种“宽柔以教,不报无道”的柔道。“弱之胜强,柔之胜刚,天下莫不知,莫能行。”“上善若水,水利万物而不争。”“夫唯不争,故天下莫与之争。”“报怨以德。”“强梁者不得其死。”“曲则全,枉则直,洼则盈。”……这都是最极端的“犯而不校”的人生观。如果“儒,柔也”的古训是有历史意义的,那么,老子的教义正代表儒的古义。

我们试回想到前八世纪的正考父的鼎铭,回想到《周易》里《谦》、《损》、《坎》、《巽》等等教人柔逊的卦爻词,回想到曾子说的“昔者吾友尝从事”的“犯而不校”,回想到《论语》里讨论的“以德报怨”的问题,——我们不能不承认这种柔逊谦卑的人生观正是古来的正宗儒行。孔子早年也从这个正宗儒学里淘炼出来,所以曾子说:

以能问于不能,以多问于寡;有若无,实若虚;犯而不校:昔者吾友尝从事于斯矣。

后来孔子渐渐超过了这个正统遗风,建立了那刚毅弘大的新儒行,就自成一种新气象。《论语》说:

或曰:“以德报怨,何如?”

子曰:“何以报德?——以直报怨;以德报德。”

这里"或人"提出的论点，也许就是老子的"报怨以德"，也许只是那个柔道遗风里的一句古训。这种柔道，比"不报无道"更进一层，自有大过人处，自有最能感人的魔力，因为这种人生观的基础是一种大过人的宗教信心，——深信一个"无为而无不为"，"不争而善胜"的天道。但孔子已跳过了这种"过情"的境界，知道这种违反人情的极端教义是不足为训的，所以他极力回到那平实中庸的新教义："以直报怨，以德报德。"

这种讨论可以证明孔子之时确有那种过情的柔道人生观。信《老子》之书者，可以认为当时已有《老子》之书或老子教的证据。即有尚怀疑《老子》之书者，他们若平心想想，也决不能否认当时实有"犯而不校"的柔道，又实有"以德报怨"的更透进一层的柔道。如果连这种重要证据都要抹煞，硬说今本《老子》里的柔道哲学乃是战国末年世故已深时宋钘、尹文的思想的余波，那种人的固执是可以惊异的，他们的理解是不足取法的。

还有那个孔子问礼于老聃的传说，向来怀疑的人都学韩愈的看法，说这是老子一派的人要自尊其学，所以捏造"孔子，吾师之弟子也"的传说。（姚际恒《礼记通论》论《曾子问》一篇，说："此为老庄之徒所作无疑"）现在依我们的新看法，这个古传说正可以证明老子是个"老儒"，是一个殷商老派的儒。

关于孔子见老子的传说，约有几组材料的来源：

(1)《礼记》的《曾子问》篇，孔子述老聃丧礼四事。

(2)《史记·孔子世家》记南宫敬叔与孔子适周问礼，"盖见老子云"一段。

(3)《史记·老庄申韩列传》，"孔子适周，将问礼于老子，老子曰……"一段。

(4)《庄子》中所记各段。

我们若依这个次序比较这四组的材料，可以看见一个最可玩味的现象，就是老子的人格的骤变，从一个最拘谨的丧礼大师，变到一个最恣肆无礼的出世仙人。最可注意的是《史记》两记此事，在《孔子世家》里老子还是一个很谦恭的柔道学者，而在《老子列传》里他就变做一个盛气拒人的狂士了。这个现象，其实不难说明。老子的人格变化只代表各时期的人对于老子的看法不同。作《曾子问》的人绝对不曾梦见几百年后的人会把老聃变成一个谩骂无礼的狂士，所以他只简单的记了老聃对于丧礼的几条意见。这个看法当然是最早的；因为，如果《曾子问》真是后世"老庄之徒所作"，请问，这班"老庄之徒"为什么要把老子写成这样一个拘谨的丧礼专门大师呢？若如姚际恒所说，《曾子问》全书是"老庄之徒所作无疑"，那么，这班"老庄之徒"捏造了这五十条丧礼节目的讨论，插入了四条老聃的意见，结果反把老聃变成了一个儒家丧礼的大师，这岂不是"赔了夫人又折兵"的大笨事吗？——这类的说法既说不通了，我们只能承认那作《曾子问》的人生在一个较早的时期，只知道老子是一位丧礼大师，所以他老老实实的传述了孔子称引老聃的丧礼意见。这是老孔没有分家的时代的老子。

司马迁的《孔子世家》是《史记》里最谨慎的一篇，所以这一篇记孔子和老子的关系也还和那最早的传说相去不远：

〔孔子〕适周问礼，盖见老子云。辞去，而老子送之曰："吾闻富贵者送人以财，仁人者送人以言。吾不能富贵，窃仁人之号，送子以言曰：'聪明深察而近于死者，好议人者也。博辩广大危其身者，发人之恶者也。为人子者，毋以有己。为人臣者，毋以有己。'"

这时代的人已不信老子是个古礼专家了，所以司马迁说"适周问礼，盖见老子云"，这已是很怀疑的口气了。但他在这一篇只采用了这一段临别赠言,这一段话还把老子看作一个柔道老儒,还不是更晚的传说中的老子。

到了《老庄列传》里,就大不同了!

孔子适周,将问礼于老子。老子曰:"子所言者,其人与骨皆已朽矣。独其言在耳。……"

这就是说,孔子"将"要问礼,就碰了一个大钉子,开不得口。这就近于后世传说中的老子了。

至于《庄子》《列子》书中所记孔子见老子的话,离最古的传说更远,其捏造的时代更晚,更不用说了。如果老子真是那样一个倨傲谩骂的人,而孔子却要借车借马远道去"问礼",他去碰钉子挨骂,岂非活该!

总之,我们分析孔子问礼于老子的传说,剥除了后起的粉饰,可以看出几个要点:

(1)古传说认老子为一个知礼的大师。这是问礼故事的中心,不可忽视。

(2)古传说记载老子是一位丧礼的专家。《曾子问》记孔子述他的礼论四条,其第二条最可注意:

孔子曰:昔者吾从老聃助葬于巷党,及堩,日有食之,老聃曰:"丘止柩就道右,止哭以听变,既明反而后行。"曰,"礼也"。反葬而丘问之曰:"夫柩不可以反者也。日有食之,不知其已之迟数,则岂如行哉?"老聃曰:"诸侯朝天子,见日而行,逮日而舍奠。大夫使,见日而行,逮日而舍。夫柩不蚤出,不莫宿。见星而行者,唯罪人与奔父母之丧者乎?日有食之,安知其不见星也?且君子行礼,不以人之亲痁患。"吾闻诸老聃云。

这种议论,有何必要而须造出一个老师的权威来作证?

岂非因为老聃本是一位丧礼的权威,所以有引他的必要吗?

(3)古传说里,老子是周室的一个“史”:《老子列传》说他是“周守藏室之史”,《张汤列传》说他是“柱下史”。史是宗教的官,也需要知礼的人。

(4)古传说又说他在周,成周本是殷商旧地,遗民所居(古传说又说他师事商容,——一作常枞,汪中说为一人——可见古说总把他和殷商文化连在一块,不但那柔道的人生观一项而已)。

这样看来,我们更可以明白老子是那正宗老儒的一个重要代表了。

聪明的汪中(《述学》补遗,《老子考异》)也承认《曾子问》里的老聃是“孔子之所从学者,可信也。”但他终不能解决下面的疑惑:

> 夫助葬而遇日食,然且以见星为嫌,止柩以听变,其谨于礼也如是。至其书则曰:“礼者,忠信之薄而乱之首也。”下殇之葬,称引周召史佚,其尊信前哲也如是。(此一条也见《曾子问》)。而其书则曰:“圣人不死,大盗不止。”彼此乖违甚矣。故郑注谓“古寿考者之称”,黄东发《日钞》亦疑之,而皆无以辅其说(汪中列举三疑,其他二事不关重要,今不论)。

博学的汪中误记了《庄子》伪书里的一句“圣人不死,大盗不止”,硬说是《老子》里的赃物,我们不能不替老子喊一声冤枉。《老子》书里处处抬高“圣人”作个理想境界,全书具在,可以覆勘。所以汪中举出的两项“乖违”,其一项已不能成立了。其他一项,“礼者,忠信之薄,而乱之首”,正是深知礼制的人的自然的反动,本来也没有可疑之处。博学的汪中不记得《论语》里的同样主张吗?孔子也说过:

> 人而不仁,如礼何?人而不仁,如乐何?

又说过：

礼云，礼云，玉帛云乎哉？乐云，乐云，钟鼓云乎哉？

《论语》又有两条讨论“礼之本”的话：

林放问礼之本。子曰：“大哉问。礼，与其奢也，宁俭。丧，与其易也，宁戚。”（说详上文第三章）

子夏问曰：“‘巧笑倩兮，美目盼兮，素以为绚兮’，何谓也？”子曰：“绘事后素。”曰：“礼后乎？”子曰：“启予者商也，始可与言诗已矣。”

《檀弓》述子路引孔子的话，也说：

丧礼，与其哀不足而礼有余也，不若礼不足而哀有余也。祭礼，与其敬不足而礼有余也，不若礼不足而敬有余也。

这样的话，都明明的说还有比“礼”更为根本的所在，明明的说礼是次要的，（“礼后”）正可以解释老子“礼者忠信之薄而乱之首”的一句话。老子，孔子都是深知礼意的大师，所以他们能看透过去，知道“礼之本”不在那礼文上。孔子看见季氏舞八佾，又旅于泰山，也跳起来，叹口气说：“呜呼！曾谓泰山不如林放乎！”后世的权臣，搭起禅让台来，欺人寡妇孤儿，抢人的天下，行礼已毕，点头赞叹道：“舜禹之事，吾知之矣！”其实那深知礼意的老聃、孔丘，早已看透了。《檀弓》里还记一位鲁人周丰对鲁哀公说的话：

殷人作誓而民始畔，周人作会而民始疑。苟无礼义忠信诚悫之心以莅之，虽固结之，民其不解乎？

这又是老子的话的注脚了。

总之，依我们的新看法，老子出在那个前六世纪，毫不觉得奇怪。他不过是代表那六百年来以柔道取容于世的一个正统老儒；他的职业正是殷儒相礼助葬的职业，他的教义也正是《论语》里说的“犯而不校”“以德报怨”的柔道人生观。古传说里记载着孔子曾问礼于老子,这个传说在我们看来,丝毫没有可怪可疑之点。儒家的书记载孔子“从老聃助葬于巷党”,这正是最重要的历史证据,和我们上文说的儒的历史丝毫没有矛盾冲突。孔子和老子本是一家,本无可疑。后来孔老的分家,也丝毫不足奇怪。老子代表儒的正统,而孔子早已超过了那正统的儒。老子仍旧代表那随顺取容的亡国遗民的心理,孔子早已怀抱着“天下宗予”的东周建国的大雄心了。老子的人生哲学乃是千百年的世故的结晶,其中含有绝大的宗教信心——“常有司杀者杀”,“天网恢恢,疏而不漏”——所以不是平常一般有血肉骨干的人所能完全接受的。孔子也从这种教义里出来。他的性情人格不容许他走这条极端的路,所以他渐渐回到他所谓“中庸”的路上去,要从刚毅进取的方面造成一种能负荷全人类担子的人格。这个根本上有了不同,其他教义自然都跟着大歧异了。

那个消极的柔儒要“损之又损,以至于无”;而这个积极的新儒要“学如不及,犹恐失之”,“学而不厌,诲人不倦。”那个消极的儒对那新兴的文化存着绝大的怀疑,要人寡欲绝学,回到那“无知无欲”的初民状态;而这个积极的儒却讴歌那“郁郁乎文哉”的周文化,大胆的宣言:“吾从周!”那个消极的儒要人和光同尘,泯灭是非与善恶的执著;而这个刚毅的新儒却要人“无求生以害仁,有杀身以成仁”,要养成一种“笃信好学,守死善道”,“造次必于是,颠沛必于是”的人格。

在这个新儒的运动卓然成立之后,那个旧派的儒就如同满天的星斗在太阳的光焰里,存在是存在的,只是不大瞧得见了。可是,我们已说过,那柔道的儒,尤其是老子所代表的柔道,自有他的大过人处,自有他的绝坚强的宗教信心,自有他的深于世故的人生哲学和政治态度。这些成分,初期的孔门运动并不曾完全抹煞:如孔子也能欣赏那“宽柔以教，不报无道”的柔道，也能尽量吸收那倾向自然主义的天道观念，也能容纳那无为的政治理想。所以孔老尽管分家，而在外人看来，——例如从墨家看来——他们都还是一个运动，一个宗派。试看墨家攻击儒家的四大罪状：

儒之道足以丧天下者四政焉：儒以天为不明，以鬼为不神，天鬼不说，此足以丧天下。又厚葬久丧，……此足以丧天下。又弦歌鼓舞，习为声乐，此足以丧天下。又以命为有；贫富，寿夭，治乱，安危有极矣，不可损益也。为上者行之，必不听治矣；为下者行之，必不从事矣。此足以丧天下。（《墨子·公孟》篇）

我们试想想，这里的第一项和第四项是不是把孔老都包括在里面？所谓“以天为不明，以鬼为不神”，现存的孔门史料都没有这种极端言论，而《老子》书中却有“天地不仁”，“其鬼不神”的话。儒家（包括孔老）承认天地万物都有一定的轨迹，如老子说的自然无为，如孔子说的“天何言哉？四时行焉，百物生焉”，这自然是社会上的常识积累进步的结果。相信一个“无为而无不为”的天道，即是相信一个“莫之为而为”的天命：这是进一步的宗教信心。所以老子、孔子都是一个知识进步的时代的宗教家。但这个进步的天道观念是比较的太抽象了，不是一般民众都能了解的，也不免时时和民间祈神事鬼的旧宗教习惯相冲突。既然相信一个“独立而不改，周行而不殆”的天道，当然不能相信祭祀鬼神可以改变事物的趋势了。孔子说：

获罪于天，无所祷也。

又说：

敬鬼神而远之。

老子说：

以道莅天下,其鬼不神。

《论语》又记一事最有意味:

子疾病,子路请祷。子曰:“有诸?”子路对曰:“有之。诔曰:‘祷尔于上下神祇。’”子曰:“丘之祷久矣。”

子路尚且不能了解这个不祷的态度,何况那寻常民众呢?在这些方面,对于一般民间宗教孔老是站在一条战线上的。

我们在这里,还可以进一步指出老子、孔子代表的儒,以及后来分家以后的儒家与道家,所以都不能深入民间,都只能成为长袍阶级的哲学,而不能成为影响多数民众的宗教,其原因也正在这里。

汪中会怀疑老子若真是《曾子问》里那个丧礼大师,何以能有“礼者忠信之薄而乱之首”的议论。他不曾细细想想,儒家讲丧礼和祭礼的许多圣贤,可曾有一个人是深信鬼神而讲求祭葬礼文的?我们研究各种礼经礼记,以及《论语》《檀弓》等书,不能不感觉到一种最奇怪的现状:这些圣人贤人斤斤的讨论礼文的得失,无论是拜上或拜下,无论是麻冕或纯冕,无论是绖裘而吊或袭裘而吊,甚至于无论是三年之丧或一年之丧,他们都只注意到礼文应该如何如何,或礼意应该如何如何,却全不谈到那死了的人或受吊祭的鬼神!他们看见别人行错了礼,只指着那人嘲笑道:

夫夫也!为习于礼者!

他们要说某项节文应该如何做,也只说:

礼也。

就是那位最伟大的领袖孔子也只能有一种自己催眠自己的祭祀哲学:

祭如在;祭神如神在。

这个“如”的宗教心理学,在孔门的书里发挥的很详尽。《中庸》

说：

斋明盛服以承祭祀，洋洋乎如在其上，如在其左右。

《祭义》说的更详细：

斋之日，思其居处，思其笑语，思其志意，思其所乐，思其所嗜。斋三日，乃见其所为斋者。祭之日，入室，僾然必有见乎其位；周还出户，肃然必有闻乎其容声；出户而听，忾然必有闻乎其叹息之声。

这是用一种精神作用极力催眠自己，要自己感觉得那受祭的人"如在"那儿。这种心理状态不是人人都训练得到的，更不是那些替人家治丧相礼的职业的儒所能做到的。所以我们读《檀弓》所记，以及整部《仪礼》《礼记》所记，都感觉一种不真实的空气，《檀弓》里的圣门弟子也都好像《士丧礼》里的夏祝商祝，都只在那里唱戏做戏，台步一步都不错，板眼一丝都不乱，——虽然可以博得"吊者大悦"，然而这里面往往没有一点真的宗教感情。就是那位气度最可爱的孔子，也不过能比一般职业的相礼祝人忠厚一等而已：

子食于有丧者之侧，未尝饱也。

丧事不敢不勉，不为酒困。

子于是日哭，则不歌。

这种意境，都只是体恤生人的情绪，而不是平常人心目中的宗教态度。

所以我们读孔门的礼书，总觉得这一班知礼的圣贤很像基督教《福音书》里耶稣所攻击的犹太"文士"(Scribes)和"法利赛人"(Pharisees)("文士"与"法利赛人"都是历史上的派别名称，本来没有贬意。因为耶稣攻击过这些人，欧洲文字里就留下了不能磨灭的成见，这两个名词就永远带着一种贬意。我用这些名词，只用他们原来的历史意义,不含贬义)。犹太的"文士"和"法利赛人"都是精通古礼的,都是"习于礼"的大师,都是犹太人的"儒"。耶稣所以不满意于他们,只是因为他们熟于典礼条文,而没有真挚的宗教情感。中国古代的儒,在知识方面已超过了那民众的宗教,而在职业方面又不能不为民众做治丧助葬的事,所以他们对于丧葬之礼实在不能有多大的宗教情绪。老子已明白承认"礼者忠信之薄而乱之首"了,然而他还是一个丧礼大师,还不能不做相丧助葬的职业。孔子也能看透"丧,与其易也,宁戚"了,然而他也还是一个丧礼大师,也还是"丧事不敢不勉"。他的弟子如"堂堂乎"的子张也已宣言"祭思敬,丧思哀,其可已矣"了,然而他也不能不替贵族人家做相丧助葬的事。苦哉！苦哉！这种知识与职业的冲突,这种理智生活与传统习俗的矛盾,就使这一斑圣贤显露出一种很像不忠实的俳优意味。

我说这番议论,不是责备老孔诸人,只是要指出一件最重要的历史事实。"五百年必有圣者兴",民间期望久了,谁料那应运而生的圣者却不是民众的真正领袖:他的使命是民众的"弥赛亚",而他的理智的发达却接近那些"文士"与"法利赛人"。他对他的弟子说:

> 未能事人,焉能事鬼?
>
> 未知生,焉知死?

他的民族遗传下来的职业使他不能不替人家治丧相礼,正如老子不能不替人家治丧相礼一样。但他的理智生活使他不能不维持一种严格的存疑态度:

> 知之为知之,不知为不知,是知也。

这种基本的理智的态度就决定了这一个儒家运动的历史的使命了。这个五百年应运而兴的中国"弥赛亚"的使命是要做中国的

"文士"阶级的领导者,而不能直接做那多数民众的宗教领袖。他的宗教只是"文士"的宗教,正如他的老师老聃的宗教也只是"文士"的宗教一样。他不是一般民众所能了解的宗教家。他说:

君子不忧不惧。内省不疚,夫何忧何惧!

他虽然在那"吾从周"的口号之下,不知不觉的把他的祖先的三年丧服和许多宗教仪节带过来,变成那殷周共同文化的一部分了,然而那不过是殷周民族文化结婚的一份赔嫁妆奁而已。他的重大贡献并不在此,他的心也不在此,他的历史使命也不在此。他们替这些礼文的辩护只是社会的与实用的,而不是宗教的:"慎终追远,民德归厚矣。"所以他和他的门徒虽然做了那些丧祭典礼的传人,他们始终不能做民间的宗教领袖。

民众还得等候几十年,方才有个伟大的宗教领袖出现。那就是墨子。

墨子最不满意的就是那些儒者终生治丧相礼,而没有一点真挚的尊天信鬼的宗教态度。上文所引墨者攻击儒者的四大罪状,最可以表现儒墨的根本不同。《墨子·公孟》篇说:

公孟子曰:"无鬼神。"又曰:"君子必学祭祀"。

这个人正是儒家的绝好代表:他一面维持他的严格的理智态度,一面还不能抛弃那传统的祭祀职业。这是墨子的宗教热诚所最不能容忍的。所以他驳他说:

执无鬼而学祭礼,是犹无客而学客礼也,是犹无鱼而为鱼罟也。

懂得这种思想和"祭如在"的态度的根本不同,就可以明白墨家所以兴起和所以和儒家不相容的历史的背景了。

民国二十三年三月十五日开始写此文。五月十九日夜写成初稿。

（原载《胡适论学近著》第一集卷一，商务印书馆1935年版，现选自刘梦溪主编《中国现代学术经典·胡适卷》，河北教育1996年版）

胡适，安徽绩溪人。早年留学美国，深受杜威实验主义哲学的影响。1917年初在《新青年》上发表了《文学改良刍议》。同年回国，任北京大学教授。参加编辑《新青年》，成为新文化运动中很有影响的人物。以后主张改良，反对革命。历任国民政府驻美国大使、北京大学校长、台湾"中央研究院院长"。胡适一生在哲学、文学、史学、古典文学考证诸方面都有成就，并有一定的代表性。著有《中国哲学史大纲》（上）、《五十年来之中国文学》、《胡适文存》、《白话文学史》、《中国章回小说考证》等。

本文分六个方面详细考证和分析了儒家的起源和形成，认为儒是殷民族的教士，他们的人生观是亡国移民的柔逊的人生观。儒是殷亡后受压迫的智识阶层，孔子时儒有君子和小人之分，孔子以复兴殷民族为己任，他打破了殷周文化的樊篱，将儒的范围扩大，将柔弱的儒改变成刚毅进取的儒。

原　儒　墨

冯　友　兰

一　本篇所讨论之问题

民国十六年，我在《燕京学报》发表《孔子在中国历史中之地位》一文。(《燕京学报》第二期)在那篇论文里，我说："本篇的主要意思，在于证明孔子果然未曾制作或删正六经。即令有所删正，也不过如教授老儒之选文选诗。他一生果然不过是一个门徒众多的教授老儒；但后人之以至圣先师等尊号与他加上，亦并非无理由。"(页二三四)我又说："孔子抱定一个'有教无类'的宗旨，'自行束脩以上，吾未尝无诲焉。'如此大招学生，不问身家，凡缴学费者即收，一律教以各种功课，教读各种名贵典籍。这是何等的一个大解放。故以六艺教人或不始于孔子；但以六艺教一般人，使六艺民众化，则实始于孔子。"(页二四一)。

过了两年，傅孟真先生由广州北来，示以他在中山大学所印之讲义，内有《战国子家叙论》。在此《叙论》里，他有一节"论战国诸子，除墨子外，皆出于职业"。(油印讲义本四页)他说："百家之说，皆由于才智之士，在一个特殊的地域，当一个特殊的时代，凭借一种特殊职业而生。"(同上)他以为"儒家者流，出于教书匠。"(同上，页九)

又过了两年，得见钱宾四先生的《诸子系年》稿本。其中有论及儒家之起源之部分。《诸子系年》现在尚未出版，但关于儒家之起源，钱先生已在别处论及。钱先生说："《说文》，儒，柔也，术士之称，柔乃儒之通训，术士乃儒之别解。""儒为术士，即通习六艺之士。古人以礼、乐、射、御、书、数为六艺，通习六艺，即得进身贵族，为之家宰小相，称陪臣焉。孔子然，其弟子亦无不然。儒者乃当时社会生活一流品，正犹墨为刑徒苦役，亦当时社会生活一流品也"。"孔子不仅借艺术以进身，孔子既明习艺术，乃判其孰中礼孰不中礼，而推本于周公文王。曰：文武之道，布在方策，我好古敏以求之，思欲以易夫当世。故其告子夏曰：女为君子儒，毋为小人儒。儒仅当时生活一流品，非学者自锡之嘉名，故得有君子有小人，而孔子戒其弟子勿为小人儒也。"（《古史辩》第四册序，页一至二）

最近胡适之先生在《中央研究院历史语言研究所集刊》里发表《说儒》一文。（《集刊》第四本第三分）在这篇论文里，胡先生亦以为儒乃一种职业，乃社会生活一流品；此流品乃孔子之儒家所自出，孔子虽亦此流品中之一人，而因有特殊关系，故有其特殊的地位。

以上所述关于儒家之起源之说，我以为是对的。大概一个问题，到真正解决之时，大家对于他的解决，总会有不约而同的见解。胡先生以相礼为儒之职业之一。这一点亦是对的。

不过胡先生以为"最初的儒都是殷人，都是殷的遗民"，（《集刊》页二三七）"他们负背着保存故国文化的遗风，故在那几百年社会骤变，民族混合同化的形势之中，他们独能继续殷商的古衣冠，也许还继续保存了殷商古文字言语。在他们自己民族的眼里，他们是'殷礼'（殷的宗教文化）的保存与宣教师。"（同上，页二四二）这一点傅孟真先生亦主张之。（看傅先生的《周东封与殷遗民》，《集刊》同期）不过他们关于此点之证明，我以为尚有可商之处。又关于孔子之地位一点，胡先生承认孔子在中国历史中之特殊地位，这是我所极其赞同的；不过他以为孔子乃当时所认为应殷民族之"悬记"而生之"救世主"，"他（孔子）从一个亡国民族的教士阶级，变到调和三代文化的师儒。"（《集刊》页二六九）对于这一点，我也很持疑问。我这一篇论文，对于儒家之起源，不再有所论列，因为我所认为对的说法，已竟如上述说过了。不过对于儒之起源，我打算借与胡先生讨论之便，发表一点意见。照我们现在的说法，儒家与儒两名，并不是同一的意义。儒指以教书相礼等为职业之一种人。儒家指先秦诸子中之一学派。儒为儒家所自出，儒家之人或亦仍操儒之职业，但二者并不是一回事。

关于墨家所自出，傅先生以为"墨家者流，出于向儒者之反动，是宗教的组织"。（《战国子家叙论》油印本页十）"向儒者之反动"并不是一种职业，所以傅先生先秦诸子出于职业之说，就不得不把墨子除外了。但儒墨二家是先秦两大宗派，而且皆具有深厚的社会势力。先秦诸子出于职业之说，是很好的；但若不能把墨家之起源也包括在内，则此说能否成立，就很成问题了。钱先生以为墨出于"刑徒苦役"，是比较好一点的说法。但"刑徒苦役"，仍嫌太泛，且除"墨"字可解为刑徒外，别的证据也很少。所以在这篇论文里，我打算对墨家之起源，亦发表一点新的意见。我赞成傅先生先秦诸子出于职业之说。但我以为墨家之所自出，不但不是此说之例外，而且是此说之一有力的例证。

所以本篇所讨论之主要问题是：（一）儒之起源；（二）墨家之起源。

二 论儒不必与殷民族有关

在民国十六年，我发表了《孔子在中国历史中之地位》一文后，我本来即打算再作一文论儒之起源。后来因为材料太少，所以未作。在孔子以前的书上，我们没有见过儒这个字。《周礼》有“儒以道得民”之文，(《周礼·天官》)但《周礼》是晚出之书。我们虽不必用今文经学家之说，以为《周礼》全书乃刘歆所伪造。但周礼为“周公致太平之书”之说，恐怕现在没有人能持之。此外《左传》上有“唯其儒书”之言，但此言见于哀公二十一年，亦是孔子以后之事。在此情形之下，我们若欲证明在孔子五六百年以前即已有儒，是不可能的，至少也是极不容易的。

照胡先生的说法，在殷商灭亡以后，就有儒了。但他所引以证明此说之证据，都是孔子以后之人说其人当时之儒之话。(《易·需卦》一条，不能作证据，说详下)孔子以后之人，例如墨子，其时代上距殷商灭亡，约六七百年。约如现在到南宋中间之时代。假如我们因为现在人关于飞机之说话，遂断定南宋也有飞机，那不是很奇怪么？胡先生所引《礼记·檀弓》《荀子》中对于儒批评叙述之话，皆是说当时之儒是如此。这中间有几个命题：(一)当时有儒；(二)当时之儒是如此；(三)古代有儒；(四)古代之儒是如此。用(一)(二)证(四)，即已有很大的危险；若以(一)(二)证(三)，那恐怕是不可能。

说儒字之本义，涵有柔弱之义，也缺乏较早的证据。不过此说是可通的。我也以为儒字有柔弱之义。不过我所以持此说之理由，与胡先生不同。下文自明。现在我们所要说明者，即儒字虽有柔义，儒之一种人，虽可称为弱者，但不必与亡国民族有关系。例如女子是弱者，其弱乃对于男子而言。小孩是弱者，其弱乃对于成人而言。亡国民族也不必皆是持柔道之弱者。例如宋是殷民族之遗，但宋人并不弱。胡先生因为宋国有个正考父谦卑自牧，遂以为“宋国所以能久存，也许是靠这种祖传的柔道。”（《集刊》页二五六）其实在《左传》上看来，宋并不靠柔道立国。例如宣公十四年“楚子使申舟聘于齐曰：‘无假道于宋。’”“及宋，宋人止之。华元曰：‘过我而不假道，鄙我也。鄙我，亡也。杀其使者，必伐我。伐我，亦亡也。亡一也。’乃杀之。”楚人果伐宋，把宋国围到“易子而食，析骸以爨”之程度；然而华元还说：“虽然，城下之盟，有以国毙，不能从也。”（宣公十五年）这是何等的刚强。先秦的书上，常说到宋人之愚，照华元这种办法，可以说是“其智可及也，其愚不可及也”。由此看来，我们若无别的证据，不能因为儒之可称为弱者，遂断定其与亡国之殷人有关。

三　殷周文化异同问题

关于这一点，胡先生所举别的证据几条，我们于下文将分别讨论之。在未讨论之先，我们要先讨论一个较为普通的问题，以为以下讨论之根据。

我们看胡傅二先生的论文，我们觉得他们似乎完全注意于殷、周民族问题。傅先生是当然的，因为他讲的是“周东封与殷遗民”。关于这一点，我的意见是殷周虽为二不同民族，原有的文化亦不一样，但在殷末周初之际，殷周民族间之界限已似亦不如胡傅二先生所想象之显著。武王伐纣，旧说全认为政治问题，固不必是；而如胡傅二先生之全认为种族问题，似乎亦不必是。傅先生也承认“周初东征的部队中当不少有范文虎、留梦炎、洪承畴、吴三桂一流的汉奸。"(《周东封与殷遗民》,《集刊》页二八五)汉奸固可有,但后来周公使管蔡监殷,管蔡竟以殷畔,周公东征,又诛管蔡。似乎这个全部斗争中,实是政治种族问题,兼而有之,即退一步,我们承认殷周之争,完全是种族问题,但在这时候殷周文化有什么主要不同,也是很难说的。即再退一步,我们承认在殷周之际,殷周之文化实有主要不同;但自武王克殷而"王天下"之后,周已承袭了殷文化。其情势略如殷之于夏。旧说以"三代"文化一贯,大致是不错的。孔子说:"殷因于夏礼,所损益可知也。周因于殷礼,所损益可知也。其或继周者,虽百世可知也。"(《论语·为政》)为讨论方便起见,我们姑只说殷周。依孔子此说,我们可注意三点:(一)周礼"因"殷礼,即有殷周并有之礼。(二)周礼"损"殷礼,即有周礼无而殷礼有之礼。(三)周礼"益"殷礼,即有周礼有而殷礼无之礼。(此所谓礼,皆制度文物之总名。)(二)(三)两种,大概比较很少,所以孔子说"可知也",所以儒家书中讲到三代之礼之别时,其别只在小节上。例如《论语·八佾》:"哀公问社于宰我,宰我对曰:'夏侯氏以松,殷人以柏,周人以栗'。""以松""以柏""以栗"虽不同,而都有社。其余《礼记》中类此者尚多,总可见三代之相承,其礼之属于(二)(三)种者较少。至于"周监于二代"(《论语·八佾》),其制度更完备,所以孔子以为可损益者更少,故曰"其或继周者,虽百世可知也"。明于此则我们所谓某人行殷礼者,必须证明其所行为属上述(二)种之礼。不然,其所行或为殷礼而亦周礼也。例如今人之穿马褂;马褂为清代之便礼服而亦民国之便礼服;所以我们不能因为某人穿马褂,即断定其为穿清代服装之遗老。

四 论儒之“古言服”

胡先生引《墨子》“公孟子曰：君子必古言服然后仁。”以为“《墨子》书中说当时的儒，自称他们的衣服为‘古服’。周时所谓‘古’当然是指那被征服的殷朝了。”(《集刊》页二三七)但我们试看《墨子》书中此段下文，即知并不必然。下文是：“墨子曰：‘子(公孟子)法周而不法夏，非古也。’”据此，则公孟子之古言服，乃是周言周服，墨子时所谓“古”不必即“指被征服的殷朝”。公孟子之古言服，既即是周言周服，而何以又是“古”言“古”服呢？关于这一点，我们要知道春秋战国，在经济，社会，政治，思想，各方面，都是一个大转变时期。旧说以此时期为“世衰道微”“礼坏乐崩”之时期，即是为此。在各方面制度皆有剧烈转变之时，因为思想之繁复，新名词之增加，新文法之应用，言语也有剧烈转变。而衣服方面也必常有新花样出来。用新名词新文法之言语，在初行时为“新文学”；及行之既久，大家习为故然，不用新名词，新文法者，即成“古言”了。新花样之衣服，在初行时为“奇装异服”；及行之既久，大家习为故然，原来非“奇装异服”之衣服，即成为“古服”了。故公孟子之“古言”之古，乃对当时充满新名词新文法之“新文学”而言；其“古服”之古，乃对当时新花样之“奇装异服”而言。儒家是拥护传统反对变革者，故其言服亦不随潮流变革。及随潮流者之新，已成为故然，儒家之人之言服，遂成为古言服，然而实仍是周制。所以墨子以为公孟子“法周而不法夏”，仍“非古也”。

《墨子》书中又说：“公孟子戴章甫”。(《公孟》)而《仪礼士冠》云：“章甫，殷道也。”胡先生以此为儒服即殷服之证(《集刊》页二三七)，又将何解？关于这一点，我们须要注意上节所述之殷周文化异同问题。如果章甫是殷冠一点有什么重要的意义，章甫须只是殷冠而不是周冠方可。如章甫是殷周并用之冠，则我们不能因为某人或某种人戴章甫，即断定其与殷有关。犹之我们现在不能因为某人或某种人穿马褂，即断定其与满人有关。《论语》公西华说："宗庙之事，如会同，端章甫，愿为小相焉。"（《先进》）宗庙会同，乃重大典礼。参加其事者，穿戴似必须合时王之制。如有以亡国民族之衣冠参加，似不相宜。据此，则章甫虽起源于殷，而亦为周制所用。不过后来"奇装异服"成为流行衣服之时，章甫不常为人所用，而儒者依然戴之，故为当时所奇怪了。欧洲自上次大战后，生活日趋简易。战前中上阶级，及大旅馆中食客，吃饭必穿礼服。近则穿者极少，而大旅馆中之招待，侍者，则依然堂哉皇也的穿礼服。久而久之，此礼服即成为古服，或成为侍者服，亦未可知。儒以相礼教书为职业，故终日穿着礼服，大摇大摆。迨后生活简易，别人不穿礼服，而儒者仍终日穿之，所以有些礼服遂为古服、儒服了。

五　论儒与"商祝"

胡先生说"《士丧礼》与《既夕礼》（即《士丧礼》的下篇），使我们知道当时的丧礼须用祝，其职务最为繁重。《士丧礼》二篇中明说用'商祝'凡十次。用'夏祝'凡五次。泛称'祝'凡廿二次。旧注以为泛称'祝'者都是'周祝'。其说甚无根据。细考此两篇绝无用'周祝'之处；其泛称祝之处，有两处确指'商祝'，有一处确指'夏祝'。其他不明说夏与商之处，大概都是'商祝'。"（《集刊》页二五一）照我们的看法，旧注以为泛称"祝"者都是"周祝"，其说是可通的。因为《士丧礼》二篇中，明分"祝"为三种，即"夏祝"，"商祝”,“祝”。《士丧礼》为周人之书,对于“周祝”只称“祝”,本是很在情理的。若泛称“祝”者亦指“商祝”,则《士丧礼》中又何必作“商祝”与“祝”之区别呢?胡先生以为“细考此二篇,绝无用周祝之处”。此是不以“祝”为周祝之故。若以“祝”为周祝,则《士丧礼》中用周祝之处,比用殷祝还多一倍。胡先生以为“不明说夏与商之处,大概都是商祝”。其所根据是“因为此种士丧礼虽然偶有杂用夏周礼俗之处,其根本的礼节仍是殷礼,故相礼的祝当然以殷人为主。”(《集刊》同上)这个假定,正是胡先生文中所要证明的。所以若无别的证据,我们还觉得旧注所说,似与《士丧礼》的文义较合。

我并不否认《士丧礼》所说之礼“根本仍是殷礼”。因为我是承认“周因于殷礼”之说的。但是若说《士丧礼》所说之礼只是殷礼,在周只民间之殷人行而统治阶级之周人不行,则大有问题。因为行士丧礼之“士”,本身就不是庶民。照其所说的那些派头,也不是庶民所能办的。胡先生在此点似乎也未主张此说。但在此点若未主张此说,则于三年之丧之服制,似乎也不能以为只是殷人行之,而周人不行。三年之丧亦明载于《仪礼》。就《士丧礼》这两篇说,丧葬之礼如此的繁重。孝子要“居倚庐,寝苫枕块,不税绖带,哭昼夜无时,非丧事不言。歠粥朝一溢米,夕一溢米,不食菜果”。初丧之礼既如此,以后的丧礼不像是几个月可以了的。初丧的礼既如此,则以后二十五个月的三年之丧真是“如白驹之过隙也”。关于这一点,我们于下文另有讨论。

我们既不否认《士丧礼》所说之礼,“根本仍是殷礼”,为什么不从胡先生所主张,以为“祝”都是“殷祝”呢?其原因是:一则胡先生所主张,与经文文义不合。二则我们以为这些礼既是殷周并行之礼,似不必以为必为殷人所包办。经中明言夏祝,殷人包办之局,本来已竟是不成的了。

我们再看原来的儒者是不是“商祝”呢？我们即承认原来的儒者是殷人,《士丧礼》中所说祝都是商祝,商祝及祝,亦都是殷人;但若无别的证据,我们仍不能说原来的儒者就是商祝。相礼是儒者职业之一,这是对的;但相礼与作祝是两回事。关于儒者作祝之证据,胡先生只举二则,即《檀弓》所记:“孔子之丧,公西赤为志焉。饰棺墙,置翣,设披,周也。设崇,殷也。绸练设旐,夏也。”“子张之丧,公明仪为志焉,褚幕丹质,蚁结于四隅,殷士也”。胡先生以为“按《士丧礼》的既夕礼,饰柩,设披,都用‘商祝’为之。可见公西赤公明仪为‘志’,乃是执行《士丧礼》所说的‘商祝’的职务。”(《集刊》页二五一)“志”字作何解,胡先生未说明。我以为此“志”字,有计划之意。公西赤是孔门一个自命为善于相礼者。他的志愿是:“宗庙之事,如会同,端章甫,愿为小相焉。”(《论语·先进》)“小”是谦辞,所以孔子说,“赤也为之小,孰能为之大?”孔子死时,这个大丧,由他主持计划,饰棺墙,置翣,设披,是照着周礼;设崇,是照着殷礼;绸练设旐,是照着夏礼。大概孔门弟子以为孔子是大人物,所以他的丧事,兼用三代之礼。子张之丧,公明仪替他计划。大约对于当时之礼,也少有出入,所以《檀弓》特记之。这与作祝皆似无关系。

六 论《周易》

胡先生以为《周易》“需卦所说似是指一个受压迫的智识阶级,处此忧患险难的环境,待时而动,谋一个饮食之道,这就是儒。”(《集刊》页二四八)胡先生又以为《易》之作者,乃殷亡后之殷人。“所谓《周易》,原来是殷民族卜筮的书的一种。”(《集刊》

页同上)《周易》需卦之需,照其文义讲应该是动词。爻辞中,“需于郊”,“需于沙”等,皆证明此点。要把需字读为儒,则“儒于郊”,“儒于沙”即为不词;非于儒字下加一“在”字讲不通。“增字解经”,已为不可;况且“需”读为“儒”,恐怕亦无别例。至于胡先生所以《周易》为殷亡后殷人之作,其理由是:(一)“全书表现出一种忧危的人生观”;(二)“书中称‘帝乙归妹’,‘高宗伐鬼方,三年克之’,更可见作者是殷人。”(《集刊》页同上)大概后世读《易》之人,总不易完全脱离“《易传》”之影响。若离了“《易传》”,原来只作筮占用之《易》中,是否有“人生观”,已是问题。至于其人生观是否“忧危”,更属待考了。即令《易》中有此种人生观,而亦不必与亡国民族有关,因持此种人生观者不必皆亡国民族也。“帝乙归妹”等,本当时几个有名故事,不必殷人方知之。这些也不必多论。因为照《左传》上看起来,《周易》确是“周”易,而且是官府之书,并非民间所有。例如赵宣子聘于鲁,“观书于太史氏,见《易》象与鲁《春秋》,曰:‘周礼尽在鲁矣。吾乃今知周公之德,与周之所以王也。’”(《左传》昭公二年)此可见虽以晋之大国,赵宣子之贵族,必至鲁,又观书于太史氏,始能见《易》;见后又叹周公之德,则《易》为周之统治阶级之书,可以想见。《左传》又说:“周史有以《周易》见陈侯者;陈侯使筮之,遇观之否。”(庄公二十二年)据此则《周易》为周史所掌,初必王室有之。鲁为周公之后,曾分得周之“祝宗卜史”,(《左传》定公四年祝佗说)故能有之。陈则必有奔去之周史,始能有也。此《周易》之所以为“周”易也。据此则《周易》非亡国殷人所作之民间之书,甚明。

七 论三年之丧

胡先生所举以证明儒与殷民族有关之证据，要以三年之丧为殷礼，而且只为殷礼一条，为最有力了。此说倡自傅先生，于胡先生很有用。因为他们的说若能成立，则三年之丧不但是殷礼，而且非周礼，最合乎证明儒讲殷礼之用。不过我们仔细研究起来，我们觉得傅胡二先生之说之能立与否，还是很可疑的。关于这一点我们于上第五节中，已附带论及。兹再就胡傅二先生所提证据讨论之。

孟子劝滕世子行三年之丧，滕国父兄百官说："吾宗国鲁先君莫之行，吾先君亦莫之行也。"而孔子说："三年之丧，天下之通丧也。"胡先生说："如果孔子不说诳，那就是滕国父兄百官扯谎了"；如果滕国父兄百官不扯谎，那就是孔子说诳了。胡先生认此为一大困难。直至傅先生说出，此困难始解除。傅先生之说，即以三年之丧乃"殷之遗礼，而非周之制度"，行于民间之殷人，而不行于统治者之周人。孔子之言，乃就前者而言；滕父兄之说，乃就后者而言。孔子与滕父兄皆不扯谎。(《集刊》页二四四)

其实我们如果注意于春秋战国为"礼坏乐崩"之时代，则胡先生所认为之困难，并不是困难。滕父兄所谓鲁先君，照文义可指近来已死之君，原不必上指周公伯禽。例如诸葛亮说："先帝创业未半，而中道崩殂。"此先帝乃指先主，非指高祖，光武。春秋以降，本为"礼坏乐崩"之时代。到孟子之时，人多已不行三年之丧，及孟子劝滕世子行之，父兄狃于近习，而不欲行。此与孔子"天下之通丧也"之言，本没有冲突。盖孔子所说，乃礼之常；而滕父兄所说，乃近世之变也。

傅先生说:“如谓此制(三年之丧)乃周之通制,则《左传》《国语》所记周人之制,毫无此痕迹。”(《集刊》页二八八)此亦殊不尽然。胡先生即替我们找着了痕迹。《左传》说:“叔向曰:‘王一岁而有三年之丧二焉。’”“‘三年之丧,虽贵遂服,礼也。王虽弗遂,宴乐以早,亦非礼也。’”(昭公十五年)胡先生引此证周王事实上不行三年之丧。我在我的《哲学史》中欲引此以证三年之丧为周制,为周王所应该行而在事实上未行者。(《中国哲学史》商务本页九〇)因为三年之丧若非周制,若非王所应该行,则叔向不能以王之不行之为非礼也。至于胡先生所引《春秋》文公襄公纳币逆女两条,文公纳币,《左传》以为礼也;《公羊传》以为非礼。(《集刊》页二四五)因为行三年之丧者不一定皆主行三十六月之丧,普通是“二十五月而毕”。《左传》按二十五月算,故以为礼也。《公羊传》按三十六月算,故以为非礼。这一条我们虽不能引为文公行三年之丧之证,因为他可因他事而晚娶。但此条确不能引为文公不行三年之丧之证。襄公未行三年之丧,他大概即在滕父兄所指鲁先君之内了。

丧服服制,与宗法制度有密切关系。《仪礼·丧服》中所说之服制:子为父,诸侯为天子,臣为君,父为长子,皆服三年之丧。父为什么为长子服三年之丧呢?《传》曰:“正体于上,又乃将所传重也。”(《丧服传》)郑注说:“重其当先祖之正体,又以其将代己为宗庙主也。”殷人有兄终弟及之制,似乎不十分重视长子,今《仪礼·丧服》中如此重视长子,则其所讲一套之服制,明是周制。我说他是周制,并不否认他也是殷制。其根本大概仍是殷制,不过为长子三年这一点,或是周人所“益”。

八 论殷民族有无"悬记"

孔子自命不凡,其当时人有以之为"天纵"之圣人者,至少在孟子时有"五百年必有王者兴"之预言。这些都是事实。汉人之孔子受天命为素王之说,及宋儒之道统说,皆就此推衍。不过此与殷民族无关。殷民族是否"曾有过一个民族英雄复兴殷商的悬记",(《集刊》页二五七)因之也很是一个问题。至少胡先生所举之证据,不足以证明其曾有。

宋襄公有复兴殷商之雄心,在公子目夷之言中可以看出。但此不必与有悬记有关。关于此一点,有一关于字句间之考证问题,可以顺便提出。依《左传》,当泓之战前,"大司马固谏曰:'天之弃商久矣。君将兴之,弗可赦也已。'""弗可赦也已",杜预误读为"弗可,赦也已。"胡先生以为应读"弗可赦也已"。以为"子鱼先反对襄公争盟。到了将战,他却主张给楚兵一个痛快的打击。故下文力主趁楚师未济时击之"。"'弗可赦也已',即谓既要做中兴殷商的大事,这回不可放过敌人了。"(《集刊》页二五六至二五七)我以为胡先生对于"弗可赦也已"之读法是不错的。我向来就是用这个读法。不过胡先生对于此句之解释,我以为恐怕不对。我们知道子鱼对于襄公图霸,向来反对,而且向来认为照襄公的做法,宋国必有大祸。观于僖公二十一年襄公两次与楚人交涉时子鱼之言可见。及二十二年,"楚人伐宋以救郑,宋公将战,大司马固谏曰"云云;谏是谏止其将战,杜预的解释本不误。子鱼以为"天之弃商久矣"。而襄公将兴之,襄公之罪是不可赦的了。即"天之所废,谁能兴之";(《左传》襄公二十三年胥午语)"违天必有大咎"(《左传》僖公二十三年楚王语)之意。此是襄公将与楚战时之言。

及后果战于泓,两军已对垒了。子鱼为战术上的关系,请于楚师未既济而击之,襄公不听。这是以后事,与“弗可赦也已”无关。若照胡先生的解释,则“弗可赦也已”,应作“弗可舍也已”,不然,宋怎么能“赦”楚呢?《左传》隐公十一年郑伯说:“天而既厌周德矣,吾其能与许争乎?”子鱼之言,正此一类的话,不必与什么悬记有关。若专就子鱼此言,似乎更可证明当时殷民族没有什么悬记。若有什么悬记,襄公又自以为是应悬记,子鱼又是“主张给楚兵一个很痛快的打击”,(如胡先生所说)则子鱼之言,应该是“天之弃商久矣,今天又欲兴之,弗可舍也已。”若照我对于“弗可赦也已”之解释,则子鱼之意,乃以为襄公违天必有大咎;此可证明当时并没有什么殷民族复兴之悬记。而宋襄公“寡人虽亡国之余,不鼓不成列”之言,亦不像有什么自以为上应悬记之自信力。

胡先生改《商颂·玄鸟》“大糦是承”,为“大艰是承”。其理由因为“殷自武丁以后,国力渐衰,史书所载,已无有一个无所不胜服的‘武王’了。”故以为“此诗乃是一种预言”。“这个未来的武王,能无所不胜。能用‘十乘’的薄弱武力,而承担大艰。”(《集刊》页二百七至二五八)关于这一点,我们可以说,关于武王之一点,旧注中本来有些解释,不必改字,可以讲通。而且现在用甲骨文材料,研究殷史者,已发现在殷之末世,还有一个武功很大之时期。(看董作宾先生《甲骨文断代研究》,《庆祝蔡元培先生六十五岁论文集》上册页三六六至三七三;吴其昌先生《丛瓦甲骨金文中所涵殷历推证》,《中央研究院历史语言研究所集刊》第四本第三分页二九七至二九九)并不如胡先生所说:“武丁以后已无一个无所不胜服的武王了。”颂之为体,乃铺扬过去功德,以发皇先烈者。其叙过去功德,或有不实之处。但若以将来幻想,纳入颂中,恐无此例。

九 论孔是否“与殷商有一种密切之关系”

其余胡先生所举之例,不过皆只足以证明孔子之自命不凡,乃当时人之以他为圣人,不足以证明殷民族有什么悬记。而且孔子虽自命不凡,他却仍不离乎儒之态度。此点所谓儒之态度,是指儒之必须“依人成事”之一点而言。儒本是预备为人所用之一种人。到后来其中虽有自命不凡者,不仅以教书相礼自满,而以继往开来,平治天下自命,但欲达其目的,仍必有人用之方可。孔子周游列国,游说于君,无非望人之用之。甚至于有些陪臣,如费之公山弗扰,及中牟之佛肸;对鲁之季氏晋之赵氏,宣布独立之时,来召孔子,孔子也打算去。他一生志愿,在于学周公。周公是否继武王而称王,本是一个问题。但在儒家之传说中,周公只是一个“一人之下万人之上”之相。孔子只以周公自许,因为他始终自处于为人所用之地位。他固然也说:“文王既殁,文不在兹乎?”(《论语·子罕》)也可以说他有学文王之意,不过这是就“文”说,即就文王在儒家传说中在文化上之地位说。在儒家传说中,文王为古代文化学术之继承者,如孟子所说:“五百年必有王者兴”之公式中,以文王继汤,是其例。孔子在文化学术方面,欲继文王之“道统”;在政治方面,欲有周公之建树,所以说:“如有用我者,吾其为东周乎?”(《论语·阳货》)所以必为东周者,因东周乃周公之建树也。孔子心中,必常想慕周公,故不“梦见周公”,即自叹其衰也。(《论语·述而》)孔子始终自处于为人所用之地位,他将死时,“明王不兴,而天下其孰能宗予?”(《檀弓》)这句话,更可证明此点。他虽有“天下宗予”之野心,而“天下宗予”仍须靠明王之兴。若“明王不兴”而因之天下不能宗他,他亦只好付之长叹而已。此不足为孔子病,因原来之儒,本是为人所用之人也。不过若以孔子为应悬记而生之救世主比之耶稣,则此耶稣未免太"乏"了。

傅先生亦以为"孔子儒家与殷商有密切之关系"。(《集刊》页二八八)其理由为:(一)《檀弓》述孔子将死时之言,"自居殷人"。(二)孔子常言夏、殷、周,可见其"对于殷周,一视同仁。所谓从周,正以其'后王璨然'之故,不曾有他意"。(三)孔子欲为东周,自比文王,"有继周而造四代之意",无"矢忠于周室之心"。(四)"孔子自比于老彭,老彭是殷人,又称师挚,亦殷人,称高宗不冠以殷商字样,直曰:'书曰';称殷三仁,尤有余音绕梁之趣。"(《集刊》页二八七至二八八)按孔子本是殷人,他说他自己是殷人,不过报告事实,不见得有什么重要意义。孔子以为"三人行,必有我师";(《论语·述而》)"十室之邑,必有忠信"。(《论语·公冶长》)所以他一生愿学之人甚多。《论语》"卫公孙朝问于子贡曰:'仲尼焉学?'子贡曰:'文武之道,未坠于地。贤者识其大者,不贤者识其小者,莫不有文武之道焉。夫子焉不学,而亦何常师之有?'"(《子张》)孔子无所不学,所以亦无常师。但其学人,多不过取其一端。例如他自比于老彭,不过是取他"述而不作,信而好古"(《论语·述而》)之一端。至其平生整个志愿,则为学文王周公,所谓"文武之道",如上文所说。为什么他自比于老彭,即为对殷之好意,而学文王周公,则为对周之不忠呢?称高宗不加殷商,则因承上文"《书》云高宗谅阴"而言。且古时称人,不一定必带其国号。如言禹不必言夏禹,言桀不必言夏桀,言尧不必言唐尧,言汤不必言商汤,此例甚多。至于言"殷有三仁"乃普通尚论古人,不必有什么故国之思。孔子不但言"殷有三仁",且言"周有八士",(同见《论语·微子》)其例一也。不过傅先生在此点之主要意思,确可引人注意者,即孔子对于周制,亦常有改善之之意及其不完全矢忠于周室。不过我们如注意两件事，即可知此一点并没有什么奇怪。我们知道，秦汉以前，中国并没有像以后之真正统一，所谓殷周之王，实是介乎后世之所谓王与霸之间。例如我们说夏殷亡国了，其实尚有杞宋在，对于周室，“有不纯臣之义”，不过是名义上的服从。在这种情形之下，一般人对于周室之忠，决不能如后世一般人对于后世之天子之忠一样。而孔子讲起三代来，有“一视同仁”之样子，亦是不足为奇的。我们又知孔子之时，已是周室不振，“王纲解纽”之时代，孔子处此绝续之交，要想有点更改，亦是当然的；以后诸子，无不如此。不过孔子之志事，仍不过是学周公，上文已详。又孔子之欲应公山弗扰及佛肸之召，在当时孔子之地位，本来是不生道德问题的。下文另详。

十　论儒之起源

照我们的看法，儒之起是起于贵族政治崩坏以后，所谓“官失其守”之时。胡先生的对于儒及孔子之看法，是有点与今文经学家相同。我们的看法，是有点与古文经学家相同。所谓儒是一种有知识，有学问之专家；他们散在民间，以为人教书相礼为生。关于这一点，胡先生的见解，与我们完全相同。我们与胡先生所不同者，即是胡先生以为这些专家，乃因殷商亡国以后，“沦为奴虏，散在民间”。（《集刊》页二四二）我们则以为这些专家，乃因贵族政治崩坏以后，以前在官的专家，失其世职，散在民间，或有知识的贵族，因落魄而亦靠其知识生活。这是我们与胡先生主要不同之所在。

胡先生所举以证明他的主张之证据，我们上文已略有讨论。我们现在再问在贵族政治未崩坏以前能不能有散在民间之专家呢？我们以为是不能的。胡先生以为殷商亡国以后，原有的那些在官的专家，及殷商之贵族，皆沦为奴虏，或散在民间，他引《左传》祝佗说，及《书·多士》，以证明殷商贵族之沦为奴隶，以之比于“希腊的知识分子做罗马战胜者的奴隶”。（《集刊》页二四一）其实这个比恐怕是不对的。照祝佗所说：“分鲁公以殷民六族”，“使帅其宗氏，辑其分族，将其类丑，以法则周公，用即命于周。是使之职事于鲁。”照《多士》所说：“尔乃尚有尔土，尔乃尚宁干止。”照此所说，则殷商贵族，仍各有其土地，各有其人民，不过昔为殷臣，今为周臣而已。其分于鲁者，仍各有其职事，在庶民之眼光观之，仍是在官者。贵族政治时代，所有知识礼乐，皆贵族所专有。庶民本不能有知识礼乐，所谓“礼不下庶人，刑不上大夫”。（《礼记·曲礼》）礼乐专家不能散在民间；在民间者皆劳力治于人之人也。

及贵族政治崩坏以后，贵族多有失势贫穷而养不起自用之专家者。于是在官之专家，乃失业散之四方。如《论语》所载：“大师挚适齐，亚饭干适楚，三饭缭适蔡，四饭缺适秦，鼓方叔入于河，播鼗武入于汉，少师阳，击磬襄，入于海”（《微子》，从孔郑说，以此所记为春秋时事）之类。又如上所引《左传》周史以《周易》干陈侯之类。贵族不能自养知识礼乐专家，于是在官之专家失业散在民间，此即所谓“官失其守”，所谓“礼失而求诸野”也。贵族既不能自养专家，而专家之用仍不可少，如教育子弟，丧葬典礼之事，仍须专家。于是昔日在官之专家，今仍操其旧业，不过不专为一家贵族之专家，而成为随时为人雇用，含有自由职业之性质。犹之昔日大家之自用厨子，今因主人不用，失业而自开馆子。昔日主人不能自用厨子，而因亦不得不吃馆子。昔日之主人中亦有因家道衰败而自为开馆子之厨子者，如孔子即其人也。儒之初仍以伺候贵族为多。

如孔子所教弟子,多为贵族家臣。儒所相礼之家,多为贵族。此可于《论语》《檀弓》中见之。

这即是儒之起源。后来在儒之中,有不止于以教书相礼为事,而且欲以昔日之礼乐制度平治天下,又有予昔之礼乐制度以理论的根据者,此等人即后来之儒家。孔子不是儒之创始者,但乃是儒家之创始者。后世既为儒家之天下,故孔子亦为后世之"至圣先师"。

十一 论 儒 侠

儒即"士"之一种。在贵族政治崩坏以前,大概没有"士"之阶级。所谓士之阶级,即是一种人,不治生产,而专以卖技艺才能为糊口之资。在贵族政治未崩坏以前,有技艺才能之专家,皆为贵族所专养专用者,即皆是在官者,故不自为阶级。及贵族政治崩坏以后,在官之专家,流在民间,以卖其技艺为生,凡有权有钱者皆可临时雇用之。于是士之阶级出。士字之本义,似是有才能者之通称。如《书·多士》所说"尔殷多士",《诗·文王》所说"济济多士,文王以宁",似皆泛指有才能者而言。《论语·微子》所说"周有八士",亦以士为有才能者。然在贵族政治之时,世官世禄,未有专以卖技艺才能为糊口之阶级。及后有此种人,士之名遂专用于此种人。如战国时国君及贵公子养士,其所养即此种人也。

此种人大别言之,可分为二类:一为知识礼乐之专家,一为打仗之专家;或以后世之名词言之,即一为文专家或文士,一为武专家或武士。用当时之名词言之,则一为儒士(儒士之名,见《墨子·非儒下》),一为侠士。韩非子谓"儒以文乱法,侠以武犯禁",(《显学》)即指此二种人也。儒为文专家。故"卫灵公问阵于孔子。孔子对曰:‘俎豆之事,则尝闻之矣。军旅之事,未之学也’”。(《论语·卫灵公》)后世多以此乃孔子谦词,或以为此乃孔子恶战争之辞,其实孔子所说,乃是事实。儒本只是知识礼乐之专家也。

上文第二节谓儒可有弱义,我以为儒之弱乃对于侠而言。此等文专家终日峨冠博带(古服),咬文嚼字(古言),“言不必信,行不必果”(《孟子·离娄》),以视武专家之“冠雄鸡,佩豭豚”,(详下)“言必信,行必果”(《墨子·兼爱下》)者,当然为柔弱迂缓也。

十二 墨家之起源

在贵族政治未崩坏以前,出兵打仗,贵族即是将帅,庶民即是兵士。及贵族政治崩坏以后,失业之人乃有专以帮人打仗为职业之武专家,即上述之侠士、此等人自有其团体,自有其纪律。墨家即自此等人中出;墨子所领导之团体,即是此等团体。此等人之生活,可于墨子书中见之。

何以知墨子所领导之团体,即是此等团体呢?这有许多证据。《淮南子》谓“墨子服役者百八十人,皆可使赴火蹈刃,死不旋踵”。(《泰族训》)可见墨子所领导之团体,向来是以善战得名的。《墨子·公输》篇:“公输般为楚造云梯之械,成。将以攻宋。子墨子闻之,起于齐,十日十夜,而至于郢。”他到郢后,对楚王说:“臣之弟子禽滑釐等三百人,已持臣守圉之器,在宋城上而待楚寇矣。”可见墨子尝率其弟子,帮人打仗。因此墨子弟子之中,有战死者。《墨子·鲁问》篇:“鲁人有因子墨子,而学其子者。其子战而死。其父让子墨子。子墨子曰:‘子欲学子之子,今学成矣。战而死,而子愠,是犹欲粜,粜售则愠也。’”可见学战及实际参加战事,乃墨子之弟子所应有之工作(《墨子》此段亦可解为鲁人求墨子介绍其子学战于别人，从别人战死。如此亦可证墨子与此等打仗专家有关系）。墨子为人谋国，有时亦多从军事之观点立论。如《墨子·七患》，说“子墨子曰：“国有七患。七患者何？城郭沟池不可守，而治宫室，一患也。边国至境，四邻莫救，二患也。先尽民力无用之功，赏赐无能之人，民力尽于无用，财宝虚于待客，三患也。仕者持禄，游者爱佼，君修法讨臣，臣慑而不敢拂，四患也。君自以为圣智，而不问事，自以为安疆，而无守备，四邻谋之不知戒，五患也。所信者不忠，所忠者不信，六患也。畜种菽粟，不足以食之，大臣不足以事之，赏赐不能喜，诛罚不能威，七患也。以七患守城，必无社稷；以七患守城，敌至国倾。’”在墨子书中我们又可见墨子尝劝人养武士。《墨子·贵义》篇：“子墨子谓公良桓子曰：‘卫，小国也。处于齐晋之间，犹贫家处于富家之间也。贫家而学富家之衣食多用，则速亡必矣。今简子之家，饰车数百乘，马食菽粟者数百匹，妇人衣文绣者数百人。若取饰车食马之费，与绣衣之财以畜士，必千人有余。若有患难，则使百人处于前，数百于后。与妇人数百人处前后孰安？吾以为不若畜士之安也。’”此所谓士，明是武士。

于此可见墨子与孔子之一大不同处。孔子是“俎豆之事，则尝闻之矣。军旅之事，未之学也。”而墨子则讲军旅之事，而瞧不起俎豆之事之繁文缛节。《墨子》书中，有讲守备兵法者二十篇。盖此为其团体之衣食之资，与儒之礼乐同。

《墨子·公输》篇说：“公输般九设攻城之机变，子墨子九距之。公输般之攻械尽，子墨子之守圉有余。”《墨子·备城门》以下，多讲守备之法，及守备器械。盖武士原本为打仗专家，及后因战争器械进步，武士中如墨子所领导之团体，且亦为制造战争器械之专家。遇参加战事时，则皆携其新式器械加入。如墨子所说：“臣之弟子禽滑釐等三百人，已持臣守圉之器在宋城上而待楚寇矣。”墨子等既精于制造器械，则对于物理学算学等之知识必亦较进步，所以《墨经》中有关此方面之研究。

十三 论儒侠之共同道德

儒墨虽不同，而皆为卖技艺才能之专家。有权力者皆可临时用之。如一时无人用之，则即有失业之象。孟子说：“孔子三月无君，则皇皇如也。出疆必载贽。”“古之人三月无君则吊”，“士之失位也，犹诸侯之失国家也”。“士之仕也，犹农夫之耕也”。（《孟子·滕文公下》）其求用之急可见。至于墨之亦为人用，则《吕氏春秋·上德》篇所记墨者巨子孟胜事，最可证明。孟胜受了楚国阳城君之委托，替他守国。“毁璜以为符，约曰：‘符合听之。’”后来阳城君犯了罪，出走于外。“荆收其国。孟胜曰：‘受人之国与之有符。今不见符，而力不能楚，不能死，不可。’其弟子徐弱谏孟胜曰：‘死而有益阳城君，死之可矣。无益也，而绝墨者于世不可。’孟胜曰：‘不然，吾于阳城君也，非师则友也；非友则臣也。不死，自今以来，求严师，必不于墨者矣。求贤友，必不于墨者矣。求良臣，必不于墨者矣。死之所以行墨者之义，而继其业者也。’”这就是说：我们受人之托，须忠人之事，否则墨者之招牌一坏，以后再没有人敢用墨者了。孟胜果死之。“弟子死之者八十三人。”受人之托，忠人之事。当时所谓“士为知己者死，女为悦己者容”。（《战国策》记豫让语）后世所谓“食王的爵禄，报王的恩。”此乃士之道德，武士固如此；文士亦然。文士若只教书相礼，原没有大干系。但若做官有职守，或有守土之责时，则其责任，亦即重大了。“曾子曰：‘可以托六尺之孤，可以寄百里之命，临大节而不可夺也，君子人与？君子人也。’”（《论语·泰伯》）文士既做官守土，则往往亦须参加军事。“君子曰:谋人之军师,败则死之;谋人之邦邑,危则亡之。”(《礼记·檀弓》)此可见文士方面亦谓受人之“托”“寄”,或为人办事,皆须尽忠为之,如有不济,则须以身殉之。《左传》所记子路死卫乱事甚详。卫太子蒯聩欲复国。与其姊,卫大臣孔悝之母,定计,入于孔悝家中。“迫孔悝于厕,强盟之,遂劫以登台。栾宁将饮酒,炙未熟,闻乱,使告季子。”季子即子路,时为孔氏宰。“季子将入,遇子羔将出,曰:‘门已闭矣。’季子曰:‘吾姑至焉。’子羔曰:‘弗及,不践其难。’季子曰:‘食焉,不避其难。’子羔遂出。子路入,及门。公孙敢门焉。曰:‘无入为也。’季子曰:‘是公孙也,求利焉而逃其难。由不然,利其禄,必救其患。’有使者出,乃入。曰:‘太子焉用孔悝,虽杀之,必或继之。’且曰:‘太子无勇,若燔台半,必舍孔叔。’太子闻之惧。下石乞盂黡敌子路,以戈击之,断缨。子路曰:‘君子死,冠不免。’结缨而死。孔子闻卫乱,曰:‘柴也其来,由也死矣。’”(《左传》哀公十五年)子路为孔氏宰,以死救孔悝;此可与孟胜死阳城君难事,先后辉映,不过儒士对于死难一点,似有时不如侠士之板执。孟子说:“可以死,可以无死,死伤勇。”(《孟子·离娄下》)盖儒家注重“时中”,“可以死,可以无死”,须视当时情形而定。不能执一一定的规律,以应一切的事变。如此次卫乱,子羔即以为“弗及,不践其难”。而子路则以为“食焉,不避其难”。盖子羔纯为儒而子路则近于侠也。(子路似原系侠士出身,详下。)孔子亦知之,故闻卫乱即曰:“柴(即子羔)也其来,由也死矣。”

士如受某人之用,则即忠于其事。反之如未受某人之用,则士对之亦无任何义务。如公山弗扰以费叛,召孔子,孔子欲往。佛肸以中牟叛,召孔子,孔子亦欲往。后世对此,颇有怀疑孔子何以欲往从叛逆者。但孔子在当时虽亦受弟子之责难,而弟子未有以君臣之义责之者。因孔子并未为季氏及赵氏之臣，故对之亦无任何义务也。

有权力者对于士，可以临时用之。士对于用之者之义务，亦只对于其所托之事，或对于在其用之之时所发生应办之事，尽忠竭力而止。如孟胜受阳城君之托，只守国一事。如有符来，孟胜将“国”交出即止。但因无符来，又不能禁止别人收国，所以孟胜非“死之”不可。又士之报用之者之程度，亦视用之者之待遇若何而异。“孟子告齐宣王曰：‘君之视臣如手足，则臣视君如腹心；君之视臣如犬马，则臣视君如国人；君之视臣如草芥，则臣视君如寇仇。’”下文孟子又与宣王辩论在如何情形之下，臣方与旧君有服。（《孟子·离娄》）子思亦论此事。（见《礼记·檀弓》）战国时有名的侠士豫让亦说：“范中行氏以众人遇臣，臣故众人报之。知伯以国士遇臣，臣故国士报之”。（《战国策·赵策》）可见这一方面之道德，在儒侠均是一样。

十四　论墨家与普通侠士不同之处

墨家虽出于侠，而与普通的侠，有不同处。亦犹儒家虽出于儒，而与普通的儒，亦有不同处。墨家与普通的侠不同处，大约有三点可说，

（一）侠士为帮人打仗专家，而墨家者流为有主义的帮人打仗专家。墨子非攻，专替被攻者之弱小国家打仗。如《公输》篇所说，墨子闻楚将攻宋，即赶紧自往楚国劝止攻宋，并先遣其弟子三百人持其守具，在宋城上，等候楚兵。《墨子·备城门》以下二十篇，大约皆讲守备之器械及守备之法。攻人之器械及攻人之兵法，墨子特意不讲。

（二）墨子不仅为有主义的打仗专家，且亦进而讲治国之道。《墨子·鲁问》篇云："子墨子曰：翟尝计之矣。翟虑耕而食天下之人矣。盛，然后当一农之耕。分诸天下，不能人得一升粟。藉而以为得一升粟，其不能饱天下之饥者，既可睹矣。翟虑织而衣天下之人矣。盛，然后当一妇人之织。分诸天下，不能人得尺布。藉而以为得尺布，其不能暖天下之寒者，既可睹矣。翟虑被坚执锐，救诸侯之患。盛，然后当一夫之战。一夫之战，其不御三军，既可睹矣。翟以为不若诵先王之道，而求其说。通圣人之言，而察其辞。上说王公大人，次匹夫徒步之士。王公大人用吾言，国必治。匹夫徒步之士用吾言，行必修。""被坚执锐，救诸侯之患"，正是普通侠士之行为。墨子以为此不过一夫之勇，故更进而讲求治国平天下之道。此亦正如儒家者流，自讲求礼乐制度，进而讲求治国平天下之道也。墨子于此点，似受孔子儒家影响。故《淮南子·要略》云："墨子学儒者之业，受孔子之术。"

（三）侠士之团体中本自有其道德，墨子不但实行其道德，且将此道德系统化，理论化，并欲使之普遍化，以为一般社会之公共的道德。关于此点，下文当详述之。

十五　论儒家墨家之教义之社会的背景

士之阶级之人，为社会上之流动分子。在贵族政治时代，贵族及在官者，下及庶民，皆世守其业。贵族世有其土，世治其民。在官者之专家及庶民，世办其事，世奉其君，并无流动分子。及贵族政治崩坏，乃有失去世业之流民，以构成士之阶级。此失去世业之流民，大约可分为二种：一为昔日在官之专家，如祝宗卜史，礼官乐工，而今失职者，或为昔日之贵族而今失势者。此等上层失业之流民，多成为儒士。其原业农工之下层失业之流民，多成为侠士。犹之今日知识阶级之人，多来自社会之中上层；而当匪当兵者，多来自社会之下层。故儒士所拥护之制度，及所行所讲之道德，多当时上层社会所行者。而侠士所拥护之制度，及所讲所行之道德，多为当时下层社会所讲所行者。在此方面，儒士与侠士不同。儒家出自儒士，将儒士所拥护之制度，及其所讲所行之道德，系统化，理论化，并欲以之普遍行于一般社会。墨家出自侠士，亦将侠士所拥护之制度，及其所讲所行之道德，系统化，理论化，并欲以之普遍行于一般社会。所谓"各欲以其道易天下"。在此方面，儒家与墨家又正相同。

儒士多来自社会上层之失业流民。此可于孔子、孟子之起居排场中见之。《墨子·备梯》篇说："禽滑釐子，事子墨子三年，手足胼胝，面目黧黑。役身给使，不敢问欲。子墨子其哀之，乃管酒块脯，寄于大山，昧葇坐之，以醮禽子。"墨子师弟起居之简单刻苦，以视孔子之"以吾从大夫之后，不可徒行。"（《论语·先进》）"食不厌精，脍不厌细。""沽酒市脯不食。"（《论语·乡党》）及孟子"后车数十乘，从者数百人"（《孟子·滕文公下》）之排场，所差甚大，《墨子·贵义》篇说："子墨子南游于楚，见楚献惠王。献惠王以老辞。使穆贺见子墨子。子墨子说穆贺，穆贺大悦。谓子墨子曰：'子之言则诚善矣。而君王，天下之大王也。毋乃曰，贱人之所为，而不用乎？'"墨子之道，为贱人之所为，则其所主张之制度，及所讲所行之道德，乃近于下层社会者，可以见矣。

兼爱为墨家最有名之学说。其最后目的，欲使天下人皆视人如己、互相帮助。"以兼为正，是以聪耳明目，相与视听乎。是以股肱毕强，相为动宰乎。而有道肆相教诲。是以老而无妻子者，有所侍养，以终其寿。幼弱孤童之无父母者，有所放依，以长其身。"

(《兼爱下》)大约侠士之团体中,皆主"有福同享,有马同骑,"墨子所领导之团体中,似确讲并行此道德。《墨子·耕柱》篇说:"子墨子游荆耕柱子于楚。二三子过之,食之三升,客之不厚。二三子复于子墨子曰:'耕柱子处楚无益矣。二三子过之,食之三升,客之不厚。'子墨子曰:'未可知也。'毋几何,而遗十金于子墨子曰:'后生不敢死,有十金,愿夫子之用之也。'子墨子曰:'果未可知也。'"此可见墨子所领导之团体中,皆有钱大家花,有饭大家吃也。又《鲁问》篇,墨子谓弟子曹公子云:"今子处高爵禄,而不以让贤,一不祥也。多财而不以分贫,二不祥也。"以富济贫,亦墨子所领导之团体中所讲所行之道德。此道德即后世之"侠义"团体中亦讲之行之。墨家兼爱之教,即将此道德理论化,并欲以之普遍化于一般社会也。儒家持其宗法之观点,故主张爱有差等。以为如爱无差等,则不足以别亲疏。故曰:"墨氏兼爱,是无父也。"(《孟子·滕文公下》)

孔子弟子中,子路似系一侠士出身者。《史记》谓:"子路性鄙,好勇力,志伉直,冠雄鸡,佩豭豚,陵暴孔子。孔子设礼,稍诱子路。子路后儒服委质,因门人请为弟子。"(《仲尼弟子列传》)《集解》徐广引《尸子》曰:"子路,卞之野人。"据此,则子路出身于下层社会并先为侠士甚明。"冠雄鸡,佩豭豚",似为当时侠士之服饰。子路为孔子弟子后,其以前所学,仍未尽改。如孔子以军旅之事为"未之学"而子路则喜军旅。他的抱负是:"千乘之国,摄乎大国之间,加之以师旅,因之以饥馑,由也为之,比及三年,可使有勇,且知方也。"(《论语·先进》)他又"愿车马,衣轻裘,与朋友共,敝之而无憾。"(《论语·公冶长》)皆侠士道德,孔子对于他,大概很看不惯。他所以说:"由也好勇过我,无所取材。"(《论语·公冶长》)又说:"野哉由也。"(《论语·子路》)又说:"为国以礼,其言不让,是故哂之。”(《论语·先进》)子路死时之慷慨捐生,亦近侠士,详上。

尚同为墨家之政治学说,其说以为政府之起源,乃人鉴于无主则乱之害,“是故选天下之贤可者,立以为天子。”天子政长既立,则其下皆须绝对服从之。“上之所是,必皆是之;所非,必皆非之。”(《墨子·尚同上》)此对上绝对服从之道德,亦似为侠士之团体中所讲所行者。墨子所领导团体中,以巨子为首领,众皆从其号令。《吕氏春秋》记孟胜将死阳城君之难,“使二人传巨子于田襄子。孟胜死,弟子死之者八十三人。二人已致令于田襄子,欲反死孟胜于荆。田襄子止之曰:‘孟子已传巨子于我矣。’不听,遂反死之。墨者以为不听巨子。”(《上德》篇)又腹𦏁为墨者巨子,其子杀人,秦惠王已赦之。“腹𦏁对曰:‘墨者之法,杀人者死,伤人者刑,此所以禁杀伤人也。夫禁杀伤人者天下之大义也。王虽为之赐,而令吏弗诛,腹𦏁不可不行墨者之法。’不许惠王,而遂杀之。”(《吕氏春秋·去私》篇)此皆可见尚同为墨子所领导团体中之道德,即后世“侠义”团体中亦继续行之。儒家依其宗法之观点,以父子之关系,例君臣之关系,故在其心目中治者对于被治者之关系,不若此严峻。又《墨子·尚同》篇中所说“选天下之贤可者,立以为天子”,初视之,似颇突兀,因中国政治哲学中,向无此说也。若知此说本出于侠士团体中所行之道德,则可知其并非自天降下。盖侠士团体之首领,其第一次固可由推选而来。后世“侠义”团体中,如《水浒传》中所说晁盖宋江之取得首领地位,亦皆由推选来也。

信有有人格的上帝及鬼神之存在,能赏善罚恶,本为下层社会之人之信仰,至墨子时,因当时经济、政治、社会、思想,各方面所起之变化,此等旧信仰亦渐不能维持人心。墨子以为世乱之源,起于此等旧信仰之失坠,故竭力提倡此等旧信仰,而有天志明鬼等学说。此亦犹儒家者流以为世乱之源,起于传统的制度之崩坏,故竭力拥护传统的制度,而有正名等学说。皆不悟旧信仰之失坠及旧制度之崩坏,乃世变之结果,而非其原因。在此方面,儒墨同为守旧的。不过一守原来上层社会之旧,一守原来下层社会之旧耳。

节葬短丧,亦为就下层社会之人之观点,所立之主张。盖厚葬久丧,自下层社会穷人之观点视之,尤为有更改之必要。盖下层社会之穷人,既穷而又须每日工作,方能糊口。厚葬则须多花钱,久丧则妨碍作事。不如富人之有钱,有闲,多花钱无大关系,不作事亦无大关系。墨子纯就此观点立论,以反对厚葬久丧。且创为新制,以资遵守。《墨子·节葬下》云:“子墨子制为葬埋之法,曰:‘棺三寸,足以朽骨。衣三领,足以朽肉,掘地之深,下无菹漏,气无发泄于上。垄足以期其所,则止矣。哭往哭来,反从事乎衣食之财,佴乎祭祀,以致孝于亲。’”此明言墨子制为葬埋之法,则此法为新制也。《节葬下》又云:“今执厚葬久丧,果非圣王之道;夫胡说中国之君子,为而不已,操而不择哉?”由此更可知墨家所主张乃墨子就下层社会穷人之观点所立之新制;儒家所主张,乃当时上层社会之君子所应行之成规。

节用非乐,亦就下层社会穷人之观点,以反对上层社会之人之奢侈享受。儒家则就上层社会之人之观点,以主张贵贱之分,礼乐之用。

墨子所领导之团体,亦为制造战争器械专家。故《墨经》中有关于物理学算学等方面之研究,上文已详。因有此研究,故亦有就此研究推衍而纯讲推理方法之处。故《墨经》中亦讲及逻辑及知识论方面之问题。

就以上所论,则儒家墨家之所以不能同,而立于相反的地位,实有必然的理由。在当时墨翟与孔子并称，亦非无故；盖二人所代表之学派，皆具有甚深的社会背景，及甚大的社会势力也。后儒家得势，墨家不振，亦有其必然的理由。盖历代之统治者，无论其出身如何，一为统治者，即为上层社会之人，故必用就上层社会观点立论之政治社会哲学也。然墨家虽不振，而侠士之团体，及其中所讲所行之道德，则仍继续存在。后世《水浒传》等小说中所写，及后世秘密会社中所有之人物道德，是其表现也。不过此等人常被压于社会之下层，为“士君子”所不道而已。

自晚周至清末，中国社会，未有大变。儒士侠士，皆继续存在，皆携其技艺才能，以备有权力者之用之。即如《水浒传》中之人物，其最后志愿，亦为愿受招安，以图“上进”。又如黄天霸之“改邪归正”，是其例也。所谓“学成文武艺，卖于帝王家”。此一般“士”之心理也。

其虽有技艺才能，而不屑或不愿“卖于帝王家”者，则为隐士。道家之学，即出于隐士，已详于余之《中国哲学史》中。孔子一生，屡与隐士接触，《论语》中所记“有若无，实若虚”，“犯而不校”，“以德报怨”，大约即此等人之主张也。

此外阴阳家者流，出于方士；名家者流，出于辩士；法家者流，出于法术之士；当别论之。

(原载《中国哲学史补》，商务印书馆1936年版，现选自刘梦溪主编《中国现代学术经典》，河北教育1996年版)

冯友兰，河南唐河县人，著名哲学家，早年赴美留学，师从杜威先生，获哥伦比亚大学哲学博士学位。著有《中国哲学史》、《新理学》、《新事论》、《新世训》、《新原人》、《新原道》、《新知言》和《中国哲学史新编》等论著。一生中西文著作共30余种,各类文章500多篇。遗书集为《三松堂全集》,共14卷,600多万字,由河南人民出版社出版。

本文主要论述与胡适《说儒》不同的观点,认为儒之起源与殷民族没有关系;殷周文化并不相同;儒家之"古言服"仍是周制;儒者不是商祝;《周易》非亡国殷人所作民间之书;儒之起源是贵族政治崩坏后散在民间的专家所因缘。故殷民族没有"悬记",孔子与殷商也没有密切关系;此外还论述了儒墨、儒侠关系及不同等。

驳《说儒》

郭沫若

一 《说儒》的基础建立在一个对比上

胡适的《说儒》，初发表于《历史语言研究所集刊》第四本第三分，后收入《论学近著》。他说儒本殷民族的奴性的宗教，到了孔子才"改变到刚毅进取的儒"。孔子的地位，就完全和耶稣基督一样。他有一段文章，把孔子和耶稣对比，我且把它抄在下面：

"犹太民族亡国后的预言，也曾期望一个民族英雄出来，'做万民的君王和司令'（《以赛亚书》五五章四节），'使雅各众复兴，使以色列之中得保全的人民能归回——这还是小事——还要作外邦人的光，推行我（耶和华）的救恩，直到地的尽头'（同书四九章六节）。但到了后来，大卫的子孙里出了一个耶稣，他的聪明仁爱得了民众的推戴，民众认他是古代先知预言的'弥赛亚'，称他为'犹太人的王'。后来他被拘捕了，罗马帝国的兵给他脱了衣服，穿上一件朱红色袍子，用荆棘编作冠冕，戴在他头上，拿一根苇子放在他右手里；他们跪在他面前，戏弄他说：'恭喜犹太人的王啊！'戏弄过了，他们带他出去，把他钉死在十字架上。犹太人的王'使雅各众复兴，使以色列归回'的梦想，就这样吹散了。但那个钉死在十字架上的殉道者，死了又‘复活’了：‘好像一粒芥菜子，这原是种子里最小的，等到长大起来，却比各样菜都大，且成了一株树，天上的飞鸟来宿在他的枝上’，他真成了‘外邦人的光，直到地的尽头’。

孔子的故事也很像这样的。殷商民族亡国以后，也曾期望‘武丁孙子’里有一个无所不胜的‘武王’起来，‘大糦是承’，‘肇域彼四海’。后来这个希望渐渐形成了一个‘五百年必有王者兴’的悬记，引起了宋襄公复兴殷商的野心。这一次民族复兴的运动失败之后，那个伟大的民族仍旧把他们的希望继续寄托在一个将兴的圣王身上。果然，亡国后的第六世纪里，起来了一个伟大的‘学而不厌，诲人不倦’的圣人。这一个伟大的人不久就得着了许多人的崇敬，他们认他是他们所期待的圣人；就是和他不同族的鲁国统治阶级里，也有人承认那个圣人将兴的预言要应在这个人身上。和他接近的人，仰望他如同仰望日月一样，相信他若得着机会，他一定能‘立之斯立，道之斯行，绥之斯来，动之斯和’。他自己也明白人们对他的期望，也以泰山梁木自待，自信‘天生德于予’，自许要做文王周公的功业。到他临死时，他还做梦‘坐奠于两楹之间’。他抱着‘天下其孰能宗予’的遗憾死了，但他死了也‘复活’了：‘人能弘道，非道弘人’，他打破了殷周文化的藩篱，打通了殷周民族的畛域，把那含有部落性的‘儒’抬高了，放大了，重新建立在六百年殷周民族共同生活的新基础之上；他做了那中兴的‘儒’的不祧的宗主；他也成了‘外邦人的光’。‘声名洋溢乎中国，施及蛮貊。舟车所至，人力所通，……凡有血气者莫不尊亲。’”

他的说法，基本就建立在这样一个对比上。这是很成问题的。

当然，为了要建立这个对比，他也有他的一些根据。我们现在就请来追究他的根据。

二 三年之丧并非殷制

最主要的根据怕就是三年丧制的溯源吧。三年丧制本是儒家的特征，胡适往年是认为孔子的创制，据我所见到的也是这样。但在《说儒》里他却改从了傅斯年说，以为这种制度本是殷人所旧有，殷灭于周，殷之遗民行之而周不行，下层社会行之而上层社会不行，故孔子说："夫三年之丧，天下之通丧也。"(《论语·阳货》)而孟子时的滕国父兄百官反对行此丧制时，说："吾宗国鲁先君莫之行，吾先君亦莫之行。"(《孟子·滕文公上》)这个新说在求文献的彼此相安，面面圆到上，诚然是美满的发明，但可惜依然没有证据。

《尚书·无逸篇》里说："其在高宗，时旧劳于外，爰暨小人；作其即位，乃或亮阴三年不言。"这个故事大约就是唯一的证据了吧。但这个故事，在孔子的大门人子张已经就弄不明白，质问过他的老师。《论语·宪问篇》载有他们师弟间的问答：

> "子张曰：'《书》云："高宗谅阴，三年不言"，何谓也？'
>
> 子曰：'何必高宗，古之人皆然，君薨，百官总已以听于冢宰三年。'"①

---

① 《吕氏春秋·审应览·重言》云："人主之言，不可不慎。高宗天子也，即位，谅闇三年不言。卿大夫恐惧患之，高宗乃言曰：'以余一人正四方，余唯恐言之不类也，兹故不言。'古之天子其重言如此，故言无遗者。"对此故事作为慎言解，可见儒家解释直到战国末年，也尚未成为定论。——作者注

这段文字在《说儒》里也是被征引了的，博士对此丝毫没有怀疑，但我觉得我们的圣人似乎有点所答非所问。“谅阴”或“亮阴”（也有作“谅闇”或“梁闇”的）这两个古怪的字眼，怎么便可以解为守制呢？一个人要“三年不言”，不问在寻常的健康状态下是否可能，即使说用坚强的意志力可以控制得来，然而如在“古之人”或古之为人君者，在父母死时都有“三年不言”的“亮阴”期，那么《无逸篇》里所举的殷王，有中宗、高宗、祖甲，应该是这三位殷王所同样经历过的通制。何以独把这件事情系在了高宗项下呢？子张不解所谓，发出疑问，正是那位“堂堂乎张也”的识见过人的地方。可惜孔子的答案只是一种独断式，对于问题实在并没有解决到。而所谓“古之人皆然”的话，尤其是大有问题的。真正是“古之人皆然”吗？在这儿却要感谢时间的经过大有深惠于我们，我们三千年下的后人，却得见了为孔子所未见的由地下发掘出的殷代的文献。

一“癸未王卜贞：酒肜日自上甲至于多后，衣。亡它自尤。在四月，惟王二祀。”（《殷虚书契》前编三卷二十七页七片）

二“□□王卜贞：今由巫九咎，其酒肜日〔自上甲〕至于多后，衣。亡它在尤。在〔十月〕又二。王稽，曰大吉。惟王二祀。”（同上三卷二十八页一片）

三“癸巳王卜贞：旬亡尤。王稽，曰吉。在六月，甲午，肜芀甲。惟王三祀。”（同上续编一卷二十三页五片）

四“癸酉王卜贞：旬亡尤。王稽，曰吉。在十月又一，甲戌，妹工典，其荒，惟王三祀。”（同上一卷五页一片）

这些是由安阳小屯所出土的殷虚卜辞，由字体及辞例看来，是帝乙时代的纪录。（时代规定的说明很长，在此从略，下面将有略略谈到的地方。)这里面还有少数的字不认识,但大体是明白的。请看这儿有什么三年之丧的痕迹呢?第一第二两例的“衣”是“五年而再殷祭”之殷,古人读殷声如衣,这是已成定论的,是一种合祭。两例都同在“王二祀”,即王即位后的第二年,一在四月,一在十二月。仅隔七八月便行了两次殷祭,已经和礼家所说的殷祭年限大有不同;而在王即位后的第二年,为王者已经在自行贞卜,自行稽疑,自行主祭。古者祭祀侑神必有酒肉乐舞,王不用说是亲预其事了。这何尝是“三年不言”,“三年不为礼”,“三年不为乐”?何尝是“百官总己以听于冢宰”,作三年的木偶呢?

第三第四两例也是同样。那是在王的即位后第三年,一在六月,一在十一月,而王也在自行贞卜,自行稽疑,自行主祭。

这些是祭祀的例子。此外,畋猎行幸之例虽然还没有见到,但我相信一定是会有的,或者还藏在地下,或者已经出土而未见著录。而且卜辞系年是稀罕的例子,畋猎行幸之例已见著录者已经很多,虽然通未系年,但要说那里面绝对没有王元祀,王二祀,王三祀时的贞卜,那是谁也不能够的。

殷代的金文不多,系着元、二、三祀的例子也还没有见到。周代的是有的,也毫无三年丧制的痕迹。但那是事属于周,在这儿就不便征引了。

三 高宗谅阴的新解释

根据上举铁证,我们可以断言:殷代,就连王室都是没有行三年之丧的。问题倒应该回头去跟着二千多年前的子张再来问一遍:

“《书》云:‘高宗谅阴,三年不言’,何谓也?”

健康的人要“三年不言”，那实在是办不到的事，但在某种病态上是有这个现象的。这种病态，在近代的医学上称之谓“不言症”（Aphasie），为例并不稀罕。据我看来，殷高宗实在是害了这种毛病的。所谓“谅阴”或“谅闇”大约就是这种病症的古名。阴同闇是假借为瘖，口不能言谓之瘖，闇与瘖同从音声，阴与瘖同在侵部，《文选·思玄赋》，“经重瘖乎寂寞兮”，旧注，“瘖古阴字”，可见两字后人都还通用。这几个字的古音，如用罗马字来音出，通是ám，当然是可以通用的。亮和谅，虽然不好强解，大约也就是明确、真正的意思吧。那是说高宗的哑，并不是假装的。得到了这样的解释，我相信比较起古时的“宅忧”、“倚庐”的那些解释要正确得多。请拿《尚书》的本文来说吧。“其在高宗，时旧劳于外，爰暨小人；作其即位，乃或（又）亮阴，三年不言”：是说高宗经历了很多的艰苦，在未即位之前，曾在朝外与下民共同甘苦（大约是用兵在外吧）；即了位之后，又患了真正的瘖哑症。不能够说话，苦了三年。这样解释来，正是尽情尽理的。

据上所述，可见把“谅阴三年”解为三年之丧，也不过如把“雨我公田”解为井田制之类而已。那自然是同样的不可靠。本来孔子原是注重实据的人，他要谈殷礼，曾痛感到宋国文献之不足征。高宗的故事当然也是无多可考的，仅仅六个字，他要把它解成了“君薨，百官总已以听冢宰三年”，（《论语·宪问》）大约是由于他的“托古改制”的苦衷，加以淑世心切，又来一句“古之人皆然”的话，都不过如敝同乡苏东坡的“想当然耳”之类。知道得这一层，那么“天下之通丧也”的那么一句，也就尽可以不必拘泥了。如一定要与圣人圆个诳，我看也尽可以解为“古之天下”，或者来个悬记，说是“将来之天下”。好在《论语》本是孔子的徒子徒孙们的断烂笔记，偶尔脱落几个字是事有可能的。

我要再来申说一下那“不言症”的病理。那种病症有两种型：一种是“运动性不言症”(motorische Aphasie)，一种是“感觉性不言症”(sensorische Aphasie)。前者的脑中语识没有失掉，只是末梢的器官不能发言，有时甚至于连写也不能写，不过你同他讲话他是明白的。后者是连脑中语识都失掉了，听亲人说话俨如听外国语。德国话称这种为 Worttaubheit 或 Seelentaubheit，译出来是“言聋”或“魂聋”。两种不言症都有种种轻重的程度，我在这儿不便写医学讲义，只好暂且从略。但其病源呢？据说是大脑皮质上的左侧的言语中枢受了障碍。有时是有实质上的变化，如像肿疡外伤等；有时却也没有，没有的自然是容易好的。殷高宗的不言症，大约是没有实质变化的一种，因为他是没有受手术而自然痊愈了的，由这儿我们可以推想得到。

殷高宗的“谅阴”既是不言症而非倚庐守制，那么三年之丧乃殷制的唯一的根据便失掉了。

〔**追记**〕殷高宗曾患不言症，卜辞中已有直接证明。武丁时卜辞每多“今夕王言”或“今夕王迺言”之卜，往时不明其意者，今已涣然冰释。

四　论《周易》的制作时代

胡适似乎很相信《周易》，《说儒》里面屡屡引到它。最有趣味的是他根据章太炎把《需》卦的那些卦爻辞来讲儒，他说那儿所刻画的是孔子以前的柔懦而图口腹的儒者。孔子的出现是把这种儒道改革了的。有趣是有趣，可惜牵强得太不近情理，记得已经由江绍原把他驳斥了。但他除《需》卦而外也说到了其它，你看他说：

“我们试回想到前八世纪的正考父的《鼎铭》，回想到《周易》里《谦》、《损》、《坎》、《巽》等等教人柔逊的卦爻辞，回想到曾子说的'昔者吾友尝从事'的'犯而不校'，回想到《论语》里讨论的'以德报怨'的问题，——我们不能不承认这种柔逊谦卑的人生观正是古来的正宗儒行。孔子早年也从这个正宗儒学里淘炼出来，……后来孔子渐渐超过了这个正统遗风，建立了那刚毅弘大的新儒行，就自成一种新气象。"

这儿的大前提中也把《周易》的《谦》、《损》、《坎》、《巽》等卦包含着。《周易》里面也有《乾》、《大壮》、《晋》、《益》、《革》、《震》等等积极的卦，为何落了选，都暂且不提。其实要把《周易》来做论据，还有一个先决问题横亘着的，那便是《周易》的制作时代了。这层胡适也是见到了的。你看他说："《周易》制作的时代已不可考了"，但回头又下出一个"推测"，说"《易》的卦爻辞的制作大概在殷亡之后，殷民族受周民族的压迫最甚的一二百年之中"，而断定作者"是殷人"。这个"推测"和断定，连边际也没有触到。关于这，我在三年前已经用日本文写过一篇《周易之制作时代》。发表在日本的《思想》杂志上（一九三五年四月）。那文章早就由我自己译成中文寄回国去，大约不久就可以问世了吧。

我的见解，《易》的作者是馯臂子弓，作的时期是在战国前半。详细的论证已有专文，但在这儿不妨把一个重要的揭发写出。

"中行告公，用圭。"（《益》六三）

"中行告公，从。"（《益》六四）

"朋亡，得尚（当）于中行。"（《泰》九二）

"中行独复。"（《复》六四）

"苋陆夬夬，中行无咎。"（《夬》九五）

这些爻辞里面的"中行"，尤其前四项，无论怎样看，都须得是人名或官名。这些爻辞里面应该包含有某种故事。想到了这一层,这钥匙就落在我们手边了。请看《左传》僖公二十八年的传文吧,那儿有这样的话。

> “晋侯作三行以御狄。荀林父将中行,屠击将右行,先蔑将左行。”

晋侯是晋襄公,“三行”之作是由他创始的。荀林父是最初的中行将,因而他便博得了“中行”的称号,宣公十四年的传文称他为中行桓子。他的子孙,后来也就有了中行氏的一族。发现了这个典故,回头去看那些爻辞,不是可以迎刃而解了吗?尤其《泰》九二的“朋亡,得尚(当)于中行”,我看,那明明说的是文公七年先蔑奔秦的事。那年晋襄公死了,晋人先遣先蔑士会到秦国去迎接公子雍,以为襄公的后嗣。但到秦国派着兵把人送到令狐的时候,晋人却变了卦,出其不意地给秦兵一个邀击,把秦兵打败了,弄得先蔑士会都不得不向秦国亡命。《左传》上说:

> “戊子,败秦师于令狐,至于刳首。己丑,先蔑奔秦,士会从之。先蔑之使也,荀林父止之曰:‘夫人太子犹在而外求君,此必不行。子以疾辞,若何?不然,将及。摄卿以往,可也,何必子?同官为寮,吾尝同寮,敢不尽心乎?’弗听。为赋《板》之三章,又弗听。及亡,荀伯尽送其帑及其器用财贿于秦,曰:‘为同寮故也。’”

同寮亡命,岂不就是“朋亡”?“荀伯尽送其帑及其器用财贿于秦,”岂不就是“得当于中行”?亡与行是押着韵的。想来这简单的两句大约是当时的口碑,口碑流传既久,往往会和那故事的母胎脱离而成为纯粹的格言。编《周易》的人恐怕也只是当成一些格言在采纳的吧?因为“中行”两个字与中庸同义,故尔一收便收到了五项。《周易》爻辞中像这样明明白白地收入了春秋中叶的晋事,那年代也就可想而知了。要之,《周易》是后起的,事实上连孔子本人也没有见过。《论语》上有"加我数年,五十以学易,可以无大过矣"的话,这是孔子和《易经》发生关系的唯一出处,但那个"易"字是有点蹊跷的。据陆德明《音义》,"易"字《鲁论》作"亦",可见那原文本是"加我数年,五十以学,亦可以无大过矣",是后世的《易》学家把它改了的。汉时《高彪碑》有"恬虚守约,五十以敩"的两句,正是根据的《鲁论》。

五　论《正考父鼎铭》之不足据

《正考父鼎铭》在《说儒》中也返返复复地见了四五次,不用说也是胡适所根据的重要资料之一,但不幸这个资料更加不可靠。我在四年前曾做过一篇《正考父鼎铭辨伪》。登在《东方杂志》上。文章发表后,我自己却尚未见到,原因是《东方杂志》在日本是禁止输入的,这倒不知道是为了什么缘故。但那篇旧作也还有不周到的地方,我现在要把那辨伪工作,重新在这儿整理一次。

《正考父鼎铭》不仅见于《左传》昭公七年,同时在《史记》的《孔子世家》里面也有。现在且把那两项文字来对比一下。

〔《左传》〕	〔《史记》〕
"九月,公至自楚,孟僖子病不能相礼,乃讲学之。苟能礼者,从之。及其将死也,召其大夫曰:'礼,人之幹也。无礼,无以立。	"孔子年十七,鲁大夫孟釐子病且死,戒其后嗣懿子曰:

吾闻将有达者曰孔丘，圣人之后也，而灭于宋。其祖弗父何以有宋而授厉公。及正考父，佐戴、武、宣，三命兹益共。故其《鼎铭》云：“一命而偻，再命而伛，三命而俯，循墙而走，亦莫余敢侮。饘于是，粥于是，以餬余口。”其共也如是。	‘孔丘，圣人之后，灭于宋。其祖弗父何，始有宋而嗣让厉公。及正考父佐戴、武、宣公，三命兹益恭。故《鼎铭》云：“一命而偻，再命而伛，三命而俯，循墙而走，亦莫敢余侮。饘于是，粥于是，以餬余口。”其恭如是。
臧孙纥有言曰：“圣人有明德者，若不当世，其后必有达人。”今其将在孔丘乎？我若获没，必属说与何忌于夫子，使事之，而学礼焉，以定其位。’	吾闻“圣人之后，虽不当世，必有达者”。今孔丘年少好礼，其达者欤？吾即没，若必师之。’
故孟懿子与南宫敬叔师事仲尼。仲尼曰：‘能补过者，君子也。’诗曰：‘君子是则是效。’孟僖子可则效已矣。”	及釐子卒，懿子与鲁人南宫敬叔往学礼焉。”

在一首一尾上有相当显著的差异，尤其在开头处。《史记索隐》的作者早就见到了这一点，他说：“昭七年《左传》云：‘孟僖子病不能相礼，乃讲学之，及其将死，召大夫’云云，按谓‘病’者不能相礼为病，非疾困之谓也。至二十四年僖子卒，贾逵云：‘仲尼时年三十五矣。’是此文误也。”小司马是以《史记》为“误”，但在我看来觉得有点冤枉。太史公尽管冒失，怎么会至于连一个“病”字都看不懂？而且他说“病且死”者，是说孟釐子病危有将死之虞而实未即死，特遗嘱是那时候留下来的。如照《左传》的说法，是到

十七年后将死时的说话，到那时孟懿子已经成人，何以还要把他属之于大夫？孔子已经是相当的“达人”，何以还要预言其将达？这些已经就有点毛病的，而那一首一尾的添加尤其着了痕迹。本来在春秋当时“相礼”的事是有儒者专业的，“不能相礼”并不足为“病”。孟僖子既“病”自己的“不能相礼”而教子弟师事孔子，许孔子为未来的达人，孔子也就称赞孟僖子是能够补过的“君子”。像这样岂不是在互相标榜吗？所以据我看来，我觉得《左传》的文字显然是刘歆玩的把戏，是他把《史记》的记载添改了一下，在编《左传》时使用了的。然而就是《史记》的记载也依然有问题。《史记》中两见正考父，另一处见于《宋世家》的后序，那里说：“襄公之时修行仁义，欲为盟主，其大夫正考父美之。故追道契、汤、高宗，殷所以兴，作《商颂》。”但两处的年代却相隔了一百多年，这儿又是一个大缝隙。要弥补这个缝隙，须得从《诗》之今古文家说说起。

原来《诗》说有三派，有《鲁诗》、《韩诗》、《毛诗》。《鲁》、《韩》先进，是今文家，《毛诗》后起，是古文家。司马迁是采用《鲁诗》说的；他那《商颂》的制作时代与作者说，自然是本诸《鲁诗》。《史记集解》言：“《韩诗》，《商颂》章句亦美襄公。”又《后汉书·曹褒传》注引《韩诗·薛君章句》说：“正考父孔子之先也，作《商颂》十二篇。”据此可见《韩诗》也认为《商颂》乃正考父所作，而正考父乃襄公时人。《鲁》、《韩》两家完全是一致的。独于后起的《毛诗》却生出了异议。《毛诗序》说：

> “微子至于戴公，其间礼乐废坏，有正考甫者得《商颂》十二篇于周之大师，以《那》为首。”

这却把正考父认为戴公时人，而认《商颂》为商之遗诗。这异说自然也有根据，前者便是《左传》的“及正考父，佐戴、武、宣”，后者则出自《国语》"昔正考父校商之名颂十二篇于周大师,以《那》为首"。(《鲁语》闵马父言)但这《左传》和《国语》,其实是一套,同是经过刘歆玩过把戏的东西,而刘歆是古文家的宗主。说到这儿,我们总可以恍然大悟了吧。便是《左传》昭七年文是刘歆的造作固不用说,便是《史记·孔子世家》中的关于正考父的那一段,明明也是经过刘歆窜改的。尤其是那鼎铭,我确实地找着了它的家婆屋。那文字的前半是剽窃《庄子》,后半是摹仿《檀弓》。

"正考父一命而伛,再命而偻,三命而俯,循墙而走。孰敢不轨?如而夫者一命而吕钜,再命而于车上舞,三命而名诸父。孰协唐、许?"

这是《庄子·列御寇篇》上的一节,本是有韵的文章,是否庄子亲笔虽不敢断言,总得是先秦文字。看这叙正考父"三命兹益恭"的情形,本来是第三者的客观描写。而"孰敢不轨"一句也是第三者的批评。全节的大意是说像正考父那样的谦恭,世间上谁还敢为不轨?但像那位尊驾("如而夫")的那样高傲,谁还想媲美唐尧、许由?这是尽情尽理的。但这前半被刘歆剽窃去作为正考父的《鼎铭》,便成了正考父的自画自赞,而把"孰敢不轨"改为"亦莫余敢侮",竟直倨傲到万分了。还有呢,《庄子》的原文本是"一命而伛,再命而偻"。伛与偻,是"伛偻"这个联绵字的析用。伛偻或作痀偻,又或作曲偻,今人言驼背也。此外,如车弓曰枸篓(见《方言》),地之隆起处曰欧窭,(见《史记·滑稽列传》)人苦作而弓背曰劬劳,又作拘录或軥录,(见《荀子》)都是一语之转,但都先伛而后偻。一落到刘歆手里,却变成了先偻而后伛。这分明是他的记忆绞了线。《左传》是这样,《史记》也是这样,正足证明是出于一人之手。

《鼎铭》的前半已经弄得那么可笑,而后半也同样的可笑。饘粥是今人所谓稀饭,但古人铸鼎是以盛牲牢鱼鳖,并不是拿来煮稀饭的。古之人“钟鸣鼎食”比较起现在的奏军乐而吃西餐,觉得还要神气。自然,拿沙锅煮稀饭,今之乞丐为之,古亦宜然。正考父既以“三朝元老”铸鼎铭勋,而曰“饘于是,粥于是,以餬余口”——我过的是和讨口子一样的生活,拿鼎来煮稀饭吃的呀!这岂不是一位假道学?口气倒很有点张老之风,要说不是出于摹仿,我有点碍难相信。

《檀弓》有云:

> “晋献文子成室,晋大夫发焉。张老曰:‘美哉轮焉,美哉奂焉!歌于斯,哭于斯,聚国族于斯。’……君子谓之善颂善祷。”

刘歆不仅伪造了鼎铭,而且还伪造了史实。《庄子》所载的正考父三命本来并没有说是三朝之命,在一朝而受三命乃至三命以上,都是可能的。然而刘歆却把它解作三朝之命,而造出了“佐戴、武、宣”的史实出来,与今文家说大抬其杠子,弄得我们标榜考证的胡适博士也为所蒙蔽了,真真是误人不浅。

但正考父尽管是宋襄公时人,《鼎铭》也尽管是伪,而他那“三命兹益恭”的态度,既见于《庄子》,则胡适要用来证明“柔慈为殷人在亡国状态下养成的一种遗风”,仍然说得过去的,只消把年代改晚一点好了。然而可惜,这正考父是宋国的贵族,历代都只在宋国作大官,而宋国又是殷代遗民所聚集成的国,他在这儿就要充分地谦恭,并不足以解为奴性。假使他是出仕于鲁周或齐晋,那就方便得多了。何况他所作的《商颂》,那格调的雄壮,音韵的洪朗,实在也并不懦弱。更何况他的先人中有“十年而十一战”的孔父嘉,他的同国人里面有勇名啧啧的南宫万,足以令人想到这些遗民实在是有点“顽”的。柔慈云乎哉!奴性云乎哉!

六 《玄鸟》并非预言诗

《说儒》的另一个主要论据是把《商颂》的《玄鸟篇》解为预言诗。胡适告诉我们说：

“我们试撇开一切旧说，来重读《商颂》的《玄鸟篇》：‘天命玄鸟，降而生商，宅殷土芒芒。古帝命武汤，正域彼四方。方命厥后，奄有九有。商之先后，受命不殆，在武丁孙子。武丁孙子——武王靡不胜。龙旂十乘，大糦是承。邦畿千里，维民所止。肇域彼四海，四海来假。来假祁祁，景员维河。殷受命咸宜，百禄是何。’此诗旧说以为祀高宗的诗。但旧说总无法解释诗中的‘武丁孙子’，也不能解释那‘武丁孙子’的‘武王’。郑玄解作‘高宗之孙子有武功有王德于天下者，无所不胜服’。朱熹说：‘武王，汤号，而其后世亦以自称也。言武丁孙子，今袭汤号者，其武无所不胜。’这是谁呢？殷自武丁以后，国力渐衰，史书所载，已无有一个无所不胜服的‘武王’了。”

这样断定之后，接着又说：

“我看此诗乃是一种预言：先述那‘正域彼四方’的武汤，次预言一个‘肇域彼四海’的‘武丁孙子——武王’。”

于是又把“大糦”改为“大艭(艱)”，说“这个未来的‘武王’能无所不胜，能用‘十乘’的薄弱武力，而承担‘大艱’，能从千里的邦畿而开国至于四海。这就是殷民族悬想的中兴英雄”。接着搭上了《左传》昭七年的孟僖子的话，更搭上了孟子的“五百年必有王者兴”的话，于是乎这“悬记”，就和犹太民族的“弥赛亚”预言之应中到耶稣身上的一样，便应中到孔子身上来了。牵强附会得太不成话了!

是的,“武丁孙子——武王靡不胜”,照旧说,的确是有点费解。因为“武王”本是汤号,如何反成了武丁的孙子呢?故尔清代的王引之在他的《经义述闻》里也就把这诗改了一下,把两个“武丁”改成“武王”,把“武王”改成“武丁”。那样的改法,说是说得过去的,可惜没有证据。其实那诗何须乎改字呢?自来的注家没有把它弄得清爽的,只是读法没有弄得清爽罢了。中国的旧时诗文不加标点,实在是一种害人的东西,然如标点加错了,就像这“武丁孙子——武王靡不胜”一样,依然是害人。不嫌重复,让我也把那中间的几句标点一下吧。

“商之先后,受命不殆,在武丁孙子,武丁孙子(之部)。武王靡不胜,龙旂十乘,大糦是承(蒸部)。……”

这样一来,想无须乎再要我加些注释了吧?武王就是上面的武汤,所以说是“肇域彼四海”,肇者始也。前既咏武汤,后又咏武王者,和《长发》是一样的格调,所谓低徊返复,一唱三叹。照我这样地标点,自然是“丁”也不用改,“王”也不用改,“糦”也不用改,胡适的预言说可以还给犹太的“法利赛人”去了。

七　殷末的东南经略

再说“殷自武丁以后,国力渐衰;史书所载,已无有一个无所不胜服的‘武王’了”,这也有点不尽合乎史实。其实就拿殷代最后的一个亡国之君帝辛来说吧。这人被周及以后的人虽说得来万恶无道,俨然人间世的混世魔王,其实那真是有点不太公道的。人是太爱受人催眠,太爱受人宣传了,我们是深受了周人的宣传的毒。但就在周人里面多少也还有些讲公道话的人。例如《荀子》

的《非相篇》虽然同样在骂他，但如说“长巨姣美，天下之杰也；筋力超劲，百人之敌也”，这岂是寻常的材料？又再把《左传》中批评他的话来看吧。

“纣克东夷而殒其身。”（昭十一年叔向语）

“纣之百克而卒无后。”（宣十二年栾武子语）

“恃才与众，亡之道也；商纣由之，故灭。”（宣十五年伯宗语）

在这儿正表示着一幕英雄末路的悲剧，大有点像后来的楚霸王，欧洲的拿破仑第一。他自己失败了而自焚的一节，不也足见他的气概吗？但这些英雄崇拜的感慨话，我们倒可以不必提。我们可以用纯正的历史家的观点来说句“持平”的话：像殷纣王这个人对于我们民族发展上的功劳倒是不可淹没的。殷代的末年有一个很宏大的历史事件，便是经营东南，这几乎完全为周以来的史家所抹煞了。这件事，在我看来，比较起周人的翦灭殷室，于我们民族的贡献更要伟大。这件事，由近年的殷虚卜辞的探讨，才渐渐地重见了天日。

卜辞里面有很多征尸方和盂方的纪录，所经历的地方有齐有雇（即《商颂》“韦、顾既伐”之顾，今山东范县东南五十里有顾城），是在山东方面；有灊（今安徽霍山县东北三十里鬻城）有攸（鸣条之条省文），是在淮河流域。我现在且举几条卜辞在下边以示例：

一 “甲午王卜贞：×余酒朕荦。酉，余步从侯喜正（征）尸方。上下槑示，余受又又（有佑），不曹哉咼。告于大邑商，亡它在猷。王乩曰吉。在九月遘上甲。隹王十祀。”（《卜辞通纂》第五九二片）

（这是我由两个断片所复合的，一半见《殷虚书契》

前编四卷十八页一片,另一片见同书三卷二十七页六片。字虽不尽识,文虽不尽懂,但在某王的十年九月有征尸方的事,是很明瞭的。)

二 "癸巳卜黄贞:王旬亡畎。在十月又二。正尸方,在灊。

"癸卯卜黄贞:王旬亡畎。在正月,王来正尸方。于攸侯喜鄙。派。"

(此明义士牧师 J. M. Menzies 藏片,据董作宾《甲骨文断代研究例》所引,原拓未见)

三 "癸巳卜贞:王旬亡尤,在二月,在齐次。隹王来正尸方。"(《前编》二卷十五页三片)

四 "癸亥卜黄贞:王旬亡尤,在九月。正尸方。在雇。"(《前编》二卷六页六片)

五 "……在二月,隹王十祀;肜日,王来正盂方伯(炎)。"(《兽头刻辞》、《卜辞通纂》五七七片)

六 "丁卯王卜贞:今冎巫九咎。余其从多田(甸)于(与)多伯,正盂方伯炎。叀衣。翌日步,亡左,自上下槩示,余受又又(有佑),不莤戠冎。告于兹大邑商,亡它在尤。王乩曰弘吉。在十月,遘大丁翌。"(前中央研究院藏片)

七 "庚寅王卜在灊次贞:伐林方,亡灾。

壬辰王卜在灊贞:其至于䊢雚祖乙次,往来亡灾。

甲午王卜在灊次贞:今日步入酋,亡灾,十月二,隹十祀,肜〔日〕。"(《库方甲骨》第一六七二片)

以上七例算是最重要的,由其年月日辰,人名地名等以为线索,可以知道是同时的纪录。问题是那"王十祀"的"王"究竟是谁?关于卜辞的研究近来大有进境,差不多已经办到能断定每一片的约略的时代了。这位“王”，在我认为是帝乙，而在董作宾和吴其昌两人则定为帝辛，主要的根据便是旧文献中帝辛有克东夷的记载，与这相当。但是帝辛时代的殷都是朝歌，是帝乙末年所迁移的。在安阳的小屯，不得有帝辛的卜辞。现在卜辞数万片中无祭帝乙之例，又其他直系先妣均见，独武乙之配妣戊（见《戊辰彝》）及文丁之配（在帝辛则为妣）不见，均其坚决的消极证据。实则帝乙经营东南之事于旧史亦未见得全无踪影。《后汉书·东夷传》云：

> “夷有九种，曰畎夷、于夷、方夷、黄夷、白夷、赤夷、玄夷、风夷、阳夷。……殷汤革命，伐而定之。至于仲丁，蓝夷作寇。自是或服或畔，三百余年。武乙衰敝，东夷浸盛，遂分迁淮岱，渐居中土。”

这儿所说的“或服或畔”，便表明殷代自仲丁而后随时都在和东夷发生关系，“畔”了如不去征讨，敌人那里会“服”？可见征东夷一事在殷末是循环的战争，不能专属于帝辛一人。大抵帝乙十年曾用兵一次，有所征服。在其二十年还有一段长期南征的事迹，在这儿暂且不提。不过到了帝辛时东夷又叛变了，又作了一次或不仅一次的征讨罢了。《左传》昭四年，楚国的椒举说“商纣为黎之蒐，东夷叛之”，在这“为黎之蒐”以前的东夷之服，岂不是帝乙远征之所致吗？帝乙所征的盂方自然是于夷，所征的林方大约就是蓝夷。古音林蓝都是读 Lam 的。所谓尸方，大约是包括东夷全体。古音尸与夷相通，周代金文称夷也用尸字。看这情形，尸当是本字，夷是后人改用的。称异民族的“尸”者，犹今人之称“鬼子”也。

帝辛的经营东南，他的规模似乎是很宏大的。你看古本《泰誓》说：“纣有亿兆夷人亦（大）有离德，余有司（旧作乱）臣十人同心同德”,(见《左传》昭二十四年)这亿兆的“夷人”必然是征服东夷之后所得到的俘虏。俘虏有亿兆之多,可见殷的兵士损耗的亦必不少。兵力损耗了,不得不用俘虏来补充,不幸周人在背后乘机起来,牧野一战便弄到“前徒倒戈”。那并不是殷人出了汉奸,而是俘虏兵掉头了。

然而帝辛尽管是失败了,他的功绩是可以抹煞的吗?帝乙、帝辛父子两代在尽力经营东南的时候,周人图谋不轨打起了别人的后路来,殷人是失败了,但他把在中原所培植起来的文化让周人在某种的控制之下继承下去,而自己却又把本文化带到了东南。殷人被周人压迫,退路是向着帝乙、帝辛两代所经略出来的东南走。在今江苏西北部的宋国,长江流域的徐楚,都是殷的遗民或其同盟民族所垦辟出的殖民地,而其滥觞即在殷末的东南经营。更透辟地说一句:中国南部之得以早被文化,我们是应该纪念殷纣王的。

知道得这一层,我们可以揣想:在殷人的心目中一定不会把殷纣王看得来和周人所看的那样。他们就要称他为“武王”,要纪念他,其实都是说得过去的了。

《玄鸟》篇的预言说既已拉倒,《左传》昭七年的那个预言也只是那么一套。那不过是七十子后学要替孔子争门面所干的一个小小的宣传而已。至于孟子所说的“五百年必有王者兴”,是他由历史上所见到的一个约略的周期,所谓“由尧舜至于汤五百有余岁,……由汤至于文王五百有余岁,……由文王至于孔子五百有余岁”,他并不是前人有此预言而在孔子身上生出了应验。并且就算是个千真万确的预言吧,那样毫无科学根据的一种祈向,究竟有什么学问上的意义而值得提起呢?

八　论儒的发生与孔子的地位

中国文化导源于殷人，殷灭于周，其在中国北部的遗民在周人统制之下化为了奴隶。在春秋时代奴隶制逐渐动摇了起来，接着便有一个灿烂的文化期开花，而儒开其先。这是正确的史实。这种见解我在十年前早就提倡着，而且不断地在证明着。《说儒》的出发点本就在这儿，虽然胡适对于我未有片言只字的提及。但是从这儿机械式的抽绎出这样一个观念：儒是殷民族的奴性的宗教，得到孔子这位大圣人才把它“改变到刚毅进取的儒”；更从而牵强附会地去找寻些莫须有的根据；这却不敢说是“青出于蓝而胜于蓝”的。这种的研究态度正是所谓“公式主义”，所谓“观念论”的典型，主张实用主义的胡适，在这儿透露了他的本质。

儒诚然有广义与狭义的两种，秦、汉以后称术士为儒，但那是儒名的滥用，并不是古之术士素有儒称。今人中的稍稍陈腐者流更有用“西儒”“东儒”一类的名词的了。秦以前术士称儒的证据是没有的，孔子所说的“君子儒”与“小人儒”并无根据足以证明其为术士与非术士。下层民庶间伊古以来当有巫医，然巫医自巫医，古并不称为儒。儒应当本来是“邹鲁之士缙绅先生”们的专号。那在孔子以前已经是有的，但是是春秋时代的历史的产物，是西周的奴隶制逐渐崩溃中所产生出来的成果。

在殷代末年中国的社会早就入了奴隶制的。看殷纣王有“亿兆夷人”，且曾以之服兵役，便可以知道那时奴隶制的规模已是怎样地宏大。周人把殷灭了，更把黄河流域的殷遗民也奴隶化了，维持着奴隶所有者的权威三四百年。但因奴隶之时起叛变（西周三百余年间时与南国构兵，宣王时《兮甲盘铭》有“诸侯百姓毋敢或入蛮宄贮(赋)"语,可知北人多逃往南方),农工业之日见发达,商业资本之逐渐占优势,尤其各国族相互间的对于生产者的诱拐优待,……这些便渐进地招致了奴隶制的破坏,贵族中的无能者便没落了下来。这部贵族没落史,在官制的进化上也是可以看得出的。

"天子建天官,先六大:曰大宰、大宗、大史、大祝、大士、大卜,典司六典。天子之五官:曰司徒、司马、司空、司士、司寇,典司五众。天子之六府:曰司土、司木、司水、司草、司器、司货,典司六职。天子之六工:曰土工、金工、石工、木工、兽工、草工,典制六材。"

这是《礼记》的《曲礼》里面所说的古代官制。这儿包含着祝宗卜史的六大,在古时是最上级的天官,然而在春秋时这些都式微了,倒是"典司五众"的一些政务官大出其风头。所谓"礼乐征伐自大夫出",便是这个事实的隐括了。再进,更闹到"陪臣执国命"的地步,"天官"们的零落也就更不堪问了。司马迁的《报任少卿书》里面有句话说得最醒目:

"文史星历近乎卜祝之间,固主上所戏弄,倡优所畜,流俗之所轻也。"

这是走到末路的祝宗卜史之类的贵族们的大可怜相。这些便是"儒"的来源了。儒之本意诚然是柔,但不是由于他们本是奴隶而习于服从的精神的柔,而是由于本是贵族而不事生产的筋骨的柔。古之人称儒,大约犹今之人称文诌诌,酸溜溜,起初当是俗语而兼有轻蔑意的称呼,故尔在孔子以前的典籍中竟一无所见。《周礼》里面有儒字,但那并不是孔子以前的书,而且是经过刘歆窜改的。

儒所以先起于邹鲁而不先起于周或其它各国,记得冯友兰说过一番理由。大意是说周室东迁,文物已经丧失,而鲁在东方素来是文化的中心。我看这理由是正确的。《左传》定四年，成王分封鲁公伯禽时，曾“分之土田陪敦，祝宗卜史，备物典策，官司彝器”，比较起同时受封的康叔来特别隆重。这些最初所分封的“祝宗卜史”有一部分一定是殷代的旧官而归化了周人的，但是由这些官职之尊贵上看来，亘周代数百年间不能说完全为殷人所独占。

事实上鲁国在春秋初年要算是最殷盛的强国。例如桓公十三年鲁以纪郑二小国与齐、宋、卫、燕战而使“齐师宋师卫师燕师败绩”，足见那国力是怎样的雄厚。后来渐渐为它的芳邻商业的齐国所压倒，但它自己本身的产业也有进化的。宣公十五年的“初税亩”便告诉我们那儿已开始有庄园式的农业经济存在，土地的私有在逐渐集中了。就这样由于内部的发展与外来的压迫，便促进了社会阶层的分化，权力重心的推移，官制的改革，于是便产生了儒者这项职业。

儒，在初当然是一种高等游民，无拳无勇，不稼不穑，只晓得摆个臭架子而为社会上的寄生虫。孔子所说的“小人儒”当指这一类。这种破落户，因为素有门望，每每无赖，乡曲小民狃于积习，多不敢把他们奈何。他们甚而至于做强盗，做劫冢盗墓一类的勾当。《庄子·外物篇》里面有这样一段故事：

> “儒以诗礼发冢。
>
> 大儒胪传曰：‘东方作矣，事之何若？’
>
> 小儒曰：‘未解裙襦，口中有珠。’
>
> 诗固有之曰：‘青青之麦，生于陵陂。生不布施，死何含珠为？’
>
> 接其鬓，压其顪，儒以金椎控其颐，徐别其颊，无伤口中珠。”

这是一篇绝妙的速写，“胪传”是低声传话的意思，写得很形象化。即使认为是"寓言"或小说,都是社会上有那样的事实才在作品里面反映了出来的。

但是在社会陵替之际,有由贵族阶级没落下来的儒,也有由庶民阶级腾达上去的暴发户。《诗经》里面,尤其《国风》里面,讽刺这种暴发户的诗相当地多,那也就是一些没落贵族的牢骚了。暴发户可以诮鄙没落贵族为文诌诌,就是所谓"儒",而文诌诌的先生们也白眼暴发户,说声"彼其之子,不称其服"。更激烈得一点的便要怨天恨人而大呕其酸气了。尽管这样互相鄙视,但是两者也是相依为用的。暴发户需要儒者以装门面,儒者需要暴发户以图口腹。故儒者虽不事生产(实不能事生产),也可以维持其潦倒生涯。相习既久,儒的本身生活也就不成其为问题了。因为既腾达的暴发户可以豢养儒者以为食客或陪臣,而未腾达的暴发户也可以豢养儒者以为西宾以教导其子若弟,期望其腾达。到这样,儒便由不生产的变而为生产的。这大约也就是孔子所说的"君子儒"了。这是儒的职业化。

儒既化为了职业,也就和农工商之化为了职业的一样,同成为下层的人选择职业的一个目标。因此世间上也就生出了学习儒业的要求来。本是由上层贵族零落下来的儒,现在才成了由下层的庶民规摹上去的儒了。孔子是在这个阶段上产生出来的一位大师,他的一帮人竟集到了三千之多,他能够有那样的旅费去周游天下,能够到各国去和王侯分庭抗礼,我们是可以理解的。中国的文献,向例不大谈社会的情形,但我们也应该有点举一反三的见识。孔子的这个"儒帮"都有这样的隆盛,我们可以反推过去,知道当时的工商业的诸帮口,农业的庄园,也一定是相当隆盛的。

儒的职业化或行帮化,同时也就是知识的普及化。从前仅为少数贵族所占有的知识,现在却浸润到一般的民间来了。这与其说是某一位伟大的天才之所为，无宁说是历史的趋势使之不得不然的结果。时势不用说也期待天才，天才而一遇到时势，那自然会两相焕发的。孔子是不世出的天才，我们可以承认，但他的功绩却仅在把从前由贵族所占有的知识普及到民间来了的这一点。古人说他删《诗》、《书》，定《礼》、《乐》，修《春秋》，这话究竟该打多少折扣，暂且不提，但是《诗》、《书》、《礼》、《乐》、《春秋》都是旧有的东西，并不是出于孔子的创造。就拿思想来说吧，儒家的关于天的思想，不外是《诗》、《书》中的传统思想，而最有特色的修齐治平的那一套学说，其实也是周代的贵族思想的传统。从旧文献上去找证据要多费一遍考证工夫，难得纠缠，我现在且从周代的金文里面引些证据出来。厉王时代的《大克鼎》、《虢旅钟》、《番生簋》、《叔向父簋》，便都是很好的证据。

《大克鼎》："穆穆朕文祖师华父，冲让厥心，虚静于猷，淑哲厥德。肆克（故能）恭保厥辟恭王，諫乂王家，惠于万民，柔远能迩。肆克友于皇天，顼于上下，赍屯亡敃（浑沌无闷），锡釐亡疆。"

《虢旅钟》："丕显皇考惠叔，穆穆秉元明德，御于厥辟，赍屯亡愍（浑沌无闷）。……皇考严在上，翼在下，斁斁溥溥（蓬蓬勃勃），降旅多福。"

《番生簋》："丕显皇祖考，穆穆克哲厥德，严在上，广启厥孙子于下，擢于大服。番生不敢弗帅型皇祖考丕丕元德，用绸缪大命，屏王位。虔夙夜敷求不僭德，用谏四方，柔远能迩。"

《叔向父簋》："余小子嗣朕皇考，肇帅型先文祖，共明德，秉威仪，用绸缪奠保我邦我家。作朕皇祖幽大叔尊簋，其严在上，降余多福系釐，广启禹身，擢于永命。"

（为求易于了解起见，凡古僻文字均已改用今字，《史记》

引《尚书》例如此。)

请把这些铭辞过细读一两遍吧。修身、齐家、治国、平天下的那一套大道理,岂不是都包含在这里面吗?做这些彝器和铭文的都是周室的宗亲,但他们所怀抱着的修己的德目,仍然是谦冲、虚静、和穆、虔敬,足见得尚柔并不是殷人的传统,也并不是狃于奴隶的积习使然。故尔这些铭辞,同时也就是胡适的那种观念说的最倔强的反证。而且胡适所说的由孔子所"建立"的"那刚毅弘大的新儒行",其实也已经被包含在这里面了。这些铭辞正表现着一种积极进取的仁道,其操持是"夙夜敷求",其目的是"柔远能迩",并不那么退缨;而使我们感觉着孔子所说的"郁郁乎文哉,吾从周"的话,读到这些铭辞是可以得到新的领会的。

〔补志〕 此文以一九三七年五月尾作于日本,曾发表于《中华公论》创刊号(一九三七年七月二十日出版),原题为《借问胡适》。《中华公论》为钱介磐同志主编,仅出一期,即以抗日战争扩大而停刊。

(原载《青铜时代》,选自《郭沫若全集》
历史编第一卷,人民出版社1982年版)

郭沫若,四川乐山人,著名史学家、文学家和社会活动家,著有《十批判书》、《青铜时代》、《屈原研究》、《李白与杜甫》、《出土文物二三事》等重要文史著作以及大量新文集、历史剧,长期担任《中国史稿》、《甲骨文合集》两书的主编。早年成立创造社,参加大革命、抗日战争和解放战争;历任全国文联主席、中科院院长兼哲学社会科学部主任、历史研究所所长、中国科技大学校长等。

本文从考古学、医学、文献学的角度对胡适进行了四个主要方面的批驳。他认为三年之丧并非殷制；殷高宗“谅阴”是一种不言症，不是倚庐守制。《易》的作者是战国前期的子张；《正考父鼎铭》是刘歆窜改，前半部是剽窃《庄子》，后半部是模仿《檀弓》。

儒家八派的批判

郭 沫 若

孔子死后，据《韩非子·显学篇》说：儒家是分为八派的，“有子张之儒，有子思之儒，有颜氏之儒，有孟氏之儒，有漆雕氏之儒，有仲良氏之儒，有孙氏之儒，有乐正氏之儒”。八派中把子夏氏之儒除外了，这里有一个重要的关键。这是韩非承认法家出于子夏，也就是自己的宗师，故把他从儒家中剔除了。现在只根据这八派来阐述儒家思想的展开。子夏氏之儒，我准备把它蕴含在《前期法家的批判》里面去叙述。

一

“子张之儒”，《荀子·非十二子篇》曾加以痛骂，谓：“弟佗其冠，神禫其辞，禹行而舜趋，是子张氏之贱儒也。”荀子骂人每每不揭出别人的宗旨，而只是在枝节上作人身攻击，这是一例。像这，我们就不知道，子张一派的主张究竟有些什么特色。

照《论语》里面所保存的子张的性格看来，他似乎是孔门里面的过激派。孔子说“师也辟”，辟者偏地；又和子夏的“不及”对比起来说他是“过”。但他的偏向是怎样呢？他是偏向于博爱容众这一方面的。

"子夏之门人问交于子张。子张曰:'子夏云何?'对曰:'子夏曰:可者与之,其不可者拒之。'子张曰:'异乎吾所闻。君子尊贤而容众,嘉善而矜不能。我之大贤与?于人何所不容?我之不贤与?人将拒我,如之何其拒人也?'"(《子张》)

看他这调子不是很有包容一切的雅量吗?曾子曾经说过:"以能问于不能,以多问于寡,有若无,实若虚,犯而不校,昔者吾友尝从事于斯矣"。这所说的"吾友",虽然有人以为指的是老子,但其实应该就是子张。你看他"神禫其辞",不就是"有若无、实若虚"的表现?"禹行而舜趋"不就是"犯而不校"的表现?禹之父鲧为舜所诛戮,而禹臣服于舜。舜之弟象作恶不悛,而舜封之有庳。这些都是"犯而不校"的好榜样,所以子张氏之儒在摹仿他们,亦步亦趋。这在孔门的中庸之徒看来,应该是有点过火的,所以曾子批评他"堂堂乎张也,难与并为仁矣",子游也批评他"吾友张也为难能也,然而未仁"。他那样的宽容,而说他不合乎仁道;大约是嫌他有点近于乡愿吧?然而"堂堂乎张也",倒确确实实是有所自立的。他本人的主张,残留得很少,《论语》里面有下列的两项,却充分地可以表现他的精神。

"士,见危致命,见得思义,祭思敬,丧思哀,其可已矣。"(《子张》)

"执德不宏,信道不笃,焉能为有?焉能为亡(无)?"(同上)

临到危难的时候要把自己的生命拿出来,有所利得的时候先要考虑该不该受,度量要宽大,操持要坚忍……这些,岂是乡愿所能够做得到的!

《艺文类聚》卷九十(又见《太平御览》卷九一五)引《庄子》佚文"子路勇且力,其次子贡为智,曾参为孝,颜回为仁,子张为武",

作为孔子向老子的介绍。这不一定是孔子自己的话,但可作为庄子或其后学对孔门五子的批评。“子张为武”,所根据的大约就是上面所述的那些精神吧。武与勇有别,屈原《国殇》“诚既勇兮又以武”,也是把武与勇分开来的。这就明显地表明:勇指胆量,武指精神了。

此外在《论语》中有关于子张和孔子的问对好多条,有“子张学干禄”,“问十世可知”,“问令尹子文”,“问善人之道”,“问明”,“问崇德辨惑”,“问政”,“问士何如斯可谓之达”,“问高宗谅阴”,“问行”,“问仁”,“问从政”,大约是子张氏之儒所保留下来的一些记录。虽然主要是孔子所说的话,但可见子张所关心的是些什么问题,而且就是孔子的答辞也一定是经过润色,或甚至傅益的。例如像“问仁”和“问从政”两条,在《论语》中比较博衍,而和子张的精神却十分合拍,可能也就是出于傅益的例子。我现在把这两条整抄录在下边。

一、问仁:

“子张问仁于孔子。孔子曰:‘能行五者于天下,为仁矣。’请问之。曰:‘恭、宽、信、敏、惠。恭则不侮,宽则得众,信则人任焉,敏则有功,惠则足以使人。’”(《阳货》)

二、问从政:

“子张问于孔子曰:‘何如斯可以从政矣?’子曰:‘尊五美,屏四恶,斯可以从政矣。’子张曰:‘何谓五美?’子曰:‘君子惠而不费,劳而不怨,欲而不贪,泰而不骄,威而不猛。’子张曰:‘何谓惠而不费?’子曰:‘因民之所利而利之,斯不亦惠而不费乎?择可劳而劳之,又谁怨?欲仁而得仁,又焉贪?君子无众寡,无小大,无敢慢,斯不亦泰而不骄乎?君子正其衣冠,尊其瞻视,俨然人望而畏之,斯不亦威而不猛乎?’子张曰：'何谓四恶？'子曰：'不教而杀谓之虐，不戒视成谓之暴，慢令致期谓之贼，犹之与人也，出纳之吝，谓之有司。'"（《尧曰》）

这最后的"有司"两个字恐怕有错误，和"虐、暴、贼"不类。《荀子·宥坐篇》载孔子语"慢令谨诛，贼也；今生也有时敛也无时，暴也；不教而责成功，虐也；已此三者，然后刑可即也"，和这儿所说的前三恶相近，但无"有司"一项。两者参照，《论语》的文句较为整饬，可以知道润色傅益是在所不免的了。

照这些资料看来，子张氏这一派是特别把民众看得很重要的。仁爱的范围很广，无论对于多数的人也好，少数的人也好，小事也好，大事也好，都不敢怠慢。严于己而宽于人，敏于事而惠于费。这在表面上看来和墨家有点相似。大约就因为有这相似的原故，子张氏的后学们似乎更和墨家接近了。《荀子·儒效篇》里面有骂"俗儒"的这么一段文字：

"（一）逢衣浅带，解果其冠，略法先王而足乱世术。（二）缪学杂举，不知法后王而一制度，不知隆礼义而杀《诗》、《书》。其衣冠行伪（为）已同于世俗矣，然而不知恶者；其言议谈说已无以异于墨子矣，然而明不能别。（三）呼先王以欺愚者而求衣食焉，得委积足以掩其口，则扬扬如也；随其长子，事其便辟，举其上客（举读为与，言参与也），亿然若终身之虏而不敢有他志。是俗儒者也。"（数目字余所加）

这应该是统括着"子张氏之贱儒"、"子夏氏之贱儒"、"子游氏之贱儒"而混骂的。我们把《非十二子篇》对于三派的分骂和这对照起来，便可以看出这里面的分别。子夏氏之贱儒是"正其衣冠，齐其颜色，嗛然而终日不言"，和第一项相当。子游氏之贱儒是"偷儒惮事，无廉耻而嗜饮食，必曰君子固不用其力"，和第三项相当。那么第二项必然是指子张氏之贱儒了。因此子张氏之儒的“弟佗其冠”即是颓唐其冠,这和“解果其冠”不同,杨倞引或说“解果盖高地”,即是高拱起来的意思。故“解果其冠”即巍峨其冠,正与“逢衣浅带”为配。据此可知子夏氏一派讲究戴高帽子,宽衣博带,气象俨然;而子张氏一派讲究戴矮帽子,随便不拘,同乎流俗。“言议谈说已无以异于墨子”,可见这一派的后生已经是更和墨家接近了。《庄子·盗跖篇》有子张与满苟得对话的一节,从子张的口里面说出了这样的话:

“仲尼、墨翟穷为匹夫,今谓宰相曰:‘子行如仲尼、墨翟’,则变容易色称不足者,士诚贵也。”

把墨翟和仲尼对举,而让子张说出,可见做这个寓言者的心目中也是把子张看来和墨翟接近的。墨翟应该比子张迟,他在初本来是学过儒术的人,照时代上看来,倒应该说墨翟受了子张的影响。不过他们尽管有些相似,在精神上必然有绝对不能混同的地方,不然他们应该早就合流了。子张氏之儒的典籍缺乏,我们不能畅论其详,但我想,他们如有不容混同的差别,那一定是立场问题。子张氏在儒家中是站在为民众的立场的极左翼的,而墨子则是站在王公大人的立场。这应该是他们的极严峻的区别。

二

“子思之儒”和“孟氏之儒”、“乐正氏之儒”,应该只是一系。孟氏自然就是孟轲,他是子思的私淑弟子。乐正氏当即孟子弟子的乐正克。但这一系,事实上也就是子游氏之儒。宋代程、朱之徒虽然把思、孟归为曾子的传统,但他们的根据是很薄弱的。他们所表张的《大学》其实并不是“孔子之言而曾子录之”及“曾子之意而门人记之”。他们之所以如此立说者仅因所谓传文里面有两处“子曰”和一处“曾子曰”而已。其实假如全是“曾子之意而门人记之”,那就不必还要特别表著一句曾子的话了。既特别引用了一句曾子的话,那就可以知道全文决不是“曾子之意”的记录了。照我的看法,《大学》一篇无宁是“乐正氏之儒”的典籍,这且留在下面再加说明。先来讨论思、孟何以出于子游氏。

> “略法先王而不知其统,犹然而材剧志大,闻见杂博,案往旧造说,谓之‘五行’,甚僻违而无类,幽隐而无说,闭约而无解。案饰其辞而祗敬之曰:‘此真先君子之言也。’子思倡之,孟轲和之。世俗之沟犹瞀儒,嚾嚾然不知其所非也,遂受而传之,以为‘仲尼、子游为兹厚于后世’。是则子思、孟轲之罪也。”(《荀子·非十二子篇》)

既言思、孟之学乃“仲尼、子游为兹厚于后世”,这便是他们出于子游氏之儒的证据了。这一派也正是荀子所痛骂的“偷儒惮事,无廉耻而嗜饮食,必曰君子固不用其力”的“子游氏之贱儒”。称之为“子游氏之贱儒”不必便是骂子游,只是骂他的后学,说不定也就是指的孟轲。这种人,他在《修身篇》里面又骂为“恶少”——“偷儒惮事,无廉耻而嗜乎饮食,则可谓恶少者矣”。虽然孟子的年辈比起荀子来并不“少”,但孟子的门徒当然又有“少”的存在。

这项极现成的重要资料,二千多年来都被人忽略了,甚至还有人说“子游”是错误了的。郭嵩焘云:“荀子屡言仲尼、子弓,不及子游;本篇后云‘子游氏之贱儒’,与子张、子夏同讥,则此子游必子弓之误。”(王先谦《荀子集解·非十二子篇》所引)这真是以不狂为狂了。问题是很简单的。别处之所以屡言“仲尼、子弓”者,是荀子自述其师承;本处之所以独言“仲尼、子游”者,乃指子思、孟轲的道统。这是丝毫也不足怪的①。

子游是孔门的高足,少孔子四十五岁。他和子夏、子张、曾子等同年辈,是孔门中的少年弟子。孔门有四科,在文学一科中他占第一位——"文学子游、子夏"。他的气概和作风,也与子夏不同。子夏是拘于小节的,是孔门中讲礼制的一派,荀子骂他们为"贱儒",说他们"正其衣冠,齐其颜色,嗛然而终日不言"。子游也有类似的批评:"子夏之门人小子,当洒扫应对进退,则可矣,抑末也;本之则无,如之何!"可见子游是重本轻末,末既是礼数小节,本应该是大处落墨的思想问题了。他曾为武城宰,而以弦歌施于民间,十分奖励教育。孔子讥笑他"割鸡用牛刀"。这样也就相当地"犹然而材剧志大"了,故尔可能更教育出了一批"犹然而材剧志大"的人物出来。

《礼记·礼运》一篇,毫无疑问,便是子游氏之儒的主要经典。那是孔子与子游的对话。开首几句是"昔者仲尼与于蜡宾,事毕,出游于观之上,喟然而叹。仲尼之叹盖叹鲁也,言偃在侧"云云。王肃伪撰《家语》谓"孔子为鲁司寇"时事,有人据此以为说,谓孔子为司寇时年五十一,子游年仅六岁,孔子五十五岁去鲁,子游年十岁,孔子决不会与十岁以下的孩子谈大同小康;因疑大同之说非孔子当日之言。这样的推断是大有问题的。《家语》伪书,本不足据,为鲁司寇时之推测虽亦本于《礼运注》"孔子任鲁,在助祭之中"而来,此亦郑康成一时疏忽之语,同一不足为据。蜡乃岁终报田大祭,一国之人皆得参与。《杂记》:"子贡观于蜡,孔子曰:赐

① 思、孟之学出于子游,康有为已明白地说过:"子游受孔子大同之道,传之子思,而孟子受业于子思之门。"(见康著《孟子微序》)所据自即《非十二子篇》与《礼运篇》。——作者注

也，乐乎？对曰：一国之人皆若狂。”此可见孔子与于蜡非必一定要在“仕鲁”或“为鲁司寇”时才有资格。孔子晚年返鲁，与鲁国君臣上下之关系在师宾之间。孔子死时，鲁哀公赐诔，竟大呼“旻天不吊，不憖遗一老”（《史记·孔子世家》），敬之实深，“与于蜡宾”的资格，当然是有的。那么在孔子晚年要同门弟子谈谈大同小康的故事，是没有什么不可能的了。

大同小康之说其实也并不怎样深远，那只是从原始公社和奴隶制所反映出来的一些不十分正确的史影而已。虽然已经脍炙人口，不妨仍把那段文字来抄在下边。

> “大道之行也，与三代之英，丘未之逮也，而有志焉。
>
> 大道之行也，天下为公，选贤与（举）能，讲信修睦。故人不独亲其亲，不独子其子，使老有所终，壮有所用，幼有所长，矜寡孤独废疾者皆有所养。男有分，女有归。货恶其弃于地也，不必藏于己；力恶其不出于身也，不必为己。是故谋闭而不兴，盗窃乱贼，（止）而不作，故外户而不闭。是谓大同。
>
> 今大道既隐，天下为家。各亲其亲，各子其子，货力为己。大人世及以为礼，城郭沟池以为固，礼义以为纪，以正君臣，以笃父子，以睦兄弟，以和夫妇，以设制度，以立田里，以贤勇知，以功为己。故谋用是作，而兵由此起。禹、汤、文、武、成王、周公由此其选也。此六君子者未有不谨于礼者也。以著其义，以考其信，著有过。刑（型）仁讲让，示民有常。如有不由此者，在势者去，众以为殃。是谓小康。”

这席话就是新史学家们也很能重视，有的更认为“十分正确”。其实正确的程度实在有限：因为它把原始公社太理想化了。这是一种人类退化观，不用说也就是因为有唯心论的成分搀杂进去了的毛病。把原始公社认为人类的黄金时代，以后的历史都是堕落，那是不合实际的。但这却合乎孔子“祖述尧、舜”的实际。他推崇尧、舜,根本是把原始公社的唐、虞时代作为了理想乡看的。又有的人甚至说大同思想是由墨子的“尚同”所派衍,那更是风马牛不相及的事:不仅对于这种见解没有作出正确的评价,连墨子的“尚同”是什么意思根本没有懂到。二者的相似就只有一个“同”字而已。

《礼运篇》,毫无疑问,是子游氏之儒的主要经典。那不必一定是子游所记录,就在传授中著诸竹帛也一定是经过了润色附益的。但要说孔子不能有那样的思想,子游也不能有那样的思想,那是把它的内容太看深远了。篇中也强调着五行,和《荀子》非难子思、孟轲“案往旧造说,谓之五行”的相合。

“人者,其天地之德,阴阳之交,鬼神之会,五行之秀气也。”

“天秉阳,垂日星。地秉阴,窍于山川。播五行于四时,和而后月生也。是以三五而盈,三五而阙,五行之动,迭相竭也。五行、四时、十二月,还(旋)相为本也。五声、六律、十二管,还相为宫也。五味、六和、十二食,还相为滑(原误“质”,依阮元校改)也。五色、六章、十二衣,还相为质也。”

“人者,天地之心也,五行之端也。”

像这样反复地说到五行,而且把“五”这个数字业已充分地神秘化了。色、声、味、季,都配以五行,月之一圆一缺也说为“五行之动”,真是配得上被批评为“甚僻违而无类,幽隐而无说,闭约而无解”。看到“五行,四时、十二月,还相为本”的一项,足以证明《月令》一篇也必然是这一派人的撰述。他们是主张五行相生的,春为木,夏为火,中气为土,秋为金,冬为水。木火土金水周而复始,岁岁循环。《月食》的五虫为鳞羽倮毛介,倮虫以人为首,除这人而外,《礼运》的龙凤麟龟四灵,也恰为鳞羽毛介的代表。“人者五行之端”,可见也就是说人为五虫之首了。其它五声、五色、五味、五祀,了无不同。

思、孟所造的五行说,在现存的思、孟书——《中庸》和《孟子》——里面,虽然没有显著的表现,但也不是全无痕迹。《中庸》首句“天命之谓性”,注云:“木神则仁,金神则义,火神则礼,水神则智,土神则信。”章太炎谓“是子思遗说”(见章著《子思孟轲五行说》),大率是可靠的。孟子说:“恻隐之心人皆有之,羞恶之心人皆有之,恭敬之心人皆有之,是非之心人皆有之。恻隐之心仁也,羞恶之心义也,恭敬之心礼也,是非之心智也。仁义礼智非由外铄我也,我固有之也。”(《告子上》)又说:“无恻隐之心非人也,无羞恶之心非人也,无辞让之心非人也,无是非之心非人也。恻隐之心仁之端也,羞恶之心义之端也,辞让之心礼之端也,是非之心智之端也。人之有是四端也,犹其有四体也。”(《公孙丑上》)又说:“君子所性,仁义礼智根于心。”他把仁义礼智作为人性之所固有,但缺少了一个“信”,恰如四体缺少了一个心。然而这在孟子学说系统上并没有缺少,“信”就是“诚”了。他说:“仁之于父子也,义之于君臣也,礼之于宾主也,知之于贤者也,圣人之于天道也,命也,有性焉,君子不谓命也。”(《尽心下》)这儿与仁义礼智为配的是“天道”。“天道”是什么呢?就是“诚”。“诚者天之道也,思诚者人之道也,至诚而不动者未之有也,不诚未有能动者也。”(《离娄下》)其在《中庸》,则是说:“诚者天之道也,诚之者人之道也,诚者不勉而中,不思而得,从容中道,圣人也。”这“从容中道”的圣人,也就是“圣人之于天道”的说明,是“万物皆备于我矣,反身而诚,乐莫大焉”的做人的极致。再者,诚是“中道”,这不合乎“土神则信”,而土居中央的吗?子思、孟轲都强调“中道”,事实上更把

“诚”当成了万物的本体,其所以然的原故不就是因为诚信是位乎五行之中极的吗?故尔在思、孟书中虽然没有金木水火土的五行字面,而五行系统的演化确实是存在着的。正是因为从这样的理论根据出发,所以孟子道“性善”,而《中庸》主张“尽性”,在他们自己是有其逻辑上的必然的。

在儒家的典籍里面除去上所举出者外,五行资料保存得最多的应当数《尚书》中的《洪范》、《尧典》、《皋陶谟》、《禹贡》诸篇。这几篇都是战国时的儒者所依托,近来已为学术界所公认了。但依托者为谁则尚无成说。据我的看法,这人也就是思、孟这一派的人。

《洪范》说明着五味由五行演行的程序,所谓“水曰润下,火曰炎上,木曰曲直,金曰从革,土爰稼穑。润下作咸,炎上作苦,曲直作酸,从革作辛,稼穑作甘”。这是只举了一隅。此外如人身上的五事——貌言视听思,发扬而为恭从明聪睿,肃乂哲谋圣;又应到天时上的五征——雨旸燠寒风,也都是和水火木金土配合着的。“五”字本身也就成为了神秘的数字。就这样一个公式发展下去,便产生出五辰、五岳、五礼、五玉、五教、五典、五服、五刑(以上见《尧典》),五采、五色、五声、五言(以上见《皋陶谟》),“弼成五服,至于五千”,每服五百里(以上见《禹贡》),真是五之时义大矣哉了!

“五”以皇极居中,而“五”之本身复具有中数,凡居中者具有支配性质。《中庸》所谓“诚者从容中道”,《礼运》所谓“王中心无为也,以守至正”,也就是《洪范》的“皇建其有极,……无偏无党,王道荡荡;无党无偏,王道平平;无反无侧,王道正直;会其有极,归其有极”的意思了。这种强调“中”的观念,也正和子思书——《中庸》的思想完全合拍。

《史记·孟轲列传》谓孟子“所如者不合，退而与万章之徒，序《诗》、《书》，述仲尼之意，作《孟子》七篇”。既言“序《诗》、《书》”，可知《诗》、《书》的编制是孟氏之儒的一项大业，而荀子所以要“隆礼义而杀《诗》、《书》”①，一多半也就是因为这样的原故吧。故尔像《尧典》、《皋陶谟》、《禹贡》、《洪范》诸篇，在我看来，就是思、孟之徒的作品。

在这儿颇适宜于研讨《大学》。这篇文字除宋儒的旧说，如上所述，已属不可信外，近人冯友兰认为是“荀学”②。主要的根据是荀子言为学当“止诸至足。曷谓至足？曰圣也”（《解蔽篇》），而《大学》言“大学之道……在止于至善”。又如荀子言心术须“虚壹而静”（同上），而《大学》言“正心”，主要均须无好恶。又荀子言“君子养心莫善于诚”（《不苟篇》），而《大学》言“心诚求之”，言“诚意”。但这些证据是有问题的。因为父子固可以相似，而兄弟亦可以相似；我们不能单因相似，便断定父子为兄弟，或兄弟为父子。知止之说实原于孔子的“多闻阙疑，……多见阙殆”，及老子的“知足不辱，知止不殆”。正心之说原于孟子的“养心莫善于寡欲”，及宋子的“情欲寡浅”。诚意之说则出于《中庸》与《孟子》之中心思想。是则冯氏的判断可以说是等于以兄为父了。

《大学》在我看来实是孟学。它是以性善说为出发点的，正心诚意都原于性善，如性不善则心意本质不善，何以素心反为“正”，

① “隆礼义而杀《诗》、《书》”在《儒效篇》中凡两见，郝懿行以为“杀盖敦字之误”。案《劝学篇》云“不道礼宪，以《诗》、《书》为之，譬之犹以指测河也，以戈舂黍也，以锥餐壶也”，足证荀子对于礼义与《诗》、《书》自有隆杀之别。杀者减等也。——作者注

② 冯著《大学为荀学说》，原载《燕京学报》第七期，后收入《古史辨》第四册。——作者注

不自欺反为“诚”？又看它说，“好人之所恶，恶人之所好，是谓拂人之性，菑必逮夫身！”如性为不善，则“拂人之性”正是好事，何以反有灾害？性善性恶，本来都是臆说，但孟派尚能自圆其说，而荀派则常常自相矛盾，如既言性恶矣，而复主张心之“虚壹而静”，如何可以圆通？“虚壹而静”之说采自《管子》的《心术》、《内业》诸篇，这些都是宋荣子的遗著（余别有说），荀子只是在玩接木术而已。

格物致知的两个条目，好像是《大学》的新发展了，但也采自《心术篇》的“舍己而以物为法”。孟子改变了一个说法，便是“舍己从人，乐取于人以为善”。古书格假二字通用之例至多，“格物”者“假物”，假借于物之意。人心只是一张白纸（在孟子是白所以为善），要假借于物才有知识，而知识也才能达到尽头。使知识达到尽头是“致知”，知识达到了尽头是“知至”，到这时候便是“万物皆备于我”（《孟子》）了；故尔“反身而诚，乐莫大焉”（同上）。到这时候，也就是《中庸》所说的“能尽其性者，则能尽物之性”了。只是思、孟是由成功而言，《大学》是由入手而言，故尔有顺有逆。假使不是假物以致知，则孟子何必主张“博学而详说”呢？《中庸》的博学、审问、慎思、明辨、笃行，也就毫无着落了。

修齐治平的四条目，分明是由孟子演绎出来的，孟子曾说：“天下之本在国，国之本在家，家之本在身。”（《离娄上》）这便是修身、齐家、治国、平天下之所本。《尧典》赞唐尧的圣德也恰恰包含着这些次第。

> “粤若稽古帝尧，曰放勋。钦明文思，安安允恭克让。光（横）被四表，格于上下，克明峻德。以亲九族，九族既睦。平章百姓，百姓昭明。协和万邦，黎民于变，时雍。”

这儿很明显地也说的是修齐治平。“钦明文思”四字旧注称为“四德”，马融谓：“威仪表备谓之钦，照临四方谓之明，经纬天地谓之文，道德纯备谓之思。”然在《史记·五帝本纪》则采用《五帝德》之语，翻译为“其仁如天，其知如神，就之如日，望之如云”，似乎就是礼智仁义的变文了。克己复礼为仁，故以仁当乎钦；智而如神则明，故以知当乎明；如日之当乎文者，如日之有威仪，礼也；如云之当乎思者，思或作塞①，孟子谓“浩然之气塞于天地之间，是集义所生者”（《公孙丑上》），则是义了。这些正表明《尧典》出于思、孟之徒的又一证。而《大学》的首章，差不多也就是《尧典》这一节文字的翻译，下面把“《尧典》曰克明峻德”点明了出来，更加指示了它的思想的来源了。

复次，荀子是“隆礼义而杀《诗》、《书》”的，然而《大学》全篇里面却没有一个礼字，而《诗》、《书》则翻来覆去地引用，《诗》引了十二次，《书》引了七次（其中《康诰》四，《太甲》、《尧典》、《泰誓》各一），单只这一点也就和荀子大有距离了。

故在我看来，《大学》是孟学，而且是乐正氏之儒的典籍。何以见得呢？第一，在孟派里面乐正克是高足。第二，以乐正为氏是学官的后裔，《王制》云“乐正崇四术，立四教”，其职与《周官》的乐师相当，而次于大乐正。先代既为学官，当有家学渊源，故论“大学之道”。第三，乐正克，孟子称之为“善人”，为“信人”，又说“其为人也好善”。而《大学》仅仅1743字的文章便一共有11个善字露面。

准同样的理由，《礼记》中的《学记》一篇，我也认为是乐正氏

① 《后汉书·郅寿传》“晏晏之化”，注云：“郑玄注《尚书考灵耀》云：道德纯备谓之塞，宽容覆载谓之晏。”分明出自《尧典》。可见今文思字作塞，安字作晏，郑注乃本马融说。——作者注

所作。《学记》亦言“大学之道”，与《大学》相为表里。

> “古之教者，家有塾，党有庠，术有序，国有学，比年入学，中年考校。
>
> 一年视离经辨志，三年视敬业乐群，五年视博习亲师，七年视论学取友，谓之小成。九年知类通达，强立而不反，谓之大成。夫然后足以化民成俗，近者悦服，而远者怀之。此大学之道也。”

“离经辨志，敬业乐群，博习亲师，论学取友”，便是“格物”，都是有所假于外物的。“知类通达”，便是“物格而知至”。“强立而不反”，便是“知至而意诚，意诚而心正”。这些是“修身”的事。“化民成俗，近者悦服，而远者怀之”，便是“齐家、治国、平天下”的事了。这样和《大学》的“大学之道”相印证，于是“格物”的意义也就更加明了了。

但在冯友兰氏，则依据“强立而不反”一语，以为与《荀子·不苟篇》“长迁而不以其初，则化矣”相类，乃性恶说之引申，故认《学记》为荀学。且因《学记》言“大学之道”，《大学》亦言“大学之道”，《学记》既为荀学，遂断言《大学》亦不得不为荀学。其《大学》为荀学说在事实上即以此为发端，继后才由《大学》中摘取与《荀子》相似之义以为证佐。故《学记》为荀学，实是《大学》为荀学说的大前提。然此大前提，也同样的靠不住。

“强立而不反”即《洪范》所谓“无反无侧，王道正直”，《中庸》所谓“中立而不倚，强哉矫”，亦即《孟子》所谓“强恕而行”或“中道而立，能者从之”。行是前进，也就是“不反”。物不进必退，无所自立，必反于不学无术，故“强立而不反”一语不一定要性恶说才能适用。

《学记》对于教育与学习是主张自发的，言“道”（导）而弗牵，强而弗抑,开而弗达”。这和孟子的“君子深造之以道,欲其自得之也,自得之则居之安,居之安则资之深,资之深则取之左右逢其原”(《离娄下》),在精神上是完全合拍的。这是性善说者的内发主义,与荀子的偏重外铄,毕竟不同。故要把《学记》认为荀学,依然是大有距离的。

顺便再把《中庸》一篇研讨一下吧。《中庸》一篇,冯友兰氏虽认为“与孟子之学说为一类”,而疑“似秦、汉孟子一派的儒者所作”。证据是“今天下车同轨,书同文,行同伦”为秦、汉统一中国后之景象。又有“载华岳而不重”亦疑非鲁人之言。

“载华岳而不重”一语无关重要。请看与子思约略同时而稍后的宋钘,便“作为华山之冠以自表”,足见东方之人正因未见华山而生景慕。忽近而求远,乃人情之常,鲁人而言华岳,亦犹秦人而言东海而已。“书同文,行同伦”,在春秋、战国时已有其实际,金文文字与思想之一致性便是证明,不必待秦、汉之统一。仅“车同轨”一语或有问题,但在目前亦尚无法足以断言秦以前各国车轨决不一致。秦人统一天下之后,因采取水德王之说,数字以六为贵,故定“舆六尺。六尺为一步,乘六马”(《秦始皇本纪》)。以此统一天下之车轨,此乃一种新的统一而已。故如冯氏所论,实不足以否定子思的创作权。不过《中庸》经过后人的润色窜易是毫无问题的,任何古书,除刊铸于青铜器者外,没有不曾经过窜易与润色的东西。但假如仅因枝节的后添或移接,而否定根干的不古,那却未免太早计了。

三

“颜氏之儒”当指颜回的一派。颜回是孔门的第一人,他虽然早死,但在他生前已经是有“门人”的。这一派的典籍和活动情形,可惜已经失传了。只有关于颜回个人,我们在《论语》和其它的书籍里面可以找得到一些资料。我们知道他是“其心三月不违仁”的人,“一箪食,一瓢饮,在陋巷,人不堪其忧,而回也不改其乐”。他很明显地富有避世的倾向,因而《庄子》书中关于他的资料也就特别多,全书计凡十见,《人间世》、《天运》、《至乐》、《达生》、《田子方》、《知北游》诸篇各一,《大宗师》、《让王》二篇各二。这些资料在正统派的儒家眼里都被看成为“寓言”去了。其实庄子著书的条例是:“寓言十九,重言十七。”“重言”是“耆艾之言”,要占百分之七十。因之,不见于正统儒书的记载,我们是不好全部认为假托的。特别值得重视的是论“心斋”与“坐忘”的两节文章,我且把它们摘录在下边。

一、论心斋:

“回曰:‘敢问心齐(斋)。’仲尼曰:‘一若志。无听之以耳而听之以心,无听之以心而听之以气。听止于耳,心止于符。气也者,虚而待物者也,唯道集虚,虚者心齐也。’颜回曰:‘回之未始得使,实自回也。得使之也,未尝有回也,可谓虚乎?’夫子曰:‘尽矣。’”(《人间世》)

二、论坐忘:

“颜回曰:‘回益矣。’仲尼曰:‘何谓也?’曰:‘回忘仁义矣。’曰:‘可矣,犹未也。’他日复见,曰:‘回益矣。’曰:‘何谓也?’曰:‘回忘礼乐矣。’曰:‘可矣,犹未也。’他日复见,曰:‘回益矣。’曰:‘何谓也?’曰:‘回坐忘矣。’仲尼蹴然曰:‘何谓坐忘?’颜回曰:‘堕肢体,黜聪明,离形去知,同于大通,此谓坐忘。’仲尼曰:‘同则无好也,化则无常也,而(尔)果其贤乎,丘也请从而(尔)后也。’”(《大宗师》)

这两节都是在《内篇》里面的文字。要说是假托，庄子为什么要把这些比较精粹的见解托之于孔、颜而不托之于道家系统的人，或率性假拟一些人名呢？因而我想，这些应该都是"颜氏之儒"的传习录而在庄子是作为"重言"把它们采用了的。孔、颜当时不一定便真正说过这样的话，但有过这样的倾向，而被颜氏之儒把它夸大了，这不能说是不可能。凡是形成了一个宗派的学说，对于本派的祖师总是要加以夸大化的，古今中外都是如此。孔子本人原来就是有些超现实的倾向的人，他曾说："饭蔬食，饮水，屈肱而枕之，乐亦在其中矣。"他又赞成曾皙的"暮春者春服既成，冠者五六人，童子六七人，浴乎沂，风乎舞雩，咏而归"的那种飘逸。这和颜回的"一箪食，一瓢饮，在陋巷，……不改其乐"的态度确有一脉相通的地方。有像这样的师弟，又何故不能流衍出一批更超现实的后学呢？假如我们想到王阳明的弟子，不一二传便流于狂禅，这段史影是更容易令人首肯了。

孔子之门，在初期时实在很复杂，里面颇有不少的狂放的人物。孟子说："如琴张、曾皙、牧皮者，孔子之所谓狂矣。"(《尽心下》)曾皙即曾点，是曾参的父亲，《檀弓》言季武子之丧，"曾点倚其门而歌"。这是见于儒家经典的事，其狂态已经可掬。琴张、牧皮见《庄子·大宗师篇》：

> "子桑户、孟子反、子琴张，三人相与友。曰：'孰能相与于无相与，相为于无相为？孰能登天游雾，挠挑无极，相忘以生，无所终究？'三人相视而笑，莫逆于心，遂相与友。莫然有间而子桑户死，未葬，孔子闻之，使子贡往侍事焉。或编曲，或鼓琴，相和而歌曰：'嗟，来，桑户乎。嗟，来，桑户乎。而(尔)已反其真，而我犹为人猗？'"

这和曾点"倚门而歌"的态度正相仿佛。孟子反即《论语》孟之反，马叙伦谓即牧皮，牧孟双声，皮反对转或因形近而误。这是说得很有道理的。曾皙是孔子弟子可不用说，由孟子看来，就连琴张、孟子反，也是孔门弟子了。这不是比颜回、原宪之徒已经更进了一境吗？

事实上就是曾参、子思、孟子也都是有这种倾向的人。《荀子·解蔽篇》替我们保存了他们的一些生活资料，照那情形看来，他们都是禁欲主义者，虽不能说是狂，却是有十分的狷。

> “曾子曰：‘是其庭可以捕鼠，恶能与我歌矣？’
>
> 空石之中有人焉，其名曰觙，其为人也善射（猜谜）以好思。耳目之欲接则败其思，蚊虻之声闻则挫其精。是以目僻耳目之欲而远蚊虻之声，闲居静思则通。思仁若是，可谓微乎？
>
> 孟子恶败而出妻，可谓能自强矣。有子恶卧而焠掌，可谓能自忍矣。未及好也。
>
> 僻耳目之欲，可谓能自强矣，未及思也。蚊虻之声闻则挫其精，可谓危矣，未可谓微也。
>
> 夫微者至人也。至人也，何强？何忍？何危？故浊明外景（影），清明内景。圣人纵其欲，兼其情，而制焉者理矣。夫何强？何忍？何危？”

这一段文字有些错乱，前后脉络不甚清晰，但大体上是可以领会的。“孟子恶败出妻”，毫无疑问是一位禁欲主义者的行径，败是嫌男女之际败坏精神或身体，而不是妻有“败德”。这由上下文的“僻欲”、“焠掌”等便可以得到旁证。更值得注意的是在曾子、孟子、有子之间，夹一位“空石之中”的觙先生。这人决不会是子虚乌有，而且必然也是相当有名的孔门之徒，然后才合乎文理。因此我发觉，这位先生所隐射的正是子思。子思名伋，与觙同音，“空石之中”即为孔，荀子是痛骂子思的人，故因其“善射以好思”，故意把他姓名来“射”了一下①。据此，足见子思也是一位禁欲主义者了。

曾子的一句话颇费解，但在《庄子·让王篇》有一段故事可相印证。“曾子居卫，缊袍无表，颜色肿哙，手足胼胝，三日不举火，十年不制衣，正冠而缨绝，捉衿而肘见，纳屦而踵决，曳縰而歌《商颂》，声满天地，若出金石。……”据此可见“是其庭可以捕鼠”乃表示食米狼藉，以致老鼠纵横，所斥责者的生活是与曾子相反的。曾参的作风，和他父亲曾点，不是颇相类似吗？

连曾子、子思、孟子都有这样严格禁欲的倾向，颜氏之儒会有心斋坐忘一类的玄虚，那是不足为异的。

四

“漆雕氏之儒”是孔门的任侠一派。《显学篇》言：“漆雕之议，不色挠，不目逃，行曲则违于臧获，行直则怒于诸侯。”这种矜气尚勇的态度和孟子所说的“北宫黝之养勇也”相仿佛，后者也是：“不肤挠，不目逃，思以一毫挫于人，若挞之于市朝。不受于褐宽博，亦不受于万乘之君，视刺万乘之君若刺褐夫。无严诸侯，恶声至，必反之。”北宫黝虽然没有“行曲则违于臧获”的一层，但孟子所说的是他受了委曲时的态度，假使他不是受了委曲，毫无“一毫挫于人”的地方，我相信他对于“褐宽博”也是决不会侵犯的。孟子又

① 作者于1972年在这句之后，加写了一段文字：“陶渊明《八儒》有云：‘居环堵之室，荜门圭窦，瓮牖绳枢，并日而食，以道自居者，有道之儒子思氏之所行也。’陶氏去古未远，当有所据。”

说“北宫黝似子夏”，大约这位北宫先生也就是漆雕氏之儒的一人了。

漆雕究竟是谁呢？孔门弟子中有三漆雕，一为漆雕开，一为漆雕哆，又一为漆雕徒父，但从能构成为一个独立的学派来看，当以漆雕开为合格。他是主张“人性有善有恶”的人，和宓子贱、公孙尼子、世硕等有同一的见解。王充《论衡·本性篇》替我们保存了这项资料。

> “周人世硕，以为‘人性有善有恶，举人之善性养而致之则善长，恶性养而致之则恶长’。如此，则性各有阴阳善恶，在所养焉，故世子作《养书》一篇。宓子贱、漆雕开、公孙尼子之徒亦论情性，与世子相出入，皆言性有善有恶。”

这几位儒者都是有著作的。《艺文志》儒家中有下列著录；

> “《漆雕子》十三篇：
>
> 孔子弟子漆雕启后（后字乃衍文。盖启原作启，抄书者旁注启字，嗣被录入正文，而启误认为后，乃转讹为后也）。”
>
> “《宓子》十六篇：
>
> 名不齐，字子贱，孔子弟子。”
>
> “《世子》二十一篇：
>
> 名硕，陈人也，七十子之弟子。”
>
> “《公孙尼子》二十八篇：
>
> 七十子之弟子。”

这些书，除公孙尼子有《乐记》一篇传世外，可惜都失传了，《乐记》也是经过窜乱的。这几位儒者大约都是一派吧。漆雕子与宓子虽同是孔子弟子，但前者少孔子十一岁，后者少孔子四十九岁，两人之间可能是义兼师友的。两人不仅学说相同，遭遇亦颇近似。《墨子·非儒篇》言“漆雕刑残”，《孔丛子·诘墨篇》引作漆雕开，而《韩非·难言篇》，言"宓子贱不斗而死人手"。这显然是由于矜气尚廉，藐视权威的原故所致了。又《礼记》有《儒行篇》盛称儒者之刚毅特立，或许也就是这一派儒者的典籍吧。

五

"仲良氏之儒"无可考，或许就是陈良的一派。孟子说："陈良，楚产也。悦周公、仲尼之道，北学于中国。北方之学者未能或之先也。"(《滕文公上》)他是有门徒的，陈相与其弟辛，"事之数十年"，足见他在南方讲学甚久，门徒一定不少的。以年代言，屈原就应该出于他的门下。屈原的思想纯是儒家思想，他在南方必得有所承受。

唯仲良而氏之，与陈良复有不同。或许"陈"是误字，因有陈相、陈辛而抄书者联想致误的吧。

六

"孙氏之儒"就是荀子的一派，荀卿又称孙卿。他这一派在战国后半期是一大宗。他是赵国的人，游学于齐，曾为稷下先生，后应春申君之邀，入楚而为兰陵令。他后来回过赵国，在孝成王之前同临武君议兵；又曾游秦，向昭王和应侯传道，但结果没有被采用。他的死是在秦始皇兼并天下以后，焚书坑儒之祸说不定都是在他的生前出现的。《荀子》书末附有一段赞辞，便是明证。

> "为说者曰：'孙卿不及孔子。'是不然。孙卿迫于乱世，鰌于严刑，上无贤主，下遇暴秦。礼义不行，教化不成，仁者诎约，天下冥冥，行全刺之，诸侯大倾。当是时也，知者不得虑，

能者不得治，贤者不得使，故君上蔽而无睹，贤人距而不受。然则孙卿怀将圣之心，蒙佯狂之色，视(示)天下以愚。《诗》曰：'既明且哲，以保其身。'其此之谓也。是其所以名声不白，徒与不众，光辉不博也。今之学者得孙卿之遗言余教，足以为天下法式表仪。所存者神，所过者化。观其善行，孔子弗过。世不详察，云非圣人。奈何，天下不治，孙卿不遇时也。……"(《尧问》)

这自然是荀子门人对于老师的赞颂，在他们心目中荀子简直是超过了孔子的。他"下遇暴秦"，"蒙佯狂之色"，足见确是领略过秦始皇的暴政滋味。《盐铁论·毁学篇》言"方李斯之相秦也，……荀卿为之不食"，说者多以为为时过晚，其实那是由于把荀子的生年太定早了的原故。荀子门徒虽然把他当成圣人，但荀子本人却不曾这样地夸大。他是时常称道仲尼，把仲尼认为儒家的总教祖的。他又屡次称道子弓，和仲尼并举，足见他又是子弓的徒属了。

"圣人之不得势者，仲尼、子弓是也。……上则法舜、禹之制，下则法仲尼、子弓之义。"(《非十二子篇》)

"通则一天下，穷则独立贵名，天不能死，地不能埋，桀、纣之世不能污。非大儒莫之能立，仲尼、子弓是也。"(《儒效篇》)

"仲尼长，子弓短。"(《非相篇》)

这样的一位"天不能死，地不能埋"的与仲尼并列的子弓，有人说，就是仲弓，本子路亦称季路之例，则仲弓亦可称为子弓。但这个例实在不好援用。因为仲尼不见称子尼，伯鱼不见称子鱼，而子思亦不见称季思，则子路仅亦字季路而已。子弓确有这么一个人，便是传《易》的馯臂子弓。《史记·仲尼弟子列传》云：

"商瞿，鲁人，字子木，少孔子二十九岁。孔子传《易》于瞿；瞿传楚人馯臂子弘；弘传江东人矫子庸疵；疵传燕人周子家竖。……”

又《汉书·儒林传》云：

“自鲁商瞿子木受《易》孔子，以授鲁桥庇子庸；子庸授江东馯臂子弓；子弓授燕周丑子家。……”

这两个传统是一套，《史记》的人名是字上名下的古式，《汉书》是名上字下的新式，足见《史记》的资料有双重的古意。第三代和第四代，两种传统互易了，我看当从《史记》，但《史记》的“馯臂子弘”应作“馯（姓）子弘（字）臂（名）”才能划一，那一定是后来的人照《汉书》的新式抄错了的。《易经》在秦时未遭火焚，传《易》者当然也不犯禁，故尔有它的详细传统，但谓“孔子传《易》于瞿”，那只是《易》家后学的附益而已。孔子不曾见过《易》，连商瞿也不见得见过。我认为《易》是子弓创作的，详见拙作《周易之制作时代》一文。在先秦儒家中，荀子为谈到《易》的唯一的人，在《非相篇》与《大略篇》各引“《易》曰”一句，《大略篇》又论到“《易》之咸见夫妇”，和《易象传》的见解相符。大率在荀子晚年“蒙佯狂之色”的时候，他才钻进了《易》里面去的。他在别的地方并不曾把《易》来和《诗》、《书》、《礼》、《乐》、《春秋》并列（参看《劝学篇》），似乎在他的初年还不曾把《易》当成经。但等待他一钻进《易》去之后，便受了很深的影响，《易传》强半是出于他的门徒之手，因而《易传》中的许多“子曰”，应该就是荀子在说。正因此，他是那样地把子弓神圣视了。

商瞿对于子弓，有些思想上的影响，是不成问题的。《孟子》书中曾言“子莫执中”（《尽心上》）。这位子莫虽然有人说是魏公子牟或者端孙子莫，但在我看来可能就是商瞿子木。又《尸子·广泽篇》有云“皇子贵衷”，贵衷与执中同义，则皇子当即商子，商皇古音同在阳部。中之义为《易》所摄取，作《易》者的基本认识，是以为宇宙万物均在变化之中，变化是宇宙过程，而变化之所由生则因有阴阳刚柔相反二性之对立，由于无数对立物之相推相荡而变化因以无穷际。这是对于自然界的看法。但说到人事界来，便要参加一层斟酌的意义。人乘此变化，当处于中正之地位，使对立物无过无不及，使在人事界的变化，可以不至于走到极端（“亢”），因而变化便可以静定下来，地位便可以长久安定（“永贞”）下去。这样便有百利而无一害。这大约也就是子莫所执的“中”，皇子所贵的“衷”了。

这分明是一种直线式的折半主义，处己贵不刚不柔，称物是裒多益寡，那样便每每使变化静定，即使有变化也不能发展而为进化。所谓“《易》之道逆数也”，传《易》者也早就明白它是反乎自然的。虽然乾卦的《象传》在说“天行健，君子以自强不息”，但那只是做《象传》者的意思，而不是经的本意。要那样不息下去，经会警告你：“亢龙有悔”呵。孟子是反对这种“执中”形式的，他说“执中无权犹执一也”，执一便是僵定，“举一而废百”。孟子既反对“无权”，则他必然主张“有权”。权就是天秤的砝码，无权者是不用砝码，把两端的轻重去取一下，使其划一。有权者是要用砝码，增加轻的一端，使与重的一端平衡。这样所得到的平衡便是更高的一个阶段。在孟子确是有过这样的主张：他要“与民同乐”，要“使有菽粟如水火”，这大约就是两派虽同样主张“执中”而又互相非难的原故吧。

作《易经》的人很明显的是已经知道了五行说的。坤卦六五“黄裳元吉”，离卦六二“黄离元吉”，遁卦六二“用黄牛之革”，解卦九二“得黄矢”，鼎卦六五“鼎黄耳金铉”。二与五居下卦与上卦之中，不仅爻多吉辞，且以黄色表位，这分明是作者已经知道五方五色的配合的证据。

照年代说来，子弓和子思同时，他能知道五行说的梗概，是毫无问题的。这两派，在儒家思想上要算是一种展开，就在中国的思想史上也要算是最初呈出了从分析着想的倾向。他们同认宇宙是变化过程，而在说明这种过程上，子思提出了五行相生，子弓提出了阴阳对立。这两种学说后为邹衍所合并，而又加以发展，便成为了所谓阴阳家。接着，更加上迷信的成分，于是便成为二千多年的封建社会的妖魔窟。这是子思和子弓所初料不及的。

关于荀子思想的批判，当另为专文以论之，兹不赘述。

（1944年9月11日）

（原载《十批判书》，现选自东方出版社《学术经典》1996年版）

本文通过对有关先秦资料的分析，郭沫若认为子张、子思等儒把孔子庞大的思想体系按照个人的理解加以发挥引申，从而产生了诸多异义，如子张之儒偏于博爱容众，人的范围自然有所扩大，是过火而不合仁道，是孔门里的过激派；子思儒则发展了大同思想，并十分强调五行。另外他还认为子思、孟氏、乐正氏之儒是一个派系，孙氏之儒就是荀子一派，仲良氏之儒或许是陈良的一派。

从孔子到孟荀

——战国时的儒家派别和儒经传授

周 予 同

孔子去世以后，他所创立的儒家学派，内部很快分化；他所整理的儒家经籍，也跟着出现了不同传本。到战国中、晚期，以孟轲、荀况为代表，儒家学派事实上已分成两派。探讨从孔子到孟、荀的儒家派别及其经籍传授的过程，对于研究战国时期“百家争鸣”的历史，对于研究中国古代学术文化的变迁，都是不可或缺的基础课题之一。我在这里仅作扼要的叙述。

孔子以后的儒家派别

关于孔子以后儒家学派分化的概况，较早的系统记录，只有《韩非子·显学》中的一段：

自孔子之死也，有子张之儒，有子思之儒，有颜氏之儒，有孟氏之儒，有漆雕氏之儒，有仲良氏之儒，有孙氏之儒，有乐正氏之儒。……故孔、墨之后，儒分为八，墨离为三。

这就是引起古今学者注意的“儒家八派”说。以后对此说进行解释的，有《圣贤群辅录》，它说：

颜氏传《诗》为道，为讽谏之儒。孟氏传《书》为道，为疏通致远之儒。漆雕氏传《礼》为道，为恭俭庄敬之儒。仲良氏传《乐》为道，以和阴阳，为移风易俗之儒。乐正氏传《春秋》为道，为属辞比事之儒。公孙氏传《易》为道，为洁净精微之儒。

照此说来，儒家分派，原因在于孔子的几名学生或再传、数传弟子，于"六经"各执其一，而在社会分工中又各守一道。但《圣贤群辅录》一书出于伪托①，其说不足据。以后，学者又作了不少考证、解说。这里择要分述一下。

子张。孔子的学生，司马迁说是颛孙师的字，陈人（《史记·仲尼弟子列传》），《论语》里记载他向孔子学干禄，问从政，但孔子对他似乎不够满意，一说"师也过"，再说"师也辟"②。他的同学言偃、曾参，也批评他"未仁"，"难与辨为仁"（《论语·子张》）。然而到战国时，他的后学显然已成为很大的派别。荀子攻击三种"贱儒"，头一个便是"子张氏之贱儒"，嘲骂他们衣冠不正，语言乏味，只会模仿舜、禹走路的样子③。郭沫若对子张的评价则很高，以为"他似乎是孔门里面的过激派"，"他是偏向于博爱容众这一方面的"，"在儒家中是站在为民众的立场的极左翼的"④。不过我觉得，子张主张"尊贤而容众"（《论语·子张》）属实，但"容众"能不能解释成"为民众"，至少在目前还找不到直接的材料依据。

---

① 《圣贤群辅录》二卷，一名《四八目》，相传为东晋陶潜撰，其实系晚出伪书，不足凭信。详可参考《四库全书总目提要》子部类书类存目。

② 均见《论语·先进》。马融注："子张才过人，失在邪辟文过。"

③ 《荀子·非十二子》："弟佗其冠，神禫其辞，禹行而舜趋，是子张氏之贱儒也。"

④ 《儒家八派的批判》，《十批判书》，群益出版社 1950 年版（下引同），第 130、134 页。

子思。春秋战国之际有两子思，一个是孔子的学生原宪，一个是孔子的孙儿孔伋①。这里指哪一个呢？梁启超以来多以为指孔伋，根据是荀子否定过的子思即指孔伋②，韩非是荀子的学生，当然要从师说。但马宗霍则认为，此子思应该指原宪③，因为孔伋和孔子行辈不相接，而且据司马迁记载，原宪到西汉时"死而已四百余年，而弟子志之不倦"（《史记·游侠列传》），可见他不但有门人，还发展成影响颇大的一个派别。我以为，孔伋一派的特色在发挥孔子学说，影响在公卿间，仍不脱儒的本色，而原宪一派则重在学道能行，影响主要在民间，已流入侠的一途。所以，在这里说的子思是指孔伋，义较长。

孟氏。究竟指谁？有人以为就是孟轲。有人以为当指孟轲门下。还有人以为，韩非将他与孔门弟子颜氏、子张、漆雕氏等辨别，而孟轲的活动时间同"孔子之死"相去很远，因此怀疑这里非指孟轲。

乐正氏。一说乃指曾参的学生乐正子春，一说当即孟轲弟子乐正克。

以上三派，郭沫若认为应该只是一系，即子思（孔伋），他的私淑弟子孟轲，和孟子弟子的乐正克。结论是这个思、孟学派，"事实上也就是子游氏之儒"，而不是像宋代程、朱之徒所断言的出于曾子的传统（《十批判书》，第134页）。这种看法，虽然康有为早

① 原宪字子思，见《史记·仲尼弟子列传》；孔伋亦字子思，见《史记·孔子世家》、《汉书·艺文志》。

② 《荀子·非十二子》："略法先王而不知其统，犹然而材剧志大，……子思唱之，孟轲和之，世俗之沟犹瞀儒，嚾嚾然不知其所非也，遂受而传之。"

③ 马宗霍《中国经学史》，商务印书馆1937年第五版，第16页。

已提出过①,却没有郭说彻底。子游是言偃的字,在孔门四科中居文学的鳌头。孔子说过:“君子学道则爱人,小人学道则易使也。”他听后便顶了真,一做武城宰,便教出遍邑弦歌之声,连孔子也笑话他“割鸡焉用牛刀”(《论语·阳货》)。子游一派在战国时的势力想必也相当大,荀子把他们与子张、子夏二派同列为“贱儒”,骂他们苟安怕事,不讲廉耻而好吃懒做,还非要声明“君子固不用力”②。根据这些材料,郭沫若断定思、孟之学出于子游氏之儒,进而断定《礼记·礼运》一篇,“毫无疑问便是子游氏之儒的主要经典”;现存的思、孟书《中庸》和《孟子》,在学说上就是《礼运》强调的五行说的发展;而《大学》实是乐正氏之儒的典籍(详见《十批判书》,第134—146页)。这样,郭氏便勾画出从子游到乐正克的道统和传经图式。但在我看来,根据还不够牢固,因为子思之学源于曾子抑或子游有疑问,孟氏、乐正氏是谁有疑问,《礼运》等篇的作者也有疑问。所以,我倾向于应该先对三派作分别探讨,再作综合研究。

颜氏。孔门弟子中颜氏有八人,即颜无繇、颜回、颜幸、颜高、颜之仆、颜哙、颜何(《史记·仲尼弟子列传》)。所以,皮锡瑞、梁启超都认为,这里说的未必是颜回,而且颜回比孔子早死,是否有弟子传其学,也无可考(皮说见《经学历史》二“经学流传时代”)。但郭沫若则认为,颜回是孔门的第一人,生前已有“门人”,因此颜氏之儒当指颜回一派;“他很明显地富有避世的倾向,因而《庄子》

① 见康有为《孟子微》序:“子游受孔子大同之道,传之子思,而孟子受业于子思之门。”

② 《荀子·非十二子》:“偷儒惮事,无廉耻而耆饮食,必曰君子固不用力,是子游氏之贱儒也。”

书中关于他的资料也就特别多”(《十批判书》,第147页)。我以为郭氏的考证大体可信。

漆雕氏。孔门弟子中有三漆雕:漆雕开、漆雕哆、漆雕徒父(《史记·仲尼弟子列传》)。漆雕开曾传《易》,《汉书·艺文志》儒家中有《漆雕子》十三篇,原注说是“孔子弟子漆雕启后”①。韩非说:“漆雕之议,不色挠,不目逃,行曲则违于臧获,行直则怒于诸侯。”(《韩非子·显学》)说者或以为指别一人(见《韩非子·显学》王先慎集解)。但章炳麟则径指为漆雕氏之儒,以为他们是游侠的前身,并以为《礼记·儒行》一篇,“记十五儒皆刚毅特立者”,就是孔门儒者中有与游侠相近的证据(《訄书·儒侠》)。郭沫若与章氏的意见相同,而且明确地说漆雕氏之儒是“孔门的任侠一派”,它的开创者“当以漆雕开为合格”,而《儒行》或许就是这一派儒者的典籍(《十批判书》,第150—152页)。他们的说法,我看也大体可信。

仲良氏。良,或作梁。《礼记·檀弓上》有仲梁子语②,郑玄注谓“鲁人”。又,《诗经·定之方中》毛传也曾引仲梁子语。但这个仲梁子的时代和活动情况,都难以考索③。梁启超根据孟子曾提

---

① 漆雕启,即漆雕开。郭沫若以为“后”字乃衍文,见《十批判书》,第151页。

② 《礼记·檀弓上》:“曾子曰:‘尸未设饰,故帷堂小敛而彻帷。’仲梁子曰:‘夫妇方乱,故帷堂小敛而彻帷。’”语气似在解释曾子语,因而仲梁子可能为曾子后学。

③ 《汉书·古今人表》有仲梁子,列于“中上”,但究属战国何时人,未可臆度。

及有个“悦周公、仲尼之道”的陈良①，以为仲良可能是陈良的字。郭沫若同梁说，认为仲良氏之儒或许就是陈良的一派(《十批判书》，第152—153页)。但梁、郭之说均没有文献学的直接证明，所以这一派在经学史上仍属疑案。

孙氏。梁启超等说即孙卿②。皮锡瑞则以为指公孙尼子(见《经学历史》二“经学流传时代”)。有人以为，《显学》篇乃斥儒者，谅韩非不致诋毁其师，故孙氏只能指公孙尼子。我看这不成其为理由。“儒分为八，墨离为三”，说的是客观存在的事实，“愚诬之学，杂反之行”，则表明韩非对儒墨的评价。韩非似乎还没有堕落到以主观好恶来歪曲客观事实的地步，何况荀子是当时著名的儒家大师，韩非即使有心回护老师，却又怎能抹杀众所周知的事实呢？

总起来说，对韩非所谓儒家八派，学者解释不同，但也有几点比较一致：第一，孔子死后儒家便起分化，在战国时已形成多种派别；第二，不同的派别，不但都出于孔门③，而且都仍属儒家，都在传授孔子之道；第三，派别之多，反映了战国时期儒术盛行，在学术

---

① 《孟子·滕文公上》：“陈良，楚产也，悦周公、仲尼之道，北学于中国。北方之学者，未能或之先也。”

② 孙卿，即荀卿。王先慎《韩非子集解》引顾广圻说，亦谓指孙卿。

③ 马宗霍《中国经学史》：“窃谓《韩非》叙八儒承孔子之死而起，虽曰某氏之儒，或指在某氏之门者而言，未必即是本人。而所谓某氏者，似应皆指孔子之徒。”“《韩非》八儒，容有在七十子之外，三千之中者。”“至若名不在七十子之列、八儒之列，而学有可考者，如孺悲之学《士丧礼》，见于《杂记》；宾牟贾之论乐，见于《乐记》；仲孙说与何忌之学《礼》，见于《左氏传》；鞠语之明于礼乐，审于服丧，见于《晏氏春秋》；固亦孔门经学之传也。”(商务印书馆1937年第5版，第16—17页)按马氏以为八派代表者，“容有在七十子之外”，颇有见地，但说大约都在三千弟子之中，还没有确实证据。

界影响很大;第四,各派的具体主张和活动情形,由于文献不足,研究不够,因而不甚了了,有待深入探讨。

孔子以后的儒经传授

孔子根据自己的哲学、政治和历史的见解,对大量古代文献进行筛选,整理编次成《易》、《书》、《诗》、《礼》、《乐》、《春秋》,作为自己设教讲学的六种教本。这些教本,保存了很多有价值的历史资料,也使它们成为系统表达儒家学说的著作,并随着封建社会的发展,儒家学派地位的变化,而被封建统治者尊为"经典",就是所谓"六经"。这个问题,我已作过简单的考察①。

我在谈到"六经"与孔子的关系问题时还说过:现存的"经书",其中有孔子整理过的旧文,也掺杂着后来儒家学派的著述,同时在流传过程中还有散佚②。由前述可知,孔子去世后,儒家内部已分化成八派或八派以上。他们对孔子留下的儒家经籍,当然要继续传授,在传授过程中也一定有解说,有发挥,而形成本派的"传",或"语录"。

关于春秋末战国初儒家各派的"传经"情况,保存下来的文献资料实在太少了,以致目前我们了解的只是些片段。尽管如此,我们仍然要研究。否则,我们对现存的"经书",哪些同孔子有关,哪些与孔子无涉,怎能分辨清楚呢?学说的师承关系,固然是"流",而不是"源",但探讨学说在流传过程中发生的每一步变化,对于

① 周予同《"六经"与孔子的关系问题》,《复旦学报》(社会科学版),1979年第1期。

② 同上。

研究这一步以及变化前后的“源”,即它所反映的客观社会实际,难道不重要吗?如果把后儒关于“经书”的解说、发挥,不管是否墨守师说或变以新意,统统算到孔子的账上,那一定要描画出假孔子、假孔学的。

我认为,在孔子的学生,或孔门再传、三传的弟子中间,同所谓传“经”事业关系较大的,有这样几个人:

一、子夏

这是孔子的学生卜商的字。他在孔门四科中,与子游同属“文学”之最。《论语》记有他向孔子问学,以及他发挥孔子学说的很多材料。孔子曾批评他还达不到“贤”的程度①,并当面告诫他:“女为君子儒,无为小人儒!”(《论语·雍也》)可能在孔子生时,子夏已有了自己的门人。子夏大概的确好名,还有点势利眼吧,所以子张就批评他不像个“君子”②,子游也批评他太重表面文章而不重孔子之“道”③。他在孔子死后从事教育,还做过魏文侯的老师(见《史记·仲尼弟子列传》)。大约由于这个缘故,子夏一派到战国中期已膨胀得很大,因而也遭到荀子攻击。荀子说:“正其衣冠,齐其颜色,嗛然而终日不言,是子夏氏之贱儒也。”(《荀子·非十二子》)就是骂他们是伪君子。不过很奇怪,韩非讲到“儒分为

① 《论语·先进》:“子贡问:‘师与商也孰贤?’子曰:‘师也过,商也不及。’”

② 《论语·子张》:“子夏之门人问交于子张。子张曰:‘子夏云何?’对曰:‘子夏曰:可者与之,其不可者拒之。’子张曰:‘异乎吾所闻:君子尊贤而容众,嘉善而矜不能。我之大贤与,于人何所不容?我之不贤与,人将拒我,如之何其拒人也?’”

③ 《论语·子张》:“子游曰:‘子夏之门人小子,当洒扫应对进退则可矣。抑末也,本之则无,如之何?’”

八"时,竟没有提及这一派。郭沫若作过研究,认为"这是韩非承认法家出于子夏,也就是自己的宗师,故把他从儒家中剔除了"(《十批判书》,第130页)。

然而子夏在"传经"上却不可忽视。东汉徐防说:"《诗》、《书》、《礼》、《乐》,定自孔子;发明章句,始于子夏。"(《后汉书》卷七四《徐防传》)就是说,"六经"的大部分,都来自子夏的传授。

南宋的洪迈说得更完整:"孔子弟子,惟子夏于诸经独有书。虽传记杂言未可尽信,然要为与他人不同矣。于《易》则有《传》。于《诗》则有《序》。而《毛诗》之学,一云:子夏授高行子,四传而至小毛公;一云:子夏传曾申,五传而至大毛公。于《礼》则有《仪礼·丧服》一篇,马融、王肃诸儒多为之训说。于《春秋》所云不能赞一辞,盖亦尝从事于斯矣。公羊高实受之于子夏。穀梁赤者,《风俗通》亦云子夏门人。于《论语》,则郑康成以为仲弓、子夏等所撰定也。"(洪迈《容斋随笔》)

洪迈之说,持之有据。但这些根据的可靠程度,却存在问题:(1)子夏《易传》,《汉书·艺文志》不载,《隋书·经籍志》始著录;但有人以为此子夏非卜商,而是汉初传《韩诗》的韩婴①。(2)《毛诗序》有大、小之分,究为何人所作,诸说纷纭,洪迈乃依据郑玄《诗谱》、王肃《孔子家语注》立说②;但郑玄杂糅今古文,所语或是得自传闻,《家语》本王肃伪造,所注当然更不可靠。(3)洪迈所谓

① 隋王俭《七志》引刘向《七略》:"《易传》,子夏韩氏婴也。"此外又或以为《易传》作者系丁宽,或以为系轩臂子弓,但都没有证明之确据。今传《子夏易传》,盖出伪托。

② 《四库全书总目提要》经部《诗》类《诗序》:"以为《大序》子夏作,《小序》子夏、毛公合作者,郑玄《诗谱》也。以为子夏所序《诗》即今《毛诗序》者,王肃《家语注》也。"

《毛诗》传授,前一说来自唐朝陆德明的《经典释文·序录》①,后一说则据晋朝陆玑的《毛诗草木虫鱼疏》②;二说列举的传授次序互相矛盾,所以清代的今文经学家均表怀疑(可参看魏源《诗古微》、康有为《新学伪经考》)。(4)子夏作《仪礼·丧服》一篇说,根据是唐朝贾公彦《仪礼正义》中《丧服》篇下解题③;但也有人以为此篇是曾向孔子学"士丧礼"的孺悲所作④。(5)子夏为《春秋》公羊学初祖,说据戴宏(徐彦《春秋公羊传疏》何休《序》引戴宏序),而穀梁赤是子夏门人,则本自范宁引《风俗通》(杨士勋《春秋穀梁传疏》范宁《序》题下引《风俗通》),都不尽可靠。

子夏曾受《春秋》⑤,编《论语》(见陆德明《经典释文·序录》引郑玄《六艺论》),大约都是事实。但《论语》大量收入子夏等孔门弟子的语录,说明它的写定者,不会是子夏,而是孔子的再传弟子。

二、曾子

曾参,字子舆,也是孔子晚年的学生。他的天分大概不高,曾被孔子批评为迟钝⑥。他的名言是"吾日三省吾身"(《论语·学而》),很注重实行孔子的道德教条。他还说过"犯而不校"(《论语·泰伯》)、"君子思不出其位"(《论语·宪问》)一类话,提倡奴隶精神。

---

① 序录谓:"徐整云:子夏授高行子,高行子授薛苍子,薛苍子授帛妙子,帛妙子授河间人大毛公。毛公为《诗故训传》于家,以授赵人小毛公。"

② 疏谓:"孔子删《诗》,授卜商。商为之《序》,以授鲁人曾申。……荀卿授鲁国毛亨。毛亨作《训诂传》,以授赵人毛苌。"

③ 解题谓:"传曰者,不知是谁人所作,人皆云孔子弟子卜商字子夏所为。"

④ 《礼记·杂记下》:"孺悲学士丧礼于孔子,《士丧礼》于是乎书。"

⑤ 《史记·孔子世家》:"至于为《春秋》,笔则笔,削则削,子夏之徒不能赞一辞。"

⑥ 《论语·先进》:"参也鲁。"

他又以“孝”著称，相传在这方面得到过孔子的特殊培养①。正因如此，他在西汉时便被封建统治者奉为讲“孝道”的楷模，而在宋以后更被封建道学家捧作与颜回并列的大贤。

《汉书·艺文志》儒家内有《曾子》十八篇，如今尚存十篇，收入《大戴礼记》。由篇题便可窥见曾子“传经”的重点，例如《曾子本孝》、《曾子立孝》、《曾子大孝》、《曾子事父母》等，都是阐发儒家关于“孝”的观念的。曾子以“孝”为人生哲学的第一义，说它是“天下之大经”、“众之本教”等等（均见《大戴礼记·曾子大孝》），严格地说已偏离了孔子的立场。因为孔子哲学的归宿是“仁”，而把“孝”当作入“仁”之门的方法或手段，如果不幸“仁”、“孝”发生冲突而不能两全的时候，孔子便主张“杀身成仁”，即舍“孝”而取“仁”。但曾子则把“仁”、“孝”看作同实而异名的概念。他以为天生地养的一切生物中惟人为大，因此必须谨慎地保护自己的肢体发肤②，“父母全而生之，子全而归之，可谓孝矣；不亏其体，不辱其身，可谓全矣”（均见《大戴礼记·曾子大孝》）。他以为每个人，倘使都一方面自全其身（孝），一方面全人之身（仁），则社会就根本无所谓冲突，也用不着牺牲，岂不美哉！这种思想，同庄子、杨子主张的“养内养外”和“拔一毛而利天下不为”，倒有点相近。在家族为本位的宗法封建社会里，曾子这种仁孝一致的理论，很适合封建统治者巩固其压迫秩序的需要。于是曾子也就被尊为“大贤”。然而《大戴礼记》中的“曾子”十篇，写作形式都采用早期儒家惯用的语录体，《曾子立事》篇中还载有《荀子》的《修身》、《大略》二文，因此也可能不是曾子自撰。

---

① 《史记·仲尼弟子列传》：“孔子以为（曾参）能通孝道，故授之业。”

② 《论语·泰伯》：“曾子有疾，召门弟子曰：‘启予足，启予手。诗云：战战兢兢，如临深渊，如履薄冰。而今而后，吾知免夫！小子！’”

此外,《孝经》虽也非曾子所撰,但很可能是曾子一派的典籍。这本小书,从西汉起,在封建社会里有很大影响,被列为“十三经”之一。我将在两汉经学部分再谈。

三、子思

孔子的这个孙子,师承尽管还不明了,但他的学说,却由于荀子的批评,而可窥见涯略:他是主张“法先王”的,这可以说是忠于乃祖的传统;他是造作“五行说”的,这可以说是发展了乃祖反鬼神而取术数的思想;他是墨守“先君子之言”的,这可以说是以继承乃祖道统为己任(《荀子·非十二子》)。他的这一套,后来被孟子接过去,再加以发展,即荀子所谓“子思唱之,孟轲和之”(《荀子·非十二子》),因而儒者翕然响应,在战国中、晚期形成一个很大的派别,人称“思、孟学派”。

但子思传了哪些经,已无可考。《汉书·艺文志》儒家有《子思》二十三篇,现均亡佚(清末黄以周有辑本,名《子思子》)。只有《礼记·中庸》一篇,相传为子思的著作。宋朝道学家对《中庸》特别重视,以为“此篇乃孔门传授心法”,朱熹并将它从《礼记》中抽出,同《大学》、《论语》、《孟子》合编为“四书”,后来便被封建统治者规定为官方教科书,在宣扬旧礼教、锢蔽人们智慧方面,发生了长期而极坏的影响。但这是道学家附会的“天道性命”之类鬼话所起的影响,至于《中庸》与子思究竟有什么联系,他们从来也没有费心考索过。到清末,章炳麟才寻出一点线索,考出《中庸》是用五行附会人事的子思遗说(章炳麟《子思孟轲五行说》,《太炎文录初编》卷一),郭沫若又加以阐释(《十批判书》,第139—140页),方才揭露了真相的一角。

除《中庸》外,据南朝的沈约说,《礼记》中的《表记》、《坊记》、《缁衣》诸篇,也都取于《子思子》(见《隋书·音乐志》引沈约语),

但还找不到佐证。

四、公孙尼子

《汉书·艺文志》记有《公孙尼子》二十八篇，原注说他是七十子之弟子，也就是孔子的再传弟子。但《隋书·经籍志》却说似孔子弟子。皮锡瑞疑即韩非所指的八儒之一公孙氏（《经学历史》二“经学流传时代”）。《公孙尼子》一书已佚（清马国翰《玉函山房辑佚书》辑有《公孙尼子》一卷），现在也寻不出可资研究他的生平和学说的其它材料。

公孙尼子在“传经”上所以值得注意，一是因为今传《礼记·缁衣》一篇，据说是他所作（孔颖达《礼记正义·缁衣》篇解题引南朝刘瓛说）；二是因为今传《礼记·乐记》，据说也取自《公孙尼子》（见《隋书·音乐志》引沈约语）。如果这是事实，他便是战国时传授《礼》、《乐》二经的人物之一。

五、孔门其它弟子

清初的朱彝尊，曾搜集《论语》、《史记》等书中有关孔门弟子“传经”的记载，在《经义考》里作了概述："孔门自子夏兼通《六艺》而外，若子木之受《易》，子开之习《书》，子舆之述《孝经》，子贡之问《乐》，有若、仲弓、闵子骞、言游之撰《论语》；而传《士丧礼》者，实孺悲之功也。"①但只有商瞿即子木传《易》的说法，曾由司马迁列出完整的传授系统（见《史记·仲尼弟子列传》），大约比较可靠。此外都得自一鳞半爪的记录，缺乏其它资料佐证，所以存有疑问。

由上可知，孔子整理过的“六经”，在他死后都在继续传授。然而，除掉子夏这个可疑的“传经”者而外，其他人或抱着一、二“经”，

① 子木，商瞿字。子开，漆雕开字。子贡，端木赐字。仲弓，冉雍字。

或抓住一、二个观点,在著书讲学,使儒经传授由合而分,这是一。其二,"传经"者都没有死守孔子的各种具体观点,而是或吸收别家学说加以补充,或根据自己需要加以修改,使儒家学说在起变化。这个由孔子到孟荀的中间环节,我以为在经学史、学术思想史上都很重要,但情况仍若明若暗,我期望有人下点功夫弄明白。

儒家内部孟荀两派的对立

说起战国时的儒家主要流派,自然要数孟子和荀子。他们的哲学见解不同,历史认识不同,政治信念不同,已有不少论著讨论过了。我准备从经学史的角度谈一谈。

孟轲是战国时邹(今山东邹县)人,约生于周威烈王四年(前372),死于周赧王二十六年(前289)。他自己说:"予未得为孔子徒也,予私淑诸人也。"(《孟子·离娄下》)学的是谁?他没有明说,引起后人纷纷揣测。据我看,当以"受业于子思之门人"(《史记·孟子荀卿列传》)一说为是,因此他当是孔子的四传弟子。

孟子的经历,同孔子颇相似。幼年丧父,家里很穷。后来读书,成了名,便带着一班学生跑来跑去,大至齐、梁,中至宋、鲁,小至滕、邹,都游历过。虽然到处得到诸侯贵族的礼遇、馈赠,曾经阔得后车数十乘,随员数百人,但一处也未被重用,而且有一次在本国得罪了邹穆公,后者一怒便中止馈赠,闹得他断了粮(见应劭《风俗通·穷通》)。好不容易等到崇拜他的滕文公即了位,但滕国太小了,不足作为实现他"平治天下"抱负的基地,于是再辗转入齐。这一次贵为"齐之卿相"(《孟子·公孙丑上》),但不久又同齐宣王闹意见,辞职下野,跑到边境住了三夜,竟不见齐王派使者挽留,只得叹息道"五百年必有王者兴"的气数已过(关于孟子去齐的经过，详见《孟子·公孙丑下》），从此告别政治生涯。“退而与万章之徒序《诗》《书》，述仲尼之意，作《孟子》七篇”①。

据说，孟子“治儒术之道，通五经，尤长于《诗》《书》”（赵岐《孟子题辞》）。由现存《孟子》来考察，孟子屡屡称引《诗》《书》，而对《春秋》尤其反覆颂扬，可以相信他对“经书”的确有研究。

问题在于“序《诗》《书》”的解释。郭沫若以为据此“可知《诗》《书》的编制是孟氏之儒的一项大业”（《十批判书》，第141页），是释“序”为次序之意。我的看法则不同。“六经”的原型，本为孔子以前存在的“先王之陈迹”的文献，经过孔子整理，因此而成为儒家学派的“经典”（参见周予同《“六经”与孔子的关系问题》，《复旦学报》1979年第1期）。在战国时，孟子一派还只是儒家学派的一支。如果“经书”是孟子编次的孔门遗说，那就决然得不到各派儒者的共同承认，更得不到荀子一派的承认，而现存“经书”却大多为荀子所传。所以，我认为，所谓“序”，就是“叙”，就是陈述原书著者的旨趣，这由《孟子》中可以看得很清楚。

更成问题的是孟子同《春秋》的关系。近人钱玄同拿《论》《孟》对勘，以为孟子竭力表彰的“孔子作《春秋》”一事，却不见于《论语》，就说明《春秋》决不是孔子所做（钱玄同《论〈春秋〉性质书》，《古史辨》第一册，第276页），“孟轲因为要借重孔丘，于是造出‘《诗》亡然后《春秋》作’，‘孔子成《春秋》而乱臣贼子惧’的话”（钱玄同《答顾颉刚先生书》，《古史辨》第一册，第78页》）。我的意见也不同。《论语》主要是孔子及其学生的对话录，关于孔子的实践活动记录甚少，例如大至孔子的官场经历，小至孔子的婚姻状况，都没

① 《史记·孟子荀卿列传》。关于《孟子》的篇数、编者，后来学者异说纷纭，不详辨。

有提到，难道可以据此否认孔子做过官、娶过妻吗？如果把《论语》当作研究孔子的唯一材料，那恰好应了孟子那句“尽信书不如无书”的话。何况孟子谈《春秋》，本在“述仲尼之意”。他解说孔子的意图可能一无是处，但不能以此证明孟子在造孔子的谣。

孟子对“经书”，既然重在“序”和“述意”，既然这样做是出于政治活动失败后要在理论上继续申述自己的哲学政治主张，那末他在“传经”上的注意力，集中在确立由孔子到自己的道统（钱玄同说他要借重孔丘，是对的），而不太注意注解章句，综核古事，便是很自然的。因此，从经学史的角度看，孟子一派可谓主观之学。正如孟子在哲学上高唱“万物皆备于我”（《孟子·尽心上》）一样，孟子在经学上也是把“六经”当作发挥我见的工具。所谓《春秋》“其事则齐桓、晋文，其文则史，孔子曰‘其义则丘窃取之矣’”（《孟子·离娄下》），实在是他对“经书”态度的“夫子自道”。因此，他言必称尧舜，语必法先王，实则借尧、舜、禹、汤、文、武的名义，申说自己的“行仁政”、“民贵君轻”之类救世主张。他的主张的阶级意义自可讨论，但他治经是“托古”而不是“复古”，就连他的对手荀子也不否认①。

荀况是赵国人，约生于周赧王二年（前313），死于秦王政九年（前238）②。他的家世和早年经历，至今还是个谜。熟悉故事如司马迁，在替他作传时，也只能开始就从“年五十始来游学于齐”

① 《荀子·非十二子》：子思、孟轲，“案饰其辞而祗敬之曰，此真先君子之言也”。

② 关于荀子的生卒时间，学者众说纷纭。荀子死于楚国春申君被杀之年（前238）以后，大约可以断定。但生年就成问题，如据旧说他五十游齐是在齐湣王晚年，则荀子寿高至一百三十馀岁，宋以来学者都认为不可信。这里暂据姜亮夫《历代人物年里碑传综表》（中华书局1959年版）。

写起①。这五十之年当齐国何王何年，也仍属糊涂账。现在可判断的，就是荀子跑到齐国后，在那里的学术文化中心稷下学宫里大大出了名，不但在学者中“最为老师”，而且在齐国统治者授予学者列大夫衔头时居于前茅，“三为祭酒”(见《史记·孟子荀卿列传》)，这就是他被尊为“卿”的由来。但他在齐也没有得意多少年，便遭人中伤，跑到楚国依附春申君，任兰陵令。不久又遭谗而被春申君辞退，于是返赵，曾在赵孝成王前讨论军事，“赵以为上卿”(见《战国策·楚策四》，刘向《叙录》)。大约在此期间，入秦会见秦昭王和范雎②，向他们大谈儒有益于国。接着又应春申君请，由赵入楚复任兰陵令③。他的学生也不少，最有名的就是韩非和李斯，相传他还见到李斯任秦相④。不过他晚年同孔、孟一样倒楣：“春申君死而荀卿废”，“荀卿嫉浊世之政，亡国乱君相属，不遂大道而营于巫祝，信禨祥，鄙儒小拘，如庄周等又猾稽乱俗，于是推儒、墨、道德之行事兴坏，序列著数万言而卒”(《史记·孟子荀卿列传》)。

荀子憎恶的“鄙儒”、“俗儒”，显然有孟子在内。他们同属儒家而势不两立，单用宗派嫉妒来解释是不行的，而用定阶级成分的

① 《史记·孟子荀卿列传》，刘向《叙录》同。但应劭《风俗通·穷通》说“年十五”至齐，有人据此认为《史记》“五十”乃“十五”之讹。但应劭说荀子至齐便说齐相行王道，则十五岁便作此事业，也未必可信。

② 荀子入秦，在《荀子》中的《儒效》、《强国》等篇均有记载。据《风俗通·穷通》，入秦时间在初次任楚国兰陵令被辞退之后。但罗根泽以为当在五十游齐之前，见《荀卿游历考》(《诸子考索》，人民出版社1958年版)。

③ 据刘向《叙录》。《战国策·楚策四》提到春申君再次“使人请孙子于赵”，未说再任兰陵令。

④ 《盐铁论·毁学》：“李斯相秦，始皇任之，人臣无二，而荀卿为之不食。”

办法来解释也没有足够根据。在政治上,孟、荀都要求统一,都要求结束春秋以来的社会混乱状态,而实现统一的政权,正是地主阶级的共同要求,对发展新的封建经济有利,怎能随便说他们一个代表奴隶主,一个代表地主呢?在思想上,孟、荀确有很大分歧,但主要出于时代不同,形势使然。例如关于性善性恶之争,孟子主性善,便是站在统治阶级的立场上,认为自己阶级的性是善的,因而由这个性所规定的理、义也是善的。他把这一点推广到适用于整个社会,当被统治者对统治者的理、义表示顺从的时候,便说他们性善,反之就是性恶,就是邪说诬民、充塞仁义。荀子主性恶,难道他以为统治阶级的性是恶的么?不然,否则他就不可能认定存在着制礼的圣人,也不可能认定存在着遵礼的士大夫。他谈性恶,同样也是站在统治阶级的立场上,但提问题的角度与孟子相反。他是说被统治者的性本是恶的,因此要用统治者制定的礼和刑,来强迫被统治者顺从。所以,据我的看法,孟、荀关于人性善恶的说法尽管不同,然而在本质上都是宣布统治阶级的利益不可侵犯。不过孟子指望用说教达到目的,而荀子则断定非用强制手段不能解决问题,这正是战国后期的阶级矛盾比战国中期更尖锐的一种反映。孟、荀的其它分歧,如法先王与法后王之争,王霸义利之争,又何尝不应作如是观呢?显然,当历史发展到战国后期,专制主义的中央集权的封建统一政权即将出现的时候,荀子的学说更适应地主阶级的需要。

在“传经”事业上,荀子也高于孟子。清朝汪中的《荀卿子通论》①说:“荀卿之学,出于孔氏,而尤有功于诸经。”我以为近于事实。汪中对荀子“传经”作了详细考证,文长不拟备录,试为列表

① 见汪中《述学》“补遗”内,又见王先谦《荀子集解·考证下》等书内。

如下：

《诗》
- 《鲁诗》：荀子——浮丘伯（包丘子）——申公（《鲁诗》开创者）。
- 《韩诗》：引荀子以说《诗》者凡四十四。
- 《毛诗》：子夏——曾申——李克——孟仲子——根牟子——孙卿——大毛公。

《春秋》
- 《穀梁》：荀子——浮丘伯——申公——瑕丘江公
- 《左传》：左丘明——曾申——吴起——吴期——铎椒——虞卿——荀卿——张苍——贾谊。①

《礼》
- 《荀子》中的《礼论》、《乐论》，见今《礼记》的《乐记》、《三年问》、《乡饮酒》三篇中。
- 《荀子》中《修身》、《大略》，见今《大戴礼记·曾子立事》篇。

《易》
- "刘向又称荀卿善为《易》（见刘向《叙录》），其义亦见《非相》、《大略》二篇。"

据此可知，荀子与《诗》、《礼》、《春秋》、《易》诸经的传授，都有关系。汪中的结论说："盖荀卿于诸经无不通，而古籍阙亡，其授受不可尽知矣。《史记》载孟子受业于子思之门人，于荀卿则未详焉。今考其书始于《劝学》，终于《尧问》，篇次实仿《论语》。《六艺论》云：《论语》，子夏、仲弓合撰。《风俗通》云：穀梁为子夏门人。而《非相》、《非十二子》、《儒效》三篇，每以仲尼、子弓并

① 康有为等今文经学家以为不足信。

称。子弓之为仲弓，犹子路之为季路，知荀卿之学，实出于子夏、仲弓也。《宥坐》、《子道》、《法行》、《哀公》、《尧问》五篇，杂记孔子及诸弟子言行，盖据其平日之闻于师友者，亦由渊源所渐、传习有素而然也。”（《荀卿子通论》）

近人刘师培，曾参照汪中的考证，进一步列出《孔子传经表》（见刘师培《经学教科书》），认为从孔子的学生算起，到西汉初年为止，《书》学出于孔子的子孙和漆雕开一派的传授，《易》学出于商瞿一派的传授，而《春秋》学的传授，三传均出于子夏一派，荀子则是《穀梁》、《左传》的直接传授者。

汪、刘之说，自然不免含有揣测的成分，但秦汉儒生所学习的“五经”及其解说，大多来自荀子，则为经学史家们所共同承认。因此，荀子对后代儒学的发展起了重要影响，是可以断定的。

总之，我认为，战国时期的儒家学说，到荀子就作了综合。虽然在汉武帝以后，封建统治阶级由于荀子主张不法先王，不敬天地，否认命运，人性本恶诸说，不合自己愚民的需要，因而将他本人屏于道统之外，遂使荀子在儒学中的地位不及孟子显赫；并因此引起后人对荀子学说的种种误解，可是他实为孔子以后儒家的传经大师，实为战国末儒家学说的集大成者，实为秦汉时期为封建专制主义的统一政权准备了理论基础的儒家学派的先驱人物，则不能否定。

（选自《学术月刊》1979 年第 4 期）

本文主要分析了战国儒家派别和儒经传授，关于派别则综合了郭沫若等诸家说法，经传则认为主要有子夏、曾子、子思、公孙尼子等人；同时认为荀子较孟子为晚，其思想更是适应封建专制大一统的需要,因而,应是战国末儒家学说的集大成者。

儒学统一时代

梁启超

泰西之政治，常随学术思想为转移；中国之学术思想，常随政治为转移，此不可谓非学界之一缺点也。是故政界各国并立，则学界亦各派并立；政界共主一统，则学界亦宗师一统。当战国之末，虽有标新领异如锦如荼之学派，不数十年，摧灭以尽；巍然独存者，惟一儒术。而学术思想进步之迹，亦自兹凝滞矣。夫进化之与竞争相缘者也，竞争绝则进化亦将与之俱绝。中国政治之所以不进化，曰惟共主一统故；中国学术所以不进化，曰惟宗师一统故。而其运皆起于秦、汉之交。秦、汉之交，实中国数千年一大关键也。抑泰西学术，亦何尝不由分而合，由合而分，递衍递嬗；然其凝滞不若中国之甚者，彼其统一之也以自力，此其统一之也以他力。所谓自力者何？学者各出其所见，互相辩诘，互相折衷，竞争淘汰，优胜劣败。其最合于真理最适于民用者，则相率而从之。衷于至当，异论自熄。泰西近日学界所谓定义公例者，皆自此来也。所谓他力者何？有居上位握权力者，从其所好，而提倡之，而左右之。有所奖厉于此，则有所窒抑于彼，其出入者谓之邪说异端，谓之非圣无法。风行草偃，民遂移风。泰西中古时代之景教，及吾中国数千年之孔学，皆自此来也。由前之道，则学必日进；由后之道，则学必日退。征诸前事，有明验矣。故儒学统一者，非中国学界之幸，而实中国学界之大不幸也。今请先语其原因，次叙其历史，次条其派别，次论其结果。

一 其原因

儒学统一云者，他学销沉之义也。一兴一亡之间，其原因至赜至杂。约而论之，则有六端：

天下大乱，兵甲满地，学者之日月，皆销蚀于忧皇扰攘之中，无复余裕以从事学业。而霸者复肆其残忍凶悍之手段，草薙而禽狝之。苟非有过人之精神毅力，则不能抱持其所学，以立于此棼乱暗黑之世界。故经周末兼并之祸，重以秦皇焚坑一役，而前此之道术，若风扫落叶，空卷残云，实诸学摧残之总原因，儒学与他学共之者也。此其一。

破坏不可以久也，故受之以建设。而其所最不幸者，则建设之主动力，非由学者而由帝王也。帝王既私天下，则其所以保之者，莫亟于靖人心。事杂言庞，各是所是而非所非，此人心所以滋动也。于是乎靖之之术，莫若取学术思想而一之。故凡专制之世，必禁言论、思想之自由。秦、汉之交，为中国专制政体发达完备时代；然则其建设之者，不惟其分而惟其合，不喜其并立而喜其一尊，势使然也。此其二。

既贵一尊矣，然当时百家，莫不自思以易天下，何为不一于他而独一于孔？是亦有故。周末大家，足与孔并者，无逾老、墨。然墨氏主平等，大不利于专制；老氏主放任，亦不利于干涉：与霸者所持之术，固已异矣。惟孔学则严等差，贵秩序，而措而施之者，归结于君权；虽有大同之义，太平之制，而密勿微言，闻者盖寡；其所以干七十二君，授三千弟子者，大率上天下泽之大义，扶阳抑阴之庸言，于帝王驭民，最为适合，故霸者窃取而利用之以宰制天下。汉高在马上，取儒冠以资溲溺；及既定大业，则适鲁而以太牢祀矣。盖前此则孔学可以为之阻力，后此则孔学可以为之奥援也。此其三。

然则法家之言，其利于霸者更甚，何为而不用之？曰：法家之为利也显而骤，其流弊多；儒家之为利也隐而长，其流弊少。夫半开之民之易欺也，朝四暮三则众狙喜，且笞且饴则群儿服。故宋修《太平御览》以彀英雄，清开博学鸿词以戢反侧，盖逆取顺守，道莫良于此矣。孔学说忠孝，道中庸，与民言服从，与君言仁政，其道可久，其法易行；非如法家之有术易以兴、无术易以亡也。然则孔学所以独行，所谓教竞君择，适者生存，亦天演学公例所不可逃也。此其四。

以上诸端，皆由他动力者也。至其由自动力者，则亦有焉。盈虚消长，万物之公例也。以故极盛之余，每难为继。彼希腊学术，经亚里士多德后而渐衰；近世哲理，经康德后而稍微。此亦人事之无如何者矣。九流既茁，精华尽吐；再世以后，民族之思想力既倦，震于前此诸大师之学说，以为不复可加，不复可几及，故有因袭，无创作，有传受，无扩充，势使然矣。然诸家道术，大率皆得一察焉以自好，承于前者既希，其传于后也亦自不广。孔学则祖述尧、舜，宪章文、武，在先师虽有改制法后之精神，在后学可以抱残守缺为尽责。是故无赴汤蹈火之实力，则不能传墨学；无幽玄微妙之智慧，不足以传老学。至于儒术，则言训诂者可以自附焉，言校勘者可以自附焉，言典章制度者可以自附焉，言心性理气者可以自附焉。其取途也甚宽，而所待于创作力也甚少，所以诸统中绝，而惟此为昌也。此其五。

抑诸子之立教也，皆自欲以笔舌之力，开辟途径，未尝有借助于时君之心。如墨学主于锄强扶弱，势力愈盛者，则其仇之愈至；老学则刍狗万物，轻世肆志，往往玩弄王侯，以鸣得意。然则彼其学，非直霸者不取之，抑先自绝也。孔学不然，以用世为目的，以格君为手段。故孔子及身，周游列国，高足弟子，友交诸侯；为东周而必思用我，行仁术而必藉王齐。盖儒学者，实与帝王相依附而不可离者也。故陈涉起而孔鲋往，刘季兴而叔孙从，恭顺有加，强聒不舍，捷足先得，谁曰不宜？此其六。

二　其历史

具彼六因，儒学所以视他学占优胜者，其故可知矣。虽然，其发达亦非一朝一夕之故。请略叙之。

（一）萌芽时代。当孔子之在世，其学未见重于时君也。及魏文侯，受经子夏，继以段干木、田子方，于是儒教始大于西河。文侯初置博士官，实为以国力推行孔学之始。儒教第一功臣，舍斯人无属矣。其次者为秦始皇。始皇焚坑之虐，后人以为敌孔教，实非然也。始皇所焚者，不过民间之书，百家之语；所坑者，不过咸阳诸生侯生、卢生等四十余人，未尝与儒教全体为仇也。岂惟不仇，且自私而自尊之。其焚书之令云：有欲学者，以吏为师。非禁民之学也，禁其于国立学校之外，有所私业而已。所谓吏者何？则博士是也。秦承魏制，置博士官，伏生、叔孙通、张苍，史皆称其故秦博士。盖始皇一天下，用李斯之策，固已知辨上下、定民志之道，莫善于儒教矣。然则学术统一与政治统一，同在一时，秦皇亦儒教之第二功臣也。汉高早年最恶儒，有儒冠者辄溲溺之，其吐弃也至矣。而郦食其、叔孙通、陆贾等，深自贬抑，包羞忍垢以从之。及天下既定，诸将争夺喧哗，引为深患。叔孙通乃缘附古制，为草朝仪，导之使知皇帝之贵,然后信孔学之真有利于人主。陆贾献《新语》,益知马上之不可以治天下。于是过鲁以太牢祠孔子,喟然兴学,以贻后昆。汉高实儒教之第三功臣也。

(二)交战时代。虽然,天下事非一蹴可几者。当汉之初,儒教以外,诸学派其焰未衰。墨也,老也,法也,皆当时与孔学争衡者也。其在墨家,游侠一派独盛,朱家、郭解之流,为一时士夫所崇拜。太史公曰:"儒以文乱法,而侠以武犯禁。"儒谓孔也,侠谓墨也。盖孔、墨两派,在当时社会,势力殆相埒焉(秦汉时人常以仲尼、墨翟并称,或以儒墨、儒侠并称。南海先生所著《孔子改制考》尝汇妙之,得百余条)。其在道家,则汉初之时,殆夺孔席。盖公之教曹参(史称曹参为齐悼惠王相,召诸儒百数,问安集百姓之道,言人人殊,莫知所从。闻胶西有盖公者,善黄、老言,请见之。盖公为言治道清静,则民自定。曹参大悦,师之。后相汉,日饮醇酒,与民休息,皆得力于道家言也),黄生之事窦后(《汉书·外戚传》云:"太后好黄帝、老子言。景帝及诸窦不得不读《老子》,尊其术。"按:窦后为文帝后,文帝即位之年即册立,而崩于武帝建元六年,此四十五年间,势倾外廷,天子、宰相莫敢逆。登高而呼,故道家言披靡朝野。史称老徒黄生与儒徒辕固生尝辩难于帝前。窦后怒,使辕固入圈刺豕,欲杀之。其束缚言论自由,可见一斑矣),此倡之自上者也;淮南王之著《鸿烈》解(高诱注《淮南子》云:天下方术之士多归淮南,于是苏飞、李尚、左吴、田由、雷被、毛被、伍被、晋昌等八人,及诸儒大山、小山之徒,讲论道德,总统仁义,以著此书。其旨近于《老子》,淡泊无为,蹈虚守静云云),司马谈之《论六家要指》(《史记·太史公自序》,列其父谈所论六家要指,谓儒、墨、阴阳、名、法、道各有所长,而归本于道家。班固讥史公"先黄老而后六经",实则此乃谈之言,非迁之言也),此演之自下者也。故当时儒学虽磅礴郁积于下，而有压之于上者，故未能得志焉。其在法家，则景帝时代，晁错用事（史称错与雒阳宋孟、刘带同学申、商刑名之学于轵县张恢。然则张恢殆当时法家大师也），权倾九卿，法令多所更定。而武帝虽重儒术，实好察察之明，任用桑弘羊辈，欲行李悝、商鞅之术以治天下，故儒、法并立，而相水火于朝廷。《盐铁论》一书，实数千年争辩学术之第一大公案也（《盐铁论》，汉桓宽撰，乃叙述始元六年丞相、御史与所举贤良文学论辩盐铁均输之利害者也。两党各持一见，互相诘难，洋洋十数万言。以视英国议院争爱尔兰自治案、改正选举法案者，其论辩之激烈、持理之坚确，殆有过之无不及，实为中国学界、政界放一大异彩也）。由此观之，当儒学将定未定之际，与之争统者凡三家。就中随分为三小时期：第一期，为儒、墨之争。承战国"武士道"之余习，四公子（孟尝、平原、信陵、春申）之遗风，犹赫赫印人耳目，故重然诺、锄强扶弱之美德，犹为一世所称羡，尚气之士，每不惜触禁网以赴之，而诋儒为柔巽者有焉矣。虽然，其道最不利于霸者，朝廷豪族，日芟而月锄之，文、景以降，殆萎绝矣。第二期，为儒、道之争。道家有君（如窦太后、文帝、景帝等）相（如曹参、汲黯等）以为之后援，故其势滋盛；而经数百年战争丧乱之后，与民休息，其道术固有适宜于当时之天择者，故气焰骤扬，而诋儒为虚伪繁缛者有焉矣。虽然，帝者之好尚变，而其统之盛衰亦与俱变。第三期，为儒、法之争。儒、法两有利于世主，而法家之利显而近，儒家之利隐而长。景、武之时，急于功名，法语斯起，而诋儒为迂腐不切者有焉矣。然当时儒、法胜负之数，颇不在世主而在两造之自力。盖法家之有力者，不能善用其术，缘操切以致挫败；而儒家养百年来之潜势力，人才济济，颇能不畏强御以伸其主义，故朝、野两途，皆占全胜也。自兹以往，而儒学之基础始定。

（三）确立时代。自魏文侯以后，最有功于儒学者，不得不推汉武帝。然武帝当窦后未殁以前，不能实行所志。彼其第一次崇儒政策，以武帝之雄才大略主持于上，窦婴以太后之亲为丞相，田蚡以帝舅为太尉，赵绾为御史大夫，王臧为郎中令，皆推崇儒术，将迎申公于鲁，设明堂，制礼作乐，文致太平。然太后一怒，绾、臧下吏。婴、蚡罢斥，遂以蹉跌。卒至后崩，蚡复为相，董仲舒对策贤良，请表章六艺，罢黜百家，凡非在六艺之科者绝勿进。自兹以往，儒学之尊严，迥绝百流。遂乃兴学校，置博士，设明经射策之科。公孙弘徒以缘饰经术，起家布衣，封侯策相。二千年来国教之局，乃始定矣。

（四）变相时代。一尊既定，尊经逾笃，每行一事，必求合于六艺之文。哀、平之间，新都得政，因缘外戚，遂觊非常；然必附会经文，始足以钳盈廷之口。求诸古人，惟有周公可以附合，爰使刘歆制作伪经，随文窜入。力有不足，假借古书。古人削竹为篇，漆书其上，今之一卷，古可专本。其为工也多，故传书甚少；其转徙也艰，故受毁甚易；其为费也不资，故白屋之士不能得书者甚众。以此三者，故图书悉萃秘府。歆既亲典中书，任意抑扬，纵怀改窜，谓此石渠秘籍，非民间有也，人孰不从而信之？即不见信，又孰从而难之？况有君权，潜为驱督，于是鸿都太学，承用其书，奉为太师，视为家法。莒人灭鄫，吕种易嬴，自兹以往，而儒之为儒，又非孔子之旧矣。

（五）极盛时代。虽然，新歆之学，固未能遽以尽易天下也。而东汉百余年间，孔学之全盛，实达于极点。今请列西汉与东汉之比较：（一）西汉有异派之争，而东汉无有也（西汉前半纪三小期之交战时代，不待言矣；即武帝别黑白定一尊以后，亦尚有如汲黯之治黄老，桑弘羊、张汤之治刑法者。东汉则真绝矣）；（二）东汉帝者皆受经讲学,而西汉无有也(明帝亲临辟雍,养三老五更。自章帝以下,史皆称其受经渊源);(三)西汉传经之业,专在学官,而东汉则散诸民间也(凡学权垄断于一处者,学必衰;散布诸民间者,学必盛。泰西古学复兴时代,学权由教会移于平民,遂开近代之治,其明证也。西汉非诣博士不得受业,虽有私授,而其传不广。东汉则讲学之风,盛于一时。史所载如刘昆弟子常五百余人;洼丹徒众数百人;杨伦讲授大泽中,弟子千余人;薛汉教授常数百人;杜抚弟子千余人;曹曾、魏应、宋登、丁恭皆弟子数千人;楼望九千余人;牟长门下著录万余人;蔡玄万六千人。诸如此者,不可枚举);(四)西汉传经,仅凭口说,而东汉则著书极盛也(西汉说经之书,惟有《春秋繁露》、《韩诗外传》一二种,其余皆口授而已。东汉则除贾、马、许、郑、服、何诸大家,著述传世人人共见者不计外,其《儒林传》所载,如周防著四十万言,伏恭著二十万言,景鸾著五十万言,其余数万言者,尚指不胜屈)。故谓东京儒术之盛,上轶往轨,下绝来尘,非过言也。

三 其派别

竞争之例,与天演相终始。外竞既绝,内竞斯起;于群治有然,于学术亦有然。《韩非子·显学》篇,谓孔子卒后,儒分为八。顾汉代儒学虽极盛,而所谓八儒者,则渺不可睹。其条叶跗萼,千差万别,又迥非初开宗时之情状矣。今欲言汉儒之派别,请先言汉以前之派别。

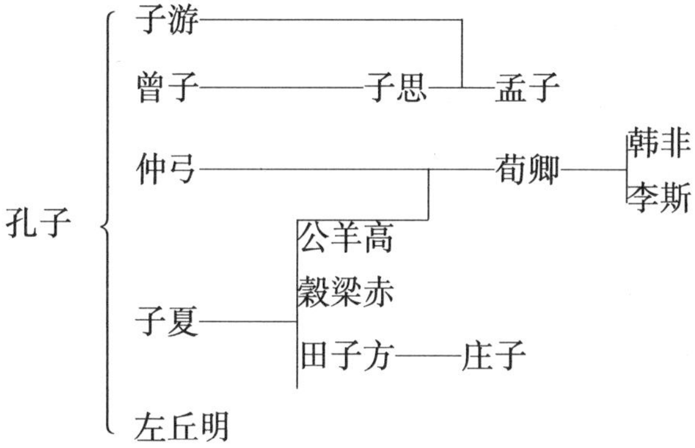

表例说明：一、其流派不光大者不列。一、列子游于孟子派者，孟子言大同，而大同之说，本于《礼运》，《礼运》为子游所传。《荀子·非十二子》篇攻思、孟条下又云：“以为仲尼、子游，为兹厚于后世。”故知孟子之学出于子游也。　一、列仲弓于荀卿派者，《非十二子》篇以仲尼、子弓并称。《论语》言：“雍也可使南面。”正荀子君权之学说所自出也。

孔子之学，本有微言、大义两派。微言亦谓之大同，大义亦谓之小康；大同亦谓之太平，小康亦谓之拨乱，谓之升平。拨乱、升平、太平，《春秋》谓之“三世”。三世之中，复各含三世，如太平之拨乱，太平之升平，太平之太平等是也。大义之学，荀卿传之；微言之学，孟子传之。至微言中最上乘，所谓太平之太平者，或颜氏之子其庶几乎，而惜其遗绪之湮没而不见也。庄生本南派巨子，而复北学于中国，含英咀华，所得独深，殆绍颜氏不传之统者哉！然其嗣续固不可以专属于孔氏。然则孔学在战国，则固已仅余孟、荀两家，最为光大。而二派者，孔子之时，便已参商；迨及末流，截然相反。孟子治《春秋》，荀子治《礼》（《春秋》孔子所自作，明改制致太平之意者也；《礼》孔子所雅言，为寻常人说法者也）；孟子道性善，荀子言性恶（两义皆孔子所有。言大同者必言性善，太平世当人人平等也；言小康者必言性恶，拨乱世当以贤治不肖也。故言性善者必言扩充，近于自由主义；言性恶者必言克治，近于督制主义）；孟子称尧舜，荀子法后王（尧舜者，大同之代表也，《礼运》所谓“大道之行也，天下为公，选贤与能”等是也；后王者，禹、汤、文、武、成王、周公，小康之代表也，《礼运》所谓“三代之英”、所谓“六君子”也，所谓“天下为家，各亲其亲，各子其子，货力为己，大人世及以为礼，……礼义以为纪”等是也），此其大端也。若其小节，更仆难终。孟子既殁，公孙丑、万章之徒，不克负荷，其道无传。荀子身虽不见用，而其弟子韩非、李斯等，大显于秦，秦人之政，壹宗非、斯。汉世六经家法，强半为荀子所传（见汪容甫《述学》）；而传经诸老师，又多故秦博士。故自汉以后，名虽为昌明孔学，实则所传者，仅荀学一支派而已。此真孔学之大不幸也（汉代学术在荀派以外者，惟《公羊春秋》耳）。

汉儒流派繁多，综其大别，可分两种：

（一）说经之儒。

（二）著书之儒。

（一）说经之儒。在昔书籍之流布不易，故欲学者皆凭口说，非师师相传，其学无由，故家法最重焉。今请将各经传授本师，列表如下：

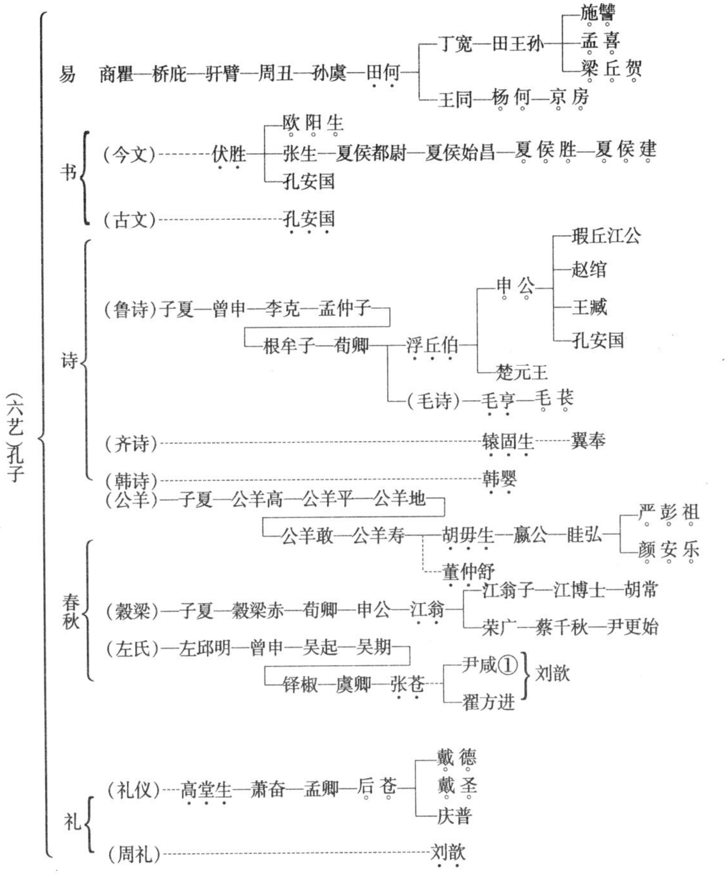

表例说明：
一、凡传授不断者，以 —— 为识；传授不明者，以-------为识。
二、所表传授人，只据故书，其真伪非著者之责任。
三、每经于汉初第一本师，下施“·”为识；立于学官者，下施“。”为识。

---

① “咸”原误作“威”。

由此观之,《鲁诗》、《毛诗》、《穀梁春秋》、《左氏春秋》,皆出自荀卿,传有明文;而伏生、辕固生、张苍,皆故秦博士;《礼经》传授,高堂生之前,虽不可考,然荀卿一书,皆崇礼由礼之言,两戴记又多采荀卿文字,则其必传自荀门,可以推见。若是乎两汉经术,其为荀学者十而七八,昭昭然也。

论两汉经学学派,最当注意者,今古文之争是也。今文传自西汉之初,所谓"十四博士列于学官"者是也;古文兴于西汉之末,新莽篡国、刘歆校书时所晚出者也。今文虽不足以尽孔学,然犹不失为孔学一支流;古文则经乱贼伪师之改窜附托,其与孔子之意背而驰者,往往然矣。古文虽不盛于汉代,然汉末、魏、晋间,马融、郑玄、王肃之徒,大扬其波;逾六朝以及初唐,渤定《五经正义》,皆为古文学独占时代。盖自是而儒者所传习,不惟非孔学之旧,抑又非荀学之旧矣。今将汉代所立于学官者,列其今古文之派为一表:

汉代群经立于学官者之宗派

经	今古文	宗派	立学	附注
易		杨(何)	武帝时立	《易》皆今文无古文
		施(雠)	宣帝时立	
		孟(喜)	同上	
		梁丘(贺)	同上	
		京(房)	元帝时立	
书	(今文)	欧阳	武帝时立	
		大夏侯(胜)	宣帝时立	
		小夏侯(建)	同上	
	(古文)	孔(安国)	平帝时立	
诗	(今文)	鲁(申公)	武帝时立	
		齐(辕固)	同上	
		韩(婴)	同上	
	(古文)	毛(苌)	平帝时立	
礼	(今文)	后(苍)	武帝时立	
		大戴(德)	宣帝时立	
		小戴(圣)	同上	
	(古文)	逸礼	平帝时立	
		周官	未得立	
春秋	(今文)	公羊	武帝时立	
		穀梁	元帝时立	
		严(彭祖)	东汉初立	二家皆《公羊》支子出于胡母生者也
		颜(安乐)	同上	
	(古文)	左氏	平帝时立	

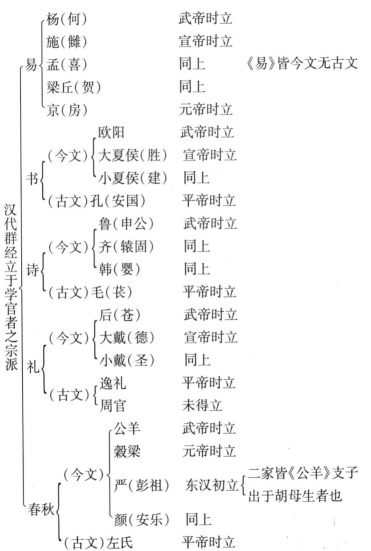

综而论之,两汉经师,可分四种:(其一)口说家。专务抱残守缺,传与其人,家法谨严,发明颇少。如田何、丁宽、伏生、欧阳生、申

公、辕固生、胡母生、江翁、高堂生等其人也。(其二)经世家。衍经术以言政治,所谓“以《禹贡》行水,以《洪范》察变,以《春秋》折狱,以三百五篇当谏书”。如贾谊、董仲舒、龚胜、萧望之、匡衡、刘向等其人也。(其三)灾异家。灾异之说何自起乎?孔子小康之义,势不得不以一国之权托诸君主。而又恐君主之权无限,而暴君益乘以为虐也,于是乎思所以制之。乃于《春秋》特著以元统天、以天统君之义,而群经亦往往三致意焉。其即位也,誓天而治;其崩薨也,称天而谥。是盖孔子所殚思焦虑,计无复之,而不得已出于此途者也。不然,以孔子之圣智,宁不知日蚀、彗见、地震、星孛、鹢退、石陨等地文之现象,动物之恒情,于人事上、政治上毫无关系也。而断断然视之若甚郑重焉者,毋亦以民权既未能兴,则政府之举动措置,既莫或监督之而匡纠之,使非于无形中有所以相慑,则民贼更何忌惮也。孔子盖深察夫据乱时代之人类,其宗教迷信之念甚强也,故利用之而申警之。若曰:“某某者天神震怒之象也,某某者地祇怨恫之征也,其必由人主之失德使然也。是不可不恐惧,是不可不修省。”夫人主者,无论何人,无论何时,夫安能无失德?则虽灾变日起,而无不可以附会。但使稍自爱者,能恐惧一二,修省一二,则生民之祸,其亦可以稍弭。此孔子言灾异之微意也。虽其术虚渺迂远,断不足以收匡正之实效,然用心盖良苦矣。江都最知此义,故其对天人策,三致意焉。汉初,大儒之言灾异,大率宗此旨也。及于末流,浸乖本谊,牵合附会,自惑惑人。如《书》则有《洪范五行》,《礼》则有《明堂阴阳》,《易》则京房之象数灾异,《诗》则翼奉之五际六情(齐诗派),至于《春秋》,又益甚焉。训至谶纬之学,支离诞妄,不可穷诘,骎骎竞起,以夺孔席,则两汉学者之罪也。(其四)训诂家。汉初大师之传经也,循其大体,玩经文(见《汉书·艺文志》),不为章句训故,举大义而已(见《汉书·儒林传》),故读一经通一经之义,明一义得一义之用。自莽、歆以后,提倡校勘诂释之学,逮东都之末,则贾、马、许、郑,益覃心于笺注,以破碎繁难相夸尚,于是学风又一变。近启有唐陆(德明)、孔(颖达)之渊源,远导近今段(玉裁)、王(引之)之嚆矢,买椟还珠,去圣愈远。盖两汉经学,虽称极盛,而一乱于灾异,再乱于训诂。灾异乱其义,训诂乱其言,至是益非孔学之旧,而斯道亦稍陵夷衰微矣。

(二)著书之儒。今所传汉代著述,除经注词赋外,其稍成一家言者,有若陆贾之《新语》,贾谊之《新书》,董仲舒之《春秋繁露》,司马迁之《史记》,淮南王安之《淮南子》,桓宽之《盐铁论》,刘向之《说苑》、《新序》,扬雄之《法言》、《太玄》,王充之《论衡》,王符之《潜夫论》,仲长统之《昌言》,许慎之《说文解字》等,四百年中,寥寥数子而已。而《说文》不过字书,于学术思想全无关系。《盐铁论》专纪一议案,亦非可以列于作者之林。《新语》真赝未定,《新书》割缀所成,未足以概作者之学识。要之汉家一代著述,除《淮南子》外,皆儒家言也。而其有一论之价值者,惟董仲舒、司马迁、刘向、扬雄、王充、王符、仲长统七人而已。江都《繁露》,虽以说经为主,然其究天人相与之故,衍微言大义之传,实可为西汉学统之代表。《史记》千古之绝作也,不徒为我国开历史之先声而已,其寄意深远,其托义皆有所独见,而不徇于流俗。本纪之托始尧舜(五帝)也,世家之托始泰伯也,列传之托始伯夷也,皆贵其让国让天下,以诛夫民贼之视国土为一姓产业者也;陈涉而列诸世家也,项羽而列诸本纪也,尊革命之首功,不以成败论人也;孔子而列诸世家也,仲尼弟子而为列传也,尊教统也;《孟荀列传》而包含馀子也,著两大师以明群学末流之离合也;老子、韩非同传,明道、法二家之关系也;游侠有传,刺客有传,厉尚武之精神也;龟策有传,日者有传，破宗教之迷信也；货殖有传，明生计学之切于人道也。故太史公诚汉代独一无二之大儒矣。彼其家学渊源，既已深邃（《太史公自序》，称其父谈“学天官于唐都，受《易》于杨何，习道论于黄子”），生于天下之中央，而足迹遍海内（《自序》云：“迁生龙门，耕牧河山之阳。……二十而南游江、淮，上会稽，探禹穴，窥九疑，浮于沅、湘，北涉汶、泗，讲业齐、鲁之都……。厄困鄱、薛、彭城，过梁、楚以归。于是仕为郎中，奉使西征巴、蜀以南，南略邛、笮、昆明，还报命。”①盖今日版图，除两广、贵州、福建、甘肃五省外，史公足迹皆遍矣），其于孔子之学，独得力于《春秋》（《自序》称吾闻诸董生曰云云，盖史公于董子，必有渊源矣。《公羊传》屡引子司马子曰云云，吾友仁和夏曾佑，以为必史公也），而南派、北东派、北西派之精华，皆能咀嚼而融化之。又世在史官，承胚胎时代种种旧思想，磅礴郁积，以入于一百三十篇之中，虽谓史公为上古学术思想之集大成可也。刘中垒粹然醇儒，然为当时阴阳五行说所困，不能自拔。《说苑》陈义至浅，殆无足云。扬子云新莽大夫，曲学阿世，著《太玄》以拟《易》，著《法言》以拟《论语》，是足以代表当时学者乏创作力，而惟存模拟性也。王仲任颇思为穷理察变之学，然学识不足以副之，摭其小而遗其大。吾友馀杭章炳麟，以比希腊之烦琐哲学，斯为近矣。节信（王符）、公理（仲长统）虽文辞斐然，然止于政论，指摘当时末流之弊而已，于数千年学术思想界中，不足以占一席。若是乎两汉之以著述鸣者，惟江都、龙门二子，独有心得，为学界放一线光明而已。嗟乎！斯道之衰，一何至是。君子观于此而益叹言论自由、思想自由之不可以已如是其甚也！

① “于是”后原有“迁”字。

其于说经著书之外，足以觇当时文明之迹者，则词赋为最优。而枚乘、司马相如、扬雄、班固等，其代表人也。而唐都、洛下闳之历数，张仲景之医方（著《伤寒论》），张衡之技巧（制地动仪），亦有足多者焉。

四　其结果

儒学统一之运，既至两汉而极盛，其结果则何如？试举荦荦大者论之。

一曰名节盛而风俗美也。儒学本有名教之目，故砥砺廉隅，崇尚名节，以是为一切公德私德之本。孝武表章六艺，师儒虽盛，而斯义未昌，故新莽居摄，颂德献符者遍天下。光武有鉴于此，故尊崇节义，敦厉名实，以“经明行修”四字，为进退士类之标准。故东汉二百年间，而孔子之所谓“儒行”者，渐渍社会，浸成风俗。至其末造，朝政昏浊，国事日非，而党锢之流，独行之辈，依仁蹈义，舍命不渝，风雨如晦，鸡鸣不已，让爵让产，史不绝书，或千里以急朋友之难，或连轸以犯时主之威。论者谓三代以下，风俗之美，莫尚于东京，非过言也。夫当时所谓“名节”者，其果人人出于真心与否，吾不敢言。虽然，孟德斯鸠不云乎，立君之国，以名誉心为元气。孔子之政治思想（专就其小康之统言），则正孟德斯鸠所谓立君政体也，故其所以维持之者，莫急于尚名。沿至东京，而儒效极矣。《南史》有云：“汉世士务修身，故忠孝成俗。至于乘轩服冕，非此莫由。”顾亭林亦云：“名之所在，上之所庸，而忠信廉洁者，显荣于世；名之所去，上之所摈，而怙侈贪得者，废锢于家。即不无一二矫伪之徒，犹愈于肆然而为利者。”又曰：“虽不能使天下之人以义为利，犹使之以名为利。”[①]名节者，实东汉儒教一最良之结果也。虽其始或为“以名为利”之一念所驱而非其本相；至其浸成风俗，则其欲利之第一性，或且为欲名之第二性所掩夺，而舍利取名者往往然矣。是孔学所以坊民之要具也。

二曰民志定而国小康也。孔子之论政，虽有所谓大同之世，太平之治，其所雅言者，总不出上天下泽，君臣大防。故东汉承其学风，斯旨最畅。范蔚宗之论，以为“桓、灵之间，君道秕辟，朝纲日陵，国隙屡启。自中智以下，靡不审其崩离。而权强之臣，息其窥盗之谋；豪俊之夫，屈于鄙生之议。”（《后汉书·儒林传论》）“所以倾而未颠，抑而未溃，岂非仁人君子心力之为乎？”[②]（《后汉书·左雄传论》）诚哉其知言也，儒教之结果使然也。自兹以往，二千余年，以此义为国民教育之中心点。宋贤大扬其波，基础益定。凡缙绅上流，束身自好者，莫不兢兢焉。义理既入于人心，自能消其枭雄跋扈之气，束缚于名教以就范围。若汉之诸葛，唐之汾阳，近世之曾、左，皆食其赐者也。夫共和之治，既未可骤几，则与其乱臣贼子，继踵方轨，以暴易暴，诚不如戢其戾气，进之恭顺，而国本可以不屡摇，生民可以不涂炭。两汉以后所以弑逆之祸稍杀于春秋，而权臣日少一日者，儒教治标之功，不可诬也。

此其结果之良者也。若其不良者则亦有焉。

三曰民权狭而政本不立也。儒教之政治思想，有自相矛盾者一事，则君、民权限不分明是也。大抵先秦政论，有反对极端之两派：曰法家，曰道家。而儒实执其中。法家主干涉，道家主放任。

① 据顾炎武《日知录》卷十三《名教》原文，“虽”字本无，“犹”上原有“而”字。

② “抑”原作“决”。

惟干涉也,故君与民为强制之关系;惟放任也,故君与民为合意之关系(即近于契约之关系)。惟强制关系也,故重等差;惟合意关系也,故贵平等。惟等差也,故压制暴威;惟平等也,故自由自治。此两者虽皆非政治之正轨,要之首尾相应,成一家言者也。儒家则不然。其施政手段,则干涉也(保民、牧民,皆干涉政策之极轨也);其君臣名分,则强制也(所谓"君臣之义,无所逃于天地之间");其社会秩序,则等差也(《中庸》"亲亲之杀,尊贤之等,礼所生也");惟其政治之目的,则以压制暴威为大戒。夫以压制暴威为大戒,岂非仁人君子之极则耶?而无如不揣其本而齐其末,道固未有能致者也。儒教之所最缺点者,在专为君说法,而不为民说法。其为君说法奈何?若曰:汝宜行仁政也,汝宜恤民隐也,汝宜顺民之所好恶也,汝宜采民之舆论以施庶政也。是固然也。若有君于此,而不行仁政,不恤民隐,不顺民之所好恶,不采民之舆论,则当由何道以使之不得不如是乎?此儒教所未明答之问题也。夫有权之人之好滥用其权也,犹虎狼之嗜人肉也。向虎狼谆谆说法,而劝其勿食人,此必不可得之数也。谓余不信,则试观二千年来,孔教极盛于中国,而历代君主,能服从孔子之明训,以行仁政而事民事者,几何人也?然则其道当若何?曰:不可不钳制之以民权。当其暴威之未行也,则有权以监督之;当其暴威之方行也,则有权以屏除之;当其暴威之既革也,且有权以永绝之。如是然后当权者有所惮有所缚,而仁政之实乃得行。儒教不然,以犯上作乱为大戒,犹可言也;浸假而要君亦为大不敬矣,犹可言也;浸假而庶人议政,亦为无道矣(儒教亦多非常异义,如汤武革命、顺天应人之象,视民草芥、视君寇仇之义,闻诛一夫、未闻弑君之言,皆所以限制暴威之不二法门也。虽然,争权而必出于革命,惨矣,伤矣。且革命之后,复无所以限其君权者,前虎退而后狼进,是革之无已时,而国将何以立也！故徒杀一虎杀一狼，不可也，必求所以绝虎狼之迹者；即不能，亦必使虎狼不能食人。由前之说，则共和政体是也；由后之说，则立宪君主政体是也。欲成郅治，舍此何以哉！而惜乎儒者之有所顾忌而不敢昌言也。此所以虽有仁心，而二千年不能蒙其泽也）。是何异语人曰：吾已诫虎狼勿噬汝，汝但恭顺俯伏于其侧，虽犯汝而不可校也。虽曰小康时代，民智民力未充实，或有不能遽语于此者乎？虽然，其立言之偏，流弊之长，则虽加刀于我颈，我固不得为古人讳也。故儒家小康之言，其优于法家者仅一间耳。法家以为君也者有权利无义务，民也者有义务无权利；儒家（专指小康）以为君也者有权利有义务，民也者有义务无权利。其言君之有义务也，是其所以为优也。虽然，义务必期于实行。不然，则与无义务等耳。夫其所以能实行者何也？必赖对待者之权利以监督之。今民之权利，既怵于学说而不敢自有；则君之义务，其何附焉？此中国数千年政体，所以儒其名而法其实也（吾非崇道家言。道家思想之乖谬而不完全更甚也）。故夫东京末叶，鸿都学生、郡国党锢诸君子，膏斧钺实牢槛而不悔，往车虽折，而来轸益遒。以若此之民德，若此之士气，苟其加以权利思想，知要君之必非罪恶，而争政之实为本权，则中国议会之治，虽兴于彼时可也。徒以一间未达，仅以补衮阙为责任，以清君侧为旗帜，曾不能乘此实力，为百世开治平，以视希腊、罗马之先民，其又安能无愧也！呜呼！吾不敢议孔子，吾不能不罪荀卿焉矣。

四曰一尊定而进化沉滞也。进化与竞争相倚，此义近人多能言之矣。盖宇宙之事理，至繁赜也。必使各因其才，尽其优胜劣败之作用，然后能相引以俱上。若有一焉，独占势力，不循天则以强压其他者，则天演之神能息矣。故以政治论，使一政党独握国权，而他政党不许容喙；苟容喙者，加以戮逐，则国政未有能进者也。

若是者谓之政治之专制。学说亦然。使一学说独握人人良心之权，而他学说不为社会所容，若是者谓之学说之专制。苟专制矣，无论其学说之不良也；即极良焉，而亦阻学问进步之路。此征诸古今万国之历史而皆然者也。儒教之在中国也，佛教之在印度及亚洲诸国也，耶教之在泰西也，皆曾受其病者也。但泰西则自四百年来，异论蜂起，举前此之缚轭而廓清之，于是乎有哲学与宗教之战，有科学与宗教之战。至于今日，而护耶教者自尊之如帝天，非耶教者自攻之如粪土。要之欧洲今日学术之昌明，为护耶教者之功耶？为攻耶教者之功耶？平心论之，两者皆与有力焉。而赫胥黎、斯宾塞之徒，尤倜乎远矣。而泰东诸国，则至今犹生息于一尊之下，此一切群治，所以瞠乎后也。吾之为此言，读者勿以为吾欲攻孔子以为耶氏先驱也。耶氏专制之毒，视中国殆十倍焉。吾孔子非自欲以其教专制天下也；末流失真，大势趋于如是，孔子不任咎也。若耶则诚以专制排外为独一法门矣。故罗马教会最全盛之时，正泰西历史最黑暗之日。吾岂其于今日，乃欲摭他人吐弃之唾馀而引而亲之？但实有见夫吾中国学术思想之衰，实自儒学统一时代始。按之实迹而已然，证之公例而亦合，吾又安敢自枉其说也！吾更为读者赘一言：吾之此论，非攻儒教也，攻一尊也。一尊者，专制之别名也。苟为专制，无论出于谁氏，吾必尽吾力所及以拽倒之。吾自认吾之义务当然耳。若夫孔子，则固云“万物并育而不相害，道并行而不相悖”，孔子之恶一尊也亦甚矣。此乃孔子之所以为大所以为圣，而吾所顶礼赞叹而不能措者也。

或曰儒教太高尚而不能逮下，亦其结果不良之一端焉。盖当人智未盛之时，祸福迷信之念，在所不免。顾儒教全不及此，使骙愚妇孺无所依仰，夫以是而不得不出于他途。坐是之故，道家入之，释家入之，驯至袁了凡派所谓太上老君、文昌帝君者纷纷入之，未始非乘儒教之虚隙而进也。虽然,以祸福迷信之说牖民,虽非无利,而利或不胜其敝。吾中国国教之无此物,君子盖以此自喜焉。

(节选自《论中国学术思想变迁之大势》,原载《饮冰室合集》,中华书局1936年版,现选自刘梦溪主编《中国现代学术经典》,河北教育出版社1996年版)

梁启超,广东新会县人,先后参与公车上书、戊戌变法等一系列改良活动,并担任上海《时务报》主编。发表大量政论文章,力倡引进西学,变法图强,著有《新史学》、《论中国学术思想变迁之大势》、《清代学术概论》、《中国近三百年学术史》、《中国历史研究法》等力作。后思想由激进变为保守,1917年退出政界,专心讲学著述。其著作等身,字数总计1000万字以上,死后由林志钧编成《饮冰室合集》40册。

本文论述了儒学经魏文侯、秦始皇到汉高祖定为官学,又经汉武帝定为一尊的过程,详细考证了孔子之后儒学的派分,以精妙深沉的议论作为总结。

汉代儒学概述

张岂之

一　汉代儒学的两重性

在汉代，儒学具有两重性。一方面，它作为一种丧失了早期儒学中“人学”思想特色的统治哲学，成为倾向于精神压迫的独断主义。其主要表现有三：一是汉武帝采纳董仲舒的建议，实行“罢黜百家，独尊儒术”政策；二是与神秘的阴阳五行说相结合，以天人感应论为封建皇权装饰圣光，给儒学披上了神学的外衣；三是与谶纬相结合，在儒学中增添了迷信的成分。另一方面，汉代儒学并不限于政治范围内的儒学，多种儒学经典的笺注中，若加仔细提炼，则不难发现其中还包含有理性主义因素。其主要表现有三：一是继承和发扬了“和而不同”的文化观，主张融汇百家之学，反对文化专制；二是“究天人之际，通古今之变”，把人文精神和唯物主义的道、气与阴阳五行说沟通起来，反对以天人感应论为中心的正宗神学；三是与自然科学结成联盟，破除谶纬迷信。这种理性主义与独断主义是对立的，但又是统一的。二者交织在一起，杂出并见，始终贯穿在汉代的整个历史时期之中。不过，在不同的历史阶段中，独断主义和理性主义因素显示了不同的特点。

在西汉的初期阶段，儒学的理性主义色彩比较浓厚，但独断主义也可见端倪。从早期儒学到汉初儒学,中间有过断线。秦始皇以法家为本,下令禁废“诗书百家语”,“焚书坑儒”,使儒学遭到沉重的打击。秦亡汉兴,诸子百家虽曾活跃一时,但儒学仍未受到重视。汉高祖“不好儒”,对儒生很不礼貌。据《史记》记载:“陆生时时前说称《诗》、《书》。高帝骂之曰:‘乃公居马上而得之,安事《诗》、《书》!’陆生曰:‘居马上得之,宁可以马上治之乎?且汤、武逆取而以顺守之,文武并用,长久之术也。昔吴王夫差、智伯极武而亡;秦任刑法不变,卒灭赵氏。向使秦已并天下,行仁义,法先圣,陛下安得而有之?’高帝不怿而有惭色,乃谓陆生曰:‘试为我著秦所以失天下,吾所以得之者何,及古成败之国。’陆生乃粗述存亡之征,凡著十二篇。每奏一篇,高帝未尝不称善,左右呼万岁,号其书曰《新语》。”(《史记·郦生陆贾列传》)这段生动的记载说明了两个问题:一是刘邦从“不好儒”转到向儒学寻找统治理论,二是陆贾著《新语》为刘邦提供了统治理论。《新语》今存《道基》、《术事》、《辅政》、《无为》、《辨惑》、《慎微》、《资质》、《至德》、《怀虑》、《本行》、《明诫》、《思务》等十二篇,与《史记》所说相符。这十二篇主要是继承了荀子的儒家思想,同时也吸取了一些道家思想,其理性主义是比较明显的。陆贾认为,自然现象和社会现象都是有序可寻的。他说:“尧、舜不易日月而兴,桀、纣不易星辰而亡,天道不改而人道易也。”(《新语·明诫》)这里所谓的“天道”,就是气和阴阳五行的变化秩序。如说:“张日月,列星辰,序四时,调阴阳,布气治性,次置五行,春生夏长,秋收冬藏,阳生雷电,阴成雪霜,养育群生,一茂一亡,润之以风雨,曝之以日光,温之以节气,降之以殒霜。”(《新语·道基》)而所谓“人道”,则是仁义道德等政治伦理的规定。如说:“君子握道而治,依德而行,席仁而坐,仗义而强,虚无寂寞,通动无量。”(《新语·道基》)他强调从实际出发,按客观规律办事,但不能墨守成规。如说:"制事者因其则,服药者因其良。书不必起仲尼之门,药不必出扁鹊之方。合之者善,可以为法,因世而权行。"(《新语·术事》)这些见解都是很宝贵的,闪烁着理性的智慧之光。但他并没有摆脱神秘主义的影响,如说天对社会要"罗之以纪纲,改之以灾变,告之以祯祥"(《新语·道基》)。这种天人感应的观点在陆贾的思想中虽不占主导地位,但却开了独断主义的先河。

继陆贾之后,贾谊对儒学的理性主义作出了重要的贡献。这主要表现在两个方面:一方面,他继承和发展了孟子的民本主义思想,这与秦末的农民大起义有关。在他看来,秦始皇"鞭笞天下",秦二世"重以无道",弄得"百姓怨而海内叛",以致陈胜"斩木为兵,揭竿为旗,天下云合响应"(《新书·过秦》),冲垮了秦王朝。秦亡的教训就在于"无道",所以贾谊说:"夫道者,万世之宝也。"(《新书·修政语下》)什么是"道"呢?"道"就是一种民本主义。他说:"民者,万世之本也。"(《新书·大政上》)这是他"察盛衰之理"、"知存亡之由"(《新书·过秦》)而得出的一个结论。秦亡汉兴,说明"天下者,非一家之有也,有道者之有也"(《新书·修政语下》)。有道无道,主要的就看是否得民。他说:"闻之于政也,民无不为本也,国以为本,君以为本,吏以为本。故国以民为安危,君以民为威侮,吏以民为贵贱。"(《新书·大政上》)也就是说,国家的安定和危乱,君主的尊严和屈辱,官吏的尊贵和卑贱,都要以是否得民为标准。他警告统治者说:"自古至于今,与民为仇者,有迟有速,而民必胜之";"夫民者,多力而不可适也。乌乎!戒之哉!戒之哉!与民为敌者,民必胜之!"(《新书·大政上》)这些见解比孟子的民本主义思想深刻得多,可惜的是并未引起当时统治者的重视。贾谊受排挤被贬谪长沙后,虽蒙汉文帝召见,但仅"问鬼神之本”，这有什么用呢？正如唐代诗人李商隐在《贾生》中所云：“可怜夜半虚前席，不问苍生问鬼神！”另一方面，贾谊还继承和发展了荀子的辩证思维，他说：“万物变化兮，因无休息；斡流而迁兮，或推而还。形气转续兮，变化而嬗；汤穆无穷兮，胡可胜言！祸兮福所倚，福兮祸所伏；忧喜聚门兮，吉凶同域。……且夫天地为炉兮，造化为工，阴阳为炭兮，万物为铜。合散消息兮，安有常则？千变万化兮，未始有极！忽然为人兮，何足控抟；化为异物兮，又何足患！”（《鹏鸟赋》）在这幅千变万化的世界图景中，“形气”是一个关键的范畴。他为什么要用“形气”来说明“万物变化”呢？“形气”强调气本身是有形体，但它的形体在不断地变化，这正是万物变化的物质基础。所谓“阴阳为炭”，就是这个意思。无论自然或人事，万事万物皆有矛盾。祸与福、忧与喜、吉与凶，都是对立的统一。事物矛盾的对立和统一，引起了“千变万化”。这种变化在时间上无穷，在空间上无限。不过，贾谊认为这里有一个“造化”者，是会导致外因论，给独断主义留下了可乘之机。

西汉中期以后，儒学的独断主义占了统治地位。这主要表现在两个方面：一方面，汉武帝“罢黜百家，独尊儒术”。这条建议是董仲舒（约前179—前104）首先提出来的。他是广川（今河北枣强）人，汉景帝时以治《公羊春秋》与胡母生同为博士。汉武帝时，董仲舒因献“天人三策”得宠，任江都相，后入任太中大夫。以后，他为公孙弘所嫉，出为胶西王相，恐怕获罪，借病回家。晚年家居，朝廷仍经常派人向他征询政事。据《资治通鉴·汉纪》记载，汉武帝即位那年即公元前140年，“冬，十月，诏举贤良方正直言极谏之士，上亲策问以古今治道，对者百余人”。董仲舒是其中的一员，曾在对策中提出了“罢黜百家，独尊儒术”的建议：“春秋大一统者，天地之常经，古今之通谊也。今师异道，人异论，百家殊方，指意不同,是以上亡以持一统者;法制数变,下不知所守。臣愚以为诸不在六艺之科、孔子之术者,皆绝其道,勿使并进。邪辟之说灭息,然后统纪可一而法度可明,民知所从矣。”其结果是,“天子善其对,以仲舒为江都相。会稽严助亦以贤良对策,天子擢为中大夫。丞相卫绾奏:‘所举贤良或治申、韩、苏、张之言,乱国政者,请皆罢。’奏可”。公元前136年,又置五经博士,把儒学抬高为官学。公元前130年,“征吏民有明当世之务、习先圣之术者”,齐人公孙弘对策,“天子擢为第一、拜博士,待诏金马门”。这些措施加起来,就叫“罢黜百家,独尊儒术”。从此以后,儒学成了“正统”,与此稍有不同即成为“异端”。这就结束了战国时期各种学派相互争鸣的生动局面。由此独断主义占了上风。另一方面,儒学的独断主义则表现为神秘的天人感应论。董仲舒的儒学虽然吸收了孔孟关于人格完善的学说,但更多地吸收了荀子从政治方面探讨“人”的思想。在二者的结合点上,他选择了阴阳家的学说。他附会《公羊春秋》,利用阴阳家的神学观把思孟学派的“天人合一”论和荀子的君主专制主义政治哲学结合在一起,为封建皇权装饰圣光,从而给儒学披上了神学的外衣。在他的思想体系里,已经看不到“和而不同”的观点。他把孟子的性善论和荀子的性恶论塞进阴阳五行的框架里,加上一个最高的主宰“天”,成为一种神秘的天人感应论。他所谓的“天”,是“百神之大君”的上帝。他说:“道之大原出于天,天不变,道亦不变。”(《汉书·董仲舒传》)在这个形而上学的神学体系中,也不是没有一点合理的因素。如说:“天地之气,合而为一,分为阴阳,判为四时,列为五行。……比相生而间相胜也。”(《春秋繁露·五行相生》)但阴阳五行等,最终都统一于天。阴为天的刑罚之表现,阳为天的恩德之表现。五行相生体现了天的恩德,五行相胜体现了天的刑罚。天是有目的和意志的,它通过阴阳五行的变化来主宰人事。阴阳五行的变化不正常就会出现灾异,“灾者,天之谴也;异者,天之感也”。“凡灾异之本,尽生于国家之失。国家之失乃始萌芽,而天出灾害以谴告之。谴告之而不知变,乃见怪异以惊骇之。惊骇之尚不知畏恐,其殃咎乃至!”(《春秋繁露·必仁且智》)不仅天的灾异能影响人,而且人的行为和精神活动也能感动天。如说:“五行变至,当救之以德,施之天下,则咎除。”(《春秋繁露·五行变救》)因此,他得出了“五行者乃孝子忠臣之行也”(《春秋繁露·五行之义》)的结论。同时,他认为君臣、父子、夫妻都是阴阳相合的关系:君臣为一合,君为阳,臣为阴;父子为一合,父为阳,子为阴;夫妻为一合,夫为阳,妻为阴。所以,“王道之三纲,可求于天”(《春秋繁露·基义》)。董仲舒所强调的不是从道德伦理意义上探讨人格的完善,而是着重论证君臣、父子、夫妻之间“三纲”之不可移位。总之,他虽推崇孔子,但这个孔子已不完全是本来的孔子;这种神化了的儒学失去了早期儒学的生动活泼的理论思维,而成为精神压迫的教条。

在独断主义占统治地位的历史阶段里,理性主义也不曾泯灭。司马迁的《史记》中,有一篇记述其父司马谈论六家要旨的文章。其中说:“《易大传》:‘天下一致而百虑,同归而殊途。’夫阴阳、儒、墨、名、法、道德,此务为治者也,直所从言之异路,有省不省耳。尝窃观阴阳之术,大祥而众忌讳,使人拘而多所畏;然其序四时之大顺,不可失也。儒者博而寡要,劳而少功,是以其事难尽从;然其序君臣父子之礼,列夫妇长幼之别,不可易也。墨者俭而难遵,是以其事不可遍循;然其强本节用,不可废也。法家严而少恩;然其正君臣上下之分,不可改矣。名家使人俭而善失真;然其正名实,不可不察也。道家使人精神专一,动合无形,赡足万物。其为术也,因阴阳之大顺,采儒墨之善,撮名家之要,与时迁移,应物变化,立俗施事,无所不宜,指约而易操,事少而功多。"(《史记·太史公自序》)司马谈对阴阳、儒、墨、法、名各家既有肯定,又有否定;主张以道家思想为主,吸取各家之长。他所引用的"一致而百虑,同归而殊途",是"和而不同"文化观的再现,与"罢黜百家,独尊儒术"是对立的。司马迁不是儒家,但他受到这种理性主义的影响。他与其父有所不同。他在《史记》里并没有完全依照六家要旨发挥道家高于诸子之说。由他列《孔子世家》看来,是比较推重孔子的,并把早期儒学与汉代儒学区别开来。在《史记·儒林列传》中,他委婉地记述了董仲舒附会《公羊春秋》的目的是拿阴阳灾变的迷信以取悦汉武帝。在《史记·伯夷列传》中,他对那种神秘主义的天道观作了深刻的讽刺。如说:"或曰:'天道无亲,常与善人。'若伯夷、叔齐,可谓善人者非邪?积仁洁行如此而饿死!且七十子之徒,仲尼独荐颜渊为好学,然回也屡空,糟糠不厌,而卒蚤夭。天之报施善人,其何如哉?盗跖日杀不辜,肝人之肉,暴戾恣睢,聚党数千人横行天下,竟以寿终,是遵何德哉?此其尤大彰明较著者也。若至近世,操行不轨,专犯忌讳,而终身逸乐,富厚累世不绝。或择地而蹈之,时然后出言,行不由径,非公正不发愤,而遇祸灾者,不可胜数也!余甚惑焉。倘所谓'天道',是邪非邪!"(《史记·伯夷列传》)这实际上是对天人感应论的批评!他写《史记》是为了"究天人之际,通古今之变"而"稽其成败兴亡之理"(《报任少卿书》),这也是理性主义的一种表现。

西汉末年,理性主义的另一种表现是古文经学的兴起。汉武帝以后,经学在王权的支持下压倒了其他各家,《诗》、《书》、《礼》、《易》、《春秋》五部儒家经典被推崇到神圣的高度,只许信奉,不准怀疑。但这些经典是用当时通行的文字(隶书)记录的,大都没有先秦的古文旧本,而由战国以来学者师徒父子传授,到汉代才一一写成定本。如《书》出于伏生,《礼》出于高堂生,《春秋公羊传》出于公羊氏和胡母生。武帝表彰儒家经典,建立经学博士,所用的都是今文经籍。西汉中叶以后,今文经学逐渐衰微,古文经学逐渐抬头。古文经与今文经不同,它是指秦以前用古文书写而汉代学者读出并加以训释的儒家经典,早在汉景帝时就有发现。鲁恭王拆毁孔子住宅,在墙壁中间发现了用六国古文字体写成的《尚书》、《礼记》、《论语》、《孝经》等数十篇。当时曾有学者加以研究,但没有得到广泛的承认。到成帝、哀帝时,刘向、刘歆父子在国家藏书的地方整理文献,研究了古文经。建平元年(前6),刘歆提出要把古文经列于学官,以取得与今文经同样的地位,结果今文经的博士群起反对,这是经学今古文的第一次争论。在这次争论中,刘歆失败了。但过了不久就赶上了王莽夺取刘氏政权推行复古改制的政治形势,古文经学中所讲的一套周公居摄称王的史实及相传为周公所手订的典章制度,正好迎合了王莽的需要,终于立了学官,取得了胜利。刘歆当了王莽的国师,成为文化事业的中心人物。他利用王权的力量推行古文经学,打击今文经学的势力。作为经学家来说,刘向、刘歆父子的世界观依然桎梏在神学的藩篱里。刘向的《洪范五行论》大谈阴阳灾异、天人感应,刘歆甚至因为看到《河图赤伏符》中有"刘秀发兵捕不道"的话而改名为"秀",以求应合谶记。不过,他们在文献整理的专业上,却表现出背离神学的趋向,而从人事的演进来考察学术史的发展。他们在论述先秦学术史时,以孔子为古代思想的开山祖,把孔子以后的诸子学说分为九流十家。刘向在《别录》中说:"昔周之末,孔子既没,后世诸子各著篇章,欲崇广道艺,成一家之说,旨趣不同,故分为九家:有儒家、道家、阴阳家、法家、名家、墨家、纵横家、杂家、农家。"刘歆的《七略·诸子略》在九家之外,又加上"不入流"的小说家，总称九流十家。为什么在历史上会出现这些学派呢？刘歆认为，这是时势所造成的。他主张“兼包大小之义”，反对偏绝诸家、“专己守残”的政策，反对“雷同相从，随声是非”的陋习。这在当时的历史条件下，不失为一种具有理性主义精神的见识。因为他在一定程度上肯定诸子的出现是时代的需求，客观上反对了“罢黜百家”的独断主义。

两汉之际，独断主义的新动向是儒学的谶纬化。“谶”是一种迷信的预言，企图用一种隐语来为朝代兴亡和所谓真命天子出世等附会神秘的理由。其起源很早，如在秦朝就流行着“亡秦者胡也”（《史记·秦本纪》）的谶语。“纬”与经对称，是用宗教迷信的观点对儒家经典《诗》、《书》、《礼》、《乐》、《易》、《春秋》等的解释。纬和谶的应用范围虽有不同，但二者的内容是相通的。纬中往往夹杂着谶语，谶有时也依托儒经。如孝经纬《援神契》说，宝玉上有刻文，“孔子跪受而读之曰：宝文出，刘季握卯金刀，在轸北，字禾子，天下服。”所谓“卯金刀”，是“刘”字，而“禾子”则是“季”字。这是说，刘邦当有天下。谶纬盛行于西汉哀平之际，后经王莽、刘秀用政治权力宣扬、推广，成为独断主义的主要形式。东汉光武帝建武中元年（56），曾“颁布图谶于天下”，把谶纬当成了“国宪”。桓谭上书说：“今诸巧慧、小才、伎数之人，增益图书，矫称谶记，以欺惑贪邪，诖误人主，焉可不抑远之哉！”（《后汉书·桓谭冯衍列传》）他反对谶纬迷信，引起了皇帝的不满。刘秀在要用图谶决定灵台地址时，曾问及桓谭。桓谭“默然良久”，说“臣不读谶”。刘秀又问其故，桓谭“复极言谶之非经”。这一下子激怒了刘秀，骂他“非圣无法”，下令斩头。桓谭“叩头流血，良久乃得解”，被贬为六安郡丞，在路途中忧病而死。东汉章帝建初四年（79），“下太常，将、大夫、博士、议郎、郎官及诸生、诸儒会白虎观，讲议《五经》同异；……帝亲称制临决，如孝宣甘露石渠故事，作《白虎议奏》"（《后汉书·肃宗孝章帝纪》）。《白虎议奏》在隋唐时代已经佚失，现存的《白虎通义》是班固奉命撰集的，简称《白虎通》。《白虎通》主要杂引图谶纬书，把谶纬法典化、系统化了。如果说董仲舒是用神秘的阴阳五行说对早期儒学进行了改造，那《白虎通》则是用谶纬迷信对早期儒学的再改造。这一次改造是以前一次改造为理论基础的，但却比前一次改造走得更远。以五行说而论，在董仲舒那里还有所谓改制思想。到西汉末便发展为"易姓而王"的"禅让"之说，东汉统治者看出了这种学说的危险性。《白虎通》针对这一点，特别突出了"土居中央"的理论。董仲舒只提到"土者天之股肱"，而《白虎通》却说："木非土不生，火非土不荣，金非土不成，水非土不高，土扶微助衰，历成其道，故五行更王，亦须土也，王四季，居中央，不名时。"五行之一的土被说成五行之首，土为君而又代表中央。这种解释，显然是董仲舒神学目的论的进一步贯彻。在董仲舒那里，君臣、父子、夫妻之"三纲"已明确提出。而《白虎通》则把君为臣纲作为"三纲"的纲中之纲，说"臣可以为君，君不可更为臣"。从逻辑上看，这两句话是矛盾的，但其目的在于为刘姓王朝统治提供理论根据。所谓"臣可以为君"，是说刘邦、刘秀本来是臣，后来爬上了皇帝的宝座是"可以"的。所谓"君不可更为臣"，是说刘姓天子已经为君之后，就再也"不可"为臣了。君臣关系被永恒地固定下来，天下永远是刘氏一家的天下，这真是独断主义的恶性膨胀！

但在东汉时期，儒学的理性主义也有发展。它从两个途径吸取了早期儒学中"人学"的优秀理论思维：一个途径是"和而不同"的融汇百家之学的精神，以王充为代表。他的思想虽属道家，但与先秦的老庄之学显然不同，带有浓厚的儒学色彩。他一度学儒，曾受孔孟思想的影响,但并不迷信“圣贤”,《问孔》、《刺孟》就是证明。他继承和发展了荀子思想,在反对谶纬的斗争中把我国古代的理论思维推到了一个新阶段。他针对天人感应的神学目的论,首先提出了元气论。如说“天禀元气”(《论衡·超奇》),认为自然界是由“元气”构成的。这就赋于“气”以“元初”、“元始”的含义,说明它是万物变化的本原。在元气论的基础上,他又提出万物“自生”的辩证观点。如说:“天地合气,万物自主”;“阳气自出,物自生长;阴气自出,物自收藏。”(《论衡·自然》)在他看来,万物的生成既不是天意的安排,也不是外因的推动,而是来源于本身内在的矛盾,即阴阳的对立统一。而阴阳的对立统一,又被他称之为“道”。如说:“夫阴阳和则谷稼成,不则被灾害。阴阳和者,谷之道也。”(《论衡·异虚》)他还以朴素唯物辩证法的观点,批判了在五行问题上的谶纬迷信谬论。当时,有人以水、土、木、金、火附会十二支(时辰),再以十二支附会生物的种类,说属于哪一类时辰的,就禀哪一种气性。例如,寅属木,和它相适应的动物是虎;戌属土,和它相适应的动物是狗;丑未也属土,和丑相适应的动物是牛,和未相适应的动物是羊。按照五行相胜的原理,木能胜土,所以狗和牛羊为虎所制服。又如,亥属水,和它相适应的动物是猪;巳属火,和它相适应的动物是蛇。水胜火,所以猪吃蛇。其结论是:天“欲为之用,故令相贼害,贼害相成也”(《论衡·物势》)。这是企图用五行的框子来概括生物界生存竞争的复杂现象,以为神学目的论张目。正如恩格斯所指出:“根据这种理论,猫被创造出来是为了吃老鼠,老鼠被创造出来是为了证明造物主的智慧。”(《自然辩证法》,人民出版社1971年版,第11页)王充的最高荣誉在于:他没有被此引入迷途,而是坚持从世界本身来说明世界。如说:“审如论者之言,含血之虫,亦有不相胜之效。午马也,子鼠也,酉鸡也,卯兔也。水胜火,鼠何不逐马? 金胜木,鸡何不啄兔? 亥豕也,未羊也,丑牛也。土胜水,牛羊何不杀豕? 巳蛇也,申猴也。火胜金,蛇何不食猕猴? 猕猴者,畏鼠也。啮猕猴者,犬也。鼠水,猕猴金也。水不胜金,猕猴何故畏鼠也? 戌土也,申猴也。土不胜金,猴何故畏犬? ……凡万物相刻贼,含血之虫则相服,至于相啖者,自以齿牙顿利,筋力优劣,动作巧便,气势勇桀。……力强角利,势烈牙长,则能胜;气微爪短(诛)[铢],胆小距顿,则服畏也。”(《论衡·物势》)王充以理性主义的观点来解释生物之间的生存竞争是正确的,有力地打击了神学目的论和谶纬迷信的独断主义。

东汉儒学吸取早期儒学中“人学”的优秀理论思维的另一条途径是自然科学的发展,可以张衡为代表。他出身儒家,“通《五经》,贯六艺”(《后汉书·张衡传》),深受荀子“至人”学说的影响,在自然科学方面做出了重大贡献。他从政三十七年,官至尚书,但对功名利禄不太看重。如说:“君子不患位之不尊,而患德之不崇;不耻禄之不夥,而耻智之不博,是故艺可学,而行可力也。”(《后汉书·张衡传》)他不仅品德高尚,而且敢于坚持真理。安帝延光二年(123),梁丰等人借口当时实行四分历不合图谶,提出要废除四分历,恢复太初历,掀起了一场关于历法的大辩论。四分历是根据天体运行的实测资料修改太初历得来的,自章帝元和二年(85)开始使用,是当时比较精密的历法。张衡和另一位天文学家周兴根据自己多年对天象的观测,对各种历法作了深入的研究、比较,认为四分历比较精密,反对恢复古历。在辩论中,他们摆事实、讲道理,驳得梁丰等人张口结舌,“或不对,或言失误”,使四分历得以继续沿用。张衡不仅反对用图谶来附会历法,而且还冒着“非圣无法”的罪名,向皇帝上疏揭露图谶之虚妄。顺帝阳嘉二年(133),他在《请禁绝图谶疏》中,公开指斥图谶是那些“虚伪之徒"想升官发财而编造出来的欺人之谈。如说:"譬犹画工,恶图犬马而好作鬼魅,诚以实事难形,而虚伪不穷也。宜收藏图谶,一禁绝之,则朱紫无所眩,典籍无瑕玷矣。"(《后汉书·张衡传》)像他这样富有理性精神,不畏强权而敢于向独断主义挑战,在当时的确是一位凤毛麟角的人物。

二 儒学的理性主义与自然科学

在汉代,儒学理性主义主要表现于自然科学。

汉代是自然科学的奠基时期。在这个时期里,以天、算、农、医等代表的传统学科搭成了骨架,为我国自然科学的发展奠定了基础。在医药学方面,《黄帝内经》奠定了中医发展的基础,《神农本草经》奠定了中药发展的基础,张仲景的《伤寒杂病论》奠定了中医治疗学的基础。在农学方面,《氾胜之书》奠定了我国传统农学发展的基础。在数学方面,《九章算术》奠定了我国传统数学发展的基础。在天文学方面,先后出现了太初历、四分历和乾象历,同时盖天说、浑天说、平天说、宣夜说、地动说等丰富多彩的宇宙理论也展开了争鸣,这都为我国传统天文学发展奠定了基础。在地理学方面,班固编纂的《汉书·地理志》为我国疆域地理志的发展奠定了基础。在炼丹术方面,魏伯阳的《周易参同契》奠定了我国炼丹术发展的基础。这都说明,我国自然科学发展到汉代,已经构成了具有独特思想体系的雏形。

汉代自然科学的发展,为儒学理性主义的形成铺下了一块块的奠基石。汉代儒家和带有儒学色彩的思想家们,正是踏着这些奠基石在理性主义的道路上不断前进。陆贾的理性主义思想,就与自然科学知识有关。他认为,"天生万物,以地养之"(《新语·

道基》)，而人则利用天生、地养的规律以化万物、成万事。这就要“知天”、“知地”，“知天者，仰观天文；知地者，俯察地理”(《新语·道基》)。所谓“天文”，就是“张日月，列星辰，序四时，调阴阳，布气治性，次置五行，春生夏长，秋收冬藏”(《新语·道基》)的规律；所谓“地理”，就是“封五岳，画四渎，规洿泽，通水泉，树物养类，苞植万根，暴形养精，以立群生”(《新语·道基》)的规律。在天地之间，“跂行喘息，蜎飞蠕动之类，水生陆行，根著叶长之属”，都是“天地相承，气感相应而成者也”(《新语·道基》)。贾谊则把这个过程概括为：“天地为炉兮，造化为工；阴阳为炭兮，万物为铜。”(《鹏鸟赋》)他所谓的“阴阳”，就是陆贾讲的“气”。早在先秦，《考工记》就曾用“气”来解释青铜的冶铸。如说：“凡铸金之状，金与锡黑浊之气竭，黄白次之；黄白之气竭，青白次之；青白之气竭，青气次之，然后可铸也。”(《考工记》)这些自然科学知识经过提炼蒸发，就形成了贾谊的自然观。后来，王充也曾用“天地为炉，造化为工”来说明“禀气不一”，“阴阳自和，无心于为，而物自化，无意于生，而物自成”(《论衡·自然》)。不仅如此，他还依据冶铁技术来阐发阴阳理论。如说：“当冶工之消铁也，以土为形，燥则铁下，不则跃溢而射。”(《论衡·雷虚》)为什么用泥土制作的模型不干，把铁水铸进去就会喷溅而射出呢？因为，“阳气之热，非直消铁之烈也；阴气激之，非直土泥之湿也”(《论衡·雷虚》)。意思是炽热的阳气比熔化的铁还要热，爆炸性的阴气比泥土更加潮湿，二者相遇，必然“跃溢而射”。可见，铸铁也要掌握阴阳二气的变化之道。王充“气”一元论之提出，也与农学知识有关。西汉后期成书的《氾胜之书》谈“气”的地方很多，有“天气”、“春气”、“寒气”、“阳气”、“和气”、“地气”、“土气”和“粪气”等。这些“气”是农业生产的天时、地利和水肥等客观因素的理论概括，其特点有三:一是具有物质性,如"地气"、"土气"就是土壤状况的概括,而"粪气"则是肥力的表现;二是具有变动性,如"天气"是时令气候的变化,而"寒气"则是一种可变的水温;三是具有综合性,如"阴气"是低温和多水的综合反映,"春气"是时令与"地气"的合称,而"和气"则是天气与地气的协调统一。这些可贵的探索推动了气一元论的形成。王充指出:"天地合气,万物自生。"(《论衡·自然》)如果说这是他对农学知识的理论概括,那么,"五常之气所以在人者,以五藏在形中矣;……形须气而成,气须形而知"(《论衡·论死》),则是根据医学知识所作出的哲学结论。这一切都说明,自然科学是理性主义形成的坚实基础。

正因为理性主义是以自然科学为基础的,所以它能够促进自然科学的发展。这种促进作用,主要是通过道、气与阴阳五行说来实现的。先秦时期的哲人们在探索自然奥秘的过程中,铸造了"道"、"气"、"阴阳"和"五行"等一系列的范畴。这些范畴错综复杂地交织在一起,形成丰富多彩的理论思维。理论思维在古代,是一种朴素的辩证思维。恩格斯指出:"古希腊的哲学家都是天生的自发的辩证论者,他们中最博学的人物亚里士多德就已经研究了辩证思维的最主要的形式。"(《马克思恩格斯选集》第3卷,人民出版社1972年版,第59页)亚里士多德研究古希腊的理论思维成果,曾经提出"一"和"多"是辩证思维的基本形式。他说:"所有的东西都或者是相反者,或者是由相反者构成的,而'一'和'多'乃是一切相反者的起点。"(《形而上学》第4卷第2章)古希腊的哲人们始终是在"多"中寻找"一",也就是从万物中寻找"始基",而"始基"被说成是"水"、"火"等元素,或者是"原子"。如果说古希腊的自然科学思想主要是围绕着"始基"、"原子"、"一"与"多"等范畴展开的话,那么,我国古代的自然科学思想则主要是围绕着

“道”、“气”、“阴阳”和“五行”等范畴展开的。无论中外，自然科学都是以理论思维的方式来把握自然界。然而，中外的理论思维方式是不同的。中国古代理论思维方式的特色就在于它有自己的独特范畴体系，这就是道、气和阴阳五行说。如果把中国古代自然科学比作交响乐，那它的主旋律就是道、气和阴阳五行说。这条主旋律虽在先秦初步形成，但它还没有同自然科学的各个学科结合而形成学科的思想体系。到了汉代，这条主旋律经过一些富有理性主义精神的儒学家、带有儒学色彩的思想家和科学家们的共同努力而逐渐完备，并把它的触觉伸向了天文学、农学、医药学和炼丹术的领域，有力地促进自然科学的发展。

首先，理性主义通过主旋律促进了医药学的发展。《黄帝内经》非一时一人之作，而主要是一批前后相继的医学家从战国到西汉时期集体写成的。其成书时间下限当在西汉晚期。除原作之外，还有后补和伪托之作，分为《素问》和《灵枢》两部分。《黄帝内经》以气和阴阳五行说为指导，总结了我国古代医疗实践的丰富经验，把医学和哲学密切地结合起来，形成了一个比较完整的中医思想体系。它认为，“气”是不断运动着的物质实体，是天地万物及其变化的本原，是构成人体和维持生命活动的基础。如说：“天覆地载，万物悉备，莫贵于人。人以天地之气生，四时之法成。”（《素问·宝命全形论篇第二十五》）这里的关键在于“人以天地之气生”，而“天地之气”作为一种不断运动着的物质实体，它是构成人体和维持生命活动的基础。《黄帝内经》指出：“人有精、气、津、液、血、脉，余意为一气耳，今乃辨为六名。”（《灵枢·决气第三十》）由于“气”的升降、出入，才保证了生命活动的正常进行。《黄帝内经》认为，“气”分“阴阳”，而阴阳的对立统一既是天地万物变化的普遍规律，也是人体结构和生命活动的根本法则。如说：“阴阳者,天地之道也,万物之纲纪,变化之父母,生杀之本始,神明之府也。"(《素问·阴阳应象大论篇第五》)这里的所谓"神明",不是指鬼神,而是指自然生化的功能。拿人来说,"生之本,本于阴阳"(《素问·六节脏象论篇第九》)。也就是说,阴阳的对立统一是人之生命活动的根本法则。《黄帝内经》应用这个根本法则,划清了健康与疾病的界限。这个界限就在于"阴阳有余不足、平于不平"(《灵枢·终始第九》),也就是看人体的阴阳是有余还是不足,平衡不平衡。如果阴阳平衡,人就健康无病。假若阴阳不平衡,那人就得病了。如说:"阴胜则阳病,阳胜则阴病。阳胜则热,阴胜则寒。重寒则热,重热则寒。"(《素问·阴阳应象大论篇第五》)意思是阴偏胜,则阳必衰而受病;阳偏胜,则阴必衰而受病。阳胜的病就热,阴胜的病就寒,这是阴阳偏胜而致病的一般规律。但物极必反,所以,重寒反见热象,重热反见寒象。根据这种辩证思维,《黄帝内经》提出了"正者正治,反者反治"(《素问·至真要大论篇第七十四》)的医疗原则。如果说"阴阳"是对立统一学说,那"五行"则是一种朴素的系统论。《黄帝内经》认为,天地万物具有"五行"的系统,人也具有"五行"的系统。如说:"天地之间,六合之内,不离于五,人亦应之。"(《灵枢·阴阳二十五人第六十四》)其中的"五",就是"五行"。在"五行"中,木、火为阳,土、金、水为阴。阴阳的对立统一,由木、火、土、金、水的相生相胜、乘侮胜复表现出来,并构成一个完整功能系统。如说:"木得金而伐,火得水而灭,土得木而达,金得火而缺,水得土而绝。"(《素问·宝命全形论篇第二十五》)所谓"伐"、"灭"、"达"、"缺"、"绝",都是指五行相胜的一面。五行还有相生的一面,如说:"五藏受气于其所生,……肝受气于心,……心受气于脾,……脾受气于肺,……肺受气于肾,……肾受气于肝。"(《素问·玉机真藏论篇第十九》)肝、心、脾、肺、肾，依次分属于木、火、土、金、水五行。所谓“五藏受气于其所生”，就是病气按五行相生的关系由“子”脏传及“母”脏。

《黄帝内经》有一个专有名词叫“平气”，是指五行相生相胜的正常情况，也就是人体的动态平衡。如果这种动态平衡失常，那就会出现“太过”或“不及”的异常现象。例如，火气太过，便要对其所胜的金发生超过正常限度的克制，这就叫“相乘”；并反过来抑制本来克制自己的水，这就叫“反侮”。假若火气不及，则水会来乘火，金要反过来侮火，受火所生的土也会异常。也就是说，当五行中某一行出现太过或不及时，不仅这一行与其它一行之间的不平衡关系加剧，而且该行与其它四行的关系在总体上也出现了不平衡。但《黄帝内经》认为，五行系统在整体上有一种自行调节使之平衡的功能。它把由于太过和不及所引起的“对己所胜”的过度克制，称之为“胜气”，说“有胜之气，其必来复也”（《素问·至真要大论篇第七十四》）。也就是说，这种“胜气”必然招致一种相反的力量，将自己压平下去，称之为“复气”。正因为如此，五行系统才能在反常情况下，通过自行调节而继续维持整体的动态平衡。如果人体失去了这种动态平衡，那就要得病，得病后还须以五行系统论来指导诊断和治疗。总之，《黄帝内经》以“气”为基石、以“阴阳”为核心、以“五行”为系统，来分析病理和指导医疗实践。东汉末年，张仲景的《伤寒杂病论》发展了《黄帝内经》的思想。他的病因说，六经（太阳、阳明、少阳、太阴、厥阴、少阴）传变规律和辨证论治原则，都是以气和阴阳五行说为理论基础的。《神农本草经》的中药思想体系，也是以气和阴阳五行说为理论基础的。如在序录中说：“药有阴阳配合，子母兄弟，根茎华实，草石骨肉”；“药有酸、咸、甘、苦、辛五味，又有寒、热、温、凉四气”。四气、五味和阴阳配合，就成为中药学的一套独特的思想体系。

其次,理性主义通过主旋律促进了天文学的发展。这主要表现在宇宙理论方面,宇宙理论要回答宇宙结构的模式问题。

所谓宇宙结构模式,是把宇宙作为一个整体,来研究天地在其中所占的位置、天地的形状和关系及其有限、无限问题。在这些问题上,汉代流行着盖天、浑天、平天和宣夜等不同的学说。盖天说认为,天在上而地在下,天像一个半圆的罩子,大地是方形或拱形的。拱形之说以西汉前期成书的《周髀算经》为代表,其主要论点是:“天象盖笠,地法覆槃。”(《周髀算经》)卷下)这是说,天穹像一个斗笠,大地犹如一个倒扣着的盘子。方形之说则认为,“天员如张盖,地方如棋局。”(《晋书·天文志》)这种天圆地方说出现于先秦,在汉代有所发展。如说:“天形南高而北下,日出高,故见;日入下,故不见。天之居如倚盖,故极在人北,是其证也。极在天之中,而今在人北,所以知天之形如倚盖也。日朝出阳中,暮入阴中,阴气暗冥,故没不见也。夏时阳气多,阴气少;阳气光明,与日同辉,故日出即见;无蔽之者,故夏日长也。冬天阴气多,阳气少;阴气暗冥,掩日之光,虽出犹隐不见,故冬日短也。”(《晋书·天文志》)也就是说,天不在地的正上方,而是斜斜地倚着,南边高而北边低。值得注意的是用气和阴阳说,解释了日出日没、朝暮之不同与夏日长、冬日短的问题。这说明,主旋律推动了盖天说的发展。浑天说以落下闳、鲜于妄人、耿寿昌、扬雄、桓谭为代表,认为天是浑圆的,日月星辰会转入地下。扬雄原来主张盖天说,但被桓谭说服了。有一次,他们两人坐在白虎殿的廊下,等待见皇帝奏事。因为天气冷,两人让太阳晒脊背。过了一会,太阳光就偏开了。桓谭对扬雄说:“天既盖转,而日西行,其光影尚照此廊下而稍东耳,无乃是反应浑天实法也。”(《新语》,《四部备要》第48册)意思是若按盖天说,太阳向西边走,阳光应该照着这廊下的东面。如今阳光竟然偏去了,不正好说明浑天有理吗?扬雄被说服后,反而提出八个问题来责难盖天说。其一曰:“天至高也,地至卑也。日托天而旋,可谓至高矣。纵人目可夺,水与影不可夺也。今从高山上,以水望日,日出水下,影行,何也?”(《隋书·天文志》)若按盖天说,太阳在天上运转,总是高出地面之上的,为什么在高山之上看日出,却见太阳从地平线上升起来呢?这就抓住了盖天说的要害,并给它以致命的打击。浑天说虽比盖天说进步,但它却认为大地飘浮在水上。这在解释天体同日视运动时便遇到了一个难题:附在天球内壁、随着天球绕地旋转的日月星辰,当它们运行到地平线以下时,如何从水中通过呢?这正是王充不能同意浑天说的根本原因所在。他指出:“旧说天转从地下过,今掘地一丈辄有水,天何得从水中行乎?甚不然也。日随天而转,非入地。”(《晋书·天文志》)因此,他提出平天说,认为天和地是两个无限大的平面,其中的空间也是无限的。如说:“天平正与地无异。”(《论衡·说日》)何谓“平正”?“平正,四方中央高下皆同。”这是说天与地是直线平行的,二者之间的距离处处相同。实际上这比《周髀算经》那种曲线平行,还倒退了一步。但他在倒退中又有前进,既没有规定天地之间的距离,也没有规定天地只有向四方伸延才是无限的,而是说:“天地相去,广狭远近,不可复计。”(《论衡·谈天》)为什么呢?因为“天去人高远,其气苍茫无端末”(《论衡·谈天》)。这是说,充满着茫茫气体的宇宙空间是广阔无垠的,谁也找不到它的边沿。他认识到宇宙在空间上是无限的,这比浑、盖两说都要高明。由此可见,气的理论又把他向前推进了一步。

宣夜说的代表人物是郄萌,他认为天没有固定的形质,而是无边无际的,充满着气体的空间,日月众星都飘浮在气体之中。如说:“天了无质,仰而瞻之,高远无极,眼瞀精绝,故苍苍然也。譬之旁望远道之黄山而皆青，俯察千仞之深谷而窈黑。夫青非真色，而黑非有体也。日月众星自然浮生虚空之中，其行其止皆须气焉。是以七曜或逝或住，或顺或逆，伏见无常，进退不同，由乎无所根系，故各异也。故辰极常居其所，而北斗不与众星西没也；摄提、填星皆东行；日行一度，月行十二度；迟疾任情，其无所系著可知矣。若缀附无体，不得尔也。”（《晋书·天文志》）这里没有谈天地关系以及地球的形状、位置，只讲了“天”的性质和天体的运动。但从这方面来看，宣夜说已经达到很高的水平。它认为“天了无质”，这就在历史上第一次否定了有形质的“天”。自古以来都认为“天”是一个带有硬壳的东西，这种观点无论在外国还是在中国都是根深蒂固的。中国的盖天说、浑天说和平天说，都没有摆脱这种传统观念。古希腊的亚里士多德—托勒密体系，也是以一个缀附着恒星的天球作为宇宙的边界。16 世纪，哥白尼的天文学革命，虽然取消了地球在宇宙中心的位置，但却保留着一个硬壳仍然作为宇宙的范围。而宣夜说打破了这个僵硬的天壳，认为天色苍苍，是因为它“高远无极”，犹如远山色青，深谷体黑，而青与黑都不过是表象，透过现象看本质，并不是真的存在一个有形体，带颜色的天壳。既然如此，那么，日月众星是怎样待在天上的？宣夜说认为，天边无际的宇宙空间充满了气体，日月众星都自由自在地飘浮在气体之中。在气一元论的基础上，宣夜说又进一步研究了日月众星的运动问题。在它看来，满天恒星东升西落，同日旋转，其中一部分天体还有自己独特的运动规律；北极星总是不动，其附近的北斗也不东升西落，而只是绕北极团团转动；有两颗行星——“摄提”（木星）、“填星”（土星）是自西向东移行的；日、月也自西向东移行，太阳每天一度，月亮每天十三度；它们运动的快慢都各依自己的特性而定，这表明它们不是系着在任何物体上的。假若它们被缀附在固体的天壳上，那就不能如此了。这是从日月众星的不同运动状况，来反证固体的天壳是不存在的。天的界限被打破了，在人们面前展现出来的是一个茫无涯际、无穷无尽的宇宙空间。

张衡以道、气和阴阳理论为指导，认真研究了盖天说、浑天说、平天说和宣夜说，觉得浑天说比较符合观测的实际。他发展了浑天说，提出了球形大地的概念，阐述宇宙的无限性，创立了我国古代宇宙结构的基本模式。如说："浑天如鸡子。天体圆如弹丸，地如鸡中黄，孤居于内，天大而地小。天表里有水。天之包地，犹壳之裹黄。天地各乘气而立，载水而浮。周天三百六十五度又四分之一；又中分之，则一百八十二度八分度之五覆地上，一百八十二度八分度之五绕地下。故二十八宿，半见半隐。其两端谓之南北极。北极乃天之中也，在正北出地上三十六度。然则北极上规七十二度，常见不隐。南极天之中也，在正南入地三十六度。南极下规七十二度，常伏不见。两极相去一百八十二度半强。天转如毂之运，周旋无端，其形浑浑，故曰浑天也。"（《浑天仪》）简而言之，浑天说的宇宙模式是这样的：一个中空的圆形的天球，其中一半贮了水，圆形的地球就浮在水上。天和地的关系，犹如鸡蛋壳和鸡蛋黄。整个天球内壳，分为三百六十五度又四分之一。它有北极和南极两个极。北极在地平线上三十六度，南极则在水下。因此整个天球对于地球来说，是倾斜的。天球绕着北极和南极这根轴线如车轱轳般转，一半常在水上，一半常在水下，因此嵌在天球内壳的二十八宿，也就半见半隐。至于日月五星，也是在天球内壳中绕地球运转的。为了证明浑天说的正确性，张衡制作了水运浑象——浑天仪。据《隋书·天文志》记载："桓帝延熹七年，太史令张衡，更以铜制，以四分为一度，周天一丈四尺六寸一分。亦于密室中，以漏水转之。令司之者，闭户而唱之，以告灵台之观天者，璇玑所加,某星始见,某星已中,某星今没,皆如合符。”这番表演引起了轰动,人们称赞他“数术穷天地,制作侔造化”(崔瑗:《张平子碑文》)。其实,这不仅是张衡个人的“数术”神妙,而且是浑天说在长期发展过程中,对于天体运行规律的理解达到相当高的水平。他对古代宇宙理论的最重要贡献是在中国历史上第一次明确地提出了球形大地的概念,这在人类认识宇宙的历史上也是一个里程碑。此项成就的取得,是与他研究天地生成的过程分不开的。他把天地生成的过程分为三个阶段:第一阶段叫“溟涬”,是“道之根”,即自然界的开始;第二阶段叫“庞鸿”,是“道之干”,即自然界的奠基;第三阶段叫“太元”,是“道之实”,即自然界的形成。在前两个阶段里,元气是“幽清玄静”、“混沌不分”的;到了第三个阶段,“元气剖判,刚柔始分,清浊异位,天成于外,地定于内。天体于阳,故圆以动;地体于阴,故平以静。动以行施,静以合化,堙郁构精,时育庶类”(《灵宪》)。意思是元气一分为二,有刚有柔,有清有浊,天形成于外,地固定在内。天体属阳,地体属阴,一动一静,相互构合,随着四时的变化,就生育出万物来。天地万物的生成是元气分离、阴阳统一的过程,这正是自然物质本身的一种辩证运动。

有人认为,在这个宇宙生成式里,大地不是球形,而是平直的。其根据是:“天体于阳,故圆以动;地体于阴,故平以静。”我们觉得,这种看法似乎不妥。那句话是说,天体由阳气构成,因为阳气圆滑,所以天体转动;地体由阴气构成,因为阴气平稳,所以地体不动。可见,“平”不是“平直”之平,而是“平稳”之平;它是描述阴气的,而不是形容地体的。《周髀算经》卷上有这样一句话:“方属地,圆属天,天圆地方。”三国吴人赵君卿注曰:“物有圆方,数有奇耦。天动为圆,其数奇。地静为方,其数耦。此配阴阳之义,非实天地之体也。”(《算经十书》上册,中华书局1963年版,第22页)张衡所谓的“圆”和“平”,也不是实指“天地之体”,而是以“阴阳之义”来说明天地的动静。如说:“天以阳回,地以阴浮。是故天致其动,禀气舒光;地致其静,承候施明。”(《灵宪》)在他看来,阴阳是性质不同的气;阳气刚强,清轻,圆滑,外露;阴气柔弱,浊重,平稳,内藏。正因为他有这样的观点,才得出了“天成于外,地定于内”的结论。这与“天之包地,犹壳之裹黄”,在理论上是完全一致的。由此可见,张衡在《灵宪》和《浑天仪》这两篇文章中,都是以气和阴阳理论为指导的。也正是这样,他才把古代的宇宙理论推向了一个新的阶段。但他并没有停留在这里,还进一步阐发了天地的有限与无限的问题。在他看来,天地像个鸡蛋,地如蛋黄,天如蛋壳。这个“壳”有多大呢?他明确指出:“八极之维,径二亿三万二千三百里,南北则短减千里,东西则广增千里。自地至天,半于八极;则地之深,亦如之。通而度之,则是浑也。”(《灵宪》)也就是说,天是有边界的,其平均直径是232300里;地是有深度的,深度是116150里。由此可见,天地是有限的。但他又说:“惟天地之无穷兮,何遭遇之无常!”(《思玄赋》)这岂不是矛盾的吗?是的,天地的有限和无限是矛盾的。张衡企图用宇宙的无限性来解释这个矛盾,幻想自己乘着神奇的车子遨游太空,当他依次访问了“紫宫”、“太微”、“王良”、“何鼓”等星座和“云汉”之后,便倚在“招摇”、“摄提”星座上回过头来向下观察了日月五星的行貌,接着又“逾庞澒于宕冥兮,贯倒景而高厉。廓荡荡其无涯兮,乃今穷乎天外”(《思玄赋》)。这里所谓的“庞澒”,就是前面说的“庞鸿”;所谓“冥”,就是前面说的“溟涬”。也就是说,越过浑沌不分的“庞澒”到达了“幽清玄静”的境界,看到了日月众星从下面反照上来的景象。浩荡无边,这就是天的外面。他说:“过此而往者,未之或知也。未之或知者,宇宙之谓也。宇之表无极,宙之端无穷。"(《灵宪》)在天外面是什么呢?张衡说不知道,他把这叫做"宇宙"。"宇"是空间,"宙"是时间。"宇宙"在时间和空间上,都是无穷无尽的,这是一种无限性。恩格斯说:"无限性是一个矛盾,而且充满种种矛盾。无限纯粹是由有限组成的,这已经是矛盾,可是事情就是这样。物质世界的有限性所引起的矛盾,并不比它的无限性所引起的少,正像我们已经看到的,任何消除这些矛盾的尝试都会引起新的更坏的矛盾。正因为无限性的矛盾,所以它是无限的,在时间上和空间上无止境地展开的过程。如果矛盾消灭了,那就是无限性的终结。"(《马克思恩格斯选集》第3卷,第90—91页)张衡似乎猜到了这一点,所以他自觉或不自觉地反映了这种矛盾。在天文观测所及的范围,天地都是有限的。但天地不等于宇宙,宇宙则是无限的。在无穷无尽的宇宙中,天地有限。俗话说"天外有天"。在人们观测所及的"天地"之外,还别有"天地"。无数的"天地",便构成了无穷无尽的宇宙。所以,张衡才发出了"惟天地之无穷兮,何遭遇之无常"的慨叹。但他没有编织"天国"之类的神话,而是根据当时天文学发展的水平,作出了科学的解释。

最后,理性主义还通过主旋律促进了炼丹术的发展。东汉后期的《周易参同契》标志着我国炼丹术思想体系的形成,而这个体系就是以道、气和阴阳五行说为理论基础的。有人说,"《参同契》的作者没有试图制造任何理论体系"。其实并非如此,魏伯阳就曾说过:"不得其理,难以妄言。"(《周易参同契·中篇》)他认为,以往的炼丹者之所以失败,都是因为不懂得炼丹是一种理性活动。他作《周易参同契》,是有建立炼丹理论体系的意图的。在他的理论体系中,物质性的"气"是一块基石。如说:"山泽气相蒸兮,兴云而为雨。”(《周易参同契·下篇》)这里的山泽之“气”,就是物质性的东西。他认为,气分阴阳。如说:“乾刚坤柔,配合相包;阳禀阴受,雄雌相须;须以造化,精气乃舒。”(《周易参同契·中篇》)天地万物一切变化,都是“阳禀阴受”、“精气”舒发的结果。“兴云而为雨”是这样,人体也不例外。所谓“淫淫若春泽,液液象解冰,从头流达足,究竟复上升。往来洞无极,怫怫被容中”(《周易参同契·中篇》),就是对人体“精气”舒发的生动描述。凡是对气功、太极拳和针灸疗法略有体会的人,都会觉得这种描述是真实无妄的。他还指出:“物无阴阳,违天背原。牝鸡自卵,其雏不全。夫何故乎?配合未连。”(《周易参同契·中篇》)言下之意,事物若无阴阳之分,或者阴阳不能配合,这都是违背自然法则的,犹如没有受精的鸡蛋一样,是孵不出小鸡的。他把这个法则称为“阴阳之道”,说“覆冒阴阳之道,犹工御者,执衔辔,准绳墨,随轨辙”(《周易参同契·上篇》)。也就是说,“阴阳之道”是必须遵循的客观规律。这个规律既包括阴阳的对立,又包括阴阳之统一。统一有三种含义:一是阴阳相互依存,如说“雄不独处,雌不孤居”(《周易参同契·中篇》);二是阴阳相互作用,如说“阴阳相饮食,交感道自然”(《周易参同契·上篇》);三是阴阳相互转化,如说“阳往则阴来”(《周易参同契·上篇》),“道穷则反”(《周易参同契·中篇》)。魏伯阳把这三种含义,统称为“阴阳配合”(《周易参同契·上篇》)。在他看来,“阴阳配合”是有一定条件的,条件就是“宜以同类者。……类同者相从,事乖不成宝”(《周易参同契·上篇》)。只有同类事物的阴阳配合,才能产生变化。例如,“还丹”由铅汞炼成,因而它才能还原为铅和汞。所以说:“变化由其真,终始自相因。”(《周易参同契·上篇》)魏伯阳把“阴阳”自因论与炼丹实践结合起来,提出了龙虎化合律。所谓“龙虎”,乃是“青龙”和“白虎”的简称，均系隐语，代表铅、汞。铅、汞化合的过程是：“龙呼于虎，虎吸龙精，两相饮食，俱相贪便，逐相衔咽，咀嚼相吞，……杀气所临，何有不倾？”（《周易参同契·中篇》）这是说铅汞化合不是简单的结合，而是一种相互呼吸、饮食、贪便、衔咽、咀嚼和吞并的复杂过程。从哲学上讲，这是矛盾双方相互依存、渗透、转化的同一性。但同一性离不开斗争性，铅汞化合过程充满了斗争。所谓“杀气所临”，就意味着相互斗争。斗争的结果是“何有不倾”，一物制伏一物，完成了化合的过程。魏伯阳还用“五行错王，相据以生”，“五行相克，更为父母”（《周易参同契·中篇》），来说明铅汞化合的过程，从而发现了链锁反应律。以五行而论，代表汞的“青龙”（即天文用语“东方七宿”的总称）居东方，为木；代表铅的“白虎”（即天文用语“西方七宿”的总称）居西方，为金。汞铅化合是以金克木开始的，这就是“金伐木荣”（《周易参同契·中篇》）。在金伐木时，木将予以抵抗，便生火克金，这是因为“火性销金”（《周易参同契·中篇》）。当火销金时，金又予以抵抗，便生水以灭火，即“举水以激火，奋然灭光荣”（《周易参同契·上篇》）。最后，“水盛火消灭，俱死归厚土”（《周易参同契·上篇》）。这个链锁反应的过程包括三个环节：一是金克木生火，二是火克金生水，三是水克火生土。这条规律是魏伯阳在炼丹实验中发现的，他说：“以金为堤防，水入乃优游。金计有十五，水数亦如之。临炉定铢两，五分水有余。二者以为真，金重如本初。其三遂不入，火二与之俱。三物相含受，变化状若神。下有太阳气，伏蒸须臾间。先液而后凝，号曰‘黄舆’焉。岁月将欲讫，毁性伤寿年。形体如灰土，状若‘明窗尘’。捣治并合之，驰入赤色门。固塞其际会，务令致完坚。炎火张于下，昼夜声正勤。始文使可修，终竟武乃陈。候视加谨慎，审察调寒温。周旋十二节，节尽更亲观。气索命将绝，休死亡魄魂。色转更为紫，赫然成‘还丹’。”（《周易参同契·上篇》）这里说的“金”是金属铅，“水”指水银即汞。由铅汞炼丹经历了三变：第一变是由铅与汞作用生成“黄舆”，即铅汞齐。也就是先把铅熔化，再加入汞相合。铅、汞各取十五分。但经试验发现，汞多了一些，实际上只要加入原量的五分之二就够了；因铅的用量不变，所以有五分之三的汞不能溶于铅；另外，还要加入二分炭火。铅、汞、炭火相互含受，发生了神奇的变化。从下面加热，先是液体，然后凝固，叫做“黄舆”。第二变是在放置中进行的。随着岁月的流逝，铅汞齐崩解为粉末，形似灰土，状若明窗上的飞尘。第三变是粉末在鼎器中经长时间的反复加热，最后成为“还丹”。具体地说，就是先把粉末捣治一下，再放入鼎器中，把器缝密封好，务必使其完整和坚固。然后加热，使熊熊的火焰从下面包围鼎器，昼夜值班不停，开始缓缓加热，最后施以强热。要谨慎地注意火候的变化，使温度高低适宜，经过“十二节”后，更要仔细观察。如果反应物都化尽了，颜色变为紫色，就成了“还丹”。以上三变如同锁链，一环套着一环。这说明，魏伯阳发现链锁反应律是有真凭实据的。也正因为此，他才被推崇为“丹经之祖”。

三　儒学的独断主义与自然科学

在汉代，理性主义虽然有力地促进了自然科学的发展，但它并不占统治地位。而占统治地位的是儒学的独断主义，这种独断主义是违背自然科学的理性主义精神的，所以它严重地阻碍着自然科学的发展。

首先，汉武帝的“罢黜百家，独尊儒术”的文化专制政策，给自然科学带来了消极的影响，这在数学方面表现得最为明显。我国古代数学体系的形成，是以西汉后期大体定型的《九章算术》为标志的。这部书直到清末都是中国数学的代表性之古典，所以被誉为“中国的欧几里德”（〔日〕小仓金之助《支那数学の社会性》，《改造》昭和九年一月号）。如果把《九章算术》和欧几里得的《几何原本》加以比较，就会看出东西方数学的不同特点：《几何原本》擅长逻辑证明而不讲究计算，不注重实用而理论性较强，在数论和几何方面见长；而《九章算术》则相反，在算术和代数方面见长，擅长计算而不讲究逻辑证明，注重实用而理论性不强。也就是说，前者之长为后者所短，而后者之长又为前者所短，这大体代表了东西方数学的特色。值得研究的问题是《九章算术》的缺点，为什么不讲究逻辑而理论性较差呢？早在先秦，《墨经》就开辟了重视逻辑推理的数学理论化之道路。但这条道路在汉代中断了，其原因是很复杂的。先秦墨家主要是手工业者的政治代表，这种学派与中古封建制度是不相容的。汉代统治者为了巩固封建制度，在经济上采取了“强本抑末”的政策，削弱了手工业者的社会力量。随着封建经济的发展，手工业者处于经常分化的状态，除了少数上升为地主或富商大贾外，大多数沦落为游民或贫苦农民。这些人在经济上受剥削，在政治上受压迫，在学术上也没有地位。墨家学说被封建统治者视为“役夫之道”，逐渐地销声匿迹。在这个过程中，汉武帝的“罢黜百家，独尊儒术”的文化专制政策起了恶劣的作用。实际上被真正“罢黜”的，恐怕只有墨、名两家。其他各家虽然不像儒家那样处于独尊的地位，但并没有销声匿迹。汉代统治者的“独尊儒术”，不过是“饰以儒术”而已。汉宣帝就曾明白表示：“汉家自有制度，本以霸王道杂之，奈何纯任德教，用周政乎？”（《汉书·元帝本纪》）“霸王道杂之”的思想产生于先秦，是由荀子开其端的。他主张“德”、“威”并用，建立封建统治。从这一政治需要出发，他在孔子“正名”的基础上建立了概念、判断和推理的逻辑思想体系。但这种逻辑思想体系主要用于政治伦理方面，而与自然科学很少联系。而《墨经》的逻辑思想体系则与自然科学有密切的联系，列举了关于数学名词的定义，开辟了数学理论化的道路。但这却被荀子认为“役夫之道”，同时又和名辩思潮纠缠在一起，其精华不为大多数人所理解和重视，所以数学理论化的道路不得不中断。与此同时，荀子又在逻辑方面提出“约定俗成”的思想。他说：“名无固宜，约之以命，约定俗成谓之宜，异于约则谓之不宜。名无固实，约之以命实，约定俗成谓之实名。”（《荀子·正名》）这种思想在汉代比较流行，对我国古代数学体系的形成是有影响的。据《汉书·食货志》记载：“宣帝即位，……时大司农中丞耿寿昌以善为算，能商功利，得于上。”在汉宣帝时，《九章算术》经耿寿昌“删补”而定型。其中所有的名词，如直田、圆田、开方、开立方、阳马、鳖臑、方程、勾股之类，都是“约定俗成”的，所以没有重新定义的必要。数学概念没有明确的定义，当然影响了理论研究的开展。《九章算术》246 题的解法，除了个别错误解法外，大都是正确的。但“术”文中没有写出问题解法所依据的理论，当然谈不上这些理论的逻辑证明了。《九章算术》的编纂者似乎认为：所有具体问题得到解答已尽“算术”之能事，不讨论抽象的数学理论无害于“算术”；掌握数学知识的人应该满足于能够解答生活实践中提出的应用问题，数学的理论虽属可知，但很难全部搞清楚，学者应该有适可而止的态度。按照儒家的正统观点来看，“算术”虽为六艺之一，有一定的重要性，但终究不过是一种技艺而已。作为一个“通儒”，固然是要懂得一点数学的，但又不必把主要精力放在这上面。而所谓“修身、齐家、治国、平天下”才是最重要的学问。正如南北朝时期的颜之推所说:“算术亦是六艺要事,自古儒士论天道定律历者皆学通之,然可以兼明,不可以专业。”(《颜氏家训·杂艺》)这种思想,对于学习和掌握一般的数学知识或许是有促进作用的,但对于探讨和研究比较高深的数学理论问题,显然是不利的。后来,刘徽冲破了这种传统观念,在《九章算术注》中恢复和发扬了《墨经》所开辟的重视逻辑推理的数学理论化之优良传统,把我国数学推向了一个新阶段。但从《墨经》到刘徽的几百年间,形式逻辑处于衰落时期。恰好在这个时期,《九章算术》问世了,因而从学术思潮上就决定了它的数学体系是一种非逻辑结构。特别是“罢黜百家,独尊儒术”的独断主义,压抑了理性主义精神,给《九章算术》带来不良的影响,是其理论性不强的重要原因之一。

其次,董仲舒天人感应的神学目的论严重地阻碍着自然科学的发展,这在天文历法方面表现得最为明显。秦颛顼历行用了一百多年,到汉武时进行了新的改历。新改的是著名的太初历,它有许多比颛顼历进步的地方。如规定以无中气之月为闰月,就比年终置闰的办法合理;首先记有日、月食周期,为日、月食预报打下了基础;所测定的五星运行周期,也比过去有显著的进步。但是,太初历也有缺点。它以 $29\frac{43}{81}$ 日为一朔望月的长度,由于分母为 81,所以又称八十一分法。从而,按十九年七闰的规律,回归年的日数为 $365\frac{385}{1539}$ 日。这两个数值都比四分历的误差更大。为什么要这么取?因为 $29\frac{43}{81}$ 日与四分历的 $29\frac{385}{940}$ 日极为相近,而 81 这个数却可以附会上一种神秘的意义,叫做黄钟自乘。黄钟是古代音调的名称,为十二音律之首。汉代认为,用一根九寸长的铜管或竹管吹出的音调是黄钟。黄钟自乘就是以其长九寸自乘得81。另一说，黄钟管的周围为九分，以围乘长得81。无论如何，太初历的八十一分法是从黄钟来的。《汉书·律历志》说："八十一为日法，所以生权、衡、度、量，礼乐之所由出也。"把历法的数据和毫不相干的音律联系在一起，是为了表明历法数据的神圣性。而颁行这种历法的帝王就更具有"神性"，这是董仲舒天人感应的神学目的论在天文历法上的一种表现。御史大夫兒宽在向汉武帝议论改历时说："帝王必改正朔，易服色，所以明受命于天也。"(《汉书·律历志》)这种君权神授论削弱了太初历的科学性，使其两个基本数据的精确度反而倒退了。但它毕竟还是一部进步的历法，这部历法颁布后却遭到了天人感应论者的反对。汉昭帝元凤三年(前78年)，太史令张寿王上书说："历者，天地之大纪，上帝所为。传黄帝调律历，汉元年以来用之。今阴阳不调，宜更历之过也。"(《汉书·律历志》)他不承认元封七年(即太初元年)十一月朔旦冬至这个较准的推步起点，认为合朔时刻亏了$\frac{3}{4}$日，从而主张用殷历，这无疑是倒退。当时，西汉政府组织主历使者鲜于妄人、治历大司农中丞麻光等二十余人，做了三年的天文观测，比较了太初历、黄帝调历、殷历等十一家历法。结果证明，太初历比较符合天象。张寿王的主张被否定了，罢官而去。到了西汉末年，刘歆把太初历改造成三统历，并撰附了一篇主要用来说明《春秋》和其它古史的《三统历谱》。他进一步膨胀了太初历的落后方面，利用与天文学毫无关系的《易传》中的神秘数字来解释太初历的基本数据，使三统历变得更加神乎其神。尤其错误的是，他把董仲舒的历史循环论——三统之说引进了太初历。本来，按太初历的朔望月和回归年数据，从历元时刻起，过1539年之后，朔和冬至时刻又回到同一天的夜半；过三个1539年之后，朔和冬至又回到同一个甲子日的夜半，这是很自然的结果。但刘歆却把这1539年的周期称为“一统”，三个1539年就是“三统”。所以，他把自己的历法定名为“三统历”。如说：“三代各据一统，明三统常合，而迭为首。”（《汉书·律历志》）所谓“三代各据一统”，就是董仲舒所主张的：夏为黑统，商为白统，周为赤统。三统依此循环，每换一统就要更换一个朝代。换一个朝代就要改正朔、易服色，以表示其获得了这一统的天命。这种神秘的历史循环论，本来是为西汉统治集团加强其封建专制统治的需要而炮制出来的。然而，它却也很适合两汉末年统治集团面临崩溃时地主阶级换马的需要。

刘歆把三统说引入太初历，显然是为王莽篡位而获得新“天命”作舆论准备的。作为一个天文学家，刘歆在天文学上也曾有所发现。但他用天人感应的神学目的论来附会历法，却给天文学带来了恶劣的影响。三统历还来不及施行，刘歆就以谋反罪被王莽所杀，而王莽也在农民起义的烈火中垮台了。太初历继续施行，一直到东汉章帝。由于出现了“历稍后天，朔先于历”的情况，月食出现的时间也大多早于历书上指明的日期，又对太初历进行改革。汉章帝元和二年(85年)，正式颁布了李梵、编䜣等人编的四分历，史称“后汉四分历”。这个历法改进了太初历的数据，采用四分法，取一年的长度为$365\frac{1}{4}$日，并测定了五大行星的会合周期，其结果除土星外都比太初历准确，特别是很难观测的水星，定出其会合周期为115.88日，竟和现在观测的结果相合。它还列入了二十四节气的昏旦中星，以及昼漏刻、晷影长短的实测结果，这在历法上都是首创的。但后汉四分历遭到多次反对，如说：“孝章改四分，灾异卒甚，未有善应。”（《续汉书·律历志中》）后来，冯光、陈晃等人又说后汉四分历的“历元不正”，不合图谶，所以造成了社会的动乱。这些议论，先后被张衡、蔡邕所驳斥。东汉末年，刘洪发现四分历的缺点是斗分（即回归年365.25日的奇零部分0.25）太大，便改以$365\frac{145}{589}$日为一年，制定了乾象历。他改进了推算日月蚀的方法，求出交食年为346.615日，比现代测定值仅小千分之五日。乾象历纵然优秀，但未被采用。直到东汉王朝灭亡为止，太史令只能死守一部后汉四分历。这一切都说明，独断主义阻碍着天文学的发展。

最后，天人感应的神学目的论给阴阳五行说灌注了神秘主义的内容，并与谶纬迷信的形式结合在一起，严重地阻碍着自然科学的发展。这主要表现在农学、地理和炼丹术等方面。一是农学方面，在《氾胜之书》中有明显的反映。阴阳五行说，在西周末和春秋时代原是一种朴素的唯物论。到了战国中叶，这种学说向神秘主义方面转化，于是产生了“舍人事而任鬼神”的阴阳五行家。当时，“臣主共忧患，其察机祥、候星气尤急”，邹衍便“以阴阳主运显于诸侯”。司马谈指出：“尝窃观阴阳之术，大祥而众忌讳，使人拘而多所畏。”（《史记·太史公自序》）

董仲舒利用阴阳五行学的理论框架，建立了一套天人感应的神学体系。由于汉武帝的推崇，宫廷、官府和民间到处都浸润着对神秘主义的迷信，西汉末期尤甚。生活在这样时代的氾胜之，在朝廷附近作了“教民三辅”的亲民官，不受神秘主义的影响是不可能的。因而在《氾胜之书》中夹杂着不少迷信的东西，归纳起来有三种：第一种是“占卜岁宜”。氾胜之说：“欲知岁所宜，以布囊盛粟等物种，平量之，埋阴地，冬至后五十日，发取，量之。息最多者，岁所宜也。”（石声汉《氾胜之书今释》，第10页）意思是要想知道明年年岁最合宜的谷类,可以用布袋装上各种粮食的种子,平平地量好,埋在不见太阳的地方。冬至后五十天,掊出来再量。涨出的分量最多的,就是明年年岁最合宜的。这种“占卜岁宜”的方法没有科学根据,是一种迷信。第二种是“厌胜之术”。他指出:“牵马,令就谷堆食数口;以马践过。为种,无蚄虸等虫也。”(《氾胜之书今释》,第34页)这是说牵着马,让马就着谷堆吃几口,再牵马从谷堆踏着走过。用这样的谷作种,可以免除蚄虸等虫害。这实质上是一种迷信的“厌胜之术”,在汉代颇为流行。自汉武帝以来,从皇帝到百姓的日常生活中,马这种牲口占有极重要的地位:皇帝的“卤簿”要马,军队要马,交通要马,耕地也要马;民家还要替“官家”义务养马。张骞通西域,动机之一就是要得到大宛的名马。而马吃几口种谷,再从种谷堆里走过之后,所起的神秘作用,可以使这些种谷后来所成种苗,免于某种虫灾。这种迷信思想波及农学,在《氾胜之书》中留下了黑暗的阴影。第三种是“播种忌日”。氾胜之说:“除日不中种。”(《氾胜之书今释》,第10页)何谓“除日”?西汉以来,每一日,除了用天干地支循环记次第,用二十八宿记大致的“月周期”之外,还有一套“建除家”定出的“建除”。建除是用“建、除、满、平、定、执、破、危、成、收、开、闭”这十二个字,继续循环;而且在每次循环中,还依次序将某一个字重复一次,来增加复杂,作为“日建”。例如,第一次十三日的循环中,第一日是“建”,第二日还是“建”,第三日是“除”……第二次十三日的循环中,第一日是“建”,第二日和第三日便都是“除”……之类。这里所谓的“除日”,不是“岁除(即年终)之日”,而是指日建中逢“除”的日子。氾胜之认为,在这种日子不可以播种。他还说:“小豆,忌卯;稻、麻,忌辰;禾,忌丙;黍,忌丑;秫,忌寅、未;小麦,忌戌;大麦,忌子;大豆,忌申、卯。凡九谷有忌日;种之不避其忌,则多伤败。此非虚语也！其自然者，烧黍穰则害瓠。”（《氾胜之书今释》，第9页）这些“忌日”，都是根据干支订的。播种时不避开“忌日”，就会遭到失败损伤。氾胜之认为这不是假话，而是一种自然的道理，正像在家里烧黍秸，田地里的壶卢就受了损害一样。可见迷信之深！后来，贾思勰抛弃了这些糟粕。他说：“《史记》曰：‘阴阳之家，拘而多忌。’止可知其梗概’，不可委曲从之，谚曰：‘以时及泽，为上策也。’”（《齐民要术》卷一，《种谷第三》）意思是不可拘泥于阴阳五行家的这一套，以四时气候和土壤墒情来确定播种的日期，才是最好的办法。相形之下，氾胜之就大为逊色。在独断主义统治的时代里，他无法摆脱迷信的束缚。

二是地理学方面，在《汉书·地理志》中有所反映。班固的《汉书·地理志》开辟了沿革地理研究的新领域，但却忽视了对于山川本身的地貌形态与发展规律的探索。这是不是偶然的疏忽呢？不是，他是《白虎通》的编纂者，信奉董仲舒天人感应的神学目的论和谶纬之说。董仲舒认为，事物的名称概念不是对客观存在及其规律的反映，而是“皆鸣号而达天意者也”（《春秋繁露·深察名号》）。这种观点在地理领域中也有具体表现，如孝经纬《援神契》说：“河者，水之伯，上应天汉。”在这种观点指导下，人们不可能对于山川各自的地貌与发展规律作出任何探索。所以，汉代的自然地理没有得到很大的发展。到三国魏晋南北朝时期，这种局面才被打破。

三是炼丹术方面，在《周易参同契》中有明显的反映。这部书过去一向被认为词韵皆古、奥雅难通，为什么呢？朱熹指出：“《周易参同契》魏伯阳所作，魏君后汉人，篇目盖放纬书之目，词韵皆古，奥雅难通。”（《参同契考异》）在他看来，“难通”的主要原因在于“盖放纬书之目”。前面说过，纬是对经而言的。具体地讲，纬有广、狭之分。广义的纬,是指混杂谶文及术数之书;狭义的纬,专批七纬:《诗》、《书》、《易》、《礼》、《乐》、《春秋》、《孝经》之纬。如诗纬《记历枢》,书纬《考灵曜》、《帝命验》,易纬《稽览图》,礼纬《含文嘉》,春秋纬《演孔图》、《文命道》、《保乾图》,孝经纬《援神契》、《钩命决》,等等。这些纬书都起了一个离奇怪诞的书名,含意诡秘,令人费解,以此增强其内容的神秘性。纬书是经义的衍伸,以荒诞不经的预言、神话传说、原始迷信附会儒学的经义。当然,在纬书中也保留一些自然科学知识,表达了一些被神学歪曲了的科学观点,也保留了一部分神话传说。但总的来看,它是封建迷信与儒学思想的混合物。明陆深说:"魏伯阳作《参同契》本之纬书。"(《经义考》卷九)我们觉得,《周易参同契》不是纬书,而是一部关于炼丹术的自然科学专著。但是它却模仿了纬书的形式,其书名犹如易纬《稽览图》、孝经纬《援神契》之类;在表述炼丹术时,也采用了隐晦诡秘的语言。为什么要这么做?这既与东汉的神学独断、谶纬迷信的时代风尚有关,也与炼丹家的传统有关。炼丹家有一个传统,就是好用隐秘的语言,故意神乎其辞,使人看了玄妙莫测。因为直截了当地说出了炼丹方法,就泄露了天机,是会受到上天惩罚的。但不传授炼丹术也是不对的,因"可授不授为'闭天道',不可授而授为'泄天道'"(葛洪《神仙传·孔元方》)。犯此二者,"皆殃及子孙"。这就是魏伯阳所说的:"结舌欲不语,绝道获罪诛,写情寄竹帛,恐泄天之符。"(《周易参同契·上篇》)所以他在"犹忧增叹息"之后,虽然明知"陶冶有法度",也"未忍悉陈敷",只能"略述其纪纲"(《周易参同契·上篇》),"露见枝条,隐藏本根"(《周易参同契·下篇》)。这固然使人们像猜谜一样,只能根据谜面的暗示去猜测谜底,但更重要的是限制了炼丹术的发展。天人感应论、谶纬迷信这两块独断主义的夹板紧紧扣在一起,卡在自然科学的脖子上,不要说发展,就是喘气也是很困难的。

总之,“罢黜百家,独尊儒术”的文化专制政策、天人感应的神学目的论和谶纬迷信,在汉代严重地阻碍了自然科学的发展。但自然科学的本质是偏爱理性,它没有也不会变成独断主义的恭顺婢女。汉代的自然科学家们,大都是一批具有独立人格的学者。在“罢黜百家,独尊儒术”的年代里,他们没有屈服于统治者的文化专制的大棒。以《黄帝内经》的作者而论,他们探讨学问是为了给人治病,因而对诸子百家的学术思想并不抱门户之见,凡是有用的好东西,都加以吸取利用。在《黄帝内经》的理论中,既有儒家的思想,又有墨家的主张;既有道家的观点,又有法家的见解;同时还可见到名家、兵家的思想。关于阴阳五行家,那就更不用说了。博采众家之长不是为了别的,唯一目的是为了更深刻地认识自然,从而更好地解决人的问题。

《黄帝内经》虽然没有像孔子所说的“仁者爱人”之类的话,但却强调一个优秀的医生对于患者,不论是什么人,都要一视同仁,必须给以无微不至的关怀,设身处地为病人着想,细心观察,精心治疗,耐心护理。这实际上是早期儒学人道主义精神的张扬,而同那种假借“独尊儒术”而摧残人性的神学目的论是根本不同的。桓谭既是一位哲学家,又是一位自然科学家,他“博学多通,遍习五经”,“而熹非毁俗儒”(《后汉书·桓谭冯衍传》),曾以医药知识为武器批判了神学目的论。当时,刘歆的侄子刘伯玉说:“天生杀人药,必有生人药也。”(《新论·祛蔽》)这是神学目的论的提法,即认为“天”生万物都有一定的目的。桓谭反驳道:“钩吻不与人相宜,故食则死,非为杀人生也。譬若巴豆毒鱼,礜石贼鼠,桂害獭,杏核杀猪,天非故为作也。”(《新论·祛蔽》)“钩吻”就是断肠草,是一种毒药。他认为,人吃毒药而死,是由于毒药的本性与人不相适宜，而不是“天”故意生出毒药来杀人的。言下之意，天是没有意志和目的的。东汉时期，统治者提倡谶纬迷信，认为鬼神主宰人的生死祸福，使医学蒙上一层神秘主义的色彩。这在张仲景的医学著作中有所反映，如说：“妇人脏躁，喜悲伤欲哭，象如神灵所作，数欠伸，甘麦大枣汤主之。”（《金匮要略·妇人杂病脉症并治第二十二》）意思是妇人患脏躁症，容易悲伤想哭，精神失常，“象如神灵所作”，连续打哈欠，伸懒腰，用甘麦大枣汤主治。他又说：“妇人伤寒发热，经水适来，昼日明了，暮则谵语，如见鬼状者，此为热入血室。”（《伤寒论·辨太阳病证并治下》）意思是妇人患太阳伤寒症而发热，月经刚好来潮，病人在白天神智清楚，到了晚上就神昏胡说，“如见鬼状”，这是热入血室。以上两段话虽然谈到“神灵”、“鬼状”，但都是打比方，并没有肯定鬼神的存在。相反，张仲景在分析妇女病时则否定了鬼神的存在。他说：“妇人之病，因虚、积冷、结气，为诸经水断绝，至百历年，血寒，积结胞门，寒伤经络，凝坚在上：呕吐涎唾，久成肺痈，形体损分。在中：盘结，绕脐寒疝；或两胁疼痛，与脏相连；或结热中，痛在关元，脉数无疮，肌若鱼鳞，时若男子，非止女身。在下：未多，经候不匀，令阴掣痛，少腹恶寒，或引腰脊，下根令衔气冲急痛，膝胫疼烦，奄忽眩冒，状如厥癫，或有忧惨，悲伤多嗔。此皆带下，非有鬼神。”（《金匮要略·妇人杂病脉症并治第二十二》）这段话，首先说明了妇女月经致病的根源；其次说明病变不一，分上、中、下三个部位来加以论述；最后指出这些病都是由于妇女带脉病所致，而并不是什么鬼神作祟。在他看来，鬼神是不存在的，更谈不上能主宰人的生死祸福了。这就从医学的角度，着实地给神学目的论和谶纬迷信有力的一击。

自然科学在打击独断主义的统治时，所采取的斗争方式是不同的。一种是迂回作战的策略,以司马迁为代表。他是杰出的历史学家,对天文学也深有研究。在汉武帝"罢黜百家,独尊儒术"时,他没有公开反对,但却在《史记·太史公自序》中记述了父亲的论六家要旨,迂回曲折地表达了对文化专制政策的不满。在《史记·儒林列传》中,他虽为董仲舒立了传,但只有数百字,讥刺其一生谈"灾异之变",写"灾异之记",后获罪死里逃生,又"不敢复言灾异"。迂回曲折的暗示后世,董仲舒对自己的那套天人感应的神学目的论,也并不敢坚持和真正信仰。在《史记·天官书》中,他虽没有鲜明地否定"灾异之变",但却说:"星气之书,多杂机祥,不经,考其验,不殊。""所见天变,皆国殊窟穴,家占物怪,以合时应,其文图籍机祥,不法。"甚至说:"战国臣主共忧患,其察机祥星气尤急。……而皋、唐、甘、石因时务论其书传,故其占验凌杂米盐。"讥讽搞占星的前人都是"合时应"、"因时务"去迎合统治者的心理,讲他爱听的话。占星术是天人感应论的一个思想来源。司马迁批评占星术,是实有所指的。他是汉武帝时改历的倡导者,但没有想到太初历改变四分历的计算方法,而采用八十一分法这种宣扬"君权神授"的东西。在《史记·历书》中,司马迁没有提八十一分法,而仍以四分法编出他的《历术甲子篇》附在后面。这说明他是不同意八十一分法的,也是对天人感应的神学目的论的迂回作战。作为一个身受辱刑的人,司马迁深知独断主义的可怕。如果不采取迂回作战的策略,那很可能遭到比辱刑更残酷的横祸。另一种是公开批评的态度,以桓谭、王充、张衡为代表。桓谭公开上书,批判谶纬迷信,并同光武帝展开了面对面的争论,因而获罪,遭贬,忧死在途中。王充著书立说,旗帜鲜明地批判天人感应的神学目的论和谶纬迷信,曾被视为"异端",虽然穷困潦倒,但却在理论上立下了不世之功。所以,后人称他为"一代英伟,汉兴以来,未有充比"(《北堂书钞》卷一百引《抱朴子》)。张衡也曾公开上疏揭露谶纬迷信的虚妄,堪称自然科学家的楷模。

自然科学家反对独断主义,是有许多理论思维的经验教训可以记取的。张衡反对谶纬迷信促进了自然科学的发展,使他站在了当时天文学的高峰。但他在反对谶纬迷信时也是有缺点的,例如在《请禁绝图谶疏》中就夹杂着一些术数思想,而这些思想限制了他对数学的研究。不仅如此,他对纬书也缺乏仔细鉴别和具体分析的态度。前面说过,纬书是封建迷信和儒学思想混合的产物。但其中也包含着一些自然科学知识和思想,如春秋纬《元命苞》说:"天左旋,地右动。"尤其是在春秋纬《运斗枢》中有一句话——"地动则见于天象",这不仅描述地球运动,而且指出地球的自转可依靠观测天象来认识。直到现在,这仍然是一种检验地球自转的科学方法。比起地球自转来,对地球公转的认识要复杂一些,因为它反映在日、月、行星等在恒星间自西向东的移行上。尚书纬《考灵曜》说:"地有四游,冬至地上北而西三万里,夏至地上南而东三万里,春秋二分其中矣。"(《太平御览》卷三十六)这里描述了春分、夏至、秋分、冬至地球在运动轨道上的不同位置,显然是为解释这四个节气时太阳视运动的不同高度;冬至地球偏北,相对来说,太阳偏南;夏至则地球偏南,因而太阳相对偏北。所谓"地有四游",是说无论春夏秋冬,地球都在运动。不仅如此,尚书纬《考灵曜》还指出:"地恒动不止,而人不知,譬如人在大舟中,闭牖而坐,舟行不觉也。"(《太平御览》卷三十六)有趣的是这个生动形象的譬喻,几乎和哥白尼在叙述地球运动时所用的譬喻完全相同。哥白尼说:"为什么不承认天穹的周日旋转只是一种视运动,实际上是地球运动的反映呢?正如维尔吉尔(Virgil)的诗中所引艾尼斯(Aeneas)的名言:'我们离港向前航行,陆地和城市后退了。'因为船只静静地驶去，实际上是船动，而船里的人都觉得自己是静止的，船外的东西好像都在动。由此可以想象，地球运动时，地球上的人也似乎觉得整个宇宙在转动。”（《天体运行论》，科学出版社1973年版，第22页）后来由于精密仪器的制造，恒星视差和海王星的发现，哥白尼学说才从一个假设变为相对真理。但在我国由于实验科学一直未能得到相应的发展，所以地动说始终停留在零星的臆测阶段，未发展成系统的科学理论。特别是由于谶纬迷信的扼杀，地动说不仅得不到发展，而且还时常遭到反对。张衡在反对谶纬迷信时，按理说可以把地动说这个婴儿从污水中拯救出来的，可惜的是他没有这样做，由于缺乏仔细鉴别和具体分析的辩证思维，所以在倒污水时连婴儿也一同泼了出去。其结果是张衡无法抛弃传统的地静观念，仍然固执着以地球为中心的宇宙体系。为什么呢？因为地球中心体系是建立在一个不正确的基点上：假定地球是静止不动的。然而，我们所看到的天体的视运动实际上却是它们真正的运动和我们地球的运动之复合。犹如我们坐在一条航行的船上，看别的航船时快时慢，时而前进，时而后退，并不只是决定于这些船的航行状况，也决定于我们自己的航行状况。我们不是在一个静止的坐标系上，而是在一个运动的坐标系上去观测天象的。只有把基点改正过来，才有可能合理地阐明天体的运动规律。后来，哥白尼正是从回答行星的复杂的视运动这个问题上着手建立太阳中心体系的。他认为，地球不是宇宙的中心，它和别的行星一样地围绕太阳旋转，而且本身也不停地作自转运动。这个学说之所以是一场真正的革命，就因为它把天文学从传统的地静观念中解放出来了。

国际上有一些喜欢作中西比较研究的学者，曾以对汉代天文学所作的社会学研究来解释在建立一个“统一的科学体系”上的失败。其根据之一是：中国天文学家“不关心各门应用的技术科学，例如，不关心控制炮弹飞行或者指导船只安全渡海提供理论上的工具”（《中国汉朝天文学和天文学家的政治作用》〔“The Political Function of Astronomy and Astronomers in Han Dynasty”〕，第33—70页，第345—352页，见费正清编《中国的思想和制度》〔Chinese Thought and Institutions〕，芝加哥，1957年，第66页）。这个论据是不能成立的。依张衡而论，他是很关心各门应用的技术科学的，如发明自动车、指南车、滑翔机——自飞木鸟、浑天仪和候风地动仪等。像哥白尼那样的天文学革命之所以没有在中国发生，这不能归罪于自然科学家，因为有许许多多的社会因素在起作用，是历史演变的必然结果。不过，自然科学家在理论思维方面的经验教训也是值得我们记取的。

（节选自《中国儒学思想史》）

张岂之，江苏南通人。历任西北大学系主任和校长、清华大学文学院教授。参加《中国思想通史》第四卷、《中国哲学简编》（上册、下册）、《中国历史大辞典·思想史》、《中国理学史》的编写工作。1990年陕西人民出版社出版他主编的《中国儒学思想史》。主要学术论文有：《王夫之的哲学思想》、《真孔子与假孔子》、《论黄宗羲的明夷待访录》等。

本文第一节《汉代儒学的两重性》认为其独断性表现于独尊儒术、天人感应与谶纬相结合；理性主义则是主张融汇百家之学，反对文化专制。第二节《理学的理性主义与自然科学》认为汉代自然科学的发展为儒学理性主义的形成作了铺垫，而理性主义又通过道、气与阴阳五行促进了诸如医药、天文、炼丹等自然科学的发展。第三节《儒学的独断主义与自然科学》认为汉代占统治地位的是儒学的独断主义，它严重阻碍了诸如数学、天文、农学等自然科学的发展。

论韩愈

陈寅恪

古今论韩愈者众矣,誉之者固多,而讥之者亦不少,讥之者之言则昌黎所谓“蚍蜉撼大树,可笑不自量”者(《昌黎集》伍《调张籍诗》),不待赘辩,即誉之者亦未中肯綮。今出新意,仿僧徒诠释佛经之体,分为六门,以证明昌黎在唐代文化史上之特殊地位。至昌黎之诗文为世所习诵,故略举一二,藉以见例,无取详备也。

一曰:建立道统证明传授之渊源。

华夏学术最重传授渊源,盖非此不足以徵信于人,观两汉经学传授之记载,即可知也。南北朝之旧禅学已采用阿育王经传等书,伪作《付法藏因缘传》,已证明其学说之传授。至唐代之新禅宗,特标教外别传之旨,以自矜异,故尤不得不建立一新道统,证明其渊源之所从来,以压倒同时之旧学派,此点关系吾国之佛教史,人所共知,又其事不在本文范围,是以亦可不必涉及,唯就退之有关者略言之。

《昌黎集》壹壹《原道》略云:

> “曰,斯道也,何道也?曰,斯吾所谓道也,非向所谓老与佛之道也,尧以是传之舜,舜以是传之禹,禹以是传之汤,汤以是传之文武周公,文武周公传之孔子,孔子传之孟轲,轲之死不得其传焉。”

退之自述其道统传授渊源固由孟子卒章所启发,亦从新禅宗所自称者摹袭得来也。

《新唐书》壹柒陆《韩愈传》略云:

“愈生三岁而孤,随伯兄会贬官岭表。”

《昌黎集》壹《复志赋》略云:

“当岁行之未复兮,从伯氏以南迁。凌大江之惊波兮,过洞庭之漫漫。至曲江而乃息兮,逾南纪之连山。嗟日月其几何兮,携孤嫠而北旋。值中原之有事兮,将就食于江之南。”

同书贰叁《祭十二郎文》略云:

“呜呼!吾少孤,及长,不省所怙,惟兄嫂是依,中年兄殁南方,吾与汝俱幼,从嫂归葬河阳,既又与汝就食江南,零丁孤苦,未尝一日相离也。”

李汉《昌黎先生集序》略云:

“先生生于大历戊申,幼孤,随兄播迁韶岭。”

寅恪案,退之从其兄会谪居韶州,虽年颇幼小,又历时不甚久,然其所居之处为新禅宗之发祥地,复值此新学说宣传极盛之时,以退之之幼年颖悟,断不能于此新禅宗学说浓厚之环境气氛中无所接受感发,然则退之道统之说表面上虽由孟子卒章之言所启发,实际上乃因禅宗教外别传之说所造成,禅学于退之之影响亦大矣哉!宋儒仅执退之后来与大颠之关系,以为破获赃据,欲夺取其道统者,似于退之一生经历与其学说之原委犹未达一间也。

二曰:直指人伦,扫除章句之繁琐。

唐太宗崇尚儒学,以统治华夏,然其所谓儒学,亦不过承继南北朝以来正义义疏繁琐之章句学耳。又高宗武则天以后,偏重进士词科之选,明经一目仅为中材以下进取之途径,盖其所谓明经者,止限于记诵章句,绝无意义之发明,故明经之科在退之时代,已全失去政治社会上之地位矣（详见拙著《唐代政治史述论稿》上篇）。南北朝后期及隋唐之僧徒亦渐染儒生之习，诠释内典，袭用儒家正义义疏之体裁，与天竺诂解佛经之方法殊异（见拙著《杨树达论语义证序》），如禅学及禅宗最有关之三论宗大师吉藏、天台宗大师智𫖮等之著述与贾公彦、孔颖达诸儒之书其体制适相冥会，新禅宗特提出直指人心见性成佛之旨，一扫僧徒繁琐章句之学，摧陷廓清，发聋振聩，固吾国佛教史上一大事也。退之生值其时，又居其地，睹儒家之积弊，效禅侣之先河，直指华夏之特性，扫除贾孔之繁文，《原道》一篇中心旨意实在于此，故其言曰：

"传曰，古之欲明明德于天下者，先治其国，欲治其国者，先齐其家，欲齐其家者，先修其身，欲修其身者，先正其心，欲正其心者，先诚其意，然则古之所谓正心而诚意者，将以有为也。今也欲治其心，而外天下国家，灭其天常，子焉而不父其父，臣焉而不君其君，民焉而不事其事。"

同书伍《寄卢仝诗》云：

"春秋三传束高阁，独抱遗经究终始。"

寅恪案，《原道》此节为吾国文化史中最有关系之文字，盖天竺佛教传入中国时，而吾国文化史已达甚高之程度，故必须改造，以蕲适合吾民族政治社会传统之特性，六朝僧徒"格义"之学（详见拙著《支愍度学说考》，载《蔡元培六十二岁纪念论文集》）即是此种努力之表现，儒家书中具有系统易被利用者，则为《小戴记》之《中庸》，梁武帝已作尝试矣（《隋书》叁贰《经籍志》经部有梁武帝撰《中庸讲疏》一卷，又《私记制旨中庸义》五卷）。然《中庸》一篇虽可利用，以沟通儒释心性抽象之差异，而于政治社会具体上华夏天竺两种学说之冲突，尚不能求得一调和贯彻，自成体系之论点。退之首先发见《小戴记》中《大学》一篇，阐明其说，抽象之心性与具体之政治社会组织可以融会无碍，即尽量谈心说性，兼能济世安民，虽相反而实相成，天竺为体，华夏为用，退之于此以奠定后来宋代新儒学之基础，退之固是不世出之人杰，若不受新禅宗之影响，恐亦不克臻此。又观退之《寄卢仝诗》，则知此种研究经学之方法亦由退之所称奖之同辈中人发其端，与前此经诗著述大意，而开启宋代新儒学家治经之途径者也。

三曰：排斥佛老，匡救政俗之弊害。

《昌黎集》壹壹《原道》略云：

“古之为民者四，今之为民者六，古之教者处其一，今之教者处其三，农之家一，而食粟之家六，工之家一，而用器之家六，贾之家一，而资焉之家六，奈之何民不穷且盗也。

是故君者，出令者也，臣者，行君之令而致之民者也，民者，出粟米麻丝，作器皿，通货财，以事其上者也。君不出令，则失其所以为君，臣不行君之令而致之民，民不出粟米麻丝，作器皿，通货财，以事其上，则诛。

人其人，火其书，庐其居，明先王之道以道之，鳏寡孤独废疾者有养也，其亦庶乎其可也。”

同书贰《送灵师诗》略云：

“佛法入中国，尔来六百年，齐民逃赋役，高士著幽禅。官吏不之制，纷纷听其然。耕桑日失隶，朝署时遗贤。”

同书壹《谢自然诗》略云：

“人生有常理，男女各有伦。寒衣及饥食，在纺绩耕耘，下以保子孙，上以奉尊亲，苟异于此道，皆为弃其身。噫乎彼寒女，永托异物群。感伤遂成诗，昧者宜书绅。”

寅恪案，上引退之诗文，其所持排斥佛教之论点，此前已有之，实不足认为退之之创见，特退之所言更较精辟，胜于前人耳。《原道》

之文微有语病，不必以辞害意可也。《谢自然诗》乃斥道教者，以其所持论点与斥佛教者同，故亦附录于此。今所宜注意者，乃为退之所论实具有特别时代性，即当退之时佛教徒众多，于国家财政及社会经济皆有甚大影响，观下引彭偃之言可知也。

《唐会要》肆柒《议释教上》（参《旧唐书》壹贰柒《彭偃传》）略云：

> “大历十三年四月剑南东川观察使李叔明奏请澄汰佛道二教，下尚书省集议。都官员外郎彭偃献议曰，王者之政，变人心为上，因人心次之，不变不因，循常守故者为下，故非有独见之明，不能行非常之事。今陛下以维新之政，为万代法，若不革旧风，令归正道者，非也。当今道士有名无实，时俗鲜重，乱政犹轻，惟有僧尼，颇为秽杂。自西方之教被于中国，去圣日远，空门不行五浊，比邱但行麄法，爰自后汉，至于陈隋，僧之教灭，其亦数四，或至坑杀，殆无遗馀，前代帝王，岂恶僧道之善，如此之深耶？盖其乱人亦已甚矣。且佛之立教清净无为，若以色见，即是邪法，开示悟入，惟有一门，所以三乘之人，比之外道，况今出家者，皆是无识下劣之流，纵其戒行高洁，在于王者，已无用矣。今叔明之心甚善，然臣恐其奸吏诋欺，而去之者未必非，留者不必是，无益于国，不能息奸，既不变人心，亦不因人心，强制力持，难致远耳。臣闻天生蒸民，必将有职，遊行浮食，王制所禁，故有才者受爵禄，不肖者出租税，此古之常道也。今天下僧道不耕而食，不织而衣，广作危言险语，以惑愚者。一僧衣食，岁计约三万有馀，五丁所出，不能致此，举一僧以计天下，其费可知，陛下日旰忧勤，将去人害，此而不救，奚其为政？臣伏请僧道未满五十者，每年输绢四疋，尼及女道士未满五十者，输绢二疋，其杂色役与百姓同，有才

智者,命入仕,请还俗为平人者听,但令就役输课,为僧何伤?臣窃料其所出,不下今之租赋三分之一,然则陛下之国富矣,苍生之害除矣。其年过五十者,请皆免之。夫子曰,五十而知天命,列子曰,不斑白,不知道。人年五十岁嗜欲已衰,纵不出家,心已近道,况戒律检其性情哉?臣以为此令既行,僧尼规避还俗者,固已大半,其年老精修者,必尽为人师,则道释二教益重明矣。上深嘉之。"

寅恪案,彭偃为退之同时人,其所言如此,则退之之论自非剿袭前人空言,为无病之呻吟,实匡世正俗之良策,盖唐代人民担负国家直接税及劳役者为"课丁",其得享有免除此种赋役之特权者为"不课丁","不课丁"为当日统治阶级及僧尼道士女冠等宗教徒,而宗教徒之中佛教徒最占多数,其有害国家财政社会经济之处在诸宗教中尤为特著,退之排斥之亦最力,要非无因也。

至道教则唐皇室以姓李之故,道教徒因缘傅会。自唐初以降,即逐渐取得政治社会上之地位,至玄宗时而极盛,如以道士女冠隶属宗正寺(见《唐会要》陆伍宗正寺崇玄署条),尊崇老子以帝号,为之立庙,祀以祖宗之礼,除老子为《道德经》外,更名庄文列庚桑诸子为《南华通玄冲虚洞灵》等经,设崇玄学,以课生徒,同于国子监,道士女冠有犯,准道格处分诸端(以上均见《唐会要》伍拾《尊崇道教门》)皆是其例。尤可笑者,乃至提《汉书古今人表》中之老子,自三等而升为一等(见《唐会要》伍拾《尊崇道教门》),号老子妻为先天太后,作孔子像,侍老子之侧(以上二事见《唐会要》伍拾《尊崇道教杂记门》),荒谬幼稚之举措,类此尚多,无取详述。退之排斥道教之论点除与其排斥佛教相同者外,尚有二端,所应注意,一为老子乃唐皇室所攀认之祖宗,退之以臣民之资格,痛斥力诋,不稍讳避,其胆识已自超其侪辈矣。二为道教乃退之稍前或同

时之君主宰相所特提倡者,蠹政伤俗,实是当时切要问题。据《新唐书》壹佰玖《王屿传》(参《旧唐书》壹叁拾《王屿传》)略云:

“玄宗在位久,推崇老子道,好神仙事,广修祠祭,靡神不祈。屿上言,请筑坛东郊,祀青帝,天子入其言,擢太常博士侍御史,为祠祭使。屿专以祠解中帝意,有所禳祓,大抵类巫觋。汉以来葬丧皆有瘗钱,后世里俗稍以纸寓钱,为鬼事,至是屿乃用之。肃宗立,累迁太常卿,又以祠祷见宠。乾元三年拜蒲同绛等州节度使,俄以中书侍郎同中书门下平章事。时大兵后,天下愿治,屿望轻,无它才,不为士议谐可,既骤得政,中外怅骇。乃奏置太一坛,劝帝身见九宫祠,帝由是专意,它议不能夺。帝常不豫,太卜建言,祟在山川,屿遣女巫乘传,分祷天下名山大川,巫皆盛服,中人护领,所至干托州县,赂遗狼藉。时有一巫美而蛊,以恶少年数十自随,尤憸狡不法,驰入黄州。刺史左震晨至馆请事,门鐍不启,震怒,破鐍入,取巫斩廷下,悉诛所从少年,籍其赃,得十馀万,因遣还中人。既以闻,屿不能诘,帝亦不加罪,明年罢屿为刑部尚书,又出为淮南节度使,犹兼祠祭使。始屿托鬼神致位将相,当时以左道进者纷纷出焉。”

《旧唐书》壹叁拾《李泌传》略云:

“泌颇有谠直之风,而谈神仙诡道,或云尝与赤松子王乔安期羡门遊处,故为代所轻,虽诡道求容不为时君所重。德宗初即位,尤恶巫祝怪诞之士,初肃宗重阴阳祠祝之说,用妖人王屿为宰相。或命巫媪乘驿行郡县以为厌胜,凡有所兴造功役,动牵禁忌。而黎干用左道,位至尹京,尝内集众工编刺珠绣为御衣,既成而焚之,以为禳禬,且无虚月。德宗在中宫颇知其事,即位之后,罢集僧于内道场,除巫祝之祀,有司言,宣政内廊坏,请修缮,而太卜云,孟冬为魁冈,不利穿渠,请卜他月。帝曰,春秋之义启塞从时,何魁冈之有?卒命修之。又代宗山陵灵驾发引,上号送于承天门,见辒辌不当道,稍指午未间,问其故。有司对曰,陛下本命在午故不敢当道。上号泣曰,安有枉灵驾,而谋身利?卒命直午而行。及建中末寇戎内梗,桑道茂有城奉天之说,上稍以时日禁忌为意,而雅闻泌长于鬼道,故自外徵还,以至大用,时论不以为惬。”

及《国史补》上李泌任虚诞条(参《太平广记》贰捌玖《祆妄类》李泌条)云:

“李相泌以虚诞自任。尝对客曰,令家人速洒扫,今夜洪崖先生来宿。有人遗美酒一榼,会有客至,乃曰,麻姑送酒来,与君同倾,倾之未毕,阍者云,某侍郎取榼子,泌命倒还之,略无怍色。”

则知退之当时君相沉迷于妖妄之宗教,民间受害,不言可知,退之之力诋道教,其隐痛或有更甚于诋佛教者,特未昌言之耳。后人昧于时代性,故不知退之言有物意有指,遂不加深察,等闲以崇正辟邪之空文视之,故特为标出如此。

四曰:呵诋释迦,申明夷夏之大防。

《昌黎集》叁玖《论佛骨表》略云:

“臣某言,伏以佛者,夷狄之一法耳,自后汉时流入中国,上古未尝有也。假如其身至今尚在,奉其国命,来朝京师,陛下容而接之,不过宣政一见,礼宾一设,赐衣一袭,卫而出之于境,不令惑众也。”

《全唐诗》壹贰函韩愈拾《赠译经僧》诗云:

“万里休言道路赊,有谁教汝度流沙。只今中国方多事,不用无端更乱华。”

寅恪案:退之以谏迎佛骨得罪,当时后世莫不重其品节,此不待论者也。今所欲论者,即唐代古文运动一事,实由安史之乱及藩镇割据之局所引起。安史为西胡杂种,藩镇又是胡族或胡化之汉人(详见拙著《唐代政治史述论稿》上篇),故当时特出之文士自觉或不自觉,其意识中无不具有远则周之四夷交侵,近则晋之五胡乱华之印象,“尊王攘夷”所以为古文运动中心之思想也。在退之稍先之古文家如萧颖士李华独孤及梁肃等;与退之同辈之古文家如柳宗元刘禹锡元稹白居易等,虽同有此种潜意识,然均不免认识未清晰,主张不彻底,是以不敢亦不能因释迦为夷狄之人,佛教为夷狄之法,抉其本根,力排痛斥,若退之之所言所行也。退之之所以得为唐代古文运动领袖者,其原因即在于是,此意已见拙著《元白诗笺证稿·新乐府章·法曲篇》末,兹不备论。

五曰:改进文体,广收宣传之效用。

关于退之之文,寅恪尝详论之矣(见拙著《元白诗笺证稿·长恨歌章》)。其大旨以为退之之古文乃用先秦两汉之文体,改作唐代当时民间流行之小说,欲藉之一扫腐化僵化不适用于人生之骈体文,作此尝试而能成功者,故名虽复古,实则通今,在当时为最便宣传,甚合实际之文体也。至于退之之诗,古今论者亦多矣,兹仅举一点,以供治吾国文学史者之参考。

陈师道《后山居士诗话》云:

> “退之以文为诗,子瞻以诗为词,如教坊雷大使(“使”疑当作“娘”)之舞,虽极天下之工,要非本色。今代词手唯秦七黄九尔,唐诸人不追也。”

寅恪案:退之以文为诗,诚是确论,然此为退之文学上之成功,亦吾国文学史上有趣之公案也。据《高僧传》贰《译经》中《鸠摩罗什传》略云:

“初、沙门慧叡才识高明，常随什传写。什每为叡论西方辞体，商略同异，云：天竺国俗甚重文制，其宫商体韵以入弦为善。凡觐国王，必有赞德，见佛之仪以歌叹为贵，经中偈颂皆其式也，但改梵为秦，失其藻蔚，虽得大意，殊隔文体，有似嚼饭与人，非徒失味，乃令呕哕也。什尝作颂赠沙门法和云，‘心山育明德，流薰万由延，哀鸾孤桐上，清音彻九天’，凡为十偈，辞喻皆尔。”

盖佛经大抵兼备“长行”即散文及偈颂即诗歌两种体裁。而两体辞意又往往相符应。考“长行”之由来，多是改诗为文而成者，故“长行”乃以诗为文，而偈颂亦可视为以文为诗也。天竺偈颂音缀之多少，声调之高下，皆有一定规律，唯独不必叶韵，六朝初期四声尚未发明，与罗什共译佛经诸僧徒虽为当时才学绝伦之人，而改竺为华，以文为诗，实未能成功，惟仿偈颂音缀之有定数，勉强译为当时流行之五言诗，其他不遑顾及，故字数虽有一定，而平仄不调，音韵不叶，生吞活剥，似诗非诗，似文非文，读之作呕，此罗什所以叹恨也。如马鸣所撰《佛所行赞》，为梵文佛教文学中第一作品。寅恪昔年与钢和泰君共读此诗，取中文二译本及藏文译本比较研究，中译似尚逊于藏译，当时亦引为憾事，而无可如何者也。自东汉至退之以前，此种以文为诗之困难问题迄未有能解决者。退之虽不译经偈，但独运其天才，以文为诗，若持较华译佛偈，则退之之诗词旨声韵无不谐当，既有诗之优美，复具文之流畅，韵散同体，诗文合一，不仅空前，恐亦绝后。试观清高宗御制诸诗，即知退之为非常人，决非效颦之辈所能企及者矣。后来苏东坡辛稼轩之词亦是以文为之，此则效法退之而能成功者也。

六曰：奖掖后进，期望学说之流传。

唐代古文家多为才学卓越之士，其作品如《唐文粹》所选者足为例证，退之一人独名高后世，远出馀子之上者，必非偶然。

据《旧唐书》壹陆拾《韩愈传》略云：

"大历贞元之间文字多尚古学，效杨雄董仲舒之述作，而独孤及梁肃最称渊奥，儒林推重。愈从其徒遊，锐意钻仰，欲自振于一代。"

及《新唐书》壹柒陆《韩愈传》略云：

"愈成就后进士，往往知名，经愈指授皆称'韩门弟子'。"

则知退之在当时古文运动诸健者中，特具承先启后作一大运动领袖之气魄与人格，为其他文士所不能及。退之同辈胜流如元微之白乐天，其著作传播之广，在当日尚过于退之。退之官又低于元，寿复短于白，而身殁之后，继续其文其学者不绝于世，元白之遗风虽或尚流传，不至断绝，若与退之相较，诚不可同年而语矣。退之所以得致此者，盖亦由其平生奖掖后进，开启来学，为其他诸古文运动家所不为，或偶为之而不甚专意者，故'韩门'遂因此而建立，韩学亦更缘此而流传也。世传隋末王通讲学河汾，卒开唐代贞观之治，此固未必可信，然退之发起光大唐代古文运动，卒开后来赵宋新儒学新古文之文化运动，史证明确，则不容置疑者也。

综括言之，唐代之史可分前后两期，前期结束南北朝相承之旧局面，后期开启赵宋以降之新局面，关于政治社会经济者如此，关于文化学术者亦莫不如此。退之者，唐代文化学术史上承先启后转旧为新关捩点之人物也。其地位价值若是重要，而千年以来论退之者似尚未能窥其蕴奥，故不揣愚昧，特发新意，取证史籍，草成此文，以求当世论文治史者之教正。

（选自《历史研究》1954 年第 2 期）

陈寅恪，著名国学大师，早年留学欧美，却不拿一个学位，回国后任清华教授，号称“中国最博学之人”、“教授的教授”。著有《唐代政治史述论稿》、《隋唐制度渊源论稿》、《论再生缘》、《元白诗笺证稿》、《柳如是别传》等力作。

本文认为韩愈在唐代文化史上的特殊地位主要表现在：建立道统，证明传授之渊源；直指人伦，扫除章句之烦琐；排斥佛老，匡救政治之弊害；呵诋释迦，申明夷夏之大防；改进文体，广收宣传之效用；奖掖后进，期望学说之流传。

论宋明理学的基本性质

张岱年

一、道学、理学、心学

北宋中期，周敦颐、张载、程颢、程颐，对于宇宙人生的根本问题，进行了比较深入的探讨，著书立说，各自提出了比较完整的哲学体系。他们宣扬所谓"圣人之道"，标榜所谓"圣人之学"，有时以道、学二字并举。后来，他们的学说被称为"道学"，亦称为"理学"。

程颐在所作《明道先生墓表》中说："先生名颢，……周公没，圣人之道不行；孟轲死，圣人之学不传。道不行，百世无善治；学不传，千载无真儒。……先生生于四百年之后，得不传之学于遗经，将以斯道觉斯民。"(《伊川文集》卷七)这里，以"道"与"学"分开来说。他在《上孙叔曼侍郎书》中又说："家兄学术才行，为世所重。……其功业不得施于时，道学不及传之书。"(同上书，卷五)这里以道、学二字连用，事实上道学是指道与学，还不是称其兄程颢之学为道学。

南宋初年，朱熹编定《河南程氏遗书》，在所写序文中说："夫以二先生唱明道学于孔孟既没千载不传之后，可谓盛矣。"这里也以道、学二字并举。后来反对朱熹的人就以标榜"道学"为朱熹的一个罪状，于是道、学二字就成为一个学派的名称了。

《宋史》设立“道学传”，将周、程、张、朱列入“道学传”中。周、程、张、朱，被认为是道学的代表人物。

与朱熹同时讲学而见解有所不同的陆九渊，没有列入“道学传”中。事实上，陆九渊也是继承、发挥程氏学说的，也应属于道学。后来到了明代，王守仁又发展了陆氏学说，他标榜“心学”。陆王之说区别于程朱之说，可称为心学。程朱学说虽也讲心，但所讲与陆氏心学不同，亦可专称为“理学”。

一般认为，周、程、张、朱是程朱学派的代表人物。周敦颐是二程的启蒙教师，他的学说是二程的先导。张载与二程同时讲学，他的学说与二程学说有同有异。张载讲学关中，称为关学；二程讲学洛阳，称为洛学。张载以“气”为最高范畴，二程以“理”为最高范畴，其间还是有重要区别的。朱熹宗述二程，也采纳了张载的一些思想。他把关学看作洛学的附庸，这是不符合实际情况的。

应该承认，所谓“道学”，实际包括三个流派：一是张载的“气”一元论，后来到明代的王廷相才得到进一步的发展。二是程颐、朱熹的“理”一元论，后来成为南宋中期至清代中期的官方哲学。三是陆九渊的“心”一元论，到明代的王守仁得到了充分的发展。

理学有广狭二义。广义的理学包括“气”一元论、“理”一元论、“心”一元论三派。狭义的理学专指程朱学说。

理学是宋、明时代占统治地位的思想，在历史上曾发生广泛的影响。

二、理学的主要特点

理学虽然分为三派，但也有一些共同的特点。这些特点主要有三：

(1)理学为先秦儒家孔丘、孟轲的伦理道德学说提供了本体论的基础。

(2)理学把封建地主阶级的道德原则看作永恒的绝对的最高原则，这样来为封建等级秩序提供理论辩护。

(3)理学认为在现实生活中提高一定觉悟即可达到崇高的精神境界，而不需要承认灵魂不死，不需要承认有意志的上帝。

周、张、二程比较深入地研讨了本体论的问题，他们的本体论是和孔孟的伦理道德学说密切地联系在一起的。

理学家把孟子所讲“仁义礼智”四德和“父子有亲，君臣有义，长幼有序，夫妇有别，朋友有信”五伦看作天经地义，并加以较详的论证，实际上是为封建社会的等级秩序大唱赞歌。

理学强调在“人伦日用”中体现“至理”，在平时“履践”中“尽性至命”。所谓“日用”即日常生活，所谓“履践”即实际活动。所谓“尽性至命”即实现最高理想。理学不信仰有意志的上帝，不肯定有不灭的灵魂，反对“三世轮回”之说，主张在现实生活中达到崇高的精神境界。

这三个特点是统一的，是不可分割的。

我们可以从张载、程颐的自述中看一看他们的学术的独特风格。

张载讲述自己的学术宗旨说：“为天地立心，为生民立道，为去圣继绝学，为万世开太平。”(《语录》)这里“为天地立心”是说：天地本来无心，人在天地之间生存，人对于天地的认识，也可以说就是天地的自我认识，人对于天地有深刻的理解即是为天地立心。“为生民立道”是说为人民建立生活的最高原则。“为去圣继绝学”是说要继承发扬先秦儒家孔孟的学说。“为万世开太平”是说寻求一个长治久安的方案。

这四句的主要意义即是要求把对于自然界的了解与关于人类生活的理想密切结合起来。

程颐在所作《明道先生行状》中叙述其兄程颢的学术宗旨说："明于庶物，察于人伦，知尽性至命必本于孝弟，穷神知化由通于礼乐；辨异端似是之非，开百代未明之惑。……其言曰：道之不明，异端害之也，昔之害近而易知，今之害深而难辨；昔之惑人也乘其迷暗，今之入人也因其高明，自谓之穷神知化，而不足以开物成务；言为无不周遍，实则外于伦理；穷深极微，而不可以入尧舜之道。"这是理学宗旨的最深切扼要的说明。这就是说：程颢的学说着重"尽性至命"与"孝弟"的统一，着重"穷神知化"与"礼乐"的统一，要求把"穷神知化"与"开物成物"结合起来，把普遍的原理与人伦德行结合起来。也就是说，要对于宇宙"神化"有深刻的认识，而在现实生活把这种认识体现出来。程颐的这些话，固然是叙述其兄的学术宗旨，实际上也是讲明自己的学术宗旨。

程颐所说"自谓之穷神知化，而不足以开物成务，言为无不周遍，实则外于伦理，穷深极微，而不可以入尧舜之道"，是对于佛教的批判。这也是表明，佛教是出世的宗教，而理学则反对出世，要求既能"穷神知化"、"穷深极微"，也能"开物成务"、实行"伦理"。

宋明理学接受了佛、老的一些影响，这是事实。理学家在建立本体论之时，参照了佛、老的学说，有所择取，有所批判。在历史上，不同学派，交光互影，这是思想发展的规律，无足怪者。但理学的中心思想确实来自先秦儒家，这更是必须承认的。

吕大临《横渠先生行状》说："上书谒范文正公，公知其远器，……劝读《中庸》，先生读其书，虽爱之，犹未以为足也，于是又访诸释老之书，累年尽究其说，知无所得，反而求之六经。"程颐

《明道先生行状》说："慨然有求道之志，未知其要，泛滥于诸家，出入于老释者几十年，返求诸六经而后得之。"张、程研究过老释之书，但是他们最终离开了佛老，归本于孔孟的学说。张载在《正蒙》中批判了道家"有生于无"之说，更批判了佛教"以山河大地为见病"之说，他的学说基本上是老释的对立面。程颐讲儒佛的区别说："天有是理，圣人循而行之，所谓道也。圣人本天，释氏本心。"(《遗书》卷二十一下)程氏学说与佛学的区别，也是显然的。

历来佞佛之士，大都贬抑理学，以为理学家著书立说，窃取了佛教的许多论点。例如金朝的李纯甫曾说："伊川诸儒，虽号深明性理，发扬六经圣人心学，然皆窃吾佛书者也。"(《宋元学案》卷一百《屏山鸣道集说略》引)事实上，这是李纯甫的主观偏见，是佛徒对于理学的诽谤。

又如晚清学者沈善登说："心性之学，莫精邃于佛书，宋儒千言万语，或录全文，或括大旨，皆本于此。"(见沈著《报恩论》)沈氏举出"事理对举，无为善恶对举，心要内外两忘，心有全体大用及体用一原，显欲无间"诸说为证。事实上，理学家所谓"事理"与佛教华严宗所谓"事理"根本不是一个意义，而事理二字连用已见于先秦书中；"无为善恶"、"内外两忘"，源出老庄；"体用"之说，亦非佛教专用语；"显微"语本《中庸》。沈氏未尝深考，说是都本于佛书，恐难免"浅见寡闻"之讥。

沈善登又说："宋儒恶佛教之胜己，尤不信因果三生之理，遂并鬼神而疑之，创为一气屈申之说，谓死则还之太虚，殊不可通。"(《经正民兴说》)这还是不得不承认，宋儒理学与佛教之间，确实有重要的区别。宋儒不信来世，不信鬼神，表现了无神论的倾向，至少在这一方面，理学包含了一些真理。

总之，理学基本上是先秦儒家孔孟学说的进一步发展，虽然探讨了佛老所提出的一些问题，吸取了佛老的一些思想观点，而其基本倾向是与先秦儒家一致的。

三、理学是哲学而非宗教

理学与佛教之间，还有一个最重要的区别，就是：佛教是宗教，而理学只是哲学，不是宗教。

理学不信仰有意志的上帝，不信灵魂不死，不信三世报应，没有宗教仪式，更不作祈祷，所以理学不是宗教。

道家与道教也有区别。道教是宗教，但先秦道家老庄学说是哲学而不是宗教。道教尊崇老子为教主，但是不能因为道教以老子为教主就认为老子学说也是宗教。

理学家中，张载学说基本上是唯物主义，程朱学说是客观唯心主义，陆王学说是主观唯心主义。哲学唯心主义与宗教有联系，也有区别。不承认哲学唯心主义与宗教的联系，是不对的；不承认哲学唯心主义与宗教的区别，也是不对的。

张载猛烈抨击佛教的迷信，他说："浮图明鬼，谓有识之死、受生循环，遂厌苦求免，可谓知鬼乎？以人生为妄，可谓知人乎？……今浮图极论要归，必谓死生流转，非得道不免，谓之悟道可乎？"（《正蒙·乾称》）张氏是坚决反对"死生流转"的轮回之说的。

程颢也批判佛教说："佛学只是以生死恐动人，可怪二千年来，无一人觉此，是被他恐动也。圣贤以生死为本分事，无可惧，故不论死生。佛之学，为怕死生，故只管说不休。下俗之人固多惧，易以利动。至如禅学者。虽自曰异此，然要之只是此个意见。"（《遗书》卷一）佛教以生死问题为出发点，儒家根本不重视生死问题。这是儒、佛的一个根本区别,也是宗教与非宗教的一个根本区别。如果把不重视生死问题、不讲来世彼岸的理学也看做宗教,那就混淆了宗教与非宗教的界线了。

程颐也谈到所谓上帝,《遗书》记载:"曰:天与上帝之说如何?曰:以形体言之谓之天,以主宰言之谓之帝,以功用言之谓之鬼神,以妙用言之谓之神,以性情言之谓之乾。"(卷二十二上)又说:"又问天道如何?曰:只是理,理便是天道也。且如说皇天震怒,终不是有人在上震怒?只是理如此。"(同上)这是从理一元论的观点给予传统所谓天或帝以及鬼神以新的解释。所谓天,所谓帝,只是理而已。这个帝是没有意识、没有意志的,并不是人格神。

自南北朝隋唐以来,有儒道释三教之说。其所谓教,泛指学说教训而言。《中庸》云:"天命之谓性,率性之谓道,修道之谓教。"儒教之教,即"修道之谓教"之教。儒教即是儒学,并非一种宗教。

理学吸取了道教和佛教的一些修养方法,如周敦颐讲"主静无欲",二程经常静坐,这是理学家的一个严重缺点。虽然如此,周、程的学术宗旨,基本倾向还是与佛教、道教大不相同的。我们不能因为理学家采取了佛教、道教的一些修养方法便认为理学也是宗教。

四、理学与宋明封建制度

宋明理学,实际上是为宋明时代的封建等级秩序提供理论根据,为宋明封建制度进行哲学的论证。

张载以为气是天地万物的本原,而气的聚散变化表现为理。他说:"天地之气,虽聚散、攻取百涂,然其为理也顺而不妄。"(《正蒙·太和》)气凝聚而成万物,万物有一定的秩序。他又说:"生有先后，所以为天序；小大高下，相并而相形焉，是谓天秩。天之生物也有序，物之既形也有秩。知序然后经正，知秩然后礼行。”（《正蒙·动物》）天秩、天序是自然的秩序，自然秩序是礼的根据。张载从宇宙论的高度来论证封建礼制的必要性。

程颢、程颐以理为天地万物的本原，而强调所谓理即是父子关系、君臣关系的原则。程颢说：“父子君臣，天下之定理，无所逃于天地之间。”“为君尽君道，为臣尽臣道，过此则无理。”（《遗书》卷五）程颐论上下尊卑的关系说：“天而在上，泽而处下，上下之分，尊卑之义，理之当也，礼之本也。……夫上下之分明，然后民志有定。民志定，然后可以言治；民志不定，天下不可得而治也。”（《程氏易传》履卦）二程从宇宙论的高度来为封建等级秩序进行辩护。后来朱熹更发挥了二程的这些观点，宣称君臣上下的等级秩序是理所当然。

理学是反映封建时代等级秩序的哲学，起了加强封建等级制度的作用。

但是理学家并不赞成绝对君权，不赞成君主个人专断。程颐说：“古之圣人，居天下之尊，明足以照，刚足以决，势足以专，然而未尝不尽天下之议，虽刍荛之微必取，乃其所以为圣也，履帝位而光明者也。若自任刚明，决行不顾，虽使得正，亦危道也，可固守乎？有刚明之才，苟专自任，犹为危道，况刚明不足者乎？”（《程氏易传》履卦）程颐反对君主专断自任，更反对以顺上为忠，他说：“弗损，益之：不自损其刚贞，则能益其上，乃益之也。若失其刚贞而用柔说，适足以损之而已，非损己而益上也。世之愚者，有虽无邪心，而唯知竭力顺上为忠者，盖不知弗损益之之义也。”（《程氏易传》损卦）程颐主张人臣应保持“刚贞”的态度，坚持原则，这样才有益于国家的统治。程颐是不同意绝对君权的。《程氏遗书》

记载:“先生旧在讲筵,说《论语》南容三复《白圭》处,内臣贴却容字,因问之,内臣云:是上旧名。先生讲罢,因说:适来臣讲书,见内臣贴却容字。夫人主处天下之尊,居亿兆之上,只嫌怕人尊奉过当,便生骄心,皆是左右近习之人养成之也。……”(《遗书》卷十九)程颐反对过分的尊君,这在当时是有进步意义的。理学是统治阶级根本利益的反映,反对过分尊崇君主,是为了维护统治阶级的长久利益。

在政治思想上,程颐主张开发民智,反对愚民政策,他说:“民可明也,不可愚也;民可教也,不可威也;民可顺也,不可强也;民可使也,不可欺也。”(《遗书》卷二十五)程颐强调学者有启迪民智的责任,他说:“君子之学也,使先知觉后知,使先觉觉后觉,而老子以为非以明民,将以愚之,其亦自贼其性矣?”(同上)区分先觉后觉,在当时历史条件下是不可避免的。反对愚民,发扬明民,这还是进步的。

程颐强调,研究学问是知识分子应尽的义务。他说:“今农夫祁寒暑雨,深耕易耨,播种五谷,吾得而食之;今百工技艺,作为器用,吾得而用之;甲胄之士,披坚执锐,以守土宇,吾得而安之。却如此闲过了日月,即是天地间一蠹也。功泽又不及民,别事又做不得,惟有补缉圣人遗书,庶几有补尔。”(《遗书》卷十七)“士之于学也,犹农夫之耕。农夫不耕,则无所食,无所食则不得生。士之于学也,其可一日舍哉?”(《遗书》卷十八)在封建时代,程颐能以士的生活与农夫、百工和兵士的生活相对照,指出如果“闲过了日月”,便成为“天地间一蠹”,这是难能可贵的。他强调研究学术、从事著述是士的义务。程颐是一个思想家,也是一个著作家,也是一个教育家,他的学术著作与教育事业在中国文化史上是有贡献的。

理学虽然是为封建制度提供理论根据的哲学，但也包含了一些进步的观点。

五、理学与反理学思想的对立

理学是宋明哲学的主要潮流。但宋明时代在理学之外，还有反理学或非道学的思想。

北宋时代有王安石的“新学”与苏轼、苏辙的“蜀学”，都是与理学不同的。南宋时代，有陈亮、叶适重视事功的学说。北方金国还有尊崇佛教的李纯甫，更是猛烈反对理学的。

理学家中，既有唯物主义者，也有唯心主义者。反理学的思想家中，也是既有唯物主义者，又有唯心主义者。王安石曾经阐扬了一些唯物主义观点，陈亮、叶适都反对唯心主义。苏轼、苏辙则是赞扬唯心主义的。至于李纯甫，更是佛教唯心主义的信仰者了。

王安石讲学，比张载、二程早几年，他的学风与张、程不同。王安石的学说，号为新学。程颐尝说：“杨时于新学极精，今日一有所问，能尽知其短而持之。”（《遗书》卷二上）杨时是二程弟子中攻击新学最力的人物。当时洛学反对新学的斗争是很激烈的。王安石是一个积极有为的政治家，但没有提出完整的哲学体系来。

二苏的思想融会儒、道、释三家，不批判佛老。北宋元祐年间，有洛蜀之争，洛学与蜀学的理论分歧也是很明显的。二苏主要是文学家，在哲学上影响不大。

南宋陈亮、叶适发表了许多反对理学的言论。陈亮说：“二十年之间，道德性命之说一兴，迭相唱和，不知其所从来。……以圣人之道为尽在我，以天下之事无所不能，能麾其后生以自为高而本无有者，使惟己之问，而后欲尽天下之说一取而教之，颓然以人师自命。”(《送王仲德序》)又说:“自道德性命之说一兴,而寻常烂熟无所能解之人自托于其间,以端悫静深为体,以徐行缓语为用,务为不可穷测以盖其所无,一艺一能皆以为不足自通于圣人之道也。于是天下之士始丧其所有,而不知适从矣。为士者耻言文章行义而曰尽心知性,居官者耻言政事书判而曰学道爱人,相蒙相欺以尽废天下之实,则亦终于百事不理而已。”(《送吴允成运干序》)这就是说,理学家专门研讨“道德性命”的问题,不注意实际事务,没有解决实际问题的能力。陈氏对于当时理学学风的批评有切当之处,但也不尽合于事实。当时朱、陆两家并不“耻言文章行义”,更非“耻言政事书判”,只是特别重视“尽心知性”、“学道爱人”而已。所谓“相蒙相欺以尽废天下之实,则亦终于百事不理而已”,更是过甚其词,危言耸听,与当时理学家的言行是不相符合的。

叶适评论周、张、二程的学说云:“本朝承平时,禅说尤炽,儒释共驾,异端会同。其间豪杰之士,有欲修明吾说以胜之者,而周张二程出焉,自谓出入于佛老甚久,已而曰:‘吾道固有之矣’,……于子思孟子之新说奇论,皆特发明之,大抵欲抑浮屠之锋锐,而示吾所有之道若此。……岂非以病为药,而与寇盗设郛郭助之捍御乎?”(《习学记言》卷四十九)他还说:“佛之学入中原,其始因为异教而已,久而遂与圣人之道相乱。有志者常欲致精索微以胜之,卒不能有所别异。”(《李氏中洲记》,《水心集》卷九)这就是说,对于佛教,不必进行辩论,张、程宗述子思、孟子,批判佛教,只是以病为药;研讨精微的问题,与佛教辩论,其结果将不可能与佛教划清界限。叶氏认为张、程之学不能与佛教“有所别异”,这只能说明他不能理解张、程之学与佛教的别异,并不能说明张、程之学与佛教没有别异。叶氏不但反对张、程之学,对于《周易系辞》、子思、孟子关于“性与天道”的学说,也一概反对。此外,叶氏也反对荀子的学术。叶适在政治上是进步的,在学术上却是一个哲学无用论者,他表现了轻视理论研究的狭隘态度。

陈、叶批评朱、陆所讲的义利之辨,这有一定的进步性,但他们在哲学理论上贡献不大。陈亮、叶适反对理学的斗争最终归于失败,这是有其内在原因的。

理学是封建思想,反理学思想也是封建思想。二者在政治立场上基本是一致的。推崇理学,轻视反理学的思想,是不对的;褒扬反理学思想,不作具体分析,也是不对的。

六、批判理学与清除封建影响

宋明理学是封建时代占统治地位的哲学,是封建意识在哲学上的表现。我们现在进行社会主义建设,要清除封建意识的影响,所以必须批判宋明理学。

宋明理学是维持当时现存制度的哲学,是维持现状的哲学。宋明理学是保守性的思想。归根到底,宋明理学是当时的生产关系在哲学上的反映,实际上也起了巩固当时生产关系的作用。

在明代中期以前,中国还没有出现资本主义生产关系的萌芽,当时的封建生产关系还没有过时。从这一意义来说,在明代中期以前,理学还不能说是反动的思想。后来,时代前进了,理学就逐渐成为陈腐的了。

明清之际的进步思想家黄宗羲、顾炎武、王夫之等突破了理学的局限,提出了一些新的观点,建立了新的理论,对于哲学思想的进一步发展作出了重大的贡献。

五四运动开始的反封建的思想革命,打倒孔、孟的偶像,也摧毁了理学的基础。解放以来,伟大的社会主义革命已经取得了光辉的成就,但是现在仍然有一个彻底清除封建意识的任务,对于宋明理学进行批判是完全必要的。

但是,批判理学也并不意味着对于理学全盘否定。理学在中国民族文化的发展史上曾经有过巨大的影响,不能简单地予以抛弃。

理学在历史上起过消极作用,也起过积极作用。

程朱学派的有害作用是加强了封建礼教,勒紧了君权、父权、夫权的封建绳索、铸造了束缚人民思想的精神枷锁。吃人的礼教就是在程朱学派的影响下形成的。

陆王学派专门强调反省内求,拒绝探求自然界的规律,造成空疏虚玄的学风,对于自然科学的发展起了严重的阻碍作用。

但是,理学也有一些积极的影响。理学家讲究操守,强调气节,提倡"舍生取义"的精神。宋代以后,许多反抗侵略的民族英雄表现了坚贞不屈的民族气节,这与理学的薰陶是分不开的。

理学不借助于宗教信仰,而充分肯定精神生活、道德修养的重要;不信有意志的上帝,不信灵魂不死,不信来世彼岸,而充分肯定人的价值、人的尊严、人生的意义,力求达到崇高的精神境界。虽然他们的精神境界具有历史的局限和阶级的局限,但这种在无神论的基础上充分肯定人类精神生活的价值的学说,确实具有重要的理论意义。

至于理学把封建地主阶级的道德原则仁义礼智看作永恒的、绝对的,看作天地万物的本原,看作人心的固有内容,这充分表现了理学家的阶级偏见,其为谬妄,在今日已是显而易见的了。

宋明理学在中国的理论思维的发展史上有重要的地位。张载讲"气"一元论,程朱讲"理"一元论,陆王讲"心"一元论,虽然有正确与错误之分,但在理论思维上都达到了较高的水平。张载深研变化,阐发了对立统一("两一")的观点;程朱宣扬"即物穷理",对学术的发展起了推动作用;陆王强调独立思考,对个人的主观能动性有所发挥。宋明理学在认识史上的作用还是不可忽视的。所以,批判理学,要对理学进行科学分析。

我们现在的任务之一是对于宋明理学作出科学的总结。本文则仅仅试图对于宋明理学的基本性质作一点扼要的说明。唯有对于宋明理学作出科学的分析,然后对于宋明理学的批判才能够显得深刻而有力。

(选自《哲学研究》1981 年第 9 期)

张岱年,北京人,历任清华、北大哲学系教授、中国社科院哲学所兼任研究员、中国哲学史学会会长。著有《中国哲学大纲》、《张载——十一世纪中国唯物主义哲学家》、《中国唯物主义思想简史》、《中国伦理思想发展规律的初步研究》、《中国哲学史史料学》、《中国哲学史方法论发凡》、《中国哲学发微》、《玄儒评林》、《求真集》等。还参加了《中国哲学史》教材的修订工作,补写了两汉哲学的部分章节。

本文勾勒了宋明理学发展的基本线索,即道学,包括周、程、张、朱、陆、王,理学分为三派,即气一元论,理一元论,心一元论。同时分析了理学的主要特点,指出理学是哲学而非宗教,理学为宋明封建统治提供理论根据。文中也论述了与理学对立的一些哲学流派,主张对宋明理学批判其糟粕、继承其积极合理部分。

王安石在北宋儒家学派中的地位

——附说理学家的开山祖问题

邓广铭

北宋一代，是儒家学者们的觉醒时期，当时绝大部分的儒学家们，都在努力于振兴儒学，要使儒家学派的地位重新居于佛道两家之上，改变长期以来佛道两家的声势都凌驾于儒家之上的那种状态。但其中的一些人，仍像唐代的韩愈、李翱那样，只是拘守着儒家旧有的思想壁垒，作为反对佛老的基地。由于不可能扩大其阵地，遂也不可能扩大其战果，达不到预期的目的。所幸绝大多数学者是并不如此的。

尽管在《宋元学案》中并不曾给予应有的学术地位，但是，我们却必须注意到，从北宋前期直到南宋后期，渊源于澶州的一个晁氏家族，先后绵延不断地出现了一些著名的学者。其中最早的一人，则是显名于真宗仁宗之际的晁迥（951—1043）。他一生累官至工部尚书、集贤院学士，而以太子少保致仕，官位不算不高。但《宋史》本传说他“善吐纳养生之术”，可知其必然信奉道家之说。本传还概括地说道：迥“通释老之书，以经传傅致为一家之言。”他的裔孙晁公武在所著《郡斋读书志》中，既著录了晁迥著术中属于道家方面的《道院别集》，也有属于释家方面的《法藏碎金》，而在

《郡斋读书后志》中还引用了王古的话，以为晁迥著作中的“名理之妙，虽白乐天不及也”。这反映出，晁迥确实是熔冶了儒释道三家学说于一炉的一个人；而他却始终是以一个儒家学者的面目出现的。

但更须注意的是，晁迥的这种学术取向，不但为晁氏一族的学者所世代承袭，综观北宋一代的学术界，这种学术取向也是颇有其代表性的。正是这个总的取向，才构成了宋学这一学术流派的一个最重要的特点。

或明或暗地吸收和汲引释道两家的心性义理之学于儒家学说之中，使儒家学说中原有一些抽象的道理更得到充实和提高，不但摆脱了从汉到唐正统儒生的章句训诂之学的束缚，也大不同于魏晋期内的玄学的空疏放荡，这就是我们称之为宋学的结构。假如说，晁迥所代表的还只是这一学术取向的初期，那么，活跃于北宋中期的学术界的王安石（1021—1085），则是推动这一学术取向达于高峰的一个代表人物。

王安石于宋仁宗庆历二年（1042）进士及第之后，被派往扬州做“签书淮南节度判官厅公事”，他在那里为了读书和著书，常达旦不寐。他写成了《淮南杂说》十卷，一经流布，见者便比为《孟子》。

《淮南杂说》一书大概在南宋以后即已失传，我们现在只能从当时人诋毁此书的文章中略得窥见其内容的一二。宋神宗熙宁四年（1071），做御史中丞的杨绘，上疏《论王安石之文有异志》（见《宋诸臣奏议》卷八三），其中引述了《杂说》的三段话：

其一是引《杂说》曰：“‘鲁之郊也可乎？’曰：‘有伊尹之志，则放其君可也；有汤之仁，则绌其君可也；有周公之功，则用郊不亦可乎？’”

其二是引《杂说》曰:"'周公用天子礼乐可乎?'曰:'周公之功,人臣所不能为;天子礼乐,人臣所不得用。有人臣所不能为之功,而报之以人臣所不得用之礼乐,此之谓称'。"

其三是引《杂说》曰:"有伊尹之志而放君可也;有周公之功而代兄可也;有周之后妃之贤而求贤审官可也。夫以后妃之贤而佐王以有天下,其功岂小补哉,与夫妇人女子从夫、子者可同日语乎。"

杨绘所摘引的《杂说》诸条,与孟子的劝齐宣王"行王政、毋毁明堂"以及武王灭殷乃是"诛独夫纣"而非"弑君"诸议论固大致相似,但《孟子》书中还有很多章节乃是谈说道德仁义和尽心知命、存心养性等事的。而如蔡卞所说,正是因《杂说》之出,才使天下之士"始原道德之意,窥性命之端",这就使我们可据以作出推断说,当时人之所以把《杂说》与《孟子》相比,必不是因为杨绘所举述的那些条目,而是因其多谈道德性命之故。在现在王安石的文集当中,就还收录了许多篇这类的文章,这是足可为证的。

宋神宗于熙宁二年(1069)要用王安石为参知政事时,向他说道:"人皆不能知卿,以为卿但知经术,不可以经世务。"安石对曰:"经术者所以经世务也;果不足以经世务,则经术何所赖焉。"(《长编纪事本末·王安石事迹(上)》)这两条记载至少向我们提供了两道信息:其一是,他青年时期的第一部著作刚问世,由于其中像《孟子》一样多谈及性、命、心、气等问题,就为他在学术界和思想界奠定了较高的地位,而在他入参大政之前,他已经为"知经术"名家了。其二是,王安石的研究儒家经术,是为了经理世务的,而不是做脱离现实的纯学术研究。

南宋晁公武,于《郡斋读书志》中的《王介甫临川集》下,于《读书后志》中的《王氏杂说》下,都引录了蔡卞所作《王安石传》中的

一大段话;今稍加并合,引录如下:

> 自先王泽竭,国异家殊,由汉迄唐,源流浸深。宋兴,文物盛矣,然士习卑陋,不知道德性命之理。安石奋乎百世之下,追尧舜三代,通乎昼夜阴阳所不能测而入于神。
>
> 初著《杂说》数万言,世谓其言与孟轲相上下。于是天下之士始原道德之意,窥性命之端云。
>
> 晚以所学,考字画奇耦横直,深造天地阴阳造化之理,著《字说》,包括万象。与《易》相表里。

《朱子语类》卷一三〇也载有朱熹的一段谈话说:

> 荆公作《字说》时,只在一禅寺中。禅床前置笔砚,掩一龛灯,人有书翰来者,拆封皮埋放一边,就倒禅床睡少许,又忽然起来写一两字。看来都不曾眠。字,本来无许多义理,他要个个如此做出来。又要照顾得前后,要相贯通。

《字说》本是属于"小学"部类的书,而不仅蔡卞说此书"深造天地阴阳造化之理",朱熹也说,他要就每个字都寻求其"义理",而且要照顾前后使相贯通,王学之重视义理自极明显。

苏轼说韩愈"文起八代之衰",蔡卞的这些话,同样是说,王安石在"道德性命之理"的探索研究方面,也起了由汉到唐的诸代之衰。我以为,王安石对于这一评价,确实是足以当之无愧的。

王安石在"道德性命之理"方面之所以能有超越前人的成就,主要应归功于他对于佛老两家的学术和义理不存门户之见,凡其可以吸取之处,一律公开地而不是遮遮掩掩地加以吸取之故。这有以下的事例可以为证:

1.《郡斋读书志》的《子部·道家类》中著录了王安石、王雱、吕惠卿、陆佃、刘仲平等变法派人物各都作有《老子注》,在《解题》中则特别说道:

介甫平生最喜《老子》,故解释最所致意。

2. 释惠洪《冷斋夜话》卷六《曾子固讽舒王嗜佛》条载:

舒王嗜佛书,曾子固欲讽之,未有以发之也。居一日,会于南昌,少顷,潘延之(名兴嗣)亦至。延之谈禅,舒王问其所得,子固熟视之;已而又论人物,曰某人可秤(抨?)。子固曰:"弇用老而逃禅,亦可一秤(抨?)"舒王曰:"子固失言也。善学者,读其书唯理之求。有合吾心者,则樵牧之言犹不废;言而无理,周、礼所不敢从"。固笑曰:"前言第戏之耳!"

3.《续通鉴长编》卷二三三,熙宁五年五月甲午载有王安石与宋神宗的一段对话云:

安石曰:"…臣观佛书乃与经合,盖理如此,则虽相去远,其合犹符节也。"上曰:"佛西域人,言语即异,道理何缘异!"安石曰:"臣愚以为,苟合于理,虽鬼神异趣,要无以异。"

4. 在王安石自己所写的一篇《涟水军淳化院经藏记》中,也有如下两段话语:

道之不一久矣。人善其所见,以为教于天下而传之后世。后世学者或徇乎身之所然,或诱乎世之所趋,或得乎心之所好,于是圣人之大体分裂而为八九。……

盖有见于"无思无为"、"退藏于密"、"寂然不动"者(按:此均《周易·系辞》中语),中国之老、庄,西域之佛也。

从以上四条引文和记载看来,可知王安石是只以"义理"作为他决定是非取舍的唯一标尺,而不考虑其说究竟发之于儒家、佛家或道家。

实际上,从王安石看来,还不只是佛道两家所讲说的,凡合于"圣人之大体"的义理是可取的,在老、庄以外诸子百家的学说当中,也各都有其合于义理,可以吸取的成份。当他在变法时期,大量地采行了法家的一些治术，南宋张九成在为刘安世《尽言集》所作的《序文》中即说，王安石所学的是申商刑名之术，而“文之以六经”。这虽不免过甚其词，却也不妨用来作为一个比较突出的评论。甚至对于孟子所竭力反对的杨朱墨翟之道，王安石也认为：“杨墨之道，得圣人之一而废其百者是也。圣人之道兼杨、墨，而无可无不可者是也。”（《王文公文集》卷二六《杨墨》）程颢曾向宋神宗说过王安石“博学多闻”的话，我则以为，王安石最应该肯定的，是他的“兼收博采”。晁说之在《元符三年应诏封事》中说《新经义》“援释老诞谩之说以为高，挟申商刻覈之说以为理”，也正反映了这一事实。

从唐的韩愈李翱，到北宋前期的三先生（胡瑗、孙复、石介），虽全都是力求抬高儒家地位的，但他们的思想活动全都局限在儒家学派本身的领域之内，而没有再向新的领域进行展拓，这就正如王安石所说的，“读经而已，则不足以知经”（《临川文集》卷七三《答曾子固书》《王文公文集》失收）。只有像王安石这样，把释道及诸子百家兼容并取，而仍以儒家的学说义理为本位，为主体，这样自然就会使儒家的学说义理的广度和深度都能扩展到一个崭新境界了。

然而我们还须进一步说，王安石虽则有取于释、老、申、商等诸子百家，他却并不是一味地无选择地盲目信从其中的任何一家。《郡斋读书志》不是说“介甫平生最喜《老子》”吗，然而在他写的《老子》一文（《王文公文集》卷二七）中却说道：

> 道有本有末，本者万物之所以生也，末者万物之所以成也。……故昔圣人之在上而以万物为己任者，必制四术焉。四术者，礼、乐、刑、政是也，所以成万物者也。故圣人唯务修其成万物者，不言其所以生万物者，盖生者尸之于自然，非人

力之所得与矣。

老子者独不然，以为涉乎形器者皆不足言也，不足为也，故抵去礼乐刑政而唯道之称焉，不察于理而务高之过矣……其书曰"三十辐共一毂，当其无，有车之用。"……今之治车者知治其毂辐，而未尝及于无也，然而车以成者，盖毂辐具则无必为用矣。如其知无为用而不治毂辐，则为车之术固已疏矣。

这段文章表明，王安石对于他素所喜欢的《老子》所讲的道理，也是采取了批判性的吸取而不是全然陷溺其中的。

王安石采用了申不害、商鞅等刑名法家的治术，这也是历来的学人（清朝中叶的蔡上翔应除外）所公认的，然而他在《三不欺》一文（《王文公文集》卷二六）中却说道：

昔论者曰："……君任刑，则下不敢欺。"……西门豹之政使人不敢欺。夫不及于德而任刑以治，是孔子所谓"民免而无耻"者也，然则刑之使人不敢欺岂可独任也哉？……

或曰："刑亦足任以治乎？"曰："所任者，盖亦非专用之而足以治也。豹治十二渠以利民，至乎汉，吏不能废——民以为西门君所为，不从吏以废也。则豹之德亦足以感于民心矣"。故曰，任刑焉耳，使无以怀之而惟刑之见，则民岂得或不能欺之哉！

这又可见，王安石虽认为刑名法术是为政者可以采行的途术之一，而并非离开德教的感化而可以独任的。

综上所述，可知不论所谓援佛入儒，援道入儒，援法入儒，以及援诸子百家以入儒，在王安石，这所谓援，亦犹"嫂溺援之以手"的援，其本意乃在于救其嫂，在这里当然就是儒家的学说和义理。王安石是想用释、老、法以及诸子百家的学说中之可以吸取、值得吸取者，尽量吸取来以充实和弘扬儒家的学说和义理，在政治的实践

中也同样如此。在王安石的一篇题为《禄隐》的文章(《王文公集》卷二八)当中,他曾写出如下一些比较"辩证"的话:

圣贤之言行,有所同而有所不必同,不可以一端求也。同者道也,不同者迹也。……盖时不同则言行不得无不同,唯其不同,是所以同也。如时不同而固欲为之同,则是所同者迹也,所不同者道也。……

世之士不知道之不可一迹也久矣。圣贤之宗于道,犹水之宗于海也。水之流,一曲焉,一直焉,未尝同也;至其宗于海,则同矣。圣贤之言行,一伸焉,一屈焉,未尝同也;至其宗于道,则同矣。故水因地而曲直,故能宗于海;圣贤因时而屈伸,故能宗于道。

这里是说:"萧条异代不同时"的圣贤,就其言行的表象来说虽未必全同,而其全都符合于道,则是无异的。以此与上文所引《续通鉴长编》卷二三三所载王安石对宋神宗所说的:"臣观佛书乃与经合,盖理如此,则虽相去远,其合犹符节"合看,前者是指就时间的差异看,后者是就地域的差异看,这等于现在我们所常说的,在坚持原则的大前提下,处理具体事物的方法,则允许有以时间、地点、条件为转移的灵活性,所以他才主张广泛吸取释老以及诸子百家之说以充实和丰富儒家学说。"泰山不让土壤,故能成其大;河海不择细流,故能就其深。"在王安石兼收博采之后,果然使此后的儒家学说得到了发扬光大,不但能在"纸上谈兵",而一切都能贯穿在政治实践当中,使内圣外王的概念真正得到了具体体现。

王安石当政之后,为了改正过去那种对儒家经典的解释歧互纷纭的情况,便在中央政府设置了一个经义局,由王安石任提举,从事于《新经尚书义》、《新经毛诗义》和《新经周礼义》的纂修。这三部书先后修成之后,便"颁于学官,用以取士"。到宋哲宗即位，司马光被起用，新法一一全被废罢，并明令禁止学者学习《字说》，而对于《三经新义》则不但未予禁止，且仍然受到好评。例如最忠实于司马光的刘挚，在元祐元年（1086）论劾国子司业黄隐排斥《三经新义》的奏疏中说道：

故相王安石经训经旨，视诸家义说，得圣人之意为多，故先帝以其书立之于学，以启迪多士，与先儒之说并行而兼存，未尝禁也。隐猥见安石政事多已更改，辄尔妄意迎合傅会，因欲废安石之学，每见生员试卷引用，辄排斥其说，此学者所以疑惑而怨之深也。夫安石相业虽有间，然至于经术学谊，有天下公论在，岂隐之所能知也！朝廷既立其书，又禁学者之习，此何理哉。（《长编》卷三九〇，元祐元年七月末）

清代全祖望，在其为《周礼新义》所作的《题词》中也说道：

荆公解经，最有孔、郑诸公家法：言简意赅。……盖尝统荆公之经学而言之，《易传》不在三经之内，……然伊川独令学者习其书，……朱子于《尚书》推四家，荆公与焉，且谓其不强作解事。

《三经新义》早已失传，现在我们仅能看到关于《周礼新义》和《毛诗新义》两书的辑本。其中的注释，确如全谢山所说，“言简意赅”，文字不甚多。从中也找不出某些注释出自道家、某些出自佛学的明显迹象。这是由于，王安石已经把这两家之学融会贯通于胸中，随文取用，浑然天成，全不采用寻章摘句的“集注”的方式，所以《三经新义》就不像《字说》那样，在元祐年间被“言者指其糅杂释老，穿凿破碎，聋瞽学者，特禁绝之”（《郡斋读书志·〈字说〉解题》）了。

清代乾嘉学派中的大师戴震（1724—1777）在其《答彭进士允初书》（中华书局校点本《孟子字义疏证》附载）中，有一段指斥宋儒的话：

> 宋以前，孔孟自孔孟，老释自老释；谈老释者高妙其言，不依附孔孟。宋以来，孔孟之书尽失其解，儒者唯袭老释之言以解之。于是有读儒书而流入老释者；有好老释而溺其中，既而触于儒书，乐其道之得助，因凭藉儒书以读老释者；对同己则共证心宗，对异己则寄托其说于六经、孔孟，曰："吾所得者圣人之微言奥义"。而交错旁午，屡变益工，浑然无罅漏。

戴震的这番话，主要是针对宋代的程、张、朱、陆等理学家而发的，实际上，宋代的不以"理学"名家的某些学者，包括王安石在内，其学术取向也完全属于戴震所指斥的范围之内。戴震力图维护儒家学说的纯粹性，故对宋儒的这种学风不胜其愤愤。但他却不知道，任何一种思想、理论和学说，全不能一成不变而不须随时有所改进和发展的，他把宋儒的糅杂释道作为孔孟的罪人，我们用发展观点来看，却正应把宋儒视为弘扬了儒学的一群有大功之人。王安石自然也是其中重要的一员。

如上所述，在北宋一代，对于儒家学说中有关道德性命的义蕴的阐释和发挥，前乎王安石者实无人能与之相比。由于他曾一度得君当政，他的学术思想在士大夫间所产生的影响，终北宋一代也同样无人能与之相比。周敦颐（1017—1073）也是把释道（特别是道）二家的义理融入儒家的学者，其在义理方面的造诣也较高，但他在北宋的学术界毫无影响，二程也绝非他的传人。对此，我已另有《略论周敦颐的师承和传授》一文加以论述（见《纪念陈寅恪先生诞辰百年学术论文集》）。二程学说之大行，则是宋室南渡以后的事，故周密谓伊洛之学行于世，至乾道淳熙而盛（《齐东野语》），当他们在世之日，直到北宋政权灭亡之时，所谓理学这一学术流派是还不曾形成的。

再概括一下:王安石援诸子百家学说中的合乎“义理”的部分以入儒,特别是援佛老两家学说中的合乎“义理”的部分以入儒,这就使得儒家学说中的义理大为丰富和充实,从而也就把儒家的地位提高到佛道两家之上。因此,从其对儒家学说的贡献及其对北宋后期的影响来说,王安石应为北宋儒家学者中高踞首位的人物。

对于北宋政权之灭亡,应负主要罪责的君相,是宋徽宗和蔡京。在他们胡作非为,置国家命运、民族前途于不顾的同时,他们却一直打着一个推行新法的幌子。于是,到北宋覆亡之后,一般人不予认真辨析,便也以为亡国之祸当真是由新法所招致,遂致新法的名声扫地,而王安石及其一派的学术著作和思想议论,也随之而无人敢于公然地加以继承,而所谓“荆公新学”便从此日益式微了。

我们可否这样设想:假如王安石不曾参预大政,不曾变法改制,他的那些学术思想见解,在他生前虽未必能那样风行于一时,到他的身后,却必定还要被治经术的儒家们长久传承的。

以下,我要附带谈一下关于理学这一儒家流派的开山始祖的问题。

我尽管说了如上那些话语,却决不是有意要把王安石拥上宋代理学的开山始祖的地位。这不单是因为此事决不会为宋代理学家的主要人物如二程、朱熹等人所接受、所承认,还更因为,王安石公开地吸取释道二家的义理以阐释儒家的经典,而又用这样的“经术”去经理世务,即付诸政治实践,这才是真正的内圣外王之学。单就这点而论,他与宋代正宗的理学家程、朱等人就是大有区别的。程、朱一派的理学家们,虽然有时也把内圣外王的主张挂在嘴上,实际上他们却是专讲求内圣而不讲求外王。例如,朱熹在从政之后，虽然面对着的是女真强敌当前，境内民困财乏的局势，而他上疏给宋孝宗，总是把“正君心”作为头等重要事，而把如何御侮、安民、理财、练兵等事一律放在极其次要的地位；当他评价当代的从政人员时也是如此。例如他在给杜叔高的信中对文武全才的辛弃疾所下的评语即为：“辛丈相会，想极欵曲，……今日如此人物岂易可得？向使早向里来有用心处，则其事业俊伟光明，岂但如今所见而已耶。”(《朱文公集》卷六十)我对这番话觉得很难理解，我实在不知道，如果辛弃疾早就像朱熹那样，在个人的身心修养方面多用工夫，究竟对他所做的哪些事业能够更加“俊伟光明”一些？

总之是，理学家们所着重的，只是内圣的工夫。在此，我要套用王安石批评老子的那些话语来批评理学家们：理学家们也是以为涉乎形器者皆不足言、不足为，故也抵去刑、政、兵、农而唯道之求，他们也是犯了脱离实际而务高之过。这与王安石之对于内圣外王同时并重，是大异其趣的。所以，不能把王安石称为理学这一儒家学派的开山祖。

另外，我还记起了，在1947年的新年后不久，当时做北京大学校长的胡适先生，曾在那时叫做北楼的一间大教室里做过一次学术讲演，题目是《宋代理学发生的历史背景》，所讲说的内容，我现在已一概记不起来了。近来从耿云志同志所编《胡适年谱》中又看到对此事的记载，对讲演内容也未述及，只说他“认为‘理学之开山祖师’是司马光。”我认为，胡先生当时如果确是做出这样一个结论，那也是不对的。我觉得司马光的思想是一个偏重于务实的人，所以他编写《资治通鉴》，想用历代治乱兴衰的具体事例作为济世济民的借鉴和殷鉴；对于大谈性、命、心、气的孟子，他就写了《疑孟》一书以相诘问。他在熙宁元年(1068)做翰林学士时，就上了一篇《论风俗札子》(《温公集》卷四十五),其中主要是指责进士科场的风习,说举子们把“循守注疏者谓之腐儒,穿凿臆说者谓之精义”,并说:“性者子贡之所不及,命者孔子之所罕言;今之举人,发口秉笔,先论性命,乃至流落忘返,遂入老庄,纵虚无之谈,骋荒唐之辞,以此欺惑考官,猎取名第。”他的见解如此,议论如此,与偏重阐发儒家的义理的王安石既大不相同,而从二程以来的理学家们,对司马光的学术也都不十分尊重。因此,把司马光推上理学家祖师爷的宝座,当然是很不合适的。

然则理学家的祖师爷究应归之于谁呢?答曰:只能归之于程颢、程颐和张载三人。而理学之成为流派,则是宋室南渡以后的事。

(选自《北京大学学报》哲社版 1991 年第 2 期)

邓广铭,著名史学家,曾任北京大学历史系教授,博士生导师,中国宋史研究第一、二、三届会长,国务院学位委员会第一届学科评议组成员,国家教委古籍整理委员会副主任委员等。著有《辛稼轩年谱》、《稼轩词编年笺注》、《稼轩诗文抄存》、《宋史职官志考正》、《宋史刑法志考正》、《王安石》、《岳飞传》等,共 100 余篇学术论文,结集为《邓广铭学术论著自选集》和《邓广铭治史丛稿》出版。

本文从哲学的角度进行了详细论述,认为王安石是推动宋初融合儒释道这一学术取向达于高峰的代表人物,他吸收诸子百家来充实和弘扬儒家的学说和义理,使之发扬光大并贯穿于政治实践中,对北宋儒家道德性命的阐释和发挥及在士大夫中的影响无人能比;但王安石不是理学的开山祖。

陆学在元代

陈 高 华

陆学指的是南宋哲学家陆九渊创立的一个道学派别，又称心学。在南宋中期，陆学和由朱熹创立的朱学，是在思想界风靡一时的两大流派，发生过很大的影响。进入南宋后期，陆学逐渐衰落。到了元代，更加消沉。在明代，经过王阳明的提倡，才重新兴盛起来。在一般思想史著作中，对于元代陆学，往往略而不提。其实，陆学在元代若断若续，在思想界仍然有一定的影响。本文想就陆学在元代的情况略作介绍，不妥之处，请同志们指正。

一

朱熹和陆九渊是南宋中期思想界两个最活跃和最有影响的人物。他们都是唯心主义者，但两人的思想体系和方法论都有区别。他们聚徒讲学，互相诘难，"角立杰出，号太宗师者也。"（刘壎《朱陆合辙序》，《水云村泯稿》卷五）一时学士大夫雷动云从，如在洙泗，天下并称之曰："朱陆。"（刘壎《隐居通议》卷一《朱陆》）朱学和陆学，在当时都是显学。陆、朱相继去世以后，二家的徒子徒孙

"门外户别,伐异党同,末流乃至交排互诋,哗竞如仇敌。"①

到了南宋后期,二家的地位便发生了明显的变化:"晦庵(朱熹——引者)殁,其徒大盛,其学大明,士大夫皆宗其说。……而象山之学反郁而不彰。"(刘壎《隐居通议》卷一《朱陆》)当时四明(今浙江宁波)风气的变化是最足以说明问题的。原来,"陆氏之学传为慈湖杨简氏、絜斋袁燮氏,皆四明人,故四明学者祖陆氏而宗杨、袁,朱氏之学弗道也。"(王袆《送乐仲本序》,《王忠文公集》卷三)"言陆氏之学者,以慈溪杨文定公、鄞袁正献父子为巨擘。士生其乡,知有陆氏而已。"(黄溍《送慈溪沈教谕诗序》,《金华黄先生文集》卷十七)有人甚至说:"朱文公之学行于天下,而不行于四明;陆象山之学行于四明,而不行于天下。"(方回《送家自昭晋自庵慈湖山长序》,《桐江集》卷三十一)可见,四明是陆学影响最大的一个地区,而朱学原来在这里是没有什么基础的。但到南宋末年,黄震、史蒙卿、王应麟等相继而出,鼓吹朱学,"而后朱氏之学始行于四明。"(王袆《送乐仲本序》,《王忠文公集》卷三)王应麟是宋、元之际的著名学者,他的前代崇信陆学,到了他自己却"倡学者以考亭朱氏之说,一时从之而变。"(贝琼:《王公墓志铭》,《清江集》卷三十)王氏家族的变化,正好反映了四明地区学风的变化。黄震在当时也有很高的声望,对于朱学在四明的传播起了重要的作用:"宋季朱子理学既行于天下,而明士犹守杨文元、沈正献二公之说。及文浩先生慈溪黄公稽经考史,一折衷于朱子,著

① 《朱陆合辙序》。据元代袁桷说,二家矛盾尖锐化主要是朱熹语录刊行以后的事:"当宝庆、绍定间,黄公幹在,朱子门人不敢以先人所传为别录。黄既死,夸多务广,有语录焉。望尘承风,相与刻梓,而二家矛盾大行于南北矣。"(《龚氏〈四书朱陆会同〉序》,《清容居士集》卷二十一)朱熹语录中有不少批评陆学的话,这样便加剧了彼此的矛盾。

书满家，于是士方翕然向风，尽变其所学。”①朱学逐渐在这一地区占有优势，陆学也就逐渐衰落了。

为什么在南宋后期会发生这样的变化？宋、元之际有人曾找出如下的一些原因：“顾其学不如朱学之盛行者，盖先生（陆九渊——引者）不寿，文公则高年。先生简易不著书，文公则多述作。先生门人不大显，朱门则多达官羽翼其教，是以若不逮。”（《象山语类题辞》，《水云村泯稿》卷七）年龄的长短，著作的多少（陆氏也有作品传世，并非“不著书”），当然也有一定的影响，但决不能成为两者盛衰的主要原因。至于门人显达与否，也非确论。朱氏门人中固有权贵，陆学信徒中亦不乏达官贵人，如杨简、袁燮均是。南宋时即有人说过：“浙间年来象山之学甚旺，由其门人有杨、袁贵显，据要津唱之。”（《宋元学案》卷七十四《慈湖学案》）可见这也是不能成为理由的。其实，朱学之所以兴盛，陆学之所以衰微，关键在于宋朝统治者的态度。宋宁宗时，统治集团内部矛盾，立伪学逆党籍，这就是著名的“庆元党禁”，朱熹首当其冲，朱学因此受到很大打击②。但没有多久，理宗（1225—1264 年在位）上台，崇尚朱学，自称“恨不与之同时”。朱熹被追赠为太师，封国公，并和周敦颐、程颢、程颐、张载一起，从祀孔子。朱熹的著作，由官府刊印发行。特别重要的是，儒生进身的门阶科举考试，也以朱熹注疏儒家经典为准，“今天子尤重文公之学，及考亭之门者多致身廊庙，诵考亭之言者，亦接武旃厦。”（刘克庄《方景楫墓志铭》，《后村

① 谢肃《黄菊东先生墓志铭》，《密庵文稿》壬卷。按，黄震的著作有《黄氏日钞》。

② 陆学的代表人物杨简、袁燮等也列名“伪学”，此外还有不属于朱、陆两派的叶适、陈傅良等人，见《庆元党禁》。但总的来说，朱学所受打击最大。

大全集》卷一百五十八)“片言只字,苟合时好,则可以掇科取士。”(《隐居通议》卷一《朱陆》)文风因此为之一变。生活在宋末元初的戴表元(1244—1312)说,当他“儿童时”,“朱氏书犹未盛行浙中”,“及甲辰、乙巳间(理宗淳祐四年、五年,即1244、1245——引者),有用其说取甲科者,四方翕然争售朱学,而吾乡以远僻,方获尽见徽文公所著书。”①既然朱学是猎取功名的阶梯,儒生们自然群起而趋之,不为统治者重视的陆学就被冷落在一边了。

到了元代,朱学更加兴旺发达。兴起于漠北草原的蒙古贵族,原不知理学为何物。十三世纪三十年代,蒙古军在灭金后南下攻宋,在汉水流域俘虏了一批儒生带回河北,其中赵复、窦默、砚坚等数人,都是朱学的门徒。他们在北方讲授朱学,从者日多。元世祖忽必烈为了巩固其统治,积极采用“汉法”,宣扬“三纲五常”的程朱理学,很快便得到他的重视,理学家窦默、许衡、姚枢等人也相继得到重用。根据许衡等人的建议,元朝政府建立国学,以朱熹的著作为基本教材,培训贵族官僚子弟。特别是到了元代中期,元朝政府恢复科举考试,具体办法是以朱熹的《贡举私议》为本,考试内容以朱注《四书》、《五经》为主。这些措施执行的结果是:“海内之士,非程、朱之书不读。”(欧阳玄《许文正公神道碑》,《圭斋文集》卷九)“朱氏之学,盛行于今,上自国学,下至乡校、家塾,师之所教,弟子之所学,莫非朱子之书。其讲说精矣,诵读勤矣,要其归第假为希世宠荣之资。”(王毅《送陈复斋道士归金华序》,《木讷斋文集》卷一)元代中叶,以理学名家十人“从祀”孔子,其中北宋六人(周敦颐、程颢、程颐、张载、邵雍、司马光),南宋三人(朱熹、张栻、

---

① 《于景龙注朱氏小学书序》,《剡源文集》卷七,他说的时间不大准确,但意思是很清楚的。

吕祖谦），元一人（许衡），惟独没有陆九渊。元朝统治者对这两个道学派别的好恶在这件事上表现得十分明显（《元史》卷七十六《祭祀志五·宣圣》）。就这样，朱学成了元朝统治者钦定的官方哲学，陆学则较诸南宋后期更形衰落。“自近年科举行，朱学盛矣，而陆学殆绝。”（《吴莱《石塘先生胡氏文抄后序》，《渊颍集》卷十一）“是以今之知学之士知文公者甚众，而知公（陆九渊——引者）者甚鲜。”（程钜夫《青田书院记》，《雪楼集》卷十二）朱熹的牌位进了宣圣庙，而陆九渊的祠堂变得残破不堪，几乎无人过问了（《青田书院记》）。

在唯心主义阵营内部，各种派系之间的矛盾斗争也是很激烈的。占据统治地位的朱学，对陆学大肆攻击，“不百余年，异党之说兴，深文巧辟，而为陆学者不胜其谤，屹然墨守，是犹以丸泥而障流，杯水以止潦，何益也”（袁桷《龚氏〈四书朱陆会同〉序》，《清容居士集》卷二十一）。但尽管如此，陆学的“流风遗俗”，在元代“尚有承传”。有一些人仍然公开声明自己是陆学的信奉者，“守其言而弗变”（危素《上饶祝先生行录》，《危太朴文续集》卷七）。还有一些人，对于朱学和陆学采取调和折衷的态度，实际上也就肯定了陆学的地位。

二

元代陆学的代表人物，有刘壎、陈苑、赵偕等人。

刘壎（1250—1319），江西南丰人。由宋入元。他的著作有《隐居通议》、《水云村泯稿》等。

刘壎是宋、元之际江西地区颇有名气的一个儒生，“才力雄放，尤长于四六。”（《四库全书总目提要》卷一百六十六《集部·水云村稿》)在哲学思想上,他“尊陆九渊为正传,而援引朱子以合之”。(《四库全书总目提要》卷一百二十二《子部·隐居通议》)他对陆九渊十分崇敬,“夫象峰中天,百世稽首。”(《陆文安公祠堂记》,《水云村泯稿》卷三)“诚一世之天才也”。(《隐居通议》卷一《朱陆》)在刘壎所处的时代,朱学大盛,陆学受排挤,但他却声明:“当是时虽好尚一致,而英伟魁特之士未尝不私相语曰:‘时好虽若此,要之陆学终非朱所及也’。”(《隐居通议》卷一《朱陆》)刘壎自己当然就在他所说的“英伟魁特之士”行列之内的。他认为,“陆氏之学,将大明于世”,而那些攻击诽谤者不过是“蚍蜉撼树,井蛙观天者尔。”(《〈象山语类〉题辞》,《水云村泯稿》卷七)

刘壎在自己的著作中,搜集了朱熹有关陆学的一些言论,来说明朱熹“于象山殊加敬”,并由此痛斥那些攻击陆学的人是“狂生”,“大可鄙”①。同时,他也反复申述朱、陆二者的歧异所在。他说:“朱氏之学则主于下学上达,必由洒扫应对,而驯至于精义入神,以为如登山然,由山麓而后能造绝顶也。故晦庵多著书以开悟学者。然象山每不然之,议其为支离,其鹅湖之诗曰:‘易简功夫终久大,支离事业竟浮沉’。又曰:‘六经注我者也’。陆氏之学则主于见性明心,不涉笺注训诂,而直超于高明正大。然晦庵每不然之,以为江西之学近于禅。”(《隐居通议》卷一《朱陆》)“朱、陆之学,本领实同,门户小异。故陆学主于超卓,直指本心,而晦翁以近禅为疑。朱学主于著书,由下学以造上达,而象山翁又以支离少之。”(《朱陆合辙序》)刘壎的意思显然是说,朱、陆两家从根本来说是相同的,彼此的区别主要是在认识论上。一个主张循序渐进,

① 《隐居通议》卷二《朱陆一》、《朱陆二》。明代王守仁编《朱子晚年定论》(见《王文成公全书》卷三)和刘壎的做法差不多。

学而后知；一个主张见性明心，豁然开朗。对于朱熹认为陆学“近禅”的批评，刘壎说：“大概性命之学，不能不与禅相近”，朱学鼓吹的“格物致知”之说，“即释氏名相之说”；朱学“求放心”之说，“亦释氏之说”。因此，“恐不可专指陆学为禅也。”（《隐居通议》卷二《朱陆三》）他并不否认陆学“近禅”，但认为朱熹的指摘不大公平，因为朱学本身也与禅宗理论有密切的渊源关系。应该说，刘壎这番话是有道理的，实际上陆九渊过去也就曾以此和朱熹辩论。① 对于朱熹“多著书”的做法，刘壎也不以为然，他说：“〔朱熹〕至晚年则亦悔注释，有诗曰：‘书册蕹头无了日，不如抛却去寻春’。其意可见矣。”相反，他很赞赏陆九渊的治学方法：“然陆氏不喜著书，惟从原头理会，尝曰：六经注我者也。故罕有传世，而道不显。顾有识者，则服其高明。”（《隐居通议》卷二《朱陆一》）

陆九渊主张存心、养心、发明本心，其实说的都是一个意思。要存心、养心、发明本心，必须去欲，“欲去，则心自存矣。”（《养心莫善于寡欲》，《象山先生全集》卷三十二）去欲则依靠人们的直觉。刘壎对此再三致意。他说：“儒者职分不在于作文，而在于讲学。讲学不在于章句，而在于穷理。穷理不在于外求，而在于存心。”（《隐居通议》卷一《儒者职分》）怎样才能存心亦即发明本心呢？关键在于“悟”，亦即直觉。后人论述刘壎的学说时指出：“其论理学，以悟为宗。”（《四库全书总目提要》卷一百二十二《子部·隐居通议》）溯自渊源，实来自陆九渊。② 刘壎解释“悟”道：“世之

① 朱熹生前直指陆九渊为禅，而陆九渊也反唇相讥，挖苦朱熹“所谓太极真体不传之秘，无物之前，阴阳之外，不属有无，不落方体，迥出常情，超出方外等语，莫是曾学禅宗，所得如此！”（《与朱元晦》，《象山先生全集》卷二）

② “陆文安公之学自中庸尊德性而入，故其用工不以循序为阶梯，而以悟入为究竟。”（《九灵山房集》卷二十二）

未悟者,正如身坐窗内,为纸所隔,故不睹窗外之境。及其点破一窍,眼力穿逗,便见得窗外山川之高远,风月之清明,天地之广大,人物之杂错,万象横陈,举无遁形。所争惟一膜之隔,是之谓悟。”他承认,“惟禅学以悟为则”,道家的理论中也有不少“皆悟之义”,而“儒家之学,亦有近之者。”(《隐居通议》卷一《论悟二》)儒家(理学)与道、释二家都是唯心主义世界观,从根本上来说是相通的,刘壎显然已经觉察了这一点。有趣的是,尽管刘壎反复讲“悟”,还记录了不少“悟入”的例子,但他自己却始终没有达到过这种境界。“然前辈又有谓人患不入悟境耳,果能妙悟,则一理彻万理融,所谓等级固在其间,盖一通而万毕也。此论未知当否?”(《隐居通议》卷一《论悟》)既然自己不曾亲身体会,于是只好抱着存疑的态度。这个陆学的信徒在思想上显然已陷入矛盾的境地。

陈苑(1256—1330),字立大,江西上饶人。他是元代影响较大的一个陆学家。陈苑的生平,见于其门人李存的记述:

> “甚哉,学之不明也。宋淳熙间,陆文安公出,大发古圣贤之旨,时承流继觉甚盛。而近世溺于训诂词章科目杂艺尤甚,无肯道其学者。上饶陈先生幼业儒,不随世碌碌,尝遇异人授金丹术,弗之信。既得陆氏书读之,喜曰:‘此岂不足以致吾知耶,又岂不足以力吾之行耶,而他求也!’于是尽求其书及其门人如杨敬仲、傅子渊、袁广微、钱子是、陈仲和、周可象所著《易》、《书》、《诗》、《春秋》、《礼》、《孝经》、《论语》等书,益喜,益知,益行。或病其遗世所尚,先生曰:‘理则然尔’。甚者讥非之,毁短之,朋排之,又甚者求欲危中之,先生曰:‘苑不悔’。从之游者往往有省,由是人始知陆氏学。至

顺庚午十有二月既望，以疾卒，年七十有五。”①

陈苑的一生，“饥寒穷困”，不求闻达，在很长一段时间内，“隐居里中，而人莫之知也”（危素《上饶祝先生行录》，《危太朴文续集》卷七）。但他“浮沉里巷之间，而毅然以倡明古道为己任。患难困苦终其身，而拳拳于学术异同之辨。无十金之产、一命之贵，而有忧天下后世之心。”②不顾周围的压力，坚持自己的信念。他授徒讲学，门生颇众。由于他的努力，元代中期，陆学在江西地区一度出现了振兴的现象。

陈苑没有什么著作传世。据他的门人说，陈苑的学说“大抵谓圣贤之业，之见于言语文字者，无非明夫人心，而学焉者亦必于此乎究”（李存《别汪子盘序》，《俟庵集》卷十六）。可见他所倡导的，正是“陆氏本心之学”。他的一个学生在谈自己的学习体会时说：“吾心之灵，本无限碍，本无翳滓，本无拘系，本无浪流。其有不然者，已私赋之也，非天之所予者。”（李存《上陈先生书》，《俟庵集》卷二十八）只要去掉私欲，就能发明本心。因此，陈苑的学生们“惟日孜孜究明本心。”（危素《李先生墓志铭》，《俟庵集》卷首）陈苑的一个弟子还曾说过：“万物皆我，我即万物。”（李存《曾子翚行状》，《俟庵集》卷二十三）发明本心之后，就可以认识一切客观事物，所以，万物皆备于我，我与万物一体。既然关键在于究明本心，因而著作、言语也是多余的，陈苑教训学生说：“无多言，心虚而口实耳。”（危素《李先生墓志铭》，《俟庵集》卷首）

陈苑门下的弟子，比较著名的有李存、祝蕃、吴谦、舒衍，称为

①② 李存《上饶陈先生墓志铭》，《俟庵集》卷二十四。按，《宋元学案》卷九十三《静明宝峰学案》中的陈苑传略，就是根据这篇《墓志铭》删节而成的。《俟庵集》无刻本，我所用的是北京图书馆所藏鲒埼亭钞本。

江东四先生。李存有文集传世,“论学以省察本心为主”(《四库全书总目提要》卷一百六十七《集部·俟庵集》)。祝蕃在当时声望最高,“一时登〔陈〕先生之门者,皆推先焉”(李存《祝蕃远墓志铭》,《俟庵集》卷二十五)。他“从〔陈〕先生学,励精勇锐,一徇世习,以守师说”(郑元祐《遂昌山樵杂录》)。“陈先生居室堕圮,先生鬻田为之更作,经费供给,终陈先生无废礼。流俗之人笑讥毁訾无所不至,终不为动。凡若此,以其有得陆氏之传也。”(危素《上饶祝先生行录》)他曾出仕,受到权贵打击,郁郁不得志而死,没有留下什么著作。元末著名文学家危素是他的弟子。吴、舒两人没有什么影响。

赵偕,字子永,浙东慈溪人(? —1364),人称宝峰先生。他与友人“读杨文元公(杨简—引者)有觉”,“获览圣书,忽睹自己光明正大,自知其非。故始信洙泗素王之大道,天独阐于慈湖(杨简号慈湖先生——引者)”;从此便成了陆学的忠实信徒,“以为三代之政可行,百家之言可一,挺然而立,毅然而行。时人争笑窃议,且詈且排,先生不惑纷呶,自守不渝”(《赵宝峰先生文集》卷首,《序》及《祭文》)。后来从学者渐多,在庆元(即宋代的四明——引者)一带产生了一定的影响。他的作品有《赵宝峰先生文集》,只有钞本传世①。

陆九渊否认客观世界的存在,鼓吹:“宇宙便是吾心,吾心即是宇宙。”杨简发挥了这个主观唯心主义的命题,说道:“其心通者,洞见天地人物尽在我性量之中;而天地人物之变化,皆吾性之变化。”(《周易解序》,《慈湖先生遗书》卷一)以继承杨简衣钵自命的赵偕,在这个哲学根本命题上是亦步亦趋的,他说:“心无死

① 我所据的,是中国科学院图书馆收藏的清嘉庆潍高氏钞本。

生。”(《题修永斋》,《赵宝峰先生文集》卷二)“万物有存亡,道心无生死。”(《赵宝峰先生文集》卷首,祭文:“心无死生,此先生平日之言。”)心即道,道或心是超越万物之外永恒存在无死无生的本体,当然也就是万物的根源。“天地万物有无一体,风云雨露,无非我也。”(乌斯道《先兄春风先生行状》,《春草斋文集》卷十)心是宇宙的本体,在心之外,不存在任何事物,任何事物都不过只是心的变化或表现,只有心才是唯一真实的东西。下面一段问答把赵偕的这一思想表达得更为清楚:

> “他日,二先生过处士(周坚,字砥道——引者),见榴花瓶中。相山(王约,与赵偕同事慈湖之学——引者)问处士曰:‘花与枝叶红绿间出,果孰为之?’处士曰:‘吾所为也。’宝峰曰:‘孔言庶是无教也,砥道领其教矣。’至暮,童子秉烛。宝峰曰:‘此烛之明,烛欤,火欤!’答曰:‘非烛非火,此榴花之变化也。’”(乌斯道《周皜斋墓志铭》,《春草斋文集》卷十)

榴花是吾心所为,“烛之明”是“榴花之变化”,也就是吾心所为。他通过这个具体的例子,来表明心与万物一体的道理。

陆九渊主张通过内省的方法来发明本心,为此他提倡闭目静坐,“学者能常闭目亦佳”,据他说经常“安坐瞑目”,就能使“此心”“澄莹中立”(《语录》,《象山全集》卷三十五)。静坐成了陆学门徒的一种风尚,所以有人曾批评他们“大抵全用禅宗意旨,使人终日默坐,以求本心,更不读书穷理”(《宋元学案》卷七十七《槐堂诸儒学案》)。赵偕也大力提倡静坐内省:“若恐迷复,则于夙兴入夜之时,宜静坐以凝神。”“凡除应用之事外,必入斋庄之所静坐。”(《为伯奇学清虚而书》,《赵宝峰先生文集》卷二)据说静坐内省可以达到一种神秘的境界:

> “处士(周坚——引者)闻日用平常即道之诲,意殊喜。

作而问曰:'见道之功安作?'宝峰曰:'其反观乎!昔杨夫子犹反观入道,某亦尝事此,良验,子其试哉!'是夕,归而默坐反视,意志俱泯,忽见天地万物有无一体,不知我之为我,惟见光明满室而已。诘旦,白二先生(赵偕、王约——引者),先生笑而颔之。宝峰曰:'此知及之也,正孔子曰,明目而视之,不可得而见也;倾耳而听之,不可得而闻也。又曰无声之乐日闻四方者是也。'处士又问曰:'光明满室者何?'宝峰曰:'是心之光,古人所谓虚室生光,吉祥止止者是也。"(乌斯道《周嵩斋墓志铭》)

前面已说过,道即心,所谓"见道",也就是养心、发明本心;"见道之功"就是发明本心的方法与途径。可以看出,赵偕是把"反观"即静坐内省作为发明本心的途径的。据赵偕及其弟子体验,通过"反观"可以达到"天地万物有无一体,不知我之为我"的境界,这样一来,"宇宙便是吾心,吾心即是宇宙"的命题,便得到证明了。应该说,在宣扬主观唯心的直觉方面,赵偕比起刘壎和陈苑来,要突出得多。刘壎始终不敢说自己到达"悟"的境界,赵偕不但自己"事此,良验",而且经他指点,门生弟子也能轻而易举地实现。后人批评他"近于禅",确实是很有道理的(全祖望语,见《宋元学案》卷九十三《静明宝峰学案》),如果说理学本身与禅宗有许多相通之处的话,那末,理学中的陆学与禅宗关系更密,而赵偕又是陆学中比较突出的一个。

四明曾是陆学的中心,从南宋末到元代中期,朱学占有上风,陆学中断了近百年。赵偕传播陆学,使中断的传统得以复兴。他的门人乌斯道、桂彦良等,在元、明之际文坛上占有一定的地位,通过他们的宣扬,赵偕的观点得到人们一定程度的重视,但其影响局限于浙东地区。

上面所说的三个陆学代表人物，除了刘壎因为生活时代较早，曾经直接受到陆九渊的门人弟子的影响之外，陈苑和赵偕都是从陆学一些代表人物的著作中得到启发而产生信仰的。也就是说，原来曾是陆学中心的江西、四明等地，陆学的传授在相当一段时间内已经中断了，不象朱学那样，代有传人，有很清楚的师承渊源关系。这种情况，正是陆学衰微的表现。但是，在浙江淳安，却有陆学一支，自宋入元，百余年间，世代相传，没有中断过："淳安自融堂钱氏从慈湖杨氏游，……故淳安之士皆明陆氏之学。"①融堂钱氏即钱时，他是杨简的学生。"严陵（淳安——引者）自融堂讲学后，弟子极盛"。入元以后，"则夏自然为大师"。夏自然即夏希贤（字自然），钱时弟子。后来又有吴暾、洪震老、鲁渊、洪赜等。但淳安陆学僻处一隅，在理论上没有什么建树，影响是很小的（《宋元学案》卷七十四《慈湖学案》）。

三

南宋后期，朱、陆二家互相攻击，有如水火。但已有人企图从中调和，"谓二家宗旨券契阛合，流俗自相矛盾"（《朱陆合辙序》）。到了元代，持这种态度的更不乏其人，最著名的有吴澄、郑玉等。

吴澄（1249—1333），江西临川人。他是元代学问最渊博的一个理学家，在元代思想界有很高的地位，"皇元受命，天降真传，北有许衡，南有吴澄"（揭奚斯《吴公神道碑》，《吴文正公集》卷首）。

---

① 郑玉《洪本一先生墓志铭》，《师山文集》卷七。按，《师山文集》常见有《乾坤正气集》本，不全。我所用的是明刻递修本。

许、吴齐名，被认为是元代两位理学大师，实际上许衡学问浅薄，不能和吴澄相比①。吴澄是饶鲁的再传弟子，而饶鲁则是朱熹门人黄幹的学生，从传授来说，他是朱学的正统；事实上，他也的确“以绍朱子之统”自任（虞集《吴公行状》，《道园学古录》卷四十四）。但他和朱学的一般信徒不一样，对于陆学不是加以排斥而是采取肯定的态度。他说：“先生（指陆九渊——引者）之道如青天白日，先生之语如震雷惊霆，虽百数十年之后有如亲见亲闻也。”（《〈庄子正义〉序》，《吴文正公集》卷十）可见倾倒的程度。他还为陆九渊及陆门弟子傅梦泉的语录作序，对“陆先生之学”大加赞扬②。他甚至把陆九渊与朱熹、二程相提并论，说道：“论之平而当足以定千载是非之真者，其唯二程、朱、陆四子之言乎！”（《〈临川王文公集〉序》，《吴文正公集》卷十二）吴澄一度任教当时的最高学府国子监，在监中“尝为学者言：朱子道问学工夫多，陆子静却以尊德性为主。问学不本于德性，则其弊偏于言语训释之末，果如陆子静所言矣。今学者当以尊德性为本，庶几得之”。元代的国子监创办自许衡，“继之者多其门人”，一直是朱学的天下。吴澄居然敢在国子监中提倡以陆学来补朱学的不足，立刻招致非议，“议者遂以先生为陆学，非许氏尊信朱子之义。”吴澄遭到攻击，不安其位，只好自动告退（虞集《吴公行状》）。众所周知，“尊德性”和“道问学”，是朱、陆二人在认识论方面的主要分歧，吴澄则企图将二者调和起来。吴澄的友人刘岳申曾说过：“先生出乎二氏之后，

① 我在《理学在元代的传播和元末红巾军对理学的冲击》（《文史哲》一九七六年第二期）有所说明，请参看。

② 《〈象山先生语录〉序》，《吴文正公集》卷十；《〈金溪傅先生语录〉序》，《吴文正公集》卷十一。

约其同而归于一,所谓尊德性而道问学者,盖兼之矣。”(《送吴草庐赴国子监丞序》,《申斋集》卷一)这种态度在一些朱学的忠实信徒看来,便是对陆学的一种偏袒。

明代王守仁重振陆学,为了扬陆抑朱,他摘取朱熹一些肯定陆学的言论,编成《朱氏晚年定论》一篇,用以论证朱氏“晚岁固已大悟旧说之非。”在此篇终了,专门“取草庐(吴澄号——引者)一说附于后”,以印证其说(《王文成公全书》卷三)。王守仁主张:“道问学即所以尊德性也”(《王文成公全书》卷三《语录》)。从这些地方都可以看出吴澄对王守仁有一定的影响。

郑玉(1298—1357),徽州歙县人,离朱熹的家乡较近。徽州在元代是南方理学的一个中心。郑玉是元代后期徽州地区最有声望的理学家之一。他年青时因父亲在淳安做官,因此“得游淳安诸先生间,吴暾先生则所师也,洪震老先生、夏溥先生则所事而资之也,洪赜先生则所友也”(郑玉《洪本一墓志铭》)。郑玉的这些师友都是陆学的信徒,因而他的思想受到陆学的影响。后来“侍亲归新安(徽州——引者),益读朱子之书,求朱子之道”,成了朱学的忠实信徒,认为朱熹“号集大成,功与孔孟同矣”。但他对陆学仍采取尊重的态度,反对两家互相攻击:

> “又近时学者,未知本领所在,先立异同,学朱子则肆毁象山,党陆氏则非议朱子。此等皆是学术风俗之坏,殊非好气象也。某尝谓陆子静高明不及明道(程颢——引者),缜密不及晦庵(朱熹——引者),然其简易光明之说,亦未始为无见之言也。……是学者自当学朱子之学,然亦不必谤象山也。”(《与汪真卿书》,《师山文集遗文》卷三)

他还就朱、陆两家的共同点和优缺点发表了如下的意见:

> “方二先生相望而起也,以倡明道学为己任。陆氏之称

朱氏曰江东之学，朱氏之称陆氏曰江西之学。两家学者各尊所闻，各行所知，今二百余年卒未能有同之者。以予观之，陆子之质高明，故好简易，朱子之质笃实，故好邃密，各因其质之所近为学，故所入之涂有不同尔。及其至也，三纲五常仁义道德岂有不同者哉！况同是尧、舜，同非桀、纣，同尊周、孔，同排释、老，同以天理为公，同以人欲为私，大本达道，无有不同者乎。……陆氏之学，其流弊也如释氏之谈空说妙，至于卤莽灭裂，而不能尽夫致知之功。朱氏之学其流弊也，如俗儒之寻行数墨，至于颓惰委靡而无以收其力行之效。然岂二先生立言垂教之罪哉，盖后之学者之流弊云尔。”(《送葛子熙之武昌学录序》,《师山文集》卷三)

郑玉指出陆、朱两家都是旨在维护三纲五常，都主张存天理灭人欲，从根本上说是没有什么区别的。两家学说各有长处，各有流弊，不应采取“不求其所同，惟求其所以异”的办法。换句话说，他是主张在二家之间求同存异的。郑玉的调和态度在这里表现得是很明显的。因此，清代学者全祖望说：“继草庐而和会朱陆之学者，郑师山(郑玉号师山先生——引者)也。”他认为，二人的倾向有所区别，吴澄多右陆，“而师山则右朱”。也就是说，郑玉学说中朱学的成份更多一些(《宋元学案》卷九十四《师山学案》)。

除了吴澄、郑玉之外，虞集、赵汸等人也都在一定程度上对朱、陆二家采取调和折衷的态度。虞集是元代中期最享盛名的文学家，他说：“陆先生之兴，与子朱子相望于一时，盖天运也。其于圣人之道，互有发明。”①赵汸是元末徽州重要理学家之一，他“生朱

① 赵汸《对问江右六君子策》,《东山存稿》卷二。按，此文后面附有虞集语。

子之乡，而又有得于陆子之学”，他认为朱、陆之间有许多相同之处，“使其合并于暮岁，则其微言精义，必有契焉，而子静既往矣。”①吴澄、郑玉、虞集、赵汸等人在元代思想文化界有很高的地位，他们的态度说明了，陆学在元代的影响还是相当大的。

元代，朱学占有统治地位，陆学衰微，但仍有一定影响。公开声言信奉陆学者固然为数不多，但还有不少人对朱、陆两家抱调和折衷的态度。值得注意的是，总的来说，元代朱学并没有出现学术上有较高成就的人物，大都只是对程、朱之说亦步亦趋、鹦鹉学舌而已；陆学也是一样；而一些真正有成就的思想文化界代表人物则往往对朱学和陆学两者采取兼容并蓄的态度。因此，我们可以说，在有元一代思想领域中，真正比较值得注意的不是朱学，也不是陆学，而是朱、陆混合的潮流。

（选自《中国哲学》第9辑，三联书店1983年版）

陈高华，著名元史专家，1960年毕业于北京大学历史系，分配至中国社科院历史所工作。其主要论著有《元史研究论集》、《吐鲁番资料汇编》、《中国古代史料学》（合著）、《宋元时期的海外贸易》（合著）、《海上丝绸贸易之路》（合著）、《中国政治制度史》（第八卷）等。

本文认为陆学在南宋后期逐渐衰落，到元代更加消沉，但若断若续仍有传承，其中以刘薰、陈苑、赵偕为代表。而且在元代出现了调和朱、陆二家的潮流，其中最著名者为吴澄、郑

① 赵汸《对问江右六君子策》，《东山存稿》卷二。按，此文后面附有虞集语。

玉等。在元代思想领域中,朱学和陆学都未出现有较高学术成就的人,对二者兼容并蓄者反而有所成就,因此真正值得注意的既不是朱学也不是陆学,而是朱、陆混合的潮流。

略论王学流变

钱　穆

阳明良知之学，简易直捷，明白四达，兼扫荡和会之能事。且阳明以不世出之天姿，演畅此愚夫愚妇与知与能之真理，其自身之道德功业文章，均已冠绝当代，卓立千古，而所至又汲汲以聚徒讲学为性命，若饥渴之不能一刻耐。故其学风淹被之广，渐渍之深，在宋明学者中，乃莫与伦比。即伊川晦翁，皆所不逮。惟其所提良知宗旨，即在及门弟子中，已多出入异同，而末梢更甚。举其著者，有浙中泰州江右三派。

浙中为阳明乡里，承风最先。弟子著者有钱绪山（德洪）、王龙谿（畿），四方来学者，先由二人疏通其大旨，乃卒业于阳明，一时称教授师。阳明卒后，二人主持江浙宣歙楚闽各地讲会，历数十年。故阳明学之宏扬，二人之功最大。阳明初教学者以默坐澄心之学，晚年始提致良知宗旨，二人亲炙最久，于此独多发挥。绪山之言曰：

> 夫镜物也，故斑垢驳杂，得积于上，而可以先加磨去之功。吾心良知，虚灵非物，斑垢驳杂停于何所？磨之之功，又于何所乎？今所指吾心之斑垢驳杂者，非气拘物蔽乎？既曰气拘物蔽，则由人情事物之感而后有。今将于未涉人情事物之感之前而先加致之之功，又将何所施耶？（答聂双江）

又曰：

> 离已发而求未发，必不可得。久之则养成一种枯寂之病，认虚景为实得，拟知见为性真，诚可慨也。（复何吉阳）

绪山此说，确承阳明晚年事上磨炼与必有事焉之教而来。尝指画廊真武流形图曰：观此可以证儒释之辩。众曰，何如？曰：真武山中久坐，无得，欲弃去，感老妪磨针之喻，复坐二十年，遂成至道。今若画尧流形图，必从克明峻德亲九族以至协和万邦。画舜流形图，必从舜往于田，自耕稼陶渔以至七十载陟方。又何时得在金碧山水中枯坐二三十年，而后可以成道耶？绪山此说，与此后颜习斋分画孔孟程朱两讲堂之喻，先后如出一口。良知之学，由此入手，断无沉空守寂之病。又若依照绪山此番意见，为诸色人等各画一幅流形图，则必成为阳明拔本塞源论中之理想社会，以其各有所事，绝不蹈空也。此是绪山确守师门宗旨处。

绪山又有天成篇，大意谓：

> 吾人与万物混处于天地之中，其能以宰乎天地万物者，心也。天地万物有声，而为之辨其声者心也。天地万物有色，而为之辨其色者亦心也。是天地万物之声非声，由吾心听斯有声。天地万物之色非色，由吾心视斯有色。天地万物之变化非变化，由吾心神明之斯有变化。（一）
>
> 然吾心为天地万物之灵者，非吾能灵之，吾一人之视其色若是矣，凡天下之有目者同是明也。一人之听其声若是矣，凡天下之有耳者，同是聪也。一人之思虑其变化若是矣，凡天下之有心知者，同是神明也。匪徒天下，凡前乎千百世以上，后乎千百世以下，其耳目心知亦无弗同。然则明非吾之目，天视之也。聪非吾之耳，天聪之也。变化非吾之心知，天神明之也。（二）

吾心为天地万物之灵,惟圣人能全之。非圣人能全之,夫人之所同也。圣人之视色与吾目同,而能不引于物者,率天视也。圣人之听声与吾耳同,而能不蔽于声者,率天听也。圣人之思虑与吾心知同,而不乱于思虑者,通神明也。故曰圣人可学而至。非学圣人也,能自率吾天也。(三)

绪山此论,发挥心体,最为有功。大抵言良知者,率本个人言,而不知心体之超个人。其超个人而言心体者,又兼综万物言,不知人与万物自有界限。故言心体,莫如就人心之同然处言。良知非个人心,乃大群心。抑且大群或仅指同时,良知心体并包异世。故良知不仅为大群心,乃实为历史心。良知者,乃就历史大群心之同然处言,即人类悠久不息之一种文化心也。通古今人文大群而言其同然之大体,则人而达于天矣。盖惟到此境地,始为人为与自然之交融点,此即天人合一之真体也。此体本就人文大群而建立,故与主张天地万物皆由吾心中流出者不同,亦与主张天地万物之背后皆属同一心体者有辨。故孟子道性善,言必称尧舜,所以必称尧舜者,非就古今人文大群之全体而求其准则,则不足以见此心体之至善也。故象山亦言,东海有圣人,西海有圣人,千百世之上有圣人,千百世之下有圣人,此心同,此理同。若抹杀海之东西,世之上下,惟我独圣,而言良知,断无是处。

然若依上述意见,则绪山天成篇之最末一节,陈义尚待商榷。其言曰:

吾心之灵与圣人同,圣人能全之,学者求全焉,则何以为功耶?有要焉,不可以支求也。目蔽于色而后求去焉,非所以全明也。耳蔽于声而后求克焉,非所以全聪也。心知乱于思虑,而后求止焉,非所以全神明也。灵者心之本体,率吾灵而发之目,自辨乎色,发之耳,自辨乎声,发之思虑,万感万应,而其灵常寂，所以全神明也。天作之，人复之，是之谓天成，是之谓致知之学。

夫人心之灵，固与圣人同，然谓吾心之灵同于圣人，有时或不如谓圣人之灵同于吾心。由吾心之灵去认识圣人，有时或不如从圣人之心反过来认识吾心之更便捷，更恰当。尧舜性之，汤武反之。性之是前一路，反之是后一路。尧舜乃上古之圣人，其前无所启发，故一切皆须自率吾灵，发之天性。汤武已为中古之圣人，方汤武之未生，而此心之灵，固已昭昭于天壤间矣，故汤武不俟一一发之于己，由其前多有启发，反之我心而见其同然，此亦一性之也。若汤武必效尧舜，一切必自率吾灵而始得谓之性，则天地永为上古之天地，性灵亦永为上古之性灵，人文演化，不见日新之妙矣。且即以尧舜言，舜居深山之中，与木石居，与鹿豕遊，及其闻一善言，见一善行，沛然若决江河，可见舜亦不纯乎性之者。舜之闻善言，见善行，而沛然若决，即舜之由外反之也。故曰大舜善与人同，乐取于人以为善。洵知取于人以为善，何必果于自率己灵？千百世之上，有圣人焉，此心同，此理同，千百世以上圣人之心灵，即吾心之灵也。服尧之服，言尧之言，行尧之行，斯亦尧而已矣。必如是乃见心体之广大。故曰多识前言往行以蓄我德，惟其心同理同，故前言往行，反之我心，即我心之德也。阳明尝言，有百镒之黄金，有一两之黄金，其分两异，其成色同。然即为一两之黄金，亦非可弃学而自成。试观老农老圃，日出而作，日入而息，彼岂止自率吾灵？彼固已承袭乎千百世以来人之心灵之经验积集而为老农老圃。必如是乃始谓天作之，人复之。夫所谓人者，固必将通物我，互古今，累千百世而上下一焉。庄生曰：参万岁而一成纯，乃始谓之人耳。岂专区区于七尺之躯，百年之寿，而乃谓之人乎？阳明本意谓一两之金与百镒之金，其为精金则一，然并不专欲人为一两之金。凡必欲自率吾灵，以为致知之全功者，此皆易于限人为一两之金，而忽忘百镒之贵重。由其忽忘大众心，而拘束于小我心，忽忘文化心，而徘徊于现前心，则天乃昭昭之天，人乃藐藐之人，其心灵亦如星星之火，涓涓之泉，虽亦火然泉流，要之不光明不充沛。此种缺陷，在龙豁呈露更显。

龙谿云：

> 涓流积至沧溟水，拳石崇成太华岑，先师谓象山之学得力处全在积累。须知涓流即是沧海，拳石即是泰山，此是最上一机，不由积累而成者也。

此处提高了涓流拳石，必主不由积累，则易使人由文化心转退到现在心，势必主张当下即是，现前具足。罗念庵极怀疑现成良知而龙谿非之，谓：

> 念庵谓世间无有现成良知，非万死功夫，断不能生，以此较勘虚见附和之辈，未为不可。若必以见在良知与尧舜不同，必待功夫修证而后可得，则未免矫枉之过。曾谓昭昭之天与广大之天有差别否？

龙谿必认昭昭之天即广大之天，犹其谓涓流即沧溟，拳石即华岑也。此种意见，固是直承阳明精金之喻而来，但若推义至尽，则现在的心灵，只如电光石火，一闪一闪，变动不可捉摸，必认真此处入手，则最多只是所谓天机一片而已。龙谿谓：

> 现在一念，无将迎，无住著，天机常活，便是了当，千百年事业更无剩欠。

此种境界，显与禅宗无大区别。一切价值，全在当下认取，更不受其他衡量，如此则易使人生专走向活泼自在脱洒快乐的路上去。故龙谿曰：

> 乐是心之本体，本是活泼，本是脱洒，本无罣碍系缚。

由此便与泰州路脉接笋。阳明尝云：

> 某于此良知之说，从百死千难中得来，不得已与人一口说尽。只恐学者得之容易，把作一种光景玩弄，不实落用功，负此知耳。

其实龙谿心斋早有把良知作光景玩弄之意味。若论活泼快乐，天机自在，此本人人可有，时时可有，但若张皇过甚，实际是愚夫愚妇，砍柴担水，却定要说成天德王道，神机妙用，则便成何心隐李卓吾之流。彼辈已早在龙谿讲学时期活跃。顾亭林《日知录》谓，龙谿之学，一传为何心隐，再传为李卓吾陶石篑，梨洲学案以心隐石篑入泰州，于卓吾则讳而不言。今若再将此种现在心灵天机活泼处，向里一层更细追求，则：

> 当下本体，如空中鸟迹，水中月影，若有若无，若沉若浮。

只成"一点虚明"，"无中生有"。如此则自然要说成"心是无善无恶之心，意是无善无恶之意，知亦是无善无恶之知，物亦是无善无恶之物"。如此则良知学便走上了狂禅路子。梨洲之论绪山龙谿曰：

> 两先生之良知，俱以现在知觉而言，于圣贤凝聚处，尽与扫除，在师门之旨，不能无毫厘之差。龙谿从现在悟其变动不居之体，绪山只于事物上实心磨练，故绪山之彻悟，不如龙谿，龙谿之修持，不如绪山，乃龙谿竟入于禅，而绪山不失儒者矩矱，何也。龙谿悬崖撒手，非师门宗旨所可系缚，绪山则把缆放船，虽无大得，亦无大失耳。

又曰：

> 象山之后不能无慈湖，文成之后不能无龙谿，以为学术之盛衰因之。

皆的评也。

与龙谿论学意趣相近者为泰州学派。泰州学派始王心斋(艮)。梨洲谓:

阳明先生之学,有泰州龙谿,而风行天下,亦因泰州龙谿而渐失其传。泰州龙谿时时不满其师说,益启瞿昙之秘而归之师,盖跻阳明而为禅矣。然龙谿之后,力量无过于龙谿者,又得江右为之救正,故不至十分决裂。泰州之后,其人多能赤手以搏龙蛇,传至颜山农何心隐一派,遂非复名教之所能羁络矣。

今若以龙谿论良知,侧重了现在心,而忽略了文化心,则心斋论良知,却是注重了小我心,而忽略了大群心。同是一偏,而症候微别。心斋论格物,后人称之为淮南格物说,大意谓身与天下国家一物而身为之本,故欲齐治平在于安身,知安身者则必爱身敬身。爱身敬身者,必不敢不爱人不敬人。能爱人敬人,则人必爱我敬我,而我身安矣。一家爱我敬我则家齐,一国爱我敬我则国治。天下爱我敬我则天下平。故曰:

知得身是天下国家之本,则以天地万物依于己,不以己依于天地万物。

又曰:

出必为帝者师,处必为天下万世师,学不足以为人师皆苟道。

故心斋主张尊身,谓:

身与道原是一件。

但心斋却不知道与身未必是一件。过分把身的地位提高,故为明哲保身论,谓明哲即是良知,明哲保身即是良知良能。不悟此种良知良能,愚夫愚妇与知与能,若用阳明拔本塞源论里理想的社会观点来看,把小我溶入大群中,此说尚无大病。今心斋却高提身的地位，变成一种独出的小我中心观，则此种保身论便有讨论馀地了。

心斋第二论点，要推他的乐学论，他有一首乐学歌说：

人心本自乐，自将私欲缚。私欲一萌时，良知还自觉。一觉便消除，人心依旧乐。乐是乐此学，学是学此乐。不乐不是学，不学不是乐。乐便然后学，学便然后乐。乐是学，学是乐。呜呼！天下之乐，何如此学，天下之学，何如此乐。

原来良知流行，活泼自在，本有一种乐的境界。但若把乐的价值太提高了，说成学只为了乐，乐即便是学，如此则不从良知上寻乐，却转从乐上去认良知，此处便又有歧。因此我们可以说，心斋的良知学，是一种自我中心之快乐主义者。而彼之所谓乐，又只是一种为天下万世师的心乐。只由内心估价，不受外市折扣，如此则自然要使泰州学派走上狂者路子。这都与心斋的才气及其早年环境有关。

惟心斋是粗豪人物，其论学语只如上述，大体只是狂，还不是禅。至其子东崖（襞）幼年随父入浙，阳明使师绪山龙谿，又开始把龙谿的现前良知论与其父心斋的自我心乐说相和会，于是泰州学说遂益恣肆，乃始有禅的意味。大抵东崖之学，以不犯手为妙。鸟啼花落，山峙川流，饥食渴饮，夏葛冬裘，至道无馀蕴。充拓得开，则天地变化草木蕃。充拓不去，则天地闭贤人隐。东崖谓，今人才提起一学字，却似便要起几层意思。不知原无一物，原自现成。将议论讲说之间，规矩戒严之际，工焉而心日劳，勤焉而动日拙。忍欲希名，而夸好善，持念藏秽，而谓改过。据此为学，百虑交锢，血气靡宁矣。泰州学派由此遂如狂澜之决，徐波石，赵大洲，颜山农，罗近谿，何心隐，李卓吾辈打通儒释，掀翻天下。与其专说是泰州派，其实不如说是泰州与龙谿之合流，更为近情。独心斋弟子王一庵（栋）于师门步趋不失，而醇正深厚抑有过之。然泰州有一庵，正犹浙中有绪山，要之学术大潮则在彼不在此。

一庵之贡献，在其对于诚意提出新解释。阳明致知，心斋格物，一庵诚意，皆援据《大学》，直承朱子格物补传的问题而来，其是否有当于《大学》原义，此当别论，惟在良知学说发展途径中，则一庵意见，实甚重要。一庵之意，不仍旧说以意为心之所发。谓：

> 旧谓意者心之所发，教人审几于动念之初。窃疑念既动矣，诚之奚及。盖自身之主宰而言谓之心，自心之主宰而言谓之意。心则虚灵而善应，意有定向而中涵。自心虚灵之中，确然有主者而名之曰意耳。

又曰：

> 诚意工夫在慎独，独即意之别名。以其寂然不动之处，单单有个不虑而知之灵体自做主张，自裁生化，故举而名之曰独。少间搀以见闻才识之能，情感利害之便，则是有所商量依靠，不得谓之独矣，……知诚意之为慎独，则知用力于动念之后者悉无及矣。

本来宋明学偏重的争点，只在心性二字上。伊川晦翁偏重性，便不免要向天地万物的后面去寻找一本体。象山阳明偏重心，说到性处，往往疏略不见精彩，如是则又似只偏在现象一方面。阳明云：性只是心之体，又说知是心之本体，但你若看重知字，则自易偏向已发处。及其弊，则即流行即本体，又落禅宗窠套。龙谿泰州皆由此走失。今一庵提出意字，说其有定向而中涵，不下本体字，而恰恰坐落到孟子性字的意义上。当知性正指人心之有定向处，而又是涵于人心之中，非独立于人心之外。故一庵诚意慎独之说，正可补救阳明良知学易犯之流病，使人回头认识心体，则不致作一段光景玩弄。但心之定向，由一人一世看，尚不如由千万人千百世看，更为明白是当。一庵对此处，惜未见有所发挥。则慎独之学，到底又不免要转入江右主静归寂的路去。此后刘蕺山亦主诚意慎独，与一庵意思不谋而合。黄梨洲仍袭师说，故谓姚江之学，惟江右得其传，其实此意亦仍待商量也。

江右王门以邹东廓(守益)罗念庵(洪先)罗两峰(文敏)聂双江(豹)为著。但惟双江念庵专拈归寂主静，确然与浙中树异。当阳明征思田，双江书问勿忘勿助，阳明答书，此间只说必有事焉，不说勿忘勿助，专言勿忘勿助，是空锅而爨也。此可谓是阳明之晚年定论。但双江讲学，则刻意注重阳明早年教法，提倡静坐，使能归寂以通感。一时同门皆疑其说，其一则谓道不可须臾离，今曰动处无功，是离之也。其一则谓道无分于动静，今曰工夫只是主静，是二之也。其一谓心事合一，心体事而无不在，今曰感应流行着不得力，是脱略事为，类于禅悟也。独罗念庵于双江深相契合，谓双江所言真是霹雳手段，许多英雄瞒昧，被他一口道着，如康庄大道，更无可疑。故念庵又特提濂谿主静二字，谓

> 良知固出于禀受之自然，然欲得流行发见，常如孩提之时，必有致之之功。非经枯槁寂寞之后，一切退听，而天理炯然，未易及此。学者舍龙场之惩创，而谈晚年之熟化，岂止躐等而已。

大体念庵意见与龙谿所隔亦只一间，龙谿尝谓以世界论，是千百年习染，以人身论，是半生依靠。学问须识真性，始能不落陪奉。念庵思想正从此等处逼进。念庵谓：

> 只在话头上拈弄，至于自性自命伤损不知。当下动气处，自以为发强刚毅。缠黏处，自以为文理密察。加意陪奉，却谓恭敬。明白依阿，却谓宽仁，如此之类，千言万语莫能状其情变。

此等处，便成所谓伪良知，其实亦只是习染依靠陪奉，其病根则仍

在不识自己真性命。念庵因此重新提出濂谿主静无欲的口号,作为对症下药。主静是工夫,无欲则是境界,其与龙谿意见相歧处,则在现前良知之可靠与否。惟其现前良知不可靠,故须有致良知一番功夫,始可复到良知本体。念庵又谓:

> 阳明拈出良知,上面添一致字,便是扩养之意。今却尽以知觉发用处为良知,至又易致字为依字,则是只有发用,无生聚矣。木常发荣必速槁,人常动用必速死,天地犹有闭藏,况于人乎?是故必有未发之中,方有发而中节之和。必有廓然大公,方有物来顺应之感。

可见念庵所谓工夫,只重在收敛保聚。聂双江因系狱经年,闲久静极,忽见此心真体,喜曰:此未发之中也,守是不失,天下之理皆从此出矣。念庵辟石莲洞,默坐半榻间,不出户者三年。王龙谿恐其专守枯静,访之。念庵曰:往年尚多断续,近来无有杂念,杂念渐少,即感应处便自顺适。即如均赋一事,至今半年,终日纷纷,未尝敢厌倦执著放纵张皇,惟恐一人不得其所。一切杂念不入,亦不见动静二境,自谓此即是静定工夫。非纽定默坐时是静,到动应时便无著静处也。其实念庵此等境界,颇似明道定性书,确是接近濂谿门路。然视明道识仁篇意境,则未免又疏隔。江右之学,用以纠正浙中王门承领本体太易之病,自属一道。若在此提掇过猛,则枯槁寂木之后,所谓天理炯然者,恐终不免带有一些萧然世外之概。此种天理,又恐严净有馀,生趣不足。而且此等工夫,若非身在方外,则必士大夫之居有特殊环境者然后能之。如阳明之龙场驿,双江之诏狱,此本偶遇,非可专求。抑又岂能人人效念庵各辟一石莲洞墨坐三年而不出乎?抑且刻意向里寻求,虽于世俗习染依靠,可有许多洗涤澄清,但到底还是一个现前当下,还是在小我腔子里,还是凑泊不上大群心与文化心,依然是把昭昭之天来作整个天体看。

所以说江右与浙中所隔只一间。江右王门如双江念庵，依然是走了偏路，未得为大中至正之道。此下如东林高忠憲，湘西王船山论学，都颇近江右，尤其是念庵论学之轨辙。论其在晚明学术界影响，江右实超过浙中。但王学实在是一个活泼生动的，江右以后，又转静细萧散，不免带有道家气。若再加上一些严密的意味，便又要由王返朱。晚明学术，只在此处绕圈子，更无新出路，这是宋明理学衰歇之象征。

（原载《思想与时代》月刊第43期，现选自《中国学术思想史论丛》〔七〕，台北东大图书有限公司1977年版）

本文认为明代王阳明的“良知”之学，著名的有浙中、泰州、江右三派，在列举分析了三派的出入异同及流变后，指出王学是“生动活泼”的，江右以后转为静细萧散，若再加严密，便又要由王返朱。晚明学术就是宋明理学衰落的象征。

前期清儒思想之新天地

钱　穆

有清二百六十馀年的学术思想,可分两个阶段:自世祖顺治入关起至乾嘉时代止为前期,自道咸起至清室覆亡止为后期。前期一百七十馀年中,正值满清政权鼎盛之际,清儒在异族政权严厉统治下,于刀绳牢狱交相威胁之艰难环境中,虽有追怀故国之思,而慑于淫威,绝不敢有明目张胆之表示。途穷路绝之馀,不得不沉下心情,切实作反省研寻功夫。而多数学者被迫走上考据训诂的消极路线,终生于丛碎故纸堆中,追求安身立命之所。其中少数较为积极的学者,于研究经史义理之馀,直觉的或非直觉的披露了他们潜在的民族意识,或迫于良知,以一吐在喉之鲠为快,为被压迫奴役之平民阶层一抒正义之声,对当道之统治政权,隐约晦昧的提出了批评的主张。此辈思想家乃在清代早期,开拓了一片新天地,其精神直可上追晚明诸遗老,间接承袭了宋明儒思想的积级治学传统。道咸以后的八十馀年,则属后一阶段,一方面满清政府的统治势力,随着对外战争之连续失败而日趋衰微,一方面西方近代政治思潮,随着外国势力之东来而源源侵入,由于上两项因素的影响,乃使晚清儒家思想,为之丕然大变,首倡变法之议的康梁以及领导革命的孙中山先生,可为本期之代表。本文仅就前期清儒为思想界所拓之新天地,作一概括之解释,至于晚期思想,则不在讨论之列。

清儒学术，直承晚明而来，但未依晚明的路向发展。在晚明诸老心中，藏有两大问题，一是宋明儒的心学，愈走愈向里，愈逼愈渺茫，结果不得不转身向外来重找新天地，这是学术上的穷途；另一则是身世上的穷途。晚明不比北宋初，正当宋代无事将及百年，社会文物隆盛，他们不甘再没溺于道佛方外消沉的圈子里，一时翻身来讲人文大群政治教育一切积极事业。他们心中只知道回复三代孔孟，这是全部乐观的；晚明诸遗老则不然，他们是亡国之馀，孑遗的黎民，他们对中国传统文化政治教育各方面都想从头有一番仔细的认识，到底哪些是有真正价值确可保存或发扬的，哪些是要不得的，当前大祸，究竟由何招致，均须加以思索研寻。因此北宋初期的心情是高扬的喜剧式的，晚明诸遗老则是低沉的悲剧式的。北宋初期常见其昂首好古，只要把三代孔孟来代替魏晋隋唐与释迦达摩，他们的心情常见是情感的，宗教的，与经学的。晚明诸遗老则在途穷路绝之际，重回头来仔细审量与考察，他们的心情常是理智的，社会的，与史学的。但是晚明诸遗老的学术路向却并未能顺遂发展。第一是满清的部族政权，很快安定下来，社会有秩序了，民生转入顺境，又朝廷刻意牢笼，威怵利诱，把一辈读书人尽要拉入政治界，虽不断有极度惨酷的文字狱兴起，但晚明诸遗老的悲剧心情到底是逐步消散了。而且拉入了政治界，又不许你认真作政治活动，只要你消极顺命，不贪污，孤立安本分，教育更讲不到，足须你应举守法，如此则自不许你认真用理智头脑来讲史学。晚明诸遗老的史学，其实是一种变相的理学，亦可说是一种新理学，他们要用史学来救世教人，现在则世已太平，人已安业，大家上奉朝廷法令，应科举，守官职，一切有满洲皇帝作主，不用操心，操心反而惹祸殃，晚明诸遗老一片史学心情到此无可寄托。心情变了，学术如何能不变？但此下没有大气魄人来领导此学术之变，而且他们内心深处并不是要变，只是外面环境逼得你走委曲路。这有些像魏晋王弼何晏讲儒学，阮籍嵇康讲老庄，全是没气力，由外面诱导摆布，并非内部激发推动，晚明诸遗老的史学，于是到清儒手里便变成一种专尚考据的经学了。

经学本来带宗教气味，中寓极浓重的人生理想，但清儒经学则不然，清儒经学，其实仍还是一种史学，只是变了质的史学，是在发展路上受了病的史学。经学在外面是准则的，在内面是信仰的，因此治经学者必带几许宗教心情与道德情味，但清儒经学则是批评的，他们所研究的几部经籍，只是他们批评的对象，他们并不敢批评经籍本身，却批评那些经籍的一切版本形式与文字义训。所谓文字义训，亦只是文字的训诂注释，尤其是在与人生道义与教训无关的方面。换言之，是那些隔离人生较远的方面。他们治《尚书》，并不是为的政治楷模；治《诗经》，并不是为的文学陶冶；治《春秋》，并不是为的人事褒贬；治《易经》，并不是为的天道幽玄。他们只如史学家般为几部古书作校勘与注释的整理工作。再换言之，他们只是经学，而非儒学。东汉经学还有儒生气，清儒经学则只有学究气，更无儒生气。总之是不沾着人生。他们看重《论语》，但似并不看重孔子。他们只看重书本，但似不着重书本里所讨论的人生。这如何算得是经学呢？

清儒研经之外，亦治史学，但他们的治史，也像他们的研经，他们只研究古代史，不研究现代史。他们只敢研究到明代为止，当身现实则存而不论。他们的治史，亦只为史书做校勘整理工作，却不注意史书里面所记载的真实而严重的人事问题。清代学风，总之是逃避人生。魏晋南北朝时代之逃避人生是研读老子释迦，清代的逃避人生是研穷古经籍。

但清儒到底也有耐不住的时侯,或者是他们的不自觉而对人生问题有所论列,则他们亦有一共同态度与共同意见。他们大抵反对抬出一个说法来衡量一切或裁制一切。换言之,他们反对思想上的专尊,或说人生理论上之独断。他们大抵主张解放,同情被压迫者。他们的气味,宁是反经学的,至少是非经学的,所以说经学不是清儒自己要走的路。

清儒思想之常主解放,同情被压迫者,可举戴东原与钱竹汀两人为例,此两人乃乾嘉盛时最标准的学者。戴氏偏尚经学,钱氏偏尚史学,而两人都抱有一种平民的同情,解放被压迫者的情调。钱竹汀经史小学无不精擅,其学卓绝一时,其集中似乎很少涉及思想史方面的问题,此处特举钱竹汀,正好做一个不自觉而流露其思想态度者之代表。至戴东原则高言放论,可谓是一位耐不住而披露其思想态度之代表人。钱竹汀有春秋论,谓春秋诚是一部褒善贬恶的书,但其褒善贬恶,只在直书其事,使人之善恶无所隐,用不着另有笔法来做褒贬。他说:"人之善恶,固未易知,论人亦复不易。"如此则岂非史书褒贬,正好在不褒贬,只直书其事以待后人之自下评判。这是何等平恕的见解。(王鸣盛《十七史商榷·自序》,并与钱氏同此见地。)竹汀又有大学论,谓

> 大学书与论语忠恕一以贯之之旨,若合符节。古之治天下者,未有不先治其身。身之不治而求治于民,非忠恕之道。天子以至庶人,其分不同,而各有其身,即各致其修身之功。故不曰治天下,而曰明明德于天下。德者人之所同有,以一人治天下,不若使天下各自治其身。故曰:与国人交。天子之视庶人,犹友朋也,忠恕之至也。天子修其身于上,庶人修其身于下,不敢尊己而卑人,不敢责人而宽己,不以己之所难者强诸人,不以己之所恶者加诸人,絜矩之道,即修身之道也。

这又是何等平恕的政治理论。其实照此理论，根本即不认有自上治下的政治。竹汀又论《尚书·洪范》思曰睿，睿作圣，伏生作容，郑玄作睿，竹汀谓未必郑是而伏非。

伏生五行传云：思心之不容，是谓不圣。说者曰：思心者，心思虑也，容，宽也。孔子曰：居上不宽，吾何以观之哉。言上不宽大包容臣下，则不能居圣位也。许叔重说文解字云：思，容也。亦用伏生义。古之言心者，贵其能容，不贵其能察。秦誓云：其心休休焉，其如有容。论语云：君子尊贤而容众，我之大贤与，于人何所不容。老子曰：容乃公，公乃王，王乃天，天乃道，道乃久。荀子曰：君子贤而能容众，知而能容愚，博而能容浅，粹而能容杂。孟子以仁为人心，仁者必能容物，故视主明，听主聪，而思独主容。若睿哲之义，已于明聪中该之矣。圣人与天地参，以天下为一家，中国为一人，由其心之无不容也，故曰有容德乃大。（《潜研堂文集》卷五《答问》二）

今按此条殊可注意。据段玉裁说，思曰容乃《今文尚书》，思曰睿乃《古文尚书》，此属古书版本异同。惟人之思想究贵深通，抑贵宽容，此则非关训诂，实乃一极重大之人生问题，即所谓义理问题也。以常识言，既曰思想，自当主通，不当主宽。宽是属情感态度方面的字，不是属思想理智方面的字，故段氏《说文解字注》径为许叔重改字，不用思容也之原文，这是有理由的。竹汀亦小学训诂大师，此处却不免违背了他们当时训诂明而后义理明的主张，要据义理来决定训诂。他告段玉裁说，若曰思主于睿，则恐失之刻深。（语见段氏《古文尚书撰异》）此已明明透露了竹汀自己对人生问题的见解。清儒常笑宋儒主观，此等便是清儒亦不免于主观处。对人与天地参，以天下为一家，中国为一人等语，宋明儒最所乐道，故宋明儒所唱，乃人生之高调，清儒则对人生好唱低调，乃说与天地参，以天下为一家，只在此心能宽容。这样的大口气，大理论，到清儒手里，只是平民化了，做了他们同情弱者的呼声。但在竹汀书里，如此等处，不过偶一吐露，不易多得。他们常常逃避此等问题，不肯倾吐直说。惟戴东原则不然，他竟大声疾呼，公开地表示他的意见，遂有他的晚年名著，《孟子字义疏证》。疏证中最大理论在其分辨理欲，他说：

古之言理也，就人之情欲求之，使之无疵之谓理。今之言理也，离人之情欲求之，使之忍而不顾之谓理。

宋儒程子朱子，易老庄释氏之所私者而贵理，易彼之外形骸者而咎气质。其所谓理，依然如有物焉宅于心，于是辨乎理欲之分，谓不出于理则出于欲，不出于欲则出于理，虽视人之饥寒号呼男女哀怨以至垂死冀生，无非人欲，空指一绝情欲之感者为天理之本然，存之于心。及其应事，幸而偶中，非曲体事情求如此以安之也。不幸而事情未明，执其意见，方自信天理非人欲，而小之一人受其祸，大之天下国家受其祸。徒以不出于欲，遂莫之或寤也。凡以为理宅于心，不出于欲则出于理者，未有不以意见为理而祸天下者也。

又曰：

圣人治天下，体民之情，遂民之欲，而王道备。人知老庄释氏异于圣人，闻其无欲之说，犹未之信也。于宋儒则信以为同于圣人。理欲之分，人人能言之。故今之治人者，视古贤圣体民之情遂民之欲，多出于鄙细隐曲，不措诸意，不足为怪。而及其责以理也，不难举旷世之高节，著于义而罪之。尊者以理责卑，长者以理责幼，贵者以理责贱，虽失谓之顺。卑者幼者贱者以理争之，虽得谓之逆。于是下之人不能以天下之同情，天下所同欲，达之于上。上以理责其下，而在下之罪人，不胜指数。人死于罪，犹有怜之者。死于理，其谁怜之。呜呼，杂乎老释之言以为言，其祸甚于申、韩如是也。

这些都是东原极愤激的话。其实他的立场，还是极平恕，还是同情弱者，为被压迫阶层求解放，还是一种平民化的呼声。换言之，现在讲经学，是社会的，不是宗教的。是学者的，不是教主的了。若我们再深一层求之，则清儒此种对于传统权威之反抗精神，其实还似有一些痕迹可见其为沿袭晚明诸遗老而来。但他们的敌意，他们对上层统治者不能正面发泄，遂使他们的攻击目标，转移到宋儒身上。在晚明遗老只埋怨晚明儒学术误国，现在则责备宋儒理论为上层统治者张目，作护符。他们只是卑之毋甚高论，求平恕，求解放，此乃乾嘉诸儒之一般意见，而非东原个人的哲学理论也。如上引，东原明指今之治人者云云，则情见乎辞，此亦是一种不自觉之流露也。

清儒反对宋学，一面固因他们新得了许多考据训诂校勘的法门，确然在古经籍的整理上，可以越过宋儒。再则宋明儒是承接着魏晋南北朝隋唐以来长期的道佛思想弥漫之后，而刻意要为中国政治教育各方面建立一正面积极的标准或基础，而现在则宋明思想已成了学术界之新传统，为上层统治阶层所利用，故乾嘉诸儒对当时统治权之敌意，亦以攻击宋明儒为发泄。所以晚明诸遗老对宋明儒的态度尚属批评的，而乾嘉则几乎近似反动。晚明诸遗老多半尚是批评陆王，乾嘉则排斥程朱。乾嘉的态度愈偏激，愈见他们内心波动之不自然。

总之乾嘉经学考据极盛时期，却是他们内心极沉闷的时期。他们攻击程朱，便证他们心里之耐不得，重新要从故纸丛碎中回到人生社会之现实来。这一趋向，遂又从经学转向史学。戴东原同时便有章实斋，树起史学旗帜来和经学对抗，这依然是一种时代精神的委曲之流露。据章实斋自己说，当时经学考据乃承袭亭林一派上接程朱。而他的史学则是承袭梨洲一派上接陆王。此种意见，在近代学术思想史有稍深刻研究者，未必都能同意。但若求解放，则史学应比经学更解放。若求平恕，史学亦应较经学更平恕。经学未免偏向古代，史学则自应偏向近世。经学未免要立一标准，史学则自属平铺，事实即是标准，不须另外有标准。故在戴东原之后有章实斋，亦是清儒学风自身应有之趋势。实斋云：

> 天人性命之学，不可以空言讲。……故善言天人性命，未有不切于人事者。三代学术，知有史而不知有经，切人事也。后人贵经术，以其即三代之史耳。近儒谈经，似于人事之外，别有所谓义理矣。浙东之学，言性命者必究于史，此其所以卓也。

又曰：

> 史学所以经世，固非空言著述也。且如六经出于孔子，先儒以为其功莫大于春秋，正以切合当时人事耳。后之言著述者，舍今而求古，舍人事而言性天，则吾不得而知矣。学者不知斯义，不足言史学。

故实斋史学要旨在切人事，尤在切合当世之人事。所谓经世之学，即须切合当世之人事。但所谓史学切人事者，尤贵能为复杂变化之人事籀出几条公例，庶于当前可以应用，故史学虽求切当前之人事，而却必还溯往古，乃始成其为史学。史学必能为人事籀公例，此即史学之义理。必于史学中见义理，此种史学乃可经世。孟子道性善，言必称尧舜，必称尧舜，即史学也，而主性善，则由历史籀出公例，即义理。发明性善之义理，岂非经世一大法乎？陆王心学，病在过重当前，忽略了往古。实斋自谓浙东史学原于陆王，但实斋在当时，亦仅注意教人由博古转入通今，由空言义理转到切近

人事,只可当作提出史学宗旨的一番导言,却并未深入史学里层。实斋说六经皆史,皆三代先王之政典,此固不误,但彼谓:

学者崇奉六经,以为圣人立言以垂教,不知三代盛时,各守专官之掌故,而非圣人有意作为文章也。

如此言之,岂不变成教人同样地遵守当代专官掌故即为史学切人事乎?故依实斋之言,势必转成以时王制度为贵,而讥同时学者以"但诵先圣遗言,不达时王制度,未必足备国家之用"。其实清儒学风,其内里精神,正在只诵先圣遗言,不管时王制度。此一层,实乃清代学术之主要精神所在,所谓汲源于晚明者正在此。故戴东原钱竹汀,虽若消极逃避人事,其真源则确近晚明诸儒,还是认真人事,还有一种崛强反抗的意味。若实斋教人切人事,而归于推尊时王,此在清儒学风中转成反动,决非正流。亦可说是倒退,非前进。故实斋虽有心矫挽当时经学家逃避人生之不当,而彼所提倡,实未足与之代兴。必须明得此理,乃可认识此下即道咸以后之新经学,所谓公羊学派与今文学派之真意义。

道咸以下,清代部族政权之淫威,已渐崩溃,学者开始从逃避人事转回到预闻人事。但他们自然不甘于贵时王之制度。那时新史学并未建立,而经学积业则依然尚盛,因此道咸时代的清儒,遂不免仍要借助于经学权威用来指导当前之人事。此一趋向,恰与乾嘉相反。乾嘉只求解放,现在则求树立。他们想借经学权威来裁制一切,此乃乾嘉诸儒内心所不取,抑且深所反对者。但道咸诸儒终于走上了这路。总之清儒学术,曲折纡回,始终未获一条正当的直路,亦由此可见。

道咸诸儒要凭经学权威来指导当前,换言之,即是要把先圣遗言来压抑时王制度也。这一要求,逼得清儒对经学的兴趣集中到春秋,尤其是公羊家。因为他们有非常奇异可怪之论,有微言大义，可资借题发挥，有改制变法等明白主张，有对人事褒贬之大条例。本来此等都应向史学中耐心觅取，晚明遗老曾有此意向，惜乎中途折入乾嘉经学，退避到古典研讨中去，未克尽其能事。现在则即以古典为堡垒，对时王制度开门出击。因此晚清公羊今文学派外貌极为守旧，内心极激进，此非从学术思想之渊源处深细追寻，不易明也。

但此是一条夹缝中之死路，既非乾嘉学派所理想，亦非浙东史学派之意见。考据义理，两俱无当。心性身世，内外落空。既不能说是实事求是，亦不能说是经世致用。清儒到道咸以下，学术走入歧道，早无前程，又经太平天国一番摧残，学术种子刮地净尽，正待后人全部的更生。而同时西学东渐，挟其万丈狂涛，席卷囊括，使人无可阻遏，乃亦无可吸取，一时措手不及，内部的虚空加上了外部的冲荡，于是乃有晚清之维新运动。这在中国思想史上，实在是一幕彷徨、迷惑、浅薄、错乱的悲喜剧。

(选自《中国学术思想史论丛》〔八〕，
台北东大图书有限公司 1977 年版)

本文认为清代的学术思想可分为两个阶段，清初至乾嘉为前期，道咸到清亡为后期。清儒学术直承晚明但未依其路向发展，在清初特殊环境中，清儒经学成了变了质的史学。

从顾炎武到章炳麟

周予同　汤志钧

顾炎武(1613—1682)是明清之际一位著名的学者。他在明朝衰亡、理学盛行之时,扛起了"经学"的大旗,上矫宋、明理学的末流,下启清代"汉学"的先路,在我国近三百年学术思想史上起过巨大的影响,直到近代的章炳麟,才基本上告一段落。但作为一个学派来说,他们除掉有其治学方法上的共同点及其前后师承关系外,又每每从前人对经书的阐释中找出符合本阶级利益的思想材料,累积适应当代的各种观点和思想,为自己的阶级服务。从顾炎武到章炳麟,很明显地开创和终结了清代"汉学";但他们由于时代不同,在学派的继承上,也就有所歧异。过去有些学者,或强调了他们之间的共同点,而忽视了他们之间的不同点;或抽去了具体的阶级内容,而陷于形式主义的比附。本文拟通过清代"汉学"发生、发展、终结的历史过程的钩索,探讨这一个学派的"继承"关系。

一

自从汉武帝罢黜百家、独尊儒术以后,以孔子为代表的古代儒家书籍被"法定"为经,历代封建地主阶级和官僚知识分子对这些儒家经典曾进行了各种解释。两汉时,反映不同阶层和集团利益的今文经学派和古文经学派交替流传,相互斗争。魏晋“玄学”盛行,而以王肃为代表的“王学”,也曾占有一定地位。南北朝时,虽承“玄学”的遗风,并受佛教思想的沾染,但儒家经典仍代有传人。隋唐统一南北,唐太宗命孔颖达等编纂《五经正义》,强调贵贱尊卑等级制度,作为选拔官僚、巩固封建统治的工具。北宋以后,经学吸收道、释二家思想,发展成为“理学”,以理气心性为论究的对象,而借助于经典的解释,并衍为“由博反约”的朱熹一派和“执简驭繁”的陆九渊一派。元明时代,“朱学”因朝廷的提倡,取得了正统的地位;而“陆学”因王守仁等的继承发展,也很得到一些学者的信仰。他们假借经学以谈理学,结果“尊德性”的陆、王之学固流于禅释,就是所谓“道问学”的“朱学”也空疏无物。

顾炎武所处的时代,正当空谈心性的理学盛行而汉族人民遭到满洲贵族压迫的时代。他早年奔走国事,中年图谋光复,鉴于“理学”对国计民生之无益,于是奋臂而起,以承接儒家正统自许,对这种脱离实际的理学进行毫不容情的斗争,并提出了“理学,经学也”的命题。他认为:第一,“性”、“命”,孔子所“罕言”;而今之学者却往往言心谈性,“舍多学而识”,以“乐夫一超顿悟之易”。第二,言心谈性,必然“终日讲危微精一之说”。而“置四海之困穷不言”。(顾炎武《与友人论学书》,见《亭林文集》卷三)这样,必然脱离实际,陷于空疏无物。第三,“圣人之道”是“下学而上达”的,它不仅止于修身,而且能“施之天下”。因此,他们所遗留的经籍,都是“拨乱反正,移风易俗,以驯致乎治平之用,而无益者不谈”。(顾炎武《答友人论学书》,见《亭林文集》卷六)这就是说:专谈“心”、“性”之书,对“治平之用”是无益的。

顾炎武将形成明末学风空疏的源由归纳为两点:其一,是八股取士的科举制度；其二，是空谈“心”、“性”的理学。就前者说，明代自从将胡广等纂修的《四书五经大全》颁行以来，“制义初行，一时人士尽弃宋元以来所传之实学，上下相蒙，以饕禄利”，“经学之废，实自此始”。（顾炎武《日知录》卷十八，《四书五经大全》）最高统治者“欲道术之归于一，使博士弟子无不以《大全》为业，而通经之路愈狭矣”。（顾炎武《与友人论易书》，见《亭林文集》卷三）以致“天下之生员”，不能“通经知古今”，不能“明六经之旨，通当世之务”，而国无“实用之人”。（顾炎武《生员论》上、中，见《亭林文集》卷一）就后者说，也毫无益于“治平”，而结果也不能“通经致用”。

科举制度的芜陋，言心谈性的空疏，又是互为因果的。取士既不得实学，空谈尤无补时艰；学者“置四海之困穷不言”，生员“舍前代之史而不读”。这就必然形成士大夫之无耻，风俗败坏，一旦国家危急，遂无一人可用。

要反对旧的，就得建立“新”的。顾炎武对“理学”的批判，是将理学分为今古，再将“古之理学”纳入经学，“今之理学”归入“禅学”。他扛起了“经学”的大旗，以复古为“革新”。顾氏说：

> “愚独以为理学之名，自宋人始有之。古之所谓理学，经学也，非数十年不能通也。故曰：‘君子之于《春秋》，没身而已矣。’今之所谓理学，禅学也，不取之五经而但资之语录，校诸帖括之文而尤易也。又曰：‘《论语》，圣人之语录也。’舍圣人之语录，而从事于后儒，此之谓不知本矣。”（顾炎武《与施愚山书》，见《亭林文集》卷三）

他以为：第一，理学的名称，宋时才有；古之理学就是经学，舍经学便无理学。① 所以学者应该“鄙俗学而求六经,舍春华而食秋实”,“以务本原之学”。(顾炎武《与周籀书书》,见《亭林文集》卷四)

第二,经学是“明道救世”之学,“孔子之删述六经,即伊尹、太公救民于水火之心,而今之注虫鱼、命草木者,皆不足以语此也。故曰:‘载之空言,不如见诸行事’”(顾炎武《与人书三》,见《亭林文集》卷四),应该“引古筹今”,作为“经世之用”。(顾炎武《与人书八》,见《亭林文集》卷四)“凡文之不关于六经之旨、当世之务者,一切不为。”(顾炎武《与人书三》,见《亭林文集》卷四)“引古”是为了“筹今”;熟悉古代的经书,还是为了“今用”。照此说来,他的经学思想显然地是有“通经致用”的实践内容的。

正因为这样,顾炎武对宋明理学的脱离实际、空疏无用,是坚决反对的。特别是明代中叶以来,“阳明(王守仁)之学”崛起,其末流走上彻底禅化的道路。学者“淫于禅学”,无补时艰,所以顾氏大声疾呼,诋为“今之理学,禅学也”。

“今之理学,禅学也”,不是经学的本真;“古之理学,经学也”,经学自有一定的源流。“自汉而六朝而唐而宋,必一一考究,而后及于近儒之所著,然后可以知其异同离合之指;如论字者必本于《说文》,未有据隶楷而论古文者也。”(顾炎武《与人书四》,见《亭林文集》卷四)他认为自汉武帝表彰经书以后,中经魏晋,玄学盛行,“弃经典而尚老庄”,“以至国亡于上,教沦于下”。(顾炎武《日知录》卷十三:《正始》)因此,顾炎武斥魏晋而崇东汉,企图把

① 全祖望《亭林先生神道表》(见《鲒埼亭集》卷十二)谓顾氏以为“经学,即理学也”,实非顾氏本旨。因为顾炎武是将古之理学纳入经学,也就是说它是经学的一部分,而并非“经学即理学”。

经学复于东汉。他以为自从汉武帝表章六经以后，“师儒虽盛而大义未明”，东汉光武帝时“尊崇节义，敦厉名实，所举用者莫非经明行修之人，而风俗为之一变”。成为“三代以下”最“淳美”的风俗。那么，他所崇尚的经学实是东汉的古文经学。他所以推扬东汉，除掉由于它“学有本原外”，还因为东汉儒生的“尊崇节义，敦厉名实”。也就是说，他所继承的，除掉东汉时古文经学家的治学方法外，还特别强调其“风俗之美”，企图用东汉经学家的“节义”来矫正当世文人之无耻。

因此，他强调治学应该“博学于文”和“行己有耻”并重。要博学于文，就须“学有本源”，方法是由文字音韵以通经学，“读九经自考文始，考文自知音始”（顾炎武《答李子德书》，见《亭林文集》卷四），从事《音学五书》等的撰述，以“审音学的原流”，而使“六经之文乃可读”。（顾炎武《音学五书序》、《音学五书后序》）但“博学于文”，决不限于文字音韵的探究和古代儒家经籍的整理，“君子博学于文，自身而至于家国天下，制之为度数，发之为音容，莫非文也。”（顾炎武《日知录》卷七：《博学于文》）文字音韵的钩稽，旨在通经；广博知识的探寻，旨在致用。所以，他所说的“文”，就不是一般“文字”、“文章”的“文”，而是具有经世内容的“文”。

他以为凡是能够“明道”、“纪政事”、“察民隐”、“乐道人之善”的“文”，方能“不可绝于天地间”，“有益于天下”，“有益于将来”；也就是说，凡是与国计民生有关、结合实际而不涉空泛的，才是“有益之文”，“多一篇，多一篇之益”；反之，则否。但在民族绝续存亡之际，可以有“天下兴亡、匹夫有责”之“文”，也可以有谄谀奉承、奴颜婢膝之“文”；它们同样“致用”，却为不同的政治目的而服务。因此，顾氏在“博学于文”之外，又提出了“行己有耻”。他说：“不先言耻，则为无本之人；非好古而多闻，则为空虚之学。”他所提出的"博学于文",是鉴于宋明理学家的空虚,"哆口论性道,扪籥同矇瞽",[1]无益于"天下国家",因而在其政治实践的基础上提出这种主张。他所提出的"行己有耻",以为"自子臣弟友以至出入、往来、辞受、取与之间",都是"有耻之事",旨在树立对"天下兴亡,匹夫有责"的气节,把"有耻"贯彻到生活、思想各个方面,不为威武所屈,不为高官厚禄所诱,表示不向清朝政府屈服。因此,"博学于文"和"行己有耻"的主张,是和顾炎武抗清斗争的政治实践相结合的。也就是说:他的注重经史,"学贵本原",是企图用经学来保护民族意识,读书与抗清联结,著述与致用一致的。

正由于这样,他的方法固然是"读九经自考文始,考文自知音始",但不是单纯的文字饾饤、古韵钩索,而是要学者从古书古事中激起民族的感情,"明道救人"。所谓"意在拨乱涤污,法古用夏;启多闻于来学,待一治于后王"。(顾炎武《与杨雪臣》,见《亭林文集》卷六)

顾炎武的主要著述,也是"感四国之多虞,耻经生之寡术,于是历览二十一史以及天下郡县志书、一代名公文集及章奏文册之类,有得即录,共成四十余帙。一为舆地之记,一为利病之书"。(顾炎武《天下郡国利病书序》)所以,他的著作,也不是单纯地为学术而学术,为著作而著作。他的考究古音古事,也不是单纯地为考证而考证,而是为了"明学术,正人心,拨乱世以兴太平之事"(顾炎武《初刻日知录自序》)。也就是他自己所说的"凡文之不关于六经之指、当世之务者,一切不为"。(顾炎武《与人书三》,见《亭林文集》卷四)

---

① 顾炎武《述古》,见《亭林诗集》卷四。自注:"苏子瞻《日喻》,生而眇者不识日,或告之曰:'日之光如烛',扪烛而得其形,他日揣籥以为日也。"

如上所述,顾炎武的经学思想,是有其"经世"内容的。他反对理学,是因为理学的空疏无物;他推崇东汉,是因为东汉经生的"节义";他考辨"古音古事",是为了"明道救世";他提出"博学于文",却又与"行己有耻"并重。从其治学方法来讲,主张由文字音韵的研究进而通经;但其目的却是为了"通经致用"。也就是说,他的学术思想是和其政治斗争相结合的。

但是,顾炎武的"通经致用",却是凭借"经学",依附儒家经籍,用以保护民族意识的。他只是反映了一部分地主阶级反满派的利益。这样,它便存有很大的局限性,其中自必渗杂很多封建性的糟粕。然而,他的"经学"思想,确对清代学术起过巨大的影响。

二

清政权的入关,一部分汉族地主阶级勾结清室打败了农民起义军,另一部分地主阶级知识分子则利用儒家学说,宣传"反满"思想。此后,清政府的统治逐渐加强,阶级矛盾也随着阶级压迫而渐趋尖锐。

清朝对思想统治特别重视,康熙以后,连兴文字狱,对不利于清朝统治的学说严酷扼杀。在它的文化高压政策之下,出现了一种脱离政治的考据学。一些学人只是汲取了顾炎武"博学于文"的方法,而回避其"通经致用"的实践内容。所谓"乾嘉学派",就是在阶级矛盾渐趋尖锐、农民暴动遍燃各地之时日益盛行起来的。他们虽推祖顾炎武,但精神实质却无是处。他们只是吸收了前人的某些治学方法,沉浸于古籍的整理,不敢进一步有所作为。清政府看到它对封建统治有利,加以提倡。"乾嘉汉学",风靡一时。

较顾炎武略后的阎若璩,对顾氏就很推重,以为"上下五百年,纵横一万里,仅仅得三人”,而他是“三人”之一。① 阎若璩对宋儒的冥求义理虽无批评,但敢于正朱熹之误;讲究考据,确证东晋《古文尚书》为伪造,在学术上自有其贡献。但阎氏曾应博学鸿儒科,又助徐乾学修《清一统志》,晚年复应召入京,立身行事毕竟同顾炎武不同。他所服膺的三人,且有投降变节的汉奸钱谦益在内,也和顾氏所强调的“行己有耻”迥然有别。

到了乾隆以后,顾炎武所提倡的“汉学”(东汉古文经学)大为流行,而顾氏也遂被推为清代“汉学”的开山祖师。

清代的“汉学”,主要可分为起源于惠周惕而成于惠栋的“吴派”和起源于江永而成于戴震的“皖派”两大支,他们对顾炎武都非常推崇。江永说:顾炎武是“近世音学数家”中之“特出”者,所以“最服其言”。(江永《古韵标准例言》)他吸收顾炎武《音学五书》的研究成果,定古韵为十三部。他虽对顾炎武疏漏之处有所订正,持论有时也“不肯苟同”,然而毕竟还是渊源于顾氏,只是“实欲弥缝顾氏之书”(江永《古韵标准例言》)。

吴派的王鸣盛对顾炎武的古音研究也有所辨正,但仍说:顾炎武“作《音学五书》,分古音为十部,条理精密,秩然不紊,欲明三代以上之音,舍顾氏其谁与归”(王鸣盛《音学五书及韵补正论古音》,见《蛾术编》卷三三《说字》十九)。

吴派和皖派都是继承了顾炎武“读九经自考文始,考文自知音始”的方法而加以条理发展,施之于古代典籍整理和语言文字研究。他们从校订经书扩大到史籍和诸子,从解释经义扩大到考究历史、地理、天算、历法、音律、金石,方法是比顾氏精密了,领域

① 阎若璩:《潜丘札记》卷四《南雷黄氏哀辞》。按三人指钱谦益、黄宗羲和顾氏。

也扩展了，对古籍和史料的研究成果也更丰富充实了。但是，特别值得我们注意的，他们却回避或阉割了顾炎武“明道救世”的实践内容。他们主要继承了顾炎武的治学方法和音韵训诂之学，却放弃了他的最主要的“通经致用”的命题，诱导学者为考据而考据，为学术而学术，使学术完全脱离当前的实际生活。顾炎武虽被推为他们的“开山祖师”，但在学派的继承过程中，却有意地离开了时代，远远地落在时代的后面，客观上完全为清朝封建统治阶级服务了。

乾隆时，敕修《四库全书》，一些御用学者对顾炎武还曾作出这样的评价：

> “炎武学有本原，博赡而能通贯，每一事必详其始末，参以佐证，而后笔之于书，故引据浩繁，而牴牾者少，非如杨慎，焦竑诸人，偶然涉猎，得一义之异同，知其一而不知其二者。……惟炎武生于明末，喜谈经世之务，激于时事，慨然以复古为志，其说或迂而难行，或愎而过锐。观其所作《音学五书后序》，至谓圣人复起，必举今日之音而还之淳古，是岂可行之事乎？潘耒作是书序，乃盛称其经济，而以考据精详为末务，殆非笃论矣。”（《四库全书总目提要》卷一一七子部杂家类三《日知录》）

盛称其“详其始末，参以佐证”；“引据浩繁，牴牾者少”；而诋诽其“谈经世之务”。潘耒跟随顾氏多年，所述尚得其实，这些御用学者也讥为不是“笃论”。他们无耻地企图掩盖顾氏为学的本旨，防范而阻塞了顾氏“行己有耻”与“博学于文”相结合的思想的传播。

一些学者有意回避顾氏学说的“经世”内容，沉浸于古籍的整理；一些学者公开排斥顾氏的“激于时事”，说是“迂而难行”，“愎而过锐”。顾氏经学思想中的“经世”涵义被他们阉割掉了。

应该指出，皖派的戴震所撰《孟子字义疏证》，用训诂学的形式以探求《孟子》"本义"，痛诋当时代表统治地位的"宋学"（理学）。字里行间，充满反抗精神，在中国哲学史上闪烁着光芒。但是：

第一，戴震这种唯物主义学说，统治阶级不允许它发展。此后，"皖派"的主要人物，除焦循以外，也都只是继承和发展了他的文字训诂之学。

第二，戴震的批评"宋学"，主要是为了标榜"汉学"。要防止"宋学"的反攻，就需建立"汉学"自己的哲学。戴震屡应会试，涉猎"宋学"，虽感"宋学"之非，也只敢以训诂学的形式探求"本义"。他又充任四库馆纂修官，对清朝的封建统治，还是维护的。他又说："宋以来儒者，以己之见硬坐为古贤圣立言之意，而语言文字实未之知"（戴震《戴东原集》卷九《与某书》），以致"皖派"的传人就只继承和发展了宋儒"实未之知"的语言文字之学了。

第三，作为乾嘉学派的学术风尚来说，像戴震那样的撰著，毕竟是个别的；醉心文字训诂、致力考据文物的，还是多数。因此，我们可以说，乾嘉学派主要继承了顾炎武的治学方法，没有把他的"经世"涵义继承下来。

也应该指出，在乾嘉学派盛行之时，又有像章学诚那样对当时思想界表示不满，重倡"经世"之说，并对风靡朝野的"汉学"和高据堂庙的"宋学"痛下箴贬。但章学诚既对"达人显贵"存有顾虑；又担心自己著作"惊心骇俗，为不知己者诟厉"，只敢"择其近情而可听者，稍刊一二，以为就正同志之资，亦尚不欲遍示于人"（章学诚《上钱辛楣宫詹书》，见《章氏遗书》卷二十九外集二）。以致只能以"托古改制"的姿态提出；而他生前也未能印行"全书"，这便限制了他在当时应起的影响。

照此说来，"乾嘉学派"在当时学术界是占有优势的，他们虽推祖顾炎武，但所继承的却只是顾炎武的治学方法，而违失了顾氏的本志。

三

顾炎武经学思想中的“经世”涵义，到了清朝末年，章炳麟又“继承”了它，并且有了新的发展。

随着清朝封建统治危机的加深，外国资本主义势力的入侵，清代的今文经学逐渐代替了古文经学。以顾炎武为“开山祖师”的清代“汉学”（古文经学）推崇东汉，今文经学派则由东汉复于西汉，以为比它更“古”。今文经学派“托古改制”，凭借《公羊》、《礼运》，把经学作为批评时事、改良政治的工具。但是，时代巨轮不断前进，社会历史迅速发展，戊戌政变以后，曾经借用今文经学“微言大义”、参预维新运动的资产阶级改良派，没有多时，就被历史的车轮辗碎，成为推翻清朝封建势力、进行民族民主革命的阻力。这时，章炳麟又奋臂而起，以古文经学反对今文经学，以革命反对改良，而顾炎武经学思想中久被淹没的实践内容又赋有了新的涵义了。

章炳麟是俞樾的学生，俞樾又是从顾炎武、戴震、王念孙、王引之等一脉相传下来的清代著名的“汉学”大师。章炳麟在学术上曾对他推崇为“精研故训而不支，博考事实而不乱，文理密察，发前修所未见，每下一义，泰山不移”。但是，等到义和团运动发生以后，章炳麟在民族危机的刺激下，逐渐由改良转向革命，俞樾责以“今入异域，背父母陵墓，不孝；讼言索虏之祸毒敷诸夏，与人书指斥乘舆，不忠”。阻遏他的宣传反清。章炳麟却不为所屈，对曰：“弟子以经侍先生。今之经学，渊源在顾宁人；顾公为此，正欲使人推寻同性，识汉、虏之别耳，岂以刘殷、崔浩期后生也。”(《太炎先生自定年谱》：光绪二十七年)并撰《谢本师》以示决裂，说：“先生既治经，又素博览，戎狄豺狼之说，岂其未喻？而以唇舌卫捍之，将以尝仕索虏，食其廪禄耶？昔戴君与全绍衣并污伪命，先生亦授职为伪编修，非有士子民之吏，不为谋主，与全、戴同。何恩于虏，而悬悬蔽遮其恶？如先生之棣通故训，不改全、戴所操以诲承学，虽扬雄、孔颖达，何以加焉？”(章炳麟《谢本师》，见《民报》第九号)俞樾只是“继承”了顾炎武以来的治学方法，而章炳麟却不仅止此；他在治经当中得到了俞樾所没有得到的民族革命思想；抬出“汉学祖师”顾炎武来反击俞樾。“青出于蓝而胜于蓝”，章氏远绍顾炎武，而对俞樾的拘泥文字训诂之学，“尝仕索虏”，不“识汉、虏之别”表示“谢绝”了。

此后，章炳麟积极宣扬顾炎武的民族主义学说，他说：

> “原此考证六经之学，始自明末儒先，深隐蒿莱，不求闻达。其所治乃与康熙诸臣绝异。若顾宁人者，甄明古韵，纤悉寻求，而金石遗文，帝王陵寝，亦靡不殚精考索，惟惧不究。其用在兴起幽情，感怀前德。吾辈言民族主义者犹食其赐。且持论多求根据，不欲以空言义理以诬后人，斯乃所谓存诚之学。”(章炳麟《答梦庵》，见《民报》第二十一号)

又说：

> “宁人居华阳，以关中为天府，其险可守，虽著书，不忘兵革之事，其志不就，则推迹百王之制，以待后圣。其材高矣。”①

① 章炳麟《衡三老》，见《民报》第九号，收入《太炎文录》初编卷一《说林》上。

> “吾以为天地屯蒙之世，必求欲居贤善俗，舍宁人之法无由！吾虽凉德，窃比于我职方员外。”①

可知章氏对于顾炎武的钦仰。正由于如此，章炳麟曾改名绛，号太炎。他在学术研究方面，也继承古文经学家的某些治学方法，对文字、音韵等学有很多创见。但是，特别值得我们注意的，就是：章炳麟不是单纯地汲取顾炎武经学思想中的实践内容，而是利用前人的思想材料，为其宣传“排满”的理论张本。他以为“当初顾亭林要想排斥满洲，却无兵力，就到各处去访那古碑碣传示后人”，从而也想在“古事古迹”中，“可以动人爱国的心思”（章炳麟《东京留学生欢迎会演说辞》，见《民报》第六号）。他认为中国人要爱惜历史，“这个历史，是就广义说的，其中可以分为三项：一是语言文字，二是典章制度，三是人物事迹”，如果“晓得中国的长处”，那么“就是全无心肝的人，那爱国爱种的心，必定风发泉涌，不可遏抑”。（章炳麟《东京留学生欢迎会演说辞》，见《民报》第六号）语言文字、典章制度，正是“汉学家”所擅长的，但章炳麟却不仅叫人懂得这些，而是要激发人们的“爱国的心思”，认识到目前是处在清朝政府的腐朽统治之下，处在满洲贵族的种族压迫之下，要“爱惜自己的历史”，就需进行“排满”革命。

顾炎武的提倡经学，是为了保存民族意识，章炳麟又作了进一步的发挥，他说：“故仆以为民族主义如稼穑然，要以史籍所载人物、制度、地理、风俗之类为之灌溉，则蔚然以兴矣。不然，徒知主

① 章炳麟《革命之道德》，见《民报》第八号，收入《太炎文录》初编《别录》卷一，题称《革命道德说》。

义之可贵，而不知民族之可爱，吾恐其渐就萎黄也。”①这里说得很清楚：民族主义“如稼穑”，而史籍所载却能起灌溉作用。“灌溉”的是民族主义，而民族主义也依存于史籍的“灌溉”。那么，乾嘉学派所回避或阉割的顾炎武经学思想中的实践内容，到了章炳麟，又适应了新的时代特点，为“排满”革命服务了。

这样，章炳麟便披着古人的服装，热衷宣传满、汉矛盾，强调“华戎之辨”；援引顾炎武所说“知耻”、“重厚”、“耿介”而益以“必信”，以阐明“革命之道德”；搬用顾炎武所述“师生”、“年谊”、“姻戚”、“同乡”等“旧染污俗”，以箴贬资产阶级改良派。② 所谓“引致其涂”，“朽腐化为神奇”（章炳麟《菿汉微言》）对当时的资产阶级革命运动来说，确是起了很大的宣传鼓动作用。

乾嘉时代，一些学者“继承了顾炎武的治学方法，纵然外表很相像，但精神气骨却一无是处。清朝末年章炳麟“继承”了顾炎武的“经世”内容，发挥了他的民族主义思想。同一学派，而“继承”关系却自不相同。

* * *

从顾炎武到章炳麟，开创和终结了清代“汉学”（东汉古文经学）。他们经学思想中的“经世”涵义，不可讳言的，自有其当时的现实内容。但是，他们在当时的历史条件下，在封建迷雾的笼罩中，只是在作为中国封建文化主体的“经学”中找出符合于自己需要的思想材料；只是在“法定”的儒家经籍中找出理论根据；只是

① 章炳麟《答铁铮》，见《民报》第十四号，收入《太炎文录》初编《别录》卷二。

② 章炳麟《箴新党论》，见《民报》第十号，收入《太炎文录》初编《别录》卷一。

依附“经学”来保护民族意识，作为“通经致用”的依据。因此，顾炎武所代表的阶级，也显然只是地主阶级反满派；章炳麟也只是披着古人的服装，说着今人的语言，使资产阶级革命运动涂上了一层封建的色彩，其中也渗杂着很多封建性的糟粕。

从顾炎武到章炳麟，注重“读九经自考文始，考文自知音始”，他们在治学方法中，有其一定的共同点及其前后的师承关系。顾炎武的文字音韵之学，乾嘉学派继承了它，章炳麟也继承了它。由于他们是具有特点大体相同的一些经学家，所以被统称为古文经学家，形成一个学术流派。

但是，顾炎武的“博学于文”，原与“行己有耻”并重。他的“行己有耻”的政治主张，乾嘉学派没有“继承”下来，以致他的“博学于文”，一经抽去其具体的思想内容，也就陷于考据烦琐，脱离实际。那么，同一学派，并不是原封不动地“继承”前人的一切，而是有所取舍的。乾嘉学派不敢“继承”顾炎武的“经世”内容，以为这是清代文化高压政策之下“明哲保身”之道。纵然他们对我国古代文化遗产的整理，取得了很大的成绩，但他们在政治上却不能说是进步的了。

章炳麟“继承”了顾炎武“博学与文”和“行己有耻”的主张，从顾炎武对经书的阐释中找出符合本阶级利益的思想材料，作为“排满”革命的宣传工具。然而他所处的时代，却远离了顾炎武二三百年，它又赋有了时代的色彩。

照此说来，根据经学家在不同历史时期中对某些“经学”问题的一定共同点的思想体系而形成经学派别，而这种派别归根到底又受经学家的世界观的直接支配。就其“继承”的形式来看，有其师承关系或治学方法的基本一致性；但就其本质来说，是有其阶级性的，是和时代的特点密切关联的。

（选自《学术月刊》1963年第12期）

本文认为顾炎武开启了清代汉学，其经学思想是有“经世”内容的，而乾嘉学派只是继承了顾的治学方法，却回避了“经世”内容。章炳麟是清代汉学的终结者，他继承了顾的治学方法更吸收了其致用的内容，发挥了其民族主义思想，以为排满的资产阶级革命服务。

清代学术概论

梁启超

一

今之恒言，曰“时代思潮”。此其语最妙于形容。凡文化发展之国，其国民于一时期中，因环境之变迁，与夫心理之感召，不期而思想之进路，同趋于一方向，于是相与呼应汹涌，如潮然。始焉其势甚微，几莫之觉；浸假而涨——涨——涨，而达于满度；过时焉则落，以渐至于衰熄。凡“思”非皆能成“潮”，能成“潮”者，则其“思”必有相当之价值，而又适合于其时代之要求者也。凡“时代”非皆有“思潮”；有思潮之时代，必文化昂进之时代也。其在我国，自秦以后，确能成为时代思潮者，则汉之经学，隋唐之佛学，宋及明之理学，清之考证学，四者而已。

凡时代思潮，无不由“继续的群众运动”而成。所谓运动者，非必有意识、有计划、有组织，不能分为谁主动、谁被动。其参加运动之人员，每各不相谋，各不相知。其从事运动时所任之职役，各各不同，所采之手段亦互异。于同一运动之下，往往分无数小支派，甚且相嫉视相排击。虽然，其中必有一种或数种之共通观念焉，同根据之为思想之出发点。此种观念之势力，初时本甚微弱，愈运动则愈扩大，久之则成为一种权威。此观念者，在其时代中，俨然现“宗教之色彩”。一部分人，以宣传捍卫为己任，常以极纯洁之牺牲的精神赴之。及其权威渐立，则在社会上成为一种共公之好尚。忘其所以然，而共以此为嗜，若此者，今之译语，谓之“流行”，古之成语，则曰“风气”。风气者，一时的信仰也，人鲜敢婴之，亦不乐婴之，其性质几比宗教矣。一思潮播为风气，则其成熟之时也。

佛说一切流转相，例分四期。曰生、住、异、灭。思潮之流转也正然，例分四期：一、启蒙期（生），二、全盛期（住），三、蜕分期（异），四、衰落期（灭）。无论何国何时代之思潮，其发展变迁，多循斯轨。启蒙期者，对于旧思潮初起反动之期也。旧思潮经全盛之后，如果之极熟而致烂，如血之凝固而成瘀，则反动不得不起。反动者，凡以求建设新思潮也。然建设必先之以破坏，故此期之重要人物，其精力皆用于破坏，而建设盖有所未遑。所谓未遑者，非阁置之谓。其建设之主要精神，在此期间必已孕育，如史家所谓“开国规模”者然。虽然，其条理未确立，其研究方法正在间错试验中，弃取未定，故此期之著作，恒驳而不纯，但在淆乱粗糙之中，自有一种元气淋漓之象。此启蒙期之特色也，当佛说所谓“生”相。于是进为全盛期。破坏事业已告终，旧思潮屏息伏慑，不复能抗颜行，更无须攻击防卫以糜精力。而经前期酝酿培灌之结果，思想内容，日以充实；研究方法，亦日以精密。门户堂奥，次第建树，继长增高，“宗庙之美，百官之富”，粲然矣。一世才智之士，以此为好尚，相与淬厉精进；阘冗者犹希声附和，以不获厕于其林为耻。此全盛期之特色也，当佛说所谓“住”相。更进则入于蜕分期。境界国土，为前期人士开辟殆尽，然学者之聪明才力，终不能无所用也。只得取局部问题，为“窄而深”的研究，或取其研究方法，应用之于别方面，于是派中小派出焉。而其时之环境，必有以异乎前。

晚出之派,进取气较盛,易与环境顺应,故往往以附庸蔚为大国,则新衍之别派与旧传之正统派成对峙之形势,或且骎骎乎夺其席。此蜕分期之特色也,当佛说所谓“异”相。过此以往,则衰落期至焉。凡一学派当全盛之后,社会中希附末光者日众,陈陈相因,固已可厌。其时此派中精要之义,则先辈已浚发无余,承其流者,不过捃摭末节以弄诡辩。且支派分裂,排轧随之,益自暴露其缺点。环境既已变易,社会需要,别转一方向,而犹欲以全盛期之权威临之,则稍有志者必不乐受,而豪杰之士,欲创新必先推旧,遂以彼为破坏之目标。于是入于第二思潮之启蒙期,而此思潮遂告终焉。此衰落期无可逃避之运命,当佛说所谓“灭”相。

吾观中外古今之所谓“思潮”者,皆循此历程以递相流转,而有清三百年,则其最切著之例证也。

二

“清代思潮”果何物耶?简单言之,则对于宋明理学之一大反动,而以“复古”为其职志者也。其动机及其内容,皆与欧洲之“文艺复兴”绝相类。而欧洲当“文艺复兴期”经过以后所发生之新影响,则我国今日正见端焉。其盛衰之迹,恰如前节所论之四期。

其启蒙运动之代表人物,则顾炎武、胡渭、阎若璩也。其时正值晚明王学极盛而敝之后,学者习于“束书不观,游谈无根”,理学家不复能系社会之信仰。炎武等乃起而矫之,大倡“舍经学无理学”之说,教学者脱宋明儒羁勒,直接反求之于古经;而若璩辨伪经,唤起“求真”观念;渭攻“河洛”,扫架空说之根据;于是清学之规模立焉。同时对于明学之反动,尚有数种方向。其一,颜元、李塨一派,谓“学问固不当求诸瞑想,亦不当求诸书册,惟当于日常行事中求之”。而刘献廷以孤往之姿,其得力处亦略近于此派。其二,黄宗羲、万斯同一派,以史学为根据,而推之于当世之务。顾炎武所学,本亦具此精神。而黄、万辈规模之大不逮顾,故专向此一方面发展。同时顾祖禹之学,亦大略同一径路。其后则衍为全祖望、章学诚等,于清学为别派。其三,王锡阐、梅文鼎一派,志治天算,开自然科学之端绪焉。此诸派者,其研究学问之方法,皆与明儒根本差异。除颜、李一派中绝外,其余皆有传于后。而顾、阎、胡“尤为正统派”不祧之大宗。其犹为旧学(理学)坚守残垒、效死勿去者,则有孙奇逢、李中孚、陆世仪等,而其学风已由明而渐返于宋。即诸新学家,其思想中,留宋人之痕迹犹不少。故此期之复古,可谓由明以复于宋,且渐复于汉、唐。

其全盛运动之代表人物,则惠栋、戴震、段玉裁、王念孙、王引之也,吾名之曰正统派。试举启蒙派与正统派相异之点,一,启蒙派对于宋学,一部分猛烈攻击,而仍因袭其一部分;正统派则自固壁垒,将宋学置之不议不论之列。二,启蒙派抱通经致用之观念,故喜言成败得失经世之务;正统派则为考证而考证,为经学而治经学。正统派之中坚,在皖与吴。开吴者惠,开皖者戴。惠栋受学于其父士奇,其弟子有江声、余萧客,而王鸣盛、钱大昕、汪中、刘台拱、江藩等皆汲其流。戴震受学于江永,亦事栋以先辈礼。震之在乡里,衍其学者,有金榜、程瑶田、凌廷堪、三胡——匡衷、培翚、春乔——等。其教于京师,弟子之显者,有任大椿、卢文弨、孔广森、段玉裁、王念孙。念孙以授其子引之。玉裁、念孙、引之最能光大震学,世称戴、段、二王焉。其实清儒最恶立门户,不喜以师弟相标榜。凡诸大师皆交相师友,更无派别可言也。惠、戴齐名,而惠尊闻好博,戴深刻断制。惠仅“述者”,而戴则“作者”也。受其学者,成就之大小亦因以异,故正统派之盟主必推戴。当时学者承流向风各有建树者，不可数计，而纪昀、王昶、毕沅、阮元辈，皆处贵要，倾心宗尚，隐若护法，于是兹派称全盛焉。其治学根本方法，在“实事求是”、“无征不信”。其研究范围，以经学为中心，而衍及小学、音韵、史学、天算、水地、典章制度、金石、校勘、辑逸等等。而引证取材，多极于两汉，故亦有“汉学”之目。当斯时也，学风殆统于一。启蒙期之宋学残绪，亦莫能续，仅有所谓古文家者，假“因文见道”之名，欲承其祧，时与汉学为难，然志力两薄，不足以张其军。

其蜕分期运动之代表人物，则康有为、梁启超也。当正统派全盛时，学者以专经为尚，于是有庄存与，始治《春秋公羊传》有心得，而刘逢禄、龚自珍最能传其学。《公羊传》者，“今文学”也。东汉时，本有今文古文之争，甚烈。《诗》之“毛传”，《春秋》之“左传”，及《周官》，皆晚出，称古文，学者不信之。至汉末而古文学乃盛。自阎若璩攻《伪古文尚书》得胜，渐开学者疑经之风。于是刘逢禄大疑《春秋左氏传》，魏源大疑《诗毛氏传》。若《周官》，则宋以来固多疑之矣。康有为乃综集诸家说，严画今古文分野，谓凡东汉晚出之古文经传，皆刘歆所伪造。正统派所最尊崇之许、郑，皆在所排击。则所谓复古者，由东汉以复于西汉。有为又宗公羊，立“孔子改制”说，谓六经皆孔子所作，尧舜皆孔子依托，而先秦诸子，亦罔不“托古改制”。实极大胆之论，对于数千年经籍谋一突飞的大解放，以开自由研究之门。其弟子最著者，陈千秋、梁启超。千秋早卒。启超以教授著述，大弘其学。然启超与正统派因缘较深，时时不慊于其师之武断，故末流多有异同。有为、启超皆抱启蒙期“致用”的观念，借经术以文饰其政论，颇失“为经学而治经学”之本意，故其业不昌，而转成为欧西思想输入之导引。

清学之蜕分期，同时即其衰落期也。顾、阎、胡、惠、戴、段、二王诸先辈，非特学识渊粹卓绝，即行谊亦至狷洁。及其学既盛，举国希声附和，浮华之士亦竞趋焉，固已渐为社会所厌。且兹学荦荦诸大端，为前人发挥略尽，后起者率因袭补苴，无复创作精神，即有发明，亦皆末节，汉人所谓“碎义逃难”也。而其人犹自倨贵，俨成一种“学阀”之观。今古文之争起，互相诋諆，缺点益暴露。海通以还，外学输入，学子憬然于竺旧之非计，相率吐弃之，其命运自不能以复久延。然在此期中，犹有一二大师焉，为正统派死守最后之壁垒，曰俞樾，曰孙诒让，皆得流于高邮王氏。樾著书，惟二三种独精绝，余乃类无行之袁枚，亦衰落期之一征也。诒让则有醇无疵，得此后殿，清学有光矣。樾弟子有章炳麟，智过其师，然亦以好谈政治，稍荒厥业。而绩溪诸胡之后有胡适者，亦用清儒方法治学，有正统派遗风。

综观二百余年之学史，其影响及于全思想界者，一言蔽之，曰“以复古为解放”。第一步，复宋之古，对于王学而得解放。第二步，复汉唐之古，对于程朱而得解放。第三步，复西汉之古，对于许郑而得解放。第四步，复先秦之古，对于一切传注而得解放。夫既已复先秦之古，则非至对于孔孟而得解放焉不止矣。然其所以能著著奏解放之效者，则科学的研究精神实启之。今清学固衰落矣，“四时之运，成功者退”，其衰落乃势之必然，亦事之有益者也。无所容其痛惜留恋，惟能将此研究精神转用于他方向，则清学亡而不亡也矣。

略论概意，今当分说各期。

三

吾言“清学之出发点，在对于宋明理学一大反动”。夫宋明理学何为而招反动耶？学派上之“主智”与“主意”，“唯物”与“唯心”，“实验”与“冥证”，每迭为循环。大抵甲派至全盛时必有流弊，有流弊斯有反动，而乙派与之代兴。乙派之由盛而弊，而反动亦然。然每经一度之反动再兴，则其派之内容，必革新焉而有以异乎其前。人类德慧智术之所以进化，胥恃此也。此在欧洲三千年学术史中，其大势最著明，我国亦不能违此公例，而明清之交，则其嬗代之迹之尤易见者也。

唐代佛学极昌之后，宋儒采之，以建设一种“儒表佛里”的新哲学，至明而全盛。此派新哲学，在历史上有极大之价值，自无待言。顾吾辈所最不慊者，其一，既采取佛说而损益之，何可讳其所自出，而反加以丑诋。其二，所创新派既并非孔孟本来面目，何必附其名而淆其实。是故吾于宋明之学，认其独到且有益之处确不少，但对于其建设表示之形式，不能曲恕，谓其既诬孔，且诬佛，而并以自诬也。明王守仁为兹派晚出之杰，而其中此习气也亦更甚，即如彼所作《朱子晚年定论》，强指不同之朱陆为同，实则自附于朱，且诬朱从我。此种习气，为思想界之障碍者有二。一曰遏抑创造，一学派既为我所自创，何必依附古人以为重？必依附古人，岂非谓生古人后者，便不应有所创造耶？二曰奖励虚伪，古人之说诚如是，则宗述之可也；并非如是，而以我之所指者实之，此无异指鹿为马，淆乱真相，于学问为不忠实。宋明学之根本缺点在于是。

进而考其思想之本质，则所研究之对象，乃纯在绍绍灵灵不可捉摸之一物。少数俊拔笃挚之士，曷尝不循此道而求得身心安宅？然效之及于世者已鲜，而浮伪之辈，摭拾虚辞以相夸煽，乃甚易易。故晚明“狂禅”一派，至于“满街皆是圣人”，“酒色财气不碍菩提路”，道德且堕落极矣。重以制科帖括，笼罩天下，学者但习此种影响因袭之谈，便足以取富贵，弋名誉，举国靡然化之，则相率于不学,且无所用心。故晚明理学之弊,恰如欧洲中世纪黑暗时代之景教。其极也,能使人之心思耳目皆闭塞不用,独立创造之精神,消蚀达于零度。夫人类之有“学问欲”,其天性也。“学问饥饿”至于此极,则反动其安得不起?

四

当此反动期而从事于“黎明运动”者,则昆山顾炎武其第一人也。炎武对于晚明学风,首施猛烈之攻击,而归罪于王守仁。其言曰:

> “今之君子,聚宾客门人数十百人,与之言心言性。舍‘多学而识’以求‘一贯’之方,置‘四海困穷’不言而讲‘危微精一’,我弗敢知也。”(《亭林文集·答友人论学书》)

又曰:

> “今之学者,偶有所窥,则欲尽废先儒之说而驾其上;不学则借一贯之言以文其陋,无行则逃之性命之乡以使人不可诘。”(《日知录》十八)

又曰:

> “以一人而易天下,其流风至于百有余年之久者,古有之矣,王夷甫之清谈,王介甫之新说;其在于今,则王伯安之良知是也。孟子曰:‘天下之生久矣,一治一乱。’拨乱世反诸正,岂不在后贤乎!”(同上)

凡一新学派初立,对于旧学派,非持绝对严正的攻击态度,不足以摧故锋而张新军,炎武之排斥晚明学风,其锋芒峻露,大率类是。自兹以后,王学遂衰熄,清代犹有袭理学以为名高者,则皆自托于程朱之徒也。虽曰王学末流极敝,使人心厌倦,本有不摧自破之势，然大声疾呼以促思潮之转捩，则炎武最有力焉。

炎武未尝直攻程朱，根本不承认理学之能独立。其言曰：

“古今安得别有所谓理学者？经学即理学也。自有舍经学以言理学者，而邪说以起。”（全祖望《亭林先生神道表》引）

“经学即理学”一语，则炎武所创学派之新旗帜也。其正当与否，且勿深论。——以吾侪今日眼光观之，此语有两病。其一，以经学代理学，是推翻一偶像而别供一偶像。其二，理学即哲学也，实应离经学而为一独立学科。——虽然，有清一代学术，确在此旗帜之下而获一新生命。昔有非笑六朝经师者，谓“宁说周、孔误，不言郑、服非”。宋、元、明以来谈理学者亦然，宁得罪孔、孟，不敢议周、程、张、邵、朱、陆、王。有议之者，几如在专制君主治下犯“大不敬”律也。而所谓理学家者，盖俨然成一最尊贵之学阀而奴视群学。自炎武此说出，而此学阀之神圣，忽为革命军所粉碎，此实四五百年来思想界之一大解放也。

凡启蒙时代之大学者，其造诣不必极精深，但常规定研究之范围，创革研究之方法，而以新锐之精神贯注之。顾炎武之在“清学派”，即其人也。炎武著述，其有统系的组织而手定成书者，惟《音学五书》耳。其《天下郡国利病书》，《肇域志》，造端宏大，仅有长编，未为定稿。《日知录》为生平精力所集注，则又笔记备忘之类耳。自余遗书尚十数种，皆明单义，并非巨裁。然则炎武所以能当一代开派宗师之名者何在？则在其能建设研究之方法而已。约举有三。

一曰贵创　炎武之言曰：“有明一代之人，其所著书，无非窃盗而已。”（《日知录》十八）其论著书之难，曰：“必古人所未及就，后世之所不可无，而后为之。”（《日知录》十九）其《日知录》自序云：“愚自少读书，有所得辄记之。其有不合，时复改定。或古人先我而有者,则遂削之。”故凡炎武所著书,可决其无一语蹈袭古人。其论文也亦然,曰:“近代文章之病,全在摹仿,即使逼肖古人,已非极诣。”(《日知录》十九)又曰:“君诗之病在于有杜,君文之病在于有韩欧。有此蹊径于胸中,便终身不脱‘依傍’二字”。(《亭林文集·与人书十七》)观此知摹仿依傍,炎武所最恶也。

二曰博证 《四库全书》“日知录提要”云:“炎武学有本原,博赡而能贯通。每一事必详其始末,参以证佐,而后笔之于书,故引据浩繁,而牴牾者少。”此语最能传炎武治学法门。全祖望云:“凡先生之游,载书自随。所至厄塞,即呼老兵退卒询其曲折,或与平日所闻不合,即发书而对勘之。”(《鲒埼亭集·亭林先生神道表》)盖炎武研学之要诀在是,论一事必举证,尤不以孤证自足,必取之甚博,证备然后自表其所信。其自述治音韵之学也,曰:“……列本证、旁证二条。本证者,诗自相证也。旁证者采之他书也。二者俱无,则宛转以审其音,参伍以谐其韵。……”(《音论》)此所用者,皆近世科学的研究法。乾嘉以还,学者固所共习,在当时则固炎武所自创也。

三曰致用 炎武之言曰:“孔子删述六经,即伊尹、太公救民水火之心,故曰:‘载诸空言,不如见诸行事。’……愚不揣,有见于此,凡文之不关于六经之指、当时之务者,一切不为。”(《亭林文集·与人书三》)彼诚能践其言。其终身所撰著,盖不越此范围。其所谓“用”者,果真为有用与否,此属别问题。要之,其标“实用主义”以为鹄,务使学问与社会之关系增加密度,此实对于晚明之帖括派、清谈派施一大针砭。清代儒者以朴学自命以示别于文人,实炎武启之。最近数十年以经术而影响于政体，亦远绍炎武之精神也。

五

汪中尝拟为《国朝六儒颂》，其人则昆山顾炎武、德清胡渭、宣城梅文鼎、太原阎若璩、元和惠栋、休宁戴震也。其言曰："古学之兴也，顾氏始开其端。河洛矫诬，至胡氏而绌。中西推步，至梅氏而精。为攻古文者，阎氏也。专言汉儒《易》者，惠氏也。凡此皆千余年不传之绝学，及戴氏出而集其成焉。"（凌廷堪《校礼堂集》"汪容甫墓志铭"）其所推挹盖甚当，六君者洵清儒之魁也。然语于思想界影响之巨，则吾于顾、戴之外，独推阎、胡。

阎若璩之所以伟大，在其《尚书古文疏证》也。胡渭之所以伟大，在其《易图明辨》也。汪中则既言之矣。夫此两书所研究者，皆不过局部问题，曷为能影响于思想界之全部？且其书又不免漏略芜杂，为后人所纠者不少。——阮元辑《学海堂经解》，两书皆摈不录。——曷为推尊之如是其至？吾固有说。

《尚书古文疏证》，专辨东晋晚出之《古文尚书》十六篇及同时出现之孔安国《尚书传》皆为伪书也。此书之伪，自宋朱熹、元吴澄以来，既有疑之者。顾虽积疑，然有所惮而莫敢断。自若璩此书出而谳乃定。夫辨十数篇之伪书，则何关轻重？殊不知此伪书者，千余年来，举国学子人人习之，七八岁便都上口，心目中恒视为神圣不可侵犯；历代帝王，经筵日讲，临轩发策，咸所依据尊尚。毅然悍然辞而辟之，非天下之大勇，固不能矣。自汉武帝表章六艺、罢黜百家以来，国人之对于六经，只许征引，只许解释，不许批评研究。韩愈所谓"曾经圣人手，议论安敢到？"若对于经文之一字一句稍涉疑议，便自觉陷于"非圣无法"，蹙然不自安于其良心，非特畏法网、惮清议而已。凡事物之含有宗教性者,例不许作为学问上研究之问题。一作为问题,其神圣之地位固已摇动矣!今不唯成为问题而已,而研究之结果,乃知畴昔所共奉为神圣者,其中一部分实粪土也,则人心之受刺激起惊愕而生变化,宜何如者?盖自兹以往,而一切经文,皆可以成为研究之问题矣。再进一步,而一切经义,皆可以成为研究之问题矣。以旧学家眼光观之,直可指为人心世道之忧。——当时毛奇龄著《古文尚书冤词》以难阎,自比于抑洪水驱猛兽。光绪间有洪良品者,犹著书数十万言,欲翻阎案,意亦同此。——以吾侪今日之眼光观之,则诚思想界之一大解放。后此今古文经对待研究,成为问题;六经诸子对待研究,成为问题;中国经典与外国宗教哲学诸书对待研究,成为问题;其最初之动机,实发于此。

胡渭之《易图明辨》,大旨辨宋以来所谓《河图》、《洛书》者,传自邵雍。雍受诸李之才,之才受诸道士陈抟,非羲、文、周、孔所有,与《易》义无关。此似更属一局部之小问题,吾辈何故认为与阎书有同等之价值耶?须知所谓"无极"、"太极",所谓《河图》、《洛书》,实组织"宋学"之主要根核。宋儒言理,言气,言数,言命,言心,言性,无不从此衍出。周敦颐自谓"得不传之学于遗经",程朱辈祖述之,谓为道统所攸寄,于是占领思想界五六百年,其权威几与经典相埒。渭之此书,以《易》还诸羲、文、周、孔,以《图》还诸陈、邵,并不为过情之抨击,而宋学已受"致命伤"。自此,学者乃知宋学自宋学,孔学自孔学,离之双美,合之两伤。(此胡氏自序中语)自此,学者乃知欲求孔子所谓真理,舍宋人所用方法外,尚别有其途。不宁唯是,我国人好以"阴阳五行"说经说理,不自宋始,盖汉以来已然。一切惑世诬民汩灵窒智之邪说邪术,皆缘附而起。胡氏此书,乃将此等异说之来历,和盘托出,使其不复能依附经训以自重,此实思想之一大革命也。

欧洲19世纪中叶,英人达尔文之《种源论》,法人雷能之《耶稣基督传》,先后两年出版,而全欧思想界为之大摇,基督教所受影响尤剧。夫达尔文自发表其生物学上之见解,于教宗何与,然而被其影响者,教义之立脚点破也。雷能之传,极推挹基督,然反损其信仰者,基督从来不成为学问上之问题,自此遂成为问题也。明乎此间消息,则阎、胡两君之书,在中国学术史上之价值,可以推见矣。

若论清学界最初之革命者,尚有毛奇龄其人,其所著《河图原舛篇》、《太极图说遗议》等,皆在胡渭前,后此清儒所治诸学,彼亦多引其绪。但其言古音则诋顾炎武,言《尚书》则诋阎若璩,故汉学家祧之不宗焉。全祖望为《毛西河别传》,谓"其所著书,有造为典故以欺人者,有造为师承以示人有本者,有前人之误已经辨正、尚袭其误而不知者,有信口臆说者,有不考古而妄言者,有前人之言本有出而妄斥为无稽者,有改古书以就己者"。祖望于此诸项,每项举一条为例,更著有《萧山毛氏纠缪》十卷。平心论之,毛氏在启蒙期,不失为一冲锋陷阵之猛将,但于"学者的道德"缺焉,后儒不宗之宜耳。

同时有姚际恒者,其怀疑精神极炽烈,疑《古文尚书》,疑《周礼》,疑《诗序》,乃至疑《孝经》,疑《易传》十翼。其所著"诸经通论"未之见,但其《古今伪书考》,列举经史子部疑伪之书共数十种,中固多精凿之论也。

六

吾于清初大师,最尊顾、黄、王、颜,皆明学反动所产也。顾为正统派所自出，前既论列，今当继述三子者。

余姚黄宗羲，少受学于刘宗周，纯然明学也。中年以后，方向一变，其言曰："明人讲学，袭语录糟粕，不以六经为根柢，束书而从事于游谈，更滋流弊，故学者必先穷经。然拘执经术，不适于用，欲免迂儒，必兼读史。"(《清史·黄宗羲传》)又曰："读书不多，无以证理之变化。多而不求于心，则为俗学。"(全祖望《鲒埼亭集·黄梨洲先生神道碑》)大抵清代经学之祖推炎武，其史学之祖当推宗羲。所著《明儒学案》，中国之有"学术史"自此始也。又好治天算，著书八种，全祖望谓"梅文鼎本《周髀》言天文，世惊为不传之秘，而不知宗羲实开之"。其《律吕新义》，开乐律研究之绪。其《易学象数论》，与胡渭《易图明辨》互相发明。其《授书随笔》，则答阎若璩问也。故阎、胡之学，皆受宗羲影响。其他学亦称是。

清初之儒，皆讲"致用"，所谓"经世之务"是也。宗羲以史学为根柢，故言之尤辩。其最有影响于近代思想者，则《明夷待访录》也，其言曰：

> "后之为君者，以天下之利尽归于己，天下之害尽归于人。……使天下之人，不敢自私，不敢自利，以我之大私为天下之公。……视天下为莫大之产业，……凡天下之无地而得安宁者，为有君也。……天下之人，怨恶其君，视之为寇雠，名之为独夫，固其所也。而小儒规规焉以君臣之义无所逃于天地之间，至桀纣之暴犹谓不当诛。……欲以如父如天之空名，禁人窥伺。"(《原君》)

又曰：

> "后之人主，既得天下，唯恐其子孙之不能保有也，思患于未然而为之法。然则其所谓法者，一家之法，而非天下之法也。……夫非法之法，前王不胜其利欲之私以创之，后王或不

胜其利欲之私以坏之,坏之者固足以害天下,其创之者亦未始非害天下也。……论者谓有治人无治法,吾谓有治法而后有治人。”(《原法》)

此等论调,由今日观之,固甚普通甚肤浅,然在二百六七十年前,则真极大胆之创论也。故顾炎武见之而叹,谓“三代之治可复”。而后此梁启超、谭嗣同辈倡民权共和之说,则将其书节钞印数万本,秘密散布,于晚清思想之骤变,极有力焉。

清代史学极盛于浙,鄞县万斯同最称首出。斯同则宗羲弟子也。唐以后之史,皆官家设局分修,斯同最非之,谓:“官修之史,仓猝成于众人,犹招市人与谋室中之事。”(钱大昕《潜研堂集·万季野先生传》)以独力成《明史稿》,论者谓迁、固以后一人而已。其后斯同同县有全祖望,亦私淑宗羲,言“文献学”者宗焉。会稽有章学诚,著《文史通义》,学识在刘知几、郑樵上。

衡阳王夫之,生于南荒,学无所师承,且国变后遁迹深山,与一时士夫不相接,故当时无称之者。然亦因是戛戛独有所造,其攻王学甚力,尝曰:“‘侮圣人之言’,小人之大恶也。……姚江之学,横拈圣言之近似者,摘一句一字以为要妙,窜入其禅宗,尤为无忌惮之至。”(《俟解》)又曰:“数传之后,愈徇迹而忘其真,或以钩考文句,分支配拟为穷经之能,仅资场屋射覆之用,其偏者以臆测度,趋入荒杳。”(《中庸补传衍》)遗书中此类之论甚多,皆感于明学之极敝而生反动,欲挽明以返诸宋,而于张载之《正蒙》,特推尚焉。其治学方法,已渐开科学研究的精神,尝曰:

天下之物理无穷,已精而又有其精者,随时以变,而皆不失于正。但信诸己而即执之,去何得当?况其所为信诸己者,又或因习气,或守一先生之言,而渐渍以为己心乎!”(《俟解》)

夫之著书极多,同治间金陵刻本二百八十八卷,犹未逮其半。皆不落"习气",不"守一先生之言"。其《读通鉴论》、《宋论》,往往有新解,为近代学子所喜诵习。尤能为深沉之思以禫绎名理,其《张子正蒙注》、《老子衍》、《庄子解》,皆覃精之作,盖欲自创一派哲学而未成也。其言"天理即在人欲之中,无人欲则天理亦无从发现"(《正蒙注》),可谓发宋元以来所未发。后此戴震学说,实由兹衍出。故刘献廷极推服之,谓:"天地元气,圣贤学脉,仅此一线。"(《广阳杂记》二)其乡后学谭嗣同之思想,受其影响最多,尝曰:"五百年来学者,真通天人之故者,船山一人而已。"(《仁学》卷上)尤可注意者,《遗书》目录中,有《相宗络索》及《三藏法师八识规矩论赞》二书(未刻)。在彼时以儒者而知治"唯识宗",可不谓豪杰之士耶?

七

顾、黄、王、颜,同一"王学"之反动也,而其反动所趋之方向各不同。黄氏始终不非王学,但是正其末流之空疏而已。顾、王两氏黜明存宋,而顾尊考证,王好名理。若颜氏者,则明目张胆以排程、朱、陆、王,而亦非薄传注考证之学,故所谓"宋学"、"汉学"者,两皆吐弃,在诸儒中尤为挺拔,而其学卒不显于清世。

博野颜元,生于穷乡,育于异姓,饱更忧患,坚苦卓绝。其学有类罗马之"斯多噶派"。其对于旧思想之解放,最为彻底,尝曰:

"立言但论是非,不论异同。是,则一二人之见不可易也;非,则虽千万人所同,不随声也。岂惟千万人,虽百千年同迷之局,我辈亦当以先觉觉后觉,竟不必附和雷同也。"(钟錂著《颜习斋言行录·学问篇》)

其尊重自己良心，确乎不可拔也如此。其对于宋学，为绝无闪缩之正面攻击，其言曰：

“予昔尚有将就程朱、附之圣门支派之意。自一南游，见人人禅子，家家虚文，直与孔门对敌，必破一分程朱，始入一分孔孟，乃定以为孔孟与程朱判然两途，不愿作道统中乡愿矣。”（李塨著《颜习斋先生年谱》卷下）

然则元之学之所以异于宋儒者何在耶？其最要之旨曰：“习行于身者多，劳枯于心者少。”（《年谱》卷下）彼引申其义曰：“人之岁月精神有限，诵说中度一日，便习行中错一日，纸墨上多一分，便身世上少一分。”（《存学编》论讲学）又曰：“宋儒如得一路程本，观一处又观一处，自喜为通天下路程，人亦以晓路称之，其实一步未行，一处未到。”（《年谱》卷下）又曰：“诸儒之论，在身乎？在世乎？徒纸笔耳。则言之悖于孔孟者坠也，言之不悖于孔孟者亦坠也。”（《习斋记余·未坠集序》）又曰：“譬之于医，有妄人者，止务览医书千万卷，熟读详说，以为予国手矣，视诊脉制药针灸为粗不足学。书日博，识日精，一人倡之，举世效之，岐、黄盈天下，而天下之人病相枕、死相接也。”（《存学编·学辩一》）又曰：“为爱静空谈之学久，必至厌事。厌事必至废事，遇事即茫然，故误人才败天下事者宋学也。”（《年谱》卷下）又曰：“书本上见，心头上思，可无所不及，而最易自欺欺世。不特无能，其实一无知也。”（《言行录》卷下）其论学宗旨大率类此。

由此观之，元不独不认宋学为学，并不认汉学为学，明矣。元之意，盖谓学问绝不能向书本上或讲堂上求之，惟当于社会日常行事中求之。故其言曰：“人之认读者为学者，固非孔子之学；以读书之学解书，并非孔子之书。”（《言行录》卷下）又曰：“后儒将博学改为博读博著。”（《年谱》卷下）其所揭橥以为学者，曰《周礼》

大司徒之“乡三物”。——一,六德,知、仁、圣、义、忠、和;二,六行,孝、友、睦、姻、任、恤;三,六艺,礼、乐、射、御、书、数;而其所实行者尤在六艺。故躬耕、习医、学技击、学兵法、习礼、习乐,其教门人必使之各执一艺。“劳作神圣”之义,元之所最信仰也。其言曰:“养身莫善于习动,夙兴夜寐,振起精神,寻事去做。”(《言行录》卷上)曰:“生存一日当为生民办事一日。”(《年谱》卷下)质而言之,为做事故求学问,做事即是学问,舍做事外别无学问,此元之根本主义也。以实学代虚学,以动学代静学,以活学代死学,与最近教育新思潮最相合。但其所谓实、所谓动、所谓活者,究竟能免于虚静与死否耶? 此则时代为之,未可以今日社会情状绳古人矣。

元弟子最著者,曰李塨,曰王源,皆能实践其教。然元道太刻苦,类墨氏,传者卒稀,非久遂中绝。

八

我国科学最昌明者,惟天文算法,至清而尤盛。凡治经学者多兼通之。其开山之祖,则宣城梅文鼎也。杭世骏谓:“自明万历中利玛窦入中国,制器作图颇精密,……学者张皇过甚,无暇深考中算源流,辄以世传浅术,谓古《九章》尽此,于是薄古法为不足观;而或者株守旧闻,遽斥西人为异学。两家遂成隔阂。鼎集其书而为之说,稍变从我法,若三角比例等,原非中法可该,特为表出;古法方程,亦非西法所有,则专著论以明古人精意。”(杭世骏《道古堂集·梅定九征君传》)文鼎著书八十余种,其精神大率类是,知学问无国界,故无主奴之见。其所创获甚多,自言:“吾为此学,皆历最艰苦之后而后得简易。……惟求此理大显,绝学不致无传,则死且不憾。”(同上)盖粹然学者态度也。

清代地理学亦极盛。然乾嘉以后，率偏于考古，且其发明多属于局部的。以云体大思精，至今盖尚无出无锡顾祖禹《读史方舆纪要》上者。魏禧评之曰："《职方》、《广舆》诸书，袭讹踵谬，名实乖错，悉据正史考订折衷之。此数千百年所绝无仅有之书也。……贯穿诸史，出以己所独见，其深思远识，在语言文字之外。"（魏禧《叔子集·读史方舆纪要叙》）祖禹为此书，年二十九始属稿，五十乃成，无一日中辍，自言："舟车所经，必览城郭，按山川，稽里道，问关津；以及商旅之子，征戍之夫，或与从容谈论，考核异同。"（《读史方舆纪要》自叙）盖纯然现代科学精神也。

清初有一大学者而其学无传于后者，曰大兴刘献廷。王源表其墓曰："脱身遍历九州，览其山川形势，访遗佚，交其豪杰，观其土俗，博采轶事，以益广其闻见，而质证其所学。……讨论天地阴阳之变、霸王大略、兵法、文章、典制、方域要害，……于礼乐、象纬、医药、书数、法律、农桑、火攻器制，旁通博考，浩浩无涯矣。"（王源《居业堂集·刘处士墓表》）而全祖望述其遗著有《新韵谱》者，最为精奇。全氏曰：

> 继庄（献廷字）"自谓于声音之道，别有所窥，足穷造化之奥，百世而不惑。尝作《新韵谱》，其悟自华严字母入，而参以天竺陀罗尼、泰西腊顶话、小西天梵书，暨天方、蒙古、女直等音，又证之以辽人林益长之说，而益自信。同时吴修龄自谓苍颉以后第一人。继庄则曰，是其于天竺以下书皆未得通，而但略见华严之旨者也。继庄之法，先立鼻音二，以为韵本，有开有合，各转阴阳上去入之五音，——阴阳即上下二平，——共十声，而不历喉腭舌齿唇之七位，故有横转无直送，则等韵重叠之失去矣。次定喉音四，为诸韵之宗，而后知泰西腊顶话，女直国书，梵音，尚有未精者；以四者为正喉音，而从此得半

音、转音、伏音、送音、变喉音。又以二鼻音分配之,一为东北韵宗,一为西南韵宗。八韵立而四海之音可齐。于是以喉音互相合,凡得音十七;喉音与鼻音互相合,凡得音十;又以有余不尽者三合之,凡得音五;共计三十音为韵父。而韵历二十二位为韵母,横转各有五子,而万有不齐之声摄于此矣。""又欲谱四方土音,以穷宇宙元音之变,乃取《新韵谱》为主,而以四方土音填之,逢人便可印正。"(全祖望《鲒埼亭集·刘继庄传》)

盖自唐释守温始谋为中国创立新字母,直至民国7年教育部颁行注音字母,垂阅千年,而斯业乃成。而中间最能覃思而具其条理者,则献廷也。使其书而传于后,则此问题或早已解决,而近三十年来学者,或可省许多研究之精力。然犹幸而有全氏传其厓略,以资近代学者之取材,今注音字母,采其成法不少,则固受赐多矣。全氏又述献廷关于地理、关于史学、关于宗法之意见,而总论之曰:"凡继庄所撰著,其运量皆非一人一时所能成,故虽言之甚殷,而难于毕业。"斯实然也。然学问之道,固未有成之于一人一时者,在后人能否善袭遗产以光大之而已。彼献廷之《新韵谱》,岂非阅三百年而竟成也哉?献廷尝言曰:"人苟不能斡旋气运,利济天下,徒以其知能为一身家之谋,则不能谓之人。"(王源《墓表》引)其学问大本可概见,惜乎当时莫能传其绪也。

献廷书今存者惟一《广阳杂记》,实涉笔漫录之作,殆不足以见献廷。

同时有太原傅山者,以任侠闻于鼎革之交,国变后冯铨、魏象枢尝强荐之,几以身殉,遂易服为道士。有问学者,则告之曰:"老夫学庄、列者也,于此间诸仁义事,实羞道之。"(全祖望《鲒埼亭集·傅青主事略》)然史家谓"其学大河以北莫能及者。"(吴翔凤

《人史》)

九

综上所述,可知启蒙期之思想界,极复杂而极绚烂。其所以致此之原因有四:

第一,承明学极空疏之后,人心厌倦,相率返于沉实。

第二,经大乱后,社会比较的安宁,故人得有余裕以自厉于学。

第三,异族入主中夏,有志节者耻立乎其朝,故刊落声华,专集精力以治朴学。

第四,旧学派权威既坠,新学派系统未成,无"定于一尊"之弊,故自由之研究精神特盛。

其研究精神,因环境之冲动,所趋之方向亦有四:

第一,因矫晚明不学之弊,乃读古书,愈读而愈觉求真解之不易,则先求诸训诂名物典章制度等等,于是考证一派出。

第二,当时诸大师,皆遗老也。其于宗社之变,类含隐痛,志图匡复,故好研究古今史迹成败,地理厄塞,以及其他经世之务。

第三,自明之末叶,利玛窦等输入当时所谓西学者于中国,而学问研究方法上,生一种外来的变化。其初惟治天算者宗之,后则渐应用于他学。

第四,学风既由空返实,于是有从书上求实者,有从事上求实者。南人明敏多条理,故向著作方面发展。北人朴悫坚卓,故向力行方面发展。

此启蒙期思想发展途径之大概也。

然则第二期之全盛时代,独所谓正统派者(考证学)充量发达,余派则不盛,或全然中绝。其故何耶?以吾所思,原因亦有四:

一、颜、李之力行派，陈义甚高，然未免如庄子评墨子所云："其道大觳"，恐"天下不堪"。(《天下篇》)此等苦行，惟有宗教的信仰者能践之，然已不能责望之于人。颜元之教，既绝无"来生的"、"他界的"观念，在此现实界而惟恃极单纯极严冷的道德义务观念，教人牺牲一切享乐，本不能成为天下之达道。元之学所以一时尚能光大者，因其弟子直接受彼之人格的感化。一再转后，感化力递减，其渐归衰灭，乃自然之理。况其所谓实用之"艺"，因社会变迁，非皆能周于用，而彼所最重者在"礼"。所谓"礼"者，二千年前一种形式，万非今日所能一一实践。既不能，则实者乃反为虚矣。此与当时求实之思潮，亦不相吻合，其不能成为风气也固宜。

二、吾尝言当时"经世学派"之昌，由于诸大师之志存匡复。诸大师始终不为清廷所用，固已大受猜忌。其后文字狱频兴，学者渐惴惴不自保，凡学术之触时讳者，不敢相讲习。然英拔之士，其聪明才力，终不能无所用也。诠释故训，究索名物，真所谓"于世无患、与人无争"，学者可以自藏焉。又所谓经世之务者，固当与时消息，过时焉则不适。且治此学者既未能立见推行，则藏诸名山，终不免成为一种空论。等是空论，则浮薄之士，何尝不可剿说以自附？附者众则乱真而见厌矣。故乾嘉以降，此派衰熄，即治史学地理学者，亦全趋于考证方面，无复以议论行之矣。

三、凡欲一种学术之发达，其第一要件，在先有精良之研究法。清代考证学，顾、阎、胡、惠、戴诸师，实辟出一新途径，俾人人共循。贤者识大，不贤识小，皆可勉焉。中国积数千年文明，其古籍实有研究之大价值，如金之蕴于矿者至丰也。而又非研究之后，加以整理，则不能享其用，如在矿之金，非开采磨治焉不得也。故研究法一开，学者既感其有味，又感其必要，遂靡然向风焉。愈析而愈密，愈浚而愈深。盖此学派在当时饶有开拓之余地，凡加入派中者，苟能忠实从事，不拘大小，而总可以有所成，所以能拔异于诸派而独光大也。

四、清学之研究法，既近于“科学的”，则其趋向似宜向科学方面发展。今专用之于考古，除算学天文外，一切自然科学皆不发达，何也？凡一学术之兴，一面须有相当之历史，一面又乘特殊之机运。我国数千年学术，皆集中社会方面，于自然界方面素不措意，此无庸为讳也。而当时又无特别动机，使学者精力转一方向。且当考证新学派初兴，可开拓之殖民地太多，才智之士正趋焉，自不能分力于他途。天算者，经史中所固有也，故能以附庸之资格连带发达，而他无闻焉。其实欧洲之科学，亦直至近代而始昌明，在彼之“文艺复兴”时，其学风亦偏于考古。盖学术进化必经之级，应如是矣。

右述启蒙期竟，次及全盛期。

十

启蒙期之考证学，不过居一部分势力。全盛期则占领全学界。故治全盛期学史者，考证学以外，殆不必置论。启蒙期之考证学，不过粗引端绪，其研究之漏略者，不一而足。——例如阎若璩之《尚书古文疏证》中多阑入日记信札之类，体例极芜杂。胡渭之《禹贡锥指》，多经济谈，且汉宋杂糅，家法不严。——苟无全盛期诸贤，则考证学能否成一宗派，盖未可知。夫无考证学则是无清学也，故言清学必以此时期为中坚。

在此期中，此学派已成为“群众化”，派中有力人物甚多，皆互相师友。其学业亦极“单调的”，无甚派别之可特纪。故吾欲专叙一二人，以代表其余。当时巨子，共推惠栋、戴震，而戴学之精深，实过于惠。今略述二人之著述言论及其传授之绪，资比较焉。

元和惠栋，世传经学。祖父周惕，父士奇，咸有著述，称儒宗焉。栋受家学，益弘其业。所著有《九经古义》、《易汉学》、《周易述》、《明堂大道录》、《古文尚书考》、《后汉书补注》诸书。其弟子则沈彤、江声、余萧客最著。萧客弟子江藩著《汉学师承记》，推栋为斯学正统。实则栋未能完全代表一代之学术，不过门户壁垒，由彼而立耳。惠氏之学，以博闻强记为入门，以尊古守家法为究竟。士奇于九经、四史、《国语》、《国策》、楚辞之文，皆能暗诵，尝对座客诵《史记·封禅书》终篇，不失一字。（钱大昕《潜研堂集·惠天牧先生传》）栋受其教，记诵益赅洽。士奇之言曰：

> “康成三《礼》，何休《公羊》，多引汉法，以其去古未远。……贾公彦于郑注……之类皆不能疏。……夫汉远于周，而唐又远于汉，宜其说之不能尽通也，况宋以后乎！（《礼说》）

此可见惠氏家学，专以古今为是非之标准。栋之学，其根本精神即在是。其言曰：

> “汉人通经有家法，故有五经师。训诂之学，皆师所口授，其后乃著竹帛。所以汉经师之说，立于学官，与经并行。……古字古言，非经师不能辨。……是故古训不可改也，经师不可废也。……余家四世传经，咸通古义。……因述家学作《九经古义》一书。……”（《九经古义·首述》）

惠派治学方法，吾得以八字蔽之，曰：“凡古必真，凡汉皆好。”其言“汉经师说与经并行”，意盖欲尊之使侪于经矣。王引之尝曰：“惠定宇先生考古虽勤，而识不高，心不细，见异于今者则从之，大都不论是非。”（《焦氏丛书》卷首王伯申手札）可谓知言。栋以善《易》名，其治《易》也，于郑玄之所谓“爻辰”，虞翻之所谓“纳甲”，荀谞之所谓“升降”，京房之所谓“世应”、“飞伏”，与夫“六日七分”、“世轨”诸说,一一为之疏通证明。汪中所谓“千余年不传之绝学”者也。以吾观之,此其矫诬,与陈抟之“河图洛书”有何差别?然彼则因其宋人所诵习也而排之,此则因其为汉人所倡道也而信之,可谓大惑不解。然而当时之人蔽焉,辄以此相尚。江藩者,惠派嫡传之法嗣也,其所著《国朝汉学师承记》,末附有《国朝经师经义目录》一篇,其言曰:

> “黄宗羲之《易学象数论》,虽辟陈抟、康节之学,而以纳甲动爻为伪象,又称王辅嗣注简当无浮义。黄宗炎之《图书辨惑》,力辟宋人,然不专宗汉学,非笃信之士。……胡朏明(渭)《洪范正论》,虽力攻图书之谬,而辟汉学五行灾异之说,是不知夏侯始昌之《洪范五行传》亦出伏生也。是以黜之。”

此种论调,最足以代表惠派宗旨。盖谓凡学说出于汉儒者,皆当遵守,其有敢指斥者,则目为信道不笃也。其后阮元辑《学海堂经解》,即以此为标准,故顾、黄、阎、胡诸名著,多见摈焉,谓其不醇也。平心论之,此派在清代学术界,功罪参半。笃守家法,令所谓“汉学”者壁垒森固,旗帜鲜明,此其功也;胶固、盲从、褊狭、好排斥异己,以致启蒙时代之怀疑的精神批评的态度,几夭阏焉,此其罪也。清代学术,论者多称为“汉学”。其实前此顾、黄、王、颜诸家所治,并非“汉学”;后此戴、段、二王诸家所治,亦并非“汉学”。其“纯粹的汉学”,则惠氏一派,洵足当之矣。夫不问“真不真”,惟问“汉不汉”,以此治学,安能通方?况汉儒经说,派别正繁,其两说绝对不相容者甚多,欲盲从其一,则不得不驳斥其他。栋固以尊汉为标帜者也。其释“箕子明夷”之义,因欲扬孟喜说而抑施雠、梁丘贺说,乃云“谬种流传,肇于西汉”。(《周易述》卷五)致方东树摭之以反唇相稽。(《汉学商兑》卷下)然则所谓“凡汉皆好”之旗帜,亦终见其不贯彻而已。故苟无戴震,则清学能否卓然自树立，盖未可知也。

十一

休宁戴震受学江永，其与惠栋亦在师友之间。震十岁就傅，受《大学章句》，至“右经一章”以下，问其塾师曰：“此何以知为孔子之言而曾子述之？又何以知为曾子之意而门人记之？”师应之曰：“此先儒朱子所注云尔。”又问：“朱子何时人？”曰：“南宋。”又问：“孔子、曾子何时人？”曰：“东周。”又问：“周去宋几何时？”曰：“几二千年。”又问：“然则朱子何以知其然？”师无以应。（据王昶《述庵文钞·戴东原墓志铭》）此一段故事，非惟可以说明戴氏学术之出发点，实可以代表清学派时代精神之全部。盖无论何人之言，决不肯漫然置信，必求其所以然之故；常从众人所不注意处觅得间隙，既得间，则层层逼拶，直到尽头处；苟终无足以起其信者，虽圣哲父师之言不信也。此种研究精神，实近世科学所赖以成立。而震以童年具此本能，其能为一代学派完成建设之业固宜。

震之言曰：

> “学者当不以人蔽己，不以己自蔽。不为一时之名，亦不期后世之名。有名之见，其蔽二：非掊击前人以自表暴，即依傍昔贤以附骥尾。……私智穿凿者，或非尽掊击以自表暴，积非成是而无从知，先入为主而惑以终身；或非尽依傍以附骥尾，无鄙陋之心，而失与之等。……”（《东原文集》答郑用牧书）

“不以人蔽己，不以己自蔽”二语，实震一生最得力处。盖学问之难也，粗涉其途，未有不为人蔽者；及其稍深入，力求自脱于人蔽，而己旋自蔽矣。非廓然卓然，鉴空衡平，不失于彼，必失于此。

震之破"人蔽"也,曰:

"志存闻道,必空所依傍。汉儒训诂,有师承,有时亦傅会。晋人傅会凿空益多。宋人则恃胸臆以为断,故其袭取者多谬,而不谬者反在其所弃。……宋以来儒者,以己之见硬坐为古圣贤立言之意,而语言文字实未之知。其于天下之事也,以己所谓理强断行之,而事情源委隐曲实未能得,是以大道失而行事乖。……自以为于心无愧,而天下受其咎,其谁之咎?不知者且以实践躬行之儒归焉。"(《东原集》与某书)

其破"己蔽"也,曰:

"凡仆所以寻求于遗经,惧圣人之绪言暗汶于后世也。然寻求而有获十分之见者,有未至十分之见者。所谓十分之见,必征诸古而靡不条贯,合诸道而不留余议,巨细毕究,本末兼察。若夫依于传闻以拟其是,择于众说以裁其优,出于空言以定其论,据以孤证以信其通,虽溯流可以知源,不目睹渊泉所导,循根可以达杪,不手披枝肄所歧,皆未至十分之见也。以此治经,失'不知为不知'之意,而徒增一惑以滋识者之辨之也。……既深思自得而近之矣,然后知孰为十分之见,孰为未至十分之见。如绳绳木,昔以为直者,其曲于是可见也;如水准地,昔以为平者,其坳于是可见也。夫然后传其信、不传其疑,疑则阙,庶几治经不害。"(《东原集》与姚姬传书)

读第一段,则知目震所治者为"汉学",实未当也。震之所期,在"空诸依傍"。晋宋学风,固在所诋斥矣,即汉人亦仅称其有家法,而未尝教人以盲从。钱大昕谓其"实事求是,不主一家"。(《潜研堂集》戴震传)余廷灿谓其"有一字不准六书,一字解不通贯群经,即无稽者不信,不信必反复参证而后即安。以故胸中所得，皆破出传注重围。”（余氏撰《戴东原先生事略》，见《国朝耆献类征》百三十一）此最能传写其思想解放之精神。读第二段，其所谓十分之见与未至十分之见者，即科学家定理与假说之分也。科学之目的，在求定理，然定理必经过假设之阶级而后成。初得一义，未敢信为真也，其真之程度，或仅一二分而已。然姑假定以为近真焉，而凭借之以为研究之点，几经试验之结果，浸假而真之程度增至五六分，七八分，卒达于十分，于是认为定理而主张之。其不能至十分者，或仍存为假说以俟后人，或遂自废弃之也。凡科学家之态度，固当如是也。震之此论，实从甘苦阅历得来。所谓“昔以为直而今见其曲，昔以为平而今见其坳”，实科学研究法一定之历程，而其毅然割舍，“传信不传疑”，又学者社会最主要之道德矣。震又言曰：

“学有三难：淹博难，识断难，精审难。三者仆诚不足以与于其间，其私自持及为书之大概，端在乎是。前人之博闻强识，如郑渔仲、杨用修诸君子，著书满家，淹博有之，精审未也。……”

戴学所以异于惠学者，惠仅淹博，而戴则识断且精审也。章炳麟曰：“戴学分析条理，参密严瑮，上溯古义，而断以己之律令。”（《检论·清儒篇》）可谓知言。

凌廷堪为震作事略状，而系以论曰：“昔河间献王实事求是。夫实事在前，吾所谓是者，人不能强辞而非之也；吾所谓非，人不能强辞而是之也；如六书、九数及典章制度之学是也。虚理在前，吾所谓是者，人既可别持一说以为非；吾所谓非者，人亦可别持一说以为是也；如义理之学是也。”（《校礼堂集》）此其言绝似实证哲学派之口吻，而戴震之精神见焉，清学派之精神见焉。惜乎此精神仅应用于考古，而未能应用于自然学界，则时代为之也。

震常言："知十而皆非真，不若知一之为真知也。"（段玉裁《经韵楼集·娱亲雅言序》引）故其学虽淹博而不泛滥。其最专精者，曰小学，曰历算，曰水地。小学之书，有《声韵考》四卷，《声类表》十卷，《方言疏证》十三卷，《尔雅文字考》十卷。历算之书，有《原象》一卷，《历问》二卷，《古历考》二卷，《句股割圆记》三卷，《续天文略》三卷，《策算》一卷。水地之书，有《水地记》一卷，《校水经注》四十卷，《直隶河渠书》六十四卷，其他著述不备举。《四库全书》天算类提要全出其手，他部亦多参与焉，而其晚年最得意之作，曰《孟子字义疏证》。

《孟子字义疏证》，盖轶出考证学范围以外，欲建设一"戴氏哲学"矣。震尝言曰：

> "圣人之道，使天下无不达之情，求遂其欲，而天下治。后儒不知情之至于纤微无憾是谓理，而其所谓理者，同于酷吏所谓法。酷吏以法杀人，后儒以理杀人。骎骎乎舍法而论理，死矣，更无可救矣！"（《东原文集》卷八与某书）

又曰：

> "程朱以'理'为'如有物焉，得于天而具于心'，启天下后世人人凭在己之意见而执之曰'理'，以祸斯民。更淆以'无欲'之说，于得理益远，于执其意见益坚，而祸斯民益烈。岂理祸斯民哉？不自知为意见也。"（《戴氏遗书》九附录答彭进士书）

又曰：

> "宋以前，孔孟自孔孟，老释自老释。谈老释者，高妙其言，不依附孔孟。宋以来，孔孟之书，尽失其解，儒者杂袭老释之言以解之。……譬犹子孙未睹其祖父之貌者，误图他人之貌为其貌而事之，所事固己之祖父也，貌则非矣。"（同上）

震欲祛"以释混儒"、"舍欲言理"之两蔽，故既作《原善》三篇，复为《孟子字义疏证》。《疏证》之精语曰：

"……《记》曰：'饮食男女，人之大欲存焉'。圣人治天下，体民之情，遂民之欲，而王道备。人知老、庄、释氏异于圣人，闻其无欲之说，犹未之信也。于宋儒，则信以为同于圣人；理欲之分，人人能言之。故今之治人者，视古圣贤体民之情、遂民之欲，多出于鄙细隐曲，不措诸意，不足为怪。及其责以理也，不难举旷世之高节著于义而罪之。尊者以理责卑，长者以理责幼，贵者以理责贱，虽失谓之顺；卑者幼者贱者以理争之，虽得谓之逆。于是下之人不能以天下之同情、天下所同欲达之于上；上以理责其下，而在下之罪，人人不胜指数。人死于法，犹有怜之者；死于理，其谁怜之！"

又曰：

"孟子言'养心莫善于寡欲'，明乎欲之不可无也，寡之而已。人之生也，莫病乎无以遂其生。欲遂其生，亦遂人之生，仁也；欲遂其生，至于戕人之生而不顾者，不仁也。不仁实始于欲遂其生之心，使其无此欲，必无不仁矣。然使其无此欲，则于天下之人生道穷蹙，亦将漠然视之。己不必遂其生而遂人之生，无是情也。"

又曰：

"朱子屡言'人欲所蔽'，凡'欲'无非以生以养之事，'欲'之失为'私'不为'蔽'，自以为得理而所执之实谬乃'蔽'。人之大患，'私'与'蔽'而已，'私'生于欲之失，'蔽'生于'知'之失。"

又曰：

"君子之治天下也，使人各得其情，各遂其欲，勿悖于道义。君子之自治也，情与欲使一于道义。夫遏欲之害，甚于防川，绝情去智，充塞仁义。”

又曰：

“古圣贤所谓仁义礼智，不求于所谓欲之外，不离乎血气心知。而后儒以为如有别物焉凑泊附著以为性，由杂乎老释，终昧于孔孟之言故也。”

又曰：

“问：宋儒之言……也，求之六经中无其文，故借……之语以饰其说、以取信学者欤？曰：舍圣人立言之本指，而以己说为圣人所言，是诬圣。借其语以饰吾之说以求取信，是欺学者也。诬圣欺学者，程朱之贤不为。盖其学借阶于老释，是故失之。凡习于先入之言，往往受其蔽而不自觉。”

《疏证》一书，字字精粹，右所录者未尽其万一也。综其内容，不外欲以“情感哲学”代“理性哲学”。就此点论之，乃与欧洲文艺复兴时代之思潮之本质绝相类。盖当时人心，为基督教绝对禁欲主义的束缚，痛苦无艺，既反乎人理而又不敢违，乃相与作伪，而道德反扫地以尽。文艺复兴之运动，乃采久阏室之“希腊的情感主义”以药之。一旦解放，文化转一新方向以进行，则蓬勃而莫能御。戴震盖确有见于此，其志愿确欲为中国文化转一新方向。其哲学之立脚点，真可称二千年一大翻案。其论尊卑顺逆一段，实以平等精神，作伦理学上一大革命。其斥宋儒之糅合儒佛，虽辞带含蓄，而意极严正，随处发挥科学家求真求是之精神，实三百年间最有价值之奇书也。震亦极以此自负，尝曰：“仆生平著述之大，以《孟子字义疏证》为第一。”（《戴东原集》卷首，段玉裁序引）虽然，戴氏学派虽披靡一世，独此书影响极小。据江藩所记，谓当时读《疏证》者莫能通其义，惟洪榜好焉；榜为震行状，载《与彭尺木书》。(按此书即与《孟子字义疏证》相发明者)朱筠见之,谓:“可不必载!戴氏可传者不在是。”榜贻筠书力争不得。震子中立,卒将此书删去。(《汉学师承记》卷六)可见当时戴门诸子之对于此书,已持异同。唐鉴谓:“先生本训诂家,欲讳其不知义理,特著《孟子字义疏证》以诋程朱。”(《国朝学案小识》)鉴非能知戴学者,其言诚不足轻重,然可以代表当时多数人之心理也。当时宗戴之人,于此书既鲜诵习发明,其反驳者亦仅一方东树(《汉学商兑》卷上),然搔不著痒处。此书盖百余年未生反响之书也,岂其反响当在今日以后耶?然而论清学正统派之运动,遂不得不将此书除外。吾常言:“清代学派之运动,乃‘研究法的运动’,非‘主义的运动’也。”此其收获所以不逮“欧洲文艺复兴运动”之丰大也欤?

十二

戴门后学,名家甚众,而最能光大其业者,莫如金坛段玉裁,高邮王念孙及念孙子引之,故世称戴、段、二王焉。玉裁所著书,最著者曰《说文解字注》、《六书音韵表》。念孙所著书,最著者曰《读书杂志》、《广雅疏证》。引之所著书,最著者曰《经义述闻》、《经传释词》。戴、段、二王之学,其所以特异于惠派者:惠派之治经也,如不通欧语之人读欧书,视译人为神圣,汉儒则其译人也,故信凭之不敢有所出入。戴派不然,对于译人不轻信焉,必求原文之正确然后即安。惠派所得,则断章零句,援古正后而已。戴派每发明一义例,则通诸群书而皆得其读。是故惠派可名之曰汉学,戴派则确为清学而非汉学。以爻辰纳甲说《易》,以五行灾异说《书》,以五际六情说《诗》,其他诸经义,无不杂引谶纬,此汉儒通习也。戴派之清学,则芟汰此等,不稍涉其藩,惟于训诂名物制度注全力焉。

戴派之言训诂名物，虽常博引汉人之说，然并不墨守之。例如《读书杂志》、《经义述闻》，全书皆纠正旧注旧疏之失误。所谓旧注者，则毛、郑、马、贾、服、杜也；旧疏者，则陆、孔、贾也。宋以后之说，则其所不屑是正矣。是故如高邮父子者，实毛、郑、贾、马、服、杜之诤臣，非其将顺之臣也。夫岂惟不将顺古人，虽其父师，亦不苟同。段之尊戴，可谓至矣。试读其《说文注》，则"先生之言非也"，"先生之说非是"诸文，到处皆是。即王引之《经义述闻》，与其父念孙之说相出入者，且不少也。彼等不惟于旧注旧疏之舛误丝毫不假借而已，而且敢于改经文。此与宋明儒者之好改古书，迹相类而实大殊。彼纯凭主观的臆断，而此则出于客观的钩稽参验也。段玉裁曰：

> "校书定是非最难，是非有二：曰底本之是非，曰立说之是非。必先定底本之是非，而后可断其立说之是非。……何谓底本？著书者之稿本是也。何谓立说？著书者所言之义理是也。……不先正底本，则多诬古人；不断其立说之是非，则多误今人。……"(《经韵楼集》与诸同志论校书之难)

此论最能说明考证学在学术界之位置及价值。盖吾辈不治一学则已，既治一学，则第一步须先将此学之真相，了解明确，第二步乃批评其是非得失。譬如今日，欲批评欧人某家之学说，若仅凭拙劣伪谬之译本，相与辩争讨论，实则所驳斥者乃并非原著，如此岂不可怜可笑！研究中国古书，虽不至差违如此其甚，然以语法古今之不同，与写刻传袭之讹错，读之而不能通其文句者则甚多矣。对于未通文句之书，而批评其义理之是非，则批评必多枉用，此无可逃避也。清代之考证学家，即对于此第一步工夫而非常努力，且其所努力皆不虚，确能使我辈生其后者，得省却无限精力，而用之以从事于第二步。清代学之成绩，全在此点，而戴、段、二王之著述，则其代表也。阮元之序《经义述闻》也，曰：

“凡古儒所误解者，无不旁征曲喻，而得其本义之所在。使古圣贤见之，必须颐曰：‘吾言固如是！数千年误解之，今得明矣。’……”

此其言洵非溢美，吾侪今日读王氏父子之书，只觉其条条皆犁然有当于吾心，前此之误解，乃一旦涣然冰释也。虽以方东树之力排“汉学”，犹云：“高邮王氏《经义述闻》，实足令郑、朱俯首。汉唐以来，未有其比。”（《汉学商说》卷中之下）亦可见公论之不可磨灭矣。

然则诸公曷为能有此成绩耶？一言以蔽之曰：用科学的研究法而已。试细读王氏父子之著述，最能表现此等精神。吾尝研察其治学方法：第一曰注意。凡常人容易滑眼看过之处，彼善能注意观察，发现其应特别研究之点，所谓读书得间也。如自有天地以来，苹果落地不知凡几，惟奈端能注意及之；家家日日皆有沸水，惟瓦特能注意及之。《经义述闻》所厘正之各经文，吾辈自童时即诵习如流，惟王氏能注意及之。凡学问上能有发明者，其第一步工夫必恃此也。第二曰虚己。注意观察之后，既获有疑窦，最易以一时主观的感想，轻下判断，如此则所得之“间”，行将失去。考证家决不然，先空明其心，绝不许有一毫先入之见存，惟取客观的资料，为极忠实的研究。第三曰立说，研究非散漫无纪也，先立一假定之说以为标准焉。第四曰搜证，既立一说，绝不遽信为定论，乃广集证据，务求按诸同类之事实而皆合，如动植物学家之日日搜集标本，如物理化学家之日日化验也。第五曰断案。第六曰推论。经数番归纳研究之后，则可以得正确之断案矣。既得断案，则可以推论于同类之事项而无阂也。王引之《经传释词》自序云：

“……始取《尚书》二十八篇紬绎之，见其词之发句助句者，昔人以实义释之，往往诘籟为病，窃尝私为之说而未敢定也。及闻大人（指其父念孙）论《毛诗》‘终风且暴’……诸条，发明意旨，涣若冰释。……乃遂引而伸之，尽其义类。自九经、三传及周秦西汉之书，凡助语之文，遍为搜讨，分字编次，为《经传释词》十卷。”

又云：

“揆之本文而协，验之他卷而通，虽旧说所无，可以心知其意。”……“凡其散见于经传者，皆可比例而知，触类长之。”

此自言其治学次第及应用之法颇详明，虽仅叙一书著述始末，然他书可以类推，他家之书亦可以类推矣。此清学所以异于前代，而永足为我辈程式者也。

十三

正统派之学风，其特色可指者略如下：

一、凡立一义，必凭证据。无证据而以臆度者，在所必摈。

二、选择证据，以古为尚。以汉唐证据难宋明，不以宋明证据难汉唐；据汉魏可以难唐，据汉可以难魏晋，据先秦西汉可以难东汉。以经证经，可以难一切传记。

三、孤证不为定说。其无反证者姑存之，得有续证则渐信之，遇有力之反证则弃之。

四、隐匿证据或曲解证据，皆认为不德。

五、最喜罗列事项之同类者，为比较的研究，而求得其公则。

六、凡采用旧说，必明引之，剿说认为大不德。

七、所见不合，则相辩诘，虽弟子驳难本师，亦所不避，受之者从不以为忤。

八、辩诘以本问题为范围,词旨务笃实温厚。虽不肯枉自己意见,同时仍尊重别人意见。有盛气凌轹,或支离牵涉,或影射讥笑者,认为不德。

九、喜专治一业,为“窄而深”的研究。

十、文体贵朴实简絜,最忌“言有枝叶”。

当时学者,以此种学风相矜尚,自命曰“朴学”。其学问之中坚,则经学也。经学之附庸则小学,以次及于史学、天算学、地理学、音韵学、律吕学、金石学、校勘学、目录学等等,一皆以此种研究精神治之。质言之,则举凡自汉以来书册上之学问,皆加以一番磨琢,施以一种组织。其直接之效果:一,吾辈向觉难读难解之古书,自此可以读可以解。二,许多伪书及书中窜乱芜秽者,吾辈可以知所别择,不复虚糜精力。三,有久坠之绝学,或前人向不注意之学,自此皆卓然成一专门学科,使吾辈学问之内容,日益丰富。其间接之效果:一,读诸大师之传记及著述,见其“为学问而学问”,治一业终身以之,铢积累寸,先难后获,无形中受一种人格的观感,使吾辈奋兴向学。二,用此种研究法以治学,能使吾辈心细,读书得间;能使吾辈忠实,不欺饰;能使吾辈独立,不雷同;能使吾辈虚受,不敢执一自是。

正统派所治之学,为有用耶?为无用耶?此甚难言。试持以与现代世界诸学科比较,则其大部分属于无用,此无可讳言也。虽然,有用无用云者,不过相对的名词。老子曰:“三十辐共一毂,当其无,有车之用。”此言乎以无用为用也。循斯义也,则凡真学者之态度,皆当为学问而治学问。夫用之云者,以所用为目的,学问则为达此目的之一手段也。为学问而治学问者,学问即目的,故更无有用无用之可言。庄子称“不龟手之药,或以霸,或不免于洴澼絖”,此言乎为用不为用,存乎其人也。循斯义也,则同是一学,在某时某地某人治之为极无用者，易时易地易人治之，可变为极有用，是故难言也。其实就纯粹的学者之见地论之，只当问成为学不成为学，不必问有用与无用，非如此则学问不能独立，不能发达。夫清学派固能成为学者也，其在我国文化史上有价值者以此。

十四

清学自当以经学为中坚。其最有功于经学者，则诸经殆皆有新疏也。其在《易》，则有惠栋之《周易述》，张惠言之《周易虞氏义》，姚配中之《周易姚氏学》。其在《书》，则有江声之《尚书集注音疏》，孙星衍之《尚书今古文注疏》，段玉裁之《古文尚书撰异》，王鸣盛之《尚书后案》。其在《诗》，则有陈奂之《诗毛氏传疏》，马瑞辰之《毛诗传笺通释》，胡承珙之《毛诗后笺》。其在《周官》，有孙诒让之《周礼正义》。其在《仪礼》，有胡承珙之《仪礼今古文疏义》，胡培翚之《仪礼正义》。其在《左传》，有刘文淇之《春秋左氏传正义》。其在《公羊传》，有孔广森之《公羊通义》，陈立之《公羊义疏》。其在《论语》，有刘宝楠之《论语正义》。其在《孝经》，有皮锡瑞之《孝经郑注疏》。其在《尔雅》，有邵晋涵之《尔雅正义》，郝懿行之《尔雅义疏》。其在《孟子》，有焦循之《孟子正义》。

以上诸书，惟马、胡之于《诗》，非全释经传文，不能直谓之新疏。《易》诸家穿凿汉儒说，非训诂家言。清儒最善言《易》者，惟一焦循。其所著《易通释》、《易图略》、《易章句》，皆絜净精微，但非新疏体例耳。《书》则段、王二家稍粗滥。《公羊》则孔著不通家法。自余则皆博通精粹，前无古人。尤有吾乡简朝亮，著《尚书集注述疏》、《论语集注补正述疏》，志在沟通汉宋，非正统派家法，然精核处极多。十三经除《礼记》、《穀梁》外，余皆有新疏一种或数种,而《大戴礼记》则有孔广森《补注》、王聘珍《解诂》焉。此诸新疏者,类皆撷取一代经说之菁华,加以别择结撰,殆可谓集大成。其余为部分的研究之书,最著者则惠士奇之《礼说》,胡渭之《禹贡锥指》,惠栋之《易汉学》、《古文尚书考》、《明堂大道录》,焦循之《周易郑氏义》、《荀氏九家义》、《易义别录》,陈寿祺之《三家诗遗说考》,江永之《周礼疑义举要》,戴震之《考工记图》,段玉裁之《周礼仪礼汉读考》,张惠言之《仪礼图》,凌廷堪之《礼经释例》,金榜之《礼笺》,孔广森之《礼学卮言》,武亿之《三礼义证》,金鹗之《求古录礼说》,黄以周之《礼书通故》,王引之之《春秋名字解诂》,侯康之《穀梁礼证》,江永之《乡党图考》,王引之之《经义述闻》,陈寿祺之《左海经辨》,程瑶田之《通艺录》,焦循之《群经宫室图》等,其精粹者不下数百种。

清儒以小学为治经之途径,嗜之甚笃,附庸遂蔚为大国。其在《说文》,则有段玉裁之《说文注》,桂馥之《说文义证》,王筠之《说文释例》、《说文句读》,朱骏声之《说文通训定声》。其在《说文》以外之古字书,则有戴震之《方言疏证》,江声之《释名疏证》,宋翔凤之《小尔雅训纂》,胡承珙之《小尔雅义证》,王念孙之《广雅疏证》,此与《尔雅》之邵、郝二疏略同体例。得此而六朝以前之字书,差无疑滞矣。而以极严正之训诂家法贯穴群书而会其通者,则王念孙之《经传释词》,俞樾之《古书疑义举例》最精凿。近世则章炳麟之《小学答问》,益多新理解。而马建忠学之以著《文通》,严复学之以著《英文汉诂》,为"文典学"之椎轮焉。而梁启梁著《国文语原解》,又往往以证社会学。

音韵学又小学之附庸也,而清代特盛。自顾炎武始著《音论》、《古音表》、《唐韵正》,而江永有《音学辨微》、《古韵标准》,戴震有《声韵考》、《声类表》,段玉裁有《六书音韵表》,姚文田有《说文声系》，苗夔有《说文声读表》，严可均有《说文声类》，陈澧有《切韵考》，而章炳麟《国故论衡》中论音韵诸篇，皆精绝。此学也，其动机本起于考证古音，而愈推愈密，遂能穷极人类发音官能之构造，推出声音变化之公例。刘献廷著《新韵谱》，创字母，其书不传。近世治此学者，积多数人之讨论折衷，遂有注音字母之颁定。

典章制度一科，在清代亦为绝学。其动机起于治三《礼》，后遂泛滥益广。惠栋著《明堂大道录》，对于古制度专考一事，泐成专书者始此。徐乾学编《读礼通考》，秦蕙田编《五礼通考》，多出一时名人之手。其后则胡匡衷有《仪礼释官》，戴震有《考工记图》，沈彤有《周官禄田考》，王鸣盛有《周礼军赋说》，洪颐煊有《礼经宫室答问》，任大椿有《弁服释例》、《深衣释例》，皆专注《礼》，而焦循有《群经宫室图》，程瑶田有《通艺录》，贯通诸经焉。晚清则有黄以周之《礼书通故》，最博赡精审，盖清代礼学之后劲矣。而乐律一门，亦几蔚为大国。毛奇龄始著《竟山乐录》，顷则江永著《律吕新论》、《律吕阐微》，江藩著《乐县考》，凌廷堪著《燕乐考原》，而陈澧之《声律通考》，晚出最精善。此皆足为将来著中国音乐史最好之资料也。焦循著《剧说》，专考今乐沿革，尤为切近有用矣。

清初诸师皆治史学，欲以为经世之用。王夫之长于史论，其《读通鉴论》、《宋论》皆有特识。而后之史学家不循斯轨。黄宗羲、万斯同以一代文献自任，实为史学嫡派。康熙间，清廷方开《明史》馆，欲藉以网罗遗逸。诸师既抱所学，且藉以寄故国之思，虽多不受职，而皆间接参与其事，相与讨论体例，别择事实。古唐以后官修诸史，独《明史》称完善焉。乾隆以后，传此派者，全祖望最著。顾炎武治史，于典章制度风俗，多论列得失，然亦好为考证。乾嘉以还，考证学统一学界，其洪波自不得不及于史，则有赵翼之

《廿二史札记》,王鸣盛之《十七史商榷》,钱大昕之《二十二史考异》,洪颐煊之《诸史考异》,皆汲其流。四书体例略同,其职志皆在考证史迹,订讹正谬。惟赵书于每代之后,常有多条胪列史中故实,再归纳法比较研究,以观盛衰治乱之源,此其特长也。其专考证一史者,则有惠栋之《后汉书补注》,梁玉绳之《史记志疑》、《汉书人表考》,钱大昕之《汉书辨疑》、《后汉书辨疑》、《续汉书辨疑》,梁章钜之《三国志旁证》,周寿昌之《汉书注校补》、《后汉书注补正》,杭世骏之《三国志补注》,其尤著也。自万斯同力言表志之重要,自著《历代史表》,此后表志专书,可观者多。顾栋高有《春秋大事表》,钱大昕有《后汉书补表》,周嘉猷有《南北史表》、《三国纪年表》、《五代纪年表》,洪饴孙有《三国职官表》,钱大昕有《元史氏族表》,齐召南有《历代帝王年表》。林春溥著《竹柏山房十五种》,皆考证古史,其中《战国纪年》、《孔孟年表》诸篇最精审,而官书亦有《历代职官表》。洪亮吉有《三国疆域志》、《东晋疆域志》、《十六国疆域志》,洪齮孙有《补梁疆域志》,钱仪吉有《补晋兵志》,侯康有《补三国艺文志》,倪灿有《宋史艺文志补》、《补辽金元三史艺文志》,顾櫰三有《补五代史艺文志》,钱大昕有《补元史艺文志》,郝懿行有《补宋书刑法志食货志》,皆称善本焉。而对于古代别史杂史,亦多考证笺注,则有陈逢衡之《逸周书补注》,朱右曾之《周书集训校释》,丁宗洛之《逸周书管笺》,洪亮吉之《国语注疏》,顾广圻之《国语札记》、《战国策札记》,程恩泽之《国策地名考》,郝懿行之《山海经笺疏》,陈逢衡之《竹书纪年集证》。降及晚清,研究元史,忽成为一时风尚,则有何秋涛之《元圣武亲征录校正》,李文田之《元秘史注》。凡此皆以经学考证之法,移以治史,只能谓之考证学,殆不可谓之史学。其专研究史法者,独有章学诚之《文史通义》,其价值可比刘知几《史通》。

自唐以后,罕能以私人独力著史,惟万斯同之《明史稿》,最称巨制。而魏源亦独力改著《元史》。柯劭忞之《新元史》,则近出之巨制也。源又有《圣武记》,记清一代大事,有条贯。而毕沅《续资治通鉴》亦称善本。

黄宗羲始著《明儒学案》,为学史之祖。其《宋元学案》,则其子百家与全祖望先后续成之。皆清代史学之光也。

史之缩本,则地志也。清之盛时,各省府州县皆以修志相尚,其志多出硕学之手。其在省志:《浙江通志》、《广东通志》、《云南通志》之总纂,则阮元也;《广东通志》,则谢启昆也;《湖北通志》,则章学诚原稿也。其在府县志:则《汾州府志》出戴震,《泾县志》、《淳化县志》出洪亮吉,《三水县志》出孙星衍,《朝邑县志》出钱坫,《偃师志》、《安阳志》出武亿,《富顺县志》出段玉裁,《和州志》、《亳州志》、《永清县志》、《天门县志》出章学诚,《凤台县志》出李兆洛,《长沙志》出董祐诚,《遵义府志》出郑珍、莫友芝。凡作者皆一时之选,其书有别裁有断制,其讨论体例见于各家文集者甚周备。欲知清代史学家之特色,当于此求之。

十五

顾炎武、刘献廷皆酷嗜地理学,所著书皆未成,而顾祖禹之《读史方舆纪要》,言形势厄塞略尽,后人莫能尚,于是中清之地理学,亦偏于考古一途。自戴震著《水地记》、《校水经注》,而《水经》为一时研究之中心。孔广森有《水经释地》,全祖望有《新校水经注》,赵一清有《水经注释》,张匡学有《水经注释地》,而近人杨守敬为《水经注疏》,尤集斯学大成(未刻,刻者仅《注疏要删》),而齐召南著《水道提纲》,则循水道治今地理也。洪颐煊有《汉志水道疏证》,陈澧有《汉书地理志水道图说》,亦以水道治汉地理。阎若璩著《四书释地》,徐善著《春秋地名考略》,江永著《春秋地名考实》,焦循著《毛诗地理释》,程恩泽著《国策地名考》,皆考证先秦地理。其考证各史地理者,则吴卓信《汉书地理志补注》,杨守敬《隋书地理志考证》最精博。其通考历代者,有陈芳绩之《历代地理沿革表》,李兆洛之《历代地理志韵编今释》,皆便检阅。而杨守敬之《历代疆域志》、《历代地理沿革图》,极综核,惜制图术未精,难言正确矣。自乾隆后边徼多事,嘉道间学者渐留意西北边新疆、青海、西藏、蒙古诸地理,而徐松、张穆、何秋涛最名家,松有《西域水道记》、《汉书西域传补注》、《新疆识略》,穆有《蒙古游牧记》,秋涛有《朔方备乘》,渐引起研究元史的兴味,至晚清尤盛。外国地理,自徐继畬著《瀛寰志略》,魏源著《海国图志》,开始端绪,而其后意不光大。近人丁谦于各史外夷传及《穆天子传》、《佛国记》、《大唐西域记》诸古籍,皆博加考证,成书二十余种(无总名,最近浙江图书馆校刻),颇精赡。要之清代地理学偏于考古,故活学变为死学,惟据全祖望著刘献廷传,知献廷有意治"人文地理",惜其业不竟,而后亦无继也。

自明徐光启以后,士大夫渐好治天文算学。清初则王锡阐、梅文鼎最专精,而大师黄宗羲、江永辈皆提倡之。清圣祖尤笃嗜,召西士南怀仁等供奉内廷。风声所被,向慕尤众。圣祖著有《数理精蕴》、《历象考成》。锡阐有《晓庵新法》。文鼎有《勿庵历算全书》二十九种。江永有《慎修数学》九种。戴震校《周髀》以后迄六朝唐人算书十种,命曰《算经》。自尔而后,经学家十九兼治天算。尤专门者,李锐、董祐诚、焦循、罗士琳、张作楠、刘衡、徐有壬、邹伯奇、丁取忠、李善兰、华蘅芳。锐有《李氏遗书》,祐诚有《董方立遗书》,循有《里堂学算记》,作楠有《翠微山房数学》,衡有《六九轩算书》,有壬有《务民义斋算书》,伯奇有《邹征君遗书》,取忠有《白芙堂算学丛书》,善兰有《则古昔斋算学》。而曾国藩设江南制造局于上海,颇译泰西科学书,其算学名著多出善兰、蘅芳手,自是所谓“西学”者渐兴矣。阮元著《畴人传》,罗士琳续补之,清代斯学变迁略具焉。兹学中国发源甚古,而光大之实在清代,学者精研虚受,各有创获,其于西来法,食而能化,足觇民族器量焉。

十六

金石学之在清代又彪然成一科学也。自顾炎武著《金石文字记》,实为斯学滥觞。继此有钱大昕之《潜研堂金石文字跋尾》,武亿之《金石三跋》,洪颐煊之《平津馆读碑记》,严可均之《铁桥金石跋》,陈介祺之《金石文字释》,皆考证精彻,而王昶之《金石萃编》,荟录众说,颇似类书。其专举目录者,则孙星衍、邢澍之《寰宇访碑录》。其后碑版出土日多,故《萃编》、《访碑录》等再三续补而不能尽。顾、钱一派专务以金石为考证经史之资料,同时有黄宗羲一派,从此中研究文史义例。宗羲著《金石要例》,其后梁玉绳、王芑孙、郭麐、刘宝楠、李富孙、冯登府等皆赓续有作。别有翁方纲、黄易一派,专讲鉴别,则其考证非以助经史矣。包世臣一派专讲书势,则美术的研究也。而叶昌炽著《语石》,颇集诸派之长,此皆石学也。其“金文学”则考证商周铜器。初,此等古物,惟集于内府,则有《西清古鉴》、《宁寿鉴古》等官书,然其文字皆摹写取姿媚,失原形,又无释文,有亦臆舛。自阮元、吴荣光以封疆大吏,嗜古而力足以副之,于是收藏浸富,遂有著录。阮有《积古斋钟鼎彝器款识》,吴有《筠清馆金石文字》,研究金文之端开矣。道咸以后日益盛,名家者有刘喜海、吴式芬、陈介祺、王懿荣、潘祖荫、吴大澂、罗振玉。式芬有《捃古录金文》，祖荫有《攀古楼彝器款识》，大澂有《愙斋集古录》，皆称精博。其所以考证，多一时师友互相赏析所得，非必著者一人私言也。自金文学兴，而小学起一革命。前此尊《说文》若六经，祔孔子以许慎，至是援古文籀文以难许者纷作。若庄述祖之《说文古籀疏证》，孙诒让之《古籀拾遗》，其著也。诸器文字既可读，其事迹出古经以外者甚多，因此增无数史料，而其花文雕镂之研究，亦为美术史上可宝之资，惜今尚未有从事者耳。最近复有龟甲文之学。龟甲文者，光绪己亥在河南汤阴县出土，殆数万片，而文字不可识，共不审为何时物。后罗振玉考定为殷文，著《贞卜文字》、《殷虚书契考释》、《殷虚书契待问篇》。而孙诒让著《名原》亦多根据甲文。近更有人言其物质非龟甲乃竹简云。惜文至简，足供史材者希，然文字变迁异同之迹可稽焉。

清儒之有功于史学者，更一端焉，则校勘也。古书传习愈希者，其传钞踵刻，讹谬愈甚，驯至不可读，而其书以废。清儒则博征善本以校雠之，校勘遂成一专门学。其成绩可纪者，若汪中、毕沅之校《大戴礼记》，周廷寀、赵怀玉之校《韩诗外传》，卢文弨之校《逸周书》，汪中、毕沅、孙诒让之校《墨子》，谢墉之校《荀子》，孙星衍之校《孙子》、《吴子》，汪继培、任大椿、秦恩复之校《列子》，顾广圻之校《国语》、《战国策》、《韩非子》，毕沅、梁玉绳之校《吕氏春秋》，严可均之校《慎子》、《商君书》，毕沅之校《山海经》，洪颐煊之校《竹书纪年》、《穆天子传》，丁谦之校《穆天子传》，戴震、卢文弨之校《春秋繁露》，汪中之校《贾谊新书》，戴震之校《算经十书》，戴震、全祖望之校《水经注》，顾广圻之校《华阳国志》。诸所校者，或遵善本，或据他书所征引，或以本文上下互证，或是正其文字，或厘定其句读，或疏证其义训，往往有前此不可索解之语句，一旦昭若发蒙。其功尤钜者，则所校多属先秦诸子，因此引起研究诸子学之兴味。盖自汉武罢黜百家以后，直至清之中叶，诸子学可谓全废。若荀若墨，以得罪孟子之故，凡莫敢齿及。及考证学兴，引据惟古是尚，学者始思及六经以外，尚有如许可珍之籍。故王念孙《读书杂志》，已推勘及于诸子。其后俞樾亦著《诸子平议》，与《群经平议》并列。而汪、戴、卢、孙、毕诸贤，乃遍取古籍而校之。夫校其文必寻其义，寻其义则新理解出矣。故汪中之《荀卿子通论》、《墨子序》、《墨子后序》（并见《述学》），孙星衍之《墨子序》（平津馆丛书本《墨子》），我辈今日读之，诚觉甚平易，然在当日，固发人所未发，且言人所不敢言也。后此洪颐煊著《管子义证》，孙诒让著《墨子间诂》，王先慎著《韩非子集释》，则跻诸经而为之注矣。及今而稍明达之学者，皆以子与经并重。思想蜕变之枢机，有捩于彼而辟于此者，此类是已。

吾辈尤有一事当感谢清儒者，曰辑佚。书籍经久必渐散亡，取各史艺文、经籍等志校其存佚易见也。肤芜之作，存亡固无足轻重；名著失坠，则国民之遗产损焉。乾隆中修《四库全书》，其书之采自《永乐大典》者以百计，实开辑佚之先声。此后兹业日昌，自周秦诸子，汉人经注，魏晋六朝逸史逸集，苟有片语留存，无不搜罗最录。其取材则唐宋间数种大类书，如《艺文类聚》、《初学记》、《太平御览》等最多，而诸经注疏及他书，凡可搜者无不遍。当时学者从事此业者甚多，不备举。而马国翰之《玉函山房辑佚书》，分经史子三部，集所辑至数百种，他可推矣。遂使《汉志》诸书、《隋唐志》久称已佚者，今乃累累现于吾辈之藏书目录中，虽复片鳞碎羽，而受赐则既多矣。

十七

呜呼，自吾之生，而乾嘉学者已零落略尽，然十三岁肄业于广州之学海堂，堂则前总督阮元所创，以朴学教于吾乡者也。其规模矩矱，一循百年之旧。十六七岁游京师，亦获交当时耆宿数人，守先辈遗风不替者。中间涉览诸大师著述，参以所闻见，盖当时"学者社会"之状况，可仿佛一二焉。

大抵当时好学之士，每人必置一"札记册子"，每读书有心得则记焉。盖清学祖顾炎武，而炎武精神传于后者在其《日知录》。其自述曰："所著《日知录》三十余卷，平生之志与业皆在其中。"(《亭林文集·与友人论门人书》)又曰："承问《日知录》又成几卷，而某自别来一载，早夜诵读，反复寻觅，仅得十余条，……"(同《与人书》十)其成之难而视之重也如此。推原札记之性质，本非著书，不过储著书之资料，然清儒最戒轻率著书，非得有极满意之资料，不肯泐为定本，故往往有终其身在预备资料中者。又当时第一流学者所著书，恒不欲有一字余于己所心得之外。著专书或专篇，其范围必较广泛，则不免于所心得外摭拾冗词以相凑附，此非诸师所乐，故宁以札记体存之而已。夫吾固屡言之矣，清儒之治学，纯用归纳法，纯用科学精神。此法此精神，果用何种程序始能表现耶？第一步，必先留心观察事物，觑出某点某点有应特别注意之价值。第二步，既注意于一事项，则凡与此事项同类者或相关系者，皆罗列比较以研究之。第三步，比较研究的结果，立出自己一种意见。第四步，根据此意见，更从正面旁面反面博求证据，证据备则泐为定说，遇有力之反证则弃之。凡今世一切科学之成立，皆循此步骤，而清考证家之每立一说，亦必循此步骤也。既已如此，则试思每一步骤进行中，所需资料几何，精力几何，非用极绵密之札记安能致者？训诂学之模范的名著，共推王引之《经传释词》，俞樾《古书疑义举例》。苟一察其内容，即可知其实先有数千条之札记，后乃组织而成书。又不惟专书为然耳，即在札记本身中，其精到者，亦必先之以初稿之札记，——例如钱大昕发明古书轻唇音，试读《十驾斋养新录》本条，即知其必先有百数十条之初稿札记，乃能产出。——故顾氏谓一年仅能得十余条，非虚言也。由此观之，则札记实为治此学者所最必要，而欲知清儒治学次第及其得力处，固当于此求之，札记之书则夥矣，其最可观者，《日知录》外，则有阎若璩之《潜邱札记》，钱大昕之《十驾斋养新录》，臧琳之《经义杂记》，卢文弨之《钟山札记》、《龙城札记》，孙志祖之《读书脞录》，王鸣盛之《蛾术编》，汪中之《知新记》，洪亮吉之《晓读书斋四录》，赵翼之《陔余丛考》，王念孙之《读书杂志》，王引之之《经义述闻》，何焯之《义门读书记》，臧庸之《拜经日记》，梁玉绳之《瞥记》，俞正燮之《癸巳类稿》、《癸巳存稿》，宋翔凤之《过庭录》，陈澧之《东塾读书记》等。其他不可殚举。各家札记，精粗之程度不同，即同一书中，每条价值亦有差别。有纯属原料性质者（对于一事项初下注意的观察者），有渐成为粗制品者（胪列比较而附以自己意见者），有已成精制品者（意见经反复引证后认为定说者），而原料与粗制品，皆足为后人精制所取资，此其所以可贵也。要之当时学者喜用札记，实一种困知勉行工夫，其所以能缜密深入而有创获者，颇恃此，而今亡矣。

清儒既不喜效宋明人聚徒讲学，又非如今之欧美有种种学会学校为聚集讲习之所，则其交换知识之机会，自不免缺乏。其赖以补之者，则函札也。后辈之谒先辈，率以问学书为贽。——有著述者则媵以著述。——先辈视其可教者，必报书，释其疑滞而奖进之。平辈亦然,每得一义,辄驰书其共学之友相商榷,答者未尝不尽其词。凡著一书成,必经挚友数辈严勘得失,乃以问世,而其勘也皆以函札。此类函札,皆精心结撰,其实即著述也。此种风气,他时代亦间有之,而清为独盛。

其为文也朴实说理,言无枝叶,而旨壹归于雅正。语录文体,所不喜也,而亦不以奇古为尚。顾炎武之论文曰:"孔子言:'其旨远,其辞文。'又曰:'言之无文,行而不远。'曾子曰:'出辞气,斯远鄙倍。'今讲学先生从语录入者,多不善修辞。"又曰:"时有今古,非文有今古,今之不能为二汉,犹二汉之不能为《尚书》、《左氏》,乃剿取《史》、《汉》中文法以为古,甚者猎其一二字句用之于文,殊为不称,……舍今日恒用之字而借古字之通用者,文人所以自盖其俚浅也。"(《日知录》十九)清学皆宗炎武,文亦宗之。其所奉为信条者,一曰不欲,二曰不古,三曰不枝。盖此种文体于学术上之说明,最为宜矣,然因此与当时所谓"古文家"者每不相容。美文,清儒所最不擅长也。诸经师中,殆无一人能为诗者。——集中多皆有诗,然真无足观。——其能为词者,仅一张惠言。能为骈体文者,有孔广森、汪中、凌廷堪、洪亮吉、孙星衍、董祐诚,其文仍力洗浮艳,如其学风。

十八

兹学盛时,凡名家者,比较的多耿介恬退之士。时方以科举笼罩天下,学者自宜十九从兹途出。大抵后辈志学之士未得第者,或新得第而俸入薄者,恒有先辈延主其家为课子弟。此先辈亦以子弟畜之,当奖诱增益其学;此先辈家有藏书,足供其研索;所交游率当代学者,常得陪末座以广其闻见,于是所学渐成矣。官之迁皆以年资，人无干进之心，即干亦无幸获。得第早而享年永者，则驯跻卿相，否则以词馆郎署老。俗既俭朴，事畜易周，而寒士素惯淡泊，故得与世无竞，而终其身于学。京官簿书期会至简，惟日夕闭户亲书卷，得间与同气相过从，则互出所学相质。琉璃厂书贾，渐染风气，大可人意，每过一肆，可以永日，不啻为京朝士夫作一公共图书馆，——凌延堪佣于书坊以成学，——学者滋便焉。其有外任学差或疆吏者，辄妙选名流充幕选，所至则网罗遗逸，汲引后进，而从之游者，既得以稍裕生计，亦自增其学。其学成名著而厌仕宦者，亦到处有逢迎，或书院山长，或各省府州县修志，或大族姓修谱，或有力者刻书请鉴定，皆其职业也。凡此皆有相当之报酬，又有益于学业，故学者常乐就之。吾常言："欲一国文化进展，必也社会对于学者有相当之敬礼；学者恃其学足以自养，无忧饥寒，然后能有余裕以从事于更深的研究，而学乃日新焉。近世欧洲学问多在此种环境之下培养出来，而前清乾嘉时代，则亦庶几矣。

欧洲文艺复兴，固由时代环境所酝酿，与二三豪俊所浚发，然尚有立乎其后以翼而辅之者，若罗马教皇尼古拉第五，佛罗棱萨之麦地奇家父子，拿波里王阿尔芬梭，以及其他意大利自由市府之豪商阀族，皆沾染一时风尚，为之先后疏附，直接间接提倡奖借者不少，故其业益昌。清学之在全盛期也亦然。清高宗席祖父之业，承平殷阜，以右文之主自命，开四库馆，修《一统志》，纂《续三通》、《皇朝三通》，修《会典》，修《通礼》，日不暇给，其事皆有待于学者。内外大僚承风宏奖者甚众。嘉庆间，毕沅、阮元之流，本以经师致身通显，任封疆，有力养士，所至提倡，隐然兹学之护法神也。淮南盐商，既穷极奢欲，亦趋时尚，思自附于风雅，竞蓄书画图器，邀名士鉴定，洁亭舍、丰馆谷以待。其时刻书之风甚盛，若黄丕烈、鲍廷博辈固自能别择雠校，其余则多有力者欲假此自显，聘名流董其事。乃至贩鸦片起家之伍崇曜，亦有《粤雅堂丛书》之刻，而其书且以精审闻，他可推矣。夫此类之人，则何与于学问？然固不能谓其于兹学之发达无助力，与南欧巨室豪贾之于文艺复兴，若合符契也。吾乃知时代思潮之为物，当运动热度最高时，可以举全社会各部分之人人，悉参加于此运动。其在中国，则晚明之心学，盛清之考证，皆其例也。

十九

以上诸师所论，皆为全盛期之正统派。此派远发源于顺、康之交，直至光、宣，而流风余韵，虽替未沫，直可谓与前清朝运相终始。而中间乾、嘉、道百余年间，其气象更掩袭一世，实更无他派足与抗颜行。若强求其一焉，则固有在此统一的权威之下而常怀反侧者，即所谓“古文家”者是已。

宋明理学极敝，然后清学兴。清学既兴，治理学者渐不复能成军。其在启蒙期，犹为程、朱、陆、王守残垒者，有孙奇逢、李中孚、刁包、张履祥、张尔岐、陆陇其、陆世仪诸人，皆尚名节厉实行，粹然纯儒，然皆硁硁自守，所学遂不克光大。同时有汤斌、李光地、魏象枢、魏裔介辈，亦治宋学，颇婞婴投时主好以跻通显。时清学壁垒未立，诸大师著述谈说，往往出入汉宋，则亦相忘于道术而已。乾隆之初，惠、戴崛起，汉帜大张，畴昔以宋学鸣者，颇无颜色。时则有方苞者，名位略以斌、光地等，尊宋学、笃谨能躬行，而又好为文。苞，桐城人也，与同里姚范、刘大櫆共学文，诵法曾巩、归有光，造立所谓古文义法，号曰“桐城派”。又好述欧阳修“因文见道”之言，以孔、孟、韩、欧、程、朱以来之道统自任，而与当时所谓汉学者互相轻。范从子鼐，欲从学戴震。震固不好为人师，谢之。震之规古文家也曰："诸君子之为之也，曰：是道也，非艺也。夫道固有存焉者矣，如诸君子之文，亦恶睹其非艺欤？"（《东原集·与方希原书》）钱大昕亦曰："方氏所谓古文义法者，特世俗选本之古文，……法且不知，义更何有？……若方氏乃真不读书之甚者，吾兄特以其波澜意度近于古而喜之。……"（《潜研堂集》三十三《与友人书》）由是诸方诸姚颇不平。鼐屡为文诋汉学破碎，而方东树著《汉学商兑》，遍诋阎、胡、惠、戴所学，不遗余力。自是两派始交恶。其后阳湖恽敬、陆继辂自"桐城"受义法而稍变其体；张惠言、李兆洛皆治证学，而亦好为文，与恽、陆同气，号"阳湖派"。戴、段派之考证学，虽披靡一世，然规律太严整，且亦声希味淡，不能悉投众嗜，故诵习两派古文家者卒不衰，然才力薄，罕能张其军者。咸同间，曾国藩善为文而极尊"桐城"，尝为《圣哲画像赞》，至跻姚鼐与周公、孔子并列。国藩功业既焜燿一世，"桐城"亦缘以增重，至今犹有挟之以媚权贵欺流俗者。平心论之，"桐城"开派诸人，本狷洁自好，当"汉学"全盛时而奋然与抗，亦可谓有勇。不能以其末流之堕落归罪于作始。然此派者，以文而论，因袭矫揉，无所取材；以学而论，则奖空疏，阏创获，无益于社会。且其在清代学界，始终未尝占重要位置，今后亦断不复能自存，置之不论焉可耳。

方东树之《汉学商兑》，却为清代一极有价值之书。其书成于嘉庆间，正值正统派炙手可热之时，奋然与抗，亦一种革命事业也。其书为宋学辩护处，固多迂旧，其针砭汉学家处，却多切中其病，就中指斥言"汉易"者之矫诬，及言典章制度之莫衷一是，尤为知言。后此治汉学者颇欲调和汉宋，如阮元著《性命古训》。陈澧著《汉儒通义》，谓汉儒亦言理学，其《东塾读书记》中有《朱子》一卷，谓朱子亦言考证，盖颇受此书之反响云。

在全盛期与蜕分期之间，有一重要人物，曰会稽章学诚。学诚不屑于考证之学，与正统派异。其言“六经皆史”，且极尊刘歆《七略》，与今文家异。然其所著《文史通义》，实为乾嘉后思想解放之源泉。其言“贤智学于圣人，圣人学于百姓”，“集大成者乃周公而非孔子”（《原道篇》）；言“六经皆史，而诸子又皆出于六经”（《易教》、《诗教》、《经解》诸篇）；言“战国以前无著述”（《诗教篇》）；言“古人之言，所以为公，未尝私据为己有”（《言公篇》）；言“古之糟粕，可以为今之精华”（《说林篇》）；言“后人之学胜于前人，乃后起之智虑所应尔”（《朱陆篇》）；言“学术与一时风尚不必求适合”（《感遇篇》）；言“文不能彼此相易，不可舍己之所求以摩古人之形似”（《文理篇》）；言“学贵自成一家，人所能者，我不必以不能为愧”（《博约篇》）。书中创见类此者不可悉数，实为晚清学者开拓心胸，非直史家之杰而已。

二十

道、咸以后，清学曷为而分裂耶？其原因，有发于本学派之自身者，有由环境之变化所促成者。

所谓发于本学派自身者何耶？其一，考证学之研究方法虽甚精善，其研究范围却甚拘迂。就中成绩最高者，惟训诂一科，然经数大师发明略尽，所余者不过糟粕。其名物一科，考明堂，考燕寝，考弁服，考车制，原物今既不存，聚讼终末由决。典章制度一科，言丧服，言禘祫，言封建，言井田，在古代本世有损益变迁，即群书亦末由折衷通会。夫清学所以能夺明学之席而与之代兴者，毋亦曰彼空而我实也？今纷纭于不可究诘之名物制度，则其为空也，与言心言性者相去几何？甚至言《易》者摈“河图洛书”而代以“卦气爻辰”，其矫诬正相类。诸如此类者尚多，殊不足以服人。要之清学以提倡一“实”字而盛，以不能贯彻一“实”字而衰，自业自得，固其所矣。其二，凡一有机体发育至一定限度，则凝滞不复进，因凝滞而腐败，而衰谢，此物理之恒也。政制之蜕变也亦然，学派之蜕变也亦然，清学之兴，对于明之“学阀”而行革命也。乃至乾嘉以降，而清学已自成为炙手可热之一“学阀”。即如方东树之《汉学商兑》，其意气排轧之处固甚多，而切中当时流弊者抑亦不少，然正统派诸贤，莫之能受，其驺卒之依附末光者，且盛气以临之。于是思想界成一“汉学专制”之局。学派自身，既有缺点，而复行以专制，此破灭之兆矣。其三，清学家既教人以尊古，又教人以善疑。既尊古矣，则有更古焉者，固在所当尊。既善疑矣，则当时诸人所共信者，吾曷为不可疑之？盖清学经乾嘉全盛以后，恰如欧洲近世史初期，各国内部略奠定，不能不有如科仑布其人者别求新陆，故在本派中有异军突起，而本派之命运，遂根本摇动，则亦事所必至、理有固然矣。

所谓由环境之变化所促成者何耶？其一，清初“经世致用”之一学派所以中绝者，固由学风正趋于归纳的研究法，厌其空泛，抑亦因避触时忌，聊以自藏。嘉道以还，积威日弛，人心已渐获解放，而当文恬武嬉之即极，稍有识者，咸知大乱之将至。追寻根原，归咎于学非所用，则最尊严之学阀，自不得不首当其冲。其二，清学之发祥地及根据地，本在江浙。咸同之乱，江浙受祸最烈，文献荡然，后起者转徙流离，更无余裕以自振其业，而一时英拔之士，奋志事功，更不复以学问为重。凡学术之赓续发展，非比较的承平时代则不能。咸同间之百学中落，固其宜矣。其三，“鸦片战役”以后，志士扼腕切齿，引为大辱奇戚，思所以自湔拔，经世致用观念之复活，炎炎不可抑。又海禁既开，所谓“西学”者逐渐输入，始则工艺，次则政制。学者若生息于漆室之中，不知室外更何所有，忽穴一牖外窥,则粲然者皆昔所未睹也,还顾室中,则皆沉黑积秽。于是对外求索之欲日炽,对内厌弃之情日烈。欲破壁以自拔于此黑暗,不得不先对于旧政治而试奋斗,于是以其极幼稚之“西学”知识,与清初启蒙期所谓“经世之学”者相结合,别树一派,向于正统派公然举叛旗矣。此则清学分裂之主要原因也。

二十一

清学分裂之导火线,则经学今古文之争也。何谓今古文?初,秦始皇焚书,六经绝焉。汉兴,诸儒始渐以其学教授,而亦有派别。《易》则有施(雠)、孟(喜)、梁丘(贺)三家,而同出田何;《书》则有欧阳(生)、大夏侯(胜)、小夏侯(建)三家,而同出伏胜;《诗》则有齐、鲁、韩三家,《鲁诗》出申公,《齐诗》出辕固,《韩诗》出韩婴;《春秋》则惟《公羊传》,有严(彭祖)、颜(安乐)两家,同出胡毋生、董仲舒;《礼》则惟《仪礼》,有大戴(德)、小戴(圣)、庆(普)三家,而同出高堂生。此十四家者,皆汉武帝、宣帝时立于学官,置博士教授,其写本皆用秦汉时通行篆书,谓之今文。《史记·儒林传》所述经学传授止此,所谓十四博士是也。逮西汉之末,则有所谓古文经传出焉。《易》则有费氏,谓东莱人费直所传;《书》则有孔氏,谓孔子裔孔安国发其壁藏所献;《诗》则有毛氏,谓河间献王博士毛公所传;《春秋》则《左氏传》,谓张苍曾以教授;《礼》则有《逸礼》三十九篇,谓鲁共王得自孔子坏宅中;又有《周官》,谓河间献王所得。此诸经传者,皆以科斗文字写,故谓之古文。两汉经师,多不信古文。刘歆屡求以立学官,不得。歆称书让太常博士,谓“专己守残,党同妒真”者也。王莽擅汉,歆挟莽力立之;光武复废之,东汉初叶,信者殊稀。至东汉末,大师服虔、马融、郑玄皆尊习古文，古文学遂大昌。而其时争论焦点，则在《春秋公羊传》。今文大家何休著《左氏膏肓》、《穀梁废疾》、《公羊墨守》，古文大家郑玄则著《箴膏肓》、《起废疾》、《发墨守》以驳之。玄既淹博，遍注群经，其后晋杜预、王肃皆衍其绪，今文学遂衰。此两汉时今古文哄争之一大公案也。

南北朝以降，经说学派，只争郑（玄）、王（肃），今古文之争遂熄。唐陆德明著《释文》，孔颖达著《正义》，皆杂宗郑、王。今所传《十三经注疏》者，《易》用王（弼）注，《书》用伪孔（安国）传，《诗》用毛传郑笺，《周礼》、《仪礼》、《礼记》皆用郑注，《春秋左氏传》用杜（预）注，其余诸经，皆汲晚汉古文家之流。西汉所谓十四博士者，其学说皆亡，仅存者惟《春秋公羊传》之何（休）注而已。自宋以后，程朱等亦遍注诸经，而汉唐注疏废。入清代则节节复古，顾炎武、惠士奇辈专提倡注疏学，则复于六朝、唐。自阎若璩攻伪《古文尚书》，后证明作伪者出王肃，学者乃重提南北朝郑、王公案，绌王申郑，则复于东汉。乾嘉以来，家家许、郑，人人贾、马，东汉学烂然如日中天矣。悬崖转石，非达于地不止。则西汉今古文旧案，终必须翻腾一度，势则然矣。

二十二

今文学之中心在《公羊》，而《公羊》家言，则真所谓“其中多非常异义可怪之论”（何休《公羊传注自序》），自魏晋以还，莫敢道焉。今《十三经注疏》本，《公羊传》虽用何注，而唐徐彦为之疏，于何义一无发明。《公羊》之成为绝学，垂二千年矣。清儒既遍治古经，戴震弟子孔广森始著《公羊通义》，然不明家法，治今文学者不宗之。今文学启蒙大师，则武进庄存与也。存与著《春秋正辞》，刊落训诂名物之末，专求所谓“微言大义”者，与戴、段一派所取途径，全然不同。其同县后进刘逢禄继之，著《春秋公羊经传何氏释例》，凡何氏所谓非常异义可怪之论，如“张三世”、“通三统”、“绌周王鲁”、“受命改制”诸义，次第发明。其书亦用科学的归纳研究法，有条贯，有断制，在清人著述中，实最有价值之创作。段玉裁外孙龚自珍，既受训诂学于段，而好今文，说经宗庄、刘。自珍性佚宕，不检细行，颇似法之卢骚；喜为要眇之思，其文辞俶诡连犿，当时之人弗善也。而自珍益以此自憙，往往引《公羊》义讥切时政，诋排专制；晚岁亦耽佛学，好谈名理。综自珍所学，病在不深入，所有思想，仅引其绪而止，又为瑰丽之辞所掩，意不豁达。虽然，晚清思想之解放，自珍确与有功焉。光绪间所谓新学家者，大率人人皆经过崇拜龚氏之一时期。初读《定庵文集》，若受电然，稍进乃厌其浅薄。然今文学派之开拓，实自龚氏。夏曾佑赠梁启超诗云：“璱人（龚）申受（刘）出方耕（庄），孤绪微茫接董生（仲舒）。”此言“今文学”之渊源最分明。拟诸“正统派”，庄可比顾，龚、刘则阎、胡也。

“今文学”之初期，则专言《公羊》而已，未及他经。然因此知汉代经师家法，今古两派，截然不同，知贾、马、许、郑，殊不足以尽汉学。时辑佚之学正极盛，古经说片语只字，搜集不遗余力，于是研究今文遗说者渐多。冯登府有《三家诗异文疏证》，陈寿祺有《三家诗遗说考》，陈乔枞有《今文尚书经说考》、《尚书欧阳夏侯遗说考》、《三家诗遗说考》、《齐诗翼氏学疏证》，迮鹤寿有《齐诗翼氏学》，然皆不过言家法同异而已，未及真伪问题。道光末，魏源著《诗古微》，始大攻《毛传》及《大小序》，谓为晚出伪作。其言博辩，比于阎氏之《书疏证》，且亦时有新理解。其论《诗》不为美刺而作，谓：“美刺固《毛诗》一家之例，……作诗者自道其情，情达而止,……岂有欢愉哀乐,专为无病代呻者耶?”(《诗古微·齐鲁韩毛异同论》中)此深合“为文艺而作文艺”之旨,直破二千年来文家之束缚。又论诗乐合一,谓:“古者乐以诗为体,孔子正乐即正诗。”(同《夫子正乐论》上)皆能自创新见,使古书顿带活气。源又著《书古微》,谓不惟东晋晚出之《古文尚书》(即阎氏所攻者)为伪也,东汉马、郑之古文说,亦非孔安国之旧。同时邵懿辰亦著《礼经通论》,谓《仪礼》十七篇为足本,所谓古文《逸礼》三十九篇者,出刘歆伪造。而刘逢禄故有《左氏春秋考证》,谓:此书本名《左氏春秋》,不名《春秋左氏传》,与《晏子春秋》、《吕氏春秋》同性质,乃记事之书,非解经之书;其解经者,皆刘歆所窜入,《左氏传》之名,亦歆所伪创。盖自刘书出而《左传》真伪成问题,自魏书出而《毛诗》真伪成问题,自邵书出而《逸礼》真伪成问题。若《周礼》真伪,则自宋以来成问题久矣。初时诸家不过各取一书为局部的研究而已,既而寻其系统,则此诸书者,同为西汉末出现,其传授端绪,俱不可深考,同为刘歆所主持争立。质言之,则所谓古文诸经传者,皆有连带关系,真则俱真,伪则俱伪。于是将两汉今古文之全案,重提复勘,则康有为其人也。

今文学之健者,必推龚、魏。龚、魏之时,清政既渐陵夷衰微矣。举国方沉酣太平,而彼辈若不胜其忧危,恒相与指天画地,规天下大计。考证之学,本非其所好也,而因众所共习,则亦能之;能之而颇欲用以别辟国土,故虽言经学,而其精神与正统派之为经学而治经学者则既有以异。自珍、源皆好作经济谈,而最注意边事。自珍作《西域置行省议》,至光绪间实行,则今新疆也,又著《蒙古图志》,研究蒙古政俗而附以论议(未刻)。源有《元史》,有《海国图志》。治域外地理者,源实为先驱。故后之治今文学者,喜以经术作政论,则龚、魏之遗风也。

二十三

今文学运动之中心，曰南海康有为。然有为盖斯学之集成者，非其创作者也。有为早年，酷好《周礼》，尝贯穴之著《政学通议》，后见廖平所著书，乃尽弃其旧说。平，王闿运弟子。闿运以治《公羊》闻于时，然故文人耳，经学所造甚浅，其所著《公羊笺》，尚不逮孔广森。平受其学，著《四益馆经学丛书》十数种，颇知守今文家法。晚年受张之洞贿逼，复著书自驳。其人固不足道，然有为之思想，受其影响，不可诬也。

有为最初所著书曰《新学伪经考》。"伪经"者，谓《周礼》、《逸礼》、《左传》及《诗》之毛传，凡西汉末刘歆所力争立博士者。"新学"者，谓新莽之学。时清儒诵法许、郑者，自号曰"汉学"。有为以为此新代之学，非汉代之学，故更其名焉。《新学伪经考》之要点：一、西汉经学，并无所谓古文者，凡古文皆刘歆伪作。二、秦焚书，并未厄及六经，汉十四博士所传，皆孔门足本，并无残缺。三、孔子时所用字，即秦汉间篆书，即以"文"论，亦绝无今古之目。四、刘歆欲弥缝其作伪之迹，故校中秘书时，于一切古书多所羼乱。五、刘歆所以作伪经之故，因欲佐莽篡汉，先谋湮乱孔子之微言大义。诸所主张，是否悉当，且勿论，要之此说一出，而所生影响有二：第一，清学正统派之立脚点，根本摇动。第二，一切古书，皆须从新检查估价，此实思想界之一大飓风也。有为弟子有陈千秋、梁启超者，并夙治考证学，陈尤精洽，闻有为说，则尽弃其学而学焉。《伪经考》之著，二人者多所参与，亦时时病其师之武断，然卒莫能夺也。实则此书大体皆精当，其可议处乃在小节目。乃至谓《史记》、《楚辞》经刘歆羼入者数十条，出土之钟鼎彝器，皆刘歆私铸埋藏以欺后世。此实为事理之万不可通者,而有为必力持之。实则其主张之要点,并不必借重于此等枝词强辩而始成立,而有为以好博好异之故,往往不惜抹杀证据或曲解证据,以犯科学家之大忌,此其所短也。有为之为人也,万事纯任主观,自信力极强,而持之极毅。其对于客观的事实,或竟蔑视,或必欲强之以从我。其在事业上也有然,其在学问上也亦有然;其所以自成家数崛起一时者以此,其所以不能立健实之基础者亦以此;读《新学伪经考》而可见也。《新学伪经考》出甫一年,遭清廷之忌,毁其板,传习颇稀。其后有崔适者,著《史记探原》、《春秋复始》二书,皆引申有为之说,益加精密,今文派之后劲也。

有为第二部著述,曰《孔子改制考》。其第三部著述,曰《大同书》。若以《新学伪经考》比飓风,则此二书者,其火山大喷火也,其大地震也。有为之治《公羊》也,不断断于其书法义例之小节,专求其微言大义,即何休所谓非常异义可怪之论者。定《春秋》为孔子改制创作之书,谓文字不过其符号,如电报之密码,如乐谱之音符,非口授不能明。又不惟《春秋》而已,凡六经皆孔子所作,昔人言孔子删述者误也。孔子盖自立一宗旨而凭之以进退古人去取古籍。孔子改制,恒托于古。尧舜者,孔子所托也。其人有无不可知,即有,亦至寻常。经典中尧舜之盛德大业,皆孔子理想上所构成也。又不惟孔子而已,周秦诸子罔不改制,罔不托古。老子之托黄帝,墨子之托大禹,许行之托神农,是也。近人祖述何休以治《公羊》者,若刘逢禄、龚自珍、陈立辈,皆言改制,而有为之说,实与彼异。有为所谓改制者,则一种政治革命、社会改造的意味也,故喜言"通三统"。"三统"者,谓夏、商、周三代不同,当随时因革也。喜言"张三世"。"三世"者,谓据乱世、升平世、太平世,愈改而愈进也。有为政治上"变法维新"之主张,实本于此。有为谓孔子之改制，上掩百世，下掩百世，故尊之为教主；误认欧洲之尊景教为治强之本，故恒欲侪孔子于基督，乃杂引谶纬之言以实之；于是有为心目中之孔子，又带有“神秘性”矣。《孔子改制考》之内容，大略如此，其所及于思想界之影响，可得言焉。

一、教人读古书，不当求诸章句训诂名物制度之末，当求其义理。所谓义理者，又非言心言性，乃在古人创法立制之精意。于是汉学、宋学，皆所吐弃，为学界别辟一新殖民地。

二、语孔子之所以为大，在于建设新学派（创教），鼓舞人创作精神。

三、《伪经考》既以诸经中一大部分为刘歆所伪托，《改制考》复以真经之全部分为孔子托古之作，则数千年来共认为神圣不可侵犯之经典，根本发生疑问，引起学者怀疑批评的态度。

四、虽极力推挹孔子，然既谓孔子之创学派与诸子之创学派，同一动机，同一目的，同一手段，则已夷孔子于诸子之列。所谓“别黑白定一尊”之观念，全然解放，导人以比较的研究。

二十四

右两书皆有为整理旧学之作，其自身所创作，则《大同书》也。初，有为既从学于朱次琦毕业，退而独居西樵山者两年，专为深沉之思，穷极天人之故，欲自创一学派，而归于经世之用。有为以《春秋》“三世”之义说《礼运》，谓“升平世”为“小康”，“太平世”为“大同”。《礼运》之言曰：“大道之行也，天下为公，选贤与能，讲信修睦。故人不独亲其亲，不独子其子；使老有所归，壮有所用，幼有所长，鳏寡孤独废疾者皆有所养；男有分，女有归，货恶其弃于地也，不必藏诸己；力恶其不出于身也，不必为己；……是谓大同。”此一段者，以今语释之，则民治主义存焉（天下……与能），国际联合主义存焉（讲信修睦），儿童公育主义存焉（故人不……其子），老病保险主义存焉（使老有……有所养），共产主义存焉（货恶……藏诸己），劳作神圣主义存焉（力恶……为己）。有为谓此为孔子之理想的社会制度，谓《春秋》所谓“太平世”者即此，乃衍其条理为书，略如左：

一、无国家，全世界置一总政府，分若干区域。

二、总政府及区政府皆由民选。

三、无家族，男女同栖不得逾一年，届期须易人。

四、妇女有身者入胎教院，儿童出胎者入育婴院。

五、儿童按年入蒙养院，及各级学校。

六、成年后由政府指派分任农工等生产事业。

七、病则入养病院，老则入养老院。

八、胎教、育婴、蒙养、养病、养老诸院，为各区最高之设备，入者得最高之享乐。

九、成年男女，例须以若干年服役于此诸院，若今世之兵役然。

十、设公共宿舍、公共食堂，有等差，各以其劳作所入自由享用。

十一、警惰为最严之刑罚。

十二、学术上有新发明者，及在胎教等五院有特别劳绩者，得殊奖。

十三、死则火葬，火葬场比邻为肥料工厂。

《大同书》之条理略如是。全书数十万言，于人生苦乐之根原，善恶之标准，言之极详辩，然后说明其立法之理由。其最要关键，在毁灭家族。有为谓佛法出家，求脱苦也，不如使其无家可出；谓私有财产为争乱之源，无家族则谁复乐有私产？若夫国家，则又随家族而消灭者也。有为悬此鹄为人类进化之极轨，至其当由何道乃能致此？则未尝言。其第一眼目所谓男女同栖当立期限者，是否适于人性，则亦未甚能自完其说。虽然，有为著此书时，固一无依傍，一无剿袭，在三十年前，而其理想与今世所谓世界主义、社会主义者多合符契，而陈义之高且过之。呜呼！真可谓豪杰之士也已。

有为虽著此书，然秘不以示人，亦从不以此义教学者，谓今方为："据乱"之世，只能言小康，不能言大同，言则陷天下于洪水猛兽。其弟子最初得读此书者，惟陈千秋、梁启超，读则大乐，锐意欲宣传其一部分。有为弗善也，而亦不能禁其所为，后此万木草堂学徒多言大同矣。而有为始终谓当以小康义救今世，对于政治问题，对于社会道德问题，皆以维持旧状为职志。自发明一种新理想，自认为至善至美，然不愿其实现，且竭全力以抗之遏之，人类秉性之奇诡，度无以过是者。有为当中日战役后，纠合青年学子数千人上书言时事，所谓"公车上书"者是也。中国之有"群众的政治运动"，实自此始。然有为既欲实行其小康主义的政治，不能无所求于人，终莫之能用，屡遭窜逐。而后辈多不喜其所为，相与诋诃之。有为亦果于自信，而轻视后辈，益为顽旧之态以相角。今老矣，殆不复与世相闻问，遂使国中有一大思想家，而国人不蒙其泽，悲夫！启超屡请印布其《大同书》，久不许，卒乃印诸《不忍杂志》中，仅三之一，杂志停版，竟不继印。

二十五

对于“今文学派”为猛烈的宣传运动者，则新会梁启超也。启超年十三，与其友陈千秋同学于学海堂，治戴、段、王之学。千秋所以辅益之者良厚。越三年，而康有为以布衣上书被放归，举国目为怪。千秋、启超好奇，相将谒之，一见大服，遂执业为弟子，共请康开馆讲学，则所谓万木草堂是也。二人者学数月，则以其所闻昌言于学海堂，大诋诃旧学，与长老侪辈辩诘无虚日。有为不轻以所学授人。草堂常课，除《公羊传》外，则点读《资治通鉴》、《宋元学案》、《朱子语类》等，又时时习古礼。千秋、启超弗嗜也，则相与治周秦诸子及佛典，亦涉猎清儒经济书及译本西籍，皆就有为决疑滞。居一年，乃闻所谓“大同义”者，喜欲狂，锐意谋宣传。有为谓非其时，然不能禁也。又二年，而千秋卒（年二十二），启超益独力自任。启超治《伪经考》，时复不慊于其师之武断，后遂置不复道。其师好引纬书，以神秘性说孔子，启超亦不谓然。启超谓孔门之学，后衍为孟子、荀卿两派，荀传小康，孟传大同。汉代经师，不问为今文家古文家，皆出荀卿（汪中说）。二千年间，宗派屡变，壹皆盘旋荀学肘下，孟学绝而孔学亦衰。于是专以绌荀申孟为标帜，引《孟子》中诛责“民贼”、“独夫”、“善战服上刑”、“授田制产”诸义，谓为大同精意所寄，日倡道之，又好《墨子》，诵说其“兼爱”、“非攻”诸论。启超屡游京师，渐交当世士大夫，而其讲学最契之友，曰夏曾佑、谭嗣同。曾佑方治龚、刘今文学，每发一义，辄相视莫逆。其后启超亡命日本，曾佑赠以诗，中有句曰：“……冥冥兰陵（荀卿）门，万鬼头如蚁，质多（魔鬼）举只手，阳乌为之死。袒裼往暴之，一击类执豕，酒酣掷杯起，跌宕笑相视。颇谓宙合间，只此足欢喜。……”此可想见当时彼辈“排荀”运动，实有一种元气淋漓景象。嗣同方治王夫之之学，喜谈名理，谈经济，及交启超，亦盛言大同，运动尤烈。（详次节）而启超之学，受夏、谭影响亦至巨。

其后启超等之运动，益带政治的色彩。启超创一旬刊杂志于上海，曰《时务报》。自著《变法通议》，批评秕政，而救敝之法，归于废科举、兴学校，亦时时发“民权论”，但微引其绪，未敢昌言。已而嗣同与黄遵宪、熊希龄等，设时务学堂于长沙，聘启超主讲席，唐才常等为助教。启超至，以《公羊》《孟子》教，课以札记，学生仅四十人，而李炳寰、林圭、蔡锷称高才生焉。启超每日在讲堂四小时，夜则批答诸生札记，每条或至千言，往往彻夜不寐。所言皆当时一派之民权论，又多言清代故实，胪举失政，盛倡革命。其论学术，则自荀卿以下汉、唐、宋、明、清学者，掊击无完肤。时学生皆住舍，不与外通，堂内空气日日激变，外间莫或知之。及年假，诸生归省，出札记示亲友，全湘大哗。先是嗣同、才常等，设“南学会”聚讲，又设《湘报》（日刊）、《湘学报》（旬刊），所言虽不如学堂中激烈，实阴相策应。又窃印《明夷待访录》、《扬州十日记》等书，加以案语，秘密分布，传播革命思想，信奉者日众，于是湖南新旧派大哄。叶德辉著《翼教丛编》数十万言，将康有为所著书启超所批学生札记，及《时务报》、《湘报》、《湘学报》诸论文，逐条痛斥。而张之洞亦著《劝学篇》，旨趣略同。戊戌政变前，某御史胪举札记批语数十条指斥清室鼓吹民权者具折揭参，卒兴大狱。嗣同死焉，启超亡命，才常等被逐，学堂解散。盖学术之争，延为政争矣。

启超既亡居日本，其弟子李、林、蔡等弃家从之者十有一人，才常亦数数往来，共图革命。积年余，举事于汉口，十一人者先后归，从才常死者六人焉。启超亦自美洲驰归，及上海而事已败。自是启超复专以宣传为业，为《新民丛报》、《新小说》等诸杂志，畅其旨义,国人竞喜读之;清廷虽严禁,不能遏;每一册出,内地翻刻本辄十数。二十年来学子之思想,颇蒙其影响。启超夙不喜桐城派古文,幼年为文,学晚汉魏晋,颇尚矜炼,至是自解放,务为平易畅达,时杂以俚语韵语及外国语法,纵笔所至不检束,学者竞效之,号新文体。老辈则痛恨,诋为野狐。然其文条理明晰,笔锋常带情感,对于读者,别有一种魔力焉。

二十六

启超既日倡革命排满共和之论,而其师康有为深不谓然,屡责备之,继以婉劝,两年间函札数万言。启超亦不慊于当时革命家之所为,惩羹而吹齑,持论稍变矣。然其保守性与进取性常交战于胸中,随感情而发,所执往往前后相矛盾,尝自言曰:"不惜以今日之我,难昔日之我。"世多以此为诟病,而其言论之效力亦往往相消,盖生性之弱点然矣。

启超自三十以后,已绝口不谈"伪经",亦不甚谈"改制"。而其师康有为大倡设孔教会定国教祀天配孔诸义,国中附和不乏。启超不谓然,屡起而驳之,其言曰:

"我国学界之光明,人物之伟大,莫盛于战国,盖思想自由之明效也。及秦始皇焚百家之语,而思想一窒;汉武帝表章六艺、罢黜百家,而思想又一窒。自汉以来,号称行孔教二千余年于兹矣,而皆持所谓表章某某、罢黜某某者为一贯之精神。故正学异端有争,今学古学有争,言考据则争师法,言性理则争道统,各自以为孔教,而排斥他人以为非孔教。……浸假而孔子变为董江都、何邵公矣,浸假而孔子变为马季长、郑康成矣,浸假而孔子变为韩退之、欧阳永叔矣,浸假而孔子变为程伊川、朱晦庵矣，浸假而孔子变为陆象山、王阳明矣，浸假而孔子变为顾亭林、戴东原矣，皆由思想束缚于一点，不能自开生面。如群猿得一果，跳掷以相攫，如群妪得一钱，诟詈以相夺，情状抑何可怜？……此二千年来保教党所生之结果也。……”（壬寅年《新民丛报》）

又曰：

“今之言保教者，取近世新学新理而缘附之，曰：某某孔子所已知也，某某孔子所曾言也。……然则非以此新学新理厘然有当于吾心而从之也，不过以其暗合于我孔子而从之耳。是所爱者，仍在孔子，非在真理也。万一遍索诸四书六经而终无可比附者，则将明知为真理而亦不敢从矣。万一吾所比附者，有人剔之，曰孔子不如是，斯亦不敢不弃之矣。若是乎真理之终不能饷遗我国民也。故吾所恶乎舞文贱儒，动以西学缘附中学者，以其名为开新，实则保守，煽思想界之奴性而滋益之也。”（同上）

又曰：

“摭古书片词单语以傅会今义，最易发生两种流弊。一、倘所印证之义，其表里适相吻合，善已；若稍有牵合附会，则最易导国民以不正确之观念，而缘郢书燕说以滋弊。例如畴昔谈立宪谈共和者，偶见经典中某字某句与立宪共和等字义略相近，辄摭拾以沾沾自喜，谓此制为我所固有。其实今世共和立宪制度之为物，即泰西亦不过起于近百年，求诸彼古代之希腊罗马且不可得，遑论我国。而比附之言传播既广，则能使多数人之眼光之思想，见局见缚于所比附之文句。以为所谓立宪共和者不过如是，而不复追求其真义之所存。……此等结习，最易为国民研究实学之魔障。二、劝人行此制，告之曰，吾先哲所尝行也；劝人治此学，告之曰，吾先哲所尝治也；其势较易入，固也。然频以此相诏，则人于先哲未尝行之制，辄疑其不可行，于先哲未尝治之学，辄疑其不当治。无形之中，恒足以增其故见自满之习，而障其择善服从之明。……吾雅不愿采撷隔墙桃李之繁葩，缀结于吾家杉松之老干，而沾沾自鸣得意。吾诚爱桃李也，惟当思所以移植之，而何必使与杉松淆其名实者。"（乙卯年《国风报》）

此诸论者，虽专为一问题而发，然启超对于我国旧思想之总批判，及其所认为今后新思想发展应遵之途径，皆略见焉。中国思想之痼疾，确在"好依傍"与"名实混淆"。若援佛入儒也，若好造伪书也，皆原本于此等精神。以清儒论，颜元几于墨矣，而必自谓出孔子；戴震全属西洋思想，而必自谓出孔子；康有为之大同，空前创获，而必自谓出孔子。及至孔子之改制，何为必托古？诸子何为皆托古？则亦依傍混淆也已。此病根不拔，则思想终无独立自由之望，启超盖于此三致意焉。然持论既屡与其师不合，康、梁学派遂分。

启超之在思想界，其破坏力确不小，而建设则未有闻。晚清思想界之粗率浅薄，启超与有罪焉。启超常称佛说，谓："未能自度，而先度人，是为菩萨发心。"故其生平著作极多，皆随有所见，随即发表。彼尝言："我读到'性本善'，则教人以'人之初'而已。"殊不思"性相近"以下尚未读通，恐并"人之初"一句亦不能解。以此教人，安见其不为误人？启超平素主张，谓须将世界学说为无制限的尽量输入，斯固然矣。然必所输入者确为该思想之本来面目，又必具其条理本末，始能供国人切实研究之资，此其事非多数人专门分担不能。启超务广而荒，每一学稍涉其樊，便加论列，故其所述著，多模糊影响笼统之谈，甚者纯然错误，及其自发现而自谋矫正，则已前后矛盾矣。平心论之,以二十年前思想界之闭塞萎靡,非用此种卤莽疏阔手段,不能烈山泽以辟新局。就此点论,梁启超可谓新思想界之陈涉。虽然,国人所责望于启超不止此。以其人本身之魄力,及其三十年历史上所积之资格,实应为我新思想界力图缔造一开国规模。若此人而长此以自终,则在中国文化史上,不能不谓为一大损失也。

启超与康有为最相反之一点,有为太有成见,启超太无成见。其应事也有然,去治学也亦有然。有为常言:“吾学三十岁已成,此后不复有进,亦不必求进。”启超不然,常自觉其学未成,且忧其不成,数十年日在旁皇求索中。故有为之学,在今日可以论定;启超之学,则未能论定。然启超以太无成见之故,往往徇物而夺其所守,其创造力不逮有为,殆可断言矣。启超“学问欲”极炽,其所嗜之种类亦繁杂,每治一业,则沉溺焉,集中精力,尽抛其他;历若干时日,移于他业,则又抛其前所治者。以集中精力故,故常有所得;以移时而抛故,故入焉而不深。彼尝有诗题其女令娴《艺蘅馆日记》云:“吾学病爱博,是用浅且芜;尤病在无恒,有获旋失诸;百凡可效我,此二无我如。”可谓有自知之明。启超虽自知其短,而改之不勇,中间又屡为无聊的政治活动所牵率,耗其精而荒其业。识者谓启超若能永远绝意政治,且裁敛其学问欲,专精于一二点,则于将来之思想界尚更有所贡献,否则亦适成为清代思想史之结束人物而已。

二十七

晚清思想界有一彗星,曰浏阳谭嗣同。嗣同幼好为骈体文,缘是以窥“今文学”,其诗有“汪(中)魏(源)龚(自珍)王(闿运)始是才”之语，可见其向往所自。又好王夫之之学，喜谈名理。自交梁启超后，其学一变。自从杨文会闻佛法，其学又一变。尝自裒其少作诗文刻之，题曰《东海褰冥氏三十以前旧学》，示此后不复事此矣。其所谓“新学”之著作，则有《仁学》，亦题曰“台湾人所著书”，盖中多讥切清廷，假台人抒愤也。书成，自藏其稿，而写一副本畀其友梁启超；启超在日本印布之，始传于世。《仁学自叙》曰：

“吾将哀号流涕，强聒不舍，以速其冲决网罗。冲决利禄之网罗，冲决俗学若考据若词章之网罗，冲决全球群学群教之网罗，冲决君主之网罗，冲决伦常之网罗，冲决天之网罗。……然既可冲决，自无网罗；真无网罗，乃可言冲决。……”

《仁学》内容之精神，大略如是。英奈端倡“打破偶像”之论，遂启近代科学。嗣同之“冲决罗网”，正其义也。《仁学》之作，欲将科学、哲学、宗教冶为一炉，而更使适于人生之用，真可谓极大胆极辽远之一种计划。此计划，吾不敢谓终无成立之望，然以现在全世界学术进步之大势观之，则以为期尚早，况在嗣同当时之中国耶？嗣同幼治算学，颇深造，亦尝尽读所谓“格致”类之译书，将当时所能有之科学知识，尽量应用。又治佛教之“唯识宗”、“华严宗”，用以为思想之基础，而通之以科学。又用今文学家“太平”、“大同”之义，以为“世法”之极轨，而通之于佛教。嗣同之书，盖取资于此三部分，而组织之以立己之意见，其驳杂幼稚之论甚多，固无庸讳，其尽脱旧思想之束缚，戛戛独造，则前清一代，未有其比也。

嗣同根本的排斥尊古观念，尝曰：“古而可好，则何必为今之人哉！”（《仁学》卷上）对于中国历史，下一总批评曰：“二千年来之政，秦政也，皆大盗也；二千年来之学，荀学也，皆乡愿也；惟大盗利用乡愿，惟乡愿工媚大盗。”（《仁学》卷下）当时谭、梁、夏一派之论调,大约以此为基本,而嗣同尤为悍勇,其《仁学》所谓冲决罗网者,全书皆是也,不可悉举,姑举数条为例。

嗣同明目张胆以诋名教,其言曰:

“俗学陋行,动言名教,……以名为教,则其教已为实之宾,而决非实也。又况名者由人创造,上以制其下而下不能不奉之,则数千年三纲五常之惨祸酷毒由此矣。……如曰‘仁’,则共名也,君父以责臣子,臣子亦可反之君父,于箝制之术不便,故不能不有‘忠孝廉节’一切分别等衰之名。……忠孝既为臣子之专名,则终不能以此反之,虽或他有所据,意欲诘诉,而终不敌忠孝之名为名教之所尚。……名之所在,不惟关其口使不敢昌言,乃并锢其心使不敢涉想。……”

嗣同对于善恶,有特别见解,谓“天地间无所谓恶,恶者名耳,非实也”,谓“俗儒以天理为善,人欲为恶,不知无人欲安得有天理”。彼欲申其“恶由名起”说,乃有极诡僻之论,曰:

“恶莫大淫杀。……男女构精名淫,此淫名也。淫名亦生民以来沿习既久,名之不改,习谓为恶。向使生民之始,即相习以淫为朝聘宴飨之巨典,行诸朝庙,行诸都市,行诸稠人广众,如中国之长揖拜跪,西国之抱腰接吻,则孰知为恶者?戕害生命名杀,此杀名也。然杀为恶,则凡杀皆当为恶。人不当杀,则凡虎狼牛马鸡豚,又何当杀者,何以不并名恶也?或曰,‘人与人同类耳’。然则虎狼于人不同类也,虎狼杀人,则名虎狼为恶;人杀虎狼,何以不名人为恶也?……”

此等论调,近于诡辩矣,然其怀疑之精神,解放之勇气,正可察见。

《仁学》下篇,多政治谈。其篇首论国家起原及民治主义(文不具引),实当时谭、梁一派之根本信条,以殉教的精神力图传播者也。由今观之,其论亦至平庸,至疏阔。然彼辈当时,并卢骚《民约论》之名亦未梦见,而理想多与暗合,盖非思想解放之效不及此。其鼓吹排满革命也,词锋锐不可当,曰:

> “天下为君主私产,不始今日,……然而有知辽、金、元、清之罪,浮于前此君主者乎?其土则秽壤也,其人则膻种也,其心则禽心也,则俗则毳俗也。逞其凶残淫杀,攫取中原子女玉帛,……犹以为未餍。锢其耳目,桎其手足,压其心思,挫其气节。……方命曰:此食毛践土之分然也。夫果谁食谁之毛?谁践谁之土?……”

又曰:“吾华人慎毋言华盛顿、拿破仑矣,志士仁人,求为陈涉、杨玄感,以供圣人之驱除,死无憾焉。若机无可乘,则莫若为任侠(暗杀),亦足以伸民气,倡勇敢之风。”此等言论,著诸竹帛,距后此“同盟会”、“光复会”等之起,盖十五六年矣。

《仁学》之政论,归于“世界主义”,其言曰:“春秋大一统之义,天地间不当有国也”。又曰:“不惟发愿救本国,并彼极盛之西国与夫含生之类,一切皆度之,……不可自言为某国人,当平视万国,皆其国,皆其民。”篇中此类之论,不一而足,皆当时今文学派所日倡道者。其后梁启超居东,渐染欧、日俗论,乃盛倡褊狭的国家主义,惭其死友矣。

嗣同遇害,年仅三十三,使假以年,则其学将不能测其所至。仅留此区区一卷,吐万丈光芒,一瞥而逝,而扫荡廓清之力莫与京焉,吾故比诸彗星。

二十八

在此清学蜕分与衰落期中,有一人焉能为正统派大张其军者,曰余杭章炳麟。炳麟少受学于俞樾,治小学极谨严,然固浙东人也,受全祖望、章学诚影响颇深,大究心明清间掌故,排满之信念日烈。炳麟本一条理缜密之人,及其早岁所作政谈,专提倡单调的"种族革命论",使众易喻,故鼓吹之力綦大。中年以后,究心佛典,治《俱舍》、《唯识》有所入。既亡命日本,涉猎西籍,以新知附益旧学,日益闳肆。其治小学,以音韵为骨干,谓文字先有声然后有形,字之创造及其孳乳,皆以音衍。所著《文始》及《国故论衡》中论文字音韵诸篇,其精义多乾嘉诸老所未发明。应用正统派之研究法,而廓大其内容,延辟其新径,实炳麟一大成功也。炳麟用佛学解老庄,极有理致,所著《齐物论释》,虽间有牵合处,然确能为研究庄子哲学者开一新国土。其《葑汉微言》,深造语极多。其余《国故论衡》、《检论》、《文录》诸篇,纯驳互见。尝自述治学进化之迹曰:

"少时治经,谨守朴学,所疏通证明者,在文学器数之间。虽尝博观诸子,略识微言,亦随顺旧义耳。……继阅佛藏,涉猎《华严》、《法华》、《涅槃》诸经,义解渐深,卒未窥其究竟。及囚系上海,专修慈氏世亲之书。此一术也,以分析名相始,以排遣名相终。从入之途,与平生朴学相似,易于契机。……

"……讲说许书,一旦解寤,昀然见语言文字本原,于是初为《文始》。……由是所见与笺疏琐碎者殊矣。……

"为诸生说《庄子》,旦夕比度,遂有所得,端居深观而释《齐物》,乃与《瑜伽》、《华严》相会。……

"自揣平生学术,始则转俗成真,终乃回真向俗。……秦汉以来,依违于彼是之间,局促于一曲之内,盖未尝睹是也。……"(《葑汉微言》卷末)

其所自述,殆非溢美。盖炳麟中岁以后所得,固非清学所能限矣。其影响于近年来学界者亦至巨。虽然，炳麟谨守家法之结习甚深，故门户之见，时不能免，如治小学排斥钟鼎文龟甲文，治经学排斥“今文派”，其言常不免过当。而对于思想解放之勇决，炳麟或不逮今文家也。

二十九

自明徐光启、李之藻等广译算学、天文、水利诸书，为欧籍入中国之始，前清学术，颇蒙其影响，而范围亦限于天算。鸦片战役以后，渐怵于外患。洪杨之役，借外力平内难，益震于西人之“船坚炮利”。于是上海有制造局之设，附以广方言馆，京师亦设同文馆，又有派学生留美之举，而目的专在养成通译人才，其学生之志量，亦莫或逾此。故数十年中，思想界无丝毫变化。惟制造局中尚译有科学书二三十种，李善兰、华蘅芳、赵仲涵等任笔受。其人皆学有根柢，对于所译之书，责任心与兴味皆极浓重，故其成绩略可比明之徐、李。而教会之在中国者，亦颇有译书。光绪间所为“新学家”者，欲求知识于域外，则以此为枕中鸿秘。盖“学问饥饿”，至是而极矣。甲午丧师，举国震动，年少气盛之士，疾首扼腕言“维新变法”，而疆吏若李鸿章、张之洞辈，亦稍稍和之。而其流行语，则有所谓“中学为体，西学为用”者，张之洞最乐道之，而举国以为至言。盖当时之人，绝不承认欧美人除能制造能测量能驾驶能操练之外，更有其他学问，而在译出西书中求之，亦确无他种学问可见。康有为、梁启超、谭嗣同辈，即生育于此种“学问饥荒”之环境中，冥思枯索，欲以构成一种“不中不西即中即西”之新学派，而已为时代所不容。盖固有之旧思想，既深根固蒂，而外来之新思想，又来源浅觳，汲而易竭，其支绌灭裂，固宜然矣。

戊戌政变，继以庚子拳祸，清室衰微益暴露。青年学子，相率求学海外，而日本以接境故，赴者尤众。壬寅、癸卯间，译述之业特盛，定期出版之杂志不下数十种。日本每一新书出，译者动数家。新思想之输入，如火如荼矣。然皆所谓"梁启超式"的输入，无组织，无选择，本末不具，派别不明，惟以多为贵，而社会亦欢迎之。盖如久处灾区之民，草根木皮，冻雀腐鼠，罔不甘之，朵颐大嚼，其能消化与否不问，能无召病与否更不问也，而亦实无卫生良品足以为代。时独有侯官严复，先后译赫胥黎《天演论》，斯密亚丹《原富》，穆勒约翰《名学》、《群己权界论》，孟德斯鸠《法意》，斯宾塞《群学肄言》等数种，皆名著也。虽半属旧籍，去时势颇远，然西洋留学生与本国思想界发生关系者，复其首也。亦有林纾者，译小说百数十种，颇风行于时，然所译本率皆欧洲第二三流作者。纾治桐城派古文，每译一书，辄"因文见道"，于新思想无与焉。

晚清西洋思想之运动，最大不幸者一事焉，盖西洋留学生殆全体未尝参加于此运动。运动之原动力及其中坚，乃在不通西洋语言文字之人。坐此为能力所限，而稗贩、破碎、笼统、肤浅、错误诸弊，皆不能免。故运动垂二十年，卒不能得一健实之基础，旋起旋落，为社会所轻。就此点论，则畴昔之西洋留学生，深有负于国家也。

而一切所谓"新学家"者，其所以失败，更有一种根原，曰不以学问为目的而以为手段。时主方以利禄饵诱天下，学校一变名之科举，而新学亦一变质之八股。学子之求学者，其什中八九，动机已不纯洁，用为"敲门砖"，过时则抛之而已。此其劣下者，可勿论。其高秀者，则亦以"致用"为信条，谓必出所学举而措之，乃为无负。殊不知凡学问之为物，实应离"致用"之意味而独立生存，真所谓"正其谊不谋其利，明其道不计其功"。质言之，则有"书呆子”，然后有学问也。晚清之新学家，俗求其如盛清先辈具有“为经学而治经学”之精神者，渺不可得，其不能有所成就，亦何足怪？故光、宣之交，只能谓为清学衰落期，并新思想启蒙之名，亦未敢轻许也。

三十

晚清思想家有一伏流，曰佛学。前清佛学极衰微，高僧已不多，即有，亦于思想界无关系。其在居士中，清初王夫之颇治相宗，然非其专好。至乾隆时，则有彭绍升、罗有高，笃志信仰。绍升尝与戴震往复辨难(《东原集》)。其后龚自珍受佛学于绍升(《定庵文集》有《知归子赞》。知归子即绍升)，晚受菩萨戒。魏源亦然，晚受菩萨戒，易名承贯，著《无量寿经会译》等书。龚、魏为“今文学家”所推奖，故“今文学家”多兼治佛学。石埭杨文会，少曾佐曾国藩幕府，复随曾纪泽使英，夙栖心内典，学问博而道行高。晚年息影金陵，专以刻经弘法为事。至宣统三年武汉革命之前一日圆寂。文会深通“法相”、“华严”两宗，而以“净土”教学者，学者渐敬信之。谭嗣同从之游一年，本其所得以著《仁学》，尤常鞭策其友梁启超。启超不能深造，顾亦好焉，其所著论，往往推挹佛教。康有为本好言宗教，往往以己意进退佛说。章炳麟亦好法相宗，有著述。故晚清所谓新学家者，殆无一不与佛学有关系，而凡有真信仰者率皈依文会。

经典流通既广，求习较易，故研究者日众。就中亦分两派，则哲学的研究，与宗教的信仰也。西洋哲学既输入，则对于印度哲学，自然引起连带的兴味。而我国人历史上与此系之哲学因缘极深，研究自较易，且亦对于全世界文化应负此种天职，有志者颇思自任焉。然其人极稀，其事业尚无可称述。社会既屡更丧乱，厌世思想，不期而自发生，对于此恶浊世界，生种种烦懑悲哀，欲求一安心立命之所；稍有根器者，则必遁逃而入于佛。佛教本非厌世，本非消极，然真学佛而真能赴以积极精神者，谭嗣同外，殆未易一二见焉。

学佛既成为一种时代流行，则依附以为名高者出焉。往往有夙昔稔恶或今方在热中奔竞中者，而亦自托于学佛，今日听经打坐，明日黩货陷人。净宗他力横超之教，本有"带业往生"一义。稔恶之辈，断章取义，日日勇于为恶，恃一声"阿弥陀佛"，谓可湔拔无余，直等于"罗马旧教"极敝时，忏罪与犯罪，并行不悖。又中国人中迷信之毒本甚深，及佛教流行，而种种邪魔外道惑世诬民之术，亦随而复活，乩坛盈城，图谶累牍。佛弟子曾不知其为佛法所诃，为之推波助澜，甚至以二十年前新学之巨子，犹津津乐道之。率此不变，则佛学将为思想界一大障，虽以吾辈夙尊佛法之人，亦结舌不敢复道矣。

蒋方震曰："欧洲近世史之曙光，发自两大潮流。其一，希腊思想复活，则'文艺复兴'也；其二，原始基督教复活，则'宗教改革'也。我国今后之新机运，亦当从两途开拓，一为情感的方面，则新文学新美术也；一为理性的方面，则新佛教也。"(《欧洲文艺复兴时代史》自序)吾深韪其言。中国之有佛教，虽深恶之者终不能遏绝之，其必常为社会思想之重要成分，无可疑也。其益社会耶？害社会耶？则视新佛教徒能否出现而已。

更有当附论者，曰基督教。基督教本与吾国民性不近，故其影响甚微。其最初传来者，则旧教之"耶稣会"一派也。明士大夫徐光启辈，一时信奉，入清转衰，重以教案屡起，益滋人厌。新教初来，亦受其影响。其后国人渐相安，而教力在欧洲已日杀矣。各派教会在国内事业颇多,尤注意教育,然皆竺旧,乏精神。对于数次新思想之运动,毫未参加,而间接反有阻力焉。基督教之在清代,可谓无咎无誉,今后不改此度,则亦归于淘汰而已。

三十一

前清一代学风,与欧洲文艺复兴时代相类甚多。其最相异之一点,则美术文学不发达也。清之美术(画),虽不能谓甚劣于前代,然绝未尝向新方面有所发展,今不深论。其文学,以言夫诗,真可谓衰落已极。吴伟业之靡曼,王士祯之脆薄,号为开国宗匠。乾隆全盛时,所谓袁(枚)、蒋(士铨)、赵(翼)三大家者,臭腐殆不可向迩。诸经师及诸古文家,集中多亦有诗,则极拙劣之砌韵文耳。嘉道间,龚自珍、王昙、舒位,号称新体,则粗犷浅薄。咸同后,竞宗宋诗,只益生硬,更无余味。其稍可观者,反在生长僻壤之黎简、郑珍辈,而中原更无闻焉。直至末叶,始有金和、黄遵宪、康有为,元气淋漓,卓然称大家。以言夫词,清代固有作者,驾元明而上,若纳兰性德、郭麐、张惠言、项鸿祚、谭献、郑文焯、王鹏运、朱祖谋,皆名其家,然词固所共指为小道者也。以言夫曲,孔尚任《桃花扇》、洪昇《长生殿》外,无足称者;李渔、蒋士铨之流,浅薄寡味矣。以言夫小说,《红楼梦》只立千古,余皆无足齿数。以言夫散文,经师家朴实说理,毫不带文学臭味;桐城派则以文为"司空城旦"矣。其初期魏禧、王源较可观,末期则魏源、曾国藩、康有为。清人颇自夸其骈文,其实极工者仅一汪中,次则龚自珍、谭嗣同。其最著名之胡天游、邵齐焘、洪亮吉辈,已堆垛柔曼无生气,余子更不足道。要而论之,清代学术,在中国学术史上,价值极大;清代文艺美术,在中国文艺史美术史上,价值极微;此吾所敢昌言也。

清代何故与欧洲之“文艺复兴”异其方向耶？所谓“文艺复兴”者，一言以蔽之，曰返于希腊。希腊文明，本以美术为根干，无美术则无希腊，盖南方岛国景物妍丽而多变化之民所特产也。而意大利之位置，亦适与相类。希腊主要美术在雕刻，而其实物多传于后。故维那神像（雕刻裸体女神）之发掘，为文艺复兴最初之动机，研究学问上古典，则其后起耳。故其方向特趋重于美术，宜也。我国文明，发源于北部大平原。平原雄伟广荡而少变化，不宜于发育美术。所谓复古者，使古代平原文明之精神复活，其美术的要素极贫乏，则亦宜也。

然则曷为并文学亦不发达耶？欧洲文字衍声，故古今之差变剧；中国文字衍形，故古今之差变微。文艺复兴时之欧人，虽竞相与研究希腊，或径以希腊文作诗歌及其他著述，要之欲使希腊学普及，必须将希腊语译为拉丁或当时各国通行语，否则人不能读。因此，而所谓新文体（国语新文学）者，自然发生，如六朝隋唐译佛经，产生一种新文体，今代译西籍，亦产出一种新文体，相因之势然也。我国不然，字体变迁不剧，研究古籍，无待迻译。夫《论语》、《孟子》，稍通文义之人尽能读也，其不能读《论语》、《孟子》者，则并《水浒》、《红楼》亦不能读也，故治古学者无须变其文与语。既不变其文与语，故学问之实质虽变化，而传述此学问之文体语体无变化，此清代文无特色之主要原因也。重以当时诸大师方以崇实黜华相标榜，顾炎武曰：“一自命为文人，便无足观。”（《日知录》二十）所谓“纯文艺”之文，极所轻蔑。高才之士，皆集于“科学的考证”之一途。其向文艺方面讨生活者，皆第二派以下人物，此所以不能张其军也。

三十二

问曰:吾子屡言清代研究学术,饶有科学精神,何故自然科学,于此时代并不发达耶?答曰:是亦有故。文化之所以进展,恒由后人承袭前人知识之遗产,继长增高。凡袭有遗产之国民,必先将其遗产整理一番,再图向上,此乃一定步骤。欧洲文艺复兴之价值,即在此。故当其时,科学亦并未发达也,不过引其机以待将来。清代学者,刻意将三千年遗产,用科学的方法大加整理,且亦确已能整理其一部分。凡一国民在一时期内,只能集中精力以完成一事业,且必须如此,然后事业可以确实成就。清人集精力于此一点,其贡献于我文化者已不少,实不能更责以其他。且其趋势,亦确向切近的方面进行,例如言古音者,初惟求诸《诗经》、《易经》之韵,进而考历代之变迁,更进而考古今各地方音,遂达于人类发音官能构造之研究,此即由博古的考证引起自然科学的考证之明验也。故清儒所遵之途径,实为科学发达之先驱,其未能一蹴即几者,时代使然耳。

复次,凡一学术之发达,必须为公开的且趣味的研究,又必须其研究资料比较丰富。我国人所谓"德成而上,艺成而下"之旧观念,因袭已久,本不易骤然解放,其对于自然界物象之研究,素乏趣味,不能为讳也。科学上之发明,亦何代无之?然皆带秘密的性质,故终不能光大,或不旋踵而绝,即如医学上证治与药剂,其因秘而失传者,盖不少矣。凡发明之业,往往出于偶然。发明者或并不能言其所以然,或言之而非其真,及以其发明之结果公之于世,多数人用各种方法向各种方面研究之,然后偶然之事实,变为必然之法则。此其事非赖有种种公开研究机关——若学校若学会若报馆者,则不足以收互助之效,而光大其业也。夫在清代则安能如是,此又科学不能发生之一原因也。

然而语一时代学术之兴替,实不必问其研究之种类,而惟当问其研究之精神。研究精神不谬者,则施诸此种类而可成就,施诸他种类而亦可以成就也。清学正统派之精神,轻主观而重客观,贱演绎而尊归纳,虽不无矫枉过正之处,而治学之正轨存焉。其晚出别派(今文学家)能为大胆的怀疑解放,斯亦创作之先驱也。此清学之所为有价值也欤?

三十三

读吾书者,若认其所采材料尚正确,所批评亦不甚纰缪,则其应起之感想,有数种如下:

其一,可见我国民确富有“学问的本能”。我国文化史确有研究价值,即一代而已见其概。故我辈虽当一面尽量吸收外来之新文化,一面仍万不可妄自菲薄,蔑弃其遗产。

其二,对于先辈之“学者的人格”,可以生一种观感。所谓“学者的人格”者,为学问而学问,断不以学问供学问以外之手段。故其性耿介,其志专一,虽若不周于世用,然每一时代文化之进展,必赖有此等人。

其三,可以知学问之价值,在善疑,在求真,在创获。所谓研究精神者,归著于此点。不问其所疑所求所创者在何部分,亦不问其所得之巨细,要之经一番研究,即有一番贡献。必如是始能谓之增加遗产,对于本国之遗产当有然,对于全世界人类之遗产亦当有然。

其四,将现在学风与前辈学风相比照,令吾曹可以发现自己种种缺点。知现代学问上笼统影响凌乱肤浅等等恶现象,实我辈所造成。此等现象,非彻底改造,则学问永无独立之望,且生心害政,其流且及于学问社会以外。吾辈欲为将来之学术界造福耶?抑造罪耶?不可不取鉴前代得失以自策厉。

吾著此书之宗旨,大略如是。而吾对于我国学术界之前途,实抱非常乐观。盖吾稽诸历史,征诸时势,按诸我国民性,而信其于最近之将来,必能演出数种潮流,各为充量之发展。吾今试为预言于此,吾祝吾观察之不谬,而希望之不虚也。

一、自经清代考证学派二百余年之训练,成为一种遗传,我国学子之头脑,渐趋于冷静缜密。此种性质,实为科学成立之根本要素。我国对于"形"的科学(数理的),渊源本远,根柢本厚;对于"质"的科学(物理的),因机缘未熟,暂不发展。今后欧美科学,日日输入,我国民用其遗传上极优粹之科学的头脑,凭借此等丰富之资料,瘁精研究,将来必可成为全世界第一等之科学国民。

二、佛教哲学,本为我先民最为珍贵之一遗产,特因发达太过,末流滋弊,故清代学者,对于彼而生剧烈之反动。及清学发达太过,末流亦敝,则还元的反动又起焉。适值全世界学风,亦同有此等倾向。物质文明烂熟,而"精神上之饥饿"益不胜其苦痛。佛教哲学,盖应于此时代要求之一良药也。我国民性,对于此种学问,本有特长,前此所以能发达者在此,今后此特性必将复活。虽然,隋唐之佛教,非复印度之佛教,而今后复活之佛教亦必非复隋唐之佛教。质言之,则"佛教上之宗教改革"而已。

三、所谓"经世致用"之一学派,其根本观念,传自孔孟,历代多倡道之,而清代之启蒙派晚出派,益扩张其范围。此派所揭橥之旗帜,谓学问有当讲求者,在改良社会增其幸福,其通行语所谓"国计民生"者是也。故其论点,不期而趋集于生计问题。而我国对于生计问题之见地，自先秦诸大哲，其理想皆近于今世所谓“社会主义”。二千年来生计社会之组织，亦蒙此种理想之赐，颇称均平健实。今此问题为全世界人类之公共问题，各国学者之头脑，皆为所恼。吾敢言我国之生计社会，实为将来新学说最好之试验场，而我国学者对于此问题，实有最大之发言权，且尤当自觉悟其对此问题应负最大之任务。

四、我国文学美术根柢极深厚，气象皆雄伟，特以其为“平原文明”所产育，故变化较少。然其中徐徐进化之迹，历然可寻，且每与外来之宗派接触，恒能吸受以自广。清代第一流人物，精力不用诸此方面，故一时若甚衰落，然反动之征已见。今后西洋之文学美术，行将尽量收入，我国民于最近之将来，必有多数之天才家出焉，采纳之而傅益以己之遗产，创成新派，与其他之学术相联络呼应，为趣味极丰富之民众的文化运动。

五、社会日复杂，应治之学日多，学者断不能如清儒之专研古典。而固有之遗产，又不可蔑弃，则将来必有一派学者焉，用最新的科学方法，将旧学分科整治，撷其粹，存其真，续清儒未竟之绪，而益加以精严，使后之学者既节省精力，而亦不坠其先业。世界人之治中华国学者，亦得有藉焉。

以吾所观察所希望，则与清代兴之新时代，最少当有上列之五大潮流，在我学术界中，各为猛烈之运动，而并占重要之位置。若今日者，正其启蒙期矣。吾更愿陈余义以自厉，且厉国人。

一、学问可嗜者至多，吾辈当有所割弃然后有所专精。对于一学，为彻底的忠实研究，不可如刘献廷所诮“只教成半个学者”（《广阳杂记》卷五），力洗晚清笼统肤浅凌乱之病。

二、善言政者，必曰“分地自治，分业自治”，学问亦然，当分业发展，分地发展。分业发展之义易明，不赘述。所谓分地发展者，吾以为我国幅员，广埒全欧，气候兼三带，各省或在平原，或在海滨，或在山谷。三者之民，各有其特性，自应发育三个体系以上之文明。我国将来政治上各省自治基础确立后，应各就其特性，于学术上择一二种为主干。例如某省人最宜于科学，某省人最宜于文学美术，皆特别注重，求为充量之发展。必如是，然后能为本国文化、世界文化作充量之贡献。

三、学问非一派可尽。凡属学问，其性质皆为有益无害，万不可求思想统一，如二千年来所谓"表章某某、罢黜某某"者。学问不厌辨难，然一面申自己所学，一面仍尊人所学，庶不至入主出奴，蹈前代学风之弊。

吾著此篇竟，吾感谢吾先民之饷遗我者至厚，吾觉有极灿烂庄严之将来横于吾前！

（原载《饮冰室合集》中华书局1936年版，现选自《民国学术经典文库》东方出版社1996年版）

本文将清代学术分为四个时期，启蒙时期代表人物为顾炎武、胡渭、阎若璩。炎武提倡"舍经学无理学"，脱宋明儒羁绊；若璩辨伪经，唤起求真观念，胡渭扫除宋学架空说之根据，建立了清学之规模。全盛时期代表人物为惠栋、段玉裁、王念孙，为清学正统派。此派弃宋学，为考证而考证，为经学而治经学，因而成就较大。蜕分期代表人物为康有为、梁启超。康氏总疑经大成，作《孔子改制考》，梁氏则大力宣传，谭嗣同收其尾。衰落期在变法失败和西学的冲击下，只有章炳麟能张其学，但已无可挽回。

清代思想史的一个新解释

〔美〕 余英时

一 为什么要重新解释清代思想史

我这几年的研究工作主要是"清代思想史",研究清代思想史当然会牵涉到许多问题,其中最重要的一个,就是怎样把清代思想史重新加以解释。首先,我想先谈谈为什么需要对清代思想史重新解释。

这五六十年以来,也就是说自"五四"以来,甚至还要再往上推到辛亥革命以前,自章太炎先生开始,对于清代的思想或学术史,有一种共同的看法。这种看法和我们当时的"反满"意识有关。大家似乎都认定清代的学术之所以变成考证、变成经学,主要是因为读书人受到满洲人的压迫,不敢触及思想问题,因此转到考证方面。因为考证一名一物不会触犯思想上的禁忌,引起文字狱。用章太炎的话说:"空有智慧,大凑于说经,亦以纾死。"这可以说是近人解释清代思想史的一个重要观点、一个中心理论。这个理论自然并不是全无根据,但是在应用这一理论的时候,它是不是被过分的夸张了呢? 是不是整个清代二百多年的思想发展,只用这样的一种外缘的因素就可以解释得清楚呢? 这是我自己经常反省、考虑的问题。另外我们还可以举出几个其他的理论。一是反理学，这又和反满是密切相关的一种解释。我们研究清代学术史，有一个共同的清晰印象，就是宋儒理学到了清代好像一下子便中断了，为什么呢？清初不少大儒一方面反满，一方面也反玄谈。这两者之间显然有某种关联。因此有些学者像梁启超先生便认为清初一般读书人痛定思痛，深恨清谈心性误国，因此都反理学，终于走上了经史实学的路子。跟反理学之说有关的一种解释是说清代学术的发展，基本上是一个方法论的运动，由于反玄谈、反理学，大家便从主观冥想转到客观研究的新方法上来了。这些说法，在我看来，并不是不对，而是不足以称为严格意义上的历史解释。因为它们只是一种描写，对历史现象的描写。至于这种现象何以发生，在这些理论中则没有解答，或解答不够彻底。我们还要问为什么反理学？反玄谈？不喜欢讲心性？新方法又是怎样出现的？难道这些问题都是“反满”两字可以解答得了的吗？

让我再讲一个马克思主义的解释。大陆上有些学者如侯外庐提出一个说法，以为继宋明理学之后，清代在思想史上的意义是一种启蒙运动。这是搬的西洋名词 Enlightenment。这种“启蒙运动”照他们的阶级分析说，则是代表一种市民阶级的思想。这种说法当然是用马克思的史观来解释清代思想的经济背景，我也不愿意说它完全没有根据。比如说黄宗羲在《明夷待访录》《财计篇》中曾反驳世儒“工商为末”之论，并明确提出“工商皆本”的命题。这与传统儒家以农为本的思想大不相同。但如果我们因此就说顾炎武、黄宗羲这几位大师的立说，全是为了代市民阶级争利益而来，恐怕是难以成立的。我们不妨把这种说法摆在一边，聊备一格。

总结我刚才所说的几个理论，不出两大类：一是反满说，这是政治观点的解释；二是市民阶级说，这是从经济观点来解释的。无论是政治的解释或是经济的解释，或是从政治解释派生下来的反理学的说法，都是从外缘来解释学术思想的演变，不是从思想史的内在发展着眼，忽略了思想史本身的生命。我们大家都知道，现在西方研究 intellectual history 或 history of ideas，有很多种看法。其一个最重要的观念，就是把思想史本身看作有生命的、有传统的，这个生命、这个传统的成长并不是完全仰赖于外在刺激的，因此单纯地用外缘来解释思想史是行不通的。同样的外在条件、同样的政治压迫、同样的经济背景，在不同的思想史传统中可以产生不同的后果，得到不同的反应。所以在外缘之外，我们还特别要讲到思想史的内在发展。我称之为内在的理路（inner logic），也就是每一个特定的思想传统本身都有一套问题，需要不断地解决，这些问题，有的暂时解决了，有的没有解决，有的当时重要，后来不重要，而且旧问题又衍生新问题，如此流转不已。这中间是有线索条理可寻的。怀特海（A. N. Whitehead）曾说，一部西方哲学史可以看作是柏拉图思想的注脚，其真实涵义便在于此。你要专从思想史的内在发展着眼，撇开政治、经济及外面因素不问，也可以讲出一套思想史。从宋明理学到清代经学这一阶段的儒学发展史也正可以这样来处理。

我为什么要这样说呢？因为在我们一般的印象中，六百年的宋明理学到清代突然中断了，是真的中断了吗？还是我们没有看见？或者是我们故意视而不见？我想这个问题值得我们好好地想一想。以清初的三大儒来说，王船山也罢、顾炎武也罢、黄宗羲也罢，他们思想其实还是跟理学分不开的；他们有浓厚的理学兴趣，至少脑子里有理学的问题，因此跟后来的考证家还是相去很远的。尽管这三位在考证方面都有贡献，我们恐怕还是不能把他们当作纯粹的考证学家。我们不免要问，那么理学到底是从什么时候才失踪的呢？胡适之先生写《戴东原的哲学》，他感慨地说六百年的哲学遗风到了清代忽然消歇了。为什么消歇了呢？胡先生并没有作进一步的说明。冯友兰先生的《中国哲学史》有一章就叫做《清代道学的继续》，他说道学在清代还继续存在，但是相对于汉学而言，它已不是学术思想的主流了，只是一个旁支而已。清朝人谈到哲学问题，还是沿用旧的名词；如性、命、理、气，但是从哲学观点看，清人并没有突破性的成就，所以也不占重要地位。这也是说，清代的宋学和汉学之间并没有必然的内在关系。而且从历史观点看，汉学是对宋明理学的一种反动。可是我们往深一层想，如果说整个清代三百年的思想都从反抗理学而来，恐怕也不容易讲得通，我们很难想像，只是反，便可以反出整个清代一套的学术思想来。贯穿于理学与清学之间有一个内在的生命。我们现在便要找出宋明理学和清代的学术的共同生命何在。

我认为这两者之间是有线索可找的。我是经过多方面的考虑，才得到一个初步的看法。这个看法，并不和上面提到的几个说法相冲突，因为那些说法都是从外面讲的，都只注意思想史的外缘。而专靠外缘的因素则无法解释清代学术思想发展的全部过程。以政治外缘为例，反满并不足以解释经学考证的兴起和理学的衰落。我们研究《四库全书》的纂修经过，的确看到清廷禁毁不少的书，也改易了不少的书中文字。不过再细究下去，便可见禁毁改易多限于史学方面，经学方面似乎没有大影响，"集"部也是牵涉到夷狄等字眼才触犯忌讳，关于经学方面，我们知道清朝的几个皇帝是提倡经学的，也提倡理学。特别是程、朱之学。当然也是别有用心，有政治作用。不过真正讲理学也不会犯很大的忌。清初还有很多所谓理学的名臣。所以说把理学的衰落和汉学的发展完全归之于清代政治压迫的影响，是不周全的。再从社会经济发展来讲，市民说也是大有问题的，首先我们要找出一个所谓市民阶级的存在，这还是一个大有争论的问题。大陆上曾掀起过一场所谓“资本主义萌芽问题”的讨论，可是并没有得到一定的结论。

二 宋代儒学及其内在问题

我现在想从思想史发展的内在理路方面提出一种看法，这个看法不仅涉及整个清代的学术，同时也牵涉到宋明理学的主要传统。我们如何解释宋明理学传统的内涵，这又是一个重要问题。当然，宋明理学，从朱熹到王阳明，用现代观点看，显然是属于形而上学的范畴。它讲的是心、性，是性命之学，是道、是理、是抽象的，而清朝人则说它是虚的、玄的。可是虚的、玄的是一个相对的说法。究竟什么是虚的、玄的，什么是实的，是要看你自己的价值取向。譬如说一个宗教感很强的人便会觉得清代那些实实在在的考证，反而是虚的，和自己的精神生命没有关系。他反而觉得儒家的宗教思想的一方面，或者基督教宗教思想的一方面，是最真实的。所以虚和实，我们必须以相对的名词来看待，并不是说清人对古书一本本的考证研究便一定是实的。事实上，清代考证学到后来跟人生、跟社会、跟一切都脱离了关系。虽号称朴学，当时已有人说是“华而非朴”。也就是说它是虚而不实的。

我想我们要讲宋明理学跟清代学术的关系，应该对宋明理学的内涵重新作一检讨。照传统的看法，宋明理学从朱熹到王阳明当然是一条主流，是以道德修养为主的。或者用儒家的旧名词说，就是尊德性之学。和尊德性相对的，还有道问学的一方面，道问学相当于我们现在所说的求实在的学问知识。所谓尊德性之学就是肯定人的德性是本来已有的，但不免为物欲所蔽，因此你要时时在这方面用工夫,保持德性于不坠。但是尊德性也要有道问学来扶翼,否则不免流于空疏。这本来是儒家的两个轮子,从《大学》《中庸》以来,就有这两个轮子,不能分的。儒家传统中还有其他的名词和这两个轮子相应的。比如说“博学”和“一贯”,或者“博”与“约”,或者“闻见之知”和“德性之知”,或者“居敬”与“穷理”,这些都是成套的,你不能把它割裂开来看。

所有宋、明的儒家都是尊德性的,把德性之知放在第一位,这当然不成问题。但另外一方面讲,尊德性之下,还有问题在,即要不要知识呢?要不要道问学呢?比如宋朝人说他们把握到了孔孟之道。但你怎么知道所把握到的真是孔孟之道呢?要不要看孔、孟、六经之书呢?经学上的问题,要不要处理呢?因此虽同是尊德性,儒家自身便不免要分为两个不同的流派了。陆象山和朱子的分别,从一种意义上来说正是在这里。照陆象山说,他是读了《孟子》以后,心中便直接得到了儒家的义理。事实上,很可能他是心中先有了义理,然后才在《孟子》中得到印证罢了。象山虽然并不主张完全废书不观,但他毕竟认为读书对于成德的功夫而言只是外在的,不是直接相干的。而朱熹则可以说是走的另外一条路子。朱子当然也是尊德性的,但是他特别强调在尊德性的下边大有事在,不是只肯定了尊德性就一切都够了。比如朱熹讲《诗经》,他就不赞成只用“思无邪”三个字来概括三百篇的全部意义。这三个字不能概括《诗经》的丰富内容。我们真要懂得《诗经》,总得要将一部《诗经》从头到尾好好地读一遍。所以朱子的“诗集传”对《诗经》提出了特别的看法,新颖的见解。这就充分表现出来朱子喜欢研究学问,注重知识的一方面。所以至少在朱子一系的新儒学中,知识是一个占有中心位置的问题。事实上这是世界思想史上一个具有普遍性的问题,我们可以说几乎每一个重要的宗教传统或道德传统中都存在着知识的问题。我们怎样处理它,对待它?这是颇费斟酌的事,以西方文化为例,知识与宗教之间的关系,便屡经变迁,而尤以近代科学知识兴起以后,双方的交涉,更为复杂。John H. Randall Jr. 有一本讲演集,叫做 The Role of Knowledge in Western Religion,便是特别讨论这个问题的。

世界上似乎有两类人,他们性格不同(姑不论这种性是天生的,还是后来发展出来的):一类人有很强的信仰,而不大需要知识来支持信仰,对于这类人而言,知识有时反而是一个障碍。学问愈深,知识愈多,便愈会被名词、概念所纠缠而见不到真实的道体。所以陆象山才说朱子"学不见道,枉费精神。"另外一类人,并不是没有信仰,不过他们总想把信仰建筑在坚实的知识的基础的上面,总要搞清楚信仰的根据何在。总之,我们对自己所持的信仰是否即是放诸四海而皆准,这在某些人可以是问题,而在另一些人不是问题。如果根据这个粗疏的分类,我们可以说陆象山是那种性格上有极强的信仰的人,王阳明也可以说是如此;朱熹这一派人强调穷理致知,便是觉得理未易察,他们虽然一方面说"理一",而另一方面则又说"分殊",所以要一个个物去格,不格物怎么知道呢?这里面显然牵涉到怎样求取知识的问题。在尊德性之下,是否就可以撇开知识不管,还是在尊德性之后,仍然要对知识有所交代,这在宋明理学传统中是个中心的问题。

谈到宋明理学,有一点应该先说明,即至少在北宋时代,所谓理学,尚非儒家的主流,讲求心性的理学,要到南宋以后,才开始当令,在北宋时还看不出这种局面的。北宋时儒学再生了,规模十分宏阔,周、张、二程的义理尚不过是儒学的一支而已。根据胡瑗的弟子刘彝的说法,圣人之道包括了三个方面,一是讲体,一像君臣,父子,仁义礼乐,历世不可变的体;一是讲用,怎样拿儒家学问来建立政治社会秩序,即所谓经世济民;最后还有文,即指经、史、子、传,各种文献。任何宗教传统或道德传统或文化传统,一定有它一套基本文献,文献怎么处理,如何解释,这是一个大问题。所以至少在北宋时,除了少数人讲心,讲性以外,还有更多的新儒家讲其他的问题,如经史问题,政治改革问题等等。下逮南宋儒学始偏重于体的方面,而且是偏于体的哲学方面,或者说要建立道德的形而上学的基础。体是永久性的,绝对的,不是暂时的,相对的。要确定这种永久性、绝对性,便不得不从形而上方面着眼。总之,南宋以后,儒家注重体的问题过于用了。何以是如此呢?因为在北宋时儒家觉得在政治上还有很多机会可以发挥经世的效用,范仲淹的改革,王安石的改革,都是发挥儒家致用的精神。到王安石变法失败以后,事功的意味转淡,大规模的经世致用是谈不上了。在理论上,朱子强调“体生用”,吕祖谦也教人不要过分看重用。陈亮、叶适等人比较倾向事功,但在儒学中已不是主流了。

现在要谈到文的一方面。北宋可以说在疑经和考古方面都有重要的开始。欧阳修、司马光这些人整理儒家传统中的文献,而成就了他们的经史之学。特别是欧阳修,开始了经学的辨伪门径。他的“易童子问”辨《系辞》非圣人之言,又疑《周礼》为最晚出之书,这些都是净化儒家原始经典的重要努力。下至南宋,朱子也还是继承了这种传统。所以他说:“如果照着我的意思说下去,只怕倒了六经。”这就是说,儒家经典里面有很多问题。朱熹是一个很重知识传统的人,因此他对整理经典知识有极高的兴趣,在南宋可称独步。朱子特别重智,他提出了“乾道主知”的说法。什么是“乾”,“乾”是动的,是 active reason。这可以看出他对知识本身的特别强调。这一点很重要,可是我在此只能略为一提,不能发挥太多。总之,在朱熹的学术系统里面,虽然第一是尊德性,但是在尊德性之下，他还特别注重知识的基础。正因有此重视，他才大规模地做经典考证的工作（包括史学、经学、文学各方面），我们读一读钱穆先生的《朱子新学案》，便可以看出朱子兴趣之广，方面之多，也可以看出他是怎样一个重知识的人。他在儒家这一个道德的大传统里面，却处处不忘记要把道德建立在知识的基础上面。可惜朱子这个传统，后来没有能够好好的继承下去。为什么没有继承呢？第一个牵涉到利禄问题。朱子之学变成了正学，《四书集注》变成科举考试的标准教本，在这种情形下，大家念朱子的书，感受是不会一样的。许多读朱子书的人并不关心什么道德的知识基础，他们只关心考试，得功名，做官，这样一来，把朱子弄坏了。朱学的传统跟俗学连在一起，不是真的学问了。第二层原因则是由于自南宋到明代，儒学正处在"尊德性"的历史阶段。"尊德性"的路没有走到尽头，"道问学"中的许多问题是逼不出来的。而朱子所重视的知识基础的问题因此也就不大受到注意了。

三　从"德性之知"到"闻见之知"

明代理学最盛，而王学的出现更是儒家"尊德性"的最高阶段。但也正是在这一阶段，"道问学"的问题不可避免地凸显出来了。王阳明的思想发展便是一个很好的例子。他的良知之说，可以说主要是和朱子奋斗的结果。尽管我们在思想史上常说陆、王，其实阳明跟陆的关系并不很深，反而是和朱的关系深些。他因早年起就被格物之教所困扰，他格竹子的故事，也是依照朱子之教，希望最后能一旦豁然贯通。格了三天无结果，觉得此路不通，圣人无分。当然他那时只是一个十几岁的小孩子，格竹子的经过连王阳明思想起点都谈不上。那不过是一个年轻人的好奇罢了。可是后来他在龙场顿悟，还是起于对格物发生了新解，他忽然觉得要把格物的物字认作心中之物，一切困难都没有了。如果要格外物，一件件地去格，最后得到统贯万事万物的理，那是做不到的。所以王阳明一生基本上都是在和朱子奋斗之中，他心中最大的问题之一还是如何对待知识，如何处理知识。在王阳明的《传习录》中，我们清楚地看到他和他的学生欧阳崇一讨论到闻见之知和良知的关系。这是宋明理学中的一个大问题。我们要不要用耳朵听，用眼睛看呢！还是闭目静坐、正心诚意便可以悟道了呢？虽然从《传习录》上看，好像欧阳崇一听了王阳明的话，承认"闻见之知"只是"良知"的发用而无助于我们"良知"的当下呈现。可是如果我们读一读欧阳崇一的文集，特别是他和罗整庵的往复讨论，就可以看出来，这里面还有问题，不像《传习录》里说得那样简单。

总而言之，我觉得宋明理学传统里面关于如何对待儒家文献的问题，即"文"的问题始终是一个中心问题。这一点，到明代特别显著。因为明代的思想界，从陈白沙到王阳明，都走的是一条路子，都是想直接的把握住人生的道德信仰，并在这种信仰里面安身立命。他们因此把知识问题看成外在的，不相干的，或外缘的，看成跟道德本体是没有直接关系的。正因为如此，他们反而不能对知识问题完全避而不谈。从某种意义上说，王阳明的"良知"说便是想要解决这个问题的。王氏的"致良知"之教，虽然后来流入反知识的路向，但阳明本人则并不取反知的立场。他正视知识问题，并且要把知识融入他的信仰之中。所以他和柏格森一样，是"超知识的"(Supraintellectual)而非"反知识的"。王阳明自己说过，他的"良知"两字是经过百死千难得来的，不得已而与人一口道尽。阳明经过艰苦深刻的奋斗，最后发明了良知学说，解决了知识问题对他的困扰。但是后来的人没有经过"百死千难"，就拿到了良知，那就是现成良知，或“伪良知”。抓住这个把柄，（当时明朝人如陈白沙喜欢用“把柄入手”这个说法。）他们认为是找到了信仰的基础，因此不免形成一种轻视“闻见之知”的态度。而且有了这种“把柄”，他们更自以为在精神上有了保障，再也不怕任何外魔的入侵。

我们知道，从朱子、陆象山到王阳明，儒学主要是在和禅宗搏斗的，道家还在其次。儒家的心性之学，虽然说早在孔、孟思想中已有了根苗，事实上，宋明理学是深入了佛教（特别是禅宗）和道家之室而操其戈。可是到了明代，禅宗已衰歇了，理学讲了五六百年讲到了家，却已失去了敌人。不但如此，由于王阳明和他的一部分弟子对于自己“入室操戈”的本领大有自信，他们内心似已不再以为释、道是敌人，因而也就不免看轻了儒、释、道的疆界。阳明说：释氏说一个“虚”字，圣人又岂能在“虚”字上添得一个“实”字？老氏说一个“无”字，圣人岂能在“无”字上添得一个“有”字？这种议论后来便开启了王学弟子谈“三教合一”的风气。但是对于不愿突破儒家樊篱的理学家而言，这种过分的“太丘道广”的作风是不能接受的。那么，怎样才能重新确定儒学的领域呢？这就逼使一些理学家非回到儒家的原始经典中去寻求根据不可，儒家的“文”的传统在这里便特别显出了它的重要性。

再就儒家内部来说，朱、陆的义理之争在明代仍然继续在发展，罗整庵和王阳明在思想上的对峙便是最好的说明。这种思想理论上的冲突最后也不免要牵涉到经典文献上面去。例如程、朱说：性即理，象山说：心即理。这一争论在理论的层次上久不能解决，到明代依然如此。例如罗整庵是程、朱一派的思想家，服膺“性即理”的说法。然而他觉得只从理论上争辩这个问题已得不到什么结论，因此他在《困知记》中征引了《易经》和《孟子》等经典,然后下断语说:论学一定要“取证于经书”。这是一个非常值得注意的转变。本来,无论是主张“心即理”的陆、王或“性即理”的程、朱,他们都不承认是自己的主观看法;他们都强调这是孔子的意思、孟子的意思。所以追问到最后,一定要回到儒家经典中去找立论的根据。义理的是非于是乎便只好取决于经书了。理学发展到了这一步就无可避免地要逼出考证之学来。不但罗整庵在讲“性即理”时已诉诸训诂的方法,其他学人更求救于汉唐注疏。例如黄佐就很看重十三经注疏,他认为郑玄对于《中庸》“道不可须臾离也”那句话的解释最简单但也最正确。“道”便是“道路”之意。黄佐更进一步说,如果我们仍以为郑康成不是真儒,仍以为求孔、孟之“道”只有靠“明心见性”的路子,那么我们便真是甘心与禅为伍了。又如稍后东林的顾宪成更明白地提出了为学必须“质诸先觉,考诸古训”的口号,这岂不就是后来清儒所谓“训诂明而后义理明”、“汉儒去古未远”这一类的说法的先声吗?

由此已可见晚明的考证学是相应于儒学发展的内在要求而起的。问题尚不止此,晚明时代不但儒学有这种转变,佛教也发生了同样的变化。陈援庵先生研究这一时期云南和贵州的佛教发展,曾指出一个极有趣而又重要的现象。他说:“明季心学盛而考证兴,宗门昌而义学起,人皆知空言面壁,不立语文,不足以相慑也,故儒、释之学同时丕变,问学与德性并重,相反而实相成焉。”援庵先生的观察真是深刻,可惜治明清学术思想史的人一直都没有留心他这一精辟的论断。我最初讨论儒家知识主义的兴起时,也没有发现他的说法。后来写《方以智晚节考》,涉及晚明佛教的情况,细读《明季滇黔佛教考》,才注意到这一段话,我当时真有说不出的佩服和兴奋。这一段话使我对自己的看法更有信心。因为援庵先生并不是专治思想史的人,而他从不同的角度竟然得到了和我极为相近的结论，足见历史知识的确有它的客观基础。更值得注意的是，援庵先生所说的佛教主要是指禅宗而言。禅宗本来是“直指本心、不立文字”的，但现在也转入知识主义的路向上来了。又根据援庵先生的考证，明末许多禅宗丛林中都有了藏经楼，大量地收集佛教经典，可见佛教和儒家一样，内容也有了经学研究的要求。罗整庵“取证于经书”的观点不但适用于儒学，并且对禅宗也同样的有效。

我刚才曾提到“德性之知”和“闻见之知”的问题，这一点在王阳明之后也有重要的发展。阳明死在1528年，十年之后（1538年）王廷相写“雅述”便特别指出见闻的重要，强烈地反对所谓“德性之知”。他说：人的知识是由内外两方面造成的。内在的是“神”，即是认知的能力；外在的是见是闻，即是感官材料。如果不见不闻，纵使是圣人也无法知道物理。把一个小孩子幽闭在黑房子里几十年，等他长大出来，一定是一个一无所知的人，更不用说懂得比较深奥抽象的道理了。所以王廷相认为人虽有内在的认知能力，但是必须通过见闻思虑，逐渐积累起知识，然后“以类贯通”。他最不赞成当时有些理学家的见地，以为见闻之知是小知，德性之知是大知。这个分别他认为只是禅学惑人。专讲求德性之知的人，在他看来，是和在黑房子里幽闭的婴儿差不多的。

再举一个明显的例子。明末的刘宗周是宋明理学的最后大师；在哲学立场上，他接近陆、王一派。但是在知识问题上他也十分反对“德性”、“闻见”的二分法。他在《论语学案》里注释“多闻释善、多见而识”一章，便肯定地说人的聪明智慧虽是性分中所固有，可是这种聪明智慧也要靠闻见来启发。所谓德性之知也不能不由闻见而来。王学末流好讲现成良知，认为应该排斥闻见以成就德性，刘宗周便老实不客气地指出这是“隳性于空”，是“禅学之谈柄”。

王廷相、刘宗周的观点可以代表十六七世纪时儒家知识论发展的新方向。这个发展是和儒家“文”的传统的重新受到重视分不开的。换句话说,这一发展是为儒家的经典研究或文献考订提供了一个重要的理论基础。清代考证学在思想史上的根源正可以从这里看出来。说到这里,我们已可以清楚地了解,为什么清代汉学考证的兴起不能完全归咎于满清入主这一简单的外在因素了。如果没有儒家思想一番内在的变化,我很怀疑汉学考证能够在清代二三百年间成为那样一种波澜壮阔而又持久的学术运动。正因如此,王、刘的观点在乾隆时代才有回响。戴东原虽然未必读过王廷相的著作,但是戴的知识论却正是走的王廷相的路数,而且比王廷相走得更远、更彻底。而刘宗周的《论语学案》那一条注释也特别受到《四库全书提要》编者的重视。这些思想史上的重要事实,虽然相隔一两百年,但决不是孤立的、偶然的。它们是儒家智识主义的兴起的清楚指标。

四　经世致用与颜李学派

讲思想史最忌过分简化。我虽然认定从明末到清代,儒家是朝着智识主义的方向发展,但是我并不以为这个发展是当时思想史上唯一的动力。事实上,在十七世纪(即明、清之际),儒学在体、用、文三个方面都发生了新的变化。就“体”而言,儒家的重心从内圣的个人道德本体转到了外王的政治社会体制。黄梨洲的《明夷待访录》便有意要为传统的政治社会秩序指出一条彻底的路子;王船山的《噩梦》、《黄书》,取径也大体相同。顾亭林在《日知录》和《文集》中则留心于历代风俗以及封建制和郡县制的利害得失。依照传统的看法，清初这三位大儒的学问都是所谓“有体有用”的。但这里所谓“体”已不是指内圣方面的道德本体，而是指外王方面的政治社会体制而言了。外王的“体”，更离不开“用”；政治社会的改造如果完全无从实践，那就要比空谈心性还要缺乏意义。所以顾亭林给黄梨洲的信，一方面欣喜彼此的见解相近，另一方面则盼望将来有王者起，把他们的理想付诸实现。

谈到外王方面的“用”的问题，这尤其是儒学的一大症结。儒家的“用”集中地表现在“经世致用”的观念上。但是“经世致用”却由不得儒者自己作主，必须要靠外缘。所谓外缘便是顾亭林说的“王者”，因此无论是顾亭林或黄宗羲都要有所“待”。从历史上看，儒家所期待的“王者”似乎从来没有出现过，宋神宗也许算是一个例外。可是即使是号称“得君行道”的王安石仍只落得个仓皇而去的下场，终不能不发出“经世才难就”的浩叹。（今天有人曲说王安石是法家，真不值一驳。姑且不论当时的人曾一度把安石比做孟子，也不论他的变法根据主要是在儒家的经典，仅仅从他的诗篇中我们便清楚地看到他对孔、孟——特别是孟子——是何等的仰慕向往。他的《中牟》诗有“驱马临风想圣丘”之句。这当然是暗用《论语》上“吾岂匏瓜也哉？焉能系而不食”那段话。可见王安石的用世精神正是来自孔子。安石对孟子更是心向往之，他在答欧阳修的诗中就说“他日若能窥孟子”的话。他又有“孟子”一诗，说：“沉魄浮魂不可招，遗编一读想风标。何妨举世嫌迂阔，故有斯人慰寂寥。”这首诗最足以说明孟子是安石的理想主义的精神泉源。至于安石欣赏商鞅的地方，不过取其“能令政必行”一点而已。古人说“诗言志”，一个人的真感情在诗歌中最不容易隐藏。我们判断王安石是儒是法，必须根据第一手资料，不可用当时或后世的政敌和论敌的攻讦文字为证据。）

北宋王安石变法的失败是近世儒家外王一面的体用之学的一大挫折。南宋以下，儒学的重点转到了内圣一面，一般地说“经世致用”的观念慢慢地淡薄了，讲学论道代替了从政问俗。少数儒者虽留心于社会事业如朱子倡导社仓、乡约之类，但已远不能和王安石变法的规模相比了。所以“经世致用”这一方面可以说完全要靠外缘来决定。不过从主观方面看，儒家的外王理想最后必须要落到“用”上才有意义，因此几乎所有的儒者都有用世的愿望。这种愿望在缺乏外在条件的情况下当然只有隐藏不露，这是孔子所说的“用之则行，舍之则藏”。但是一旦外在情况有变化，特别是在政治社会有深刻的危机的时代，“经世致用”的观念就会活跃起来，正像是“瘖者不忘言，痿者不忘起”一样。明末的东林运动，晚清的经世学派，都是明显的例子。马克思曾说：从来的哲学都是要解释世界，而哲学的真正任务是要改造世界。这句话对于西方哲学史而言也许有相当的真实性，但对于中国思想史来说则是适得其反。至少从儒学史的发展看，安排世界的秩序才是中国思想的主流，至于怎样去解释世界反而不是儒学的精彩所在。

清初处在天翻地覆之余，儒家经世致用的观念又显得非常活跃，前面提到的顾、黄、王三大儒都抱有用世之心。但是清初把经世致用的思想发挥到极端，并且自成一个系统的却要数颜元和李塨，一般称作颜李学派。如果我们讲清代思想史是以儒家智识主义为其最中心的内容，那么我们把颜李学派安排在怎样一个位置上呢？我们又怎样去了解颜李学派的兴起及其终归于消沉呢？这些紧要的问题当然都不宜轻率作答。现在我姑且提出一点初步的意见，以供大家参考。

颜李的基本立足点是在“用”，讲“实用”一旦讲到极端便不免要流于轻视知识，尤其是理论知识。在理学的传统中，这就牵涉到所谓"知"和"行"的问题。特别强调"用"的人一般是重"行"过于重知,而且往往认为理论知识、书本知识是无用的。王阳明便已明显地有这种倾向;阳明虽不是反智识主义者,但是从他的理论中却可转出反知的方向。另一方面,儒家智识主义者则坚持知先于行,先要明体然后才能达用。朱子便是一个典型的例证。颜习斋是一个最极端的致用论者,而同时,他又是一个最彻底的儒家反智识主义者。他反对朱子的读书之教,态度最为激越而坚决,上自汉唐笺注训诂,下至宋明性理讨论,他都以"无用"两个字来加以否定。读书不但无用,而且还有害,所以他把读书比作吞砒霜,并忏悔式地说,他自己年轻的时候也是吞砒霜的人。把知识看作对人有害的东西,以前儒家的反知论者也表示过这个意思。陆象山在给朋友的信中就说过知识有时反而害事的话;黄东发在《黄氏日抄》中也指出象山一派曾把知识比作毒药。明代的陈白沙则嫌书籍太多,希望再来一次秦火,把世界上不相干的著作烧掉。但是无论是象山或白沙,都没有达到颜习斋那样激烈的程度。习斋可以说是把儒家反智识主义的一派思想发展到了最高峰。习斋特别欣赏象山"六经皆我注脚"那句名言,决不是偶然的。

从"实用"、"实行"的观点走上反智识主义的路向,并不限于儒家,西方基督教中也有这个传统。Richard Hofstadter 研究美国生活中的反智识主义便特立专章讨论它在宗教上的根源。政治、社会方面的反智识主义又常常和哲学上对理性(reason)或智性(intellect)的怀疑合流。美国实用主义大师威廉·詹姆士(William James)就是从"用"的观点出发而倾向反智识主义,和颜习斋很相近。如果更推广一点看,Gilbert Ryle 分别"Knowing How"和"Knowing That"也和儒家讲知行先后的问题有密切相应的地方。"Knowing How"相当于"行","Knowing That"相当于"知"。而照

Ryle 的分析,在我们学习事物的过程中,总是实践先于理论,而不是先学会了理论然后才依之而行。("Efficient practice precedes the theory of it.")换句话说,我们是先从实际工作中摸索出门径,然后才逐渐有系统地掌握到理论和方法。Ryle 这一"寓知于行"的说法,我们很容易从日常经验中得到印证。王阳明的"知行合一"说固是建立在这种经验的基础之上,颜习斋的致用论也正是以此为根据。所以习斋曾特举弹琴和医病为例证。学琴一定要手到才能心到,不是熟读琴谱就算会弹琴的;学医也得从诊脉、制药等下手,决不是熟读医书便可以成良医的。习斋坚决地认定读书无用,空谈性理无用,著书也无用,从他的思想路数说,都是很顺理成章的。

我们现在可以稍稍谈一谈颜李学派为什么终归于消歇的问题了。这个问题在内外两个方面。从外在方面说,颜李的经世致用必须和政治外缘结合才真正能发挥作用;而事实上,我们知道,这个外缘条件对颜李来说是根本不存在的。李恕谷虽一生南北奔走,但是也始终没有找到有力的支持来帮助他实现社会改革的理想。我们今天稍稍知道一点颜李学术的精神还是靠他们留下来的一些纸墨文字,这真是对他们的反智识主义的一个绝大的讽刺!

在我看来,内在的因素更为重要。内在的因素是指颜李学派并不能跳出儒家的圈子,最后还是摆脱不掉儒家经典文献的纠缠,并且终于走向自己立场的反面,和智识主义汇了流。颜习斋论学,也和许多其他清代儒家一样,非常强调孔、孟和程、朱之间的不同;其中最大的不同,在他看来,乃在于孔、孟的学问是讲实用实行的,是动态的,而程、朱则只讲求静坐和读书,是静态的,因此完全是无用的。真正的圣学在尧、舜之世只有所谓六府(金、木、水、火、土、谷),三事(正德、利用、厚生),在周公、孔子的时代只有所谓"三物”。“三物”是指六德(知、仁、圣、义、忠、和),六行(孝、友、睦、婣、任、恤)和六艺(礼、乐、射、御、书、数)。由此可见,习斋是要恢复古代的原始儒学,以代替宋以后的新儒学。所以他一方面讲实用、实行,是进步的、动态的,但另一方面却给人以抱残守阙,复古保守的印象。这一点在习斋早年的思想中便已有根源。我们知道,习斋在三十多岁以前是自号“思古斋”的,以后才改成“习斋”。讲实用、实行一定要因时变化,容不得泥古不化;因此习斋的经世致用和复古主义之间是有着不可调和的内在矛盾的。而他之所以要复古,则是由于他托庇在儒家的旗帜之下的缘故。

习斋自己足不出乡,根本不甚理会外面学术界的发展,所以他的内在矛盾一时尚不致暴露出来。到了他的大弟子李恕谷这一代,情形就不同了。恕谷四方交游,希望找到同志来实现习斋的经世致用的理想。在恕谷的朋友之中有许多讲经学考证的人,如毛西河、阎百诗、万季野、方望溪等等。这些经典考证恰恰和颜李学说的根据有密切的关系。例如“六府、三事”是出于《古文尚书》(《大禹谟》)的,“乡三物”是出于《周礼》的。而阎百诗则说《古文尚书》是伪书,方望溪又认为《周礼》是伪书。在这种疑古潮流之下,李恕谷自然不能不受到波动,所以他的文集中颇有一些讨论《古文尚书》和《周礼》真伪问题的文章和信札。恕谷又花了很大的功夫写成“大学辨业”一书,更显然是受了当时新兴的考证学风的影响。他所根据的版本便是从毛西河那里得来的所谓“大学古本”。恕谷当然不是考证家,也无意要在文墨世界中与人争胜。可是他所持的儒家经世致用的立场终使他不能不维护某一部分经典,或对某些原始的儒家文献加以新的解释。这样我们就看到,尽管颜李学派从激烈的反智识主义出发,但它仍不免一步一步地向知识主义转化,最后还是淹没在清代考证学的洪流里。

五 清初儒学的新动向——“道问学”的兴起

我在前面提到王阳明以后，明代的儒学已逐渐转向“道问学”的途径。在这一转变中，以前被轻视的“闻见之知”现在开始受到了重视。到了清代，这一趋势变得更为明显了。

清初三大儒顾亭林、黄梨洲、王船山都强调“道问学”的重要性。亭林的口号是“博学于文，行己有耻”。这可以看作是把知识和道德清楚地分别开来。他非常反对明人的空谈心性，认为他们是舍“多学而识”来求什么“一贯之方”。这一路的思想后来到了戴东原的手上又得到更进一步的发挥。

黄梨洲则继续刘宗周对“闻见之知”的重视，提倡用渊博的知识来支撑道德性的“理”。因此他说：“读书不多，无以证斯理之变化。”梨洲在思想方面本属于王学的系统，现在他竟主张从“读书”来证定儒家的“理”，（也就是通过“道问学”而进于“尊德性”。）这里最能看出思想史的动态。而且梨洲要人读书不限于经学，因为食古不化是无用的。要想有用必须同时读历史；越是时代接近的历史，用处也就越大。可见梨洲和颜李学派一样，也非常注重“用”的观念。所不同者，颜、李一方面排斥书本知识，以为无用；另一方面又不免信古，把他们关于政治社会的种种新观念挂搭在少数古经籍上，如《古文尚书》和《周礼》之类。梨洲则不是极端主“用”论者，他没有颜李的内在矛盾。至于在心性修养一方面，梨洲也对王学有重要的修正。王学末流好讲“现成良知”，不需要“工夫”便可直透“本体”。梨洲却直截了当地说：“心无本体，功力所至，即其本体。”这虽是“尊德性”范围中的事，但是在取径上也恰和他主张由“道问学”进至“尊德性”的先后层次相应。后来乾嘉时代的章学诚便以梨洲这些观点为起点,完成了王学的智识化。

王船山在三大儒中理学的兴趣最高,因此他曾正面地从哲学上讨论到“闻见之知”的问题。船山仍在宋明理学的传统之中,依然承认人的认知能力得之。所以他提倡程朱一派的“格物穷理”之学;而劝人不要学陆王一派的孤僻,只讲“存神”两字。人的心之所以有灵明,是要靠见闻知识来培养和启发的。更值得注意的是船山很佩服方以智、方中通父子的科学思想,认为“格物”应该是“即物以穷理”,而不应该是“立一理以穷物”。前一种方法是客观的,后一种方法则是主观的。

我在前面又提到,儒家由“尊德性”转入“道问学”的阶段,最重要的内在线索便是罗整庵所说的义理必须取证于经典。这个趋势在王阳明的时代已经看得见了,入清代以后更是显露无遗。每一个自觉得到了儒学真传的人,总不免要向古经典上去求根据。陆象山最富于独立的精神,然而他也仍然要说他的思想是受到了孟子的启示以后才自得于心的。王阳明在龙场顿悟之后便写了“五经臆说”,他显然是要把自己所悟得的道理和五经上的道理相印证。到了清初,顾亭林正式提出了“经学即理学”的说法,这条思想史上的线索就越发彰显了。当然,顾亭林并没有亲自写下“经学即理学”这五个字,这五个字是后来全谢山根据亭林给友人论学的一封信总结出来的。但大体上是符合亭林的本意。亭林因为不满意晚明心学流入纯任主观一路,所以才提倡经学研究。在他看来,儒家所讲的“道”或“理”当然要从六经孔、孟的典籍中去寻求,离开了经典根据而空谈“性命”、“天道”,则只有离题愈远。因此古代仅有“经学”,没有所谓“理学”。亭林又曾提出“明道”和“救世”两大目标;“救世”是属于“用”的一方面,我们在上面已经提过了,“明道”则非研究经学不可,这就是亭林心目中的“理学”。所以，他又坚决地宣称，凡是“不关于六经之旨、当世之务”的文字，他都一概不为。其实，亭林这番意思不但远在明代已呼之欲出，即在当时也颇有同调。黄梨洲一方面提倡“学者必先穷经”，另一方面又说“读书不多无以证斯理之变化”，这也显然是要把经学和理学打成一片。方以智晚年在江西青原山讲学，出入三教，在儒学方面他明确地提出“藏理学于经学”的主张，更和亭林的说法如出一口。清初这几位大师，背景和学术渊源各不相同，居然不期而然地得到共同的结论，这就可以看出当时思想史上的一种新的动向了。不过由于亭林的口气最为坚决，又处身于儒学传统的枢纽的地位，因此影响也最大。后来的人都尊奉亭林为清学的开山宗师，当然是有理由的。

但是亭林之所以特别为群流所共仰还不仅是因为他有理论、有口号，更重要的是他有示范性的著作，足为后人所取法。《日知录》中关于经学的几卷以及《音学五书》都是这样的著作。我们知道，学术史上每当发生革命性的变化时，总会出现新的“典范”（“paradigm”这是采用孔恩 Thomas S. Kuhn 在 The Structure of Scientific Revolutions 一书中的说法。）在任何一门学术中建立新“典范”的人都具有两个特征：一是在具体研究方面他的空前的成就对以后的学者起示范的作用；一是他在该学术的领域之内留下无数的工作让后人接着做下去，这样便逐渐形成了一个新的研究传统。顾亭林和后来清代考证学的关系便恰是如此。当然，亭林的考证并不是前无所承，但经学考证发展到他那样的规模和结构才发生革命性的转变，那也是无可否认的。

六 经学考证及其思想背景

“经学即理学”要成为一个有真实内容的学术思想的运动当然不能停留在口号的阶段,而必须以具体的研究成绩来说服人。从清初到乾嘉的经学考证走的便是这一条路。但是“经学即理学”却建立在一个过分乐观的假定之上:即以为六经、孔、孟中的道或理只有一种正确的解释,经过客观的考证之后便会层次分明地呈现出来。事实上,问题决不如此简单。清代经学考证直承宋、明理学的内部争辩而起,经学家本身不免各有他自己独特的理学立场。理学不同终于使经学也不能一致,这在早期尤为明显。一个人究竟选择某一部经典来作为考证的对象往往有意无意之间是受他的理学背景支配的。这样的史证可以说不胜枚举,姑择几个最著名的例子说一说。刘宗周的弟子陈确在清初写了一篇轰动一时的大文章,叫做“大学辨”。“辨”即辨伪的意思。他列举了许多项理由,证明“大学”这篇经典不是圣贤的经传,而是秦以后的作品。这些理由中当然有很多是哲学性的(他称之为“理”),但是也有好几项是历史考证方面的(他称之为“迹”)。后来他又写了许多书信,和同志辈继续讨论这篇“伪书”的问题。从这些信里,我们清楚地看到,他之所以对“大学”的真伪发生兴趣,主要是要解决义理系统上的困难。陆、王一派从来不满意朱子的《格物补传》,从王阳明到刘宗周尤其为了“大学”的问题伤透了脑筋。王阳明的“大学古本”已是一种校刊的工作,而刘宗周一直到晚年仍然对“大学”一篇不能释然无疑,现在陈确则用快刀斩乱麻的手段,干脆断定“大学非圣经”,乃后世的伪作,把这个复杂问题简单地解决了。他的是非得失是另一问题,但他这篇著作却清楚地把理学两派的争斗从义理的战场转移到考证的战场。

再举清初考证《易经》为例来说明我们的论点。最早从事这个工作的大概要算是黄梨洲和黄宗炎弟兄,稍后又有毛西河(奇龄),都是浙东的王学一派。他们主要的目标是要考出宋以后《易》学中所谓先天、太极诸图是从道教方面传来的,跟儒家没有关系。表面上,这好像是出于历史的兴趣,而暗地里则是在攻击朱子。因为朱子的《周易本义》的开头便列了九个"图"。我们可以断言,黄氏弟兄以及毛西河之所以从《易》图下手考证是有他的义理的动机的。我们应该记得,关于太极图的问题,朱子生前便已和陆梭山、象山兄弟展开了激辩。二陆当时就认为周敦颐的太极图出于道家,可能根本不是濂溪所作。朱子则特别看重周子的太极图。所以《易》图问题本是朱陆异同中的一笔旧账。当然,《易》图的考证要到稍后的胡渭手上才定谳,而胡氏则不一定有黄、毛诸人那样的哲学背景。但攻难既起之后,《易》图问题已成经学上一大公案,这种情形自然又当别论了。另一方面,从清初以至中叶,凡是为"周易本义"辩护的人则都是在哲学立场上接近或同情朱子的。他们的辩护方式也出之于考证校雠一途。顾亭林在《日知录》中便立专条,指出朱子的《周易本义》在明代修"五经大全"时被割裂殽乱了,以致后人已看不到朱子定正的原本。在胡渭的"易图明辨"问世之后,王白田(懋竑)曾写了一篇"易本义九图论"为朱子洗刷。他的结论是"九图断断非朱子之作……盖自朱子既没,诸儒多以其意,改《易本义》,流传既久,有所纂入,亦不复辩。"戴东原早年在"经考"里面也有好几条笔记是专为朱子的《易》学开脱的。例如他在"先后天图"条中说朱子"易学启蒙"中载邵雍所传的先天、后天之图不过是用来释易理的。朱子自己并没有说先天图是伏羲造的,后天图是文王造的。关于"周易本义”，东原比亭林更进一步考出朱子原本的被搅乱早起于宋宝祐(1253—1258)中董楷所编的“周易传义”。以上这三个人之中，王白田是一生治朱子之学的，固不必说，戴东原在“经考”时代也仍然信奉程、朱的“理精义明之学”。至于亭林，尽管后人把他当作汉学的开山大师，又有人说他是清初反理学的先锋，事实上他在学术思想方面是属于朱子的系统。这一点章实斋早已指了出来。亭林生前十分尊敬朱子；他的文集中有“华阴县朱子祠堂上梁文”，又有“与李中孚书”提到他自己曾捐四十金为朱子建祠。严格地说，亭林只是反陆、王一系的心学，而不是毫无区别地反对整个宋明理学的传统。所以，清初《易经》考证的经过最可以说明：理学立场不同则经学也不能不随之而异。

最后让我们举阎百诗(若璩)和毛西河关于“古文尚书”的争论来看清代经学考证的思想背景。阎百诗的“古文尚书疏证”是两百多年来大家公认的一部最成功的考证杰作。当然，百诗是一个典型的考证学者，他喜欢从事考据工作，而且“古文尚书”也的确是南宋以来经学史上的一个大问题。他花了一生的功夫来考证这部伪书，当然基本上是受了纯学术兴趣的吸引。但是在纯考证兴趣之外，百诗也还另有一层哲学的动机。伪古文“大禹谟”有所谓十六字心传，便是“人心唯危，道心唯微，唯精唯一，允执厥中。”这十六个字又叫做“虞廷传心”或“二帝传心”、是陆、王一派最喜欢讲的。明末的王学家尤其常常援引它。“人心”、“道心”的分别虽然朱子有时也引用，但朱子是不谈“传心”的，因为这个说法和禅宗的“单传心印”太相似了。而且，朱子又是最早怀疑“古文尚书”乃后世伪书的一个人。所以我们可以说，这十六字心传是陆、王心学的一个重要据点，但对程、朱的理学而言，却最多只有边缘的价值。到了清初，朱学中人往往特别提出这一点来加以猛烈的攻击。例如“日知录”“心学”一条便根据黄东发的议论痛斥“传心”之说。阎百诗虽然不是理学中人,但是他的基本哲学立场则确为尊程、朱而黜陆、王。因此“疏证”中时有攻击陆、王的议论,并于“十六字心传”为伪作一点郑重致意。黄梨洲为“疏证”写序也一改往日对此十六字深信不疑的态度,虚心接受百诗的发现。可见这十六字在全书中占有特殊的分量,而百诗也的确有意识地藉辨伪的方式来推翻陆、王心学的经典根据。当时反对朱子最激烈的毛西河在思想上相当敏感,他读了百诗的“疏证”之后,便立刻感到这是在向陆、王的心学进攻。因此他写了一封信给百诗,说你考证“古文尚书”真伪,为什么忽然要骂到金溪(陆)、姚江(王)的头上,这岂不是节外生枝吗?其实百诗辨伪本有一层哲学的涵义,并非节外生枝。毛西河也不是不了解这一点,所以他后来写“古文尚书冤词”时也特别强调十六字心传不是后世伪造的。阎、毛两人在“古文尚书”问题上的针锋相对更可以让我们看清楚清初考证学和宋、明理学之间的内在关联。当时的考证是直接为义理、思想服务的,也可以说是理学争论的战火蔓延到文献研究方面来了。我们要个别地检查每一个考证学者的思想背景、宗派传承,看他的考证究竟有什么超乎考证以上的目的。这样一检查,我们就会发现,顾亭林、阎百诗的考证是反陆、王的,陈乾初、毛西河的考证是反程、朱的,他们在很大的程度上依然继承了理学传统中程、朱和陆、王的对垒。我们决不能笼统地说清代经学考证单纯地起于对宋明理学的反动。以前有人持这样的看法,是因为他们一方面没有辨别出清初考证学者的思想动机,一方面又没有察觉出十六世纪以后儒学从“尊德性”阶段转入“道问学”阶段的新动向。

七 戴东原与章实斋

当然我并不是说清代每一个考证学家都具有思想的动机。到了清代中期,考证已形成风气,“道问学”也取代了“尊德性”在儒学中的主导地位,这时候的确有许多考证学者,只是为考证而考证,他们身在考证运动之中,却对这个运动的方向缺乏明确的认识。但这只是就一般的情形而言。至于思想性比较强的学者则对清代学术在整个儒学传统中的位置和意义有深刻的自觉。戴东原和章实斋便是最突出的例子。章实斋在清代学者中最以辨别古今学术源流见长,因此他对清代儒学的历史渊源有非常深刻的观察。我个人重新整理清代思想史,主要也还是靠实斋现身说法时所提供的线索。“文史通义”中有两篇重要的文章,一篇是“朱陆”,一篇是“浙东学术”。“朱陆”篇大概写于东原死后(1777)不久,可以说是实斋对于东原学术所作的一种“定论”;“浙东学术”则写于实斋逝世的前一年(1800),是他自己的“晚年定论”。

照实斋的讲法,朱、陆两系到了清代已变成了所谓“浙西之学”和“浙东之学”。浙西之学始于顾亭林,经过阎百诗等一直传到实斋同时的戴东原;浙东则始于黄宗羲,经过万氏弟兄(充宗、季野)、全谢山等传到实斋本人。浙西之学的特色,实斋称之为“博雅”,这是继承了朱子“道问学”的传统。但“博雅”并不是泛滥无归,而是像实斋所说的,“求一贯于多学而识,寓约礼于博文,其事繁而密,其功实而难。”浙东之学的特点是“专家”。所谓“专家”也就是与“博”相对的“约”,是先求大体的了解再继续深入研究。实斋是很自重同时也是很自负的。尽管他在当时学术界的地位远不能和戴东原相比,但他却把自己看作是乾隆时代的陆象山,东原当然是并世的朱子了。东原是经学大师,实斋则提出史学来和他相抗。所以他不但发明了一套“六经皆史”的理论,而且说“浙东之学言性命者必究于史,此其所以卓也”。总而言之,清代朱陆变成了浙西和浙东的分流,博雅和专家的对峙,经学和史学的殊途。这一划分在我们现在看来未免太过于整齐单纯,其中包含了不少实斋自己的主观向往的成分,因此和清代学术思想发展的实际情形必然有相当的距离。不过就实斋和东原两个人的学术异同来说,大体上确是如此。

最值得我们注意的是实斋不肯说浙东和浙西的不同在于一个偏重“尊德性”,一个偏重“道问学”,虽然他明明知道这是朱陆异同的传统分野。从这种地方我们便不难察觉到清代儒学的基调已变,“道问学”已成为一个主要的价值,在通常情形下人们不大会怀疑它。实斋虽宗主陆、王,但对“道问学”则仍然采取积极的肯定态度。甚至后来攻击汉学考证最烈的方东树在不知不觉中也接受了考证学家的“道问学”观点,否则他就不必极力为程、朱辩护,说他们并“非舍学问,空谈义理”了。

实斋说他自己属于陆、王一系,这话确有根据。他是继承了陆、王的“先立其大”的精神。但是陆、王的“先立其大”是指“尊德性”而言的,或者套用现代流行的名词来说,是“道德挂帅”。实斋所谓“由大略而切求”却已改从“道问学”的观点出发了,他讲的是求知的程序。所以我认为实斋是把陆、王彻底的知识化了,也就是从内部把“尊德性”的陆、王转化为“道问学”的陆、王。这种转化还可以从其他种种迹象上看得出来。例如他用学术性情来重新界说王阳明的“良知”;学者的“良知”不是别的,正是他求知的直觉倾向。他把“致良知”的“致”字说成“学者求知之功力”,也同样是转德成智的一种表现。

戴东原也十分了解清学的历史地位。他早年已认定不知“道问学”便根本谈不上什么“尊德性”。晚年他的哲学论著——《孟子字义疏证》——完成以后,他更明确地提出“德性资于学问”的命题,所以有人说他持“知识即道德”的见解。我们通观东原一生思想的发展,便知道他早年走的是程、朱“道问学”的路,中年以后开始和程、朱立异,晚年自己的思想系统渐次成熟才正式攻击朱子。他在三十岁以前对程朱只有维护,并无敌意;相反地,他对陆象山、陈白沙、王阳明则公开地加以指责。我们可以说,早年的戴东原和顾亭林十分相似,他并不是笼统地反对宋明理学,而是站在“道问学”的立场上排斥陆、王的心学。清初经学考证背后的思想动机上东原的早期著述中还留下了明显的痕迹,像“经考”和“与蓝仲明论学书”都可以为证。

东原晚期对程、朱系统的批评牵涉很广,有的关于纯哲学方面的,如理、气、才、性等问题,也有虽是哲学问题然而却富于政治、社会的涵义,如理和欲的关系问题。但是在我看来,东原和程、朱的最大分歧还是在对待知识的态度上面。程、朱一方面讲“进学在致知”,另一方面则更重视“涵养须用敬”。东原对“敬”的方面似乎缺乏同情的了解,因为他认为“主敬”是从释氏教人认“本来面目”变易的方法而来,而且“主敬”并不能使人得到事物之“理”。总而言之,他觉得程、朱在“敬”的方面讲得太多,在“学”的方面说得太少。但东原毕竟还是一个儒者,他不但没有完全抛弃了儒家所说的“德性”,而且基本上仍然承认人的“德性”是内在的、先天的,不是后天从外面获得的,否则他就会舍孟子而取荀子了。不过德性虽内在于人,但却必须靠后天的知识来培养,使它得以逐渐发展扩充。他毫不迟疑地宣称人的“德性始乎蒙昧,终乎圣智”,中间则全是用学问来扩充德性的过程。所以整个地看,知识的分量在东原的哲学系统中远比在程、朱传统中为重。我们可以说,东原是从内部把程朱的传统进行了改造:加强了它的知识基础,并削减了它的道德成分。他晚年虽然批评程、朱,但是在程、朱和陆、王之间我们很清楚地可以看出他的偏向是在程朱一边。对于程、朱,他只觉得他们“道问学”的程度尚不足,对于陆、王,他则认为和老、释一样根本就废弃了“道问学”。由此可知,东原晚年虽同时攻击程、朱和陆、王,但攻击之中大有轻重之分。他既不是笼统地排斥宋儒,也不是因为宋儒讲“义理”之学才加以排斥。一言以蔽之,东原的哲学彻头彻尾是主智的,这是儒家智识主义发展到高峰以后才逼得出来的理论。以往的儒者纵使在个别的论点上偶有和东原近似之处,但是从来没有人想要建立一套以智为中心的哲学系统。

八 结语

根据章实斋的指示,再加上我们对实斋和东原的理论文字的疏解,我们就确切地知道六百年的宋、明理学传统在清代并没有忽然失踪,而是逐渐地溶化在经史考证之中了。由于“尊德性”的程、朱和陆、王都已改换成了“道问学”的外貌,以致后来研究学术思想史的人已经分辨不出它们的本来面目了。清代当然还有许多号称讲理学的人,但是在章实斋的眼中他们不过是“伪程、朱”、“伪陆、王”而已。其中少数杰出之士,认真地提倡朱学或陆学、如王白田、李穆堂诸人,也都采用了“道问学”的方式。王白田用一生的精力考证朱子的生平和著作,李穆堂也遍读朱、陆之书、而且肯为陆象山一两句近禅的话翻遍释藏,寻找出处。这些都显然是以考证讲义理,以“道问学”说“尊德性”。王、李诸人的著作虽仍不免有门户之见,但是较之以前王阳明的“朱子晚年定论”和陈建的“学蔀通辨”要客观多了,也谨严多了。在考证运动兴起之后,没有严肃的学者敢撇开证据而空言义理了。

段玉裁晚年颇有推崇理学的表示,又自责生平喜言训诂考证,舍本逐末。这个例子好像表示“尊德性”的空气仍然笼罩着乾嘉的学术界,以致像段玉裁这样的考证大师都要忏悔自己太过于追求“道问学”了。其实这个问题并不能如此简单地处理。本来儒学的重心确在它的道德性、宗教性的方面,而儒学的这一部分则正托身在它的“尊德性”的传统里面。清儒的考证之学虽然发扬了儒家的致知精神,但是同时也不免使“道问学”和“尊德性”越来越分得远。和“尊德性”疏离之后的“道问学”当然不可能直接关系到“世道人心”,也不足以保证个人的“成德”。乾嘉之世,儒家统一性的“道”的观念尚未解体,一意追求知识(尽管是关于儒家经典的知识)的学者在离开书斋的时候难免会怀疑自己的专门绝业究竟于世何补,于己何益。段玉裁类似悔恨的言论应该从这种心理角度去了解。(至于专讲“尊德性”是否必然有补于“世道人心”,甚至是否可以保证个人“成德”,则纯是一事实问题。这里可置之不论)16世纪时欧洲有些基督教的人文学者(Christian Humanists)在从事训诂考证(Philology)之余也往往流露出歉疚之情,觉得他们的训诂工作无补于弘扬基督教之道。但是如果细察他们生平研治训诂的经过,那真可以说得上是全部生命都贯注在里面。他们事实上是把虔敬上帝的宗教热诚转移到学术研究上面去了。换句话说,学术研究已成为他们的宗教使命了。段玉裁和许多其他乾嘉学者也是如此:他们“尊德性”的精神、“主敬”的精神都具体地表现在“道问学”的上面。段玉裁一方面说他平生不治理学,追悔已晚,一方面却因为不知道“之”、“脂”、“支”三部的古音分别何在，而写信给江有诰说："足下能知其所以分为三乎？仆老耄，倘得闻而死，岂非大幸！"孔子曾说过"朝闻道，夕死可矣"的话。现在段玉裁竟把儒家这种最庄严的道德情操移用到"闻"古音之"道"上面，这岂不可以说明清儒是用"尊德性"的精神来从事于"道问学"吗？我说清代思想史的中心意义在于儒家智识主义的兴起和发展，我所指的正是这种"道问学"的精神。"智识主义"不过是"道问学"的现代说法而已。其实把清代看作儒家"道问学"的历史阶段并不是我个人的什么特殊发现，清代学者自己就是这样说的。段玉裁的外孙龚自珍告诉我们：儒家之道不出"尊德性"和"道问学"两大端，清代的学术虽广博，但"其运实为道问学"。他说这话是表示对清代儒学的偏向发展有所不满，可是他所下的历史断案却是动摇不了的。但是历史是一种经验知识，我们并不能以一两句富于真知灼见的断语为满足。清代之运何以为"道问学"，其中仍有无数的曲折在。怎样把这许多曲折原原本本地整理出来，使大家都能看清这一段学术思想发展的内在理路，这才是现代史学工作者的任务。

我在开始时就说过，我对清代思想史提出一种新解释是因为我觉得以前从外缘方面来处理清代学术的几种理论不能完全使我信服。无论是"满清压迫"说或"市民阶级兴起"说最多都只能解释清初学术转变的一部分原因，而且也都太注重外在的事态对思想史的影响了。"反理学"之说虽然好像是从思想史发展的本身来着眼的，但事实上也是外缘论的一种伸延。因为追溯到最后，"反理学"的契机仍然是满洲人的征服中国激起了学者对空谈心性的深恶痛绝。

我虽然批评了以上各种解释，但我自己提出的"内在理路"的新解释，并不能代替外缘论，而是对它们的一种补充，一种修正罢了。学术思想的发展决不可能不受种种外在环境的刺激，然而只讲外缘，忽略了“内在理路”，则学术思想史终无法讲得到家、无法讲得细致入微。所以我的新解释，也不是全面性的。事实上，我的新解正是乘旧说的间隙而起。“内在理路”既是思想史的一个客观的组成部分，以前的外缘论者也都多少接触到了它，不过没有达到自觉的境地，更没有在这一方面作过比较有系统的、全面的探讨而已。倘使没有章太炎先生以来的许多思想史先辈留下的种种线索，我不相信我今天能够提出这样一种初步的看法。所以我的新解释的产生，其本身便是思想史“内在理路”的一个最好见证。至于我的说法究竟站不站得住，那当然完全是另外一个问题。最后我必须郑重声明一句，根据“内在理路”来整理清代思想史，我自己的工作也不过刚刚有个初步的头绪。这中间牵涉到无数具体而专门的问题，需要耐心地去解决，而且也决不是我个人的才力和精神所能够承担得起来的。我恳切地盼望有更多的同道来开辟清代思想史研究的新方向！

（原载《中华文化复兴月刊》第 9 卷第 1 期，现选自项维新主编《中国哲学思想论集·清代篇》，台湾水牛图书出版有限公司 1988 年版）

余英时，原籍安徽潜山，香港新亚书院中文系第一届毕业生，师从钱穆等人。后赴美国哈佛大学攻读博士学位。曾任哈佛、耶鲁等校教授，1987 年起任普林斯顿东亚讲座教授。其长期旅美，在继续致力于阐扬儒家知识传统的同时，对中国文化的重建问题倾注了极大热情，连续发表了一些影响巨大、流传甚广的文章。他的主要著作有《文明论衡》、《历史与思想》、《论戴震与章学诚》、《史学与传统》、《中国近世宗教伦理与商人精神》、《士与中国文化》等选近20部。

本文认为清代学术由理学变成考据、不是因为反满和经济原因，而是明末理学义理之争的必然结果，即从经典中找出辩论的最终答案。六百年的宋明理学传统在清代并没有忽然失踪，而是逐渐地融化在经史考证之中了。

论著目录索引

吕思勉 《先秦学术概论》第二章《儒家》 世界书局 1933 年版
吕思勉 《理学纲要》篇三《理学源流派别》 商务印书馆 1934 年版
吕思勉 《理学纲要》篇十三、十四 商务印书馆 1934 年版
徐文珊 《儒家和五行的关系》 载《古史辨》第五册下编，朴社 1935 年版
钱玄同 《重论经今古文学问题》 《古史辨》第 5 册，朴社 1935 年 1 月版
胡 适 《说儒》 载《胡适论学近著》，商务印书馆 1936 年版
冯友兰 《原儒墨》 载《中国哲学史补》，商务印书馆 1936 年版
梁启超 《儒学统一时代》 见《论中国学术思想变迁之大势》第四章，载《饮冰室合集》，中华书局 1936 年版
梁启超 《清代学术概论》 中华书局 1936 年版
杨大膺 《孟子学说研究》第二章《孟子的思想渊源》 中华书局 1937 年版
容肇祖 《明代思想史》第二、五、七章 开明书店 1941 年版
郭沫若 《儒家八派的批判》、《荀子的批判》 原载《十批判书》，1945 年版，见《郭沫若全集》历史编第二卷 《驳说儒》 原载《青铜时代》，见《郭沫若全集》历史编第一卷，人

民出版社 1982 年版
郭沫若 《秦楚之际的儒者》 原载《青铜时代》,见《郭沫若全集》历史编第一卷人民出版社 1982 年版
赵纪彬 《理学的本质》《困知录》下册,中华书局,1963 年版
钱 穆 《东汉经学略论》 载《中国学术思想史论丛》(三),台北东大图书有限公司出版,1977 年版
高观如 《唐代儒家与佛学》《佛教与中国文化》,台北大乘文化出版社,1978 年版
钱 穆 《初期宋学》、《周程朱子学脉论》、《朱子学流衍韩国考》、《明初朱子学流衍考》、《略论王学流变》 载《中国学术思想史论丛》(五)、(七),东大图书有限公司 1979 年版
杨向奎 《清代的今文经学》《清史论丛》第 1 期,1979 年版
朱维铮 《章太炎与王阳明》《中国哲学》第 5 辑,三联书店 1981 年 1 月版
张立文 《理学思想的渊源和形成过程》《中国哲学》第 5 期,三联书店 1981 年 1 月版
任继愈 《明清理学评议》《明清史国际学术讨论会论文集》1982 年版
刘修明 《经、纬与西汉王朝》《中国哲学》第 9 期,三联书店 1983 年 2 月版
余敦康 《两汉经学和白虎观会议》《中国哲学》第 12 期,人民出版社 1984 年版
冯天瑜 《明代理学流变考》《明清史散论》1985 年版
牟宗三 《论儒学之分三期》 载《道德的理想主义·儒家学术之发展及其使命》第 1－11 页,台湾学生书局修订六版,

1985年9月

张君劢　《中国历史上的儒家及其与西方哲学的比较》　载《新儒学思想史》第一章，台北弘文馆1986年版

张君劢　《朱子与陆象山》、《自宋末讫元初的儒家哲学》　载《新儒家思想史》第十三、十五章，台北弘文馆1986年版

李启谦　《孔门弟子研究》　齐鲁书社1987年版

余英时　《清代思想史的一个新解释》　原载《中华文化复兴月刊》第九卷第1期，见《中国哲学思想论集·清代篇》，台湾水牛图书有限公司1988年版

张岂之　《汉代儒学概述》　见《中国儒学思想史》第六章，陕西人民出版社1990年版

余英时　《从宋明儒学的发展论清代思想史》　见《余英时新儒学论著辑要——内在超越之路》，辛华编，中国广播电视出版社1992年5月版

刘述先　《董仲舒与汉代儒学》　原作于1992年，后载《理一分殊》，上海文艺出版社2000年版

刘述先　《宋明理学的分系问题》、《宋明理学的现代意义》、《朱子在中国思想史上的地位》　见《理一分殊》，上海文艺出版社2000年1月版

刘述先　《阳明心学的渊源与评价》、《清代学术的特点》　见《理一分殊》，上海文艺出版社2000年1月版

刘师培　《南北诸子学不同论》　见《南北学派不同论》，原载《国粹学报》第2、6、7、9期，1905年3月25日至10月18日

刘师培　《汉宋学术异同论》　见《南北学派不同论》，同上

刘师培 《南北理学不同论》 见《南北学派不同论》，同上
刘师培 《南北考证学不同论》 见《南北学派不同论》，同上
刘师培 《南北经学不同论》 见《南北学派不同论》，同上
刘光汉 《西汉学术发微论》 《国粹学报》1 卷 10—12 期，1905 年
秦赞周 《论秦汉儒学之嬗变》 《金陵光》14 卷 2 期，1925 年 11 月
黄 侃 《汉唐学论》 《哲学月刊》第 1 卷第 6、7 期，1926 年 11 月，1927 年 4 月
周予同 《经学史与经学之派别》 《民铎杂志》第 9 卷第 1 期，1927 年 9 月
纫 一 《明代学术概论》 《南开大学周刊》第 61 期，1928 年 5 月
李云鹤 《先秦儒家之学派》 《中山大学语言历史学研究所周刊》第 7 卷 83、84 期，1929 年 6 月
冯友兰 《中国中古近古哲学与经学之关系》 《清华周刊》第 35 卷第 1 期，1931 年 2 月
罗振玉 《清代学术源流概略》 《东北丛镌》第 18 期，1931 年 6 月
周予同 《汉学与宋学》 《中学生》第 35 期，1933 年 5 月
钱 穆 《汉学与宋学》 《盘石》第 2 卷第 7 期，1934 年 7 月
文 箴 《六朝隋唐学术派别的探讨》 《朔望半月刊》第 18 期，1934 年 1 月
巩志义 《魏晋儒学衰败之原因及其影响》 《津逮季刊》第 1 卷第 3 期，1934 年 1 月
谭丕模 《宋元明思想的流别及其演变过程》 《清华周刊》第 42

卷第 6 期,1934 年 11 月

章太炎 《论经史儒之分合》《光华大学半月刊》第 4 卷第 5 期,1935 年 12 月

钱 穆 《论两宋学术精神》《文学年报》第 2 期,1936 年 5 月

徐世昌 《清儒学案》《燕京学报》第 27 期,1940 年 6 月

李源澄 《东晋南朝之学风》《史学集刊》第 1 卷第 2 期,1941 年 3 月

郭沫若 《论儒家的发生》《学习生活》(重庆)3 卷 2 期,1942 年 7 月

冯友兰 《先秦儒家哲学述评》《中央周刊》第 5 卷第 43 期,1943 年 6 月

钱 穆 《论战国秦汉间新儒家》《思想与时代》第 35 期,1944 年 6 月

胡秋原 《两汉思想序说》《中国青年》(南京)11 卷 1 期,1944 年 7 月

钱 穆 《中国近代儒学之趋势》《思想与时代》第 33 期,1944 年 4 月

鼓泽益 《太平天国与儒教》《东方杂志》第 41 卷第 10 期,1945 年 5 月

唐君毅 《宋明理学之精神论略》《理想与文化》1946 年第 8 期

胡秋原 《儒家及其流变》《中央周刊》第 9 卷 18 期,1949 年 4 月

牟润孙 《两宋春秋学之主流》(上、下)《大陆杂志》第 5 卷第 4、5 期,1952 年 8、9 月

钱 穆 《孔孟与程朱》《人生》第 8 卷第 3 期,1954 年 6 月

曾子友 《秦汉经学变迁大势》《建设》第 2 卷第 9 期,1954 年 2

月
陈寅恪　《论韩愈》《历史研究》1954 年第 2 期
范　宁　《论魏晋时代知识分子的思想分化及其社会根源》《历史研究》1955 年第 4 期
杨向奎　《论西汉新儒家的产生》《文史哲》1955 年第 9 期
何佑森　《两宋学风之地理分布》《新亚学报》第 1 卷第 1 期，1955 年 8 月
章　群　《浙东学派与阳明心教》《新亚校刊》第 6 期，1955 年 3 月
蒋梦麟　《阳明学说之渊源及其影响》《中国学术史论集》第 1 期，1956 年 10 月
黄建中　《心学源流考辨》(上、下)《大陆杂志》第 14 卷第 11、12 期，1957 年 6 月
杨荣国　《韩愈思想批判》(上、下)《理论与实践》1958 年第 11、12 期
杨向奎　《唐宋时代的经学思想》《文史哲》1958 年第 5 期
侯外庐　《论刘知几的学术思想》《历史研究》1961 年第 2 期
钱　穆　《秦汉学术思想》《新亚生活》第 3 卷 17—20 期，第 4 卷 2、4 期，1961 年 4—7 月　《程朱理学批判》《山东大学学报》1961 年第 2 期
华　山　《从陆象山到王阳明》《山东大学学报》1962 年第 1 期
嵇文甫　《王船山的学术渊源》《新建设》1962 年第 8 期
苏镜人　《战国时代儒家的分化与方士化》《安徽日报》1962 年 9 月 1 日
华　山　《论顾炎武思想》(上、下)《文史哲》1963 年第 1、2 期
周予同　《从顾炎武到章炳麟》《学术月刊》1963 年第 12 期

冯友兰 《董仲舒哲学的性质及其社会作用》 《北京大学学报》1963 年第 3 期

牟宗三 《宋明儒学综述》(一至五) 《人生》第 25 卷第 12 期,26 卷 1—4 期,1963 年

廖维藩 《南北朝经学及隋唐经学之统一》 《学粹》第 7 卷第 2 期,1965 年 2 月

牟宗三 《陆象山与朱子之争辨》(一)、(二)、(三)、(四) 《民主评论》16 卷第 8、9、10、11 期,1965 年 4、5、6 月

唐君毅 《陈白沙在明代理学中之地位》 《白沙学刊》第 2 期,1965 年 3 月

熊公哲 《两汉儒家诸子之研讨》 《政治大学学报》第 15 期,1967 年 5 月

成中英 《战国时期儒家思想及其发展》 《历史语言研究所集刊》第 40 期,1969 年 11 月

南怀瑾 《宋明理学与禅宗》 《孔孟学报》第 23 期,1972 年

杨志祥 《先秦儒家思想及其流变》 《孔孟月刊》第 11 卷第 1 期,1972 年 9 月

牟宗三 《王学的分化与发展》 《新亚学术年刊》,1972 年 9 月

何佑森 《黄梨洲与浙东学术》 《书目季刊》第 7 卷第 4 期,1974 年 3 月

牟宗三 《阳明学是孟子学》(上、下) 《鹅湖》第 1、2 期,1975 年 8 月

余英时 《戴震与清代考据学》 《新亚学报》第 11 卷[下],1975 年 9 月 《论戴震与章学诚》 香港龙门书店 1976 年版

陶希圣 《两汉之儒术》 《食货》第 5 卷第 7 期,1975 年 10 月

牟宗三 《宋明理学之三系》 《鹅湖》第 1 卷第 7 期,1976 年 1 月

胡如雷 《关于唐代韩柳之争的几个问题》《历史研究》1977年第4期
孔　繁 《论荀况对儒家思想的批判继承》《历史研究》1977年第1期
皓　瑗 《西汉的统治思想和学派的变化》《南京师院学报》1977年第2期
孙述圻 《论汉代的儒法合流》《南京大学学报》1977年第3期
周继旨 《略论秦汉之际儒法合流和统一的封建主义思想的形成》《文史哲》1977年第4期
任继愈 《秦汉的统一与哲学思想的变革》《历史研究》1977年第6期
丁伟志 《儒学的变迁》《历史研究》1978年第12期
周予同 《从孔子到孟荀——战国时的儒家派别和儒经传授》《学术月刊》1979年第4期
张寿安 《龚定庵与常州公羊学》《书目季刊》第13卷第2期，1979年9月
汤志钧 《近代史学与儒家经学》《学术月刊》1979年第3期
余敦康 《论荀韩异同》《中国哲学史论文集》第1期，山东人民出版社1979年11月版
范文澜 《经学史讲演录》《历史学》1979年第1期
安作璋 《汉代的山东儒学》《山东师院学报》1979年第5期
方立天 《汉代经学与魏晋玄学》《哲学研究》1980年第3期
杜维明 《宋明儒学的本体论》 原载台北《中国哲学杂志》，1980年
张岂之 《论蕺山学派思想的若干问题》《西北大学学报》1980年第4期

汤志钧 《清代今文经学的复兴》《中国史研究》1980 年第 2 期
杜维明 《王阳明讲学答问并尺牍》《中国哲学》第 5 期,1981 年版
仓修良 《章学诚与浙东学派》《中国史研究》1981 年第 1 期
王凯符 《桐城派简略》《文学遗产》1982 年第 3 期
张岱年 《论宋明理学的基本性质》《哲学研究》1981 年第 9 期
李泽厚 《宋明理学片论》《中国社会科学》1982 年第 1 期
李甦平 《宋明理学在日本的传播和演变》《哲学研究》1982 年第 3 期
冒怀幸 《朱熹学派在福建的流传和影响》《江淮论坛》1982 年第 2 期
任继愈 《朱熹与宗教》《中国社会科学》1982 年第 5 期
何兹全 《南北朝时期儒学风尚不同的渊源》《史学评林》1983 年第 7、8 期
孙开太 《孟子与稷下学宫的关系》《齐鲁学刊》1983 年第 3 期
张岱年 《先秦儒家与宋明理学》《中州学刊》1983 年第 4 期
李泽厚 《秦汉思想简议》《中国社会科学》1984 年 2 期
章权才 《论两汉经学的流变》《学术研究》1984 年 2 期
吴雁南 《清代理学探析》《重庆师院学报》1984 年第 4 期
汤志钧 《近代经学的发展和消亡》《历史研究》1985 年第 3 期
(美)陈荣捷 《明代早期的程朱学派》《中国哲学史研究》1985 年第 2 期
王范之 《两汉今古经学考》《中国哲学史研究》1986 年第 1 期
杜维明 《儒学第三期发展的前景问题》 香港《明报月刊》第 21 卷第 1 - 3 期,1986 年 1 - 3 月
杜维明 《认识传统——对儒教中国的回顾和反思》 新加坡《亚

洲文化》第 8 期,1986 年 10 月
朱维铮 《中国经学与中国文化》《复旦学报》1986 年第 2 期
牟钟鉴 《南北朝经学述评》《孔子研究》1987 年第 3 期
魏常海 《王学对日本明治维新的先导作用》《北京大学学报》1987 年第 1 期
唐宇元 《宋濂的理学思想》《孔子研究》1987 年第 3 期
陈植锷 《从疑传到疑经——宋学初期疑古思潮述论》《福建论坛》1987 年第 3 期
李晓东 《经学与宋明理学》《中国史研究》1987 年第 2 期
何兆武 《从宋初三先生看理学的经院哲学实质》《晋阳学刊》1989 年第 6 期
滕　复 《宋明浙东事功学与心学及其合流》《东南文化》1989 年第 6 期
刘光裕 《唐代经学中的新思潮》《南京大学学报》1990 年第 1 期
卢钟锋 《唐代的儒学复兴与学术史的研究》《广东社会科学》1990 年第 4 期
邓广铭 《王安石在北宋儒家学派中的地位》《北京大学学报》1991 年第 2 期
吴义雄 《鸦片战争前后的今文经学与中国近代思想》《中山大学学报》1991 年第 1 期
步近智 《东林学派与明清之际的实学思潮》《浙江学刊》1991 年第 4 期
周兆荣 《戴震与程朱理学》《历史研究》1992 年第 1 期
董　平 《论刘宗周心学的理论构成》《孔子研究》1992 年第 2 期

龚书铎 《晚清的儒学》《北京师大学报》1992年第2期
马　彪 《试论朱熹对儒家传统观的继承和发展》《中国史研究》1992年第1期
陈朝晖 《北魏的儒学与士人》《文史哲》1992年第4期
孔　毅 《魏晋南北朝时期南北经学异同论》《云南社会科学》1993年第1期
杨达荣 《柳宗元与宋明理学》《江西社会科学》1993年第10期
李启谦 《儒家学说的萌芽和形成》《齐鲁学刊》1993年第3期
牟仲鉴 《儒家仁学的演变与重建》《哲学研究》1993年第10期
尤　骥 《孔门弟子的不同思想倾向和儒家的分化》《孔子研究》1993年第2期
丁原明 《子张之儒对原始儒学的继承与偏离》《东方论坛》1994年第1期
吴龙辉 《"儒家为八"别解》《文献》1994年第3期
崔大华 《论经学的历史发展》《中国社科院研究生院学报》1994年第6期
葛志毅 《两汉经学与古代学术体系的转型》《北京大学学报》1994年第2期
李锦全 《岭南江门学派在宋明理学及中国传统文化中的历史地位》《孔子研究》1994年第3期
陈铁健 《王学及其现代命运》《历史研究》1994年第4期
蔡德贵 《东方儒学论纲》《山东大学学报》1995年第3期
杨国荣 《王阳明的哲学历程》《华东师大学报》1996年第4期
陈其泰 《晚清公羊学的发展轨迹》《历史研究》1996年第5期

黄永年 《论韩愈在中国思想史上的地位》《陕西师大学报》1996年第1期
余敦康 《程颐的经世外王之学》《孔子研究》1996年第2期
董根洪 《司马光是理学的重要创始人》《山西大学学报》1996年第4期
刘宗贤 《宋初学术文化整合的倾向》《哲学研究》1996年第11期
杨国荣 《经学的实证化及其历史意蕴》《文史哲》1998年第6期
程利田 《朱熹理学对德国哲学的影响》《福建学刊》1998年第2期
余光贵 《四川理学及其特点》《四川大学学报》1998年第3期
李锦全 《从孔孟到程朱——兼论儒学发展历程中的双重价值效应》《孔子研究》1998年第2期
陈国灿 《论宋代"浙学"与理学关系的演变》《孔子研究》2000年第2期
景海峰 《清末经学的解体和儒学形态的现代转换》《孔子研究》2000年第3期